本课题研究曾先后得到中国科学院、科技部
和国家自然科学基金的资助，特此鸣谢！

中国现代化报告 2010

——世界现代化概览

中国现代化战略研究课题组
中国科学院中国现代化研究中心

北京大学出版社
PEKING UNIVERSITY PRESS

图书在版编目(CIP)数据

中国现代化报告.2010:世界现代化概览/中国现代化战略研究课题组等著.—北京:北京大学出版社,2010.1

ISBN 978-7-301-16451-8

Ⅰ.中… Ⅱ.中… Ⅲ.①现代化建设-研究报告-中国 ②现代化-研究报告-世界 Ⅳ.D61 F113.4

中国版本图书馆CIP数据核字(2009)第227366号

书　　　名:中国现代化报告2010——世界现代化概览

著作责任者:中国现代化战略研究课题组　中国科学院中国现代化研究中心

责 任 编 辑:黄　炜　周月梅

封 面 设 计:常燕生

标 准 书 号:ISBN 978-7-301-16451-8/F・2389

出 版 发 行:北京大学出版社

地　　　址:北京市海淀区成府路205号　100871

网　　　址:http://www.pup.cn

电　　　话:邮购部62752015　发行部62750672　编辑部62752038　出版部62754962

电 子 邮 箱:zpup@pup.pku.edu.cn

印　刷　者:北京大学印刷厂

经　销　者:新华书店

850毫米×1168毫米　16开本　31.5印张　867千字

2010年1月第1版　2010年1月第1次印刷

印　　　数:0001—7000册

定　　　价:85.00元

中国现代化战略研究课题组

顾　问

周光召　中国科学院
成思危　全国人大常委会
路甬祥　中国科学院
徐冠华　国家科学技术部
陈佳洱　国家自然科学基金委员会
许智宏　北京大学
李主其　国家自然科学基金委员会
郭传杰　中国科学院

课题组组长

何传启　中国科学院中国现代化研究中心
　　　　北京同响时代现代化管理咨询中心

课题组成员(按姓氏笔画为序)

于维栋　中共中央办公厅调研室
马　诚　中国科学院生物科学与技术学部
叶　青　中国科学院中国现代化研究中心
刘细文　中国科学院文献情报中心
朱庆芳　中国社会科学院社会学研究所
吴述尧　北京同响时代现代化管理咨询中心
张　凤　中国科学院规划战略局
李　宁　美国关岛大学商业和公共管理学院
李泊溪　国务院发展研究中心
杜占元　国家科学技术部
杨重光　中国社会科学院城市与环境研究中心
邹力行　国家开发银行
陈　丹　中国科学院文献情报中心
陈永申　国家国有资产管理局
欧阳楠　中国科学院中国现代化研究中心
胡志坚　国家科学技术部政策法规与体制改革司
赵学文　国家自然科学基金委员会
郗小林　中国工程院研究室
董正华　北京大学世界现代化进程研究中心
蒋　芳　中国科学院中国现代化研究中心
谢文蕙　清华大学经济管理学院
裘元伦　中国社会科学院欧洲研究所
靳　京　中国科学院中国现代化研究中心

序　一

世界正处于新科技革命的前夜，新的历史机遇正向我们走来。这场革命将和现代史上的前几次科技革命一样，大幅度改变世界的产业结构和现代化进程。围绕新科技革命，一场占领未来发展制高点的新的国际竞争正在全面展开。拥有十几亿人口的中国的现代化是人类文明史上的大事件。能否抓住新科技革命的历史机遇，全面提升国家创新能力和国际竞争力，走知识创新、资源节约和环境友好的创新型绿色发展道路，将影响我国的现代化进程。

一般而言，现代化既是人类文明的一种深刻变化，也是一种国际竞争。在过去的三个世纪里，世界现代化取得了巨大进展，积累了丰富的经验和知识。在世界现代化进程中，中国是一个后发型国家。中国现代化的起步大约比先行国家晚了一百年。学习和借鉴先行国家的知识和经验非常重要，但不可能重走先行者的老路，因为两者的国际环境和自身条件有很大差别。在新机遇来临的时候，清醒认识和战略判断非常重要。归纳总结世界现代化的事实和经验，科学地展望它的未来，对于我们做出正确判断无疑是有帮助的。

《中国现代化报告》已经走过九年历程，今年的报告已是第十本。今年以世界现代化为研究对象，以世界现代化概览为报告主题，通过概要分析世界现代化的历史进程、基本原理和未来前景，为我们勾画一幅世界现代化的数字化素描。报告主题名为概览，实则内涵非常丰富。首先，采用过程分析、时序分析、截面分析和情景分析相结合的方法，分析了世界现代化的 300 年历史和 21 世纪的可能前景，归纳了 20 个客观事实和 10 个历史启示等；其次，系统介绍了现代化研究的历史演变和世界现代化的科学原理，包括 20 个基本知识和 10 个理论流派等；其三，简要分析了中国现代化的历史和前景，归纳了 20 个基本事实和 10 个重要启示等；其四，完成 2007 年世界 131 个国家和中国 34 个地区现代化的定量评价等。这些知识和经验无疑是有意义的，对于我们把握机遇和科学决策有重要参考价值。

十年树木，百年树人。经过十年的努力，现代化研究取得了一批成果。希望大家再接再厉，继续为我国社会主义现代化建设和实现中华民族伟大复兴的目标做出更多的创新贡献。

全国人大常委会副委员长
中 国 科 学 院　　院长　路甬祥

2009 年 11 月 20 日

序　二

现代化是一个世界潮流,中国现代化是世界现代化的组成部分。实现现代化是中国21世纪的奋斗目标。根据邓小平同志的"三步走"发展战略,我国将在2050年前后达到世界中等发达水平,基本实现现代化。如何遵循世界现代化规律,理性地借鉴国际经验,避开现代化的主要陷阱,加速中国现代化进程,是我们面临的一个重要挑战。系统和科学地研究现代化,全面揭示现代化的客观规律,是中国科学家的一个历史责任。

一般而言,现代化可以回溯到18世纪,现代化研究则是20世纪50年代起步的。18世纪以来世界现代化取得了巨大成绩,积累了大量的经验和教训。20世纪现代化研究获得丰硕成果,涌现了大批学术思想和理论。如果不发生世界性重大危机,21世纪的世界现代化将继续多姿多彩,现代化研究将继续百家争鸣,现代化的国际竞争将继续激烈而富有理性。中国要在国际竞争中获得成功,并不是一件容易的事情。2005年发达国家总人口不到10亿,中国人口超过13亿。从人口规模角度看,中国现代化的任务超过发达国家的总和。

2001年以来,中国现代化战略研究课题组瞄准国家目标,先后完成9本《中国现代化报告》,今年是第10本报告。今年报告的研究对象是世界现代化,通过概要分析世界现代化的基本事实、基本原理和未来前景,为我们勾画一幅世界现代化的全景素描。它的主要内容包括:(1) 采用过程分析、时序分析、截面分析和情景分析相结合的方法,分析了世界现代化的300年进程和21世纪的可能前景,归纳了20个基本事实和10个历史启示等;(2) 系统介绍了现代化研究的历史演变和世界现代化的科学原理,包括20个基本知识和10个理论流派等;(3) 简要分析了中国现代化的历史和前景,归纳了20个客观事实和10个重要启示等;(4) 完成2007年世界现代化评价,包括世界131个国家的第一次现代化程度、第二次现代化指数和综合现代化指数,包括中国34个地区的现代化指数等。这些研究结果必将深化我们对现代化规律的认识,从而有利于我们的科学决策和现代化建设。

光阴似箭,日月如梭。10年时间只是历史长河的一个瞬间。中国现代化战略研究课题组在10年里完成了10本报告。从中我看到了中国学者的科学精神和爱国情怀,看到了成功的希望。

中国科学院院士 徐冠华

2009年11月9日

前　言

实现现代化是中华民族几代人的追求和梦想，是新中国两个世纪的国家目标。现代化是一个世界潮流，中国现代化是世界现代化的组成部分。中国现代化需要遵循世界现代化的一般规律，需要适合中国国情和国际环境。系统和科学地研究现代化，全面揭示现代化的客观规律，构建中国现代化的科学基础，是中国科学家的历史责任，是几代中国学者的努力方向。

如果从18世纪60年代开始的工业革命算起，世界现代化已经有250年历史。如果从20世纪50年代开始的经典现代化研究算起，世界现代化研究已经有约60年历史。在过去250年里，世界现代化运动取得了巨大进展，积累了大量的经验和教训；世界现代化研究获得丰硕成果，涌现了大批学术思想和科学理论。可以预期在21世纪里，世界现代化进程将继续精彩纷呈，世界现代化研究将继续百花齐放，世界现代化的国际竞争将继续激烈而富有理性。

根据邓小平同志的"三步走"发展战略，我国将在2050年前后达到世界中等发达水平，基本实现现代化。我国全面实现现代化，预期要到21世纪末。如何科学地认识现代化规律，理性地借鉴国际经验，避开现代化的主要陷阱，加速中国现代化进程，是我们面临的一个重要挑战。

《中国现代化报告》前九本报告主题分别是：现代化与评价、知识经济与现代化、现代化理论与展望、地区现代化、经济现代化、社会现代化、生态现代化、国际现代化和文化现代化研究。本报告的研究对象是世界现代化。世界现代化包括世界层面的现代化和世界范围的现代化。全面的世界现代化研究需要巨大篇幅。本报告的主题是"世界现代化概览"，重点关注世界现代化进程和现代化研究的事实和前景，关注世界整体的现代化、世界六个领域的现代化、世界范围的国家现代化和世界现代化的科学原理。关于世界范围的典型区域和典型国家的现代化将专题研究。通过概要分析世界现代化的历史进程、基本原理和未来前景，为大家勾画一幅世界现代化的"数字化全景素描"，同时探讨中国现代化的事实和前景。

本报告主要目的有四个：(1) 为热心读者提供一本"世界现代化概览"；(2) 为研究现代化现象提供一些基本事实；(3) 为研究现代化原理提供一种分析框架；(4) 为中国现代化建设提供一个国际背景。关于中国现代化的政策建议，属于学术探讨，仅供参考。

本报告是课题组当前研究水平的集中反映，主要结果包括如下几点：

(1) 采用过程分析、时序分析、截面分析和情景分析相结合的方法，分析了世界现代化的300年历史进程(1700～2006年)和21世纪的未来前景，归纳了世界现代化的20个客观事实、20个可能前景和10个历史启示等。

(2) 系统介绍了现代化研究的历史演变和世界现代化的科学原理，包括现代化研究的20个基本知识、10种理论和现代化原理的20个基本概念等；讨论了现代化理论的政策含义。

(3) 简要分析中国现代化的历史、现状和前景，归纳了中国现代化的20个基本事实、20个可能前景和10个重要启示等。

(4) 建立了新人类发展指数的定量评价模型，完成1980～2007年世界131个国家和1990～2007年中国34个地区的新人类发展指数评价，获得了一些基础信息和事实。

(5) 完成2007年世界现代化评价，包括世界131个国家的第一次现代化程度、第二次现代化指数和综合现代化指数；完成2007年中国34个地区的现代化评价。

本报告和前九本报告一样，世界现代化指数评价注意了如下几个方面：

(1) 有限目标。现代化是动态的和综合的，涉及人类生活各个领域的深刻变化。本报告仅对经济、社会、文化和环境现代化进行评价，没有涉及政治领域的现代化。

(2) 评价方法的科学性。现代化评价是对一个非线性大系统的动态过程进行评价，评价方法包括定性评价、定量评价和综合评价等。基于目前的条件，本报告采用定量评价。

(3) 评价指标的合理性。选择评价指标有四个原则：其一，具有代表性的关键指标，避免指标相互重叠；其二，可以获得连续的官方统计数据，避免随机波动；其三，具有可比性，能够反映发展水平；其四，对评价指标进行相关性分析，保证指标的合适性。

(4) 评价数据的权威性和一致性。评价数据采用国际权威机构和官方统计机构公布的数据；其中，世界现代化评价以世界银行的《2009 年世界发展指标》的系列数据为基本数据来源，中国地区现代化评价以《中国统计年鉴 2009》的系列数据为基本数据来源。

(5) 评价结果的相对性。世界现代化进程评价，不同国家统计方法和统计指标有一定差异；有些年份有些国家数据不全等，这些对评价结果有一定影响。故评价结果是相对的。

(6) 评价结果的客观性。本报告的数据来源是权威的，现代化评价方法没有采用“加权系数”，减少人为因素的影响，计算全部由计算机完成，评价结果具有连续可比性。影响现代化的因素很多，评价结果更多反映一种趋势。在分析和引用结果时，要非常慎重。

新人类发展指数(HDI_N)的定量评价是世界现代化的人类发展评价的一种方法。联合国开发计划署的人类发展指数(HDI)评价，用于衡量一个国家在人类发展的健康长寿、知识和体面生活三个方面的平均成就。新人类发展指数评价，用于衡量一个国家在人类发展的健康长寿、知识普及、信息共享、环境优美和富裕生活(优质生活)五个方面的平均成就。

本研究始终得到中国现代化战略研究课题组顾问们的热情关怀、爱护和指导。全国人大常委会副委员长、中国科学院路甬祥院长和科技部原部长徐冠华院士分别为本报告撰写序言。特此，向诸位顾问表示衷心的感谢和诚挚的敬意！

本研究得到科技部、国家自然科学基金委员会和中国科学院有关领导和部门的大力支持。国家自然科学基金、科技部和中国科学院还先后给予研究资助。本课题得到中国科学院中国现代化研究中心理事会的大力支持。中国科学院文献情报中心和北京同响时代现代化管理咨询中心给予了许多的帮助。北京大学出版社在很短时间内完成了本报告的编辑出版工作。特此，课题组向有关领导、单位、学者及有关工作人员表示诚挚的谢意！

本报告是集体劳动的成果。报告前言、综述、第一至四章、附录一和附录二由何传启执笔，第五章和其他附录由张凤执笔；课题组对报告内容进行了多次讨论和修改。

本报告包含 460 多张图表和大量数据，在处理过程中难免出现遗漏和错误；有些观点只是一家之言。敬请读者随时联系，不吝赐教。我们将不断改进工作和提高研究质量。

中国现代化战略研究课题组　中国科学院中国现代化研究中心

2009 年 10 月 26 日

目　录

附 录

图 表 目 录

综述　迈向文明的新纪元

人类历史是一部创新史。工具制造革命使人区别于动物，人类进入原始文化发展时期；农业革命使人从食物采集者变为食物生产者，人类进入农业文明发展时期；工业革命使人从手工生产者变为机械化生产者，人类进入工业文明发展时期；知识革命使人从物质消费追求者变为精神消费追求者，人类进入知识文明发展时期。从农业文明向工业文明的转变是第一次现代化，从工业文明向知识文明的转变是第二次现代化。世界现代化的本质是人类文明的一种革命性变化，是不断从传统文明向新型文明的历史性转变，人类文明从一个纪元迈向又一个纪元。

如果从18世纪60年代开始的工业革命算起，世界现代化已有约250年历史；如果把时间定格在21世纪末，世界现代化进程将持续340年。在过去的两个半世纪里，现代文明和国家的形成、发展、转型和互动，塑造了世界现代化的历史和现状。在21世纪里，世界现代化将继续演进并丰富多彩。《中国现代化报告》前九本报告分别讨论了现代化理论、地区现代化、经济现代化、社会现代化、生态现代化、国际现代化和文化现代化等，本报告专题讨论世界现代化。全面分析世界现代化需要非常大的篇幅。因为在世界现代化进程中，不同时期有不同内涵，不同国家有不同表现，不同领域有不同特点。本报告的主题为"世界现代化概览"，旨在通过概要分析世界现代化的历史进程、基本原理和未来前景，为大家勾画一幅世界现代化的"数字化全景素描"，同时探讨中国现代化的事实和前景。

一、世界现代化的事实和前景

一般而言，现代化是18世纪以来人类文明的一种深刻变化，是现代文明的形成、发展、转型和国际互动的复合过程，是不同国家追赶、达到和保持世界先进水平的国际竞争。世界现代化是现代化的一种表现形式，它大致有两种含义：世界层面的现代化和世界范围的现代化。本报告的研究对象包括世界层面的现代化和世界范围的国家现代化；研究方法包括过程分析、时序分析、截面分析和情景分析等；研究内容涉及世界整体的现代化、世界六个领域的现代化、世界131个国家的现代化和100个分析指标等；分析要素包括人类生活、结构、制度和观念的现代化等；研究主题包括世界现代化的过程、结果、动力和模式等；时间跨度约为400年(1700～2100年)。其中，131个国家为2000年国家人口超过100万的、统计数据比较齐全的国家。通过系统分析和归纳整理，获得了世界现代化的基本信息，包括20个事实、20个前景和10个启示等。

1. 世界现代化的基本事实

迄今为止，世界现代化进程涉及近300年历史和100多个国家。关于世界现代化的事实分析，不可能全面铺开，只能是提纲挈领。这里简要介绍20个基本事实。显然，这些事实不是世界现代化的基本事实的全部内容。

其一，世界现代化的起点：大约为 18 世纪 60 年代（英国工业革命）。

其二，世界现代化的终点：现代化是动态的，目前尚不能确定它的终点。

其三，世界现代化的阶段：从 18 世纪 60 年代到现在，世界现代化大致可以分为第一次现代化和第二次现代化两个阶段，涉及 18 世纪机械化、19 世纪电气化、20 世纪 50 年代的自动化和 80 年代的信息化四次浪潮。其中，第一次现代化是以工业化、城市化和民主化为典型特征的经典现代化；第二次现代化是以知识化、信息化和全球化为典型特征的新型现代化。

其四，世界现代化的类型：先发型、后发型、内源型、外源型现代化等。

其五，世界现代化的国际结构：发达国家约占 12%～15%，其他为发展中国家。在 131 个样本国家中，在 1700～2006 年期间，发达国家的个数约为 12～20 个。

其六，世界现代化的地理分布：欧洲水平比较高，非洲水平比较低，其他居中。

其七，发展中国家现代化的起步时间：比先行国家大约晚 60～200 年。

其八，发达国家完成第一次现代化的时间：平均约为 160 年。

其九，完成第一次现代化的国家：2006 年约为 35 个，如波兰等。

其十，处于第一次现代化的国家：2006 年约为 90 个，如印度等。

十一，处于传统农业社会的国家：2006 年约为 12 个，如布隆迪等。

十二，进入第二次现代化的国家：2006 年约为 29 个，如美国等。

十三，完成第一次现代化的人口：2006 年约为 11.3 亿，约占世界的 18%。

十四，进入第二次现代化的人口：2006 年约为 9.7 亿，约占世界的 15%。

十五，发达国家的人口：2006 年约 8.2 亿，约占世界的 13%。

十六，享受现代化生活的人口：2006 年约 8.5～10 亿，约占世界的 13%～16%。

十七，发达国家降级成发展中国家的概率：100 年内约为 8%～23%。

十八，发展中国家晋级成发达国家的概率：100 年内约为 1%～5%。

十九，1960～2006 年期间的国际追赶：日本等 12 个国家地位上升。

二十，20 世纪成功晋级发达国家的国家：包括芬兰和日本等。

根据第二次现代化指数和综合现代化指数的国家分组，2006 年的发达国家包括美国、瑞典、日本、丹麦、芬兰、挪威、澳大利亚、瑞士、韩国、加拿大、荷兰、德国、法国、比利时、新西兰、英国、奥地利和爱尔兰等。

2. 世界现代化的前景素描

世界现代化的前景涉及 190 多个国家和 60 多亿人口。关于世界现代化的前景分析，只能是一种概略，不可能面面俱到。这里简介 20 个有可能发生的未来情景。

其一，世界现代化的三条路径：第一次、第二次现代化和综合现代化路径。

其二，2100 年的世界先进水平：第二次现代化指数是 2005 年的 5 倍左右。

其三，2100 年的世界平均水平：世界平均水平比世界先进水平约落后 50 年。

其四，世界现代化的国际结构：发达国家、中等发达国家、初等发达国家和欠发达国家比例大约为15:20:28:37。发达国家大约为20个左右,代表现代化的世界先进水平;中等发达国家大约为25个左右,它们处于发展中国家的前列。

其五,世界现代化的地理分布:非洲水平比较低,其他地区水平待定。

其六,完成第一次现代化的国家:2100年大约为99～107个。

其七,进入第二次现代化的国家:2100年大约为84～89个。

其八,完成第一次现代化的人口:2100年大约为72～78亿。

其九,进入第二次现代化的人口:2100年大约为64～67亿。

其十,发达国家的人口:21世纪大约为8.2～15亿。

十一,享受现代化生活的人口:21世纪大约为8.5～17亿。

十二,享受现代化生活的新增人口(Ⅰ):大约2亿人可能来自发达国家。

十三,享受现代化生活的新增人口(Ⅱ):大约5亿人可能来自发展中国家。

十四,发达国家享受现代化生活的人口:大约为全国人口的90%～95%。

十五,发展中国家享受现代化生活的人口:大约平均为全国人口的5%。

十六,21世纪发达国家降级为发展中国家的个数:可能为2～4个。

十七,21世纪发展中国家晋级发达国家的个数:可能为1～5个。

十八,21世纪的差距扩大:大约44%的生活和结构指标的差距可能扩大。

十九,21世纪的差距缩小:大约42%的生活和结构指标的差距可能缩小。

二十,21世纪不是现代化的终结,22世纪还会有新变化。

上述分析的国家总数为131个,它们的总人口约占世界人口的97%;前景分析的许多指标是基于过去25年或15年的年均增长率的一种估算,是一种线性分析。21世纪具有很大的不确定性,受很多因素的影响,有些因素的变化是非线性的。关于未来前景的线性分析,揭示了未来的某种可能性,具有一定参考意义。

3. 世界现代化的重要启示

世界现代化的近300年历史,不仅提供了基本事实和研究素材,而且包含丰富的经验和教训,可以提供历史启示。这里重点讨论借鉴意义比较大的启示。

(1) 世界现代化既是一种世界潮流,也是一种社会选择

相对于人类文明,现代化是一种趋势。相对于不同国家和社会,现代化是一种选择。选择现代化的国家就会推进现代化,但不同国家的进程是不同步的。没有采取现代化的国家和社会,可能会努力保持原有(现存)生活方式;虽然它们的社会变迁也会发生,但它们与人类文明前沿的物质生活差距会逐步扩大。

(2) 世界现代化既是一种文明进步,也存在不少副作用

现代化是一个有副作用的过程,不同阶段的副作用不同。第一次现代化的副作用包括环境污染、生态退化、贫富差距和周期性经济危机等。第二次现代化的副作用包括信息鸿沟、网络犯罪和国际风险等。上一个阶段的副作用,可以成为下一个阶段的工作重点;解决上一个阶段的副作用,可以成为下一个阶段文明进步的新方向。在现代化进程中,需要抑制和减少现代化的副作用,降低现代化的社会成本。

(3) 世界现代化以国家为基础，以世界为舞台

一般而言，国家现代化是世界现代化的基本单元，世界现代化的国际体系是国家现代化的竞争环境。国家现代化和国际竞争共同决定了国际体系的结构和变化，国际体系和国家自身努力共同决定了国家现代化的成效和国际地位。世界现代化是国家现代化、国际竞争和国际体系变化的一曲大合唱。既没有关起门来的现代化，也没有无视国家利益的现代化，国际互动是现代化的重要方面。

(4) 世界现代化既有普遍的基本共性，也有广泛的多样性

在世界现代化的每一个层次和每一个方面，都可以发现大量的共性，从人类生活、结构、制度到观念都有一些共性；同样，在世界现代化的每一个领域和每一个阶段，都可以发现大量的多样性，包括国家水平、速度、模式和形式的多样性等。世界现代化的共性和多样性，并不相互排斥，而是客观规律的两种形态。

(5) 世界现代化既有国际分化，也有国际趋同

一般而言，经济效率的国际差距扩大，经济结构的国际差距缩小，如产业结构和就业结构的国际趋同；人均收入的国际差距扩大，社会结构的国际差距缩小，如城市化和教育结构的国际趋同；政治行为的多样化，政府结构的国际趋同；文化观念的多样化，文化产业和文化设施的国际趋同等。分化和趋同发生在不同方面。

(6) 世界现代化既需要纵向比较，也需要横向比较

世界现代化的纵向比较可以反映人类文明的进步，可以分析国家绝对水平的提高。世界现代化的横向比较可以反映文明发展的国际差距和地理分布，可以分析国家相对水平和国际地位的变化。如果国家绝对水平提高的速度慢于其他国家，那么，它的相对水平和国际地位就会下降；反之则上升。世界现代化的国际比较必须是科学合理的，有些指标不宜进行发展水平的国际比较，如语言等。

世界现代化的国际比较可以发现很多重要事实。例如，世界现代化的截面结构是它的历史结构的一个缩影，人类文明的截面结构是它的历史结构的一个缩影；2000 年人类文明的截面结构是从人类诞生到 2000 年的人类历史进程的一个缩影，2000 年世界现代化的截面结构是从世界现代化起步到 2000 年的世界现代化历史进程的一个缩影。发展中国家可以在发达国家看到自己未来的文明结构和生活质量的缩影，但不同国家的生活方式和文化会有差别。后发型国家可以借鉴先行者的经验。

(7) 世界现代化存在“马太效应”，人均收入的国际差距不断扩大

在国际体系中，虽然多数国家人均收入都会提高，但富国越来越富，穷国越来越穷，低收入国家相对贫困化。如果以按 2000 年价格计算的人均 GDP 为分析指标，从 1960 到 2000 年，高收入国家与低收入国家的绝对差距从约 8584 美元扩大到 25 767 美元，相对差距从 42 倍扩大到 66 倍。如果以按 1990 年价格计算的人均 GDP(PPP)为分析指标，从 1960 到 2000 年，高收入国家与低收入国家的绝对差距从约 6577 国际美元扩大到 21 163 国际美元，相对差距从 6 倍扩大到 21 倍。世界现代化需要采取有效措施，防止“马太效应”的扩大化，控制和缩小国际差距。

(8) 世界现代化没有最佳模式,只有理性选择

在过去300年里,有些国家保持发达国家的地位,有些国家成功晋级,有些国家地位下降;比较它们的发展模式,没有得到具有明显倾向的结果。地位上升的国家,在第一次现代化过程中,既有工业化优先、民主化优先和城市化优先模式,也有经济优先、教育优先和协调发展模式等;在第二次现代化过程中,既有知识化优先、信息化优先和生态化优先模式,也有协调发展模式等。所以,不同国家需要研究和寻求自己的合适模式,简单模仿其他国家的做法是有风险的。

(9) 世界现代化的国际体系基本稳定,国家的国际地位可以变迁

在过去300年里,在131个统计数据比较齐全的国家中(2000年人口超过100万的国家),发达国家的数量约为12~20个,比例约为12%~15%;发展中国家的数量约为89~113个,比例约为85%~88%。在100年里,发达国家降级为发展中国家的概率约为8%~23%;发展中国家升级为发达国家的概率约为1%~5%。现代化不是一劳永逸的,先进需要保先进,后进需要赶先进,世界才会丰富多彩。

(10) 21世纪发展中国家仍然有成功机会,但晋升发达国家的概率比较小

现代化包括文明发展、文明转型和国际竞争。从文明发展和文明转型角度看,每一个国家都会取得成功,但成功有先后。从国际竞争的角度看,并非每一个国家都能进入世界前列。依据过去300年的历史经验,21世纪发达国家将为20个左右,发展中国家有100多个,大约1~5个发展中国家有可能晋级发达国家;100多个发展中国家将争夺5张晋级发达国家的门票。21世纪享受现代化生活的新增人口可能达到7亿左右,其中,大约5亿有可能来自发展中国家;21世纪发展中国家的人口有可能达到80~100亿;大约100亿发展中国家人口将争夺5亿张享受现代化生活的门票。可以预计,21世纪世界现代化的国际竞争仍将激烈而富有理性。

二、世界现代化的科学原理

一般而言,现代化是人类文明的一种深刻变化,世界现代化是现代化的一种表现形式。世界现代化理论既是关于世界层次的现代化的一种宏观理论,也是现代化理论的一个分层次理论。世界现代化的科学原理,不仅包括世界现代化理论,而且涉及现代化的一般理论、分阶段理论、分层次理论和分领域理论等。世界现代化起步于18世纪60年代,现代化理论形成于20世纪50~60年代,两者相差近200年。迄今为止,现代化理论并不是单一理论,而是多种思想的一个集合。下面简要介绍现代化研究的20个基本知识、10种理论和现代化原理的20个基本概念。

1. 现代化研究的基本知识

如果从20世纪50年代算起,世界现代化研究已经有近60年历史。经过60年的发展,现代化研究和现代化理论已经逐步走向成熟,一门新兴交叉综合学科正在形成。这里简要介绍现代化研究和理论的20个基本知识。

其一,现代化单词的诞生:大约为18世纪中叶(1748~1770年)。

其二，现代化的基本词义：成为现代的，适合现代需要的；大约公元1500年以来出现的新特点和新变化。

其三，现代化的理论含义：指从传统向现代的转变。不同学派有不同解释。

其四，现代化的政策含义：指现代化理论的政策应用，需要与时俱进。不同国家不同时期政策不同，如工业化和追赶世界先进水平等。

其五，现代化的两种用法：可以表示一个过程，或表示一种状态(目标)。

其六，现代化的习惯用法：最新的、最好的、最先进的就是现代化的。

其七，现代化概念的演变：20世纪50年代以前，现代化是一个普通词；20世纪50～60年代，现代化逐步成为一个社会科学的专业词。

其八，现代化研究的诞生：大约发生在20世纪50年代。现代化研究的出现，大致经历孕育期、探索期和成熟期三个阶段。

其九，现代化研究的发展：在20世纪后50年里，现代化研究出现三次浪潮。

其十，第一次浪潮是20世纪50～60年代的经典现代化研究。

十一，第二次浪潮是20世纪70～80年代的后现代化研究。

十二，第三次浪潮是20世纪80～90年代的新型现代化研究。

十三，现代化研究的三次浪潮是交叉的。20世纪70年代以来，经典现代化理论受到批评，并不断被修正；同时新的现代化思想不断涌现，形成不同理论流派。

十四，现代化理论的起源：西方的现代化思想可以追溯到18世纪启蒙运动，甚至更早的文艺复兴。

十五，现代化理论的演变：经典现代化理论是20世纪50～60年代形成的，它的起源可以大致追溯到19世纪的古典社会进化论(Harrison, 1988)；20世纪70年代以来，依附理论和世界体系理论兴起，它们对经典现代化理论提出挑战；20世纪70～80年代，后现代主义和后现代化理论引起社会关注；20世纪80～90年代，涌现多种新型现代化理论，如反思现代化理论和第二次现代化理论等。

十六，现代化理论的主要流派：六个主流理论是：经典现代化理论、后现代化理论、生态现代化理论、反思现代化理论、多元现代性理论和第二次现代化理论；四个有影响力的理论是：依附理论、世界体系理论、全球化理论和继续现代化理论等。

十七，中国学者的现代化研究：大致有三次浪潮：20世纪30年代的现代化探索，20世纪70～90年代的经典现代化研究，20世纪90年代末以来的多学科研究，包括1998年提出第二次现代化理论等。

十八，现代化研究的逻辑：实证主义、阐释主义、现实主义等。

十九，现代化研究的方法：多学科研究、定性、定量、案例分析等。

二十，现代化理论的应用：国家和地区现代化的战略、规划和政策研制等。

2. 现代化研究的10种理论

20世纪50年代以来，世界现代化研究涌现了众多理论。这里简介10种理论。

(1) 经典现代化理论

经典现代化理论诞生于20世纪50～60年代。它是对18世纪工业革命以来世界现代化进程的一种理论阐述。它认为现代化是一个从传统农业社会向现代工业社会转变的历史过程，现代性是对现代化结果的一种理论概括，现代化过程具有九个特点和多种模式。马克思指出：工业较发达的国家向工业较不发达国家所显示的，只是后者未来的景象。经典现代化发生在先行国家和后发国家，典型特征包括工业化、城市化、民主化、理性化、市场化、福利化、大众传播和普及义务教育等。

经典现代化理论缺少统一的系统表述。它大致包括六个分支理论和六个学术流派。六个分支理论分别是经济现代化、社会现代化、政治现代化、文化现代化、人的现代化和比较现代化；六个学术流派分别是结构功能学派、过程学派、行为学派、实证学派、综合历史学派和未来学派。

(2) 后现代化理论

后现代化理论出现于20世纪70～80年代。后现代化理论并不是一个完整的理论体系，而是关于后工业社会、后现代主义和后现代化研究的一个思想集合。

美国学者贝尔是后工业社会理论的代表人物，他把人类社会发展分为三个阶段：前工业社会、工业社会和后工业社会(Bell,1973)。法国学者利奥塔是后现代主义的一个代表人物，他认为随着社会进入被称为后工业的年代以及文化进入被称为后现代的年代，知识改变了地位(Lyotard, 1984)。英国学者柯鲁克等认为：发达国家正在经历一个长期的、多维度的后现代化过程(Crook, Pakulski, Waters, 1992)。

美国学者殷格哈特认为，历史发展不是线性的，从传统社会向现代社会的转变是现代化，从现代社会向后现代社会的转变是后现代化。1970年以来工业化国家发生的变化是后现代化，发展中国家发生的变化是现代化。从现代化向后现代化的转变包括政治、经济、性和家庭、宗教观念等的深刻变化，如从物质主义到后物质主义、从现代价值到后现代价值、从生存价值到幸福价值等(Inglehart, 1997)。

(3) 生态现代化理论

生态现代化理论诞生于20世纪80年代，它已经成为发达国家的环境社会学的一个主要理论。德国学者胡伯(Huber, 1985)是这个理论的提出者。《中国现代化报告2007：生态现代化研究》系统阐述了广义生态现代化理论的基本原理。

生态现代化是现代生态和环境意识引发的世界现代化的生态转型，是现代化与自然环境的一种互利耦合；它包括从物质经济向生态经济、物质社会向生态社会、物质文明向生态文明的转变，自然环境和生态系统的改善，生态效率和生活质量的持续提高，生态结构、生态制度和生态观念的深刻变化，以及国际竞争和国际地位的明显变化等。它的基本原则包括：预防原则、创新原则、效率原则、不等价原则、非物化原则、绿色化原则、生态化原则、民主参与原则、污染付费原则、经济和环境双赢原则等。

(4) 反思现代化理论(再现代化理论)

反思现代化理论出现于20世纪80年代。德国学者贝克(Beck, 1986)是这个理论的提出者。他认为:在 19 世纪,普通现代化分解了农业社会的结构,建立了工业社会;与此相似,今天的反思现代化正在分解工业社会,并产生另一种现代性。这种新出现的现代性就是风险社会(Beck, 1992)。

反思现代化理论认为:世界现代化包括两个阶段,即普通现代化和反思现代化;普通现代化是从传统社会向工业社会的转变,反思现代化是从工业社会向风险社会的转变,反思现代化是现代化的现代化——“再现代化”;工业社会的现代性是普通现代性,风险社会的现代性是反思现代性;普通现代性是第一现代性,反思现代性是第二现代性等(Beck, 1992; Beck, Giddens, Lash, 1994)。

(5) 多元现代性理论

20 世纪 90 年代以来,文化多样性和文化多元化引起广泛关注。多元现代性理论是关于现代文化多样性和文化变迁多线性的一种理论阐述。

以色列学者艾森斯塔特认为:首先,现代性应当被视为一种独特文明,具有独特的制度和文化特征。其次,现代性的历史,最好看作是现代性的多元文化方案、独特的现代制度模式以及现代社会的不同自我构想不断发展、形成、构造和重构的一个故事——多元现代性的故事。其三,现代性的这些不同文化方案和制度模式,是通过几种因素之间的持续互动构成的。其四,现代性文化方案的关键核心,涉及人的能动性和自主性,强调个人自由与制度自由领域的不断扩大,人的活动、创造性、自主性领域的不断扩展。其五,文化多样性的分析,并不否认现代化和工业社会趋同的早期理论包含着高度真实的因素(艾森斯塔特,2006)。

(6) 第二次现代化理论

第二次现代化理论是中国学者何传启提出来的(何传启,1998,1999)。第二次现代化理论不仅是一个广义现代化理论,也是一种人类文明理论,它使现代化理论与人类文明理论形成一个有机的整体。关于它的基本原理将在后面专题讨论。

第二次现代化理论认为,从人类诞生到 21 世纪末,人类文明进程包括四个时代和十六个阶段。四个时代分别是工具时代、农业时代、工业时代和知识时代,每一个时代都包括起步期、发展期、成熟期和过渡期四个阶段。现代化指 18 世纪工业革命以来人类文明所发生的一种深刻变化,它发生在不同国家和不同领域。在 18～21 世纪期间,世界现代化进程可以分为第一次现代化和第二次现代化两个阶段。第一次现代化指从农业时代向工业时代、农业经济向工业经济、农业社会向工业社会、农业文明向工业文明的转变过程和深刻变化,第二次现代化指从工业时代向知识时代、工业经济向知识经济、工业社会向知识社会、工业文明向知识文明、物质文明向生态文明的转变过程和深刻变化。22 世纪还有新变化(何传启,2003)。

如果说,上述六种理论代表了现代化理论的主要流派,那么,后面的四种理论是有广泛影响的理论。后面的几种理论与现代化理论的关系,仍然存在一些争议。

(7) 依附理论

依附理论是 20 世纪 60 年代兴起的一种国际政治经济理论。它试图用核心国家和边缘国家的依附关系，来解释边缘国家的欠发达现象，并把欠发达归咎于外部原因。依附理论文献丰富，支派众多，但尚没有系统的理论表述和完整的理论结构。在现代化理论谱系中，依附理论的地位和作用是有争议的。历史经验表明，不同国家不太可能齐步走，世界现代化过程必然伴随发达和欠发达现象。发达国家是现代化国家，欠发达国家是非现代化国家。既然欠发达现象是现代化的一个客观事实，那么，关于欠发达现象的理论解释，作为经典现代化理论的一个分支理论，应该说是可以成立的。当然，它们是分别发展的。

(8) 世界体系理论

世界体系理论是 20 世纪 70 年代兴起的一种有广泛影响的理论。它试图用中心—半边缘—边缘地区的依附关系、世界劳动分工和阶级冲突等变量来分析世界体系的历史演变，从而解释 16 世纪以来的世界发展史。世界体系理论的代表人物包括沃勒斯坦和霍普金斯等。关于世界体系理论与现代化理论的关系，没有统一认识。现代化理论和世界体系理论都试图解释过去 300 年的世界史，经典现代化理论是从国家层次上解释的，世界体系理论是从世界体系层次解释的。现代化是一个世界运动，必然导致世界体系的变化，世界体系的变化必然影响国家的现代化，但是，经典现代化理论本身缺乏世界体系层次的分析。考虑到现代化过程必然导致世界体系的变化，建立关于现代化过程的世界体系的理论解释，作为经典现代化理论的一个分支理论是可以理解的。当然，它们是独立发展的。

(9) 全球化理论

全球化理论是 20 世纪 90 年代引起广泛关注的一种理论。迄今为止，关于全球化没有统一定义。狭义理解，全球化是经济活动的全球联系和相互依赖的扩展。广义理解，全球化是经济、政治、文化、社会和环境等领域进行的、复杂的国际化过程。当国际化达到一定程度时，比如说超过 50%的国家介入国际化过程的时候，这就是真正的全球化。全球化是一个国际联系日益扩展的历史过程。全球化理论是关于全球化现象的理论解释的一个集合。考虑到现代化过程是一个全球过程，全球化是现代化的一个伴生现象，把全球化理论理解成现代化理论的一个专题理论是可以接受的。当然，它们之间没有硬性关系，而是各自发展的理论。

(10) 继续现代化理论

继续现代化理论是 20 世纪 90 年代德国社会学家提出的一种学术思想。德国学者查普夫认为，后物质主义社会、后工业社会、后现代社会、信息社会、风险社会、感性社会等概念在语义上都没有像"现代社会"这个概念更具有生命力，经过冲突论和创新论"淬火"的现代化理论是解释世界现在和未来发展的合适的理论模式；现代社会的继续现代化包括技术和社会创新，包括容纳、价值普遍化、分化和地位提高的社会变迁机制，包括方向恒定和结构改善这两重含义(查普夫，2000)。

3. 现代化理论的基本原理

在现代化理论的大家庭里，不同理论所包含的原理有所不同。这里以第二次现代化理论为例，介绍现代化理论的基本原理。1998 年以来，第二次现代化理论研究取得一批研究成果，出版学术著作 16 部，包括《第二次现代化丛书》7 本、《中国现代化报告》9 本等。第二次现代化理论包括一般理论、分阶段理论、分层次理论和分领域理论等。下面简介第二次现代化理论的 20 个基本概念。

其一，现代化的实质：现代化指 18 世纪工业革命以来人类文明的一种变化。

其二，现代化的内涵：现代化是现代文明的形成、发展、转型和国际互动的复合过程，是文明要素的创新、选择、传播和退出交互进行的复合过程，是不同国家追赶、达到和保持世界先进水平的国际竞争。

其三，现代化的外延：现代化包括 18 世纪以来人类生活、结构、制度和观念的现代化，包括 18 世纪以来不同阶段、不同层次、不同领域和方面的现代化。

其四，现代化的标准：一般而言，现代化是文明发展、文明转型和国际互动的交集，但并非所有的文明变化都属于现代化，只有满足现代化标准的变化才属于现代化。现代化大致有三个判断依据：有利于生产力的解放和提高，有利于社会的公平和进步，有利于人的自由解放和全面发展；在第二次现代化过程中，三个标准需要略有调整：有利于生产力的解放和提高又不破坏自然环境，有利于社会的公平和进步又不妨碍经济发展，有利于人的自由解放和全面发展又不损害社会和谐。

其五，现代化的背景：现代化是人类文明的最新篇章；人类文明进程的周期表、坐标系和路线图等，可以用来分析世界和国家现代化的历史背景。

其六，现代化的阶段：在 18～21 世纪期间，现代化分为两大阶段。第一次现代化是从农业文明向工业文明的转变，包括从农业经济向工业经济、农业社会向工业社会、农业政治向工业政治、农业文化向工业文化的转变等。第二次现代化是从工业文明向知识文明的转变，包括从工业经济向知识经济、工业社会向知识社会、工业政治向知识政治、工业文化向知识文化、物质文化向生态文化的转变等。

其七，现代化的特点：现代化既有共性也有个性，既有一般规律又有多样性。现代化过程的 20 个共性特点是：长期性、阶段性、不同步性、不均衡性、可预期性、多路径、路径依赖性、非线性、互动性、系统性、竞争性、革命性、多样性、复杂性、全球性、进步性、适应性、可逆性、副作用和成本性等。

其八，现代化的原理：现代化遵循 10 个一般原理，它们分别是：进程不同步、分布不均衡、结构稳定性、地位可变迁、行为可预期、需求递进、效用递减、路径可选择、状态不重复和中轴转变原理等。

其九，现代化的结果：国家层次的结果主要是现代性、特色性和多样性的形成，包括劳动生产率和生活质量提高，社会进步，政治民主，文化多元，环境变化，个人全面发展，国家水平达到和保持世界先进水平等。国际体系层次的结果是国际体系和国家地位的变化，包括国际结构相对稳定，国家地位变化较大，国际分化和国家分层，欠发达国家相对贫困化等。

其十，第一次现代化的结果：第一现代性的形成和普及，特点包括：工业化、城市化、民主化、科层化、制度化、理性化、世俗化、市场化、标准化、专业化、集中化、分化与整合、流动化、福利化、高效化、非农业化(农业比例下降)、现代科学和能源、大众传播和普及义务教育等;副作用包括环境污染、贫富分化和周期性经济危机等;部分传统价值持续存在并发挥作用,如文化遗产的作用等。

十一,第二次现代化的结果:第二现代性的形成和普及,目前特点包括:知识化、信息化、服务化、网络化、数字化、智能化、全球化、创新化、个性化、多元化、分散化、绿色化、生态化、非物质化(物质和能源密度下降)、非工业化(工业比例下降)、郊区化、城乡平衡、终身学习和普及高等教育等;副作用包括信息鸿沟、网络犯罪、国际风险和国际不平等扩大等;部分传统价值持续存在并发挥作用。

十二,现代化的国家目标:从政策角度看,第一个目标是国家进步目标:提升劳动生产力和生活质量、促进社会的公平和进步、促进人的自由解放和全面发展;第二个目标是国际地位目标:追赶、达到或保持世界先进水平。发达国家的政策目标是保持世界先进水平。发展中国家的政策目标是追赶和达到世界先进水平。

十三,现代化的动力要素:创新、竞争、适应、交流、国家利益和市场需求等。

十四,现代化的动力模型:创新—选择—传播—退出的超循环、创新驱动、双新驱动、双轮驱动、联合作用、复合互动、创新扩散、创新溢出、竞争驱动和生产力函数等。

十五,现代化的路径:现代化具有路径依赖性。21 世纪的三条基本路径分别是第二次现代化路径、追赶现代化路径和综合现代化路径。还有多种细分路径。综合现代化路径是两次现代化的协调发展,并迎头赶上第二次现代化的世界先进水平。

十六,现代化的模式:现代化具有模式多样性,要素组合至少有 56 种模式。第一次现代化、第二次现代化和综合现代化的组合模式各有不同。例如,工业化优先、民主化优先、知识化优化、信息化优先、追赶工业化和新型工业化模式等。

十七,现代化的分阶段理论:第一次现代化、第二次现代化和综合现代化。

十八,现代化的分层次理论:世界、国际、国家、地区、机构、个体现代化。

十九,现代化的分领域理论:经济、社会、政治、文化、个人、生态现代化。

二十,现代化的分部门研究:农业、工业、教育、科技、金融、国防现代化等。

本报告还简要讨论了不同现代化理论的政策含义。

三、中国现代化的事实和前景

实现现代化是中华民族几代人的追求和梦想,是中国 21 世纪的奋斗目标。从 19 世纪 40 年代到 21 世纪末的 260 年,是中国人民为实现现代化而奋斗的 260 年。我们已经奋斗了 160 年,已经从欠发达国家晋级初等发达国家;我们还需要奋斗约 100 年,从初等发达国家晋级中等发达国家,然后晋级发达国家,全面实现现代化。下面简要介绍中国现代化的 20 个事实、20 个前景和 10 个历史启示。

1. 中国现代化的基本事实

中国现代化是世界上人口规模最大的现代化,中国现代化的复杂性和艰巨性超过目前发达国家的总和。关于中国现代化的事实分析，不可能面面俱到。下面讲到的 20 个事实，只是中国现代化的客观事实的部分内容。

其一，中国现代化的起点：大约为 19 世纪中期(1840～1860 年)。

其二，中国现代化的终点：现代化是动态的，目前尚不能确定它的终点。

其三，中国现代化的历史：现代化起步、局部现代化、全面现代化三个阶段。

其四，中国现代化的特点：世界上人口规模最大的国家现代化。

其五，中国现代化的性质：第一次现代化，目前包含第二次现代化的部分要素。

其六，中国现代化的类型：后发型现代化、追赶型现代化。

其七，中国现代化的模式：在多数时期，采用工业化优先模式。

其八，中国现代化的起步：大约比先行国家晚了 100 年。

其九，中国现代化的追赶：已经从欠发达国家晋级为初等发达国家。

其十，中国现代化的速度：在过去 15 年(1990～2005 年)第二次现代化指数年均增长率 3.5%，超过世界平均值。

十一，2006 年现代化阶段：第一次现代化的成熟期。

十二，2006 年现代化水平：初等发达国家水平，距离发达国家的差距比较大。

十三，2006 年现代化排名：第二次现代化指数世界排名第 70 位(131 国排名)。

十四，2006 年现代化程度(Ⅰ)：第一次现代化已经完成 4/5。

十五，2006 年现代化程度(Ⅱ)：第二次现代化水平约为发达国家的 2/5。

十六，2006 年现代化差距：人均国民收入的最大国际差距约为 30 倍。

十七，六个领域的现代化：经济和生态现代化水平比较低，仍为欠发达水平。

十八，中国现代化的分布：北方和南方水平相当，西部水平较低。

十九，中国地区的现代化(Ⅰ)：2006 年北京等 4 个地区进入第二次现代化。

二十，中国地区的现代化(Ⅱ)：2006 年北京和上海部分指标接近意大利水平。

2006 年中国现代化的突出特点是两次现代化并存和分布不平衡，多数地区处于第一次现代化，少数地区已经进入第二次现代化，并已接近发达国家水平的底线。

2. 中国现代化的前景素描

中国现代化的前景受自身努力和国际环境的共同影响。如果 21 世纪不发生重大危机，如果按 1990～2005 年的年均增长率估算，可以大致勾画中国现代化的前景。

其一，中国现代化的目标(Ⅰ)：2050 年左右基本实现现代化。

其二，中国现代化的目标(Ⅱ)：21 世纪末全面实现现代化。

其三，中国现代化的水平(Ⅰ)：2020 年左右完成第一次现代化。

其四，中国现代化的水平(Ⅱ)：2040 年左右超过世界平均水平。

其五，中国现代化的水平(Ⅲ)：21 世纪末达到世界先进水平。

其六，中国现代化的排名(Ⅰ)：2020 年左右进入世界前 60 名。

其七，中国现代化的排名(Ⅱ)：2050 年左右进入世界前 40 名。

其八，中国现代化的排名(Ⅲ)：21 世纪末进入世界前 20 名。

其九，中国现代化的阶段（Ⅰ）：2020年左右进入第二次现代化。

其十，中国现代化的阶段（Ⅱ）：21世纪末完成第二次现代化。

十一，中国现代化的概率：依据世界经验，21世纪晋级发达国家的概率约4%。

十二，中国现代化的路径：可以选择综合现代化路径（运河战略）。

十三，中国现代化的追赶：21世纪后期有可能赶上美国等发达国家。

十四，中国的经济现代化：21世纪后期晋级经济发达水平。

十五，中国的社会现代化：21世纪末晋级社会发达水平。

十六，中国的国际现代化：2050年左右国际竞争力进入世界前列。

十七，中国的文化现代化：21世纪后期文化生活现代化晋级发达水平。

十八，中国的人的现代化：2050年左右人类发展指数晋级发达水平。

十九，中国的生态现代化：21世纪末生态现代化晋级发达水平。

二十，中国的地区现代化：21世纪末过半地区晋级发达水平。

根据邓小平同志的“三步走”发展战略，中国将在2050年左右达到中等发达国家水平。如果按1990～2005年的年均增长率估算，中国有可能在2040年左右达到中等发达国家水平。中国现代化的第三步战略目标有可能提前10年左右实现。

如果实现第三步战略目标，2050年中国现代化水平大体如下：

其一，经济现代化：人均年收入超过2万美元，关键经济指标的排名进入世界前40名。

其二，社会现代化：养老和医疗保险覆盖率达到100%，城市化率和信息化率达到80%左右。

其三，政治现代化：建成民主、自由、平等和高效的政治文明，国际竞争力的排名进入世界前10名。

其四，文化现代化：文化生活超过世界平均水平，文化创新能力的关键指标的排名进入世界前20名。

其五，人的现代化：大学普及率超过80%，平均预期寿命超过80岁，人类发展指数的排名进入世界前20名。

其六，生态现代化：经济增长与环境退化完全脱钩，人居环境质量基本达到主要发达国家水平。

中国现代化是世界现代化的组成部分，可以借鉴国际经验。如果按照世界现代化的历史经验估算，中国21世纪末晋级发达国家的概率约为4%。这说明如果完全依靠国际经验，中国现代化的前景并不乐观。21世纪中国人口将达到14亿左右；如果中国成为发达国家，将极大地改变世界人口结构。可以预见，中国现代化面临的国际压力将是空前的。中国需要加强现代化研究，寻求现代化的高效路径，大幅度降低现代化的成本和阻力，提高国家创新能力和实现现代化的概率。

3. 中国现代化的历史启示

在过去160年里，中国现代化的经验和教训是深刻的，中国现代化的成绩是有目共睹的，可以给人许多启示。其中，比较重要的启示有如下几点。

(1) 中国现代化是一种后发追赶型现代化

中国现代化的启动不是自发的，而是被迫的。这是现代化后发国家的一种普遍现象。这种现代化，学习和借鉴先行国家的知识和经验非常重要，但不可能重复先行者的老路，因为两者的国际环境和自身条件差别很大。

(2) 中国现代化遵循世界现代化的基本规律

中国现代化包含现代文明的形成、发展、转型和国际互动，包括文明要素的创新、选择、传播和退出，包括国际竞争和地位变化等，这些都是现代化的基本内涵。所以，现代化的基本原理同样适用于中国。一般而言，现代化既有共性原理，也有国家和领域的多样性。中国现代化既要遵循基本规律，也要适当保持自己的个性。

(3) 中国现代化进程既有重大失误，也有成功案例

从 18 世纪到 20 世纪的 300 年里，中国现代化错失了不少重大机遇，但也有一些成功事例。错失的机遇主要包括：1793 年第一次工业革命扩散、1840～1860 年第二次工业革命启动、1895 年第二次工业革命扩散和 1945～1970 年的第三次产业革命（自动化和工业经济的黄金年代）等。成功的事例包括：1945 年联合国成立，中国加入联合国并成为联合国常任理事国；1970～2000 年期间第四次产业革命（信息化）、知识经济和第二次现代化兴起，与中国实行改革开放政策的时间大致重合等。失去机遇加速了中国的衰落，抓住机遇有利于中国的复兴。

(4) 中国现代化的任务超过发达国家总和，国际经验不足以解决中国问题

迄今为止，中国现代化是世界最大人口规模的现代化。2005 年 20 个发达国家的总人口约 8.2 亿，西欧 12 个国家约 3.3 亿，美国约 3 亿，日本约 1.3 亿，中国约 13 亿。从人口规模的角度看，中国现代化的任务超过发达国家的总和，是西欧 12 个国家的 4 倍多，是美国的 4 倍多，是日本的 10 倍。在世界现代化的先行国家之中，没有一个国家具有中国的人口规模，没有一个国家具有中国的悠久历史。中国现代化的复杂性和艰巨性是前所未有的。世界现代化的先行国家的国际经验，不足以解决中国问题，中国现代化面临更多的挑战，需要深入的研究和大量的创新。

(5) 中国现代化面临双重压力，需要选择适合自己的路径

世界现代化进程分为第一次和第二次现代化。世界现代化是非线性的，第二次现代化是对第一次现代化的部分继承和发展、部分否定和转向。目前世界现代化是两次现代化并存。发达国家已经进入第二次现代化，发展中国家处于第一次现代化，但多少受到第二次现代化的影响。中国第一次现代化尚没有完成，但已经包含第二次现代化的要素，部分地区已经进入第二次现代化。中国面临完成第一次现代化的压力和加快进入并努力完成第二次现代化的压力。这是发达国家所没有面临的挑战。中国现代化只能选择适合自己的路径，综合现代化的运河战略将是一个合理选择。

(6) 中国现代化面临资源挑战，需要拓展国际空间

现代化建设需要物质资源。迄今为止，实现现代化的人口大约为 10 亿。10 亿人口的现代化已经对世界资源和环境造成巨大压力。如果中国13亿人口要实现现代化，如果扣除知识经济对物质资源的替代效应，它对世界资源和环境的压力也是不可低估的。中国需要大力改善自己的国际环境，扩展自己的国际空间。

(7) 中国现代化不能忽视制度和观念现代化

世界现代化不仅包括生活和结构的现代化，也包括制度和观念的现代化。在知识经济时代，知识、制度和观念的现代化更为重要。在过去的100多年里，在许多时候中国现代化的模式大体属于工业化优先模式；从洋务运动以来，物质和技术层面的现代化受到持续重视，这是比较合理的；但是，制度和观念的现代化则波澜起伏，摇摆不定。制度和观念现代化滞后的负面效应，会随着物质和技术现代化的推进而逐步显露，逐步成为影响中国现代化成败的关键因素。重视制度和观念现代化，已经成为不可回避的战略选择。

中国社会的封建观念历史悠久，消除封建意识的任务非常艰巨。如果不彻底消除封建观念，如果不真正解放思想和实事求是，中国现代化就难以完成。

(8) 中国现代化不能忽视地区差距和文化多样性

世界现代化具有进程不同步性和多样性。在现代化过程中，地区和贫富差距的扩大是一种自然现象。但是，要实现现代化，就需要把地区和贫富差距控制在最小范围内。目前，中国地区和贫富差距还在扩大。中国是一个多民族国家，不同民族的文化具有不同特点。文化现代化是一种世界潮流，文化多样性同样是一种世界趋势。中国现代化需要理性面对发展不同步性和文化多样性，在发展先进主流文化的同时，尊重和保护文化多样性，缩小地区和贫富差距，建设和谐社会。

(9) 中国现代化的政策目标需要与时俱进

在20世纪50年代早期，中国现代化的政策目标是建设工业化强国。在20世纪60～70年代，中国现代化的政策目标是实现“四个现代化”，包括农业现代化、工业现代化、国防现代化和科学技术现代化。在20世纪80年代，中国现代化的政策目标是“三步走”战略目标，1990年人均国民收入比1980年翻一番，2000年人均国民收入比1990年翻一番，2050年前后达到中等发达国家水平，基本实现现代化。在21世纪，中国现代化的政策目标包括，在2050年左右基本实现现代化，在21世纪末全面实现现代化。全面实现现代化，不仅要求国家整体水平达到世界先进水平，而且要求实现六个领域的现代化，包括经济现代化、社会现代化、政治现代化、文化现代化、人的现代化和生态现代化。

(10) 中国现代化既是一种世界潮流，也是一种民族复兴

在1700～2100年期间，中国的国际地位经历下降和上升两个阶段，从相对衰落走向伟大复兴。1700年中国人均GDP(PPP)排名世界第18位(如果爱尔兰和希腊不参加排名，中国排第16位)。按照过去15年的年均增长率估算，2100年中国现代化水平的排名有可能进入世界前20名。如果说18和19世纪是中国衰落的200年，那么，20和21世纪将是中国复兴的200年。21世纪将是中国复兴的伟大世纪。

四、世界现代化的人类发展评价

在世界现代化研究中，人的现代化研究是现代化研究的一个重要领域，人的现代化评价是现代化评价的一个重要内容，人类发展水平的定量评价可以作为人的现代化的定量评价的一个重要指标。人类发展评价可以与现代化评价相协调。

联合国开发计划署 1990 年推出的人类发展指数，比较适合第一次现代化过程的个人现代化，能够反映工业经济时代的人类发展水平。人类发展指数可衡量一个国家在人类发展的三个基本方面的平均成就：健康长寿、知识和体面的生活水平。

为适应第二次现代化和知识经济的世界潮流和时代需要，我们提出了“新人类发展指数”，并完成 1980～2007 年世界 131 个国家和 1990～2007 年中国 34 个地区的新人类发展指数评价。新人类发展指数可衡量一个国家或地区在人类发展的五个方面的平均成就：健康长寿、知识普及、信息共享、环境优美和富裕生活（优质生活）。

2007 年新人类发展指数的世界前 10 名国家是：挪威、芬兰、荷兰、丹麦、瑞典、美国、韩国、瑞士、英国和新西兰。

2007 年中国新人类发展指数排世界第 63 位。1980 年中国新人类发展指数排世界第 91 位。改革开放以来，在过去 27 年里，中国的世界排名上升了 28 位。

2007 年中国内地地区的新人类发展指数的前 10 名地区分别是北京、上海、天津、浙江、江苏、广东、山东、辽宁、福建和河北。

五、世界和中国现代化评价

世界现代化指数反映世界 131 个国家、不同组国家和世界平均的现代化水平，包括世界第一次现代化程度、第二次现代化指数和综合现代化指数。它体现世界现代化在经济、社会、文化和环境等领域的综合水平。

1. 2007 年世界现代化水平

2007 年，美国等 29 个国家已经进入第二次现代化，约占国家样本数的 22%；波兰等 35 个国家全面完成第一次现代化，巴西等 27 个国家基本实现第一次现代化，全面完成和基本实现第一次现代化的国家约占国家样本的 50%。

2007 年，瑞典等 21 个国家属于发达国家，希腊等 25 个国家属于中等发达国家，中国等 36 个国家属于初等发达国家，印度等 49 个国家属于欠发达国家。

2007 年，第二次现代化指数排世界前 10 名的国家是：美国、瑞典、丹麦、芬兰、日本、挪威、韩国、瑞士、德国、比利时。

2. 2007 年中国现代化水平

2007 年中国属于初等发达国家。2007 年中国第一次现代化程度为 87%，第二次现代化指数为 42，综合现代化指数为 38，在 131 个国家中分别排第 70 位、第 63 位和第 78 位。2007 与 2006 年相比，中国第二次现代化指数排名提高 7 位，第一次现代化程度和综合现代化指数排名分别下降了 2 和 3 位。

3. 2007 年中国地区现代化水平

2007 年，中国内地地区发展不平衡；北京进入第二次现代化，其他内地地区都处于第一次现代化；根据第二次现代化指数分组，北京等 7 个地区为发达地区或中等发达地区，山东等 24 个地区为初等发达地区。根据综合现代化指数分组，2007 年贵州等 2 个地区仍然为欠发达地区。

2007 年，中国内地地区现代化的前沿水平已经接近发达国家的底线，部分指标达到发达国家的底线。例如，北京和上海的部分指标接近或达到意大利和西班牙的水平。2007 年中国华东和华北沿海地区现代化水平已经达到或超过世界平均水平。

2007 年中国香港、澳门、台湾都进入第二次现代化，第二次现代化指数都超过中等发达水平，其中，台湾和澳门第二次现代化指数的数值达到世界发达水平。

4. 2008 年中国第一次现代化实现程度

2008 年中国第一次现代化程度约为 90%；上海和北京第一次现代化程度约为 100%；天津等 9 个地区第一次现代化程度约为 90%～98%，吉林等 16 个地区第一次现代化程度约为 80%～89%，广西等 4 个地区第一次现代化程度约为 75%～79%。

2008 年如果北京、天津、上海、香港、澳门和台湾不参加排名，第一次现代化程度排名前 10 位的地区分别是：浙江、广东、江苏、福建、辽宁、山东、重庆、湖北、吉林、内蒙古。

历史是人类创造的，未来是人类谱写的。在 18 世纪以前，中华民族创造了辉煌历史；在欧洲中世纪的千年里(约公元 500～1500 年)，中国走在世界前列；18 世纪是世界现代化的分水岭，随着工业文明的崛起，中国农业文明逐步走向衰落；在 19～20 世纪期间，中国成为世界工业文明的落伍者。在农业文明时代，中华民族是农业文明的一个创造者；在工业文明时代，中华民族是工业文明的一个学习者；在知识文明时代，中华民族将成为知识文明的开拓者。21 世纪将是中华文明全面振兴的世纪，将是中华民族伟大复兴的世纪。让我们携手迈向中华复兴的新纪元。

中国现代化战略研究课题组　中国科学院中国现代化研究中心

2009 年 10 月 26 日

上　篇

世界现代化概览

没有一个伟大民族会人云亦云，

没有一个伟大国家会墨守成规。

古往今来，每一个伟大民族和国家都会努力争取：

用自己的智慧透视世界；用自己的创新推动世界；

用自己的文化丰富世界；用自己的文明造福世界。

如果从18世纪60年代算起，世界现代化已经有约250年历史；如果把时间定格在21世纪末，世界现代化进程将持续340年。在过去的两个半世纪里，现代文明和国家的形成、发展、转型和互动，塑造了世界现代化的历史和现状；在21世纪里，世界现代化将继续多姿多彩（图一）。前几本《中国现代化报告》分别讨论了地区现代化、经济现代化、社会现代化、生态现代化、国际现代化和文化现代化等，本报告专题讨论世界现代化。通过概要分析世界现代化的历史进程、基本原理和未来前景，勾画一幅世界现代化的素描，探讨21世纪中国现代化的前景。大千世界复杂多变，科学探索没有止境。希望我们的研究，能给大家一个新的起点。

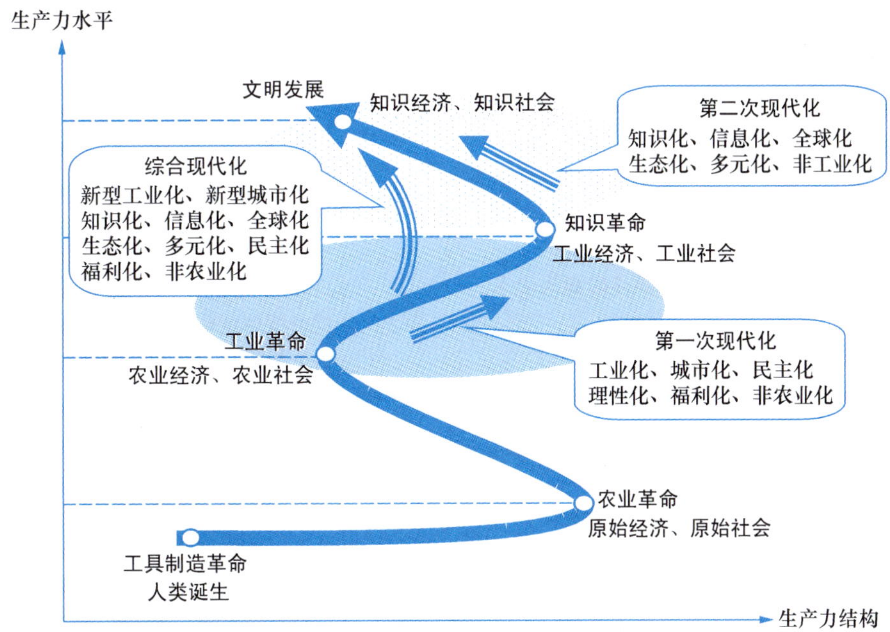

图一　人类文明和世界现代化的路线图

资料来源：何传启，2003.

注：人类文明中轴发生了三次转换，形成四个时期，每个时期文明结构不同。坐标横轴为生产力结构，纵轴为生产力水平。横轴刻度：原始社会时期为农业与狩猎采集劳动力之比，农业社会时期为狩猎采集与农业劳动力之比，工业社会时期为工业与农业劳动力之比，知识社会时期为物质产业与知识产业劳动力之比。圆圈代表工具制造革命、农业革命、工业革命和知识革命（包含信息革命和生态革命）等。

第一章　世界现代化的事实和前景

- 世界现代化的研究方法
  - 世界现代化研究的基本概念
    - 现代化研究的基本概念
    - 世界现代化研究的研究对象
    - 世界现代化研究的内容和目的
  - 世界现代化的多维分析方法
    - 现代化研究的方法论
    - 世界现代化研究的方法论
    - 世界现代化研究的主要挑战
  - 世界现代化的坐标分析方法
    - 现代化研究的坐标分析
    - 世界现代化研究的坐标分析
    - 世界现代化研究的分析指标
- 世界现代化的历史进程
  - 世界整体的现代化进程
    - 世界整体现代化的过程分析
    - 世界整体现代化的时序分析
    - 世界整体现代化的截面分析
  - 世界六个领域的现代化进程
    - 六个领域现代化的过程分析
    - 六个领域现代化的时序分析
    - 六个领域现代化的截面分析
  - 世界范围的国家现代化进程
    - 国家现代化的过程分析
    - 国家现代化的时序分析
    - 国家现代化的截面分析
- 世界现代化的客观现实
  - 世界整体的现代化水平
    - 世界整体现代化的阶段
    - 世界整体现代化的水平和速度
    - 世界整体现代化的宏观结构
  - 世界六个领域的现代化水平
    - 六个领域现代化的阶段
    - 六个领域生活现代化的水平
    - 六个领域结构现代化的水平
  - 世界范围的国家现代化水平
    - 国家现代化的阶段
    - 国家现代化的水平和速度
    - 国家生活和结构现代化的水平
- 世界现代化的前景分析
  - 世界整体的现代化的前景分析
    - 世界整体现代化的路径分析
    - 世界整体现代化的水平分析
    - 世界整体现代化的宏观结构
  - 世界六个领域现代化的前景分析
    - 六个领域现代化的路径分析
    - 六个领域现代化的前沿水平分析
    - 六个领域现代化的平均水平分析
  - 世界范围国家现代化的前景分析
    - 国家现代化的路径分析
    - 国家现代化的时间和水平分析
    - 生活和结构现代化的水平和差距

图 1-1　第一章内容提要

从18世纪60年代到21世纪末，世界现代化将持续340年，22世纪还会有新变化①。世界现代化研究可以以18世纪初为起点，可以从历史进程、客观现实和前景三个角度进行分析。现代化是一个非常复杂的世界潮流，现代化研究需要多学科和多维度的审视，需要循序渐进，不同学科和不同角度的研究可以相互补充和交叉检验。我们尝试从科学角度研究世界现代化。这种研究只是现代化研究的一个视角，并受到课题组目前认识水平的局限。

在过去的250万年里，地球上先后发生了四次意义深远的革命，它们分别是工具制造革命、农业革命、工业革命和知识革命（包含信息革命和生态革命），人类社会的发展前沿先后分别迈进原始社会、农业社会、工业社会和知识社会。现代化是18世纪工业革命以来人类文明的一种深刻变化，是现代文明的形成、发展、转型和国际互动的复合过程。本章采用人类社会和六个领域的分析结构（图1-2），专题讨论世界现代化的历史和现实，并展望它的未来。

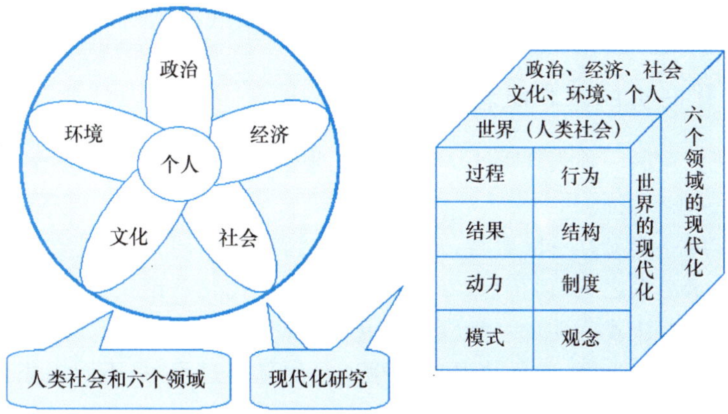

图1-2　人类社会和世界现代化的分析结构示意图

注：人类社会是一个有机整体，社会分化是社会进步的一种表现形式。关于人类社会的科学研究，大致可以分为六个主要研究领域：经济、社会、政治、文化、环境和个人等。六个领域是并行的，它们既相对独立又相互交叉。关于现代化没有统一定义②。本图的分析结构，是本报告的一种操作性界定；也许它并不完备，但作为一个分析框架，仍有意义。

第一节　世界现代化的分析方法

世界现代化有两种含义：世界层面的现代化、世界范围的现代化。关于"世界层面和世界范围的

---

① 关于世界现代化的起点主要有三种观点。其一，16～17世纪的科学革命；其二，17～18世纪的启蒙运动；其三，18世纪的英国工业革命和法国大革命。关于启蒙运动的时间主要有两种观点：1680～1820年、1700～1790年。关于英国工业革命起步的具体时间有几种观点，大致时间是18世纪60年代。

② 关于现代化没有统一定义。(1) 经典现代化理论认为，现代化是人类社会的一种深刻变化，是从传统社会向现代社会的转变。这种定义容易引发两个困惑。首先，"现代化"与"社会现代化"的关系。一般而言，现代化是人类社会的现代化，社会现代化是社会领域的现代化。人类社会是一个"大概念"，社会领域是一个"小概念"，社会领域是人类社会中的一个研究领域。在部分学术文献和日常生活里，"人类社会"和"社会领域"常常都被简称为"社会"，而且常常没有明确的说明。例如，农业社会和工业社会指人类社会的两种社会形态，社会政策和社会观念指社会领域的政策和观念。如果没有区分两者的差别，就容易混淆"现代化"与"社会现代化"的差别。其次，"现代"概念的时间和性质含义的关系。一般而言，"现代"(modern)有两种含义：表示时间，指大约公元1500年以来的历史时间；表示性质，指现代的、当前的、新近的。在现代化研究文献中，"现代"是一个性质概念，经常用来指发达工业文明国家的典型特征。如果把"现代"理解为一个时间概念，那么，16世纪以来的社会都是"现代社会"，当前的社会都是"现代社会"。如果把"现代"理解为一个性质概念，那么，16世纪以来的社会并不都是"现代社会"，而是"传统社会"与"现代社会"并存；具有工业文明特征的社会才是"现代社会"。在部分学术文献和日常生活中，人们使用"现代"概念的时候，常常没有明确说明。(2) 第二次现代化理论认为，现代化是人类文明的一种深刻变化，是现代文明的形成、发展、转型和国际互动的复合过程。人类文明指大约公元前3500年以来人类社会的成就的总和。

现代化"的科学研究，可以简称为世界现代化研究①。世界现代化的分析方法非常丰富，包括定性和定量分析、时序和截面分析、案例研究、过程分析和理论分析等。本章的研究对象是世界整体的现代化、世界六个领域的现代化和世界范围的国家现代化(表 1-1)。

表 1-1 现代化研究的研究单位和研究范围的结构矩阵

		研究范围(scale)		
		世界范围(全球范围)	国家范围	地区范围
研究单位(unit)	世界	世界层面的现代化	—	—
	国家	世界范围的国家现代化	某国的国家现代化	—
	地区	世界范围的地区现代化	某国的地区现代化	某地的地区现代化

注：世界层面的现代化是以世界为单位的现代化，包括世界整体的现代化和世界六个领域的现代化等。

一、世界现代化研究的基本概念

世界现代化是现代化的一种表现形式。世界现代化研究是现代化研究的一个组成部分。

1. 现代化研究的基本概念

关于现代化没有统一定义。一般而言，现代化的内涵有基本词义、理论含义和政策含义之分，现代化的理论含义有学术流派之分(何传启，2003)。第二次现代化理论认为现代化的理论含义包括四层含义(表 1-2)：现代化是人类文明的一种深刻变化，是现代文明的形成、发展、转型和国际互动的复合过程，是文明要素的创新、选择、传播和退出交互进行的复合过程，是不同国家追赶、达到和保持世界先进水平的国际竞争。

表 1-2 现代化的理论含义

方面	现代化的基本含义
一种变化	现代化是 18 世纪工业革命以来人类文明的一种深刻变化，它包括现代文明的形成、发展、转型和国际互动、文明要素的创新、选择、传播和退出，它发生在经济、社会、政治、文化、环境和个人等领域
一个过程	现代化是一个长期的历史进程，在 18～21 世纪的 400 年里，现代化进程可以分为第一次和第二次现代化两大阶段，第一次现代化是从农业社会向工业社会、农业经济向工业经济的转变，第二次现代化是从工业社会向知识社会、工业经济向知识经济的转变，22 世纪还会有新变化
一种竞争	现代化是一场持续的国际竞争，是不同国家追赶、达到和保持世界先进水平的国际竞争
两个视角	现代化有国内和国际、绝对和相对两个视角，现代化的国内进程和水平提高是绝对现代化，现代化的国际比较和地位变化是相对现代化
一个表达式	现代化≈文明发展×文明转型×国际竞争和地位变化。现代化是现代文明的形成、发展、转型和国际互动的复合过程，是文明要素的创新、选择、传播和退出交互进行的复合过程

---

① 世界现代化研究有三种理解。第一种：狭义"世界现代化研究"指"世界层面的现代化"的科学研究。第二种：广义"世界现代化研究"指"世界层面和世界范围的现代化"的科学研究。第三种：泛指世界各国学者的现代化研究。2001～2009 年的 9 本《中国现代化报告》主要研究"世界范围的现代化"。其中，2001～2003 年的 3 本《中国现代化报告》研究"世界范围的国家现代化"，以国家为研究单位(131 个国家)；《中国现代化报告 2004》研究"世界范围的地区现代化"，以地区为研究单位(18 个国家 171 个地区)；《中国现代化报告 2008》研究"世界范围的国际现代化"(国家现代化与国际环境的相互作用)；2005～2007 年和 2009 年的 4 本《中国现代化报告》分别研究世界范围的经济、社会、生态和文化的现代化，以国家为研究单位。

从历史进程的角度看，现代化进程是一个四维过程，包括时间维（分阶段进行）、空间维（分层次和分国家进行）、领域维（分领域和分部门进行）和内容维（全方位进行）。现代化研究可以按四个维度进行，也可以多维度交叉。如果不考虑时间和空间维度，现代化研究一般包括现代化的整体研究、六个领域、四种要素和四个方面研究，它们组成一个结构矩阵（表 1-3）。其中，六个领域研究是相互交叉的，涉及许多部门（表 1-4）。现代化研究是高度交叉和综合的。

表 1-3　现代化研究的结构矩阵

要素和方面		领域和内容		
		文明（整体）	五个领域（经济、社会、政治、文化、个人）	环境（自然和国际环境）
		现代化	经济等五个领域的现代化	生态现代化、国际现代化
要素	生活与行为	生活现代化	五个领域的生活的现代化	生态和国际互动的行为的现代化
	结构与组成	结构现代化	五个领域的结构的现代化	生态和国际互动的结构的现代化
	制度与组织	制度现代化	五个领域的制度的现代化	生态和国际互动的制度的现代化
	观念与理论	观念现代化	五个领域的观念的现代化	生态和国际互动的观念的现代化
方面	过程与结果	现代化的过程与结果	五个领域的现代化的过程与结果	生态和国际现代化的过程与结果
	动力与模式	现代化的动力与模式	五个领域的现代化的动力与模式	生态和国际现代化的动力与模式

注：本表结构是一种操作性结构。也许它是不完备的，但作为一个分析框架，仍是有意义的。生态现代化是国家现代化与自然环境之间的良性互动（生态互动），国际现代化是国家现代化与国际环境之间的国际互动。

表 1-4　现代化研究的六个领域研究及其主要相关部门

部门	政治	经济	社会	文化	个人	环境（自然和国际环境）	
	政治现代化	经济现代化	社会现代化	文化现代化	人的现代化	生态现代化	国际现代化
政府	*						
国防	*						*
外交	*						*
立法	*						
司法	*						
农业		*				*	
工业		*				*	
服务业		*				*	
人口			*		*	*	*
卫生			*		*		
社保			*				
能源		*	*			*	
运输		*	*			*	
信息		*	*	*			
贸易		*		*			*
金融		*					
旅游		*	*	*	*	*	*
科技		*		*		*	*
教育			*	*	*		
文化				*	*		*
体育			*	*	*		*
环境						*	*

注：* 表示该领域现代化研究所涉及的主要部门。国际现代化属于“跨国层次”的现代化。

2. 世界现代化研究的研究对象

世界现代化进程也是一个四维过程。如果不考虑时间和空间维度，世界现代化研究一般包括世界现代化的整体研究、六个领域、四种要素和四个方面研究，它们组成一个结构矩阵（表 1-5）。经济等六个领域的研究分别包括各自的领域研究、亚领域、四种要素和四个方面研究。

表 1-5 世界现代化研究的结构矩阵

要素和方面		领域和内容		
		人类社会（人类文明）	世界经济、社会、政治、文化和个人	世界环境（自然和国际环境）
		世界整体的现代化	世界经济等五个领域的现代化	世界生态现代化、国际现代化
要素	生活与行为	世界生活的现代化	五个领域的生活的现代化	生态和国际互动的行为的现代化
	结构与组成	世界结构的现代化	五个领域的结构的现代化	生态和国际互动的结构的现代化
	制度与组织	世界制度的现代化	五个领域的制度的现代化	生态和国际互动的制度的现代化
	观念与理论	世界观念的现代化	五个领域的观念的现代化	生态和国际互动的观念的现代化
方面	过程与结果	世界现代化的过程与结果	五个领域的现代化的过程与结果	生态和国际现代化的过程与结果
	动力与模式	世界现代化的动力与模式	五个领域的现代化的动力与模式	生态和国际现代化的动力与模式

如果考虑时间和空间维度，世界现代化研究的研究对象还包括世界现代化的时间结构（第一次和第二次现代化）、世界现代化的空间结构和世界范围的现代化等（图 1-3）。

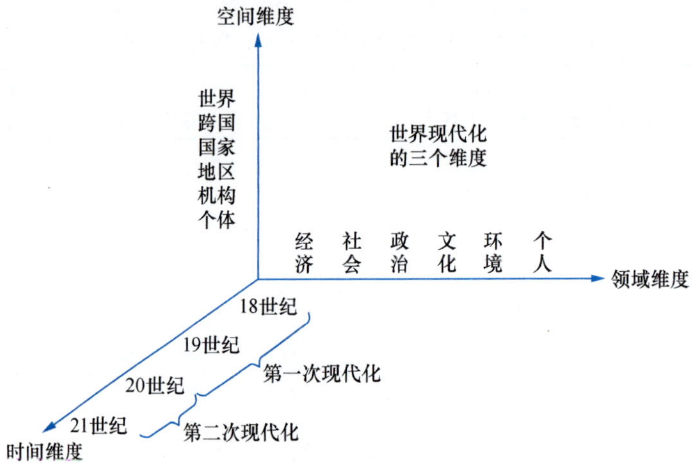

图 1-3 世界现代化的三个维度

3. 世界现代化研究的研究内容

世界现代化研究的研究内容与研究对象关系紧密，主要包括六个角度的研究（表 1-6）。本报告的研究重点是：世界现代化的基本事实和科学原理，以及世界和中国现代化的未来前景。

表 1-6 世界现代化研究的基本内容

序号	基本研究内容
1	世界现代化的四个方面（世界现代化的过程、结果、动力、模式）及其变化
2	世界现代化的四种要素（世界生活、结构、制度和观念的现代化）
3	世界现代化的领域结构（世界经济、社会、政治、文化、环境和个人六个领域的现代化）
4	世界现代化的宏观结构（地理结构、国际结构、人口结构、水平结构、世界前沿、世界末尾、国际差距）
5	世界现代化的各种因素的相互作用和历史经验
6	世界范围的现代化（世界范围的国家和地区现代化）等

4. 世界现代化研究的基本目的

世界现代化研究有两个主要目的：学术目的和政策目的。

从学术角度看，世界现代化研究是现代化研究的一个重要方面，它的研究目的是揭示世界现代化的基本事实、基本原理和历史经验，完善和丰富现代化理论的内涵。

从政策角度看，世界现代化是国家现代化的国际环境，世界现代化研究的目的是为国家现代化和国际现代化战略提供理论基础、历史借鉴和政策选择。

二、世界现代化的多维分析方法

现代化研究以国家为基本研究单位，它可以合理延伸到世界和地区层面(Martinelli，2005)。世界现代化研究的分析方法，可以采用现代化研究的分析方法，同时需要注意自己的特殊需要。世界现代化是一个多维度和多层次的复杂过程，需要多维度和多学科的研究方法。

1. 现代化研究的方法论

现代化研究，可以从不同角度进行。不同角度的现代化研究，有不同的价值取向(表 1-7)。从科学角度研究现代化，可以采用实证主义的研究方法，揭示现代化的客观事实和基本规律，建立客观的和没有偏见的因果模型。从人文角度研究现代化，可以采用阐释主义的研究方法，描述现代化的现象和意义，建构现代化现象的话语和理念。从政策角度研究现代化，可以采用现实主义的研究方法，归纳现代化现象的因果关系和价值导向，提出现代化的解释模型和政策建议。虽然经常看到这三种研究的相互批评，但实际上它们是相互补充的。

表 1-7　现代化研究的三种方法论

方面	实证主义	阐释主义	现实主义
核心观点	世界是客观存在的，世界是可以客观观察的，不存在无法观察的深层结构	世界不是“独立”存在的，世界是社会或话语建构的，“客观”的分析是不可能的	世界是“独立”存在的，任何观察都受到理论的过滤，存在无法观察的深层结构
研究目标	因果性的陈述，建立因果关系，规律性解释	关联性、意义的阐释，现象的意义、动机和表达	因果关系，无法直接观察的深层结构对结果的关键作用
研究对象	经验性问题，关于“是什么的”问题	规范性问题(意义和信念)，关于“应该是什么的”问题	现实性问题，表象与事实的两分
研究结果	因果关系，解释和预测模型，客观的，中性的	主观的判断，信念、观念和话语的建构，意义和阐释的建构	因果关系，阐释和理解会影响结果和结构
学术意义	科学价值：理解世界	人文价值：阐释世界	现实价值：认识和改变世界
学科特色	自然科学、社会科学	社会科学、人文科学	社会科学、政策研究等

参考资料：马什，斯托克，2006.

(1) 现代化研究的多维分析

现代化过程几乎发生在人类社会和人类文明的所有领域、各个层次和各个时空(表 1-8)。一般而言，研究方法应该与研究的对象、内容和目的相协调。研究对象的多维度决定了研究方法的多维度。具体而言，现代化研究的研究对象和内容，可以根据四个维度来决定。在空间维度上，可以选择不同单位层次和不同地理范围来进行研究。在时间维度上，可以选择不同的时间截点、时间跨度和现代化的阶段来进行研究。在领域维度上，可以选择不同领域、部门和专题来进行研究。在内容维度上，可以选择不同要素和方面进行研究。

表 1-8 现代化研究的维度

研究维度	研究内容	举例
空间	世界、国际、国家、地区、机构和个体的现代化	某国的现代化
时间	历史、现实、未来的现代化;某年、短期、中期、长期的现代化	21 世纪的现代化
领域	经济、社会、政治、文化、环境和个人的现代化	经济现代化
部门	农业、工业、金融、科技、教育、交通、政府的现代化	农业现代化
专题	管理、政策、法律、市场、城市、农村的现代化	管理现代化
要素和方面	四种要素(生活、结构、制度、观念)的现代化等 现代化的四个方面(过程、结果、动力和模式)等	制度现代化 现代化的结果

除了分维度研究,还可根据需要进行跨维度、多维度和交叉研究。交叉研究可以在维度内部和维度之间进行。例如,现代化的过程分析可以包括现代化的阶段、结果、动力和模式研究,现代化的结果研究(现代性研究)可以与时间维度研究交叉,不同时代有不同"现代性"等。

(2) 现代化研究的跨学科研究

现代化研究是一种跨学科的交叉研究,自然科学和社会科学的诸多研究方法,都可以作为它的研究方法。例如,观察模拟、经验分析、心理分析、假设论证、定量分析、定量评价、模型方法、理论分析、统计分析、定性分析、历史分析、过程分析、比较分析和案例研究等。

(3) 现代化研究的综合研究

现代化研究不仅需要单项分析,也需要多学科的综合研究。相对而言,自然科学强调实证分析和理论分析,社会科学强调案例分析和理性分析。现代化研究既要强调研究的实证性,又要保持研究的理论性,需要综合研究。《中国现代化报告》采用的"现代化研究的坐标分析方法"是以上述方法为基础的一种综合分析。后面将专题介绍现代化研究的坐标分析方法。

2. 世界现代化研究的方法论

世界现代化研究是现代化研究的一个重要方面,可以沿用现代化研究的方法论。世界现代化研究,可以从科学角度研究,采用实证主义的研究方法;可以从人文角度研究,采用阐释主义的研究方法;可以从政策角度研究,采用现实主义的研究方法。世界现代化研究,同样需要多维分析、跨学科研究和综合研究,包括现代化研究的坐标分析方法等。

(1) 世界现代化的历史进程研究

世界现代化的进程研究,一般可以采用实证主义、阐释主义和现实主义的研究方法。在《中国现代化报告》里,我们一般采用实证主义的研究方法,从科学角度进行研究,发现和归纳世界现代化进程的客观事实和历史经验。

世界现代化进程的实证研究方法非常丰富。例如,时间序列分析、历史截面分析、定量分析、定性分析、统计分析、过程分析、案例研究、经验分析和模型方法等。

(2) 世界现代化的客观现实研究

世界现代化的现实研究,一般可以采用实证主义、阐释主义和现实主义的研究方法。在《中国现代化报告》里,我们一般采用实证主义和阐释主义相结合的研究方法,从科学和人文角度同时进行研究,发现和解释世界现代化的客观事实,归纳和阐释世界现代化的典型特征。

世界现代化现状的研究方法,可以根据研究性质和需要进行选择。例如:比较分析、层次分析、截面分析、定量评价、定量分析、定性分析、理论分析、实地调查和案例研究等。

(3) 世界现代化的未来前景分析

世界现代化的未来前景研究,一般可以采用实证主义、阐释主义和现实主义的研究方法。在《中国现代化报告》里，我们一般采用现实主义和阐释主义相结合的研究方法，从政策和人文角度进行研究，根据世界现代化的基本原理、基本理念和变化趋势，预测世界现代化的未来前景，提出战略选择和政策建议。

世界现代化前景的研究方法，可以根据研究的性质和需要进行选择。例如：回归分析、趋势分析、线性外推、非线性外推、目标逼近、情景分析、专家预见和理论展望等。

3. 世界现代化研究的主要挑战

世界现代化研究面临一系列挑战，如认识论和方法论的挑战等。下面举两个例子。

(1) 比较分析面临的挑战

比较分析是现代化研究的一种基本方法。比较分析包含几个关键点：谁与谁比？比什么？比较标准是什么？如何比较？如果以国家为研究单位，可以进行纵向比较和横向比较。如果以世界为研究单位，比较分析就面临很大挑战。例如，世界是谁？谁代表世界？世界与谁比较？世界比较比较什么？比较标准是什么？世界比较如何进行？如果进行世界纵向比较（历史比较），现在的世界与过去的世界进行比较，相对容易进行。如果进行世界横向比较（现实比较），就更加的困难：现在的世界与谁比？如何比？世界整体水平如何界定？

(2) 阐释研究面临的挑战

阐释研究是现代化研究的一种常用方法。阐释研究包括几个关键点：应该是什么？有什么意义？有什么特点？动机和信念是什么？如果研究对象比较简单，阐释就相对容易。如果研究对象非常复杂，阐释就面临困难。例如，世界层面的现代化包括世界整体的现代化，世界生活、结构、制度和观念的现代化，世界经济等六个领域的现代化。假设每一个方面都有自己的特征，那么，如何阐释世界层面的现代化的综合特征？综合特征等于各个方面的特征的集合吗？

虽然现代化研究通常采用定性阐释，但如果没有定量分析，那么，现代化研究的科学意义就会受到影响。因为定性阐释常常是基于研究者的价值判断。个人的价值判断面临三个挑战：个人判断与社会现象的符合程度，学术共同体的接受程度，社会大众的接受程度。

三、世界现代化的坐标分析方法

现代化研究是一种跨学科的综合研究，它从自然科学和社会科学的研究工具库中寻求和利用有用的工具，同时建立自己的科学方法论。例如，第二次现代化理论建立了一种用“现代化坐标”研究和刻画现代化进程的方法，包括时间序列分析、截面分析、范式分析和变量分析等，简称为“现代化研究的坐标分析方法”。它可以用于世界现代化研究。

1. 现代化研究的坐标分析方法

现代化研究的坐标分析方法主要包括三个步骤和六个部分（表 1-9）。其中，三个步骤分别是：建立坐标系、变量分析和表达结果。六个部分包括：现代化的坐标体系、范式分析、进程评价、时序分析、截面分析、坐标图和路径图等。其主要特点是：时序分析与截面分析相结合，定量分析与定性分析相结合，分析方法和结果表达的模型化、图形化、数量化、系统性、实证性和科学性。三个步骤和六个部分相互关联和相互支持，形成世界现代化的连续的、系列的时间坐标图和截面分布图，从而相对直观和系统地刻画世界现代化的进程和分布。这种方法，可以应用到现代化研究的全部领域，当然可以用于世界现代化研究。

表1-9 现代化研究的坐标分析方法

序号	主要步骤	六个部分	注释
1	建立坐标系	现代化的坐标体系	确定坐标系的横坐标和纵坐标
2	变量分析	范式分析、进程评价、时序分析、截面分析	分析现代化的各种变量
3	表达结果	现代化坐标图和路径图	将分析结果标记到坐标系上

资料来源：中国现代化战略研究课题组等，2006.

首先，现代化的坐标体系。现代化的坐标体系是坐标分析的核心内容，它包括人类文明进程的时间表、文明和现代化的周期表、文明和现代化的坐标系、文明和现代化的路线图等。

文明和现代化的坐标系由横坐标和纵坐标组成。横坐标可以是历史时间、文明时间等，纵坐标可以是文明水平、现代化水平等。现代化的坐标系可以分为四类：现代化的基本坐标系、各个领域、各个层次和各个现代化指标的坐标系(表1-10)。

表1-10 现代化研究的坐标系

项目	基本坐标系	分领域的坐标系
纵坐标	文明水平、现代化水平等	经济、社会或文化的现代化水平、某个现代化指标水平等
横坐标	历史时间、文明时间等	历史时间、文明时间、经济时间、社会时间、社会生产力等

注：历史时间指自然的物理时间，文明时间指根据人类文明发展前沿的"历史时间轨迹"所标识的一种时间刻度，经济时间指根据世界经济发展前沿的"历史时间轨迹"所标识的一种时间刻度，其他依此类推。

其次，现代化的范式分析。现代化的范式包括基本范式(现代性、文明形态等)和人类社会各领域的范式(如经济形态、社会形态、政治形态和文化形态等)。关于现代性、文明形态和人类社会各领域的范式分析，可以成为现代化的坐标体系的基本变量。

其三，现代化的进程评价。现代化的进程评价包括世界现代化的一般评价、各个领域和各个层次的现代化评价等，可以是定量评价、定性评价或综合评价。

其四，现代化的时序分析。现代化的时序分析包括文明、现代性、现代化各个领域、各个层次和各种指标的时序分析。

其五，现代化的截面分析。现代化的截面分析包括文明、现代性、现代化各个领域、各个层次和各种指标的截面分析。

其六，现代化的坐标图和路线图。如果将现代化进程评价、时序分析、截面分析和范式分析的结果，标记在现代化的坐标系里，就可以构成现代化的坐标图、路线图等。现代化的坐标图和路线图，既有基本图，也有各个领域和指标的分解图，它们可以组成一个现代化的坐标图和路线图的系统，从而多层次、多角度、全方位地表征世界现代化的进程和分布。

2. 世界现代化研究的坐标分析方法

世界现代化研究，可以直接使用上述的坐标分析方法。世界现代化的坐标体系是坐标分析的核心内容，它包括文明时间表、文明周期表、世界现代化坐标系和路线图等(详见第二章)。世界现代化的坐标系由横坐标和纵坐标组成。

纵坐标的刻度：世界现代化分析变量的水平或轨迹。数据来自范式分析、时序分析、截面分析和定量评价的结果。世界现代化的综合变量的评价方法需要专门分析。

横坐标的刻度：历史时间、文明时间或国家水平分组等。文明时间指根据人类文明发展前沿的

"历史时间轨迹"所标识的一种时间刻度(表 1-11)。

表 1-11 文明时间与历史时间的对照表

文明时间	历史时间(大致时间)	文明时间	历史时间(大致时间)
原始文化时代	250 万年前～公元前 3500 年	工业文明时代	1763～1970 年
起步期	250 万年前～20 万年前	起步期	1770～1870
发展期	20 万年前～4 万年前	发展期	1871～1913
成熟期	4 万年前～1 万年前	成熟期	1914～1945
过渡期	1 万年前～公元前 3500 年	过渡期	1946～1970
农业文明时代	公元前 3500 年～公元 1763 年	知识文明时代	1970～2100 年
起步期	公元前 3500 年～前 500 年	起步期	1970～1992
发展期	公元前 500 年～公元 618 年	发展期	1993～2020
成熟期	公元 618 年～1500 年	成熟期	2020～2050
过渡期	1500 年～1763 年	过渡期	2050～约 2100

参考资料:何传启,1999.

在世界上,不同国家都采用统一的历史时间,但是,在同一历史时间,不同国家可能处于不同的文明时间。历史时间好比人的生物年龄,文明时间好比人的生理年龄。对于走在人类文明前列的国家,文明时间可能与历史时间是一致的;对于后进国家,文明时间与历史时间是不一致的。例如,2000 年,美国处于知识社会,许多非洲国家处于农业社会。

世界现代化的坐标分析还包括范式分析、进程评价、时序分析和截面分析等内容。关于世界现代化的进程评价将在第四章讨论,下面讨论范式分析、时序分析、截面分析和分析变量。

3. 世界现代化研究的范式分析方法

现代化是人类文明的一种深刻变化。人类文明的发展模式与现代化研究的关系非常紧密。现代化研究的范式分析,是以人类文明的基本类型(范式)为基础,分析人类文明的发展模式,建立现代化研究的一种整体分析框架。它是一种兼具实证性和阐释性的理论分析方法。

(1) 人类文明的基本类型和发展模式

迄今为止,人类文明大约有 5500 年历史,但文明没有统一的定义。从操作角度考虑,我们认为文明是公元前 3500 年以来人类发展成就的总和;人类成就可以用一系列指标来衡量,单个指标的发展水平反映单个文明要素的发展水平,全部指标的综合水平反映文明的综合水平。一般而言,文明研究可以分层次进行,如文明要素(指标)、文明类型、文明体系研究等。

研究人类文明的发展,需要回答几个问题。人类文明是一个整体还是一个集合?如果它是一个整体,它是如何发展的?如果它是一个集合,它的发展模式是什么?

首先,关于人类文明是一个整体还是一个集合,没有统一认识。

其次,假设人类文明是一个整体。如果人类文明是一个整体,那么,如何衡量人类文明的整体水平?如何研究人类文明的整体发展?这些问题需要专题研究。

世界发展非常不平衡。2006 年世界人口已经超过 65 亿,世界上的国家数量已经达到 190 多个;有些国家已经进入知识文明阶段,有些国家处于工业文明或农业文明阶段,有些少数民族部落仍然保持原始文化。文明发展具有不平衡性和多样性。谁代表人类文明的整体水平呢?

如何衡量"人类文明的整体水平",没有统一认识。我们认为,可以采用一组指标来反映人类文明的整体水平。这组指标主要包括:人类文明的平均水平(世界平均水平)、人类文明的前沿水平(发达国家的文明水平)和人类文明的末尾水平(欠发达国家的文明水平)。

采用“世界平均水平”代表“人类文明的平均水平”,符合统计学惯例。根据统计学惯例,国家发展水平一般用“国家内部平均水平”为代表,而不是用“国家内部最发达地区的水平”为代表。当然,“世界平均水平”没有反映人类文明发展的不平衡性和多样性。

采用“人类文明的前沿水平”作为衡量“人类文明的整体水平”的一个指标,能够部分反映人类文明发展的不平衡性。但是,如何确定“人类文明的前沿水平”?发达国家的文明水平能够代表“人类文明的前沿水平”吗?显然,这是一个有争议的话题,很难有统一认识。从操作角度考虑,在没有找到理想的解决办法的条件下,《中国现代化报告》暂时把“发达国家的文明水平”,作为“人类文明前沿水平”的主要代表。

采用“人类文明的末尾水平”作为衡量“人类文明的整体水平”的一个指标,也能够部分反映人类文明发展的不平衡性。但是,如何确定“人类文明的末尾水平”?这个问题大约有三种答案:欠发达国家的文明水平、最不发达国家的文明水平、原始部落的少数民族的发展水平。从操作角度考虑,我们把“欠发达国家的文明水平”,作为“人类文明末尾水平”的主要代表。因为,谁是最不发达国家是难以判断的,原始部落的原始文化尚不符合标准的文明定义。

如果以“人类文明的整体水平”为单位研究人类文明的整体发展,将是非常困难的。因为,“人类文明的整体水平”没有标准的衡量方法。采用一组指标来反映“人类文明的整体水平”,这种做法可能会引起争议。如果人类文明的整体水平的界定都有困难,那么,如何分析人类文明的整体发展呢?我们需要寻求和尝试其他的替代方案。

其三,假设人类文明是一个集合。如果人类文明是一个集合(不同文明的集合),那么,人类文明有哪些主要类型?人类文明的发展模式是什么?如何研究人类文明的发展模式?

关于文明的分类没有统一认识。例如,根据语言分类,不同语言代表不同文明;根据民族分类,不同民族有不同文明;根据国家分类,不同国家有不同文明,如中国文明、印度文明、日本文明、埃及文明、美国文明、英国文明和法国文明等;根据区域分类,不同区域有不同文明,如亚洲文明、非洲文明、美洲文明和欧洲文明等;根据宗教分类,不同宗教代表不同文明,如基督教文明、伊斯兰文明、印度教文明和佛教文明等;根据社会生产力水平分类,不同水平社会有不同文明,如原始文化、农业文明、工业文明和知识文明(何传启,1999)。

如果人类文明是不同类型文明的一个集合,就可以研究“文明集合”的结构变化,并用它的变化反映人类文明的发展(表 1-12)。例如,研究“文明集合”中的文明类型的演替,用文明类型的演替模式代表人类文明的发展模式。不过,人类文明的类型非常多,“文明集合”的结构非常复杂。全面研究“文明集合”的结构变化,将不是一项轻松的任务。

如果把研究对象集中到“文明集合”内部的“国家文明集合”,就可以简化研究内容。例如,以“国家文明的类型”为研究单位,用国家文明的类型演替,反映人类文明的发展模式。

如果把研究对象聚焦到“国家文明集合”内部的“发达国家文明类型”(代表世界先进生产力水平的国家文明类型),就相当于把研究重点放在“人类文明的前沿水平”上。通过研究不同时代的“发达国家文明类型”的演替,研究“人类文明的前沿水平”的变化。这种变化在一定程度上反映了人类文明的发展趋势。这种方法可以作为研究人类文明发展模式的一种方法。

表 1-12　人类文明体系(文明集合)的结构

文明分类的依据	不同类型文明的举例	备注
世界层面的文明	相对而言,一般指“以世界为分析单位”的文明形态	
按文明水平划分	人类文明的前沿部分、中间部分、末尾部分	随时变化
按生产力水平划分	原始文化、农业文明、工业文明、知识文明等	有时间顺序
按历史时代划分	古代文明、古典文明、中世纪文明、近代文明、现代文明等	有时间顺序
按文明特点划分	陆地文明、海洋文明、宇宙文明等	有时间顺序
按文明性质划分	物质文明、精神文明、生态文明等	随时变化
区域和国家层面的文明	相对而言,一般指“以非世界为分析单位”的文明形态	
按区域分类	亚洲文明、非洲文明、美洲文明、欧洲文明等	有多种分类
按国家分类	中国文明、印度文明、埃及文明、美国文明、德国文明等 发达国家的文明、发展中国家的文明等 农业文明国家、工业文明国家、知识文明国家等	可以根据国家的水平和特点分类
按民族分类	中华文明、日本文明、阿拉伯文明、墨西哥文明、西班牙文明等	可以跨国家
按宗教分析	佛教文明、道教文明、印度教文明、伊斯兰教文明、基督教文明等	可以跨国家
按语言分类	汉语文明、阿拉伯语文明、英语文明、法语文明、俄语文明等	可以跨国家

注:文明体系的结构变化包括:类型结构、比例结构、水平结构和结构特征的变化等。

以国家文明为单位研究人类文明的发展,没有反映人类文明的整体水平的变化。因为,它的分析单位是国家文明,而不是人类文明。显然,它既有合理的一面,也有缺陷的一面。但在没有发现其他更加合理的研究方法前,这种方法仍是有意义的,可以作为一种替代方案。

(2) 世界现代化研究的文明范式分析方法

如果用国家文明的变化来反映人类文明的变化,那么,如何研究人类文明的发展模式呢?

这个问题也没有标准答案。一种选择是借鉴科学哲学的“范式”概念,分析文明范式(文明类型)的变迁。当然,简单地把文明发展归结为几种“文明范式”的演替(演变和交替)是有风险的,因为关于文明范式(类型)并没有统一认识,而且这种提法具有“程式化”的嫌疑。尽管这样,文明范式(类型)分析,仍可以作为文明分析的一种有价值的分析工具。

首先,范式的基本概念。科学哲学家库恩在《科学革命的结构》一书中提出了“范式”的概念,认为成熟科学的发展模式是“范式Ⅰ—科学革命—范式Ⅱ”。简单地说,范式指科学共同体公认的范例,包括定理、理论和应用等。在科学发展史上,一种范式代表一种常规科学(成熟的科学),从一种范式向另一种范式的转变就是科学革命。尽管还存在争议,范式和科学革命被认为是解释科学进步的一种有力理论。

其次,人类文明的基本类型。人类文明有不同的分类方法。现代化研究特别关注生产力。《中国现代化报告》依据社会生产力水平进行文明分类。根据社会生产力水平分类,人类文明主要有四种基本类型:原始文化、农业文明、工业文明和知识文明。国家文明的基本类型相应是:原始文化(国家前阶段)、农业文明国家、工业文明国家和知识文明国家。

其三,文明范式的基本概念。借鉴库恩的“范式”思想,我们把与经济、社会、政治、文化、环境管理和个人行为的典型特征紧密相关的“文明类型”理解为一种“文明范式”(表 1-13)。如果这种假设成立,那么,文明发展可以表述为“文明范式Ⅰ—文明革命(转型)—文明范式Ⅱ”,或者“文明类型Ⅰ—文明革命(转型)—文明类型Ⅱ”。这样,可以抽象地认为,文明发展表现为文明范式的演变和交替,世界现代化表现为现代文明范式的形成和转变。反过来说,可以用文明范式和范式转变为分析框架,讨论文明特征和现代化特征的定性变化。

表 1-13 社会类型与文明范式

分法	社会类型的举例	文明范式的举例
三分法	传统社会、现代社会、后现代社会	传统文明、现代文明、后现代文明
四分法	原始社会、农业社会、工业社会、知识社会 原始社会、农业社会、工业社会、信息社会	原始文化、农业文明、工业文明、知识文明 原始文化、农业文明、工业文明、信息文明
五分法	原始社会、奴隶社会、封建社会、资本主义社会、社会主义社会	原始文化、奴隶文明、封建文明、资本主义文明、社会主义文明
六分法	狩猎采集社会、园艺社会、游牧社会、农耕社会、工业社会、后工业社会	狩猎采集文化、园艺文化、游牧文明、农耕文明、工业文明、后工业文明

文明范式是一个三维概念。① 它具有时间性。一种基本文明范式,对应一个文明时间;文明时间是根据以国家为单位的人类文明前沿的变迁的"历史时间轨迹"所标识的一种时间刻度(表 1-11)。② 文明范式具有结构性。每一种文明范式,都有自己的基本结构,包括知识、技术、生产力、制度和观念的结构等。③ 文明范式具有特征性。每一种文明范式,都有自己的基本特征,包括经济、社会、政治、文化、个人和环境的特征等(表 1-14)。

表 1-14 人类历史上的基本文明范式及其代表性特征

项目	原始文化	农业文明	工业文明	知识文明
历史时间	人类诞生～ 公元前 3500 年	公元前 3500 年～ 公元 1763 年	公元 1763 年～ 1970 年	公元 1970 年～ 2100 年
经济特征	狩猎采集	农业经济	工业经济	知识经济
社会特征	原始社会	农业社会	工业社会	知识社会
政治特征	原始民主	专制政治	民主政治	多元政治
文化特征	原始文化	农业文化	工业文化	网络文化
个人特征	部落生活方式	农村生活方式	城市生活方式	网络生活方式
环境特征	自然崇拜 部落互动	适应自然 国际关系等	征服自然 国际战争等	人与自然互利共生 国际依赖等

其四,文明范式的四种类型:基本范式、过渡范式、主范式和亚范式。这四种类型的文明范式,可以分别称为基本文明、过渡文明、主文明和亚文明,或者称为基本文明形态、过渡文明形态、主文明形态和亚文明形态。

① 人类文明的基本范式,指人类文明史上不同历史时期的、代表当时社会生产力的世界最高水平的、相对成熟和稳定的国家文明形态。从人类诞生到 21 世纪末,人类文明先后大致产生了四种基本形态,它们分别是原始文化(文明前)、农业文明、工业文明和知识文明等(表 1-13),它们彼此之间在经济、社会、政治、文化、环境和个人领域的特征等方面有本质的差别。

② 人类文明的过渡范式指在两种基本文明形态之间存在的过渡性文明形态。因为,一个新的基本文明形态的形成需要经历若干阶段,不可能一蹴而就,从一个基本文明形态向另一个基本文明形态的转变是一个长期过程。这就预示着在基本文明形态以外,还有一些过渡性的文明形态。例如,在原始文化时代后期的园艺文化和游牧文化;农业文明时代早期的游牧文明、狩猎和农耕的混合文明等;工业文明时代早期的半农业和半工业文明等;知识文明时代早期的半工业半知识文明、信息文明或网络文明等。

③ 国家或民族文明的主范式,这是一个相对的概念,主要指与国家或民族地区的平均生产力水平

相对应的基本文明形态(或过渡文明形态),同样有原始文化、农业文明、工业文明、知识文明四种基本形态和几种过渡形态。

④ 国家或民族文明的亚范式,这是一个相对的概念,主要指在国家内部与主文明形态(基本文明形态)同时存在的、社会生产力水平与主文明形态的生产力水平有较大差别的文明形态,或者经济等六个领域的特征与主文明形态的特征有较大差别的文明形态。

⑤ 人类文明的发展是不同步的,国家内部发展也是不平衡的。当某个国家进入某种主文明形态(基本文明形态)时,它的内部可以存在一些社会生产力水平比基本文明形态的生产力水平更低或者更高的文明形态;它们的规模相对较小,可以统称为亚文明形态(范式)。国家的主文明形态(基本文明形态)和亚文明形态是相对的,不是绝对的,可以相互转换。

4. 世界现代化研究的时序分析方法

世界现代化研究的时序分析是现代化坐标分析的重要内容。它旨在通过分析比较世界现代化的时间系列数据、特征、资料和变化,揭示世界现代化的长期趋势及其变化规律。时序分析主要用于世界现代化的历史进程研究,可以作为一种趋势分析。时序分析可以采用实证主义、阐释主义或现实主义的分析逻辑,可以多种方法并用。

世界现代化研究包括"世界层面的现代化"和"世界范围的现代化"研究(表 1-1),它们的时序分析方法略有差别。前者的研究单位是世界,后者的研究单位主要包括国家和地区等。一般而言,现代化研究以国家为研究单位;如果没有明确说明,"世界范围的现代化"研究的研究单位一般是国家,它通常指"世界范围的国家现代化"研究,前者是后者的一种简称。

(1) "世界层面的现代化"研究的时序分析的主要步骤

首先,选择分析指标。可以从三个方面选择:世界整体的现代化、世界生活等四种要素的现代化、世界经济等六个领域的现代化等(表 1-5)。

选择分析指标,要考虑分析对象和分析指标的特点(表 1-15)。"世界层面的现代化"研究的时序分析,大致包括三类分析指标。① 以"世界为核算单元"的综合指标、总量指标、人均指标和结构指标等。② 以"国家集群为核算单元"的结构指标、水平指标(人均指标)和性质指标(定性指标)等。③ 以"典型国家为核算单元"的差距指标,包括世界前沿、世界末尾和国际差距等。世界生活和结构的分析指标,多数是定量指标;世界制度和观念的分析指标,多数是定性指标。

表 1-15 世界层面的现代化的时序分析的定量指标的主要类型

类型	解释	举例
综合指标	若干个单项指标经过模型计算合成一个综合指标(以世界为核算单元)	世界平均人类发展指数
总量指标	分析指标的数值等于该项指标的世界总和(以世界为核算单元)	世界人口、世界 GDP
人均指标	分析指标的数值等于该项指标的世界总和除以世界人口(以世界为核算单元)	世界人均 GDP
结构指标	分析指标的数值等于该项结构指标的世界平均值(以世界为核算单元) 高收入、中等收入和低收入国家的平均值(以国家集群为核算单元)	世界平均农业劳动力比例 高收入国家人均 GDP
差距指标[a]	反映世界前沿、世界末尾和国际差距的指标(以典型国家为核算单元)	人均 GDP 的最大世界差距

注:a. "世界层面的现代化"和"世界范围的国家现代化"的差距指标有重叠。

其次,选择分析的时间范围。要了解世界现代化的全过程,时间跨度应覆盖世界现代化的全过程。本报告时序分析的时间跨度约为 300 年(1700~2006 年)。

其三,采集和建立分析指标的时序数据和资料。一般而言,定量指标采用权威部门的统计数据或著名学术机构的相关数据;定性指标应采用比较科学客观的研究资料。

其四,系统分析世界层面现代化的定量指标的变化和长期趋势等。

其五,系统分析世界层面现代化的定性指标的长期趋势和特征等。

(2)"世界范围的国家现代化"研究的时序分析的主要步骤

首先,选择分析指标。可以从三个方面选择:国家现代化、国家生活等四种要素的现代化,国家经济等六个领域的现代化等(表 1-5)。

选择分析指标,要考虑分析对象和分析指标的特点(表 1-16)。分析指标包括以"国家为核算单元"的综合指标、总量指标、人均指标、结构指标和差距指标等。国家生活和结构的分析指标,多数是定量指标;国家制度和观念的分析指标,多数是定性指标。

表 1-16 世界范围的国家现代化的时序和截面分析的分析指标的主要类型

类型	解释	举例
综合指标	若干个单项指标经过模型计算合成一个综合指标(以国家为核算单元)	国家的人类发展指数
总量指标	分析指标的数值等于该项指标的国家内部总和(以国家为核算单元)	国家的人口、国家的 GDP
人均指标	分析指标的数值等于该项指标的国家总和除以国家人口(以国家为核算单元)	国家人均 GDP
结构指标	分析指标的数值等于该项结构指标的国家值(以国家为核算单元)	国家农业劳动力比例
差距指标[a]	反映前沿国家、末尾国家和国际差距的指标(以国家为核算单元)	人均 GDP 的最大国际差距

注:a."世界范围的国家现代化"和"世界层面的现代化"的差距指标有重叠。

其次,选择分析的国家样本。目前,世界上有 190 多个国家。如果条件许可,可以对每一个国家进行时序分析。如果条件不许可,或者根据研究目的,可以选择若干国家进行时序分析。2005～2009 年的《中国现代化报告》,选择 15 个国家为分析样本,包括 8 个发达国家和 7 个发展中国家,2001 年它们的国民收入约占世界的 78%,人口约占世界的 62%(表 1-17)。

表 1-17 国家现代化的时序分析的国家样本(2001 年)

国家	人均收入/美元	国民收入占世界比例/(%)	人口占世界比例/(%)	国家	人均收入/美元	国民收入占世界比例/(%)	人口占世界比例/(%)
美国	34 280	32.44	4.65	墨西哥	5530	1.95	1.62
日本	35 610	13.58	2.07	巴西	3070	1.56	2.81
德国	23 560	5.93	1.34	俄罗斯	1750	0.97	2.36
英国	25 120	4.63	0.96	中国	890	3.68	20.75
法国	22 730	4.24	0.97	印度尼西亚	690	0.45	3.41
加拿大	21 930	2.19	0.51	印度	460	1.53	16.84
澳大利亚	19 900	1.16	0.32	尼日利亚	290	0.12	2.12
意大利	19 390	3.49	0.95	合计		77.92	61.68

数据来源:World Bank, 2003.

其三,选择分析的时间范围。本报告时序分析的时间跨度约为 300 年(1700～2006 年)。

其四,采集和建立分析指标的时序数据和资料。要求同"世界层面的现代化"的时序分析。

其五,系统分析世界范围的国家现代化的定量指标的变化和长期趋势等。

其六，系统分析世界范围的国家现代化的定性指标的长期趋势和特征等。

5. 世界现代化研究的截面分析方法

世界现代化研究的截面分析是现代化坐标分析的重要内容。它旨在通过分析比较世界现代化的不同时间截面的数据、特征、资料和变化，揭示或阐释世界现代化的结构特征及其规律。截面分析主要用于世界现代化的现状研究和历史进程研究。截面分析可以采用实证主义、阐释主义或现实主义的分析逻辑，包括定性、定量和综合分析等。

(1)"世界层面的现代化"研究的截面分析

"世界层面的现代化"研究的截面分析，有两个主要功能。① 分析和阐释世界整体现代化的某个截面的截面特征，包括结构、水平和性质特征等；② 分析和阐释世界经济等六个领域的截面特征；③ 提供多个截面的比较分析，发现和归纳世界层面的现代化的趋势和规律等。

世界层面现代化研究的截面分析主要包括如下步骤。

首先，选择分析指标。可以从三个方面选择：世界整体的现代化、世界生活等四种要素的现代化、世界经济等六个领域的现代化(表 1-5)。

截面分析的分析指标，应该与截面的结构、水平和性质特征紧密相关。分析指标一般是以"世界为核算单元"或"国家集群为核算单元"的指标，主要包括结构指标、水平指标和差距指标等(表 1-18)。部分指标是以时序分析的分析指标为基础，转换生成的结构指标。世界生活和结构的分析指标，多数是定量指标；世界制度和观念的分析指标，多数是定性指标。

表 1-18 世界层面现代化的截面分析的分析指标的主要类型

类型	解释	举例
结构指标	反映截面的结构特征、性质特征的各种指标(以世界或国家集群为核算单元)	发达国家占世界的比例
水平指标	世界、高收入、中等收入和低收入国家的平均值(以世界或国家集群为核算单元)	世界人均 GDP
差距指标[a]	反映世界前沿、世界末尾和国际差距的指标(以典型国家为核算单元)	人均 GDP 的最大世界差距

注：a. "世界层面的现代化"和"世界范围的国家现代化"的差距指标有重叠。

其次，选择分析截面。2005 年以来，《中国现代化报告》选择 8 个截面：1700、1750、1820、1870、1900、1960、1980 和 2001 年。在世界现代化的历史进程分析的时候，本报告仍然选择这 8 个截面进行分析。在世界现代化的客观现实分析的时候，采用 2006 年截面。

其三，采集和建立分析指标的截面数据和资料。一般而言，定量指标采用权威部门的统计数据或著名学术机构的相关数据；定性指标应采用比较科学客观的研究资料。

其四，单个截面的系统分析。世界层面现代化的单个截面分析，主要是分析截面的结构特征、水平特征和性质特征。关于截面特征的分析，可以是定性、定量或综合分析。

其五，多个截面的比较分析。两个或多个截面之间的比较，包括结构比较、水平比较、特征比较和性质比较等，还可以计算分析指标的变化速率等。

(2)"世界范围的国家现代化"研究的截面分析

"世界范围的国家现代化"研究的截面分析，有三个主要功能。① 分析和阐释世界范围的国家现代化的某个截面的截面特征，包括结构、水平和性质特征等；② 发现和归纳世界范围的国家现代化的发展趋势和规律等；③ 与时序分析的结果进行交叉检验。

"世界范围的国家现代化"研究的截面分析，它有一个潜在假设。人类文明的发展是不同步的，某个历史截面的文明结构，可以看成是人类文明的“历史重演”，它把人类文明的“时间结构”转换成一种“空间结构”。这就像动物学中的一种现象：动物胚胎的发育过程是动物进化过程的重演。所以通过截面分析，可以发现文明发展的一些特征或规律。截面分析与时序分析的结果，可以相互检验。如果两种研究的结果一致，则说明结果是可靠的；如果结果不一致，则需要深入的研究。2005～2009 年的 5 本《中国现代化报告》，就采用了这种研究逻辑。

“世界范围的国家现代化”研究的截面分析主要包括如下步骤。

首先，选择分析变量。可以从三个方面选择：国家现代化、国家生活等四种要素的现代化，国家经济等六个领域的现代化(表 1-5)。由于篇幅的限制，我们不可能对全部变量进行分析，只能选择关键变量。一般而言，“世界范围的国家现代化”研究的截面分析指标，是以“国家为核算单元”的指标，主要包括综合指标、总量指标、人均指标、结构指标和差距指标等(表 1-16)。

其次，选择分析的国家和国家分组。世界范围的现代化研究的截面分析，可以包括全部国家(有数据的国家)。为便于表述截面特征，可以对国家进行分组，并计算每组国家的特征值。国家分组方法，除按经济水平分组外(表 1-19)，还可以按现代化水平和文明水平分组。

表 1-19　2001 年截面分析的国家分组

项目		1	2	3	4	5	6	7	8	9	合计
分组标准	人均 GNI/美元	小于 300	301～500	501～1000	1001～3000	3001～5120	5121～10 000	10 001～20 000	20 001～30 000	大于 30 001	—
分组结果	国家/个	24	17	16	27	15	7	8	11	5	130
	人均 GNI/美元	216	416	706	1742	3867	7310	15 524	23 545	34 890	—

注：数据来自世界银行《世界发展指标 2003 光盘》。2001 年人均 GNI 的世界平均值为 5120 美元，高收入国家平均值为 26 510 美元，中等收入国家平均值为 1860 美元，低收入国家平均值为 430 美元。

其三，选择分析截面。2005 年以来，《中国现代化报告》选择 8 个截面：1700、1750、1820、1870、1900、1960、1980 和 2001 年。在世界现代化的历史进程分析的时候，本报告仍然选择这 8 个截面进行分析。在世界现代化的客观现实分析的时候，采用 2006 年截面。

其四，采集和建立分析指标的截面数据和资料。要求同“世界层面的现代化”的截面分析。

其五，定量分析需要计算每组国家某个变量的“特征值”。计算方法大致有三种：“中值法”、“算术平均值法”和“回归分析法”。《中国现代化报告》采用第二种方法——算术平均值法。

其六，系统分析世界范围的国家经济水平与现代化变量的截面“特征关系”和统计关系。

其七，系统分析世界范围的国家现代化制度和观念的截面特征。

6. 世界现代化研究的分析指标

世界现代化研究的研究方法非常丰富。但是，不论是多维分析、时序分析和截面分析，还是案例分析，都需要选择合适的分析变量或分析指标。没有合适的分析变量，研究工作就无从下手。由于世界现代化的研究对象非常复杂，我们不可能对它的所有方面和全部过程进行分析。比较合理和有效的方法是选择有限的关键变量进行分析。世界现代化的分析变量的选择，需要考虑三个因素：具有学术或政策意义，便于国际比较和分析，可以获得连续数据或资料。

(1) 世界现代化研究的定量指标

前面讨论了世界现代化研究的时序分析和截面分析的分析指标的主要类型。根据数据的可获得性和指标的重要性，本报告选择 100 个定量指标作为它的基本分析变量(附表 1-1)。关于定性指标，将在本章第二节和第三节讨论。在实际分析过程中，可以根据研究需要增加或减少分析指标。“世界层面的现代化”的时序分析，一般采用以“世界为核算单元”的分析指标；“世界层面的现代化”的截面分析，需要把分析指标转换成世界性的结构指标（世界的比例结构）和国际差距指标；“世界范围的现代化”的时序分析和截面分析，一般采用以“国家为核算单元”的分析指标。“世界为核算单元”的分析指标，可以进行纵向比较，难以进行横向比较；“国家为核算单元”的指标，可以进行纵向和横向比较。

(2) 世界现代化研究的分析指标的分类

世界现代化研究的分析指标，根据长期趋势和变化特点的不同，可以大致分为七种类型（表1-20）。① 上升变量：有些变量随时间而上升，其数值会发生短期波动，有的数值是开放的，有的数值是有极限的；② 下降变量：有些变量随时间而下降，其数值会发生短期波动，有的数值是有极限的，有的数值是开放的；③ 转折变量：有些变量经历上升和下降（或者下降和上升）两个阶段；④ 长期波动变量：有些变量长期在一定范围内波动，运动没有明显的方向性，趋势很平缓；⑤ 随机变量：有些变量的变化是随机的，趋势不明显；⑥ 地域变量：有些变量的变化趋势存在明显的地域差异和多种形式，没有统一趋势；⑦ 稳定变量：有些国家的有些变量的变化幅度非常小，或几乎没有明显变化，因为它们的数值已经达到或接近饱和值或极限值。

表1-20　世界现代化的定量变量的趋势分类（根据长期趋势和变化特点）

类型	长期趋势和变化特点	举例	变化模式
上升变量	长期上升，数值开放 短期波动，与国家水平相关	人均收入	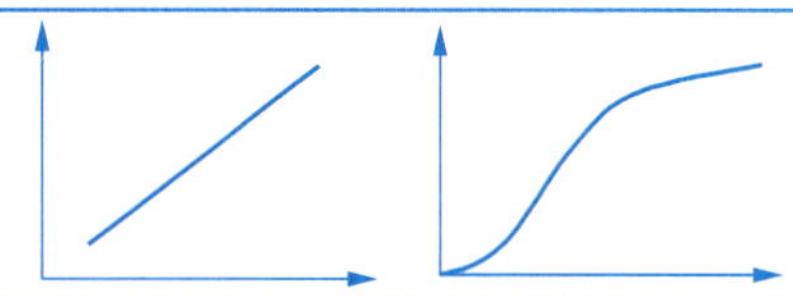
	长期上升，数值有极限 短期波动，与国家状态相关	成人识字率	
下降变量	长期下降，数值“开放” 短期波动，与国家水平相关	人口死亡率	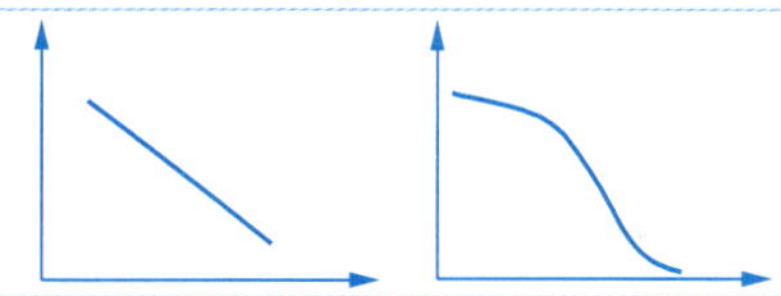
	长期下降，数值趋向极限 短期波动，与国家水平相关	农业比例	
转折变量	先升后降 与国家水平相关	工业比例	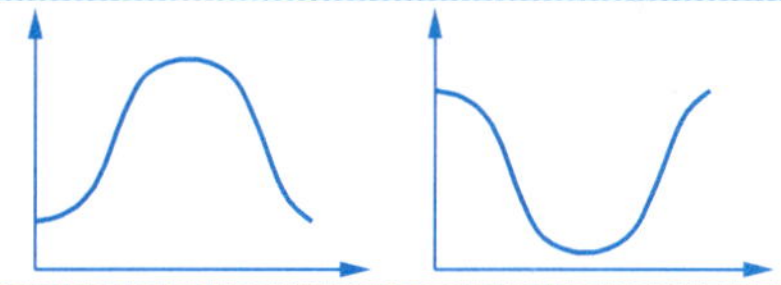
	先降后升 与国家水平相关	劳动安全性	
波动变量	长期波动，趋势平缓 与国家水平和状态相关	失业率	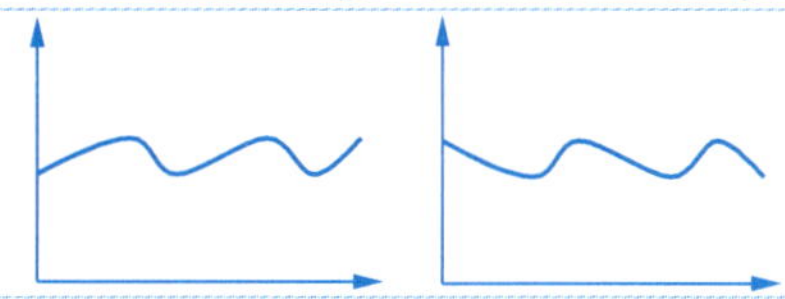
	周期性波动，趋势平缓 与变量性质相关	GDP 增长率	
随机变量	偶然发生，随机变化 与国家水平和状态相关	科学发现 自然灾害	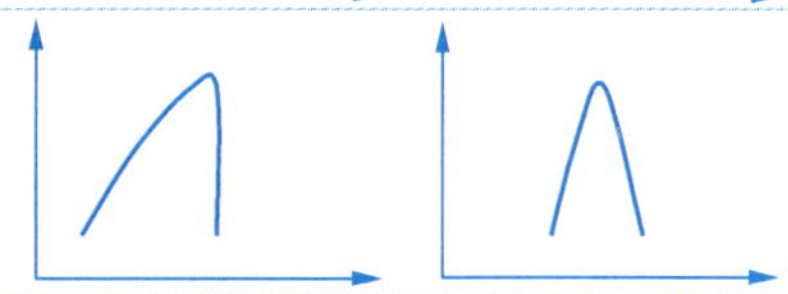
地域变量	全球趋势存在明显的地域和国家差异，有升降等多种形式	矿产资源	
稳定变量	数值相对稳定的变量	小学入学率	数值饱和（100%）

如果考虑到上升和下降变量，部分达到或趋向数值饱和(达到或趋向极限值)，那么，还有第八类变量，即数值饱和变量。数值饱和变量，国际差距会越来越小，最后，不同国家的指标都趋向极限值。所以，数值饱和变量，不宜作为国际比较的指标。

很显然，波动变量和随机变量的国际可比性较差，上升变量和下降变量的国际可比性较好，转折变量、地域变量和数值饱和变量的政策意义较好。

第二节 世界现代化的历史进程

世界现代化的历史进程，指从世界现代化起步到目前的历史过程。关于世界现代化的起点没有统一认识。《中国现代化报告》把 18 世纪 60 年代开始的英国工业革命作为世界现代化的起点，关于世界现代化的过程分析从 18 世纪初开始，时间跨度约为 300 年(1700～2005 年)。

在本报告里，世界现代化的历史进程研究包括“世界层面和世界范围的现代化”的进程研究，它的研究对象主要包括世界整体的现代化进程、世界六个领域的现代化进程和世界范围的国家现代化进程等；它的研究方法主要包括过程分析、时序分析和截面分析等。如果从系统论角度观察，世界整体是一个大系统，世界六个领域是它的六个子系统，世界范围的国家是它的结构单元。世界现代化进程研究包括大系统、子系统和结构单元的三层次系统研究。

一、世界整体的现代化进程

世界整体的现代化是以“世界为研究单位”的现代化。世界整体的现代化涉及世界整体水平和整体发展。关于世界整体的水平和发展研究，没有统一认识，可以借鉴国家的水平和发展研究的经验①。从操作角度考虑，世界整体水平可以采用世界平均、世界前沿和世界末尾等一组指标来描述，世界整体发展可以用世界前沿和世界平均等指标和特征的变迁来反映。

1. 世界整体现代化的过程分析

世界整体现代化的过程分析主要包括世界整体现代化的阶段、结果、动力和模式分析等。

(1) 世界整体现代化的主要阶段

世界现代化进程是人类文明进程的组成部分。世界整体现代化进程的阶段划分，应该与人类文明的历史阶段划分相协调。关于人类文明的历史阶段有不同划分方法(图 1-4)。

许多人类学家认为，人类大致诞生于 250 万年前，人类文明大致诞生于 5500 年前。目前关于人类文明的历史阶段划分，大致有 3、4、5、6 和 7 阶段等几种分法(图 1-4)。

关于人类文明的社会阶段的划分，同样有不同认识，大致有 3、4、5 和 6 阶段等几种分法(图 1-5)。世界不同国家和地区的发展是不同步的，文明发展具有多样性。

关于世界现代化的阶段划分没有统一认识(图 1-6)。世界现代化的阶段划分，可以依据世界现代化的前沿轨迹和特征进行。事实上，人类文明的历史阶段和社会阶段的划分，都是依据人类文明进程的前沿轨迹和特征进行的。当然研究角度不同，认识会有所差别。

首先，关于世界现代化的起点没有统一认识。目前大致有三种主要观点。(1) 16～17 世纪的科

---

① 根据统计学惯例，国家整体水平一般指全国平均水平，可以通过纵向和横向比较分析国家水平的相对高低；国家水平提高是国家发展的主要标志。世界整体水平指全世界平均水平，可以进行纵向比较，很难进行横向比较。因为地球上有 190 多个国家，但只有一个整体世界。从操作角度考虑，世界整体水平可以采用世界平均、世界前沿和世界末尾等一组指标来描述；世界整体发展可以用世界前沿和世界平均等指标和特征的变迁来反映。“世界整体的现代化”是一个分析概念，而不是现代化建设的基本单元。

<table>
<tr><td>阶段划分</td><td colspan="8">公元前：250万年　3500年　500年　｜　公元：元年　500年　1500年　1750年　1914年　1970年　2000年　2100年</td></tr>
<tr><td rowspan="2">三个阶段</td><td colspan="3">古代</td><td>中世纪</td><td colspan="4">现代</td></tr>
<tr><td colspan="4">古代</td><td colspan="2">近代</td><td colspan="2">现代</td></tr>
<tr><td rowspan="4">四个阶段</td><td colspan="3">古代</td><td>中世纪</td><td colspan="2">近代</td><td colspan="2">现代</td></tr>
<tr><td>史前</td><td colspan="2">古代</td><td>中世纪</td><td colspan="4">现代</td></tr>
<tr><td colspan="3">古代</td><td>中世纪</td><td colspan="3">现代</td><td>后现代</td></tr>
<tr><td>工具时代</td><td colspan="4">农业时代</td><td colspan="2">工业时代</td><td>知识时代</td></tr>
<tr><td>五个阶段</td><td>文明之前</td><td colspan="2">古代</td><td>中世纪</td><td colspan="3">现代</td><td>后现代</td></tr>
<tr><td>六个阶段</td><td>文明之前</td><td>古代</td><td>古典</td><td>中世纪</td><td colspan="2">近代</td><td colspan="2">现代</td></tr>
<tr><td rowspan="2">七个阶段</td><td>文明之前</td><td>古代</td><td>古典</td><td>中世纪</td><td>西方兴起</td><td>西方优势</td><td colspan="2">20世纪以来的世界</td></tr>
<tr><td>文明之前</td><td>古代</td><td>古典</td><td>后古典</td><td>西方兴起</td><td>工业化</td><td colspan="2">20世纪以来的世界</td></tr>
</table>

图 1-4　人类文明史的历史阶段

注：关于人类文明进程的阶段划分，一般是依据人类文明发展的前沿轨迹和特征进行划分，历史阶段的时间节点是相对的。在不同阶段，人类文明的前沿水平与它的平均水平有很大差别，不同国家和地区的发展不同步。

参考资料：斯塔夫里阿诺斯，1992；吴于廑，齐世荣，1994；利奥塔，1997；拉尔夫等，1998；何传启，1999；桑戴克，2005；斯特恩斯等，2006；帕尔默，2009.

<table>
<tr><td>阶段划分</td><td colspan="8">公元前：250万年　8000年　3500年　500年　｜　公元：元年　500年　1500年　1750年　1914年　1970年　2000年　2100年</td></tr>
<tr><td rowspan="2">三个阶段</td><td colspan="5">传统社会</td><td colspan="2">现代社会</td><td>后现代社会</td></tr>
<tr><td colspan="5">前工业社会</td><td colspan="2">工业社会</td><td>后工业社会</td></tr>
<tr><td rowspan="3">四个阶段</td><td colspan="2">原始社会</td><td colspan="3">农业社会</td><td colspan="2">工业社会</td><td>知识社会</td></tr>
<tr><td colspan="2">原始社会</td><td colspan="3">农业社会</td><td colspan="2">工业社会</td><td>信息社会</td></tr>
<tr><td colspan="2">原始社会</td><td colspan="3">农业社会</td><td colspan="2">工业社会</td><td>网络社会</td></tr>
<tr><td rowspan="4">五个阶段</td><td>狩猎采集</td><td>园艺社会</td><td>农耕社会</td><td colspan="2">农业社会</td><td colspan="3">工业社会</td></tr>
<tr><td>狩猎采集</td><td>园艺社会</td><td>游牧社会</td><td colspan="2">农业社会</td><td colspan="3">工业社会</td></tr>
<tr><td>狩猎采集</td><td>游牧社会</td><td>农耕社会</td><td colspan="2">传统文明社会</td><td colspan="3">工业社会</td></tr>
<tr><td colspan="2">原始社会</td><td>奴隶社会</td><td>封建社会</td><td colspan="2">资本主义社会</td><td colspan="2">社会主义社会（共产主义社会）</td></tr>
<tr><td rowspan="2">六个阶段</td><td>狩猎采集</td><td>园艺社会</td><td>游牧社会</td><td>农业社会</td><td colspan="3">资本主义社会</td><td>后资本主义社会</td></tr>
<tr><td>狩猎采集</td><td>园艺社会</td><td>游牧社会</td><td colspan="2">农业社会</td><td colspan="2">工业社会</td><td>后工业社会</td></tr>
</table>

图 1-5　人类文明史的社会阶段

注：社会阶段依据人类文明进程的前沿轨迹划分，时间节点是相对的。不同国家和地区的发展是不同步的。

参考资料：Marx，1954；Black，1966；Bell，1973；Beck，1992［1986］；Ralph，1991；Crook，Pakulski，Waters，1992；Leakey，1994；Inglehart，1997；何传启，1999；Castells，2000；UNESCO，2005；Servaes，Carpentier，2006.

学革命是世界现代化的起点；(2) 17～18 世纪的启蒙运动是世界现代化的起点；(3) 18 世纪的英国工业革命和法国大革命是世界现代化的起点。其中，第三种观点得到比较多的支持。《中国现代化报告》把 18 世纪的工业革命作为世界现代化的起点。

一般而言，世界现代化是 18 世纪开始的，但它的思想和要素可以追溯到更早，如追溯到 14～16 世纪的文艺复兴、16～17 世纪的科学革命和 17～18 世纪的启蒙运动等。“现代化”一词诞生于 18 世纪(1748～1770 年)，现代化研究则是 20 世纪开始的。

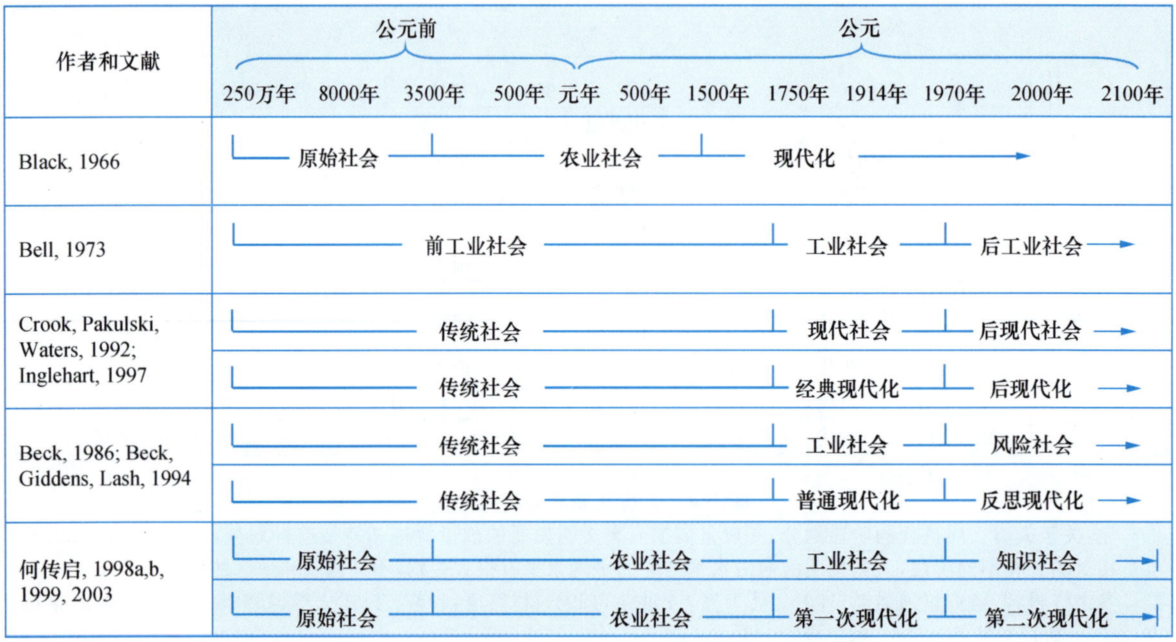

图 1-6　世界现代化的历史和阶段

注：依据世界现代化的前沿轨迹和特征划分阶段，时间节点是相对的。不同国家的现代化进程是不同步的。

如果 18 世纪英国工业革命是世界现代化的起点，那么，起点时间是什么？关于起点时间也没有统一认识，大致有 1750、1760、1763 和 1770 年等几种观点。1763 年英国人瓦特开始改进蒸汽机，1769 年获得蒸汽机专利。蒸汽机的发明和应用是工业革命的典型代表。

如果把 18 世纪 60 年代前后作为世界现代化的起点，那么，这个时间起点(图 1-6)与工业时代(图 1-4)、工业社会和现代社会(图 1-5)的时间起点是基本一致的。

其次，关于世界现代化的阶段划分没有统一认识。目前大致有七种观点(表 1-21)。根据其中的 3 种观点(第 5、第 6 和第 7 种观点)，世界现代化可以分为两大阶段(虽然两个阶段的名称和内容各有差异)，两个阶段的分界点大约是 1970 年前后(知识和信息革命)。

表 1-21　世界现代化的阶段划分

阶段划分	内容	注释
三次浪潮	第一次浪潮(1780～1860 年)、第二次浪潮(19 世纪下半叶至 20 世纪初)和第三次浪潮(20 世纪下半叶)(罗荣渠，1993)	经典现代化的内部阶段
四个阶段	现代性的挑战、现代化领导集团的巩固、社会和经济转型、社会整合(Black，1966)	
五个阶段	经济成长的五个阶段：传统社会、为起飞创造前提条件阶段、起飞阶段、向成熟推进阶段和大众消费阶段(Rostow，1960)；后来增加了第六个阶段：生活质量阶段	
四个时期	准备时期、转变时期、高级现代化时期和国际一体化时期(Black，1976)	
两大阶段	经典现代化和后现代化(现代社会和后现代社会)(Crook，Pakulski，Waters，1992；Inglehart，1997)	两次现代化
两大阶段	普通现代化和反思现代化(工业社会和风险社会)(Beck，1986；Beck，Giddens，Lash，1994)	
两大阶段	第一次现代化和第二次现代化(工业社会和知识社会)(何传启，1998a，b，1999，2003)	

世界现代化 400 年进程(18～21 世纪)可以分为两大阶段,每个大阶段可以分为若干小阶段。《中国现代化报告 2005》提出经济现代化六次浪潮,《中国现代化报告 2006》提出社会现代化六次浪潮(表 1-22)。综合起来,世界现代化进程可以分为准备阶段、第一次现代化和第二次现代化,第一次现代化包括 3 次浪潮,第二次现代化包括 3 次浪潮(图 1-7)。

表 1-22 经济和社会现代化的六次浪潮

浪潮	大致时间	经济现代化	社会现代化	注释
第一次	1763～1870	第一次工业革命、机械化	城市化、社会分化流动	第一次现代化
第二次	1870～1945	第二次工业革命、电气化	电器化、普及义务教育	工业化、城市化、民主化
第三次	1946～1970	第三次产业革命、自动化	福利化、普及中等教育	理性化、福利化、流动化
第四次	1970～2020	知识和信息革命、信息化	网络化、普及高等教育	第二次现代化
第五次	2020～2050	新生物学革命、生物经济	仿生化、生物经济社会	知识化、信息化、生态化
第六次	2050～2100	新物理学革命、文化经济	体验化、文化经济社会	全球化、个性化、多元化

注:依据世界现代化的前沿轨迹划分。第五和第六次浪潮是一种预测。不同国家的现代化进程是不同步的,不同国家的现代化阶段划分可以有所差别。对于先行国家,六次浪潮是先后发生的。对于后发国家,可以两次或多次浪潮的内容同时发生,可以把几次浪潮的内容压缩在同一个时期进行。

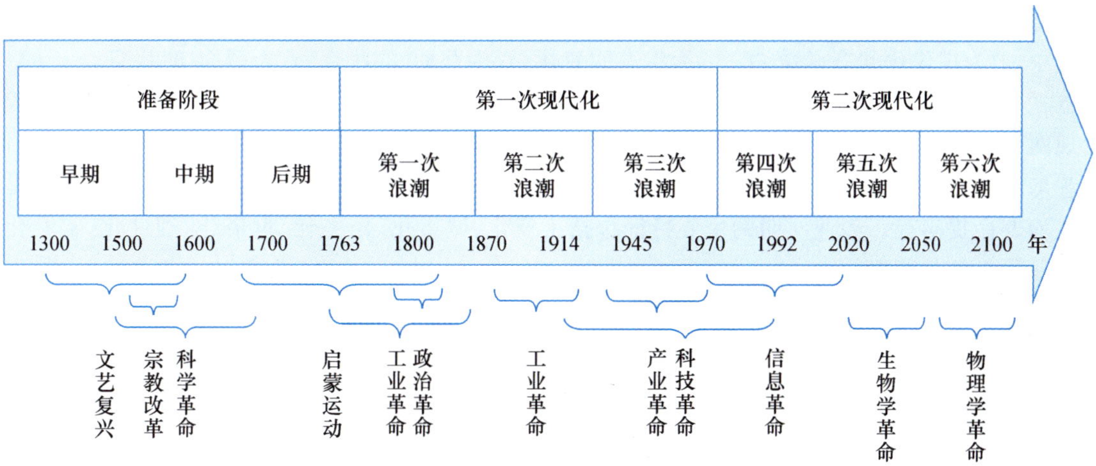

图 1-7 世界现代化进程的六次浪潮

注:依据世界现代化的前沿轨迹。第一次工业革命的典型特征是机械化,第二次工业革命的典型特征是电气化,产业革命的典型特征是自动化。第五和第六次浪潮是一种预测。不同国家的现代化进程是不同步的。

其三,现代化既是一种世界潮流,也是一种社会选择。选择现代化的国家就会推进现代化,但不同国家的现代化进程是不同步的。没有选用现代化的国家和社会,就会努力保持现有(原有)生活方式;虽然社会变化也会发生,但与人类文明前沿的物质生活差距会逐步扩大。

其四,关于世界整体现代化的特点需要专题研究。一般而言,世界现代化是以国家为基本单元进行的。“世界整体的现代化”是一个用于科学研究的概念,而不是现代化建设的操作单元。迄今为止,没有具有“国家政府”功能的“世界政府”。虽然“联合国”具有一些“世界政府”的要素,但不具备“世界政府”的完整职能。“世界整体的现代化”不是世界现代化的“独立单元”,而是国家现代化、国际竞争和国际体系变化的集合。关于国家现代化的特点将在后面讨论。关于国际竞争和国际体系的特点可以参考《中国现代化报告 2008:国际现代化研究》。

(2) 世界整体现代化的主要结果

世界整体现代化的结果，需要分阶段分析，需要截面比较。在不同历史截面，世界现代化有不同的指标、水平和特征；通过两个截面的指标、水平和特征的比较，可以分析在两个截面之间的世界整体现代化的主要结果。截面比较包括定量和定性比较等。

世界现代化的结果，与现代化进程的时间跨度紧密相关，与起点截面和终点截面（或分析截面）紧密相关（图 1-8）。现代化过程的结果是时间的函数，现代性是时间的函数。

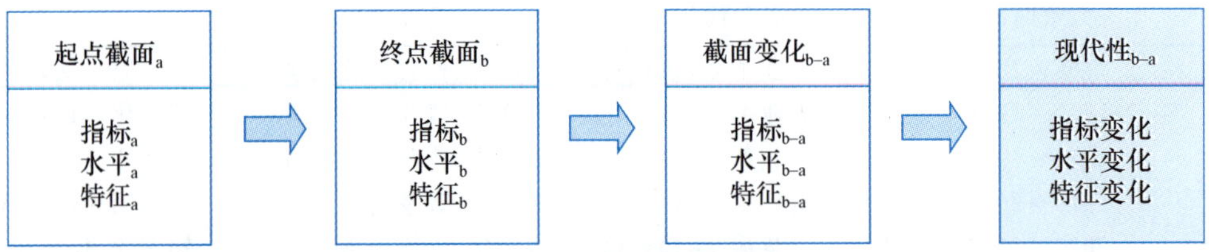

图 1-8　世界现代化进程的结果分析

注：从起点截面$_a$到终点截面$_b$，世界现代化进程的主要结果包括指标变化（新增的指标、消失的指标）、水平变化（原有指标的水平变化、新增指标的水平变化）、特征变化（新增的特征、消失的特征）等。

在起点截面$_a$和终点截面$_b$之间，现代化进程的结果＝截面$_b$－截面$_a$

简化的数学表达式：$f_{(b-a)}=f_b-f_a$

其中，f 为现代化状态函数，$f_{(b-a)}$ 为状态的变化，f_b 为截面$_b$的状态，f_a 为截面$_a$的状态。

首先，1760～1970 年世界整体现代化的主要结果。如果把世界 1760 和 1970 年截面进行比较，可以发现两个截面的主要差别，它显示了世界现代化 210 年的主要结果（表 1-23）。主要结果包括：世界分化程度提高，国际差距扩大，国际体系复杂化；工业文明占主导地位，世界生产力和生活水平提高，世界人均寿命提高等。工业文明的主要特征包括工业化、城市化、民主化、世俗化、理性化、福利化、市场化和普及义务教育等。

表 1-23　1760～1970 年世界整体现代化的结果分析（举例说明）

1760 年截面	1970 年截面	1760～1970 年现代化的结果
世界是一个农业世界。世界分化程度不高，国际差距比较小，国际体系比较简单；农业文明占主导地位，部分地区仍然是原始社会，工业化和城市化出现在欧洲；世界人均寿命比较短等	世界是一个混合世界。世界分化程度很高，国际差距非常大，国际体系比较复杂；工业文明占主导地位，多数国家是农业社会，部分地区仍然是原始社会；1970 年世界平均生产力和生活水平明显高于 1760 年，1970 年世界人均寿命远远大于 1760 年，环境污染比较严重等	世界分化程度提高，国际差距扩大，国际体系复杂化；工业文明占主导地位，世界生产力和生活水平提高，世界人均寿命提高等。工业文明的主要特征包括工业化、城市化、民主化、世俗化、理性化、福利化、市场化和普及义务教育等

其次，1970～2006 年世界整体现代化的主要结果。如果把世界 1970 和 2006 年截面进行比较，可以发现两个截面的主要差别，这个差别显示了世界现代化 36 年的主要结果（表 1-24）。主要结果包括：世界分化程度提高，国际差距扩大、国际体系变化；知识文明处于优势地位，工业文明地位下降，世界生产力和生活质量提高，世界人均寿命提高等。知识文明的主要特征包括知识化、信息化、全球化、生态化、个性化、多元化、人性化和普及高等教育等。

表 1-24　1970～2006 年世界整体现代化的结果分析(举例说明)

1970 年截面	2006 年截面	1970～2006 年现代化的结果
世界是一个混合世界。世界分化程度很高,国际差距非常大,国际体系比较复杂;工业文明占主导地位,多数国家是农业社会,部分地区仍然是原始社会;1970 年世界平均生产力和生活水平明显高于 1760 年,1970 年世界人均寿命远大于 1760 年;环境污染比较严重等	世界是一个混合世界。世界分化程度很高,国际差距非常大,国际体系更加复杂;知识文明处于优势地位,多数国家是工业社会,部分国家是农业社会,部分地区仍然是原始社会;2006 年世界平均生产力和生活质量明显高于 1970 年,2006 年世界人均寿命远大于 1970 年;出现信息鸿沟、网络犯罪等	世界分化程度提高,国际差距扩大,国际体系变化;知识文明处于优势地位,工业文明地位下降,世界生产力和生活质量提高,世界人均寿命提高等。知识文明的主要特征包括知识化、信息化、全球化、生态化、个性化、多元化、人性化和普及高等教育等

其三,2006～2100 年世界整体现代化的主要结果。需要等到 2100 年才能进行研究。

(3) 世界整体现代化的主要动力

世界整体现代化的动力分析,需要专题进行。一般而言,创新是现代化的根本源泉,创新扩散(学习)、市场竞争、权力竞争、阶级竞争、国际竞争、国际战争和资本积累都对世界现代化有重大影响。关于现代化的动力原理,还将在第二章的理论分析中深入讨论。

(4) 世界整体现代化的路径和模式

世界整体现代化的模式和路径需要专题研究。一般而言,在 1763～1970 年期间,世界整体现代化的基本路径是第一次现代化路径,包括工业化、城市化和民主化的联合推进等。在 1970～2100 年期间,世界整体现代化的基本路径是多样的,包括发达国家的第二次现代化路径(包括知识化、信息化和生态化的联合推进)、发展中国家的第一次现代化、第二次现代化和综合现代化路径等。关于世界现代化的路径和模式,还将在第二章进行深入讨论。

2. 世界整体现代化的时序分析

世界整体现代化的时序分析的主要对象包括:世界整体水平、世界四种要素(生活、结构、制度和观念)和世界宏观结构(包括地理结构和国际体系等)的变化等(图 1-9)。下面,重点讨论世界整体水平和宏观结构的时序分析,世界四种要素的时序分析将在后面讨论[①]。

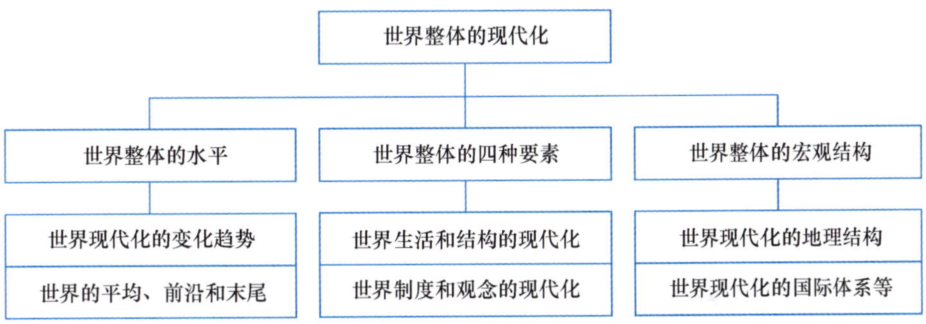

图 1-9　世界整体现代化的时序分析的分析结构

(1) 世界现代化的整体水平的变化趋势

首先,关键指标的变化趋势。在 1900 年前,世界统计尚不完备,世界整体水平可以采用关键指标

① 世界四种要素包括生活、结构、制度和观念。世界四种要素的现代化包含世界六个领域的四种要素的现代化。世界四种要素与世界六个领域的四种要素的时序分析是一致的,将在世界六个领域的现代化进程分析时讨论。

代表(表 1-25)。根据已有资料,1900 年以前工业化和城市化在持续推进;人均 GDP(PPP)、预期寿命和成人识字率都在提高,但速度不高;国际差距扩大。不同国家人均 GDP 的数值见附表 1-2。

表 1-25　1700～2005 年世界整体水平的变化(举例说明)

指标	类型	1700	1820	1870	1900	1960	1980	2001	2005	A	B	C
人均 GDP (PPP)	世界平均	615	667	867	1263	2781	4238	5661	6288	0.36	2.24	0.77
	世界前沿	1056	1270	2086	3092	7601	14 527	22 326	23 946	0.54	3.02	1.03
	世界末尾	400	418	444	500	585	658	1036	1249	0.11	1.09	0.37
	差距	656	852	1642	2592	7016	13 869	21 290	22 698	0.69	3.43	1.17
工业增加值比例/(%)	世界平均	—	—	—	—	24	37	28	28	—	—	0.30
	世界前沿	—	25	25	29	40	37	27	26	0.18	0.04	0.03
	世界末尾	—	—	—	—	17	24	26	28	—	—	1.04
	差距	—	—	—	—	23	13	1	−2	—	—	−7.36
城市人口比例/(%)	世界平均	—	10	13	25	33	39	47	49	0.92	1.52	0.78
	世界前沿	11	12	22	40	62	71	77	77	0.65	1.88	0.64
	世界末尾	1	1	4	4	16	23	29	30	0.70	3.29	1.12
	差距	10	11	18	36	46	48	48	47	0.64	1.48	0.51
平均预期寿命/岁	世界平均	—	26	—	31	50	64	67	68	0.22	0.92	0.52
	世界前沿	—	35	44	48	69	74	78	79	0.27	0.86	0.36
	世界末尾	—	21	25	24	43	53	59	60	0.00	0.88	0.36
	差距	—	14	19	24	26	21	19	19	0.74	0.83	0.34
成人识字率/(%)	世界平均	—	—	—	—	52	63	79	82	—	—	1.03
	世界前沿	—	—	69	85	96	96	96	99	0.68	0.34	0.27
	世界末尾	—	—	—	—	34	42	61	61	—	—	1.30
	差距	—	—	—	—	62	54	35	38	—	—	−1.08

注:平均为世界(或有数据的样本国家)的平均值,前沿为高收入国家(或西欧 12 国)的平均值,末尾为低收入国家平均值或估计值,差距等于前沿值减去末尾值。人均 GDP(PPP)为 1990 年价格国际美元。城市化率 1820 和 1870 年的数据分别为 1800 和 1850 年的值,1900 年数据为 1890 或 1900 年的值。工业增加值比例经历上升和下降两个阶段。A 为起点年到 1900 年期间(18 和 19 世纪)的年均增长率。B 为 1900 到 2005 年期间(20 世纪)的年均增长率。C 为起点年到 2005 年期间的年均增长率。"—"表示没有数据,后同。

其次,综合指标的变化趋势(表 1-26)。1900 年以来,世界统计数据逐步系统化。世界整体水平可以采用综合指标来反映,如现代化阶段、第一次现代化程度、第二次现代化指数、人类发展指数(UNDP,2008)和新人类发展指数等。新人类发展指数衡量一个国家在人类发展五个方面的平均成就:健康长寿、知识普及、信息共享、环境优美和富裕生活(优质生活)。

在 1900～2005 年期间,世界现代化平均水平处于第一次现代化;1970 年前后,世界现代化的前沿已经完成第一次现代化;1990 年前后,世界现代化的前沿已经进入第二次现代化;世界现代化指数、人类发展指数和新人类发展指数都在提高。

(2) 世界现代化的地理结构的变化趋势

世界现代化的地理结构是以"世界区域现代化为结构单元"的世界现代化的地理空间结构,是世界现代化的地理分布。在本报告里,"世界区域"指五个区域:非洲、美洲、亚洲、欧洲和大洋洲;"五个区域现代化"以五个区域内部的国家现代化为基础。

表 1-26 1900～2005 年世界整体水平的变化(举例说明)

指标	类型	1900	1950	1960	1970	1980	1990	2000	2001	2005
现代化阶段	世界平均	起步期Ⅰ	起步期Ⅰ	起步期Ⅰ	起步期Ⅰ	发展期Ⅰ	发展期Ⅰ	成熟期Ⅰ	成熟期Ⅰ	成熟期Ⅰ
	世界前沿	发展期Ⅰ	成熟期Ⅰ	成熟期Ⅰ	过渡期Ⅰ	过渡期Ⅰ	起步期Ⅱ	起步期Ⅱ	起步期Ⅱ	发展期Ⅱ
	世界末尾	传统农业社会								
	差距	2 阶段	3 阶段	3 阶段	4 阶段	4 阶段	5 阶段	5 阶段	5 阶段	6 阶段
第一次现代化程度	世界平均	—	—	53	68	80	81	89	90	93
	世界前沿	—	75	100	100	100	100	100	100	100
	世界末尾	—	22	34	33	45	52	58	59	59
	差距	—	53	66	67	55	48	42	41	41
第二次现代化指数	世界平均	—	—	—	33	44	47	46	46	51
	世界前沿	—	—	—	72	76	89	100	100	100
	世界末尾	—	—	—	9	20	22	20	20	22
	差距	—	—	—	63	56	67	80	80	78
人类发展指数	世界平均	0.395	0.350	0.489	0.595	0.621	0.660	0.722	0.722	0.743
	世界前沿	0.533	0.674	0.752	0.833	0.850	0.884	0.932	0.927	0.936
	世界末尾	0.238	0.200	0.297	0.383	0.412	0.440	0.554	0.561	0.570
	差距	0.295	0.474	0.455	0.450	0.437	0.444	0.378	0.366	0.366
新人类发展指数	世界平均	—	—	—	—	24	27	25	—	30
	世界前沿	—	—	—	—	44	57	59	—	68
	世界末尾	—	—	—	—	18	15	13	—	15
	差距	—	—	—	—	27	42	46	—	54

注:前沿为高收入国家平均值,末尾为低收入国家平均值,差距为前沿与末尾之差。第一次现代化的阶段:起步期Ⅰ、发展期Ⅰ、成熟期Ⅰ和过渡期Ⅰ;第二次现代化的阶段:起步期Ⅱ、发展期Ⅱ、成熟期Ⅱ和过渡期Ⅱ。阶段划分方法参见技术注释。

首先,世界现代化的地理扩散(表 1-27)。在 18 世纪,世界现代化出现在西欧的少数国家。在 19 世纪上半叶,它扩散到西欧、北美、澳大利亚和新西兰等。在 19 世纪下半叶,它扩散到东欧、南欧、拉美、部分的亚洲和非洲国家。在 20 世纪上半叶,它扩散到世界多数地区和国家。在 20 世纪下半叶,第一次现代化扩散到全球,第二次现代化起步并扩散到全球。

表 1-27 世界现代化的地理结构的变迁(现代化覆盖的地区)

阶段		时间(年)	欧洲	美洲	大洋洲	亚洲	非洲
第一次现代化	准备阶段	1300～1763	西欧				
	第一次浪潮	1763～1870	西欧	北美	澳大利亚、新西兰		
	第二次浪潮	1870～1945	欧洲	美洲	澳大利亚、新西兰	亚洲局部	非洲局部
	第三次浪潮	1945～1970	欧洲	美洲	大洋洲	亚洲	非洲
第二次现代化	准备阶段	1905～1970	西欧	北美			
	第四次浪潮	1970～2020	欧洲	美洲	大洋洲	亚洲	非洲

注:第一次现代化是逐步扩散的,第二次现代化则是快速扩散,尽管世界多数地区没有完成第一次现代化。如果从 14 世纪文艺复兴的开始算起,第一次现代化的准备阶段费时 400 多年。如果从 20 世纪初相对论提出(物理学革命)算起,第二次现代化的准备阶段费时 60 多年。

其次，世界现代化的先发地区，保持相对较高水平(表 1-28)。在过去 300 年里，西欧和西方衍生国保持了较高经济水平，属于第一集群；南欧经济水平低于西欧，但高于其他地区，属于第二集群；东欧、拉美和亚洲的经济水平比较接近，属于第三集群；非洲经济水平较低，属于第四集群。亚洲在 20 世纪上半叶曾经下降到第四集群，但在 20 世纪后期回归第三集群。

表 1-28 1700～2005 年世界现代化的地理结构(人均 GDP 的地区差距)

地区	1700	1820	1870	1913	1960	1980	2001	2005	增长率Ⅰ	增长率Ⅱ	增长率Ⅲ
西欧	1024	1232	1974	3473	4596	15 440	23 011	24 156	0.58	2.13	1.04
西方衍生国	473	1201	2431	5257	9288	15 733	22 808	24 585	1.14	1.69	1.30
南欧	790	923	1146	1780	2457	10 764	18 866	20 742	0.38	2.71	1.08
东欧	589	663	907	1508	2157	5498	7020	8794	0.44	1.94	0.89
拉美	529	665	698	1511	2554	4114	4367	4767	0.49	1.26	0.72
亚洲	571	592	601	851	977	5724	6014	6987	0.19	2.31	0.82
非洲	400	418	444	585	852	1745	1954	2176	0.18	1.44	0.56
世界平均	615	667	867	1510	2114	4238	5661	6288	0.42	1.56	0.77

注：西方衍生国包括美国、加拿大、澳大利亚和新西兰。人均 GDP 按 1990 年价格国际美元计算。增长率Ⅰ为 1700～1913 年期间的年均增长率。增长率Ⅱ为 1913～2005 年期间的年均增长率。增长率Ⅲ为 1700～2005 年期间的年均增长率。2001 和 2005 年数据是相关地区的国家的平均值。

数据来源：Maddison，2001.

其次，1950 年以来世界现代化的地理结构(表 1-29)。在 1950～2005 年期间，欧洲现代化比较高，美洲和亚洲现代化水平大致相当(低于欧洲但高于非洲)，非洲现代化水平比较低。

表 1-29 1950～2005 年世界现代化的地理结构(国家个数)

	地区	现代化的阶段和水平	1950	1960	1970	1980	1990	2000	2001	2005
现代化的阶段	非洲	第二次现代化	—	—	—	—	—	—	—	—
		第一次现代化	4	10	12	18	19	24	25	25
		传统农业社会	2	22	20	17	16	14	13	13
	美洲	第二次现代化	—	—	2	2	2	3	4	2
		第一次现代化	17	21	20	20	19	19	18	20
		传统农业社会	2	1	—	—	—	—	—	—
	亚洲	第二次现代化	—	—	—	1	2	4	4	4
		第一次现代化	6	20	18	23	20	31	31	31
		传统农业社会	5	8	5	2	2	—	—	—
	欧洲	第二次现代化	—	—	—	6	9	14	14	13
		第一次现代化	19	22	21	18	12	19	19	20
		传统农业社会	—	—	—	—	—	—	—	—
	大洋洲	第二次现代化	—	—	—	1	2	2	2	2
		第一次现代化	2	2	2	1	1	1	1	1
		传统农业社会	—	1	1	1	—	—	—	—

（续表）

地区		现代化的阶段和水平	1950	1960	1970	1980	1990	2000	2001	2005
现代化的水平	非洲	发达国家	—	—	—	—	—	—	—	—
		中等发达国家	1	1	1	—	—	—	—	—
		初等发达国家	3	7	5	12	11	6	6	7
		欠发达国家	2	25	29	24	25	32	32	31
	美洲	发达国家	3	2	2	2	2	2	2	2
		中等发达国家	5	7	3	2	3	3	2	4
		初等发达国家	10	11	13	15	16	12	14	12
		欠发达国家	2	2	4	2	1	5	4	4
	亚洲	发达国家	1	1	2	2	2	3	4	4
		中等发达国家	2	5	2	2	6	4	3	4
		初等发达国家	5	9	6	10	8	16	15	16
		欠发达国家	3	12	13	12	8	12	13	11
	欧洲	发达国家	7	11	10	12	11	11	11	12
		中等发达国家	9	9	9	7	8	15	15	17
		初等发达国家	2	2	2	3	2	5	7	4
		欠发达国家	—	—	—	—	—	1	—	—
	大洋洲	发达国家	2	2	1	1	1	1	1	2
		中等发达国家	—	—	1	1	1	1	1	—
		初等发达国家	—	—	—	—	—	—	—	—
		欠发达国家	—	1	1	1	1	1	1	1
		国家样本数/个	57	107	104	108	106	130	131	131

注：传统农业社会国家，农业劳动力比例超过 80%。现代化水平的分组标准：高收入国家现代化指数的平均值为 100，发达国家的现代化指数大于或等于 80，中等发达国家的现代化指数小于 80 但高于世界平均值，初等发达国家的现代化指数低于世界平均值但大于或等于 30，欠发达国家的现代化指数小于 30。

(3) 世界现代化的国际体系的变化趋势

世界现代化的国际体系是以“国家现代化为结构单元”的世界现代化的国际体系，可以简称为“世界现代化体系”。世界现代化的国际体系是国家层次的国家现代化和国际体系层次的国际竞争的相互作用的结果，是国家现代化和国际互动（国际现代化）的结果。下面重点讨论国际体系的结构变化，关于国际体系中的（世界范围的）国家现代化将在后面专题讨论。

首先，根据人均 GDP(PPP) 指数分组，1700～2005 年期间的国际体系的结构基本稳定。经济发达国家比例约为 12%～20%，中等发达国家比例约为 12%～36%；初等发达国家比例约为 17%～43%，欠发达国家比例约为 30%～55%（表 1-30）。经济发达国家的名单见附表 1-3。

其次，根据现代化指数分组，1960～2005 年期间的国际体系的结构基本稳定（图 1-10）。发达国家的比例约为 13%～15%，中等发达国家的比例约为 12%～21%；初等发达国家的比例约为 25%～35%，欠发达国家的比例约为 33%～45%（表 1-31）。一般而言，发达国家属于当年达到现代化水平的国家。发达国家和现代化国家的名单见附表 1-3。

表 1-30 1700～2005 年世界现代化的国际体系的结构(根据人均 GDP 分组)

项目	1700	1750	1820	1870	1900	1960	1980	2000	2001	2005	变化
国家数量/个	104	—	104	104	104	104	100	129	129	130	
经济发达国家/个	13	—	13	12	15	17	20	20	21	21	8
经济中等发达国家/个	37	—	15	14	12	20	20	26	25	28	−9
经济初等发达国家/个	20	—	45	21	25	25	21	22	23	24	4
经济欠发达国家/个	34	—	31	57	52	42	39	61	60	57	23
国家比例/(%)	100	—	100	100	100	100	100	100	100	100	
经济发达国家/(%)	13	—	13	12	14	16	20	16	16	16	3
经济中等发达国家/(%)	36	—	14	13	12	19	20	20	19	22	−14
经济初等发达国家/(%)	19	—	43	20	24	24	21	17	18	18	−1
经济欠发达国家/(%)	33	—	30	55	50	40	39	47	47	44	11

注:根据人均 GDP(1990 年价格国际美元)指数分组。分组标准:高收入国家(或西欧 12 国)人均 GDP 指数的平均值为 100,经济发达国家人均 GDP 指数大于或等于 80,经济中等发达国家人均 GDP 指数小于 80 但大于世界平均值,经济初等发达国家人均 GDP 指数小于世界平均值但大于世界平均值的一半,经济欠发达国家人均 GDP 指数小于世界平均值的一半。变化值等于 2005 年的数值减 1700 年的数值。

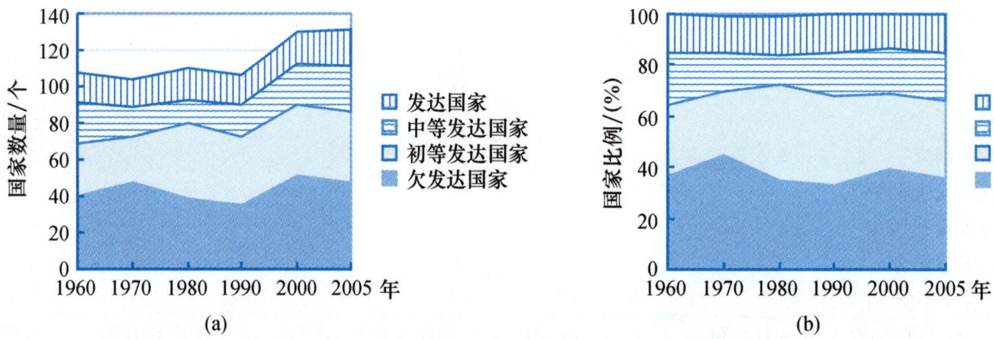

图 1-10 1960～2005 年世界现代化的国际体系的水平结构(根据现代化指数分组)

表 1-31 1960～2005 年世界现代化的国际体系的结构(根据现代化指数分组)

项目	1960	1970	1980	1990	2000	2001	2005	变化
国家数量/个	107	104	110	106	130	131	131	
发达国家/个	16	15	17	16	17	18	20	5
中等发达国家/个	22	16	13	18	23	21	25	2
初等发达国家/个	29	26	41	37	39	42	39	10
欠发达国家/个	40	47	39	35	51	50	47	7
国家比例/(%)	100	100	100	100	100	100	100	
发达国家/(%)	15	14	15	15	13	14	15	1
中等发达国家/(%)	21	15	12	17	18	16	19	−2
初等发达国家/(%)	27	25	37	35	30	32	30	3
欠发达国家/(%)	37	45	35	33	39	38	36	−1

注:根据国家现代化指数分组。1960 年根据第一次现代化程度的分组标准:发达国家大于 90%,中等发达国家小于 90%但大于 60%,初等发达国家小于 60%但大于 50%,欠发达国家小于 50%。1970～2000 年第二次现代化评价以 2000 年高收入国家平均值为基准值,2001 和 2005 年第二次现代化评价以当年高收入国家平均值为基准值。1970 年根据第二次现代化指数的分组标准:发达国家指数大于 50,中等发达国家小于 50 但大于世界平均值,初等发达国家小于世界平均值但大于 22,欠发达国家小于 22。1980 年根据第二次现代化指数的分组标准:发达国家指数大于 62,中等发达国家小于 62 但大于世界平均值,初等发达国家小于世界平均值但大于 23,欠发达国家小于 23。1990 年根据第二次现代化指数的分组标准:发达国家指数大于 75,中等发达国家小于 75 但大于世界平均值,初等发达国家大于世界平均值但小于 26,欠发达国家小于 26。2000～2005 年根据第二次现代化指数的分组标准:高收入国家现代化指数的平均值为 100,发达国家的现代化指数大于或等于 80,中等发达国家的现代化指数小于 80 但高于世界平均值,初等发达国家的现代化指数低于世界平均值但大于或等于 30,欠发达国家的现代化指数小于 30。变化值等于 2005 年的数值减 1960 年的数值。

其三，根据第一次现代化程度分析，在 1960～2005 年期间，完成第一次现代化的国家数量和国家比例在增长(图 1-11)。完成第一次现代化的国家数量从 2 个上升到 34 个，完成第一次现代化的国家比例从 2%上升到 26%。

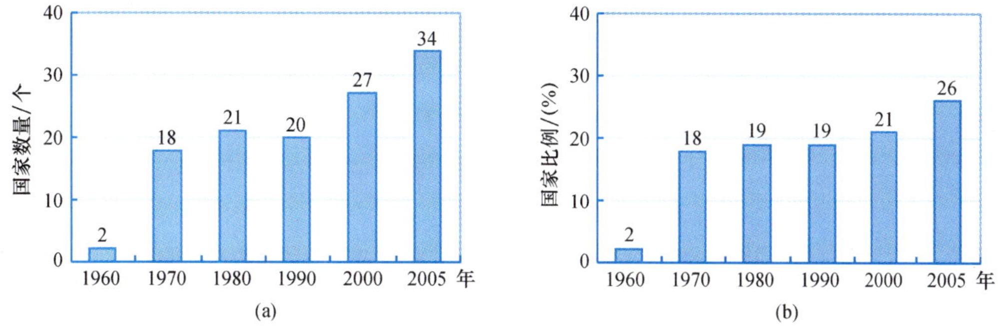

图 1-11 1960～2005 年完成第一次现代化的国家数量和国家比例

其四，根据现代化阶段分析，在 1960～2005 年期间，进入第二次现代化阶段的国家数量和国家比例在增加(图 1-12)，处于第一次现代化阶段的国家数量和国家比例从上升到下降，处于传统农业社会的国家数量和国家比例在下降。进入第二次现代化的国家数量从 0 上升到 28 个，国家比例从 0 上升到 21%。

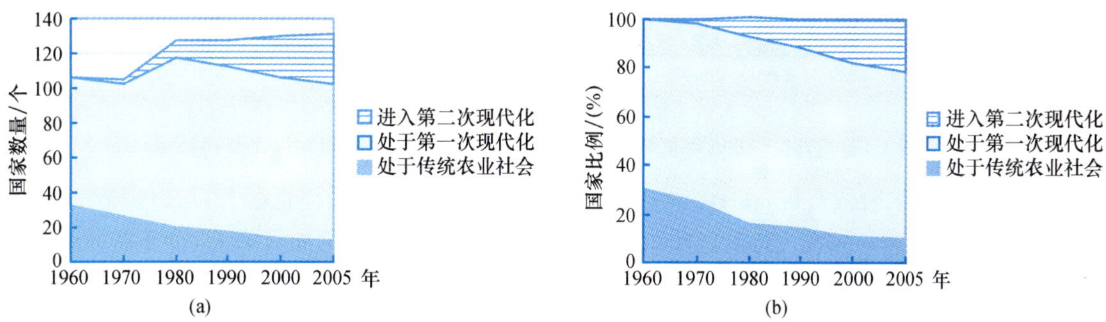

图 1-12 1960～2005 年世界现代化的国际体系的阶段结构(根据现代化阶段分组)

注：国家所处阶段是根据产业结构和就业结构的信号指标的综合划分(见技术注释)。在本图中，传统农业社会的国家指农业劳动力比例大于 80%的国家。

(4) 世界现代化的人口结构的变化趋势

世界现代化的人口结构是“以国家人口为分析单位”的世界现代化的人口结构。一般而言，国家内部发展具有不平衡性，“以现代化水平为分析单位”的国家内部的人口结构的数据很难获取。“以国家人口为分析单位”的世界现代化的人口结构分析，并不能完全反映世界现代化的人口结构的真实情况。这种分析只有一定参考意义。

首先，根据现代化指数分组，在 1960～2005 年期间，世界现代化的人口结构发生了比较大的变化(图 1-13)。发达国家人口比例从约 20%下降到 14%，中等发达国家人口比例从约 13%下降到 9%；初等发达国家人口比例从约 12%上升到 39%，欠发达国家人口比例从约 55%下降到 42%。人口结构变化，一方面与现代化进程有关，一方面与不同国家人口增长率有关。1960 年以来，发达国家人口增长率下降，有些发达国家出现人口负增长。

其二，根据第一次现代化程度分析，在 1960～2005 年期间，完成第一次现代化的人口数量在增长，人口比例有波动(图 1-14)。完成第一次现代化的人口数量从约 2 亿上升到约 11 亿；完成第一次现代化的人口比例，1960 年约为 7%，1970 年约为 20%，2005 年约为 18%。

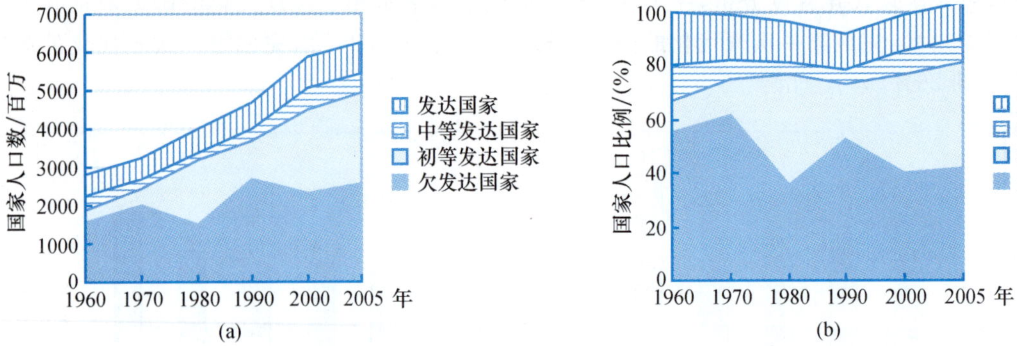

图 1-13　1960～2005 年世界现代化的人口结构(根据现代化指数分组)

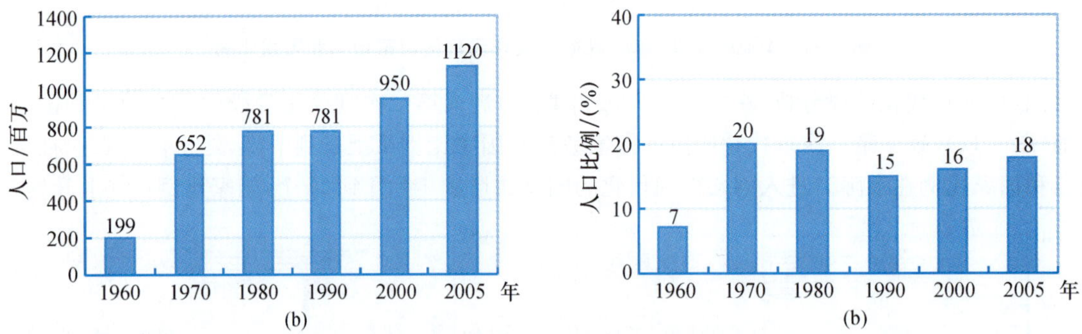

图 1-14　1960～2005 年完成第一次现代化的人口数量(a)和人口比例(b)

其三,根据现代化阶段分析,在 1960～2005 年期间,进入第二次现代化的人口数量和人口比例在增加(图 1-15);处于第一次现代化阶段的人口数量在上升,但人口比例先升后降;处于传统农业社会的人口数量和人口比例在下降。进入第二次现代化的人口数量从约 2.3 亿上升到 9.5 亿,人口比例从约 7%上升到 15%;处于第一次现代化的人口数量从约 18.5 亿上升到 50.6 亿,人口比例从约 67%上升到 87%,然后下降到 81%;处于传统农业社会的人口数量从约 9.2 亿到 2.3 亿,人口比例从约 33%下降到 4%。1960 和 1970 年中国农业劳动力比例超过 80%,根据分类标准属于传统农业社会;中国人口占传统农业社会人口的比例比较大。

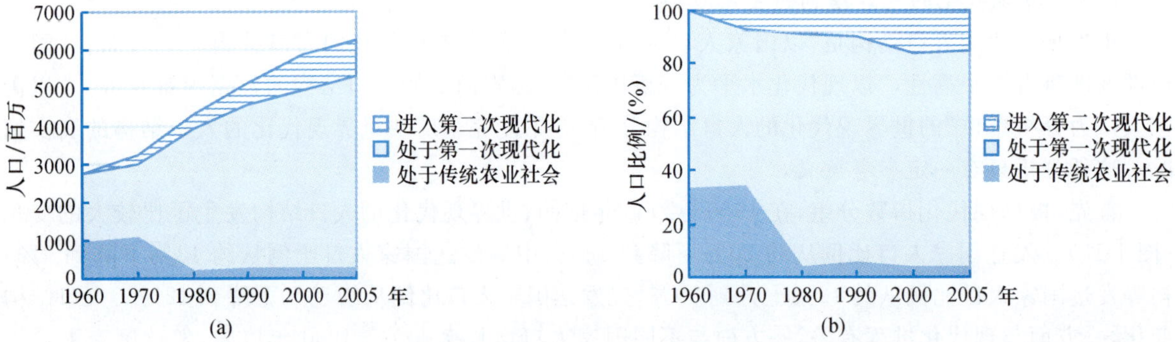

图 1-15　1960～2005 年世界现代化的人口结构(根据现代化阶段分组)

注:国家所处阶段是根据产业结构和就业结构的信号指标的综合划分(见技术注释)。在本图中,传统农业社会的国家指农业劳动力比例大于 80%的国家。

3. 世界整体现代化的截面分析

世界整体现代化的截面分析的主要对象包括：世界整体水平、世界四种要素和宏观结构（包括地理结构和国家体系等）的变化等（图 1-9）。本章第三节以 2006 年截面为例讨论世界现代化的客观现实，可以作为截面分析方法的一个参考案例。下面，非常简要地讨论世界整体水平和宏观结构的截面分析，世界四种要素的截面分析将在后面专题讨论①。

(1) 世界整体水平的截面分析

首先，2001 年截面（表 1-26）。世界平均处于第一次现代化的成熟期，第一次现代化实现程度约为 90%；世界前沿已经达到第二次现代化的发展期，世界末尾处于传统农业社会（还有少数民族的原始部落），世界平均水平大约为世界前沿水平的 46%。

其次，1980 年截面（表 1-26）。世界平均处于第一次现代化的发展期，第一次现代化实现程度约为 80%；世界前沿已经达到第一次现代化的过渡期，世界末尾处于传统农业社会（还有少数民族的原始部落），世界平均水平大约为世界前沿水平的 80%。

其三，1960 年截面（表 1-26）。世界平均处于第一次现代化的起步期，第一次现代化实现程度约为 53%；世界前沿已经达到第一次现代化的成熟期，世界末尾处于传统农业社会（还有少数民族的原始部落），世界平均水平大约为世界前沿水平的 53%。

其四，1900 年截面（表 1-25 和表 1-26）。世界平均处于第一次现代化的起步期，世界前沿已经达到第一次现代化的发展期，世界末尾处于传统农业社会（还有少数民族的原始部落），世界平均水平大约为世界前沿水平的 41%。

其五，19 世纪截面（表 1-25）。1870 年截面：世界前沿的工业增加值比例已经达到 25%，城市化率达到 22%，成人识字率达到 69%，世界末尾处于传统农业社会（还有少数民族的原始部落）。1820 年截面：世界前沿的工业增加值比例已经达到 25%，城市化率达到 12%等。

其六，18 世纪两个截面（表 1-25）。1750 年截面：没有系统数据。1700 年截面：世界前沿的城市化率达到 11%，人均 GDP 的世界平均水平大约为世界前沿水平的 58%。

(2) 世界地理结构的截面分析

首先，2001 年截面（表 1-29）。欧洲有 14 个国家进入第二次现代化，有 11 个国家属于发达国家；美洲有 4 个国家进入第二次现代化，有 2 个国家属于发达国家；亚洲有 4 个国家进入第二次现代化，有 4 个国家属于发达国家；大洋洲有 1 个国家进入第二次现代化，有 1 个国家属于发达国家；非洲没有国家进入第二次现代化，没有国家属于发达国家。

其次，1980 年截面（表 1-29）。欧洲有 6 个国家进入第二次现代化，有 12 个国家属于发达国家；美洲有 2 个国家进入第二次现代化，有 2 个国家属于发达国家；亚洲有 1 个国家进入第二次现代化，有 2 个国家属于发达国家；大洋洲有 1 个国家进入第二次现代化，有 1 个国家属于发达国家；非洲没有国家进入第二次现代化，没有国家属于发达国家。

其三，1960 年截面（表 1-29）。全世界没有国家进入第二次现代化，大部分国家处于第一次现代化或传统农业社会。欧洲没有国家处于传统农业社会，有 11 个国家属于发达国家；美洲有 1 个国家处于传统农业社会，有 2 个国家属于发达国家；亚洲有 8 个国家属于传统农业社会，有 1 个国家属于发达国家；大洋洲有 2 个国家属于发达国家；非洲有 22 个国家属于传统农业社会，没有国家属于发达国家。

---

① 世界整体水平的截面分析，1900 年以前的截面分析采用关键指标分析，1900 年以后的截面分析采用综合指标分析。世界四种要素现代化的截面分析，与世界六个领域现代化的截面分析是部分重叠的，将在后面讨论。世界现代化的国家体系与世界范围的国家现代化的国家体系是一致的，它的截面分析将在后面讨论。

其四，1900年截面。根据人均GDP水平的地区排序是：西方衍生国、西欧、南欧、东欧、拉美、亚洲和非洲；南欧和东欧相当，亚洲和非洲相当；非洲水平约为西欧水平的16%。

其五，19世纪截面(表1-28)。1870年截面：根据人均GDP水平的地区排序是：西方衍生国、西欧、南欧、东欧、拉美、亚洲和非洲；非洲水平约为西欧水平的22%。1820年截面：根据人均GDP水平的地区排序是：西欧、西方衍生国、南欧、拉美、东欧、亚洲和非洲；非洲水平约为西欧水平的34%。

其六，18世纪两个截面(表1-28)。1750年截面没有统计数据。1700年截面：根据人均GDP水平的地区排序是：西欧、南欧、东欧、亚洲、拉美、西方衍生国和非洲；非洲水平约为西欧水平的39%。

(3) 世界现代化的国际体系的截面分析

首先，2001年截面(表1-31)。依据第二次现代化指数分组，在131个国家中，发达国家有18个，约占14%；中等发达国家有21个，约占16%；初等发达国家有42个，约占32%；欠发达国家有50个，约占38%；发展中国家约有113个，约占86%。

其次，1980年截面(表1-31)。依据第二次现代化指数分组，在110个国家中，发达国家有17个，约占15%；中等发达国家有13个，约占12%；初等发达国家有41个，约占37%；欠发达国家有39个，约占35%；发展中国家约有93个，约占85%。

其三，1960年截面(表1-31)。依据第一次现代化程度分组，在107个国家中，发达国家有16个，约占15%；中等发达国家有22个，约占21%；初等发达国家有29个，约占27%；欠发达国家有40个，约占37%；发展中国家约有92个，约占86%。

其四，1900年截面(表1-30)。根据人均GDP指数分组，在104个国家中，经济发达国家有15个，约占14%；中等发达国家有12个，约占12%；初等发达国家有25个，约占24%；欠发达国家有52个，约占50%；发展中国家约有89个，约占86%。

其五，19世纪两个截面(表1-30)。1870年截面：根据人均GDP指数分组，经济发达国家约占12%，中等发达国家约占13%，初等发达国家约占20%，欠发达国家约占55%，发展中国家约占88%。1820年截面：根据人均GDP指数分组，经济发达国家约占13%，中等发达国家约占14%，初等发达国家约占43%，欠发达国家约占30%，发展中国家约占87%。

其六，18世纪两个截面(表1-30)。1750年截面没有统计数据。1700年截面：根据人均GDP指数分组，经济发达国家约占13%，中等发达国家约占36%，初等发达国家约占19%，欠发达国家约占33%，发展中国家约占87%。

(4) 世界现代化的人口结构的截面分析

关于世界现代化的人口结构的截面分析，这里仅以2001年等3个截面为例。

首先，2001年截面。依据第二次现代化指数分组，2001年发达国家人口约占13%，中等发达国家人口约占8%，初等发达国家人口约占38%，欠发达国家人口约占41%。依据现代化指数和阶段分析，2001年进入第二次现代化的人口约9.4亿，约占16%；处于第一次现代化的人口约47.6亿，约占80%；处于传统农业社会的人口约2.1亿，约占4%；完成第一次现代化的人口约9.6亿，约占16%。

其次，1980年截面。依据第二次现代化指数分组，1980年发达国家人口约占15%，中等发达国家人口约占4%，初等发达国家人口约占41%，欠发达国家人口约占36%。依据现代化指数和阶段分析，1980年进入第二次现代化的人口约3.7亿，约占9%；处于第一次现代化的人口约37.4亿，约占87%；处于传统农业社会的人口约1.8亿，约占4%；完成第一次现代化的人口约7.8亿，约占19%。

其三，1960年截面。依据第一次现代化程度分析，1960年发达国家人口约占20%，中等发达国家人口约占6%，初等发达国家人口约占39%，欠发达国家人口约占35%。依据现代化指数和阶段分析，1960年完成第一次现代化的人口约2亿，约占7%；处于第一次现代化的人口约18.5亿，约占

67%;处于传统农业社会的人口约 9.2 亿(包括中国人口在内),约占 33%。1960 年没有人口进入第二次现代化。

二、世界六个领域的现代化进程

世界六个领域的现代化进程研究一般包括过程分析、时序分析和截面分析等。世界六个领域的现代化是以"世界为研究单位"的世界六个领域的现代化①。世界六个领域的现代化研究,可以分领域进行,也可以集中进行。本报告进行集中研究。

1. 世界六个领域现代化的过程分析

世界六个领域现代化的过程分析主要包括六个领域现代化的阶段、结果、动力和模式分析等。

(1) 世界六个领域现代化的主要阶段

世界六个领域现代化是世界现代化的重要组成部分。世界六个领域现代化的主要阶段,与世界现代化的主要阶段是基本协调的(图 1-6),大致包括两大阶段和六次浪潮。

首先,世界六个领域现代化的两个阶段。同世界现代化一样,世界经济、社会、政治、文化和个人五个领域的现代化主要包括准备阶段、第一次现代化和第二次现代化(表 1-32)。在自然环境领域,在第一次现代化过程中,国家现代化与自然环境的关系是偏利耦合,经济发展造成环境污染和生态破坏;在第二次现代化过程中,国家现代化与自然环境的关系是互利耦合,经济与环境双赢,被称为"生态现代化"。在国际环境领域,国家现代化与国际环境的相互作用被称为"国际现代化";它在准备阶段、第一次和第二次现代化过程中有不同特点。

表 1-32　世界六个领域现代化的主要阶段

项目	准备阶段	第一次现代化	第二次现代化
大致时间	1300～1763 年	1763～1970 年	1970～2100 年
世界整体	文艺复兴、科学革命、启蒙运动	工业革命、政治革命、工业文明	知识革命、信息革命、知识文明
经济	商业革命、科学革命、农业革命	工业革命、机械化、电气化、自动化	信息革命、知识化、生态化、全球化
社会	文艺复兴、宗教改革、启蒙运动	城市化、电器化、福利化、义务教育	知识化、信息化、绿色化、高等教育
政治	宗教改革、议会革命、启蒙运动	政治革命、民主化、科层化	知识化、个性化、网络化
文化	文艺复兴、宗教改革、科学革命	启蒙运动、理性化、世俗化	网络化、人性化、产业化
个人	文艺复兴、宗教改革、启蒙运动	平等、成就、个人利益	个性、幸福、自我实现
环境	— 《威斯特伐利亚和约》	—(征服自然、生态破坏) 工业文明效应、国际战争	生态革命、人与自然互利共生 知识文明效应、国际依赖

注:阶段划分是根据世界现代化的前沿轨迹和特征进行的。世界不同领域和不同地区的发展是不同步的。环境包括自然环境和国际环境,分别对应生态现代化和国际现代化。世界现代化进程中的一些重大事件对多个领域有影响。它们的大致时间分别是:文艺复兴(14～16 世纪)、商业革命(14～18 世纪)、宗教改革(16 世纪)、科学革命(16～17 世纪)、英国议会革命(英国资产阶级革命)(17 世纪)、启蒙运动(17～18 世纪)、欧洲农业革命(18 世纪)、工业革命(1763～1914 年)、政治革命包括美国革命(1775～1783 年)、法国革命(1789～1799 年)和俄国革命(1917 年)、知识和信息革命(1970～2020 年)、生态革命(20 世纪后 40 年)等。

参考资料:中国现代化战略研究课题组等,2003,2005,2006,2007,2008,2009.

---

① 世界六个领域的现代化与世界范围的六个领域现代化是不同的概念。例如,世界经济领域的现代化是"世界层面"的经济现代化,是以"世界为核算单位"的经济现代化;世界范围的经济现代化一般指世界范围的"国家层面"的经济现代化,是以"国家为核算单位"的世界范围的经济现代化。世界其他五个领域的现代化与世界范围的其他五个领域现代化的差别,与经济领域的情况完全一样。

其次，世界四个领域现代化的六次浪潮。世界经济和社会领域现代化有六次浪潮(表 1-22)。与世界经济和社会领域现代化的六次浪潮相对应，世界政治和文化领域现代化同样有六次浪潮。个人现代化是否存在六次浪潮，需要专题研究。在自然环境领域，生态现代化是 20 世纪后期出现的。在国际环境领域，国际现代化没有明显的六次浪潮。

其三，世界六个领域现代化的主要特点。关于世界六个领域现代化的特点，可以有不同的认识。一般特点包括：阶段性、异步性、非线性、可逆性、多样性、复杂性、长期性、互动性、协同性和全球性等(表 1-33)。当然，这些只是它的部分特点。

表 1-33 世界六个领域现代化的历史进程的主要特点

特点	特点的内涵
阶段性	世界六个领域现代化都是有阶段的历史过程，多数领域包括第一次和第二次现代化
异步性	世界六个领域现代化不是同步进行的，如生态现代化是 20 世纪后期出现的
非线性	世界经济、社会、政治和文化的现代化是非线性的，包括从传统向现代、现代向后现代的转型
可逆性	世界经济、社会、政治和文化的现代化是部分可逆的，可以发生挫折、中断、倒退和反复等
多样性	世界六个领域现代化的过程和模式是多样的，没有两个领域现代化模式是一样的
复杂性	世界六个领域现代化的内涵是非常复杂的，包括生活、结构、制度和观念的变化
长期性	世界六个领域现代化都是长期的过程，不可能在短期内完成
互动性	世界六个领域现代化是相互影响的，如经济与社会、政治与文化、文化与个人、政治与环境等
协同性	世界六个领域现代化存在一定的协同效应，如经济、社会、政治和文化现代化的协调性
全球性	世界六个领域现代化都是全球性的现象

(2) 世界六个领域现代化的主要结果

世界六个领域现代化的结果，需要分阶段分析，需要截面比较。在不同历史截面，世界六个领域现代化有不同的指标、水平和特征；通过两个截面的指标、水平和特征的比较，可以分析在两个截面之间的世界六个领域现代化进程的主要结果(表 1-34)。

表 1-34 世界六个领域现代化的主要结果

领域	1763～1970 年现代化(第一次现代化)的结果	1970～2100 年现代化(第二次现代化)的结果
经济	工业化、市场化、规模化、标准化、非农业化	知识化、信息化、生态化、全球化、非工业化
社会	城市化、福利化、流动化、电气化、普及义务教育	知识化、信息化、郊区化、绿色化、普及高等教育
政治	民主化、法治化、科层化、制度化、理性化	知识化、网络化、个性化、国际化、分散化
文化	专业化、理性化、世俗化、大众化、物质价值	多元化、网络化、产业化、国际化、生活质量
个人	开放性、参与性、平等性、成就感、个人利益	创新、学习、个性化、幸福感、自我实现
环境	—(征服自然、生态破坏) 工业文明效应、国际战争、非决定性	生态平衡、守护自然、经济环境双赢、互利共生 知识文明效应、国际依赖、非决定性

注：本表中世界六个领域现代化的结果主要指世界六个领域现代化的世界前沿的结果。

(3) 世界六个领域现代化的主要动力

世界六个领域现代化的动力分析，需要专题进行。一般而言，创新是现代化的根本源泉，六个领域现代化可以相互影响；如果某个领域现代化走在其他领域的前面，它可以带动或促进其他领域的现代化。关于各个领域现代化的动力原理，还将在第二章的理论分析中深入讨论。

(4) 世界六个领域现代化的路径和模式

世界六个现代化的路径和模式分析，需要分别进行专题研究。一般而言，在 1763～1970 年期间，世界六个领域现代化的基本路径分别是它们的第一次现代化路径；在 1970～2100 年期间，世界六个领域现代化的基本路径分别是它们的多种路径，包括发达国家六个领域的第二次现代化路径、发展中国家六个领域的第一次现代化、第二次现代化和综合现代化路径等。关于六个领域现代化的基本路径和主要模式，还将在第二章的理论分析中进行讨论。

2. 世界六个领域现代化的时序分析

世界六个领域现代化的时序分析主要包括六个领域的四种要素的时序分析。下面重点讨论世界六个领域生活和结构的时序分析，制度和观念的时序分析将在后面讨论或需专题研究①。

世界六个领域现代化是不同步的，需要多角度分析。从操作角度考虑，可以用主要指标的世界平均值、世界总量或样本国家(131 个国家或有数据的国家)的平均值代表世界六个领域现代化的变化趋势，用主要指标的高收入国家的平均值、总量或样本国家(22 个发达国家或西欧 12 国)的平均值代表世界六个领域现代化的世界前沿。

(1) 世界六个领域现代化的变化趋势

在过去 300 年里，世界六个领域发生了巨大变化(附表 1-4)，而且变化是有规律的，包括上升、下降、转折和波动等几种模式(表 1-35)，需要分别讨论。

表 1-35 世界六个领域现代化的变化趋势的主要类型

项目	经济	社会	政治	文化	个人	自然环境	国际环境	合计
上升变量	9	13	4	11	5	3	7	52
下降变量	2	2	4	—	2	5	—	15
转折变量	1	2	—	1	1	2	1	8
波动变量	8	2	—	1	—	—	2	13
合计	20	19	8	13	8	10	10	88

(2) 世界六个领域现代化的世界前沿

在过去 300 年里，世界六个领域现代化的世界前沿在持续变化(附表 1-5)，而且变化是有规律的，变化轨迹包括上升、下降、转折和波动等几种模式(表 1-36)，需要分别讨论。

表 1-36 世界六个领域现代化的世界前沿的变迁类型

项目	经济	社会	政治	文化	个人	自然环境	国际环境	合计
上升变量	8	13	1	10	6	5	7	50
下降变量	3	3	4	1	2	6	—	19
转折变量	2	1	2	—	1	1	1	8
波动变量	7	2	—	2	1	—	—	12
合计	20	19	7	13	10	12	8	89

① 世界六个领域现代化的制度和观念，可以分为两个层次。首先，世界层面的六个领域的制度和观念，以“世界为分析单元”，一般指联合国等国际组织推行的制度和观念。世界层面的制度的时序分析需要专题研究。其次，世界范围的国家层面的制度和观念，以“国家为分析单元”，一般指在世界范围内的国家层面实行的制度和观念。世界范围的国家层面的制度的时序分析，将在世界范围的国家现代化的时序分析时集中讨论。

世界六个领域现代化的变化趋势和世界前沿的变迁趋势是基本一致的。在 89 个分析指标中,大约有 20 个指标的表现有差异,主要差异表现在 6 个方面(表 1-37)。

表 1-37 世界六个领域现代化的变化趋势和世界前沿的变迁趋势的主要差别

项目	工业劳动力比例	国内消费率	日报发行比例	青少年识字率	有机废水排放密度	人均国际通话
世界趋势	上升	波动	上升	上升	转折	波动
世界前沿	转折	下降	下降	饱和	下降	上升
备注	从工业化到非工业化		从上升到下降	从上升到饱和	从上升到下降	

3. 世界六个领域现代化的截面分析

世界六个领域现代化的截面分析,需要专题研究和大量篇幅①。这里采用举例分析方法,以世界六个领域现代化的生活和结构指标为代表;每一个领域选择两个指标,一个指标为生活指标,一个指标为结构指标(表 1-38)。当然,这种划分是相对的,因为有些指标可以有多种意义(从不同角度分析有不同意义),可以同时作为生活指标或结构指标。

表 1-38 1700～2001 年世界六个领域现代化的截面分析(代表性指标)

领域	指标	项目	1700	1750	1820	1870	1900	1960	1980	2001	变化
经济	人均 GDP /美元	平均	—	—	—	—	—	447	2482	5149	11.5
		前沿	—	—	—	—	—	1470	9999	25 689	17.5
		末尾	—	—	—	—	—	90	324	394	4.4
		相差	—	—	—	—	—	16.3	30.9	65.2	4.0
	农业增加值比例/(%)	平均	—	—	—	—	—	31.9	6.6	3.6	0.1
		前沿	—	—	43.2	37.8	29.0	6.0	3.9	1.8	0.3
		末尾	—	—	—	—	—	44.4	34.6	25.7	0.6
		相差	—	—	—	—	—	0.1	0.1	0.1	0.5
社会	婴儿死亡率 /(‰)	平均	—	—	—	—	—	121	79	56	0.5
		前沿	—	239	193	171	152	37	14	5	0.1
		末尾	—	—	—	—	—	155	113	82	0.5
		相差	—	—	—	—	—	0.2	0.1	0.1	0.3
	大学普及率 /(%)	平均	—	—	—	—	—	5	13	20	4.0
		前沿	—	—	0.3	0.6	0.9	16	35	59	3.7
		末尾	—					2	6	7	3.5
		相差	—	—	—	—	—	8.0	5.8	8.4	1.1

① 世界六个领域现代化的截面分析,包括六个领域的生活、结构、制度和观念的截面分析等,需要专题研究和大量篇幅。本报告采用举例分析,先选择生活和结构两个方面的指标进行分析。世界六个领域现代化的制度和观念,可以分为两个层次。首先,世界层面的六个领域的制度和观念,以"世界为分析单元",一般指联合国等国际组织推行的制度和观念。世界层面的制度的截面分析需要专题研究。其次,世界范围的国家层面的制度和观念,以"国家为分析单元",一般指在世界范围内的国家层面实行的制度和观念。世界范围的国家层面的制度的截面分析,将在世界范围的国家现代化的截面分析时集中讨论。

（续表）

领域	指标	项目	1700	1750	1820	1870	1900	1960	1980	2001	变化
政治	政府消费比例/(%)	平均	—	—	—	—	—	14	17	17	1.2
		前沿	—	—	—	—	—	15	17	17	1.1
		末尾	—	—	—	—	—	8	11	12	1.5
		相差	—	—	—	—	—	1.9	1.5	1.4	0.8
	人均外国援助/美元	平均	—	—	—	—	—	1	8	9	9.0
		前沿	—	—	—	—	—	1	2	1	1.0
		末尾	—	—	—	—	—	2	10	9	4.5
		相差	—	—	—	—	—	0.5	0.2	0.1	0.2
文化	科技投入比例/(%)	平均	—	—	—	—	—	—	1.9	2.2	1.2
		前沿	—	—	—	—	—	—	2.2	2.5	1.1
		末尾	—	—	—	—	—	—	0.3	0.6	2.0
		相差	—	—	—	—	—	—	7.3	4.2	0.6
	电话普及率/(%)	平均	—	—	—	—	—	4	8	17	4.3
		前沿	—	—	—	—	—	13	31	57	4.4
		末尾	—	—	—	—	—	0.2	0.4	2.4	12.0
		相差	—	—	—	—	—	65.0	77.5	23.2	0.4
个人	总和生育率/个	平均	—	—	—	—	—	4.6	3.7	2.7	0.6
		前沿	—	—	—	—	—	3.0	1.9	1.7	0.6
		末尾	—	—	—	—	—	6.6	5.6	3.9	0.6
		相差	—	—	—	—	—	0.5	0.3	0.4	1.0
	轿车普及率/(‰)	平均	—	—	—	—	—	—	—	104	—
		前沿	—	—	—	—	—	—	334	453	1.4
		末尾	—	—	—	—	—	—	—	7	—
		相差	—	—	—	—	—	—	—	64.7	—
自然环境	化石能源消费比例/(%)	平均	—	—	—	—	—	94	83	80	0.9
		前沿	—	—	—	—	—	94	91	83	0.9
		末尾	—	—	—	—	—	—	36	53	1.5
		相差	—	—	—	—	—	—	2.5	1.6	0.6
	CO_2排放密度/(千克·美元$^{-1}$)	平均	—	—	—	—	—	1.0	0.8	0.8	0.8
		前沿	—	—	—	—	—	0.9	0.7	0.5	0.6
		末尾	—	—	—	—	—	1.1	1.7	2.0	1.8
		相差	—	—	—	—	—	0.8	0.4	0.3	0.3
国际环境	人均外国投资/美元	平均	—	—	—	—	—	—	12	130	10.8
		前沿	—	—	—	—	—	—	52	628	12.1
		末尾	—	—	—	—	—	—	0.1	6	60
		相差	—	—	—	—	—	—	520.0	104.7	0.2
	国际贸易比例/(%)	平均	—	—	—	9	15	24	39	49	2.0
		前沿	—	—	—	—	—	24	39	48	2.0
		末尾	—	—	—	—	—	18	25	39	2.2
		相差	—	—	—	—	—	1.3	1.6	1.2	0.9

注：平均为世界平均值（或131个样本国家平均值），前沿为高收入国家平均值（或22个发达国家平均值），末尾为低收入国家平均值，相差（相对差距）＝前沿值÷末尾值，变化＝2001年的值÷1960年的值（或起点年的值）。1900年国际贸易比例的数值为1913年的数据。

(1) 世界六个领域现代化的2001年截面

首先，经济领域。人均GDP，世界平均超过5000美元，世界前沿超过25 000美元，世界末尾不到400美元，世界前沿是世界末尾的65倍。农业增加值占GDP比例，世界平均不到4%，世界前沿不到2%，世界末尾约为26%。2001年农业经济占世界经济比例已经很小。

其次，社会领域。婴儿死亡率，世界平均约为56‰，世界前沿约为5‰，世界末尾不到82‰，低收入国家每100个新生儿就有8个夭折。大学普及率，世界平均约为20%，世界前沿约为59%，世界末尾约为7%。2001年世界知识化已经取得很大进展。

其三，政治领域。政府消费比例，世界平均约为17%，世界前沿约为17%，世界末尾约为12%，低收入国家政府能力有限。人均外国援助，世界平均约为9美元，低收入国家约为9美元。2001年世界民主化已经成为潮流，大约有121个国家采用某种民主制度。

其四，文化领域。科技投入比例，世界平均约为2.2%，世界前沿约为2.5%，世界末尾约为0.6%。电话普及率，世界平均约为17%，世界前沿约为57%，世界末尾约为2.4%。2001年世界前沿的知识生产(科技投入占GDP比例)已经超过粮食生产(农业增加值占GDP比例)。

其五，个人领域。总和生育率(平均每名妇女一生生育孩子个数)，世界平均约为2.7个，世界前沿约为1.7个，世界末尾约为3.9个，发达国家人口数量负增长(不包括新移民)。轿车普及率，世界平均约为104‰，世界前沿约为453‰，世界末尾约为7‰。2001年世界新增加人口主要来自发展中国家，私人汽车主要集中在发达国家。

其六，自然环境领域。化石能源消费比例，世界平均约为80%，世界前沿约为83%，世界末尾约为53%，低收入国家的传统能源比例比较高。单位GDP的CO_2排放，世界平均约为0.8千克，世界前沿约为0.5千克，世界末尾约为2千克。2001年世界生态化已经取得进展。

其七，国际环境领域。人均外国投资，世界平均约为130美元，世界前沿约为628美元，世界末尾约为6美元，世界前沿是世界末尾的111倍。国际贸易比例，世界平均约为49%，世界前沿约为48%，世界末尾约为39%。2001年世界全球化已经取得很大进展。

(2) 20世纪世界六个领域现代化的3个截面

20世纪的3个截面包括1900、1960和1980年截面。1900年是19和20世纪的世纪之交，统计数据比较少。关于1960和1980年的截面分析，可以分别进行，也可以比较它们与2001年截面的差别。这里简要比较它们的差别。

首先，经济领域。人均GDP，1960年世界前沿约为世界末尾的16倍，1980年约为31倍，2001年约为65倍，相对差距每20年翻一番；农业增加值占GDP比例，1960年世界平均约为31.9%，1980年约为6.6%，2001年约为3.6%。人均GDP的国际差距扩大，农业增加值比例下降。

其次，社会领域。婴儿死亡率，1960年世界平均约为121‰，1980年约为79‰，2001年约为56‰；大学普及率，1960年世界平均约为5%，1980年约为13%，2001年约为20%。世界平均生活质量和知识化在持续提高。

其三，政治领域。政府消费比例，1960年世界平均约为14%，1980年约为17%，2001年约为17%；人均外国援助，1960年世界平均约为1美元，1980年约为8美元，2001年约为9美元；1960年民主国家大约有22个，1980年大约有57个，2001年大约有121个。1960年以来，世界民主国家的数量大约每20年翻一番。

其四，文化领域。科技投入比例，1980年世界平均约为1.9%，2001年约为2.2%；电话普及率，1960年世界平均约为4%，1980年约为8%，2001年约为17%。

其五，个人领域。总和生育率，1960年世界平均约为4.6个，1980年约为3.7个，2001年约为

2.7 个；轿车普及率，1980 年约为 334‰，2001 年约为 453‰。

其六，自然环境领域。化石能源消费比例，1960 年世界平均约为 94%，1980 年约为 83%，2001 年约为 80%；单位 GDP 的 CO_2 排放，1960 年世界平均约为 1 千克，1980 年约为 0.8 千克，2001 年为 0.8 千克。世界化石能源消费比例和单位 GDP 的 CO_2 排放都在下降。

其七，国际环境领域。人均外国投资，1980 年约为 12 美元，2001 年世界平均约为 130 美元；国际贸易比例，1960 年世界平均约为 24%，1980 年约为 39%，2001 年约为 49%。

(3) 19 世纪世界六个领域现代化的 2 个截面

19 世纪的统计数据比较缺乏。1870 和 1820 年的截面分析，需要专题研究。1820 年的世界前沿，农业增加值比例约为 43%，婴儿死亡率约为 193‰，大学普及率约为 0.3%。1870 年的世界前沿，农业增加值比例约为 38%，婴儿死亡率约为 171‰，大学普及率约为 0.6%，国际贸易比例约为 9%。

(4) 18 世纪世界六个领域现代化的 2 个截面

18 世纪的统计数据非常缺乏。1750 和 1700 年的截面分析，需要专题研究。1750 年西欧国家婴儿死亡率约为 239‰，每 100 名新生儿就约有 24 个夭折。

三、世界范围的国家现代化进程

国家是现代化研究和现代化建设的基本单元。国家现代化的历史过程既是一个相对独立的过程，又是一个国际互动的过程。世界范围的国家现代化研究，可以按国家分别进行，也可以集中进行。《中国现代化报告》选择 2000 年人口超过 100 万的 131 个国家进行集中研究。

国家现代化包括国家整体的现代化、国家六个领域的现代化和国家现代化的空间结构变化等。在本章里，我们采用过程分析方法讨论国家整体现代化，采用时序分析和截面分析方法讨论国家六个领域现代化；国家现代化的空间结构需要进行国别研究。世界范围的国家现代化进程研究的主要目的，不是简单地收集和编辑国家现代化进程的"世界大全"，而是探索世界范围的国家现代化的"基本共性"和"多样性"，包括世界范围的国家四种要素（生活、结构、制度和观念）的现代化的基本共性和多样性、世界范围的国家现代化的四个方面（过程、结果、动力和模式）的基本共性和多样性等（图 1-16）。

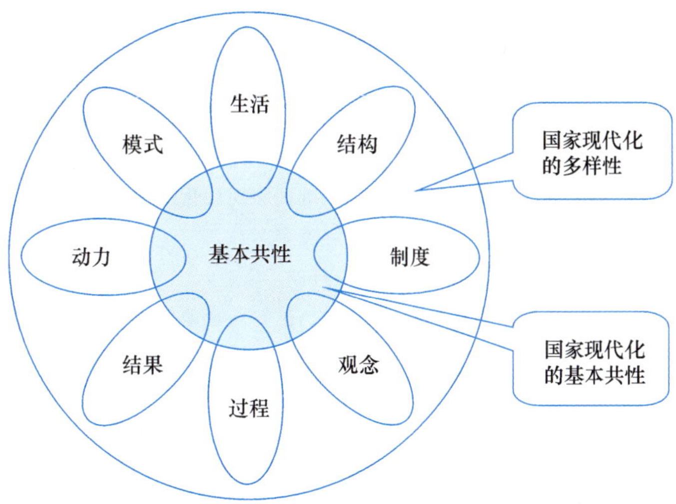

图 1-16　世界范围的国家现代化的四种要素和四个方面的基本共性和多样性

1. 世界范围的国家现代化的过程分析

世界范围的国家现代化的过程分析主要包括国家现代化的阶段、结果、动力和模式分析等。

(1) 世界范围的国家现代化的阶段和特点

首先,世界范围的国家现代化的两个阶段。世界范围的国家现代化是世界现代化的重要组成部分。世界范围的国家现代化的主要阶段,与世界现代化的主要阶段是基本协调的。世界范围的国家现代化进程主要包括准备阶段、第一次和第二次现代化和六次浪潮(图 1-6)。不同国家的现代化的阶段划分和时间有所不同。

其次,世界范围的国家现代化进程的基本共性。关于世界范围的国家现代化的过程特点,从不同角度有不同认识。从国家层面来认识,大致有 10 个共性特点:可预期性、阶段性、长期性、革命性、进步性、适应性、非线性、可逆性、复杂性和副作用等;从国际体系层面来认识,大致有 10 个主要特点:可预期性、阶段性、长期性、可逆性、异步性、异速性、竞争性、互动性、多样性和稳定性等。国家现代化进程大致有 16 个特点(表 1-39)。

表 1-39 世界范围的国家现代化的特点

特点	特点的内涵
	国家层次的基本共性
可预期性	一个可以部分预期的过程,一个领域的变化会影响其他领域的变化
阶段性	一个有阶段的历史过程,大致包括第一次和第二次现代化
长期性	一个长期的历史过程,不可能在短期内完成
革命性	一个革命性的过程,包括政治和文化等的深刻变化
进步性	一个进步的过程,包括生产力和生活质量的提高等
适应性	一个适应的过程,包括对新科技、新环境的适应性变化
非线性	一个转型的过程(非线性的过程),包括从传统向现代、从现代向后现代的转型
可逆性	一个可逆的过程,包括政治和文化变迁的可逆性、现代化的挫折和反复等
复杂性	一个复杂的过程,包括国家内部六个领域的变化,不同领域变化可以是不同步的
副作用	一个具有副作用的过程,例如,贫富分化、环境污染等
	国际体系层次的主要特点
异步性	不同国家的现代化起步不同;在某个历史截面,不同国家的阶段可能有差别
异速性	不同国家的现代化速度不同;国家现代化水平出现差异化
互动性	国家现代化受到国际环境的影响,国际互动影响国家现代化的绩效
竞争性	国家现代化是相互竞争的,现代化是一场国际竞赛
多样性	没有两个国家的现代化进程的特征是完全一样的
稳定性	世界现代化的国际体系的结构具有相对稳定性;虽然国家地位可以变迁,但发达国家有较大可能保持自己的地位,欠发达国家有很大可能被“锁定”在欠发达状态

其三,世界范围的国家现代化的多样性。世界范围的国家现代化进程,不仅有基本共性,而且有很多的差异性。例如,现代化进程的起步、起点、路径、模式、动力、政策、速度、水平、结果、特点、挑战和环境等,都存在很多的国际差异(表 1-40)。

表 1-40 世界范围的国家现代化的多样性

特点	特点的内涵
起步不同	没有两个国家的现代化起步时间是完全一样的,国家现代化起步有先后
起点不同	没有两个国家的现代化起点是完全一样的,存在历史和传统的差异性
路径不同	没有两个国家的现代化路径是完全一样的,存在路径依赖性
模式不同	没有两个国家的现代化模式是完全一样的,存在模式多样性
动力不同	没有两个国家的现代化动力是完全一样的,不同国家的动力因素有所差异
政策不同	没有两个国家的现代化政策是完全一样的,不同时期的国家需要不同政策
速度不同	没有两个国家的现代化速度是完全一样的,不同时期不同阶段的速度不同
水平不同	没有两个国家的现代化水平是完全一样的,它们与世界先进水平的差距也是不一样的
结果不同	没有两个国家的现代化结果是完全一样的,它们的结果受它们的历史和路径的影响
特点不同	没有两个国家的现代化特征是完全一样的,不同国家的主要特点有所差异
挑战不同	没有两个国家的现代化挑战是完全一样的,不同国家的主要问题有所差异
环境不同	没有两个国家的现代化环境是完全一样的,不同国家的国际和国内环境有所差异

其四,世界范围的国家现代化进程的国际比较。美国学者布莱克教授把现代化进程分为四个阶段:现代性的挑战、现代化领导集团的巩固、社会和经济转型、社会整合(Black, 1966)。根据现代化领导面临的政治挑战和现代化起步时间的不同,他把175个国家和地区的政治现代化分为七种类型,不同国家现代化的起步时间、现代化领导巩固所需时间、社会与经济转型所需时间等有很大差异(附表1-6、表1-41)。需要注意的是,布莱克教授所说的现代化进程,实际是以工业化、城市化和民主化为典型特征的第一次现代化进程。

根据布莱克教授的研究,18个现代化的先行国家(目前的发达国家)完成第一次现代化领导的稳固的时间大约为50~180年(平均时间约为80年),完成经济与社会转型的时间大约为40~100年(平均时间约为70年);发展中国家第一次现代化的起步时间比世界现代化的起步时间晚了大约60~200年。由此可见,发展中国家现代化的任务仍然非常艰巨。

其五,国家现代化是一个长期的、可能有反复的过程。发达国家完成第一次现代化平均大约花了160年时间;有些发达国家的第一次现代化经历了挫折和反复,如法国和西班牙的民主制度的反复等。许多发展中国家是20世纪独立的,迄今它们进行第一次现代化时间不到100年。如果借用发达国家的经验,这些发展中国家完成第一次现代化尚需要时日。在20世纪60年代前后,部分发展中国家的第一次现代化出现挫折和反复。因此,有些学者对现代化理论的实用性提出质疑。如果因为现代化出现挫折和反复就否定现代化理论,可能是一种因噎废食。

(2) 世界范围的国家现代化的主要结果

一般而言,世界范围的国家现代化的主要结果,可以从国家层面和国际体系层面进行分析。

首先,在国家层面,世界范围的国家现代化将产生两个结果:国家现代化的共性结果和国家现代化的多样性。关于世界范围的国家现代化的共性结果,还将在第二章深入讨论。

① 需要分阶段分析,需要进行截面比较。在不同历史截面,国家现代化有不同的指标、水平和特征;通过两个截面的指标、水平和特征的比较,可以分析在两个截面之间的国家现代化进程的主要结果。国家第一次现代化和第二次现代化的主要结果是完全不同的。

表 1-41 国家现代化的起步和转型时间(年)的比较

类型和国家	现代化领导的稳固	经济与社会转型	社会整合	起步时间差/年	稳固时间/年	转型时间/年
类型Ⅰ						
英国	1649—1832	1832—1945	1945—	—	183	113
法国	1789—1848	1848—1945	1945—	29	59	97
类型Ⅱ						
美国	1776—1865	1865—1933	1933—	16	89	68
加拿大	1797—1867	1867—1947	1947—	37	70	80
澳大利亚	1801—1901	1901—1941	1941—	41	100	40
类型Ⅲ						
德国	1803—1871	1871—1933	1933—	43	68	62
意大利	1805—1871	1871—	—	45	66	—
类型Ⅳ						
巴西	1850—1930	1930—	—	90	80	—
墨西哥	1867—1910	1910—	—	107	43	—
类型Ⅴ						
俄罗斯	1861—1917	1917—	—	101	56	—
日本	1868—1945	1945—	—	108	77	—
中国	1905—1949	1949—	—	145	44	—
类型Ⅵ						
印度	1919—1947	1947—	—	159	28	—
印度尼西亚	1922—1949	1949—	—	162	27	—
类型Ⅶ						
尼日利亚	1960—	—	—	200	—	—

注:(1) 本表的时间是原书的时间,表中有些国家的时间可能不准确。例如,中国学者认为,中国现代化起步时间一般为 1840 或 1860 年;表中的时间为 1905 年,两者相差数十年。(2) 本表内容反映原书作者的观点,原书出版时间为 1966 年。1966 年以来世界发生了很大变化,现代化研究取得很多新成果。(3) 起步时间差等于表中"国家现代化领导的稳固的起步时间"与"世界现代化起步时间"(大约为 1760 年)之间的年代差。(4) 稳固时间为现代化领导的稳固所花的时间(年)。(5) 转型时间为经济和社会转型所花的时间(年)。

资料来源:Black, 1966.

② 需要归纳共性结果和关注多样性。目前联合国会员国有 192 个,世界范围的国家现代化的结果涉及 192 个国家的国家现代化,如何归纳国家现代化的共性结果呢? 是所有国家现代化的结果的汇集吗? 显然不是。一般方法是归纳国家现代化的主要结果的共性结果和多样性差别。

③ 需要寻求合理的分析方法。国家现代化包括国家经济、社会、政治、文化、个人和环境领域的现代化。国家现代化的结果包括六个领域现代化的结果。如何从六个领域现代化的结果抽象出(凝练出)国家现代化的结果,需要有合适的方法。

其次,在国际体系层面,世界范围的国家现代化将产生两个结果:国家的国际地位和国际体系的结构变化。一般而言,国际体系结构是相对稳定的,国际地位变化是有规律的。关于国际体系的结构变化,在世界整体现代化的过程分析时已经进行了讨论。

① 世界现代化的国际体系的四组国家的转移概率(表 1-42)。如果把国家分为发达国家、中等发达国家、初等发达国家和欠发达国家,可以计算四组国家的转移概率。在 1700～2005 年期间,可以把国际地位变化的时间跨度大致分为四种:300、200、100 和 45 年。

表 1-42　1700～2005 年世界现代化的国际地位的转移概率(四组国家的转移概率)

分组[a]		A	B	C	D	A	B	C	D
1700 年国家数		2005 年国家数				305 年(1700～2005 年)转移概率/(%)			
A	13	12	1	0	0	92	8	0	0
B	37	6	13	3	15	16	35	8	41
C	20	1	5	2	12	5	25	10	60
D	33	2[b]	2	5	24	6	6	15	73
1700 年国家数		1900 年国家数				200 年(1700～1900 年)转移概率/(%)			
A	13	9	4	0	0	69	31	0	0
B	37	1	7	8	21	3	19	22	57
C	20	2	1	17	0	10	5	85	0
D	33	3[c]	0	0	30	9	0	0	91
1820 年国家数		2005 年国家数				185 年(1820～2005 年)转移概率/(%)			
A	13	13	0	0	0	100	0	0	0
B	14	5	9	0	0	36	64	0	0
C	46	3	11	12	20	7	24	26	43
D	30	0	1	5	24	0	3	17	80
1700 年国家数		1820 年国家数				120 年(1700～1820 年)转移概率/(%)			
A	13	12	1	0	0	92	8	0	0
B	37	0	11	26	0	0	30	70	0
C	20	1	0	19	0	5	0	95	0
D	34	0	3	0	31	0	9	0	91
1820 年国家数		1900 年国家数				80 年(1820～1900 年)转移概率/(%)			
A	13	10	3	0	0	77	23	0	0
B	15	4	3	8	0	27	20	53	0
C	45	1	1	22	21	2	2	49	47
D	31	0	0	0	31	0	0	0	100
1900 年国家数		2005 年国家数				105 年(1900～2005 年)转移概率/(%)			
A	15	13	2	0	0	87	13	0	0
B	12	5	7	0	0	42	58	0	0
C	25	1	6	10	8	4	24	40	32
D	51	2[d]	6	7	36	4	12	14	71
1960 年国家数		2005 年国家数				45 年(1960～2005 年)转移概率/(%)			
A	17	15	2	0	0	88	12	0	0
B	20	5	12	2	1	25	60	10	5
C	25	1	5	11	8	4	20	44	32
D	41	0	2	4	35	0	5	10	85
1960 年国家数[e]		2005 年国家数[e]				1960～2005 年转移概率/(%)			
A	16	15	1	0	0	94	6	0	0
B	22	4	11	7	0	18	50	32	0
C	29	1	4	18	6	3	14	62	21
D	40	0	1	2	37	0	3	5	93

注：A 代表发达国家，B 代表中等发达国家，C 代表初等发达国家，D 代表欠发达国家。a. 根据人均 GDP(PPP)指数的分组，同表 1-31。b. 两个国家为加拿大和澳大利亚。c. 三个国家为加拿大、澳大利亚和新西兰。d. 两个国家为新加坡和科威特。e. 根据现代化指数分组，同表 1-32。

——300 年国际地位的转移概率。发达国家降级的概率约为 8%；中等发达国家升级的概率约为 16%；初等发达国家升级中等发达国家的概率约为 25%，直接升级发达国家的概率约为 5%；欠发达国家升级初等发达国家的概率约为 15%，直接升级中等发达国家的概率约为 6%，直接升级发达国家的概率约为 6%。

——200 年国际地位的转移概率。发达国家降级的概率约为 0～31%；中等发达国家升级的概率约为 3%～36%；初等发达国家升级中等发达国家的概率约为 5%～24%，直接升级发达国家的概率约为 7%～10%；欠发达国家升级初等发达国家的概率约为 0～17%，直接升级中等发达国家的概率约为 0～3%，直接升级发达国家的概率约为 0～9%。

——100 年国际地位的转移概率。发达国家降级的概率约为 8%～23%；中等发达国家升级的概率约为 0～42%；初等发达国家升级中等发达国家的概率约为 0～24%，直接升级发达国家的概率约为 2%～5%；欠发达国家升级初等发达国家的概率约为 0～14%，直接升级中等发达国家的概率约为 0～12%，直接升级发达国家的概率约为 0～4%。

——45 年国际地位的转移概率。发达国家降级的概率约为 6%～12%；中等发达国家升级的概率约为 18%～25%；初等发达国家升级中等发达国家的概率约为 14%～20%，直接升级发达国家的概率约为 3%～4%；欠发达国家升级初等发达国家的概率约为 5%～10%，直接升级中等发达国家的概率约为 3%～5%，直接升级发达国家的概率约为 0。

② 世界现代化的国际体系的两组国家的转移概率(表 1-43)。如果把国家分为发达国家和发展中国家两组，可以分别计算两组国家的转移概率。在 1700～2005 年期间，同样可以把地位变化的时间跨度大致分为四种：300、200、100 和 45 年。

表 1-43　1700～2005 年世界现代化的国际体系的国家转移概率(两组国家的转移概率)

分组[a]		A	E	A	E	升级国家	降级国家
1700 年国家数		2005 年国家数		305 年转移概率/(%)			
A	13	12	1	92	8	—	葡萄牙
E	90	9	81	10	90	美国、加拿大、澳大利亚、芬兰、爱尔兰、日本、新加坡、希腊[c]、科威特[d]	—
1700 年国家数		1900 年国家数		200 年转移概率/(%)			
A	13	9	4	69	31	—	葡萄牙、西班牙、意大利、挪威
E	90	6	84	7	93	美国、加拿大、阿根廷、澳大利亚、新西兰、爱尔兰	—
1820 年国家数		2005 年国家数		185 年转移概率/(%)			
A	13	13	—	100	—	—	—
E	90	8	82	9	91	加拿大、澳大利亚、爱尔兰、芬兰、日本、新加坡、希腊[c]、科威特[d]	—
1700 年国家数		1820 年国家数		120 年转移概率/(%)			
A	13	12	1	92	8	—	葡萄牙
E	91	1	90	1	99	美国	—
1820 年国家数		1900 年国家数		80 年转移概率/(%)			
A	13	10	3	77	23	—	西班牙、意大利、挪威
E	91	5	86	5	95	加拿大、阿根廷、澳大利亚、新西兰、爱尔兰	—

（续表）

分组[a]		A	E	A	E	升级国家	降级国家
1900 年国家数		2005 年国家数		105 年转移概率/(%)			
A	15	13	2	87	13	—	阿根廷、新西兰
E	88	8	80	9	91	芬兰、西班牙、意大利、挪威、日本、新加坡、希腊[c]、科威特[d]	—
1960 年国家数		2005 年国家数		45 年转移概率/(%)			
A	17	15	2	88	12	—	新西兰、委内瑞拉
E	86	6	80	7	93	意大利、爱尔兰、西班牙、日本、新加坡、希腊[c]	—
1960 年国家数[b]		2005 年国家数[b]		45 年转移概率/(%)			
A	16	15	1	94	6	—	俄罗斯
E	91	5	86	5	95	芬兰、爱尔兰、日本、新加坡、韩国	—

注：a. 根据人均 GDP(PPP)指数的分组，同表 1-31。A 代表发达国家，E 代表发展中国家，发展中国家包括中等发达国家、初等发达国家和欠发达国家。b. 根据现代化指数分组，同表 1-32。c. 根据人均 GDP(PPP)指数分组，希腊是高收入国家；根据现代化指数分组，希腊是中等发达国家。d. 科威特是石油出口国；根据人均 GDP(PPP)指数分组，科威特是高收入国家；根据现代化指数分组，科威特是中等发达国家。

——300 年国际地位的转移概率。发达国家降级的概率约为 8%，发展中国家升级发达国家的概率约为 10%。

——200 年国际地位的转移概率。发达国家降级的概率约为 0～31%，发展中国家升级发达国家的概率约为 7%～9%。

——100 年国际地位的转移概率。发达国家降级的概率约为 8%～23%，发展中国家升级发达国家的概率约为 1%～8%。如果扣除 3 个地位波动国家，发展中国家升级概率为 1%～5%。

——45 年国际地位的转移概率。发达国家降级的概率约为 6%～12%，发展中国家升级发达国家的概率约为 5%～7%。如果扣除 2 个地位波动国家，发展中国家升级概率约为 5%。

历史数据显示，发展中国家在 100 年内实现现代化的概率约为 1%～5%。

(3) 世界范围的国家现代化的主要动力

世界范围的国家现代化的动力分析，需要专题进行。一般而言，创新是现代化的根本源泉，第一次和第二次现代化的动力有所不同，现代化先行国家和后发国家的动力有所不同，不同模式的动力有所不同。关于世界范围的国家现代化的动力原理，还将在第二章进行深入讨论。

(4) 世界范围的国家现代化的路径和模式

世界范围的国家现代化的路径和模式分析，需要专题研究。国家现代化的路径是国家现代化的起点与终点(目标)之间的道路，国家现代化的模式是国家现代化过程中某一个历史截段的典型特征的一种抽象表述，或者说是现代化路径的一个历史截段的“名称”。国家现代化包括许多基本要素，如政治、经济、社会、文化、生态、生活、结构、制度和观念等。国家现代化的模式就是这些现代化要素的某种组合。不同国家的不同历史时期具有不同的条件和环境，需要不同的现代化要素组合。如果国家现代化的某一个阶段取得明显的成功或失败，人们就会把这个阶段的路径及其特征归结为“一种模式”。先行国家现代化过程的一些成功模式，往往成为后进国家的参照。关于国家现代化的基本路径和主要模式，还将在第二章进行深入讨论。

一般而言，在 1763～1970 年期间，国家现代化的基本路径是第一次现代化路径；在 1970～2100 年期间，国家现代化的基本路径将是多样的，包括发达国家的第二次现代化路径、发展中国家的第一次现代化、第二次现代化和综合现代化路径等。

关于国家现代化的主要模式，已经有大量研究。下面举几个例子。

首先，欧洲现代化的三种模式。英国模式（工业化是主导因素，工业化促进民主化，然后促进科层化）、法国模式（科层化和民主化是主导因素，工业化是迟到的）和德国模式（科层化和工业化的结合带来现代化，民主化始终是缺乏的）（普尔，1993）。

其次，政治现代化的七个类型。依据现代化的政治挑战和启动时间划分：英法型、西方衍生国型、其他欧洲国家型、拉美国家型、独立国家型、原殖民地国家型、非洲国家型（Black，1966）。

其三，第一次现代化的四种类型。根据现代化的知识、制度、观念和工业化的来源分类，可以把国家第一次现代化分为创新型、跟进型、嫁接型和学习型（表 1-44）。根据不同要素分类，第一次现代化还有很多类型，例如，先发型与后发型现代化，内生型与外源型现代化，主动型与被动型现代化，市场型与计划型现代化，拉美、东亚、东欧和中东现代化等。

表 1-44　第一次现代化的四种类型

类型	知识来源	观念来源	制度来源	工业化的发生	国家举例
创新型	自主创新为主	自主创新为主	自主创新为主	自发的、内生的	英国、法国
跟进型	创新和学习	学习和创新	学习和创新	外部扩散和自觉发展	美国、加拿大、西北欧、南欧、日本
嫁接型	被动学习	外部输入	外部强加（嫁接）	外部输入、外源的	原殖民地国家
学习型	主动学习	学习	主动模仿	受激引进、外源的	拉美国家、韩国、泰国、土耳其

资料来源：何传启，1999.

其四，第一次现代化的组合模式。第一次现代化包括很多要素，如工业化、城市化、民主化和国际互动等。不同国家在不同时期采用的策略不同，在某个时期相对优先发展某种要素，于是形成不同模式（表 1-45）；如依附发展、追赶工业化、进口替代、出口导向工业化等。

表 1-45　第一次现代化的要素组合模式

序号	要素组合	模式	国家举例	参考指标或注释
1	工业化＋民主化	工业化优先	德国、日本、韩国等	工业增加值比例
2		民主化优先	法国、芬兰、新西兰等	普选权
3		协调发展	英国、美国、瑞典等	
4	工业化＋城市化（图 1-17）	工业化优先	法国、芬兰等	工业增加值比例
5		城市化优先	意大利、澳大利亚等	城市人口比例
6		协调发展	瑞典、英国等	
7	经济＋教育（图 1-18）	经济优先	英国、葡萄牙等	工业增加值比例
8		教育优先	德国、瑞典、美国等	成人识字率、小学入学率
9		协调发展	意大利、法国等	
10	市场＋计划	自由市场经济	18～19 世纪的西方国家	经济危机
11		计划指令经济	20 世纪 50～80 年代的东欧国家	效率较低
12		混合经济	20 世纪 40 年代以来的西方国家	有多种亚模式
13	追赶工业化	进口替代	20 世纪 30～80 年代的部分拉美国家	后发国家起步阶段
14		出口导向	20 世纪 50 年代以来的部分东亚国家和地区	需要合适的国际环境
15		协调发展	20 世纪 90 年代以来的部分发展中国家	需要合适的国家战略
16	国际互动	民族工业保护	19 世纪德国等（后发国家）	有利有弊、工业化早期
17		自由贸易	19 世纪英国等（先行国家）	有利有弊、循序渐进
18		殖民帝国	18～20 世纪早期的西方殖民帝国	国际掠夺、历史产物
19		依附发展	20 世纪部分的拉美国家和新独立国家	有成功、有失败

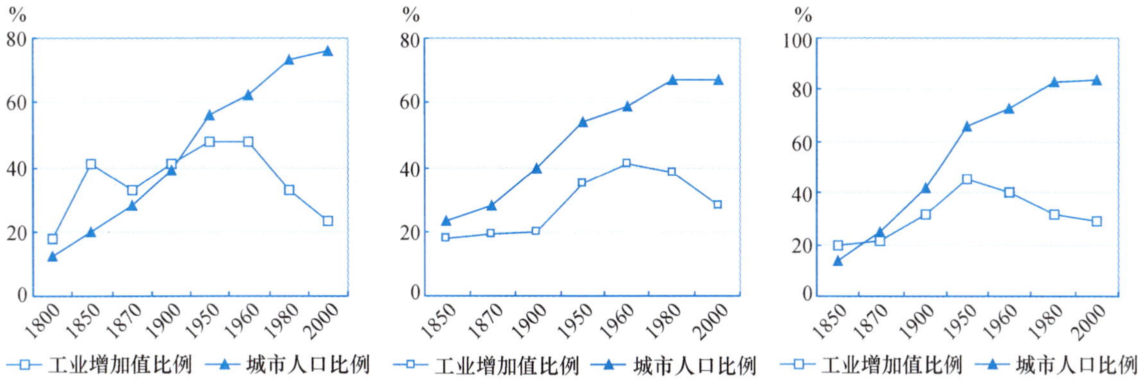

(a) 工业化优先（法国）　(b) 城市化优先（意大利）　(c) 工业化和城市化协调发展（瑞典）

图 1-17　工业化和城市化的三种组合模式

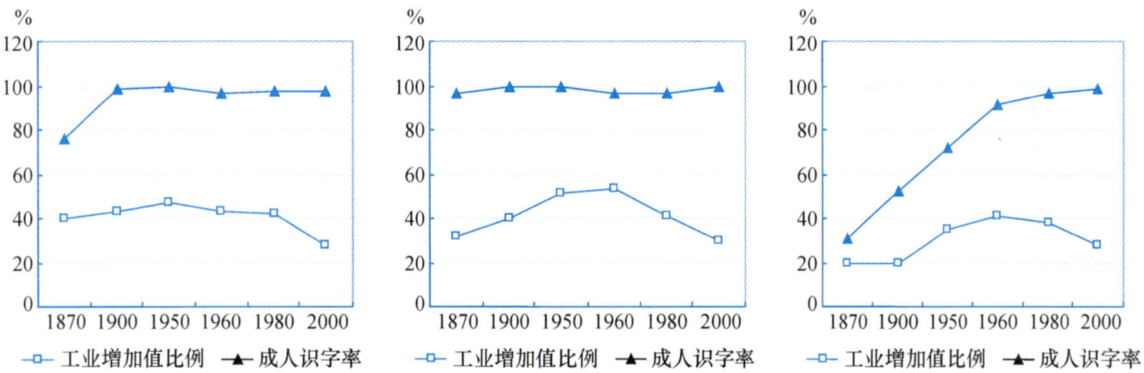

(a) 经济优先（英国）　(b) 教育优先（德国）　(c) 经济和教育协调发展（意大利）

图 1-18　经济和教育的三种组合模式

其五，第二次现代化的组合模式。第二次现代化包括很多要素，如知识化、信息化、生态化和国际互动等。不同国家在不同时期采用的策略不同，在某个时期相对优先发展某种要素，于是形成不同模式（表 1-46）；如知识化优先、信息化优先、生态化优先、协调发展等。

表 1-46　第二次现代化的要素组合模式

序号	要素组合	模式	国家举例	参考指标或注释
1	知识化＋信息化（图 1-19）	知识化优先	美国、瑞典、芬兰等	大学普及率
2		信息化优先	日本、荷兰等	互联网普及率
3		协调发展	英国、澳大利亚等	
4	知识化＋生态化（图 1-20）	知识化优先	芬兰、比利时等	大学普及率
5		生态化优先	英国、荷兰等	生活废水处理率
6		协调发展	日本、挪威等	
7	信息化＋生态化（图 1-21）	信息化优先	挪威、日本等	互联网普及率
8		生态化优先	德国、英国等	生活废水处理率
9		协调发展	加拿大、比利时等	

（续表）

序号	要素组合	模式	国家举例	参考指标或注释
10	国际互动	高贸易、高投资	国际贸易和投资比例≥100%，爱尔兰、比利时等	国际投资存量比例
11		中贸易、中投资	国际贸易和投资比例≥50%和<100%，德国、法国等	国际贸易比例
12		低贸易、低投资	国际贸易和投资比例<50%，美国、日本等	
13	经济＋社会	经济优先	日本、爱尔兰等	经济现代化指数
14		社会优先	德国、瑞典、芬兰等	社会现代化指数
15		协调发展	比利时、荷兰、奥地利等	
16	经济＋生态	经济优先	美国、澳大利亚、加拿大等	经济现代化指数
17		生态优先	瑞士、奥地利、西班牙等	生态现代化指数
18		协调发展	德国、法国等	
19	社会＋生态	社会优先	美国、澳大利亚、加拿大等	社会现代化指数
20		生态优先	瑞士、奥地利、西班牙等	生态现代化指数
21		协调发展	丹麦、英国、法国等	
22	经济＋社会＋生态	协调发展	法国、丹麦、英国等	经济现代化指数等

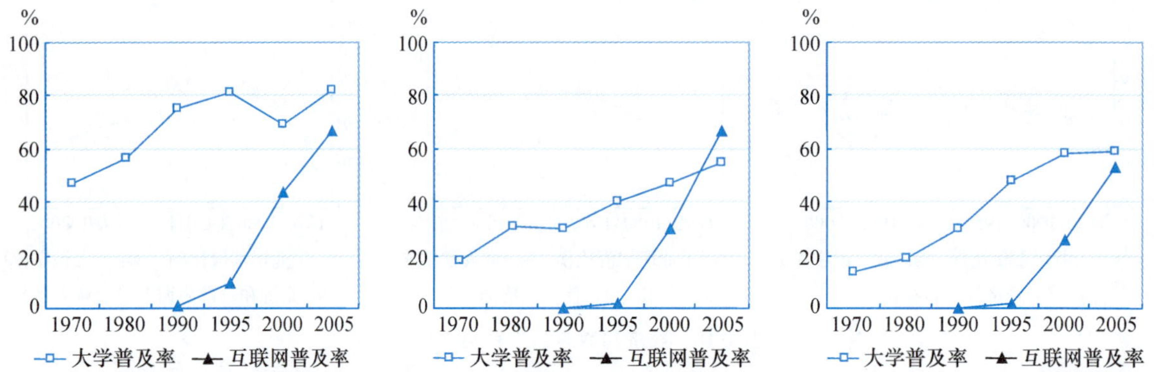

(a) 知识化优先（美国）　(b) 信息化优先（日本）　(c) 知识化和信息化协调发展（英国）

图 1-19　知识化和信息化的三种组合模式

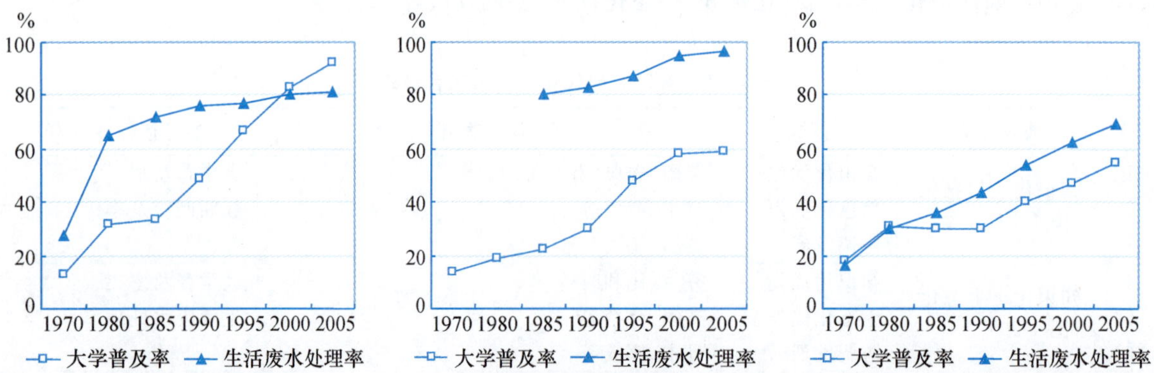

(a) 知识化优先（芬兰）　(b) 生态化优先（英国）　(c) 知识化和生态化协调发展（日本）

图 1-20　知识化和生态化的三种组合模式

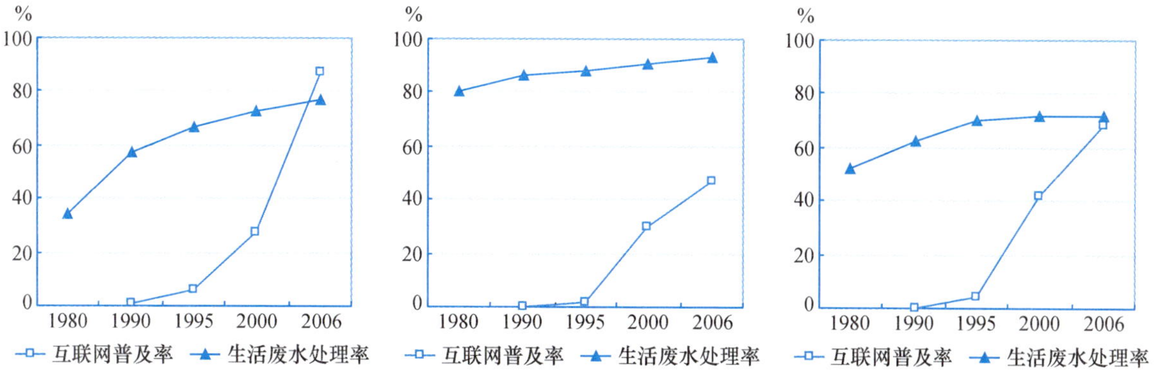

(a) 信息化优先（挪威）　(b) 生态化优先（德国）　(c) 信息化和生态化协调发展（加拿大）

图 1-21　信息化和生态化的三种组合模式

其六，综合现代化的组合模式。综合现代化是第一次和第二次现代化的协调发展，包括第一次和第二次现代化的很多要素，如工业化、城市化、民主化、知识化、信息化、生态化和国际互动等。不同国家在不同时期采用的策略不同，在某个时期相对优先发展某种要素，于是形成不同模式(表 1-47)；如工业化优先、知识化优先、信息化优先、知识化与工业化协调发展、信息化与工业化协调发展、工业化与生态化协调发展等。综合现代化是两次现代化的协调发展，所以第一次现代化和第二次现代化的若干模式，如教育优先、经济优先、社会优先、生态优先、经济、社会和生态协调发展等，同样适用于综合现代化。

表 1-47　综合现代化的要素组合模式

序号	要素组合	模式	国家举例	参考指标或注释
1	知识化＋工业化(图 1-22)	知识化优先	希腊、巴拿马等	大学普及率
2		工业化优先	墨西哥、南非等	工业增加值比例
3		协调发展	智利、土耳其、泰国等	
4	信息化＋工业化(图 1-23)	信息化优先	马来西亚、哥斯达黎加等	互联网普及率
5		工业化优先	印度尼西亚、阿尔及利亚等	工业增加值比例
6		协调发展	土耳其、泰国、越南等	
7	工业化＋生态化(图 1-24)	工业化优先	马来西亚、泰国等	工业增加值比例
8		生态化优先	哥斯达黎加、秘鲁等	CO_2 排放密度
9		协调发展	智利、哥伦比亚等	
10	国际互动	高贸易、高投资	国际贸易和投资比例≥100%，马来西亚等	国际投资存量比例
11		中贸易、中投资	国际贸易和投资比例≥50%和<100%，中国等	国际贸易比例
12		低贸易、低投资	国际贸易和投资比例<50%，巴西等	

3. 世界范围的国家现代化的时序分析

世界范围的国家现代化的时序分析主要包括国家整体水平和国家层次四种要素的时序分析。生活和结构现代化的时序分析可以采用定量分析，制度和观念的时序分析一般为定性分析。

目前，联合国有 192 个成员国。世界范围的国家现代化的时序分析，能否以 192 个国家为分析对象呢？显然这是不可能的。2005 年至 2009 年的《中国现代化报告》，选择了 15 个国家(8 个发达国家

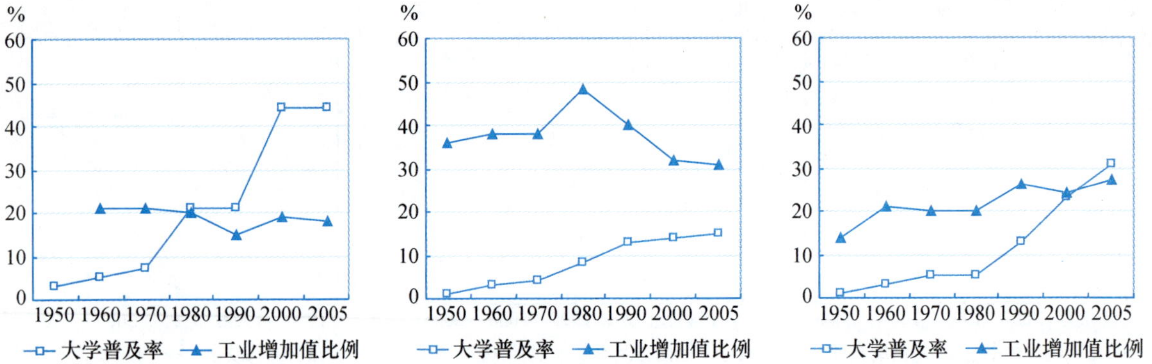

(a) 知识化优先（巴拿马）　(b) 工业化优先（南非）　(c) 知识化和工业化协调发展（土耳其）

图 1-22　知识化和工业化的三种组合模式

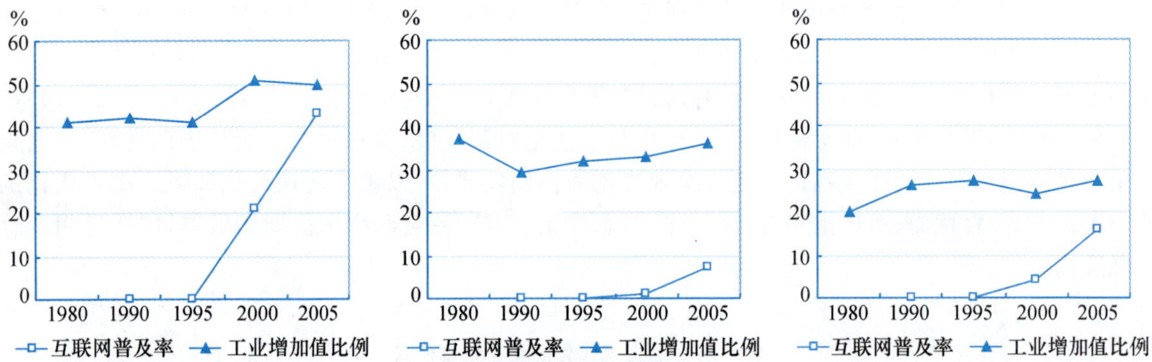

(a) 信息化优先（马来西亚）　(b) 工业化优先（埃及）　(c) 信息化和工业化协调发展（土耳其）

图 1-23　信息化和工业化的三种组合模式

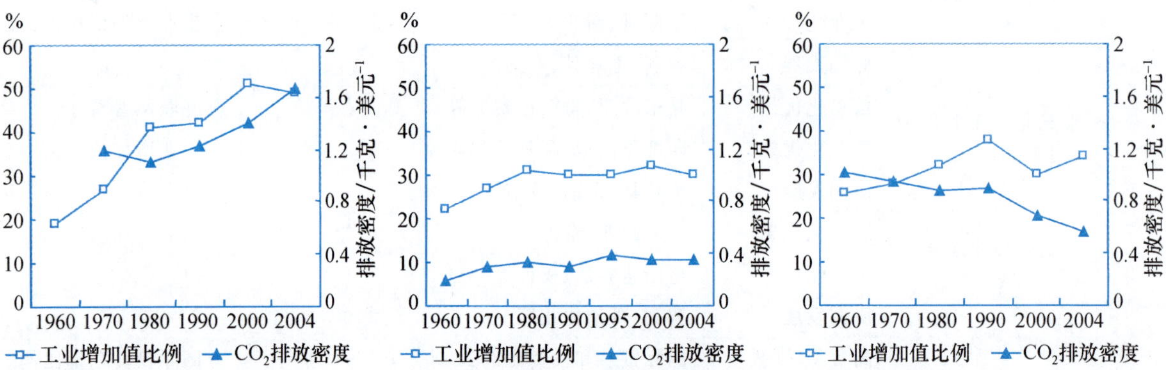

(a) 工业化优先（马来西亚）　(b) 生态化优先（哥斯达黎加）　(c) 工业化和生态化协调发展（哥伦比亚）

图 1-24　工业化和生态化的三种组合模式

和 7 个发展中国家）为分析对象（表 1-17），分别讨论了世界范围的国家经济、社会、文化、自然环境和国际环境领域的变化趋势。这里简要讨论国家现代化的变化趋势。

(1) 世界范围的国家整体水平、国家生活和结构现代化的时序分析

首先，国家整体水平、国家生活和结构现代化的变化趋势(表 1-48)。反映国家整体水平、国家生活和结构现代化的分析指标非常多。本报告选择 4 个综合指标和经济等六个领域的 96 个指标为分析变量，它们的变化趋势包括上升、下降、转折和波动等不同类型(表 1-49)。

表 1-48　世界范围的国家整体水平、国家生活和结构现代化的变化趋势

整体、领域和亚领域		分析变量				长期趋势和特点
		18 世纪	19 世纪	1900～1970 年	1970～2005 年	
整体	现代化	第一次现代化程度(1970 年以来越来越多国家达到 100%)				上升，短期波动
		—			第二次现代化指数	上升，短期波动
	其他指标	—	—	人类发展指数、新人类发展指数		上升，短期波动
经济	经济供给	GDP、人均 GDP、人均 GDP(PPP)、人均国民收入、服务业增加值比例、服务业劳动力比例、人均公路里程				上升，短期波动
		农业增加值比例、农业劳动力比例				下降，短期波动
		—	—	工业增加值比例、工业劳动力比例		转折、先升后降
		GDP 增长率、人均 GDP 增长率、失业率				长期波动，国家差别
	流通分配	股票市值比例				上升，短期波动
		通货膨胀率				长期波动，国家差别
	经济需求	—	—	国内消费比例		下降，短期波动
		—	—	国内投资率、国内储蓄率、家庭消费比例		长期波动，国家差别
社会	人口与健康	人口、老龄人口比例、城市人口比例、预期寿命、公共卫生费比例、医生比例				上升，短期波动
		—	婴儿死亡率			下降，短期波动
		—	人口自然增长率			转折，先升后降
		—	—	—	公费医疗比例	长期波动，国家差别
	学习与工作	小学普及率、大学普及率、人均购买力				上升，短期波动
		—	公共教育费比例			上升，短期波动
		—	每周工作小时数			下降，短期波动
		—	—	基尼系数、贫富差距、高度贫困率		转折，先升后降
	休闲与福利	—	养老保险覆盖率、社会保障支出比例、年休闲天数			上升，短期波动
政治	政治参与	民主化程度				上升，短期波动
	国家治理	—	—	政府消费比例		上升，短期波动
		—	—	政府收入比例、政府债务比例		转折，先升后降
		—	—	国防经费比例、军事人员比例		长期波动，国家差别
	国际政治	—	—	人均外国援助		上升，短期波动
		—	—	外国援助比例		下降，短期波动
文化	纯粹文化	成人识字率				上升，短期波动
		—	—	科技论文比例、发明专利比例、科技投入比例、妇女就业比例、妇女避孕率		上升，短期波动
		—	—	信教人口比例		转折，先降后升
	文化设施	—	—	电话普及率、电视普及率、互联网普及率		上升，短期波动
	文化产业	—	—	图书出版比例、出境旅游比例、人均文化贸易		上升，短期波动
		日报出版比例				转折，先升后降

（续表）

整体、领域和亚领域		分析变量				长期趋势和特点
		18 世纪	19 世纪	1900～1970 年	1970～2005 年	
个人	工作前人员	青少年识字率				上升，短期波动
		—	—	青少女生育率、童工比例		下降，短期波动
	工作人员	劳动力素质				上升，短期波动
		—	—	离婚率、艾滋病感染率、轿车普及率、移动电话普及率、宽带网普及率		上升，短期波动
		—	—	总和生育率		下降、短期波动
		—	成人吸烟率			转折，先升后降
		—	—	犯罪率		长期波动，国家差别
	退休人员	—	（老龄人口比例、养老保险覆盖率）			上升，短期波动
自然环境	生态效应	—	国家保护区比例			上升，短期波动
		—	—	人均耕地面积		下降，短期波动
		—	森林覆盖率			转折，先降后升
	生态经济	人均能源消费				上升，短期波动
		—	化石能源消费比例			转折，先升后降
		—	—	能源消费密度、CO_2排放密度、有机废水排放密度		转折，先升后降
	生态社会	—	—	生活废水处理率、废纸循环利用率、安全饮水普及率		上升，长期波动
		—	—	空气可吸入颗粒物浓度		转折，先升后降
	生态政治	—	—	（环境立法）		—
国际环境	整体互动	—				—
	政治互动	国际战争				长期波动，国家差别
		—	—	国际债务比例		转折，先升后降
	经济互动	人均国际贸易、国际贸易比例、人均外国投资、外国投资比例				上升，短期波动
	社会互动	—	国际移民比例			上升，短期波动
		国际组织数量				上升，短期波动
	文化互动	—	—	人均国际通话、人均互联网带宽		上升，短期波动
	地理影响	—	—	—	—	—

注：如果发达国家与发展中国家的趋势不一致，采用发达国家的趋势。20 世纪部分国家人口总数下降。

表 1-49　国家生活和结构现代化的发展趋势的主要类型

领域	上升变量	下降变量	转折变量	波动变量	合计
经济	8	3	2	7	20
社会	13	2	4	1	20
政治	3	1	2	2	8
文化	12	—	2	—	14
个人	7	3	1	1	12
自然环境	5	1	6	—	12
国际环境	8	—	1	1	10
合计	56	10	18	12	96

其次，国家整体水平、国家生活和结构现代化的世界前沿和国际差距(表 1-50)。国家生活和结构现代化的时序分析包括 4 个综合指标和经济等六个领域的 96 个指标的分析，需要专题研究和很大篇幅。这里，每一个领域选择一个分析指标为代表，讨论它们的世界前沿和国际差距。

表 1-50 国家现代化的世界前沿和国际差距

指标	项目	1700	1820	1870	1900	1950	1960	1970	1980	1990	2000	2005
FMI	最大值	—	—	—	—	100	100	100	100	100	100	100
	最小值	—	—	—	—	16	15	13	23	32	31	33
	绝对差距	—	—	—	—	84	85	87	77	68	69	67
	相对差距	—	—	—	—	6	7	8	4	3	3	3
SMI	最大值	—	—	—	—	—	—	71	79	98	109	109
	最小值	—	—	—	—	—	—	2	4	16	9	11
	绝对差距	—	—	—	—	—	—	69	75	82	100	98
	相对差距	—	—	—	—	—	—	43	20	6	11	9
HDI	最大值	—	—	—	0.719	0.797	0.827	0.879	0.890	0.929	0.960	0.968
	最小值	—	—	—	0.078	0.053	0.108	0.230	0.252	0.249	0.271	0.336
	绝对差距	—	—	—	0.641	0.742	0.719	0.649	0.638	0.680	0.689	0.632
	相对差距	—	—	—	9	15	8	4	4	4	4	3
HDI_N	最大值	—	—	—	—	—	—	—	55	65	65	79
	最小值	—	—	—	—	—	—	—	7	2	6	8
	绝对差距	—	—	—	—	—	—	—	48	63	59	71
	相对差距	—	—	—	—	—	—	—	7	35	10	10
人均 GDP (PPP)(经济)	最大值	2110	1821	3191	4593	28 833	28 836	30 674	31 087	24 097	31 756	34 513
	最小值	400	418	444	462	277	302	393	260	245	184	194
	绝对差距	1710	1403	2747	4131	28 556	28 534	30 281	30 827	23 852	31 572	34 319
	相对差距	5	4	7	10	104	95	78	119	98	172	178
城市人口比例(社会)	最大值	34	29	41	69	100	100	100	100	100	100	100
	最小值	1	3	3	3	0.3	2	2	4	5	9	10
	绝对差距	33	26	38	66	99.7	98	98	96	95	91	90
	相对差距	67	12	16	28	333	50	42	23	19	12	10
政府消费比例(政治)	最大值	—	—	—	—	—	53	36	45	43	64	45
	最小值	—	—	—	—	—	3	7	6	3	5	4
	绝对差距	—	—	—	—	—	50	29	39	40	59	41
	相对差距	—	—	—	—	—	20	5	8	14	14	11
互联网普及率(文化)	最大值	—	—	—	—	—	—	—	—	1	46	76
	最小值	—	—	—	—	—	—	—	—	0.0	0.01	0.07
	绝对差距	—	—	—	—	—	—	—	—	1	46	75.9
	相对差距	—	—	—	—	—	—	—	—	—	7712	1161
轿车普及率(个人)	最大值	—	—	—	0.3	266	341	—	536	573	576	607
	最小值	—	—	—	0.00	0.04	0.12	—	0.86	0.35	1.00	1.00
	绝对差距	—	—	—	0.3	266	340.9	—	535.1	572.6	575	606
	相对差距	—	—	—	—	5960	2796	—	624	1638	576	607

（续表）

指标	项目	1700	1820	1870	1900	1950	1960	1970	1980	1990	2000	2005
CO_2排放密度（自然环境）	最大值	—	—	—	—	—	11	8	8	9	13	8
	最小值	—	—	—	—	—	0.03	0.07	0.14	0.00	0.09	0.05
	绝对差距	—	—	—	—	—	11	8	8	9	13	8
	相对差距	—	—	—	—	—	386	113	56	2803	143	170
国际贸易比例（国际环境）	最大值	—	8	31	43	—	106	99	187	169	229	218
	最小值	—	2	1	2	—	10	5	12	7	21	27
	绝对差距	—	6	30	41	—	97	94	175	162	208	191
	相对差距	—	5	46	18	—	11	19	16	23	11	8

注：指标单位见附表 1-1。绝对差距＝最大值－最小值；相对差距＝最大值÷最小值。

有些指标的国际差距在逐步扩大。例如，人均 GDP、互联网普及率和轿车普及率等。从 1700 到 2005 年，人均 GDP(PPP)的相对差距从 5 倍扩大到 178 倍，绝对差距从 1710 国际美元扩大到 34 318 国际美元。国际贫富差距在持续、迅速地扩大而不是缩小。

有些指标的国际差距从扩大转为缩小。例如，第一次现代化程度、城市人口比例等。

有些指标的国际差距在波动。例如，政府消费比例、CO_2排放密度等。

(2) 世界范围的国家制度和观念现代化的时序分析

世界范围的国家制度和观念现代化需要专题研究。一般而言，国家制度和观念包括国家整体和国家在经济、社会、政治、文化、个人和环境（自然和国际环境）领域的制度和观念。2005～2009 年的《中国现代化报告》分别讨论了经济、社会、文化、自然和国际环境领域的制度和观念的时序分析。《中国现代化报告 2009：文化现代化研究》认为，文化是影响和解释人类生活方式的知识、制度和观念的复合体，文化现代化包括知识现代化、制度现代化和观念现代化。2009 年的《中国现代化报告》研究了世界范围的国家文化现代化，包括国家制度和观念现代化的时序分析。这里采用举例分析，简要讨论国家不同领域的制度和观念的变迁。

首先，国家制度现代化的时序分析（表 1-51）。国家制度现代化包括从农业文明国家向工业文明国家、从工业文明国家向知识文明国家的制度变迁，包括经济等六个领域的制度变迁。一般而言，传统农业文明国家多数为专制国家，工业文明和知识文明国家多数为民主国家；目前许多农业文明国家已经采用了民主制度，正在向工业文明国家转型，2002 年民主国家已经达到 121 个。国家经济等六个领域的制度的变迁有可能是不同步的。

表 1-51 世界范围的国家制度现代化的变化趋势（举例）

项目	原始文化	农业文明	工业文明	知识文明
时间	250 万年前～公元前 3500 年	公元前 3500 年～1763 年	1763～1970 年	1970～约 2100 年
整体	没有国家	家族国家、宗教国家	主权国家、民族国家	主权国家、国际联合
经济	集体狩猎采集、原始公有制	农业经济制度、私有制	工业经济制度、市场化	知识经济制度、全球化
社会	原始部落、氏族制	农业社会制度、家族制	工业社会制度、福利化	知识社会制度、网络化
政治	原始民主、部落联盟	农业政治、独裁或专制	工业政治、民主化	知识政治、个性化
文化	原始宗教、平均主义	文化控制、宗教制度	文化检查、文化市场	网络文化、多样性
个人	原始部落习俗	奴隶、平民、贵族制	公民制度、职业制度	国际公民、终身学习
环境	自然崇拜	水利制度、森林制度	城市环境、国家保护区	国际公约、生物多样性
	没有国际环境	国际战争、国际关系	联合国、国际法	区域合作、人权制度

其次，国家观念现代化的时序分析(表 1-52)。国家观念现代化包括从农业文明国家向工业文明国家、从工业文明国家向知识文明国家的观念变迁，包括经济等六个领域的观念变迁。国家经济等六个领域的观念的变迁有可能是不同步的。

表 1-52 世界范围的国家观念现代化的变化趋势(举例)

项目	原始文化	农业文明	工业文明	知识文明
时间	250 万年前～公元前 3500 年	公元前 3500 年～1763 年	1763～1970 年	1970～2100 年
整体	没有国家	专制主义、国家稳定	国家主权、国家利益	国家主权、人类利益
经济	平均分配、实物交换	小农经济、地区主义	工业经济、国家主义	知识经济、全球主义
社会	氏族的、平等的	乡村的、稳定的	城市化、福利化	知识化、信息化
政治	原始民主	专制的、宗教的	民主化、公共的	知识化、国际化
文化	共享的、自然崇拜	宗教的、传统主义	世俗的、现代主义	网络化、后现代主义
个人	原始部落习俗	保守的、等级的	开放的、平等的	个性化、幸福感
环境	自然崇拜 没有国际关系	开发自然、适应自然 武力征服、重商主义	征服自然、控制自然 殖民主义、国际贸易	生态平衡、互利共生 自由贸易、区域合作

3. 世界范围的国家现代化的截面分析

世界范围的国家现代化的截面分析主要包括国家整体水平和国家层次的四种要素的截面分析。国家生活和结构的截面分析可以采用定量分析，国家制度和观念的截面分析一般为定性分析。国家现代化的截面分析的分析对象包括 2000 年人口超过 100 万的 131 个国家。不同截面具有统计数据的国家和指标的数量有所差别，对不同截面的比较有一定影响。

(1) 世界范围的国家整体水平、国家生活和结构现代化的截面分析

首先，2001 年截面。2001 年国家整体水平、国家生活和结构变量与国家经济水平的特征关系见附表 1-7。特征关系包括正相关变量 52 个、负相关变量 24 个、不相关变量 20 个(表 1-53)。

表 1-53 2001 年截面国家生活和结构变量与经济水平的特征关系的分类

领域	正相关变量	负相关变量	相关性不明显的变量	合计
经济	8	7	5	20
社会	13	4	3	20
政治	3	2	3	8
文化	13	1	—	14
个人	4	5	3	12
自然环境	5	4	3	12
国际环境	6	1	3	10
合计	52	24	20	96

一般而言，时序分析变量与经济水平的特征关系，上升变量表现为正相关，下降变量为负相关，转折和波动变量为不相关。2001 年截面分析的结果与时序分析的结果进行对照，大约有 27 个变量的截面特征与时序特征不一致或相反，大约占变量总数的 28%(表 1-54)。截面分析和时序分析的结果需要进行交叉检验，以避免分析误差。在一定程度上，世界 2001 年截面结构是世界历史进程(时序结构)的空间缩影，它包含世界发展史的许多重要信息，但不是全部。

表 1-54 分析变量的 2001 年截面特征与时序特征的比较

2001 年截面分析特征分类	变量个数	时序分析特征分类	变量个数	时序特征和截面特征的差别	变量个数
正相关变量	51	上升变量	56	完全一致	69
负相关变量	24	下降变量	10	不一致	25
相关性不明显的变量	21	转折和波动变量	30	结果相反	2
合计	96	合计	96	合计	96

其次，1980 年截面。1980 年国家生活和结构变量与国家经济水平的特征关系的分析数据见附表 1-8。正相关变量 47 个，负相关变量 13 个，不相关变量 22 个（表 1-55）。2001 年截面 82 个指标与 1980 年截面相比，约有 15 个指标的特征分类发生改变，约占指标总数的 18%。

表 1-55 1980 年截面国家生活和结构变量与经济水平的特征关系的分类

领域	正相关变量	负相关变量	相关性不明显的变量	合计
经济	11	4	5	20
社会	10	3	4	17
政治	4	1	3	8
文化	12	—	—	12
个人	3	1	1	5
自然环境	3	4	5	12
国际环境	4	—	4	8
合计	47	13	22	82

其三，1960 年截面。1960 年国家生活和结构变量与国家经济水平的特征关系的分析数据见附表 1-9。其中，正相关变量 34 个，负相关变量 7 个，不相关变量 15 个（表 1-56）。1980 年 56 个指标与 1960 年截面相比，有 10 个指标的特征分类发生改变，约占指标总数的 18%。2001 年 56 个指标与 1960 年截面相比，约有 17 个指标的特征分类发生改变，约占指标总数的 30%。

表 1-56 1960 年截面国家生活和结构变量与经济水平的特征关系的分类

领域	正相关变量	负相关变量	相关性不明显的变量	合计
经济	8	3	6	17
社会	9	3	1	13
政治	1	—	2	3
文化	6	—	—	6
个人	2	1	—	3
自然环境	4	—	4	8
国际环境	4	—	2	6
合计	34	7	15	56

其四，1900 年截面。1900 年国家生活和结构变量与国家经济水平的特征关系的类型如表 1-57。其中，正相关变量 12 个，负相关变量 4 个，不相关变量 2 个。

表 1-57　1700～1900 年截面国家生活和结构变量与经济水平的特征关系的分类

年	正相关变量	负相关变量	相关性不明显的变量	合计
1900	12	4	2	18
1870	9	3	3	15
1820	7	4	2	13
1750	2	1	1	4
1700	2	—	—	2
合计	32	12	8	52

其五，19 世纪两个截面。1820 和 1870 年国家生活和结构变量与国家经济水平的特征关系的类型如表 1-57。其中，正相关变量 16 个，负相关变量 7 个，不相关变量 5 个。

其六，18 世纪两个截面。1700 和 1750 年国家生活和结构变量与国家经济水平的特征关系的类型如表 1-57。其中，正相关变量 4 个，负相关变量 1 个，不相关变量 1 个。

(2) 世界范围的国家制度和观念现代化的截面分析

国家制度和观念是以“国家为分析单位”的制度和观念。相对而言，国家生活和结构变化较快，制度和观念变化较慢；制度和观念具有更多的历史稳定性。2005～2009 年的《中国现代化报告》分别讨论了经济、社会、文化、自然和国际环境领域的制度和观念的截面分析。2009 年的《中国现代化报告》研究了世界范围的国家文化现代化，包括国家制度和观念现代化的截面分析。国家制度和观念与国家文明水平紧密相关(表 1-58)。关于知识文明、工业文明、农业文明和原始文化的制度和观念，请参看表 1-54 和表 1-55。这里采用举例分析，简要讨论国家制度和观念的 1700、1820、1900、1960 和 2001 年 5 个截面。

表 1-58　1700～2001 年基本社会形态的社会分布

社会形态	1700	1820	1900	1960	2001
知识社会	0	0	0	0	22 个国家
工业社会	0	5 个国家	25 个国家	87 个国家	90 个国家
农业社会	所有国家	其他国家	其他国家	30 个国家	10 个国家
原始社会	5000 个原始社会	5000 个原始社会	650 个原始社会	180 个狩猎采集社会	180 个狩猎采集社会

注：1960 年 87 个国家处于工业社会，其中 25 个属于成熟的工业社会，62 个处于过渡性的工农业混合社会，处于工业化的不同阶段。在一定程度上，2001 年截面结构是 1700～2001 年历史进程的一个“缩影”。

资料来源：中国现代化战略研究课题组等，2006.

首先，2001 年截面。大约有 22 个国家采用知识文明的制度和观念；大约有 90 个国家采用工业文明的制度和观念，但它们受到知识文明的影响；大约有 10 个国家仍然采用农业文明的制度和观念，但它们受到工业文明和知识文明的部分影响；大约有 100 多个原始部落仍然保持原始文化的制度和观念。

其次，1960 年截面。没有国家进入知识文明时代。大约有 25 个国家采用工业文明的制度和观念；大约有 62 个国家部分地采用工业文明和农业文明的制度和观念；大约有 30 个国家仍然采用农业文明的制度和观念，但它们受到工业文明的部分影响；大约有 100 多个原始部落仍然保持原始文化的制度和观念。

其三，1900 年截面。没有国家进入知识文明时代。大约有 25 个国家采用工业文明的制度和观念;其他国家仍然采用农业文明的制度和观念;大约有 600 多个原始部落仍然保持原始文化的制度和观念。

其四,1820 年截面。大约有 5 个国家采用工业文明的制度和观念;其他国家仍然采用农业文明的制度和观念;大约有 5000 个原始部落仍然保持原始文化的制度和观念。

其五,1700 年截面。所有国家都采用农业文明的制度和观念,欧洲少数国家(荷兰和英国)的工业化和城市化已经起步;大约有 5000 个原始部落仍然保持原始文化的制度和观念。

第三节　世界现代化的客观现实

世界现代化的客观现实是什么？肯定没有标准答案。世界太大、太复杂、太多样了,很多时候你不知道它是什么,它不是什么;哪是它的本质,哪是它的表象;它的前沿在哪里,它的水平是什么。关于世界现代化的现实分析,必然见仁见智,需要专题研究和大量篇幅。

在本报告里,世界现代化的现实分析以 2006 年截面为分析对象;分析内容包括世界整体的现代化、世界六个领域的现代化和世界范围的国家现代化等(图 1-25);分析方法主要包括阶段分析、水平分析、特征分析和截面分析。通过简要分析勾勒一幅世界现代化的"素描"。

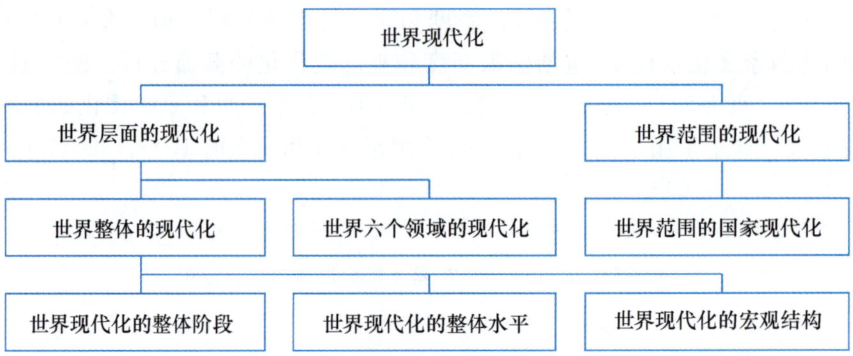

图 1-25　世界现代化的分析结构

注:世界范围的现代化还包括地区现代化等,可以参考《中国现代化报告 2004:地区现代化之路》。

一、世界整体的现代化水平

世界整体的现代化水平是以"世界为核算单位"的现代化水平。世界整体的现代化水平分析的分析内容包括它的阶段、水平和结构等,分析指标包括世界的平均水平、前沿水平和末尾水平等;世界前沿水平用高收入国家平均值代表,世界末尾水平用低收入国家平均值代表。

1. 2006 年世界整体的现代化的阶段

世界整体的现代化进程包括准备阶段、第一次和第二次现代化,第一次现代化包括三次浪潮,第二次现代化包括三次浪潮(图 1-7)。2006 年世界现代化已经进入第二次现代化,处于第二次现代化的发展期。当然,这是根据世界现代化的前沿水平做出的判断。根据世界平均水平判断,世界整体的现代化大约处于第一次现代化的成熟期;根据世界末尾水平判断,世界现代化的末尾处于第一次现代化的起步期;世界现代化处于两次现代化并存的阶段(表 1-59)。

表 1-59 2006 年世界整体的现代化的阶段分析

世界平均、世界前沿和世界末尾		阶段	备注
世界平均	(世界平均)	第一次现代化的成熟期	
世界前沿	(高收入国家的平均)	第二次现代化的发展期	两次现代化并存
世界末尾	(低收入国家的平均)	第一次现代化的发展期	

2. 2006 年世界整体的现代化的水平和速度

世界整体的现代化的水平可以采用 4 个指数来描述:第一次现代化程度、第二次现代化指数、人类发展指数和新人类发展指数(表 1-60)。新人类发展指数是人类发展指数的"改革版",它包括人类发展在 5 个方面取得的进展:健康长寿(预期寿命)、优质生活(人均购买力)、知识普及(大学普及率)、信息共享(互联网普及率)和环境优美(生活废水处理率)。其中,前 3 个方面是联合国开发计划署的人类发展指数(UNDP,2008)的指标或相关内容,后 2 个方面是新增加的。新人类发展指数的评价方法和评价将在本报告第四章专题讨论。

表 1-60 2000～2006 年世界整体的现代化的水平和速度分析

指标	2000～2006 年		2006 年				2000 年			
	变化	年增长率/(%)	平均	前沿	末尾	差距	平均	前沿	末尾	差距
第一次现代化程度	4	0.78	94	100	60	40	89	100	58	42
第二次现代化指数	5	1.7	51	100	22	78	46	100	20	80
人类发展指数	0.021	0.48	0.743	0.936	0.570	0.366	0.722	0.932	0.554	0.378
新人类发展指数	5	3.07	30	71	14	57	25	59	13	46

注:前沿用高收入国家平均值代表;末尾用低收入国家平均值代表;平均为世界平均值;差距=前沿－末尾;变化=2006 年的世界平均值－2000 年的世界平均值;年增长率为 2000～2006 年期间的年均增长率。

2006 年世界平均水平大约为:第一次现代化程度约为 94%,比 2000 年提高约 4%(注意四舍五入的影响);第二次现代化指数约为 51,比 2000 年提高 5;人类发展指数约为 0.743,比 2000 年提高 0.021;新人类发展指数约为 30,比 2000 年提高 5。

在 2000～2006 年期间,世界第一次现代化程度年增长率约为 0.78%,第二次现代化指数年增长率约为 1.7%,人类发展指数年增长率约为 0.48%,新人类发展指数年增长率约为 3.5%。

3. 2006 年世界现代化的宏观结构

世界现代化的宏观结构一般包括地理结构、国际结构(国际体系)和人口结构等。

(1) 2006 年世界现代化的地理结构

2006 年世界现代化的地理结构大致是:欧洲现代化水平是比较高的;其次是美洲和亚洲,它们大致相当;非洲水平仍然是比较低的;大洋洲只有 3 个国家参与评价(表 1-61)。2005 年地理结构与 2000 年地理结构相比,没有明显变化。

表 1-61 2006 年世界现代化的地理结构

现代化的阶段和水平		国家个数					国家比例/(%)				
		非洲	美洲	亚洲	欧洲	大洋洲	非洲	美洲	亚洲	欧洲	大洋洲
现代化的阶段	第二次现代化	—	2	4	21	2	0	9	11	64	67
	第一次现代化	26	20	31	12	1	68	91	89	36	33
	传统农业社会	12	—	—	—	—	32	0	0	0	0
	合计	38	22	35	33	3	100	100	100	100	100
现代化的水平	发达国家	—	2	4	12	2	0	9	11	36	67
	中等发达国家	—	4	4	17	—	0	18	11	52	0
	初等发达国家	6	12	15	4	—	16	55	43	12	0
	欠发达国家	32	4	12	—	1	84	18	35	0	33
	合计	38	22	35	33	3	100	100	100	100	100

注:合计不等于 100 是由于四舍五入的原因。

首先,非洲的水平。非洲有 38 个国家参与评价。其中,26 个国家处于第一次现代化,12 个国家属于传统农业社会;6 个国家达到初等发达水平,32 个国家属于欠发达国家;大约 32%的国家属于传统农业社会,大约 84%的国家属于欠发达国家。

其次,美洲的水平。美洲有 22 个国家参加评价。其中,2 个国家进入第二次现代化,20 个国家处于第一次现代化;2 个国家属于发达国家,4 个国家属于中等发达国家,4 个国家属于欠发达国家;大约 9%的国家进入第二次现代化,大约 9%的国家属于发达国家。

其三,亚洲的水平。亚洲有 35 个国家参与评价。其中,4 个国家进入第二次现代化,有 31 个国家处于第一次现代化;4 个国家属于发达国家,4 个国家属于中等发达国家,12 个国家属于欠发达国家;大约 11%的国家进入第二次现代化,大约 11%的国家属于发达国家。

其四,欧洲的水平。欧洲有 33 个国家参与评价。其中,21 个国家进入第二次现代化,12 个国家处于第一次现代化;12 个国家属于发达国家,17 个国家属于中等发达国家;大约 64%的国家进入第二次现代化,大约 36%的国家属于发达国家。

其五,大洋洲的水平。大洋洲有 3 个国家参与评价。其中,2 个国家进入第二次现代化,1 个国家处于第一次现代化;2 个国家为发达国家,1 个国家为欠发达国家。

(2) 2006 年世界现代化的国际结构(国际体系)

在 131 个参加评价国家中,美国等 29 个国家进入第二次现代化,约占 22%;中国等 90 个国家处于第一次现代化,约占 69%;中非等 12 个国家属于传统农业社会,约占 9%(表 1-62)。2006 年美国等 20 个国家是发达国家,波兰等 25 个国家是中等发达国家,中国等 37 个国家是初等发达国家,印度等 49 个国家是欠发达国家。2006 年的国际体系与 2000 年的相比,进入第二次现代化的国家的数量和比例略有增加,发达国家和中等发达国家的数量和比例略有增加。

根据第二次现代化指数和综合现代化指数的国家分组,2006 年的发达国家包括美国、瑞典、日本、丹麦、芬兰、挪威、澳大利亚、瑞士、韩国、加拿大、荷兰、德国、法国、比利时、新西兰、英国、奥地利和爱尔兰等。一般而言,根据现代化指数的国家分组,发达国家是现代化国家,中等发达国家、初等发达国家和欠发达国家是非现代化国家,也是发展中国家。

如果某个国家要成为现代化国家,或者要保持现代化国家的国际地位,那么,它的现代化指数的世界排名需要进入世界前 20 名,并保持在前 20 名内;要成为中等发达国家,它的现代化指数的世界排名要进入世界前 45 名,并保持在前 45 名内。如果考虑到中等发达国家的地位变迁概率比较大,某个国家要保持中等发达国家的国际地位,那么,它的现代化指数的世界排名需要进入世界前 40 名,否则降级可能性比较大。

表 1-62　2000～2006 年世界现代化的国际体系

现代化的阶段和水平		2006 年		2000 年		备注
		国家个数	国家比例/(%)	国家个数	国家比例/(%)	
现代化的阶段	第二次现代化	29	22	23	18	—
	第一次现代化	90	69	92	71	—
	传统农业社会	12	9	14	11	—
	合计	131	100	129	100	—
现代化的水平	发达国家	20	15	17	13	发达国家
	中等发达国家	25	19	23	18	发展中国家
	初等发达国家	37	28	39	30	
	欠发达国家	49	37	51	39	
	合计	131	100	130	100	—

在 1960～2005 年期间，根据现代化指数分组，发达国家大约为 15～20 个(表 1-31)。所以，一个国家要保持发达国家的国际地位，它的现代化指数的世界排名甚至需要进入世界前 15 名。有些时候，即使进入前 15 名，也有可能掉下来；例如，新西兰和以色列等国家的现代化指数的世界排名变化比较大，国家分组在发达国家和中等发达国家之间波动(表 1-63)。国际体系的变化，包括世界排名和国家分组的变化。现代化不是一劳永逸的。

表 1-63　1960～2006 年现代化指数排前 20 名的国家

排名	1960 年	1970 年	1980 年	1990 年	2000 年	2001 年	2005 年	2006 年
1	美国	美国	美国	瑞士	瑞典	瑞典	美国	美国
2	加拿大	捷克	瑞典	美国	美国	美国	瑞典	瑞典
3	澳大利亚	荷兰	比利时	瑞典	日本	日本	丹麦	日本
4	新西兰	加拿大	日本	科威特	芬兰	丹麦	日本	丹麦
5	丹麦	科威特	捷克	加拿大	丹麦	芬兰	挪威	芬兰
6	法国	日本	加拿大	日本	挪威	挪威	芬兰	挪威
7	荷兰	瑞典	荷兰	挪威	澳大利亚	瑞士	澳大利亚	澳大利亚
8	英国	挪威	保加利亚	丹麦	瑞士	德国	瑞士	瑞士
9	瑞典	德国	法国	荷兰	德国	荷兰	荷兰	韩国
10	以色列	波兰	丹麦	芬兰	荷兰	澳大利亚	德国	加拿大
11	比利时	英国	瑞士	比利时	英国	英国	比利时	荷兰
12	瑞士	丹麦	挪威	德国	加拿大	比利时	韩国	德国
13	德国	澳大利亚	以色列	法国	法国	加拿大	法国	法国
14	挪威	比利时	英国	奥地利	比利时	新加坡	加拿大	比利时
15	俄罗斯	瑞士	芬兰	澳大利亚	韩国	法国	英国	新西兰
16	奥地利	保加利亚	德国	英国	奥地利	韩国	新西兰	英国
17	日本	匈牙利	新西兰	新西兰	以色列	奥地利	奥地利	奥地利
18	意大利	芬兰	澳大利亚	新加坡	新西兰	以色列	新加坡	新加坡
19	阿根廷	法国	希腊	意大利	新加坡	新西兰	以色列	爱尔兰
20	爱尔兰	新西兰	奥地利	以色列	爱尔兰	西班牙	爱尔兰	以色列

注：根据国家现代化指数分组，见表 1-31。蓝色背景的国家为中等发达国家，其他为发达国家。

(3) 2006 年世界现代化的人口结构

2006 年世界现代化的人口结构如表 1-64 所示。根据参加评价的 131 个国家的人口数据计算，大约 11.3 亿人口完成第一次现代化，约占 131 个国家人口总数的 18%；大约 9.66 亿人口进入第二次现代化，约占 15%；51.21 亿人口生活在第一次现代化，约占 81%；大约 2.25 亿人口生活在传统农业社会，约占 4%；发达国家人口约 8.20 亿，约占 13%；中等发达国家人口约 5.13 亿，约占 8%；初等发达国家人口约 23.88 亿，约占 38%；欠发达国家人口约 25.91 亿，约占 41%。2006 年进入第二次现代化的人口比 2000 年多，但所占比例略有下降。

表 1-64　2000～2006 年世界现代化的人口结构(131 个国家)

现代化的阶段和水平		2006 年		2000 年		备注
		人口/百万	人口比例/(%)	人口/百万	人口比例/(%)	
现代化的阶段	进入第二次现代化	966	15	934	16	—
	处于第一次现代化	5121	81	4674	80	—
	处于传统农业社会	225	4	239	4	—
	合计	6312	100	5847	100	—
现代化的水平	发达国家	820	13	778	13	发达国家
	中等发达国家	513	8	554	9	发展中国家
	初等发达国家	2388	38	2189	37	
	欠发达国家	2591	41	2327	40	
	合计	6312	100	5847	100	—
完成第一次现代化		1129	18	950	16	

注：世界人口 2006 年约为 65.38 亿，2000 年约为 60.57 亿。

一般而言，发达国家是现代化国家，非发达国家是非现代化国家；现代化国家并非每个人都能享受现代化生活，非现代化国家并非都不能享受现代化生活。个人生活质量与国家发展水平和个人支付能力紧密相关。生活质量需要专门评价(郑宗生，吴述尧，何传启，2006)。

享受现代化生活一般需要具有三个条件：现代化的基础设施、现代化的制度和观念、现代化生活的支付能力。第一个条件是公共的，第二个条件既是公共的也是个人的，第三个条件是个人的。发达国家一般具有前两个条件，中等发达和初等发达国家部分地具有前两个条件，欠发达国家一般不具有前两个条件；在不同国家，第三个条件都是因人而异的。发达国家的人口绝大多数可以享受现代化生活，中等发达国家和初等发达国家只有部分人享受现代化生活，欠发达国家享受现代化生活的人极少。假设发达国家、中等发达和初等发达国家分别有 90%～95%、10%～20%和 2.5%～5%的人能够享受现代化生活，那么，2006 年享受现代化生活的人口大约为 8.5～10 亿；高标准约为 8.5 亿，中标准约为 9 亿，低标准约为 10 亿(表 1-65)。

表 1-65　2006 年享受现代化生活的人口估算(131 个国家)

年	国家分组	人口/百万	享受现代化生活的人口比例/(%)			享受现代化生活的人口/百万		
			高标准	中标准	低标准	高标准	中标准	低标准
2006	发达国家	820	90	90	95	738	738	779
	中等发达国家	513	10	20	20	51	103	103
	初等发达国家	2388	2.5	2.5	5	60	60	119
	欠发达国家	2591	0	0	0	0	0	0
	合计	6312	13	14	16	849	901	1001
2000	发达国家	778	90	90	95	700	700	739
	中等发达国家	554	10	20	20	55	111	111
	初等发达国家	2189	2.5	2.5	5	55	55	109
	欠发达国家	2327	0	0	0	0	0	0
	合计	5847	13	14	15	810	866	959

注:2000 年 OECD 国家生活在"国家贫困线"以下人口的比例平均约为 10%(OECD,2005)。这里"国家贫困线"的标准为个人收入低于全国人均收入的 50%。中等发达国家最高 20%收入人口的收入约占全国的 45%,他们的人均收入是全国平均的 2.5 倍。初等发达国家最高 10%收入人口的收入约占全国的 34%,他们的人均收入是全国平均的 3.4 倍。高标准假设:发达国家生活在"国家贫困线"以下的人不享受现代化生活,其他人享受现代化生活;中等发达和初等发达国家分别有 10%和 2.5%的人享受现代化生活;欠发达国家没有人享受现代化生活。低标准假设:发达国家生活在"国家贫困线"以下的人的一半没有享受现代化生活,其他人享受现代化生活;中等发达和初等发达国家分别有 20%和 5%的人享受现代化生活;欠发达国家没有人享受现代化生活。

二、世界六个领域的现代化水平

世界六个领域的现代化水平是以"世界为核算单位"的六个领域的现代化水平。世界六个领域的现代化水平分析包括它们的阶段和水平分析等。它们的水平可以采用世界六个领域的平均水平、前沿水平和末尾水平等指标来描述;前沿水平用发达国家(高收入国家)平均值代表,末尾水平用欠发达国家(低收入国家)平均值代表。

世界六个领域的现代化包括六个领域四种要素(生活、结构、制度和观念)的现代化。这里主要讨论生活和结构现代化。关于制度和观念现代化,可以参考本报告第一章第二节关于世界六个领域现代化的 2001 年截面分析。关于世界六个领域的综合水平需要专题研究。

1. 2006 年世界六个领域的现代化的阶段

首先,世界六个领域现代化与世界现代化的阶段大体协调,不同领域有所差别(表 1-66)。

表 1-66　2006 年世界六个领域的现代化的阶段分析

领域	世界平均、世界前沿和世界末尾	阶段	备注
经济、社会、政治、文化、个人	世界平均	第一次现代化的成熟期	两次现代化并存
	世界前沿(高收入国家的平均)	第二次现代化的发展期	
	世界末尾(低收入国家的平均)	第一次现代化的发展期	
自然环境(生态现代化)	世界平均	生态现代化的起步期	生态现代化 现代化的生态修正
	世界前沿(高收入国家的平均)	生态现代化的发展期	
	世界末尾(低收入国家的平均)	—	
国际环境(国际现代化)	世界平均	第一次现代化的国际互动	两次现代化的国际互动
	世界前沿(高收入国家的平均)	第二次现代化的国际互动	
	世界末尾(低收入国家的平均)	第一次现代化的国际互动	

注:生态现代化是国家现代化与自然环境的相互作用。国际现代化是国家现代化与国际环境的相互作用。

其次，世界经济、社会、政治、文化和个人现代化的阶段，大致处于两次现代化并存阶段。

其三，自然环境领域比较复杂。生态现代化是国家现代化与自然环境的相互作用。生态现代化与国家发展水平的关系是非线性关系。有些国家处于生态现代化的发展期或起步期，有些国家没有生态现代化的概念。2006 年世界处于混合状态：生态现代化、现代化的生态修正等。

其四，国际环境领域比较复杂。国际现代化是国家现代化与国际环境的相互作用。虽然世界平均、世界前沿和世界末尾处于现代化的不同阶段，但是，国际现代化是国家与国际环境的相互作用，而不是国家的单方面行为。2006 年世界处于混合状态：两次现代化的国际互动。

2. 2006 年世界六个领域生活现代化的水平和差距

世界六个领域生活现代化涉及许多指标，这里选择 46 个生活指标为代表（表 1-67）。很显然，不同领域和不同指标的水平、国际差距和变化是有差别的。

表 1-67　2000～2006 年世界六个领域生活现代化的水平分析

领域和指标	世界的变化	2006 年					2000 年				
		世界	高收入国家	低收入国家	绝对差距	相对差距	世界	高收入国家	低收入国家	绝对差距	相对差距
(1) 经济领域											
GDP	165 860	484 620	367 950	16 187	351 763	22.7	318 760	258 400	8432	249 968	30.6
GDP 增长率	−0.3	3.8	2.9	8.0	−5.1	0.4	4.1	3.8	4.0	−0.2	0.9
人均 GDP	2167	7412	35 699	669	35 030	53.4	5246	26 157	390	25 767	67.0
人均 GDP(PPP)	886	6491	24 419	1321	23 098	18.5	5605	22 170	1007	21 163	22.0
人均 GDP 增长率	−0.1	2.6	2.2	6.1	−3.9	0.4	2.7	3.0	2.0	1	1.5
人均国民收入	2195	7448	36 608	649	35 959	56.4	5252	26 365	381	25 984	69.2
人均公路里程	0.7	5.5	17.2	1.4	15.8	12.3	4.8	15.5	2.1	13.4	7.3
通货膨胀率	0.9	5.7	2.3	7.3	−5	0.3	4.8	3.0	6.1	−3.1	0.5
(2) 社会领域											
人口	461	6538	1031	2420	−1389	0.4	6077	988	2161	−1173	0.5
人口自然增长率	−0.1	1.2	0.7	1.9	−1.2	0.4	1.3	0.7	2.0	−1.3	0.4
平均预期寿命	1	68	79	60	19	1.3	67	78	59	19	1.3
婴儿死亡率	−6	50	6	74	−68	0.1	56	6	82	−76	0.1
医生比例[a]	0	1.4	2.6	0.5	2.1	5.5	1.4	2.7	0.5	2.2	5.7
人均购买力	2370	9209	34 933	1860	33 073	18.8	6839	27 312	1210	26 102	22.6
基尼系数[a]	−0.6	40.2	32.3	—	—	—	40.8	34.5	—	—	—
贫富收入差距[a]	3.0	20.3	13.4	—	—	—	17.2	9.6	—	—	—
每周工作小时[b]	0.0	46.0	37.8	—	—	—	46.0	37.9	—	—	—
每年休闲天数	—	—	—	—	—	—	—	—	—	—	—
(3) 政治领域											
民主化程度[a]	0.61	2.54	2.59	2.81	−0.22	0.9	1.93	2.59	2.81	−0.22	0.9
人均外国援助	6.6	16.1	0.0	19.9	−19.9	0.0	9.5	2.3	8.6	−6.3	0.3
(4) 文化领域											
科技论文比例[a]	0.1	1.1	5.7	0.1	5.6	80.4	1.0	5.5	0.1	5.4	97.3
发明专利比例[a]	0.1	1.4	7.6	0.0	7.6	4990.9	1.4	7.6	0.0	7.6	309.5
电话普及率	3	20	53	3	50	20.8	16	57	2	55	26.8
电视普及率[a]	4	83	98	16	82	6.1	79	97	13	84	7.4
互联网普及率	15	21	59	4	55	14.1	7	32	0.3	31.7	90.7
日报发行比例[c]	4	105	263	18	245	14.7	102	269	18	251	15.1
图书出版比例	—	—	—	—	—	—	18	56	4	52	14.0
人均文化贸易[a]	38	134	475	0.0	475	—	95	341	0.0	341	—

（续表）

领域和指标	世界的变化	2006年					2000年				
		世界	高收入国家	低收入国家	绝对差距	相对差距	世界	高收入国家	低收入国家	绝对差距	相对差距
(5) 个人领域											
青少女生育率	−11	52	22	82	−60	0.3	63	23	102	−79	0.2
总和生育率	−0.2	2.5	1.7	3.5	−1.8	0.5	2.7	1.7	3.9	−2.2	0.4
犯罪率	—	—	—	—	—	—	141	107	154	−47	0.7
轿车普及率[a]	14	118	467	8	459	60.6	104	436	6	430	71.8
移动电话普及率	28	40	90	14	76	6.3	12	52	0.4	51.6	146.4
宽带网普及率	5.1	5.5	19.2	0.2	19.0	109.0	0.4	1.6	—	—	—
(6) 自然环境领域											
人均耕地面积[a]	−0.01	0.22	0.36	0.17	0.19	2.2	0.23	0.38	0.18	0.20	2.1
人均能源消费[a]	125	1796	5498	486	5012	11.3	1672	5414	454	4960	11.9
能源消费密度[a]	0.0	0.3	0.2	1.0	−0.8	0.2	0.3	0.2	1.2	−1.0	0.2
CO_2 排放密度[c]	0.0	0.8	0.5	2.0	−1.5	0.2	0.8	0.5	2.1	−1.6	0.2
有机废水排放密度[c]	0.1	0.9	0.1	1.4	−1.3	0.1	0.8	0.2	1.0	−0.8	0.2
空气可吸入颗粒物浓度[a]	−10	53	27	74	−47	0.4	63	31	98	−67	0.3
(7) 国际环境领域											
国际战争频率											
人均国际贸易[a]	1195	3783	17 783	319	17 464	55.8	2588	12 568	157	12 411	80.2
人均外国投资	−43	207	956	17	939	55.4	250	1369	5	1364	291.5
国际组织数量											
人均互联网带宽[a]	427	529	4346	12	4334	374.3	102	595	1	594	1160.9
人均国际通话[a]	−9	29	204	5	199	43.0	38	170	4	166	48.3

注：有些指标可以作为生活指标或结构指标。指标单位见附表1-1。世界的变化＝2006年的世界值－2000年的世界值。绝对差距＝高收入国家值－低收入国家值。相对差距＝高收入国家值÷低收入国家值。人均GDP(PPP)为1990年价格国际美元. GDP增长率、人均GDP增长率、通货膨胀率和人口自然增长率的数据为3年平均值。a. 2006年数据为2005年的值；b. 2006年数据为2001年的值；c. 2006年数据为2004年的值。

例如，高收入国家人均GDP增长率约为2.2%，低收入国家约为6.1%；高收入国家人均GDP的年均增长量约为1590美元，低收入国家约为46美元；低收入国家人均GDP的年增长率大于高收入国家，但人均GDP的年增长量小于高收入国家；高收入国家与低收入国家人均GDP的差距，从2000年的25 767美元扩大到2006年的35 030美元，6年扩大了9263美元。

2006年约有9个指标的相对差距大于50倍，9个指标的相对差距约为10～49倍；2000年约有10个指标的相对差距大于50倍，8个指标的相对差距约为10～49倍；在2000～2006年期间，绝对差距扩大的指标约有23个，缩小的指标有12个，没有变化的指标有2个。

3. 2006年世界六个领域结构现代化的水平和差距

世界六个领域结构现代化涉及许多指标，这里选择50个结构指标为代表(表1-68)。不同领域和不同指标的表现有所不同。例如，在经济领域，低收入国家的工业增加值比例大于高收入国家；高收入国家已经进入“非工业化”阶段，低收入国家仍在进行工业化。

表 1-68 2000～2006 年世界六个领域结构现代化的水平分析

领域和指标	世界的变化	2006 年					2000 年				
		世界	高收入国家	低收入国家	绝对差距	相对差距	世界	高收入国家	低收入国家	绝对差距	相对差距
(1) 经济领域											
农业增加值比例	−1	3	2	20	−18	0.1	4	2	26	−24	0.1
工业增加值比例	−1	28	26	28	−2	0.9	29	28	26	2	1.1
服务增加值比例	2	69	72	52	20	1.4	67	70	47	23	1.5
农业劳动力比例[a]	−2	40	3	57	−54	0.1	42	4	62	−58	0.1
工业劳动力比例[a]	1	22	25	16	9	1.5	21	27	14	13	1.9
服务劳动力比例[a]	1	38	72	27	45	2.7	37	69	24	45	2.9
失业率[a]	0.9	6.3	6.2	—	—		5.4	6.0	—	—	
股票市值比例	11	114	126	67	59	1.9	103	117	24	93	4.9
国内消费率	−1	81	73	79	−6	0.9	82	73	80	−7	0.9
国内储蓄率	−1	21	20	26	−6	0.8	22	22	21	1	1.0
国内投资率	−1	21	20	30	−10	0.7	22	22	23	−1	1.0
家庭消费比例	0	61	62	64	−2	1.0	61	62	67	−5	0.9
(2) 社会领域											
老龄人口比例	0.5	7.4	14.9	4.3	10.6	3.5	6.9	14.0	4.0	10	3.5
城市人口比例	2	49	78	30	48	2.6	47	76	28	48	2.7
公共卫生费比例[a]	0.6	6.0	7.0	1.2	5.8	5.9	5.4	6.1	1.4	4.7	4.2
公费医疗比例	1	59	61	25	36	2.4	58	60	27	33	2.2
公共教育费比例[a]	0.4	4.6	5.4	3.1	2.3	1.7	4.1	4.7	3.1	1.6	1.5
义务教育普及率[a]	5	65	101	45	56	2.3	60	101	39	62	2.6
大学普及率[a]	5	24	67	9	58	7.8	19	57	7	50	7.9
高度贫困率[b]	−0.4	4.9	—	—	—	—	5.2	—	—	—	—
养老保险覆盖率[a]	5	43	86	—	—	—	39	76	—	—	—
社保费用比例[c]	0.1	13	22	—	—	—	12	22	—	—	—
(3) 政治领域											
政府收入比例	2	27	27	13	14	2.1	25	28	15	13	1.8
政府消费比例[a]	1	17	18	11	7	1.6	16	17	12	5	1.4
政府债务比例[a]	−5	57	54	—	—		61	57	—	—	
国防经费比例	0.2	2.5	2.6	2.4	0.2	1.1	2.3	2.3	2.8	−0.5	0.8
军事人员比例	−0.1	0.9	1.1	0.9	0.2	1.2	1.0	1.2	1.0	0.2	1.2
外国援助比例	0.0	0.2	0.0	3.0	−3.0	0.0	0.2	0.0	2.3	−2.3	0.0
(4) 文化领域											
科技投入比例[a]	−0.1	2.1	2.4	0.6	1.8	4.2	2.2	2.5	0.7	1.8	3.4
信教人口比例	—	93	87	99	−12	0.9	—	—	—	—	—
妇女就业比例[a]	1	38	46	24	22	2.0	38	45	22	23	2.1
妇女避孕率	10	60	73	40	33	1.8	50	72	—	—	—
成人识字率	3	82	99	61	38	1.6	79	99	58	41	1.7
出境旅游比例	3	16	52	0.4	51.6	128.4	13	41	0.3	40.7	—
(5) 个人领域											
青少年识字率[a]	3	88	99	73	26	1.4	84	99	66	33	1.5
童工比例[a]	2	32	0	45	−45	0.0	30	0	33	−33	0.0
劳动力素质[a]	—	—	41	—	—	—	—	30	—	—	—
艾滋病感染率[a]	0.0	1.0	0.4	1.7	−1.3	0.2	1.0	0.4	1.7	−1.3	0.2
离婚率[e]	—	—	47	—	—	—	—	39	—	—	—
成人吸烟率[a]	−4	35	29	31	−2	0.9	39	30	38	−8	0.8

（续表）

领域和指标	世界的变化	2006 年					2000 年				
		世界	高收入国家	低收入国家	绝对差距	相对差距	世界	高收入国家	低收入国家	绝对差距	相对差距
(6) 自然环境领域											
森林覆盖率[a]	0	31	29	24	5	1.2	31	29	25	4	1.2
国家保护区比例[d]	6	12	13	10	3	1.3	6	7	6	1	1.2
化石能源消费比例[a]	1	81	83	55	28	1.5	80	83	54	29	1.6
生活废水处理率	—	—	84	—	—	—	—	81	—	—	—
废纸循环利用率[e]	—	—	56	—	—	—	—	51	—	—	—
安全饮水普及率[d]	2	83	99	75	24	1.3	81	99	72	27	1.4
(7) 国际环境领域											
国际债务比例[a]	−12	28	—	27	—	—	40	—	42	—	—
国际贸易比例	5	54	52	53	−1	1.0	49	48	40	8	1.2
外国投资比例[a]	−2.1	2.8	2.7	2.6	0.1	1.0	4.9	5.3	1.2	4.1	4.4
国际移民比例[a]	0.0	2.9	11.3	1.1	10.2	9.9	2.9	10.2	1.3	8.9	7.7

注：有些指标可以作为生活指标或结构指标。指标单位见附表 1-1。世界的变化＝2006 年的世界值－2000 年的世界值。绝对差距＝高收入国家值－低收入国家值。相对差距＝高收入国家值÷低收入国家值。失业率的数据为 3 年平均值。a. 2006 年数据为 2005 年的值；b. 2006 年数据为 2004 年的值，为有数据国家的平均值；c. 2006 年数据为 2001 年的值；d. 2006 年数据为 2004 年的值；e. 2006 年数据为 2002 年的值。

2006 年约有 11 个结构指标的相对差距大于 1 倍；2000 年约有 12 个结构指标的相对差距大于 1 倍；出境旅游比例指标的相对差距大于 10 倍（达到 127～139 倍），其他结构指标的相对差距都小于 10 倍。在 2000～2006 年期间，绝对差距扩大的结构指标大约有 19 个，绝对差距缩小的指标有 17 个，绝对差距没有变化的指标有 2 个。

三、世界范围的国家现代化水平

世界范围的国家现代化水平是以“国家为核算单位”的国家现代化水平。世界范围的国家现代化水平分析的对象包括国家的整体阶段、整体水平和四种要素水平等（图 1-26）。其中，国家四种要素（生活、结构、制度和观念）的现代化水平分析需要区别对待。这里主要讨论国家生活和结构现代化的水平。关于国家制度和观念现代化的水平，可以参考本报告第一章第二节关于世界范围的国家现代化的时序分析的有关内容（国家制度和观念现代化的时序分析）。

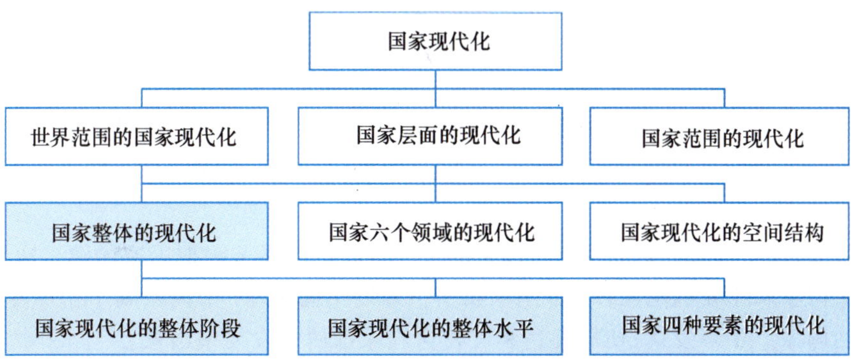

图 1-26　国家现代化的分析结构

注：国家四种要素包括生活、结构、制度和观念。国家范围的现代化包括国家内部的地区现代化等。

1. 2006 年世界范围的国家现代化的阶段

首先，在国家层面，2006 年国家现代化的阶段具有差异性。有些国家已经进入第二次现代化，有些国家处于第一次现代化，有些国家处于传统农业社会。

其次，在国际体系层面，2006 年国家现代化的阶段具有多样性。美国等 29 国已经进入第二次现代化，中国等 90 国处于第一次现代化，布隆迪等 12 国处于传统农业社会(图 1-27)。

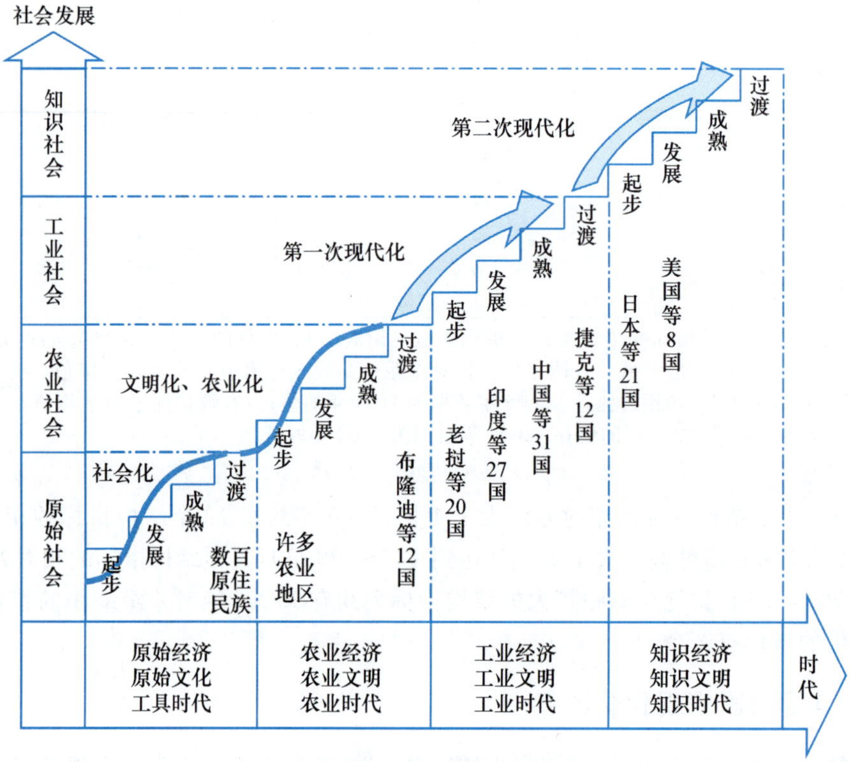

图 1-27　2006 年国家现代化的阶段

资料来源：中国现代化战略研究课题组等，2009.

2. 2006 年世界范围的国家现代化的水平和速度

世界范围的国家现代化的国家水平，可以从国家层面和国际体系层面进行分析。国家现代化的前沿水平、末尾水平、国际差距和国际追赶，需要国际体系层面的分析。《中国现代化报告 2009：文化现代化研究》完成 2006 年 131 个国家的现代化水平评价。

首先，在国家层面，2006 年国家现代化的水平具有差异性，不同国家水平不同。在参加评价的 131 个国家中，大约 35 个国家全面完成第一次现代化，其中的 29 个国家已经进入第二次现代化；大约有 28 个国家基本实现第一次现代化；其他 68 个国家没有完成第一次现代化，其中的 12 个国家仍然是传统农业社会国家。

其次，在国际体系层面，2006 年国家现代化的水平具有多样性。根据国家的第二次现代化指数分组，大约有 20 个国家属于发达国家，25 个国家属于中等发达国家，37 个国家属于初等发达国家，49 个国家属于欠发达国家。中等发达、初等发达和欠发达国家都属于发展中国家。

其三，2006 年国家现代化的前沿水平。能够反映前沿水平的有 3 组国家：处于第二次现代化发展期的 8 个国家、第二次现代化指数和综合现代化指数排世界前 10 名(表 1-69)。

表 1-69 2006 年反映国家现代化的前沿水平和末尾水平的代表国家

处于第二次现代化发展期的国家	第二次现代化指数前 10 名的国家	综合现代化指数前 10 名的国家	处于传统农业社会的国家	第一次现代化程度后 10 名的国家	综合现代化指数后 10 名的国家
美国、瑞典、丹麦、瑞士、荷兰、法国、比利时、英国	美国、瑞典、日本、丹麦、芬兰、挪威、澳大利亚、瑞士、韩国、加拿大	美国、丹麦、瑞典、日本、澳大利亚、德国、芬兰、瑞士、荷兰、法国	厄立特里亚、几内亚、莫桑比克、坦桑尼亚、马拉维、卢旺达、布隆迪、中非、埃塞俄比亚、布基纳法索、乍得、尼日尔	刚果民主共和国、卢旺达、布隆迪、巴布亚新几内亚、中非、埃塞俄比亚、塞拉利昂、布基纳法索、乍得、尼日尔	中非、莱索托、塞拉利昂、巴布亚新几内亚、卢旺达、刚果民主共和国、坦桑尼亚、乍得、埃塞俄比亚、马拉维

其四，2006 年国家现代化的末尾水平。能够反映末尾水平的有 3 组国家：处于传统农业社会的 12 个国家、第一次现代化程度和综合现代化指数排世界后 10 名的国家。

其五，1980～2005 年国家现代化的速度(附表 1-10)。不同时期和不同国家现代化的速度有很大差别，在 1990～2005 年期间有些国家现代化指数的年均增长率为负数(表 1-70)。

表 1-70 1980～2005 年世界和 15 个国家现代化的速度分析

国家和地区	1980～2005 年第一次现代化程度的年均增长率	1990～2005 年第一次现代化程度的年均增长率	1980～2005 年第二次现代化指数的年均增长率	1990～2005 年第二次现代化指数的年均增长率
美国	—	—	1.60	1.69
日本	—	—	1.66	1.27
德国	—	—	1.55	1.39
英国	—	—	1.80	2.21
法国	—	—	2.03	1.85
澳大利亚	—	—	2.41	2.60
意大利	—	—	2.26	1.87
加拿大	—	—	1.91	1.86
俄罗斯	—	—	0.16	−0.38
墨西哥	0.52	0.63	1.87	1.36
巴西	0.63	0.60	2.25	1.74
中国	1.89	2.11	2.42	3.53
印度尼西亚	2.38	1.96	1.65	1.21
印度	1.62	1.61	1.82	2.29
尼日利亚	0.79	0.94	0.96	1.35
高收入国家	—	—	1.67	1.73
中等收入国家	0.37	0.61	2.49	3.00
低收入国家	1.12	0.94	1.43	1.96
世界	0.61	0.93	1.24	1.67

注：第二次现代化指数是以 2005 年高收入国家平均值为基准值的评价结果。

其六，2006 年国家现代化的国际差距比较大。从第一次现代化程度、第二次现代化指数、人类发展指数和新人类发展指数看，国家现代化的国际差距仍然比较大，2006 年两次现代化指数和人类发展指数的国际差距比 2000 年略有缩小，但新人类发展指数的差距扩大(表 1-71)。

表 1-71　2000～2006 年世界范围的国家现代化的水平分析

指标	2000～2006 年	2006 年				2000 年			
	差距的变化	最大值	最小值	差距	相对差距	最大值	最小值	差距	相对差距
第一次现代化程度	－4	100	35	65	2.9	100	31	69	3.2
第二次现代化指数	－3	109	12	97	9.1	109	9	100	12.1
人类发展指数	－0.050	0.968	0.329	0.639	2.9	0.960	0.271	0.689	3.5
新人类发展指数	14	81	8	73	9.7	65	6	59	10.1

注：差距的变化＝2006 年差距－2000 年差距，差距＝最大值－最小值，相对差距＝最大值÷最小值。

其七，世界范围的国家现代化的国际追赶。在 1960～2006 年期间，24 个国家的现代化水平分组发生了变化(表 1-72)。地位上升的国家有 12 个：芬兰、日本、意大利、爱尔兰、韩国、多米尼加、约旦、沙特阿拉伯、西班牙、巴西、博茨瓦纳和中国；地位下降的国家有 12 个。

表 1-72　1960～2006 年世界范围的国家现代化的国际地位变化

升级的国家			降级的国家		
国家	1960 年分组	2006 年分组	国家	1960 年分组	2006 年分组
芬兰	中等发达国家	发达国家	以色列	发达国家	中等发达国家
日本	中等发达国家	发达国家	俄罗斯	发达国家	中等发达国家
意大利	中等发达国家	发达国家	罗马尼亚	中等发达国家	初等发达国家
爱尔兰	中等发达国家	发达国家	委内瑞拉	中等发达国家	初等发达国家
西班牙	中等发达国家	发达国家	牙买加	中等发达国家	初等发达国家
韩国	初等发达国家	发达国家	南非	中等发达国家	初等发达国家
巴西	初等发达国家	中等发达国家	蒙古	中等发达国家	初等发达国家
约旦	初等发达国家	中等发达国家	缅甸	初等发达国家	欠发达国家
多米尼加	初等发达国家	中等发达国家	津巴布韦	初等发达国家	欠发达国家
沙特阿拉伯	欠发达国家	中等发达国家	斯里兰卡	初等发达国家	欠发达国家
博茨瓦纳	欠发达国家	初等发达国家	刚果共和国	初等发达国家	欠发达国家
中国	欠发达国家	初等发达国家	赞比亚	初等发达国家	欠发达国家

注：1960 年根据第一次现代化程度分组，2006 年根据综合现代化指数分组。
资料来源：中国现代化战略研究课题组等，2009.

其八，世界范围的国家现代化的国际地位变化。在 1960～2006 年期间，大约 80%～94%的发达国家一直是发达国家，大约 86%～93%的欠发达国家一直是欠发达国家；中等发达国家升级为发达国家的概率约为 11%～33%；初等发达国家升级为中等发达国家的概率约为 9%～21%，升级为发达国家的概率 0～3%；欠发达国家升级为初等发达国家的概率约为 5%～14%，升级为中等发达国家的概率约为 0～3%(表 1-73)。

表 1-73　1960～2006 年世界范围的国家现代化的国家地位的转移概率(马尔可夫链分析)

分组	国家数	发达国家	中等发达国家	初等发达国家	欠发达国家	国家数	发达国家	中等发达国家	初等发达国家	欠发达国家
	1960	1960～2006 年转移概率/(%)				1970	1970～2006 年转移概率/(%)			
发达国家	16	88	13	0	0	15	80	20	0	0
中等发达国家	22	22	57	22	0	21	33	38	24	5
初等发达国家	29	3	10	70	17	33	3	21	48	27
欠发达国家	40	0	3	5	92	35	0	0	14	86
	1980	1980～2006 年转移概率/(%)				1990	1990～2006 年转移概率/(%)			
发达国家	19	84	16	0	0	18	94	6	0	0
中等发达国家	18	17	67	11	6	28	11	79	11	0
初等发达国家	45	2	16	53	29	54	0	9	54	37
欠发达国家	32	0	0	7	93	28	0	0	14	86

注:1980～2006 年根据综合现代化指数的分组标准,发达国家指数大于 80%,中等发达国家为世界平均值至 80%,初等发达国家为 30%至世界平均值,欠发达国家小于 30%。1970 年根据第二次现代化指数分组。1960 年根据第一次现代化程度的分组标准:发达国家大于 90%,中等发达国家 60%～90%,初等发达国家 40%～60%,欠发达国家小于 40%。合计不等于 100 是由于四舍五入的原因。

资料来源:中国现代化战略研究课题组等,2009.

3. 2006 年世界范围的国家生活和结构现代化的水平和差距

(1) 2006 年世界范围的国家生活现代化的水平和差距

国家生活现代化涉及许多指标,这里选择 46 个生活指标为代表(表 1-74)。不同领域和不同指标的水平和国际差距是有差别的。在经济领域,人均 GDP 的最大值为 71 874 美元,最小值仅为 111 美元,相对差距约为 650 倍;人均 GDP 的差距从 2000 年的 37 388 美元扩大到 2006 年的 71 763 美元,6 年扩大了 34 375 美元。在政治领域,2001 年世界民主国家大约为 121 个,约占联合国 192 个会员国的 63%。相对差距超过 50 倍的指标,2006 年约有 26 个,2000 年约有 27 个;相对差距为 10～49 倍的指标,2006 年约有 6 个,2000 年约有 25 个。

表 1-74　2000～2006 年世界范围的国家生活现代化的水平分析

领域和指标	差距的变化	2006 年 最大值	2006 年 最小值	2006 年 差距	2006 年 相对差距	2000 年 最大值	2000 年 最小值	2000 年 差距	2000 年 相对差距
(1) 经济领域									
GDP	33 989	131 640	9	131 631	14 575	97 648	6	97 642	15 412
GDP 增长率	−4	24	−5	28	−5	19	−13	32	−1
人均 GDP	34 375	71 874	111	71 763	650	37 473	85	37 388	441
人均 GDP(PPP)	3356	35 125	197	34 928	178	31 756	184	31 572	172
人均 GDP 增长率	9	22	−5	27	−4	12	−6	18	−2
人均国民收入	28 310	68 440	100	68 340	684	40 110	80	40 030	501
人均公路里程	0.9	47	0.5	46.5	96	46	0.4	45.6	102
通货膨胀率	−2	310	−1	311	−290	311	−2	313	−207

（续表）

领域和指标	差距的变化	2006 年				2000 年			
		最大值	最小值	差距	相对差距	最大值	最小值	差距	相对差距
(2) 社会领域									
人口	49	1312	1.3	1310.7	977	1263	1.4	1261.6	922
人口自然增长率	−0.8	3.9	−1.2	5.1	−3.1	4.5	−1.4	5.9	−3.2
平均预期寿命	−1	82	42	40	2	81	40	41	2
婴儿死亡率	−2	159	2	157	69	162	3	159	56
医生比例[a]	0	5	0	5	250	5	0	5	249
人均购买力	11 620	50 070	270	49 800	185	38 390	210	38 180	183
基尼系数[a]	0	60	25.0	35	2	60	25.0	35	2
贫富收入差距[a]	87.6	168	6.0	162	28	80	5.6	74.4	14
每周工作小时[b]	0	53	32	21	2	53	32	21	2
每年休闲天数	0	157	77	80	2	159	79	80	2
(3) 政治领域									
民主化程度[a]	−0.1	3.51	−0.16	3.67	−21.94	3.52	−0.24	3.76	−14.67
人均外国援助	46	174	−3	177	−51	127	−4	131	−30
(4) 文化领域									
科技论文比例[a]	−0.1	12	0.01	12	1266	12	0.01	12	1342
发明专利比例[a]	−2	28	0.00	28	—	30	0.00	30	—
电话普及率	−6	67	0.02	67	4208	73	0.02	73	3766
电视普及率[a]	−2	100	2.00	98	50	101	1.06	100	96
互联网普及率	42.8	89	0.19	88.8	460	46	0.01	46	7712
日报发行比例[c]	486.8	551	0.2	550.8	2973	76	13	64	6
图书出版比例	—	—	—	—	—	272	0.0	272	7380
人均文化贸易[a]	1171	2724	0.00	2724	—	1553	0.00	1553	—
(5) 个人领域									
青少女生育率	−6	224	3	221	67	230	3	227	76
总和生育率	−0.5	7.0	1.1	5.9	6.2	7.5	1.1	6.4	6.9
犯罪率	—	—	—	—	—	580	2	578	290
轿车普及率[a]	31	607	1.0	606	607	576	1.0	575	576
移动电话普及率	62.6	139	0.4	138.6	314	76	0.0	76	4131
宽带网普及率	24	32	0.0	32	—	8	0.0	8	—
(6) 自然环境领域									
人均耕地面积[a]	−0.05	2.42	0.00	2.42	17 524	2.47	0.00	2.47	9948
人均能源消费[a]	1756	11 100	158	10 942	70	9320	134	9186	69
能源消费密度[a]	−1.9	3.2	0.1	3.1	31	5.1	0.1	5.0	48
CO_2 排放密度[c]	−4.5	8.2	0.0	8.2	170	12.8	0.1	12.7	143
有机废水排放密度[c]	0.4	5.9	0.0	5.9	151	5.6	0.1	5.5	77
空气可吸入颗粒物浓度[a]	−34	171	7	164	23	207	10	197	20
(7) 国际环境领域									
国际战争频率	—	—	—	—	—	—	—	—	—
人均国际贸易[a]	76 981	123 393	57	123 336	2149	46 384	29	46 355	1575
人均外国投资	−14 969	5881	−207	6088	−28	20 966	−91	21 057	−230
国际组织数量	618	7865	218	7647	36	7228	199	7029	36
人均互联网带宽[a]	30 520.9	34 796	0.1	34 795.9	408 788	4275	0.0	4275	284 892
人均国际通话[a]	334.5	1045	1.3	1043.7	778	710	0.8	709.2	875

注：有些指标可以作为生活指标，也可以作为结构指标。指标单位见附表 1-1。差距的变化＝2006 年的差距－2000 年的差距；差距＝最大值－最小值；相对差距＝最大值÷最小值；人均 GDP(PPP)为 1990 年价格国际美元；GDP 增长率、人均 GDP 增长率、通货膨胀率和人口自然增长率的数据为 3 年平均值。a. 2006 年数据为 2005 年的值；b. 2006 年数据为 2001 年的值；c. 2006 年数据为 2004 年的值。

(2) 2006 年世界范围的国家结构现代化的水平和差距

国家结构现代化涉及许多指标，这里选择 50 个结构指标为代表(表 1-75)。不同领域和不同指标的表现有所不同。例如，在经济领域，从 2000 到 2006 年，农业增加值比例、工业增加值比例、服务业增加值比例的差距缩小了、国内消费率、国内储蓄率和国内投资率的差距缩小了，具有经济结构部分趋同的特点。在社会领域，2006 年芬兰的大学普及率达到 92%。2006 年相对差距超过 50 倍的指标约有 15 个，相对差距为 10～49 倍的指标约有 12 个。

表 1-75　2000～2006 年世界范围的国家结构现代化的水平分析

领域和指标	差距的变化	2006 年				2000 年			
		最大值	最小值	差距	相对差距	最大值	最小值	差距	相对差距
(1) 经济领域									
农业增加值比例	−2.5	56	0.9	55.1	60	58	0.4	57.6	164
工业增加值比例	−2	73	13	60	5	72	10	62	7
服务增加值比例	−6	77	21	56	4	75	13	62	6
农业劳动力比例[a]	6	80	0.7	79.3	115	74	0.7	73.3	105
工业劳动力比例[a]	−3	40	7	33	6	40	4	36	11
服务劳动力比例[a]	1	78	13	65	6	76	13	63	6
失业率[a]	4.5	37	1.4	35.6	26	32	0.9	31.1	35
股票市值比例	−3.4	319	0.6	318.4	492	322	0.2	321.8	1627
国内消费率	−2	123	31	92	4	135	41	94	3
国内储蓄率	−2	69	−23	92	−3	59	−35	94	−2
国内投资率	−4	45	9	36	5	43	3	40	12
家庭消费比例	14	109	17	92	6	101	23	78	4
(2) 社会领域									
老龄人口比例	1.5	20	1.9	18.1	11	18	1.4	16.6	13
城市人口比例	−2	100	10	90	10	100	9	91	12
公共卫生费比例[a]	0.9	9	0.3	8.7	35	8	0.2	7.8	43
公费医疗比例	−5.2	90	11.6	78.4	8	90	6.4	83.6	14
公共教育费比例[a]	3.6	14	1.0	13	14	10	0.6	9.4	18
义务教育普及率	−17	149	10	139	15	162	6	156	28
大学普及率[a]	9	92	0.4	91.6	223	83	0.4	82.6	220
高度贫困率[b]	0	35	0.5	34.5	69	35	0.5	34.5	69
养老保险覆盖率[a]	1.9	99	1.1	97.9	90	97	1.0	96	97
社保费用比例[c]	0	30	0.7	29.3	42	29	0.7	28.3	42
(3) 政治领域									
政府收入比例	1.5	50	9.8	40.2	5	44	5.3	38.7	8
政府消费比例[a]	−18	45	4	41	11	64	5	59	14
政府债务比例[a]	−107	140	7	133	20	247	7	240	36
国防经费比例	−28	8	0.0	8	10 079	36	0.0	36	28 340
军事人员比例	−6	7	0.1	7	66	13	0.1	13	194
外国援助比例	18	48	−0.1	48	−447	29	0.0	29	−756
(4) 文化领域									
科技投入比例[a]	0.2	4.9	0.0	4.9	173.1	4.7	0.0	4.7	—
信教人口比例	—	100	50	50	2	—	—	—	—
妇女就业比例[a]	1	55	8	47	7	53	7	46	8
妇女避孕率	−0.8	87	2.8	84.2	31	89	4.0	85	22
成人识字率	−3	100	19	81	5	100	16	84	6
出境旅游比例	250.3	421	0.8	420.2	560	170	0.1	169.9	1643

（续表）

领域和指标	差距的变化	2006 年				2000 年			
		最大值	最小值	差距	相对差距	最大值	最小值	差距	相对差距
(5) 个人领域									
青少年识字率[a]	4.6	100	33.0	67	3	100	37.6	62.4	3
童工比例[a]	1	71	4	67	18	67	1	66	48
劳动力素质[a]	13	60	4	56	16	51	8	43	6
艾滋病感染率[a]	0	24	0.1	23.9	402	24	0.1	23.9	480
离婚率[e]	−84	76	10	66	8	155	5	150	31
成人吸烟率[a]	−35	68	6	62	11	102	5	97	20
(6) 自然环境领域									
森林覆盖率[a]	0	74	0.1	73.9	1098	74	0.1	73.9	1245
国家保护区比例[d]	30.8	74	0.2	73.8	372	43	0.0	43	—
化石能源消费比例[a]	2	102	5	97	22	100	5	95	20
生活废水处理率	—	99	—	—	3	98	—	—	—
废纸循环利用率[e]	−26	72	33	39	2	72	7	65	10
安全饮水普及率[d]	0	100	22	78	5	100	22	78	5
(7) 国际环境领域									
国际债务比例[a]	−125.1	170	4.9	165.1	35	298	7.8	290.2	38
国际贸易比例	224	459	27	432	17	229	21	208	11
外国投资比例[a]	−70	23	−3	26	−8	93	−3	96	−34
国际移民比例[a]	3	66	0.0	66	2592	63	0.0	63	1775

注：有些指标可以作为结构指标，也可以作为生活指标。指标单位见附表 1-1。差距的变化＝2006 年的差距－2000 年的差距；差距＝最大值－最小值；相对差距＝最大值÷最小值；失业率的数据为 3 年平均值。a. 2006 年数据为 2005 年的值；b. 2006 年数据为 2004 年的值，为有数据国家的平均值；c. 2006 年数据为 2001 年的值；d. 2006 年数据为 2004 年的值；e. 2006 年数据为 2002 年的值。

(3) 国家生活和结构现代化指标的国际差距的变化

在 2000～2006 年期间，在 91 个分析指标中，国际差距扩大的指标有 47 个，占 51%；差距缩小的指标有 38 个，占 42%；差距没有变化的指标有 6 个，占 7%。不同领域的表现不一致，例如，经济领域有 10 个指标差距扩大，10 个指标差距缩小，经济效率差距扩大，经济结构差距缩小；社会领域有 10 个指标差距扩大，6 个指标差距缩小，4 个指标差距没有变化。

第四节　世界现代化的前景分析

世界现代化的前景分析，富有挑战性和吸引力。因为，没有人知道未来，没有人不想未来。世界现代化的未来不是单要素决定的，而是多要素互动的结果。一般而言，没有人可以决定未来，科技可以塑造未来，创新可以改变未来，文化可以影响未来，竞争可以成就未来。关于世界现代化的前景分析，不可能有统一观点，不同观点可以相互启发和相互补充。

在本报告里，世界现代化的前景分析的时间跨度为 2005～2100 年（约 95 年）；分析对象包括世界整体的现代化、世界六个领域的现代化和世界范围的国家现代化等；分析方法包括路径分析、要素分析、趋势分析、回归分析、情景分析、外推分析和专家预见等。世界现代化的前景分析，只是讨论一种可能性，而不是精确预见，有点像一幅世界现代化的未来“剪影”。

一、世界整体的现代化的前景分析

世界整体的现代化的前景分析需要专题研究。这里主要讨论三个问题:21 世纪世界整体的现代化的路径、水平和宏观结构。显然这种讨论是非常初步的。

1. 21 世纪世界整体的现代化的路径分析

21 世纪世界整体的现代化的路径选择,主要的决定因素包括:文明发展的历史逻辑、科学技术的重大突破和国际互动的战略需要等。根据过去 300 年的历史经验,结合 21 世纪科技发展的趋势和前景,可以对 21 世纪世界整体的现代化的路径进行展望。

(1) 21 世纪世界整体的现代化的趋势分析

首先,人类文明发展的历史逻辑。现代化是人类文明的一种深刻变化。现代化的发展趋势和人类文明的发展趋势是大体一致的。根据第二次现代化理论(何传启,1999),从人类诞生到 21 世纪末,人类文明发生四次意义深远的革命,相应产生了四个时代,每一个时代的文明挑战和成就是不同的(表 1-76),文明中心的地理分布不同,文明发展具有内在逻辑。

表 1-76　人类文明发展的历史逻辑的举例说明

项目	原始文化时代	农业文明时代	工业文明时代	知识文明时代
大致时间	250 万年前～ 公元前 3500 年	公元前 3500 年 ～1763 年	1763～1970 年	1970～2100 年
竞争和挑战	人与自然的竞争 采集食物的困难	生存的竞争 生产食物的困难	财富的竞争 物质生活的需要	发展的竞争 精神生活的需要
主要的成就	发明工具和文化 人类的社会化	发明农业和国家 基本解决食物问题	发明现代工业和国际体系 基本满足物质生活需要	信息、生物和空间技术、 满足精神生活需要
存在的问题	食物的自然依赖	土地资源的有限	环境破坏、资源不足	新知识不足、健康长寿
文明的迁移	人类发源于非洲	农业文明主要发源于亚洲	工业文明发源于欧洲	知识文明主要发源于北美

注:本表是举例说明。关于四个时代的竞争特点有不同观点。例如,原始文化是人与动物竞争,农业文明是人与自然环境竞争(食物竞争或土地竞争),工业文明是人与机器竞争(市场竞争或资源竞争),知识文明是人与人竞争(信息竞争或知识竞争);原始文化是人与动物的生存竞争,农业文明是人与人的生存竞争等。

在原始文化时代,人类面临的竞争和挑战包括人与自然的竞争,如何采集到足够的食物;人类的成就包括发明工具和文化,实现社会化;存在问题包括食物的自然依赖等。

在农业文明时代,人类面临的竞争和挑战包括生存竞争,如何生产足够的食物;人类的成就包括发明农业和国家,基本解决食物生产问题;存在问题包括土地资源的有限等。

在工业文明时代,人类面临的竞争和挑战包括财富竞争,如何生产足够的物质产品;人类的成就包括发明现代工业和国际体系,基本满足物质生活需要;存在问题包括环境破坏等。

在知识文明时代,人类面临的竞争和挑战包括发展竞争,如何生产足够的精神产品;人类的成就将包括发明现代信息、生物和空间技术,满足人类精神和文化生活需要;存在问题包括知识不足、信息超载、健康长寿和宇宙风险等。

通过比较四个时代的特点,可以发现文明发展的内在逻辑的关键要素(图 1-28)。

根据第二次现代化理论,从农业文明向工业文明的转变是第一次现代化,从工业文明向知识文明的转变是第二次现代化。2006 年世界整体现代化的状况是两次现代化并存,世界前沿已经进入第二次现代化的发展期,世界平均处于第一次现代化。

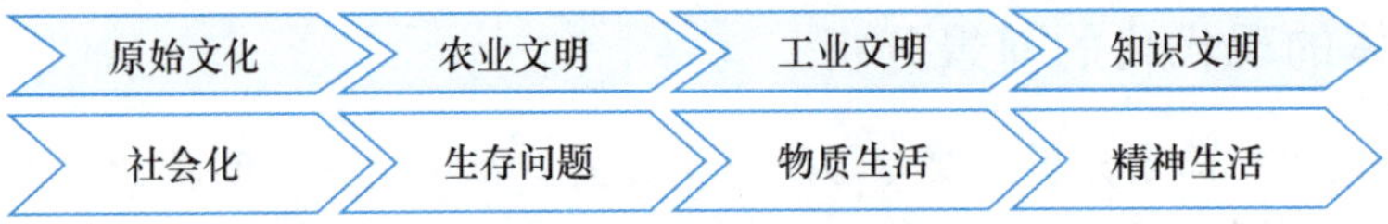

图 1-28 人类文明进程的内在逻辑(举例说明)

在21世纪里,如果人类文明的历史逻辑没有本质改变,那么,人类文明将继续推进知识文明,世界现代化将继续是两次现代化并存,世界前沿将逐步达到第二次现代化的光辉彼岸。

其次,科学技术的重大突破。科技突破会影响世界现代化进程,后面将专题讨论。

其三,国际互动的战略需要。国际互动会影响国家路径选择,从而影响世界现代化路径。

(2) 21世纪世界整体的现代化的路径展望

如果没有发生世界性的重大危机,21世纪世界现代化的路径将是20世纪的延续。

概要地说,21世纪世界整体的现代化路径将是混合路径,或者说是几种路径的集合。主要路径包括:发达国家的第二次现代化路径、发展中国家的第一次现代化路径、第二次现代化路径和综合现代化路径等。在第二章我们还将专门讨论现代化路径。

2. 21世纪世界整体的现代化的水平分析

21世纪世界整体的现代化的水平,主要的决定因素包括:科学技术的重大突破、重大创新的扩散速度、世界文化的价值取向、国际竞争的合理程度等。21世纪世界整体的现代化的水平与起点水平和发展速度正相关,可以根据要素分析、回归和外推分析的结果,展望它的未来。

(1) 21世纪世界整体的现代化的要素分析

21世纪世界现代化的影响因素非常多,需要专题研究。这里讨论四个关键要素。

首先,科学技术的重大突破。科技突破是现代化的第一源泉。关于21世纪的科技发展有许多预测报告,而且没有统一认识并在不断变化。科技突破将会发生在单个领域(表1-77),也将发生在多种技术的融合领域或技术集成领域。《中国现代化报告》预计21世纪将发生两次科技革命,它们分别是新生物学革命和新物理学革命。新生物学革命将解决人类的身体和智能的进化问题,战胜疾病和延长寿命,适应太空环境,实现生物智能和电子智能的融合。新物理学革命将解决人类的能源和空间转运问题,为人类进军太空和星际移民奠定科学基础。

表 1-77 21世纪科技重大突破的举例说明

科学领域	可以预期的重大突破	工程领域	可以预期的重大突破
宇宙科学	生命起源、宇宙演化、宇宙生命、新物理学	信息工程	新一代计算机和网络、信息转换、信息整合
思维生物学	思维模式、神经识别、神经再生、信息仿生	生物工程	操纵遗传、操纵生殖、操纵神经、操纵生命
整合生物学	合成生命、合成细胞、合成器官、器官移植	纳米工程	纳米设计、纳米制造、纳米材料、纳米平台
材料科学	超导材料、记忆材料、高性能和自我复制材料	超级制造	智能制造、无人制造、实时制造、宇宙制造
地球系统	地球演化、气候变化、灾害研究、生态研究	超级运输	智能运输、超速运输、新型能源、宇宙转运

资料来源:何传启,张凤,2001.

其次,重大创新的扩散速度。创新扩散是现代化的普遍现象。重大创新的全球扩散是现代化的基本过程。重大创新包括知识创新、技术创新和制度创新等。随着信息革命和经济全球化,重大创新的全球扩散速度已经达到空前程度。在21世纪,知识产权制度需要调整,重大创新的全球扩散会受到国际竞争和创新加速的双重激励。

其三,世界文化的价值取向。文化是现代化的关键因素,它可以是现代化的动力,也可以是现代化的障碍。如果工业文明、生态文明和知识文明的基本文化价值继续取得主导地位并扩散全球，那么，世界现代化还将加速推进。文化多元化和多样性已经成为世界潮流，但这些不应该成为文化现代化的阻力。在21世纪，市场文化、工业文化、生态文化、网络文化、民主文化、创新文化、科学文化、福利文化、和谐文化和民族文化等将继续繁荣。

其四，国际竞争的合理程度。竞争是现代化的激励机制。世界现代化是国家现代化、国际竞争和国际体系变化的集合。如果国际竞争是良性的和互利的，那么，国家和世界现代化可以相互促进；如果国际竞争是恶意的和偏利的，那么，国家和世界现代化可以相互抑制。21世纪的国际竞争将走向何方，目前还难有定论。

国际竞争的极端表现是国际战争。国际战争的极端表现是"核战争"。在过去的300年里，国际战争的频率没有下降。在21世纪，国际战争发生的可能性依然存在。未来国际战争的种类比较多，例如，核战争、信息网络战争(软战争)、太空战争和常规战争等；引发国际战争的原因比较多，例如，贫富差距、能源冲突、水源冲突、宗教冲突、经济冲突和宇宙冲突等。

(2) 21世纪世界整体的现代化的水平展望

如果21世纪科技突破的频率、创新扩散的速率、世界文化和国际竞争的合理程度不低于20世纪后50年，如果21世纪不发生改变人类命运的重大危机(如核危机、能源和宇宙危机等)，那么，可以根据20世纪后期世界整体的现代化水平和速度，外推21世纪世界整体的现代化水平。当然，21世纪有很多不确定因素，外推分析只能提供一种可能性，而不是必然性。

首先，世界整体现代化的先进水平的情景分析(表1-78)。一般而言，世界整体现代化的先进水平可以用发达国家(高收入国家)平均值代表。这里选择2个综合指标进行分析，它们是第二次现代化指数和新人类发展指数。大体而言，2050年第二次现代化指数的世界先进水平会比2005年提高1倍，2100年会比2050年提高约1.5倍；2100年是2005年的5倍左右。

表1-78 21世纪世界整体现代化的先进水平的情景分析

指数	增长率	2005	2010	2020	2030	2040	2050	2060	2070	2080	2090	2100
SMI	1.67	100	109	128	151	179	211	249	293	346	408	482
	1.73	100	109	129	154	182	217	257	305	363	430	511
HDI_N	1.50	72	75	87	101	117	136	158	183	213	247	287
	1.70	72	76	89	106	125	148	175	208	246	291	344

注：SMI为第二次现代化指数，增长率分别为1980～2005年和1990～2005年的年均增长率。HDI_N为新人类发展指数，它的2005年值为2007年的数值，增长率参考1980～2007年和1990～2007年的年均增长率。

其次，世界整体现代化的平均水平的情景分析(表1-79)。一般而言，世界整体现代化的平均水平可以用世界平均值代表。这里选择4个综合指标进行分析，它们是第一次现代化程度、第二次现代化指数、人类发展指数和新人类发展指数。大体而言，2020年第一次现代化程度的世界平均值将达到100，即世界平均完成第一次现代化(当然还有很多国家没有完成第一次现代化)；2050年第二次现代化指数的世界平均值将达到85～103，大体相当于2005年的发达国家水平；2100年第二次现代化指数的世界平均值将达到159～235，大体相当于2050年的发达国家水平。世界现代化的平均水平大致比世界先进水平落后约50年。

表 1-79　21 世纪世界整体的现代化的平均水平的情景分析

指数	增长率	2005	2010	2020	2030	2040	2050	2060	2070	2080	2090	2100
FMI	0.61	93	96	100								
	0.93	93	97	100								
SMI	1.24	49	52	59	67	75	85	97	109	124	140	159
	1.67	49	53	63	74	87	103	121	143	169	199	235
HDI	0.72	0.743	0.770	0.827	0.888	0.954	1.025	1.101	1.183	1.271	1.365	1.466
	0.79	0.743	0.773	0.836	0.905	0.979	1.059	1.146	1.239	1.341	1.451	1.569
HDI_N	1.50	31	33	38	44	51	60	69	80	93	108	126
	1.60	31	33	39	45	53	62	73	86	100	118	138

注:FMI 为第一次现代化程度,SMI 为第二次现代化指数,HDI 为人类发展指数(UNDP,2008),HDI_N 为新人类发展指数。FMI 的最大值为 100。新人类发展指数 2005 年的值为 2007 年的数值,增长率参考 1980～2007 年和 1990～2007 年的年均增长率。其他指标增长率分别为 1980～2005 年和 1990～2005 年的年均增长率。

其三,世界整体现代化的平均水平的回归分析。利用 1970～2005 年的数据,采用线性回归分析,可以建立 2 个指数(第一次现代化程度和第二次现代化指数)的回归方程(表 1-80)。利用回归方程可以估算 21 世纪世界现代化的平均水平。

表 1-80　世界整体现代化的平均水平的回归分析

指标	回归方程	备注
第一次现代化程度(FMI)	$Y=0.6721t-1254.62$	$R^2=0.9470$, Y 代表 FMI, t 代表年份
第二次现代化指数(SMI)	$Y=0.4584t-871.77$	$R^2=0.9505$, Y 代表 SMI, t 代表年份

注:根据 1970～2005 年数据的回归。线性回归只是一种近似。

3. 21 世纪世界整体的现代化的宏观结构

(1) 21 世纪世界整体的现代化的地理结构

世界整体的现代化的地理结构可以从两个角度来分析:水平角度和阶段角度。

首先,从水平角度分析。世界整体的现代化的地理结构的突出特征包括进程不平衡和分布不均衡。世界现代化从欧洲起步,然后扩散到美洲和亚洲,最后波及非洲。2006 年,欧洲现代化水平相对较高,美洲和亚洲水平次之,非洲现代化相对较低。

根据过去 300 年历史经验,发达国家和欠发达国家的国际地位相对稳定,地位转变的概率一般低于 20%。如果这种情况继续,那么,21 世纪世界整体的现代化的地理结构很难发生根本性的改变。在 21 世纪,欧洲、美洲和亚洲的现代化水平,预计仍然会高于非洲。

其次,从阶段角度分析。21 世纪进入第二次现代化的区域会增加,处于第一次现代化的区域会减少,处于传统农业社会和原始社会的区域会趋向最小值。

(2) 21 世纪世界整体的现代化的国际体系

世界整体的现代化的国际体现同样可以从两个角度来分析:水平角度和阶段角度。

首先,从水平角度分析。在过去 300 年,世界现代化的国际体系的水平结构相对稳定。但国家水平的国际地位会发生改变。在 20 世纪后 50 年里,130 个国家大致维持下列比例关系:发达国家∶中等发达国家∶初等发达国家∶欠发达国家≈15∶20∶28∶37(或 20∶25∶35∶50)。如果没有发生重大改变和重大危机,21 世纪国际体系将大致维持这种比例结构。

其次，从阶段角度分析。21 世纪进入第二次现代化的国家会增加，处于第一次现代化的国家会减少，处于传统农业社会的国家将趋向于零。国际体系中，处于第二次现代化阶段的国家和比例会提高，处于第一次现代化阶段的国家和比例会下降。

(3) 21 世纪世界整体的现代化的人口结构

世界现代化的人口结构的前景分析，受到人口增长和现代化的双重影响，情况比较复杂。一般而言，可以有两种估算方法。第一种是依据过去世界现代化的人口的年均增长率进行估算。第二种是根据 21 世纪世界现代化的国家结构和这些国家的人口进行估算，国家的人口估算有高、中和低三种增长率的估算方案(UN, 2009)。

首先，完成第一次现代化的人口分析(表 1-81)。完成第一次现代化的人口，涉及完成第一次现代化的国家和它们的人口。第一次现代化是以工业化、城市化和民主化为典型特征的现代化。从定量分析角度看，如果国家第一次现代化程度达到 100，即达到 1960 年高收入国家的平均水平，那么，它就完成了第一次现代化。需要注意的是，这种评价没有考虑民主化的程度，第一次现代化的 10 个评价指标没有包含民主化指标。可以分别利用 1980～2005 年和 1990～2005 年第一次现代化程度的年均增长率进行测算，估算不同国家第一次现代化程度达到 100 的年份。不同国家的人口，采用联合国关于 21 世纪的人口测算中间方案(UN, 2004,2009)。

表 1-81 21 世纪完成第一次现代化的人口分析

项目	估算	2005	2010	2020	2030	2040	2050	2060	2070	2080	2090	2100
人口/百万	A	1120	1273	3738	4306	6384	6880	6899	7063	7574	7777	7814
	B	1120	1286	3769	4263	6666	6822	6786	7078	7198	7171	7175
比例/(%)	A	17	18	49	52	73	75	76	77	82	85	86
	B	17	19	49	51	76	75	75	77	78	79	79
世界人口	UN	6462	6909	7675	8309	8801	9150	9039	9162	9192	9127	9064

注：A 和 B 分别为按 1980～2005 年和 1990～2005 年的 FMI 年均增长率估算不同国家完成第一次现代化的时间，然后根据联合国的人口测算中间方案计算人口总数和比例。UN 为联合国的人口估算，2010～2050 年数据来自《世界人口前景：2008 修订版》(UN,2009)，2060～2100 年数据来自《世界人口 2300》(UN,2004)。

依据第一次现代化程度和人口测算，21 世纪完成第一次现代化的人口，估计将从 2005 年的约 11 亿增加到 2050 年的约 69 亿，2100 年达到 72～78 亿；完成第一次现代化的人口比例，将从 2005 年的 17%提高到 2050 年的 75%，2100 年达到 79%～86%。

其次，进入第二次现代化的人口分析(表 1-82)。进入第二次现代化的人口，涉及进入第一次现代化的国家和它们的人口。第二次现代化是以知识化、信息化和生态化为典型特征的现代化。从定量分析角度看，如果国家第二次现代化指数超过 70，那么，可以判断它已经进入第二次现代化。根据过去 30 多年的历史经验，第二次现代化指数超过 70 的绝大多数国家已经进入第二次现代化(只有少数几个例外)。可以分别利用 1980～2005 年和 1990～2005 年第二次现代化指数的年均增长率进行测算，估算不同国家第二次现代化指数超过 70 的年份。不同国家的人口，采用联合国关于 21 世纪的人口测算中间方案(UN, 2004,2009)。

表 1-82 21 世纪进入第二次现代化的人口分析

项目	估算	2005	2010	2020	2030	2040	2050	2060	2070	2080	2090	2100
人口/百万	A	1096	1173	1295	3527	3831	4033	4107	6496	6483	6442	6380
	B	1096	1218	1391	3634	4190	4659	6215	6440	6428	6698	6706
比例/(%)	A	17	17	17	42	44	44	45	71	71	71	70
	B	17	18	18	44	48	51	69	70	70	73	74
世界人口	UN	6462	6909	7675	8309	8801	9150	9039	9162	9192	9127	9064

注：A 和 B 分别为按 1980～2005 年和 1990～2005 年的 SMI 年均增长率估算不同国家进入第二次现代化的时间，然后根据联合国的人口测算中间方案计算人口总数和比例。UN 为联合国的人口估算，同表 1-80。

依据第二次现代化指数和人口测算，21 世纪进入第一次现代化的人口，估计将从 2005 年的约 11 亿增加到 2050 年的 40～47 亿，2010 年达到 64～67 亿；进入第二次现代化的人口比例，将从 2005 年的 17%提高 2050 年的 44%～51%，2100 年达到 70%～74%。

其三，21 世纪世界现代化的人口结构的情景分析(表 1-83)。世界现代化的人口结构，包括发达国家和非发达国家、高收入国家和非高收入国家的人口和比例等，涉及进入世界现代化的国家水平和它们的人口。这里采用三种估算方法：联合国的人口测算中间方案(UN，2004，2009)，依据不同组国家 1980～2005 年和 1990～2005 年人口的年均增长率测算。

表 1-83 21 世纪世界现代化的人口结构分析

项目	2005	2010	2020	2030	2040	2050	2060	2070	2080	2090	2100
联合国预测的中间方案											
比较发达国家的人口/百万	1217	1237	1268	1282	1282	1275	1192	1165	1147	1138	1131
比较不发达国家的人口/百万	5296	5671	6406	7027	7519	7875	7847	7997	8045	7989	7933
世界人口/百万	6512	6909	7675	8309	8801	9150	9039	9162	9192	9127	9064
比较发达国家的人口比例/(%)	19	18	17	15	15	14	13	13	12	12	12
比较不发达国家人口比例/(%)	81	82	83	85	85	86	87	87	88	88	88
比例合计/(%)	100	100	100	100	100	100	100	100	100	100	100
按 1980～2005 年速度估算											
发达国家的人口/百万	815	836	879	923	971	1020	1072	1127	1185	1246	1309
非发达国家的人口/百万	5647	5999	6651	7260	7822	8333	8792	9200	9558	9869	10 136
发达国家的人口比例/(%)	13	12	12	11	11	11	11	11	11	11	11
非发达国家的人口比例/(%)	87	88	88	89	89	89	89	89	89	89	89
高收入国家的人口/百万	1024	1060	1132	1202	1271	1337	1401	1463	1521	1578	1632
非高收入国家的人口/百万	5438	5775	6397	6981	7521	8016	8464	8865	9222	9537	9813
高收入国家的人口比例/(%)	16	16	15	15	14	14	14	14	14	14	14
非高收入国家的人口比例/(%)	84	84	85	85	86	86	86	86	86	86	86
世界人口/百万	6462	6835	7529	8184	8793	9353	9865	10 328	10 743	11 115	11 445
按 1990～2005 年速度估算											
发达国家的人口/百万	815	842	898	959	1023	1091	1164	1242	1325	1414	1509
非发达国家的人口/百万	5647	5968	6470	6859	7150	7359	7501	7587	7630	7636	7614
发达国家的人口比例/(%)	13	12	12	12	13	13	13	14	15	16	17
非发达国家的人口比例/(%)	87	88	88	88	87	87	87	86	85	84	83
高收入国家的人口/百万	1024	1059	1121	1174	1219	1257	1290	1317	1341	1362	1381
非高收入国家的人口/百万	5438	5751	6247	6643	6954	7193	7375	7512	7614	7688	7742
高收入国家人口比例/(%)	16	16	15	15	15	15	15	15	15	15	15
非高收入国家的人口比例/(%)	84	84	85	85	85	85	85	85	85	85	85
世界人口/百万	6462	6810	7368	7817	8173	8450	8665	8829	8955	9050	9123

注：联合国的人口估算来源同表 1-80。高收入国家人口根据世界人口比例略有调整。

如果不考虑国家水平分组的升降，依据联合国的人口测算中间方案，21 世纪比较发达国家人口约为 11.3～12.8 亿，人口比例约为 12%～19%。依据 1980～2005 年人口增长率估计，21 世纪发达国家人口约为 8.2～13.1 亿，人口比例约为 11%～13%；依据 1990～2005 年人口增长率估计，21 世纪发达国家人口约为 8.2～15.1 亿，人口比例约为 12%～17%。

其四，21 世纪享受现代化生活的人口估计。2006 年享受现代化生活的人口约为 10 亿(表 1-64)，包括发达国家的 7.8 亿人和发展中国家的 2.2 亿人。2050 年享受现代化生活的人口大约为 12～15.2 亿(依据联合国人口预测中间方案约为 13～15.2 亿，依据 1980～2005 年人口年均增长率估算约为 13～14.6 亿，依据 1990～2005 年人口年均增长率估算约为 12～13.6 亿)。2100 年享受现代化生活的人口大约为 12～17.4 亿(依据联合国人口预测中间方案约为 12～14.4 亿，根据 1980～2005 年人口年均增长率估算约为 15～17.4 亿，依据 1990～2005 年人口年均增长率估算约为 13～14.7 亿)。21 世纪享受现代化生活的新增人口约为 2～7 亿。如果按 7 亿计算，约 2 亿可能来自发达国家，约 5 亿可能来自发展中国家(表 1-84)。在 21 世纪，少数发达国家可能会降级为发展中国家，部分发达国家的人口出现负增长，这些会影响现代化的人口结构。

表 1-84 21 世纪享受现代化生活的人口估计

年	国家分组	人口/百万	享受现代化生活的人口比例/(%)			享受现代化生活的人口/百万		
			高标准	中标准	低标准	高标准	中标准	低标准
2050 (A)	比较发达国家	1275	90	90	95	1148	1148	1211
	较不发达国家	6202	2.5	5	5	155	310	310
	最不发达国家	1672	0	0	0	0	0	0
	世界	9150	14	16	17	1303	1458	1522
2050 (B)	高收入国家	1337	90	90	95	1204	1204	1271
	中等收入国家	3732	2.5	5	5	93	187	187
	低收入国家	4284	0	0	0	0	0	0
	世界	9353	14	15	16	1297	1390	1457
2050 (C)	高收入国家	1257	90	90	95	1132	1132	1195
	中等收入国家	3312	2.5	5	5	83	166	166
	低收入国家	3880	0	0	0	0	0	0
	世界	8450	14	15	16	1215	1297	1360
2100 (A)	比较发达国家	1180	90	90	95	1062	1062	1121
	较不发达国家	6391	2.5	5	5	160	320	320
	最不发达国家	1723	0	0	0	0	0	0
	世界	9288	13	15	16	1222	1382	1441
2100 (B)	高收入国家	1632	90	90	95	1469	1469	1550
	中等收入国家	3827	2.5	5	5	96	191	191
	低收入国家	5986	0	0	0	0	0	0
	世界	11 445	14	15	15	1564	1660	1741
2100 (C)	高收入国家	1381	90	90	95	1243	1243	1312
	中等收入国家	3076	2.5	5	5	77	154	154
	低收入国家	4666	0	0	0	0	0	0
	世界	9123	14	15	16	1320	1397	1466

注：A 为联合国的人口估算，来源同表 1-80。B 为根据 1980～2005 年人口年均增长率的估计，高收入国家、中等收入国家和低收入国家人口根据它们占世界人口比例略有调整。C 为根据 1990～2005 年人口年均增长率的估计，高收入国家、中等收入国家和低收入国家人口根据它们占世界人口比例略有调整。

在21世纪，不同国家现代化水平不同，享受现代化生活的人口比例也不同。一般而言，发达国家大约90%～95%的人口享受现代化生活，发展中国家大约5%的人口享受现代化生活。如果发展中国家成功晋级发达国家，享受现代化生活的人口比例就会提高。

二、世界六个领域的现代化的前景分析

世界六个领域的现代化的前景分析需要专题研究。这里主要讨论它的未来路径和水平。关于世界六个领域的现代化水平分析，主要讨论六个领域生活和结构现代化的水平；世界六个领域的整体现代化的水平分析、它们的制度和观念现代化的水平分析，需要专题研究。

1. 21世纪世界六个领域的现代化的路径分析

世界现代化具有路径依赖性，路径选择受历史传统的影响，现代化水平受路径的影响。

首先，21世纪世界六个领域的现代化的路径，将与世界整体的现代化的路径相协调。

其次，21世纪世界经济、社会、政治、文化和个人领域的现代化路径将是混合路径，包括它们的第一次现代化路径、第二次现代化路径和综合现代化路径等。

其三，21世纪自然环境领域，国家现代化与自然环境的相互作用的路径包括全面生态现代化路径、综合生态现代化路径和现代化的生态修正等。

其四，21世纪国际环境领域，国家现代化与国际环境的相互作用的路径包括两次现代化的国际互动，包括国际合作、国际交流、国际竞争和国际冲突等。

2. 21世纪世界六个领域现代化的前沿水平分析

世界六个领域现代化的前沿水平的时序分析包括96个指标(附表1-1)；其中，上升指标有50个，下降指标19个，转折指标8个，波动指标12个(表1-35)。本报告选择其中的52个指标进行情景分析，包括36个上升指标、14个下降指标和2个转折指标。世界六个领域现代化的前沿水平，一般可以用高收入国家的平均值来代表(附表1-11)；世界六个领域现代化的末尾水平，一般可以用低收入国家的平均值来代表(附表1-12)。

(1) 经济领域现代化的前沿水平的变化趋势

在21世纪里，高收入国家的经济规模将继续扩大，经济效率和人均收入等将持续提高；经济结构变化的特点是农业和工业比例下降，服务业比例上升；就业结构变化的特点是农业和工业比例下降，服务业比例上升(表1-85)。

(2) 社会领域现代化的前沿水平的变化趋势

高收入国家处于上升趋势的社会指标有：人口规模、老龄人口比例、城市人口比例、预期寿命、医生比例、公共卫生经费比例、公共教育经费比例、大学普及率和人均购买力等；处于下降趋势的指标有：人口自然增长率、婴儿死亡率和每周工作小时等。

(3) 政治领域现代化的前沿水平的变化趋势

处于上升趋势的指标有：政府消费比例等；处于下降趋势的指标有：政府债务比例等。

(4) 文化领域现代化的前沿水平的变化趋势

处于上升趋势的指标有：科技论文比例、发明专利比例、互联网普及率、出境旅游比例和人均文化贸易等；处于下降趋势的指标有：日报发行比例等。

(5) 个人领域现代化的前沿水平的变化趋势

处于上升趋势的指标有：劳动力素质、离婚率、轿车普及率和移动电话普及率等；处于下降趋势的指标有：总和生育率等。

表 1-85 21 世纪经济领域现代化的世界前沿水平的情景分析

项目	增长率	2005	2010	2020	2030	2040	2050	2060	2080	2100
按 1980～2005 年增长率估算										
GDP/千亿美元	5.81	350	464	817	1438	2530	4452	7833	24 250	75 074
人均 GDP/千美元	5.04	34.2	44	72	117	191	313	512	1370	3664
人均 GDP(PPP)/千国际美元	2.02	23.9	26	32	39	48	59	72	107	160
人均国民收入/千美元	4.95	35.0	45	72	117	190	308	499	1312	3449
农业增加值比例	−1.00	1.5	1.4	1.3	1.2	1.1	1.0	0.9	0.7	0.6
工业增加值比例[a]	—	26	25	22	19	16	12	12	12	12
服务增加值比例	0.41	72	74	77	80	83	87	87	87	87
农业劳动力比例	−1.00	3.3	3.1	2.8	2.6	2.3	2.1	1.9	1.5	1.3
工业劳动力比例[a]	—	25	24	21	18	15	12	12	12	13
服务劳动力比例	0.40	72	73	76	79	83	86	86	86	86
按 1990～2005 年增长率估算										
GDP/千亿美元	4.53	350	437	680	1060	1650	2570	4003	9708	23 544
人均 GDP/千美元	3.77	34.2	41	60	86	125	180	261	547	1146
人均 GDP(PPP)/千国际美元	1.84	23.9	26	31	38	45	54	65	94	135
人均国民收入/千美元	4.01	35.0	43	63	93	138	205	304	666	1461
农业增加值比例	−1.00	1.5	1.4	1.3	1.2	1.1	1.0	0.9	0.7	0.6
工业增加值比例[a]	—	26	25	22	19	16	13	12	12	12
服务增加值比例	0.40	72	74	77	80	83	87	87	87	87
农业劳动力比例	−1.00	3.3	3.1	2.8	2.6	2.3	2.1	1.9	1.5	1.3
工业劳动力比例[a]	—	25	24	21	18	15	12	12	12	13
服务劳动力比例	0.41	72	73	76	80	83	86	86	86	86

注:没有标明单位的指标,指标单位见附表 1-1。人均 GDP(PPP)为 1990 年价格国际美元。部分指标的增长率略有调整。a. 工业比例=100－农业比例－服务业比例。2050 年以后的服务业比例有调整。

(6) 环境领域的前沿水平的变化趋势

自然环境领域处于上升趋势的指标有:国家保护区比例、人均能源消费、能源使用效率和生活废水处理率等;处于下降趋势的指标有:人均耕地面积、化石能源消费比例、经济能源密度、有机废水排放密度、CO_2 排放密度和空气可吸入颗粒物浓度等。

国际环境领域处于上升趋势的指标有:人均国际贸易、国际贸易比例、人均外国投资、外国投资比例、外国移民比例和人均国际通话时间等。

3. 21 世纪世界六个领域现代化的平均水平分析

世界六个领域现代化的平均水平的时序分析包括 96 个指标(附表 1-1);其中,上升指标有 52 个,下降指标 15 个,转折指标 8 个,波动指标 13 个(表 1-35)。本报告选择其中的 52 个指标进行情景分析(附表 1-13)。

这里仅以经济领域现代化的平均水平的变化为例。在 21 世纪里,世界经济规模将继续扩大,经济效率和人均收入等将持续提高;经济结构特点是农业和工业比例下降,服务业比例上升;就业结构特点是农业比例下降,工业比例上升,服务业比例上升(表 1-86)。

表 1-86 21 世纪经济领域现代化的世界平均水平的情景分析

项目	增长率	2005	2010	2020	2030	2040	2050	2060	2080	2100
按 1980～2005 年增长率估算										
GDP/千亿美元	5.80	450	596	1047	1840	3233	5680	9978	30 796	95 047
人均 GDP/千美元	4.21	7.0	9	13	20	30	45	67	154	351
人均 GDP(PPP)/千国际美元	1.59	6.3	7	8	9	11	13	15	21	28
人均国民收入/千美元	4.12	7.0	9	13	19	29	43	65	145	326
农业增加值比例	−1.00	3.2	3.0	2.7	2.5	2.2	2.0	1.8	1.5	1.2
工业增加值比例[a]	—	28	27	24	21	18	15	12	13	13
服务增加值比例	0.40	69	70	73	76	79	83	86	86	86
农业劳动力比例	−1.00	40	38	34	31	28	25	23	19	15
工业劳动力比例[a]	—	22	22	22	21	19	16	13	12	15
服务劳动力比例	0.95	38	40	44	48	53	58	64	69	70
按 1990～2005 年增长率估算										
GDP/千亿美元	4.94	450	572	927	1501	2431	3937	6375	16 719	43 846
人均 GDP/千美元	3.51	7.0	8	12	17	23	33	47	93	185
人均 GDP(PPP)/千国际美元	1.74	6.3	7	8	10	12	14	16	23	33
人均国民收入/千美元	3.68	7.0	8	12	17	25	36	51	106	218
农业增加值比例	−1.00	3.2	3.0	2.7	2.5	2.2	2.0	1.8	1.5	1.2
工业增加值比例[a]	—	28	27	24	21	18	15	12	13	13
服务增加值比例	0.40	69	70	73	76	79	83	86	86	86
农业劳动力比例	−0.48	40	39	37	35	34	32	31	28	25
工业劳动力比例[a]	—	22	22	23	24	24	25	25	26	26
服务劳动力比例	0.27	38	39	40	41	42	43	44	46	49

注：没有标明单位的指标，指标单位见附表 1-1。人均 GDP(PPP)为 1990 年价格国际美元。部分指标的增长率略有调整。a. 工业比例＝100－农业比例－服务业比例。2050 年以后的服务业比例有调整。

三、世界范围的国家现代化的前景分析

世界范围的国家现代化的前景分析，可以在国家层面和国际体系层面进行。它的分析对象包括国家现代化的整体路径、整体水平和四种要素水平等。其中，国家四种要素的水平分析需要区别对待。这里重点讨论国家生活和结构现代化，国家制度和观念现代化需要专题研究。

1. 21 世纪世界范围的国家现代化的路径分析

国家现代化具有路径依赖性，路径选择受历史传统、起点水平和国际环境的影响。

(1) 21 世纪国际体系层面的国家现代化路径

根据第二次现代化，21 世纪世界范围的现代化有三条基本路径：第二次现代化路径、追赶现代化路径（从第一次现代化到第二次现代化）和综合现代化路径（两次现代化协调发展）。

在国际体系层面，选择第二次现代化路径的国家会增加，选择综合现代化路径的国家会增加，选择追赶现代化路径的国家会逐步减少；发达国家都会选择第二次现代化路径，发展中国家可以选择第二次现代化路径、追赶现代化路径或综合现代化路径。

(2) 21 世纪国家层面的国家现代化路径

在国家层面，国家现代化的路径选择与国家现代化的阶段紧密相关。

首先，已经完成第一次现代化和已经进入第二次现代化的国家，会选择第二次现代化路径。

其次，没有完成第一次现代化的国家，可以有三种选择：追赶现代化路径、综合现代化路径和第二次现代化路径。没有完成第一次现代化的国家，一般不宜采用第二次现代化路径。

其三，传统农业社会的国家，一般会选择追赶现代化路径。

2. 21 世纪世界范围的国家现代化的时间和水平分析

21 世纪国家现代化的情景分析涉及非常多的因素，需要专题研究。这里讨论两个问题：国家现代化的时间进度和国家水平的情景分析。

(1) 21 世纪国家现代化的时间进度分析

国家现代化进程包括第一次和第二次现代化，不同国家完成两次现代化的时间有先有后。

首先，国家完成第一次现代化的时间。国家完成第一次现代化的时间，是国家达到第一次现代化标准的时间。迄今为止，关于完成第一次现代化的标准没有统一认识。一般而言，第一次现代化的典型特征包括工业化、城市化和民主化等；是否完成工业化、城市化和民主化可以作为完成第一次现代化的基本判据；现代化还是一种国际竞争和国际地位变化，国家现代化的相对水平与它的国际地位紧密相关。例如，1960 年工业化国家多数已经完成工业化、城市化和民主化，代表 1960 年现代化的世界先进水平；它们在 1960 年完成第一次现代化。

综合两种因素，《中国现代化报告》把工业化、城市化和民主化作为完成第一次现代化的基本判据，把 1960 年高收入国家(工业化国家)的平均值作为完成第一次现代化的主要标准。

在国际体系层面。2005 年发达国家都已经完成第一次现代化，部分发展中国家已经完成第一次现代化，完成第一次现代化的国家大约有 34 个。2050 年完成第一次现代化的国家将达到 86 个左右，2100 年完成第一次现代化的国家将达到 99～107 个(表 1-87)。

表 1-87 世界范围的国家现代化进程的一种估计 单位：国家个数

项目	2005	2010	2020	2030	2040	2050	2060	2070	2080	2090	2100
进入第二次现代化											
预测一	28	33	37	54	59	64	71	79	81	83	84
预测二	28	36	44	58	65	74	76	79	83	87	89
完成第一次现代化											
预测一	34	38	60	69	79	86	90	96	104	106	107
预测二	34	39	61	69	80	86	89	93	97	98	99

注：分析的国家样本为 131 个。进入第二次现代化国家的数量的预测方法：根据 1980～2005 年和 1990～2005 年第二次现代化指数的年均增长率测算，第二次现代化指数达到或超过 70，表示进入第二次现代化。完成第一次现代化国家的数量的预测方法：根据 1980～2005 年和 1990～2005 年第一次现代化程度的年均增长率测算，第一次现代化程度达到 100，表示完成第一次现代化。根据历史推测未来，是预测方法的一种。未来有很大的不确定性，本表数据只有参考意义。

在国家层面。2005 年已经有 34 个国家完成第一次现代化，其他国家没有完成。已经完成第一次现代化的 34 个国家，完成第一次现代化的平均花费时间约为 150 年。没有完成第一次现代化的国家，如果按 1980～2005 年和 1990～2005 年的平均速度估算，它们完成第一次现代化所需的时间有所不同(附表 1-14)。这里以 15 个国家为例(表 1-88)，以作说明。

表 1-88 世界 15 个国家第一次现代化的时间费用表(年)

国家	起步时间	实际完成时间	实际花费时间	预期完成时间	已经花费时间	还需的时间	花费的总时间
美国	1776	1960	184				184
加拿大	1797	1960	163				163
日本	1868	1970	102				102
德国	1803	1970	167				167
英国	1649	1970	321				321
法国	1789	1970	181				181
澳大利亚	1801	1970	169				169
意大利	1805	1970	165				165
墨西哥	1867	2005	138				138
俄罗斯	1861			2020	149	10	159
巴西	1850			2020	160	10	170
中国	1840			2020	170	10	180
印度尼西亚	1922			2020	88	10	98
印度	1919			2040	91	30	121
尼日利亚	1960			2070	50	60	110

注:起步时间见附表 1-6 (Black,1966)。完成时间指第一次现代化程度达到“1960 年高收入国家平均水平”的时间。已经花费的时间指从起步时间到 2010 年之间的时间差。还需的时间指从 2010 年到预期完成时间之间的时间差。花费的总时间指完成第一次现代化所需要的实际时间或预期时间。

其次,国家完成第二次现代化的时间。国家完成第二次现代化的时间,是国家现代化水平达到第二次现代化标准的时间。目前,世界现代化的前沿已经达到第二次现代化的发展期,尚没有一个国家完成第二次现代化;尚不能确定完成第二次现代化的标准。

根据第二次现代化理论,知识文明的时间跨度大约为 130 年,目前第二次现代化的特征包括知识化、信息化和生态化等。关于第二次现代化有多种预测方法。例如,根据 1970～2005 历史经验推测,在 2001～2100 年期间,预计每 10 年有 6 个左右国家加入第二次现代化行列。

在国际体系层面。2005 年发达国家都已经进入第二次现代化,部分发展中国家已经进入第二次现代化,进入第二次现代化的国家大约有 28 个。2050 年进入第二次现代化的国家将达到 64～74 个,2100 年将达到 84～89 个(表 1-87);发达国家将完成第二次现代化。

在国家层面。2005 年有 28 个国家进入第二次现代化,其他国家没有进入。在 21 世纪,不同国家进入和完成第二次现代化的时间肯定有所不同,需要专题研究。

(2) 21 世纪国家现代化的国家水平分析

目前联合国会员国有 192 个,我们不可能对每个国家都进行分析;这里分别选择发达国家和发展中国家中有典型意义的国家为代表进行情景分析。分析指标选择 4 个综合指标,包括第一次现代化程度、第二次现代化指数、人类发展指数和新人类发展指数。

首先,发达国家现代化的国家水平分析。分别从欧洲、美洲和亚洲各选择 1 个发达国家(德国、美国和日本)为代表,选择 2 个综合指标进行情景分析(表 1-89)。

表 1-89　21 世纪国家现代化的发达国家水平的情景分析

项目	增长率	2005	2010	2020	2030	2040	2050	2060	2070	2080	2090	2100
德国												
SMI	1.55	89	97	113	131	153	179	208	243	283	330	385
	1.39	89	96	110	126	145	167	192	220	253	290	333
HDI_N	1.27	71	73	83	95	107	122	138	157	178	202	229
	1.34	71	74	84	96	109	125	143	163	186	213	243
美国												
SMI	1.60	111	121	141	166	194	227	267	312	366	429	503
	1.69	111	121	143	169	200	237	280	331	391	463	547
HDI_N	1.26	77	79	90	102	116	131	149	168	191	216	245
	0.96	77	79	87	95	105	116	127	140	154	169	186
日本												
SMI	1.66	102	111	131	154	182	214	253	298	351	414	489
	1.27	102	109	123	140	159	180	204	232	263	298	338
HDI_N	2.20	68	73	91	113	140	174	216	269	334	415	516
	2.09	68	73	89	110	135	166	205	252	309	380	468

注:SMI 为第二次现代化指数,增长率分别为 1980～2005 年和 1990～2005 年的年均增长率。HDI_N 为新人类发展指数,其中 2005 年值为 2007 年的数值,增长率分别为 1980～2007 年和 1990～2007 年的年均增长率。

其次,发展中国家现代化的国家水平分析。分别从美洲、亚洲和非洲各选择 1 个发展中国家(巴西、印度和尼日利亚)为代表,选择 4 个综合指标进行情景分析(表 1-90)。

表 1-90　21 世纪国家现代化的发展中国家水平的情景分析

项目	增长率	2005	2010	2020	2030	2040	2050	2060	2070	2080	2090	2100
巴西												
FMI	0.63	95	98	100								
	0.60	95	97	100								
SMI	2.25	47	53	66	83	103	129	161	201	251	314	392
	1.74	47	52	61	73	87	103	122	145	173	205	244
HDI	0.64	0.8	0.826	0.880	0.938	1.000	—	—	—	—	—	—
	0.71	0.8	0.829	0.890	0.956	1.00	—	—	—	—	—	—
HDI_N	1.40	40	42	48	56	64	74	84	97	111	128	147
	1.53	40	42	49	57	67	78	91	105	123	143	166
印度												
FMI	1.62	65	71	83	98	100						
	1.61	65	71	83	97	100						
SMI	1.82	24	26	32	38	45	54	65	78	93	112	134
	2.29	24	27	34	42	53	67	84	105	132	166	208
HDI	1.39	0.619	0.663	0.762	0.875	1.000	—	—	—	—	—	—
	1.26	0.619	0.659	0.747	0.847	0.959	1.000	—	—	—	—	—
HDI_N	0.87	20	20	22	24	26	29	31	34	37	41	44
	0.53	20	20	21	22	23	25	26	28	29	31	32

（续表）

项目	增长率	2005	2010	2020	2030	2040	2050	2060	2070	2080	2090	2100
尼日利亚												
FMI	0.79	55	58	62	68	73	79	86	93	100		
	0.94	55	58	64	70	77	85	93	100			
SMI	0.96	16	17	19	21	23	25	28	31	34	37	41
	1.35	16	17	20	23	26	30	34	39	45	51	59
HDI	0.90	0.47	0.491	0.537	0.588	0.642	0.702	0.768	0.840	0.918	1.000	—
	0.98	0.47	0.494	0.544	0.600	0.661	0.729	0.804	0.886	0.977	1.000	—
HDI_N	1.01	15	16	17	19	21	23	26	29	32	35	39
	0.55	15	15	16	17	18	19	20	22	23	24	25

注：FMI为第一次现代化程度，SMI为第二次现代化指数，HDI为人类发展指数，HDI_N为新人类发展指数。FMI的最大值为100。新人类发展指数2005年的值为2007年的数值，增长率分别为1980～2007年和1990～2007年的年均增长率。其他指标的增长率分别为1980～2005年和1990～2005年的年均增长率。

(3) 21世纪国家现代化的国际地位的变化

根据过去300年的历史经验，在100年内，发达国家降级的概率约为8%～23%，发展中国家升级发达国家的概率约为1%～5%(表1-43)。2006年参加评价的131个国家中，发达国家20个，发展中国家111个(表1-62)。

如果参照历史经验，按100年转移概率估算，21世纪大约有2～4个发达国家有可能降级为发展中国家，大约有1～5个发展中国家有可能晋级发达国家。当然，21世纪具有很大不确定性，依据历史预测未来是不可能准确的；借鉴历史经验分析未来，只是一种预测方法。

如果上述估算成立，21世纪的国际竞争仍将非常激烈。发达国家需要努力保持自己的国际地位；发展中国家会努力争取晋级，早日加入发达国家的俱乐部。对于100多个发展中国家来说，21世纪进入发达国家俱乐部(现代化国家俱乐部)的“门票”，大约只有5张。

3. 21世纪世界范围的国家生活和结构现代化的水平和差距分析

世界范围的国家数量大约有190多个，我们不可能对每个国家的生活和结构现代化进行分析；这里选择有典型意义的国家为代表进行分析。国家生活和结构现代化的时序分析包括96个指标；这里选择其中的52个指标进行情景分析。

(1) 发达国家生活和结构现代化的水平分析

发达国家生活和结构现代化的水平分析，选择美国的数据为代表(附表1-15)。这里仅以经济领域生活和结构指标为例。在21世纪里，发达国家的经济规模将继续扩大，经济效率和人均收入等将持续提高；经济结构特点是农业和工业比例下降，服务业比例上升；就业结构特点是农业和工业比例下降，服务业比例上升(表1-91)。

(2) 发展中国家生活和结构现代化的水平分析

发展中国家生活和结构现代化的水平分析，选择印度的数据为代表(附表1-16)。这里仅以经济生活和结构现代化为例。在21世纪里，发展中国家的经济规模将继续扩大，经济效率和人均收入等将持续提高；经济结构特点是农业和工业比例下降，服务业比例上升；就业结构特点是农业比例下降，工业比例上升，服务业比例上升(表1-92)。

表 1-91　21 世纪经济生活和结构现代化的发达国家水平的情景分析

项目	增长率	2005	2010	2020	2030	2040	2050	2060	2080	2100
按 1980～2005 年增长率估算										
GDP/千亿美元	6.18	124	167	305	555	1011	1842	3355	11 130	36 925
人均 GDP/千美元	5.06	42	54	88	143	235	385	630	1689	4530
人均 GDP(PPP)/千国际美元	2.02	30	34	41	50	61	75	91	136	202
人均国民收入/千美元	4.93	43	55	89	144	233	376	609	1594	4172
农业增加值比例	−2.00	1.2	1.1	0.9	0.7	0.6	0.5	0.4	0.3	0.2
工业增加值比例[a]		23	21	17	13	13	14	14	14	14
服务增加值比例	0.50	76	78	82	86	86	86	86	86	86
农业劳动力比例	−2.00	1.6	1.4	1.2	1.0	0.8	0.6	0.5	0.4	0.2
工业劳动力比例[a]		21	19	15	11	11	11	11	12	12
服务劳动力比例	0.50	78	80	84	88	88	88	88	88	88
按 1990～2005 年增长率估算										
GDP/千亿美元	5.25	124	160	267	445	742	1238	2065	5742	15 968
人均 GDP/千美元	4.05	42	51	76	113	168	249	370	819	1810
人均 GDP(PPP)/千国际美元	1.85	30	33	40	48	58	69	83	120	173
人均国民收入/千美元	4.19	43	53	80	121	182	275	414	942	2142
农业增加值比例	−2.00	1.2	1.1	0.9	0.7	0.6	0.5	0.4	0.3	0.2
工业增加值比例[a]		23	21	17	12	12	13	13	13	13
服务增加值比例	0.54	76	78	82	87	87	87	87	87	87
农业劳动力比例	−2.00	1.6	1.4	1.2	1.0	0.8	0.6	0.5	0.4	0.2
工业劳动力比例[a]		21	18	13	13	13	13	13	14	14
服务劳动力比例	0.64	78	80	86	86	86	86	86	86	86

注：没有标明单位的指标，指标单位见附表 1-1。人均 GDP(PPP)为 1990 年价格国际美元。部分指标的增长率略有调整。a. 工业比例＝100－农业比例－服务业比例。2050 年以后的服务业比例有调整。

表 1-92　21 世纪经济生活和结构现代化的发展中国家水平的情景分析

项目	增长率	2005	2010	2020	2030	2040	2050	2060	2080	2100
按 1980～2005 年增长率估算										
GDP/千亿美元	6.09	8	11	20	35	64	115	208	679	2214
人均 GDP/千美元	4.13	0.7	0.9	1.4	2.0	3.0	4.6	6.8	15.4	34.5
人均 GDP(PPP)/千国际美元	3.85	1.6	1.9	2.8	4.2	6.1	8.8	12.9	27.5	58.6
人均国民收入/千美元	4.06	0.7	0.9	1.3	2.0	2.9	4.4	6.5	14.4	32.0
农业增加值比例	−2.64	18	16.0	12.3	9.4	7.2	5.5	4.2	2.5	1.4
工业增加值比例[a]		28	27	25	25	24	26	27	29	30
服务增加值比例	1.00	54	57	63	66	69	69	69	69	69
农业劳动力比例	−1.00	64	61	55	50	45	41	37	30	25
工业劳动力比例[a]		15	18	21	24	26	28	29	28	25
服务劳动力比例	0.96	20	21	23	26	28	31	34	41	50
按 1990～2005 年增长率估算										
GDP/千亿美元	6.41	8	11	20	38	71	132	245	848	2937
人均 GDP/千美元	4.62	0.7	0.9	1.4	2.3	3.6	5.6	8.8	21.8	53.9
人均 GDP(PPP)/千国际美元	4.20	1.6	2.0	3.0	4.5	6.8	10.3	15.5	35.3	80.4
人均国民收入/千美元	4.27	0.7	0.9	1.4	2.1	3.2	4.8	7.3	16.8	38.7
农业增加值比例	−1.00	18	17	16	14	13	12	11	9	7
工业增加值比例[a]		28	26	21	22	21	19	20	22	24
服务增加值比例	1.00	54	57	63	64	66	69	69	69	69
农业劳动力比例	−1.00	64	61	55	50	45	41	37	30	25
工业劳动力比例[a]		15	17	21	23	25	26	27	25	19
服务劳动力比例	1.07	20	21	24	27	29	33	36	45	56

注：没有标明单位的指标，指标单位见附表 1-1。人均 GDP(PPP)为 1990 年价格国际美元。部分指标的增长率略有调整。a. 工业比例＝100－农业比例－服务业比例。2050 年以后的服务业比例有调整。

(3) 国家生活和结构现代化的国际差距分析

21 世纪国家生活和结构现代化的国际差距,大致有两种分析方法。其一,选择 21 世纪世界范围的国家生活和结构现代化的最大值与最小值的差距进行比较。其二,选择 21 世纪高收入国家平均值(附表 1-11)和低收入国家平均值(附表 1-12)的差距进行比较(附表 1-17)。第一种方法能够反映国家生活和结构现代化的最大国际差距,第二种方法能够反映国家生活和结构现代化的国际差距的普遍性。这种采用第二种方法。

这里以国家经济生活和结构现代化的国际差距为例。在 21 世纪里,高收入国家与低收入国家人均 GDP 的绝对差距将扩大 32～108 倍,人均 GDP(PPP)(按 1990 年价格计算)的绝对差距将扩大约 4～5 倍,人均国民收入的绝对差距将扩大 41～99 倍,GDP 总量的绝对差距将扩大 58～219 倍;农业增加值比例、服务业增加值比例、农业劳动力比例和服务业劳动力比例的绝对差距将缩小;工业增加值比例的绝对差距将扩大约 4～5 倍,工业劳动力比例的绝对差距从缩小到扩大,高收入国家处于非工业化阶段和低收入国家处于工业化阶段(表 1-93)。

表 1-93　21 世纪国家经济生活和结构现代化的国际差距的情景分析

项目	2005	2010	2020	2030	2040	2050	2060	2080	2100	比值
按 1980～2005 年增长率估算										
GDP/千亿美元	336	447	789	1393	2458	4338	7652	23 792	73 920	220
人均 GDP/千美元	34	43	71	116	190	311	510	1366	3658	109
人均 GDP(PPP)/千国际美元	23	25	30	37	45	55	67	99	146	6
人均国民收入/千美元	34	44	71	116	189	306	497	1309	3443	100
农业增加值比例	−20	−18	−15	−12	−10	−8	−7	−4	−3	0.1
工业增加值比例	−2	−4	−6	−7	−7	−7	−8	−11	−12	5
服务增加值比例	22	22	21	19	17	15	15	15	15	0.7
农业劳动力比例	−54	−51	−46	−42	−38	−34	−31	−25	−21	0.4
工业劳动力比例	8	6	1	−3	−7	−10	−9	−4	−7	−0.9
服务劳动力比例	45	45	45	45	45	44	40	30	28	0.6
按 1990～2005 年增长率估算										
GDP/千亿美元	336	418	646	998	1540	2373	3648	8565	19 864	59
人均 GDP/千美元	34	40	58	85	122	177	256	537	1124	33
人均 GDP(PPP)/千国际美元	23	25	30	35	42	50	59	82	114	5
人均国民收入/千美元	34	42	62	92	137	202	300	659	1447	42
农业增加值比例	−20	−18	−14	−10	−8	−6	−5	−3	−1	0.1
工业增加值比例	−2	−4	−5	−5	−4	−9	−11	−13	−15	6
服务增加值比例	22	21	19	15	12	16	16	16	16	0.7
农业劳动力比例	−54	−48	−39	−32	−26	−21	−17	−11	−7	0.1
工业劳动力比例	8	5	−1	−4	−4	−5	−6	−5	−1	−0.1
服务劳动力比例	45	44	40	36	29	26	23	16	8	0.2

注:没有标明单位的指标,指标单位见附表 1-1。各年的数值=高收入国家各年的数值−低收入国家各年的数值。比值=2100 年的值÷2005 年的值。

如果按 1980～2005 年和 1990～2005 年的增长率计算,21 世纪高收入国家与低收入国家的生活和结构现代化的分析指标中,大约有 44%的指标的国际差距会扩大,大约有 42%的指标的国际差距会缩小,两种算法的结果略有不同(表 1-94)。

表 1-94　21 世纪国家生活和结构现代化的国际差距的情景分析

领域	按 1980～2005 年的年均增长率估算			按 1990～2005 年的年均增长率估算			合计		
	扩大	缩小	其他	扩大	缩小	其他	扩大	缩小	其他
经济	4	4	2	4	4	2	8	8	4
社会	6	5	0	6	4	1	12	9	1
政治	1	0	1	1	0	1	2	0	2
文化	1	3	0	3	4	0	4	7	0
个人	1	0	1	1	1	1	2	1	2
自然环境	3	2	2	3	5	0	6	7	2
国际环境	5	0	1	—	5	1	5	5	2
指标合计	21	14	7	18	23	6	39	37	13
比例/(%)	50	33	17	38	49	13	44	42	15

注：其他包括差距从缩小到扩大、从扩大到缩小和差距不变的指标。合计不等于零是由于四舍五入的原因。

本章小结

从 18 世纪初到 21 世纪末的 400 年，无疑是世界现代化的大舞台。本章研究的时间跨度约为 400 年(1700～2100 年)，研究方法包括过程分析、时序分析、截面分析和情景分析等，研究对象包括世界整体的现代化、世界六个领域的现代化和世界范围的国家现代化，研究内容涉及世界整体、世界六个领域和 131 个国家的 100 个分析指标等，包括世界现代化的过程、结果、动力和模式研究，包括世界生活、结构、制度和观念的现代化研究等。这种研究加深了对世界现代化的历史、现实和前景的认识。

首先，世界现代化的事实和前景。2006 年世界人口超过 65 亿，联合国会员国有 192 个。关于世界现代化的事实和前景的分析，只能是一种概览，不可能面面俱到。比较重要的事实包括：世界现代化的起点、终点、阶段、结果、结构、国家、人口、完成时间和国际追赶等；比较重要的前景包括：21 世纪世界现代化的路径、水平、结构、国家、人口和国际差距等(表 1-95)。

① 世界现代化的事实：18～20 世纪发达国家约占 12%～15%(约有 12～20 个国家)，100 年里发达国家降级概率约 8%～23%，发展中国家晋级概率约 1%～5%；2006 年完成第一次现代化的国家约有 35 个，2006 年进入第二次现代化的国家约有 29 个，2006 年享受现代化生活的人口约 10 亿；20 世纪成功晋级发达国家的国家包括芬兰和日本等。

② 世界现代化的前景：21 世纪世界现代化约有三条路径，2100 年第二次现代化指数的世界先进水平大约是 2005 年的 5 倍，世界平均水平大约比世界先进水平落后 50 年；21 世纪完成第一次现代化的国家将达到 99～107 个，进入第二次现代化的国家将达到 84～89 个；大约 44%的分析指标的国际差距可能扩大，大约 42%的分析指标的国际差距可能缩小；大约 2～4 个发达国家可能降级为发展中国家，大约 1～5 个发展中国家可能晋级发达国家；享受现代化生活的人口将达到 12～17 亿，其中，新增人口约 2～7 亿。按 7 亿计算，约 5 亿可能来自发展中国家。

③ 21 世纪具有很大不确定性。21 世纪的影响因素很多，许多因素的变化是非线性的。本章关于世界现代化的前景分析主要是基于 1980～2005 年和 1990～2005 年的年均增长率的估算。这种线性分析方法的分析结果，只能提供未来情景的一种可能性，而不是准确的预测。

表 1-95　世界现代化的事实和前景

编号	世界现代化的事实(1700～2006年)	世界现代化的前景(2005～2100年)
1	世界现代化的起点:18世纪60年代(英国工业革命)	世界现代化的路径:第一次、第二次和综合现代化路径
2	世界现代化的终点:动态的,尚不能确定它的终点	2100年先进水平:第二次现代化指数是2005年的5倍
3	世界现代化的阶段:第一次现代化和第二次现代化	2100年世界平均水平:比世界先进水平落后约50年
4	世界现代化的类型:先发型、后发型、内源型、外源型	世界现代化的结构:4组国家比例约为15∶20∶28∶37
5	世界现代化的结构:发达国家约占12%～15%	世界现代化的结构:非洲水平较低、其他地区水平待定
6	世界现代化的结构:欧洲水平较高、非洲水平较低	完成第一次现代化的国家:2100年约99～107个
7	发展中国家现代化起步:比世界晚大约60～200年	进入第二次现代化的国家:2100年约84～89个
8	发达国家完成第一次现代化:平均时间约为160年	完成第一次现代化的人口:2100年约72～78亿
9	完成第一次现代化的国家:2006年约35个	进入第二次现代化的人口:2010年约64～67亿
10	处于第一次现代化的国家:2006年约90个	发达国家的人口:21世纪约8.2～15亿,约占12%～17%
11	处于传统农业社会的国家:2006年约12个	享受现代化生活的人口(Ⅰ):21世纪约为12～17亿
12	进入第二次现代化的国家:2006年约29个	享受现代化生活的人口(Ⅱ):发达国家约为90%～95%
13	完成第一次现代化的人口:2006年约11.3亿	享受现代化生活的人口(Ⅲ):发展中国家平均约为5%
14	进入第二次现代化的人口:2006年约9.7亿	享受现代化生活的新增人口(Ⅰ):约2亿来自发达国家
15	发达国家的人口:2006年约8.2亿,约占13%	享受现代化生活的新增人口(Ⅱ):约5亿来自发展中国家
16	享受现代化生活的人口:2006年约8.5～10亿	21世纪发达国家降级为发展中国家:约2～4个国家
17	发达国家降级概率:100年内约为8%～23%	21世纪发展中国家晋级发达国家:约1～5个国家
18	发展中国家晋级概率:100年内约为1%～5%	21世纪约44%的生活和结构指标的国际差距可能扩大
19	在1960～2006年期间,12国地位上升,12国地位下降	21世纪约42%的生活和结构指标的国际差距可能缩小
20	20世纪成功晋级发达国家的国家:芬兰和日本等	21世纪不是现代化的终结,22世纪还会有新变化

注:国家数量反映131个国家的评价和预测结果。4组国家分别为发达国家、中等发达国家、初等发达国家和欠发达国家。发达国家约20个左右,中等发达国家约25个左右,初等发达国家约35个左右,欠发达国家约50个左右。2006年的发达国家包括美国、瑞典、日本、丹麦、芬兰、挪威、澳大利亚、瑞士、韩国、加拿大、荷兰、德国、法国、比利时、新西兰、英国、奥地利和爱尔兰等。

其次,世界现代化的历史启示。世界现代化进程研究可以获得很多的历史经验和启示。

① 世界现代化既是一种世界潮流,也是一种社会选择。选择现代化的国家就会推进现代化,但不同国家是不同步的。拒绝现代化的国家和社会,就会努力保持原有(现存)生活方式;虽然社会变化也会发生,但与人类文明前沿的物质生活差距会逐步扩大。

② 世界现代化既是一种文明进步,也存在不少副作用。不同阶段的副作用不同。第一次现代化的副作用包括环境污染、生态退化、贫富差距和经济危机等。第二次现代化的副作用包括信息鸿沟和网络犯罪等。上一个阶段的副作用,可以成为下一个阶段的工作重点;解决上一个阶段的副作用,可以成为下一个阶段文明进步的新方向。

③ 世界现代化以国家为基础,以世界为舞台。一般而言,国家现代化是世界现代化的基本单元,世界现代化的国际体系是国家现代化的竞争环境。国家现代化和国际竞争共同决定了国际体系的结构和变化,国际体系和国家自身努力共同决定了国家的国际地位及其变化。世界现代化是国家现代化、国际竞争和国际体系变化的大合唱。

④ 世界现代化既有普遍的基本共性,也有广泛的多样性。在世界现代化的每一个层次和每一个方面,都可以发现大量的共性特点,从世界生活、结构、制度到观念都有一些共性;同样,在世界现代化的每一个领域和每一个阶段,都可以发现大量的多样性,包括水平、速度、模式和形式的多样性等。世界现代化的共性和多样性,并不相互排斥,而是客观规律的两种形态。

⑤ 世界现代化既有国际分化，也有国际趋同。一般而言，经济效率的国际差距扩大，经济结构的国际差距缩小，如产业结构和就业结构的国际趋同；人均收入的国际差距扩大，社会结构的国际差距缩小，如城市化和教育结构的国际趋同；政治行为的多样化，政府结构的国际趋同；文化观念的多样化，文化产业和文化设施的国际趋同等。分化和趋同发生在不同方面。

⑥ 世界现代化既需要纵向比较，也需要横向比较。世界现代化的纵向比较可以反映人类文明的进步，可以分析国家绝对水平的提高。世界现代化的横向比较可以反映文明发展的国际差距和地理分布，可以分析国家相对水平和国际地位的变化。如果国家绝对水平提高的速度慢于其他国家，那么，它的相对水平和国际地位就会下降；反之则上升。世界现代化的国际比较必须是科学合理的，有些指标不宜进行发展水平的国际比较，如语言等。

世界现代化的国际比较可以发现很多重要事实。例如，世界现代化的截面结构是它的历史结构的一个缩影，人类文明的截面结构是它的历史结构的一个缩影；2000 年人类文明的截面结构是从人类诞生到 2000 年的人类历史进程的一个缩影，2000 年世界现代化的截面结构是从世界现代化起步到 2000 年的世界现代化历史进程的一个缩影。发展中国家可以在发达国家看到自己未来的文明结构和生活质量的缩影，但不同国家的生活方式和文化会有差别。

⑦ 世界现代化存在"马太效应"，人均收入的国际差距不断扩大。在国际体系中，虽然多数国家人均收入都会提高，但富国越来越富，穷国越来越穷，低收入国家相对贫困化。如果以按 2000 年价格计算的人均 GDP 为分析指标，从 1960 年到 2000 年，高收入国家与低收入国家的绝对差距从约 8584 美元扩大到 25 767 美元，相对差距从 42 倍扩大到 66 倍。如果以按 1990 年价格计算的人均 GDP(PPP)为分析指标，从 1960 年到 2000 年，高收入国家与低收入国家的绝对差距从约 6577 国际美元扩大到 21 163 国际美元，相对差距从 6 倍扩大到 21 倍。

⑧ 世界现代化没有最佳模式，只有理性选择。在过去 300 年里，有些国家保持发达国家的地位，有些国家成功晋级，有些国家地位下降；比较它们的发展模式，没有得到具有明显倾向的结果(表 1-96)。地位上升的国家，在第一次现代化过程中，既有工业化优先、民主化优先和城市化优先模式，也有经济优先、教育优先和协调发展模式等；在第二次现代化过程中，既有知识化优先、信息化优先和生态化优先模式，也有协调发展模式等。所以，不同国家需要研究和寻求自己的合适模式，而不是简单模仿其他国家的做法。

⑨ 世界现代化的国际体系基本稳定，国家的国际地位可以变迁。在过去 300 年里，在 131 个统计数据比较齐全的国家中(2000 年人口超过 100 万的国家)，发达国家的数量约为 12～20 个，比例约为 12%～15%；发展中国家的数量约为 89～113 个，比例约为 85%～88%。在 100 年里，发达国家降级概率约为 8%～23%；发展中国家升级概率约为 1%～5%。

⑩ 21 世纪发展中国家仍有成功机会，但晋级发达国家的概率比较小。依据过去 300 年的历史经验，21 世纪发达国家将有 20 个左右，发展中国家有 100 多个，约 1～5 个发展中国家有可能晋级发达国家；100 多个发展中国家将争夺 5 张晋级发达国家的门票。21 世纪享受现代化生活的新增人口可能约有 7 亿，其中，大约 5 亿可能来自发展中国家；21 世纪发展中国家的人口有可能达到 80～100 亿；大约 100 亿发展中国家人口将争夺 5 亿张享受现代化生活的门票。

表 1-96 世界不同类型国家的现代化要素组合模式

国家和类型	第一次现代化的要素组合模式			第二次现代化的要素组合模式		
	工业化＋民主化	工业化＋城市化	经济＋教育	知识化＋信息化	知识化＋生态化	信息化＋生态化
地位上升						
美国	协调发展	工业化优先	教育优先	知识化优先	知识化优先	协调发展
加拿大	工业化优先	工业化优先	—	协调发展	协调发展	协调发展
澳大利亚	民主化优先	城市化优先	—	协调发展	—	—
芬兰	民主化优先	工业化优先	经济优先	知识化优先	知识化优先	生态化优先
希腊	协调发展	协调发展	协调发展	知识化优先	知识化优先	生态化优先
日本	工业化优先	工业化优先	教育优先	信息化优先	协调发展	信息化优先
韩国	工业化优先	协调发展	教育优先	知识化优先	知识化优先	协调发展
新加坡	工业化优先	—	协调发展	—	—	—
科威特	工业化优先	—	经济优先	—	—	—
地位波动						
新西兰	民主化优先	城市化优先	教育优先	协调发展	协调发展	协调发展
爱尔兰	民主化优先	城市化优先	教育优先	知识化优先	协调发展	生态化优先
先降后升						
意大利	工业化优先	城市化优先	协调发展	知识化优先	协调发展	生态化优先
挪威	民主化优先	工业化优先	教育优先	信息化优先	协调发展	信息化优先
西班牙	工业化优先		经济优先	知识化优先	生态化优先	生态化优先
先升后降						
阿根廷	工业化优先	城市化优先	协调发展	知识化优先	—	—
俄罗斯	—	—	—	知识化优先	—	—
委内瑞拉	—	协调发展	经济优先	知识化优先	—	—
地位下降						
葡萄牙	工业化优先	工业化优先	经济优先	知识化优先	协调发展	生态化优先

注：分析指标和数据来源同表 1-45 和表 1-46。各国的要素组合模式是相对的，不是绝对的，而且是变化的。

第二章　世界现代化的科学原理

- 现代化研究的历史演变
  - 现代化概念的历史演变
    - 现代化概念的起源
    - 现代化概念的演变
    - 现代化概念的三种解释
  - 现代化研究的历史演变
    - 现代化研究的起源
    - 现代化研究的三次浪潮
    - 现代化研究的学术批评
  - 现代化理论的历史演变
    - 现代化思想的溯源
    - 现代化理论的形成
    - 现代化理论的演变
- 现代化理论的主要流派
  - 现代化理论的六个流派
    - 经典现代化理论
    - 后现代化理论
    - 生态现代化理论
    - 反思现代化理论
    - 多元现代性理论
    - 第二次现代化理论
  - 现代化理论的其他流派
    - 依附理论
    - 世界体系理论
    - 全球化理论
    - 继续现代化理论
  - 中国学者的现代化研究
    - 早期现代化研究
    - 经典现代化研究
    - 多学科的现代化研究
- 现代化理论的基本原理
  - 现代化的一般理论
    - 现代化的理论含义
    - 现代化的过程和结果
    - 现代化的动力和模式
  - 现代化的分阶段理论:现代化的两阶段理论
  - 现代化的分层次理论:现代化的六层次理论
  - 现代化的分领域理论:现代化的六领域理论
- 现代化理论的政策含义
  - 经典现代化理论的政策含义:在不同国家的政策含义
  - 第二次现代化理论的政策含义:三条现代化路径的政策含义
  - 其他现代化理论的政策含义:四种现代化理论的政策含义

图 2-1　第二章内容提要

世界现代化和现代化一样，都没有统一定义。在本报告里，世界现代化包括世界层面的现代化和世界范围的国家现代化，世界层面的现代化包括世界整体的现代化、世界六个领域的现代化和世界现代化的宏观结构等。一般而言，世界现代化既是现代化的一种表现形式，也是现代化研究的一个研究对象；世界现代化理论既是关于世界层次的现代化的一种宏观理论，也是现代化理论的一个分层次理论。世界现代化以国家现代化为基础，国家是现代化的基本单元。世界现代化的科学原理，不仅包括世界现代化理论，而且涉及现代化的一般理论、分阶段理论、分层次理论和分领域理论等。本章将简要讨论现代化研究的历史演变、现代化理论的主要流派、现代化理论的基本原理和现代化理论的政策含义。世界现代化理论作为一种分层次理论（图 2-2），属于空间维度的现代化理论，将在第三节专门讨论。

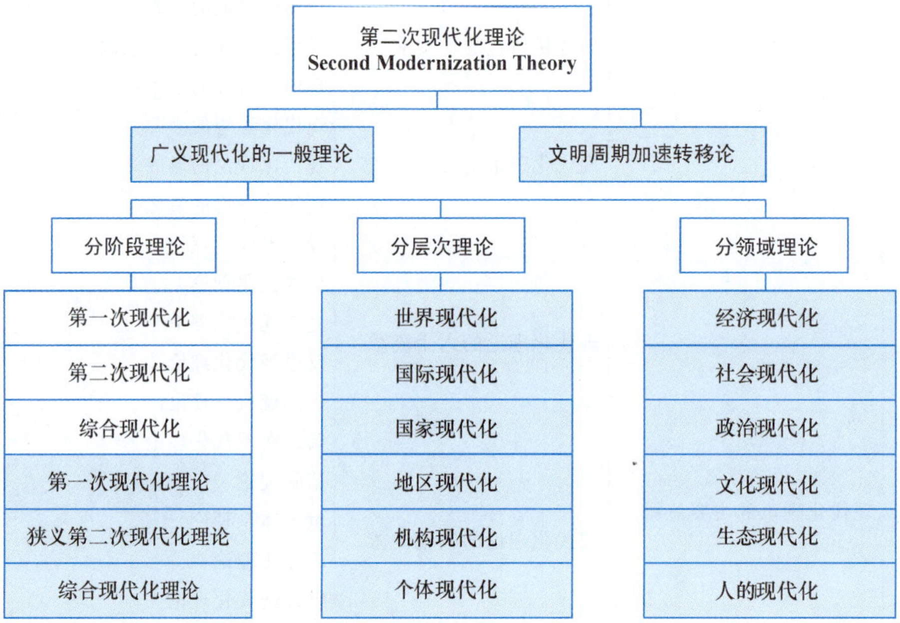

图 2-2　世界现代化的理论定位（第二次现代化理论的结构图）

参考资料：何传启，2003.

注：(1) 根据研究单位的不同，可以把现代化研究分为六个层次：世界现代化、国际现代化（跨国层次）、国家现代化、地区现代化、机构现代化（营利和非营利机构）和个体现代化。(2) 根据研究范围的不同，可以把现代化研究分为三种类型：世界范围的现代化、国家范围的现代化、地区范围的现代化。(3) 世界范围的现代化包括世界范围的世界、国家和地区现代化等。(4) 世界现代化包括世界层面和世界范围的现代化（表 1-1）。世界层面的现代化包括世界层面的世界现代化、世界六个领域现代化和世界现代化的宏观结构等。“世界层面的世界现代化”与“世界范围的世界现代化”是同义词。(5) 世界现代化以国家现代化为基础，涉及国家现代化、国际竞争和国际体系变化等。(6) 在本报告里，世界现代化特指世界层面的现代化和世界范围的国家现代化，世界现代化理论是现代化理论的一种分层次理论；世界现代化的科学原理，不仅包括世界现代化理论，而且涉及现代化的一般理论、分阶段理论、分层次理论（世界、跨国和国家）和分领域理论等。现代化的分阶段理论属于时间维度的现代化理论，现代化的分层次理论属于空间维度的现代化理论。

第一节　现代化研究的历史演变

世界现代化起步于 18 世纪，现代化单词出现于 18 世纪，现代化研究则是 20 世纪开始的。关于现代化研究的学术争论始终存在，有些时候批评意见占主导地位，现代化理论在批评声中不断演进。20 世纪里现代化研究有三次高潮，产生了一批现代化理论。

一、现代化概念的历史演变

在我国，“现代化”一词大约出现在 20 世纪初。在欧美国家，“现代化”一词大约出现在 18 世纪中叶。在 18～19 世纪，现代化是一个普通词。在 20 世纪，现代化逐步成为一个社会科学的专业词。现代化研究逐步成为一种交叉科学研究。

1. 现代化概念的起源

在英文里，“现代化”有名词（modernization）和动词（modernize）两种形式，它们是从“现代”（modern）衍生出来的（表 2-1）。从“现代”到“现代化”，基本词义是一脉相承的。

表 2-1　“现代化”单词的中英文对照

	modern	modernize	modernization
英文含义	Adj. Date：1585 1. relating to，or characteristic of the present or the immediate past 2. of，or relating to the period from about 1500 to the present	Verb. Date：1748 1. to make or become modern，esp：to alter to modern tastes and provide with modern equipment 2. make suitable for present-day needs	Noun. Date：1770 1. the act of modernizing：the state of being modernized 2. something modernized：a modernized version
中文翻译	形容词。1585 年出现的单词 1. 现代的，新近的，时髦的 2. 现代的（从大约公元 1500 年到当前这段历史时间）	动词。1748 年出现的单词 1. 使现代化（成为具有现代特点的，成为现代的） 2. 使适合现代需要	名词。1770 年出现的单词 1. 现代化（过程或行为） 2. 现代化（状态）
备注	表示时间：有上限，无下限，可以延长 表示性质：没有领域限制，可以广泛使用	成为现代的、适合现代需要 1500 年以来的新特点、新变化	实现现代化的过程或行为 实现现代化后的状态

在 16 世纪，欧洲文艺复兴运动进入尾声。相比中世纪的宗教和封建专制，欧洲的思想和社会生活发生了很大变化，航海大发现激发了人们的空前热情，欧洲人相信一个新时代已经来临，那就是现代（modern）①。16～17 世纪发生了科学革命，17 世纪发生了英国资产阶级革命，17～18 世纪发生了启蒙运动，18 世纪发生了英国农业革命和工业革命。到 18 世纪中期和后期，欧洲翻天覆地的变化，已经使部分人相信，“适应现代的特点、满足现代的需要”代表了发展方向。于是，现代化的动词（modernize）诞生；随后不久，现代化的名词（modernization）问世。

2. 现代化概念的演变

从 18 世纪到 19 世纪，“现代化”更多被看成是一种社会现象，“现代化”单词是一个普通词，而不是专业词。综合“现代化”的动词和名词两种用法，它的两个基本词义大致是：① 成为现代的、适合现代需要；② 大约公元 1500 年以来出现的新特点和新变化。

在 20 世纪 30 年代，中国学者开始讨论中国现代化问题（罗荣渠，1990）。虽然学者们的观点分歧很大，但已经提出了现代化的一些核心概念，例如，现代化包含工业化、科学化、合理化、专门化、标准化、进步、民主、提高生产力和现代思想等。这些观点分散在不同学者的文章里，没有系统的理论归纳

---

① 现代（modern）作为一个时间概念，与历史阶段划分有关。有些欧美学者把历史大致分为古代（公元 500 年以前）、中世纪（约公元 500～1500 年）和现代（约 1500 年以来）三个阶段。在 20 世纪中叶，欧美国家兴起所谓的“后现代”思潮，有些学者把 20 世纪中后期称为“后现代时代”。有些中国学者把历史大致分为古代（1840 年以前）、近代（1840～1919 年）和现代（1919 年以来）三个阶段。

和凝练，没有形成“现代化理论”。

在20世纪50年代，美国和苏联的冷战对抗成为世界基本格局，一批新独立的国家面临发展道路的选择，美苏开始争夺新独立国家和第三世界的发展主导权。1951年6月，在美国学术刊物《文化变迁》杂志编辑部举办的学术讨论会上，参会者认为，使用“现代化”一词来说明从农业社会向工业社会的转变是比较合适的(布莱克，1996)。在美国政府和有关基金会的支持下，美国学者开展了现代化研究，“现代化”逐步成为一个社会科学词汇。从这个意义上说，“现代化研究”的兴起，与美苏冷战的意识形态对抗有紧密关系(雷迅马，2003)。

20世纪50～60年代，一些美国学者认为，“现代化”是从传统社会向现代社会的转变，是继农业革命以后的人类事务的又一次革命性转变；它包含知识、政治、经济、社会和心理的变化等(Black，1966)。有人认为，欧美国家是现代社会的代表；现代化就是欧洲化、美国化或西方化。

20世纪70年代以来，早期的现代化概念受到广泛批评，现代化是欧洲化、美国化或西方化的观点逐步被抛弃，现代化的内涵不断得到发展和完善，新的现代化理论不断涌现。

3. 现代化概念的三种解释

现代化研究已有50多年历史，但迄今现代化没有统一定义(Pandey，1988)。不同人对现代化的理解不尽相同。一般而言，现代化有三种解释：基本词义、理论含义和政策含义(表2-2)。

表2-2 现代化的三种解释

	现代化的含义
基本词义	根据辞典里“现代化”的解释来使用它。“现代化”有两个基本词义：(1) 成为现代的、适合现代需要；(2) 大约公元1500年以来出现的新特点和新变化。通俗地说，最新的、最好的、最先进的、最发达的就是现代化的；成为最先进的、最发达的过程就是现代化。例如，现代化学校、农业现代化等
理论含义	美国学者本迪克斯：我把现代化理解为社会变迁的一种类型，它起始于英国工业革命和政治性的法国大革命；它存在于几个“先锋社会”的经济和政治进步以及继之而来的后进社会的变迁进程之中(查普夫，2000)
	罗荣渠认为：广义而言，现代化作为一个世界性的历史过程，是指人类社会从工业革命以来所经历的一场急剧变革，它以工业化为推动力，导致从传统农业社会向现代工业社会的全球性的大转变，它使工业主义渗透到经济、政治、文化、思想各个领域，引起深刻的相应变化；狭义而言，现代化指落后国家迅速赶上先进工业国家水平和适应现代世界环境的发展过程(罗荣渠，1993)
	何传启认为：现代化指18世纪工业革命以来人类文明的一种深刻变化，它包括现代文明的形成、发展、转型和国际互动、文明要素的创新、选择、传播和退出以及追赶、达到和保持世界先进水平的国际竞争，它发生在不同领域和不同国家。18～21世纪的世界现代化可以分为两个阶段：第一次现代化(经典现代化)指从农业社会向工业社会、农业经济向工业经济的转变；第二次现代化(新型现代化)指从工业社会向知识社会、工业经济向知识经济的转变。22世纪还会有新的变化
政策含义	现代化理论的实际应用，即推进现代化的各种战略和政策措施。现代化理论在不同国家和不同领域有不同的政策含义，例如，在经济领域，经典现代化的政策含义是推进工业化、标准化、规模化、农业现代化、工业现代化、科技现代化、管理现代化等；在社会领域，经典现代化的政策含义是推进城市化、社会福利化、教育现代化等。

资料来源：何传启，2003.

(1) 现代化的基本词义和习惯用法

现代化的基本词义是各种词典对它的定义。在过去200多年里，现代化的基本词义没有明显变化。通俗地说，现代化既可表示一个“成为具有现代特点”的发展过程，也可表示在这个过程中新发生的变化或最新变化。新变化是多种多样的，可以是进步的，也可以是退步的。一般而言，现代化指进步的变化。现代化一词没有时间下限，没有领域限制，它的用法很多。

现代化作为动词，指追赶和达到世界先进水平的过程。它可以组成词组，不同词组的含义可以不同。例如，管理现代化、教育现代化、科技现代化、农业现代化和工业现代化等。

现代化作为名词，指现代世界的先进水平。它可以组成词组，不同词组的含义可以不同。例如，企业的现代化、家庭的现代化、学校的现代化和交通的现代化等。

现代化作为形容词，指具有现代世界先进水平的、满足现代需要的。它可以组成词组，不同词组的含义可以不同。例如，现代化城市、现代化农村、现代化学校和现代化家庭等。

(2) 现代化的理论含义和操作性定义

现代化理论是关于现代化现象的特点和规律的阐述。不同学者从不同角度研究现代化，他们对现代化的理论解释也不尽相同。这使我们联想到"盲人摸象"的故事。从理论角度看，现代化有两个含义：发达国家工业革命以来的深刻变化、发展中国家追赶世界先进水平的发展过程。在相关学术文献中，学者们往往根据研究的需要，对现代化进行操作性的界定。

经典现代化理论认为，现代化是从传统社会向现代社会的转变，发生在先行和后进国家。

后现代化理论认为，现代化是人类社会发展的一个阶段，指从传统社会向现代社会、从前工业社会向工业社会的转变。现代化不是历史的终结，现代化以后是后现代化。后现代化是从工业社会向后工业社会、从现代社会向后现代社会的转变。

第二次现代化理论认为，现代化一般指 18 世纪工业革命以来人类文明所发生的深刻变化，是现代文明的形成、发展、转型和国际互动的复合过程；它既发生在先行国家，也存在于后进国家追赶世界先进水平的过程中；18～21 世纪的现代化可以分为两个阶段：第一次现代化指从农业经济向工业经济、农业社会向工业社会的转变；第二次现代化指从工业经济向知识经济、工业社会向知识社会的转变；22 世纪还有新的变化。

(3) 现代化的政策含义

现代化的政策含义既是"现代化理论"在政策领域的实际应用，也是"现代化"习惯用法在政府管理中的现实反映。不同的现代化理论的政策含义不尽相同。

经典现代化理论的政策含义：对发达国家而言，它的政策含义主要表现在如何处理与发展中国家的关系；对发展中国家而言，它的政策含义非常丰富。不同学者对经典现代化的理解不同，其政策含义也不一样。概括起来，大致有四种观点。

① 现代化是落后国家赶上世界先进水平的过程。根据这种观点，现代化的政策含义包括：落后国家在各个领域学习和追赶世界先进水平。例如，中国提出"农业现代化、工业现代化、国防现代化和科学技术现代化"，就是要在四个领域学习和赶上世界先进水平。

② 现代化就是工业化。根据这种观点，现代化的政策含义包括：实现工业化和城市化，保持经济持续增长。

③ 现代化主要是价值观念和生活方式的改变。根据这种观点，现代化的政策含义包括：普及教育，传播科学，提倡理性、民主与自由，实现从传统人向现代人的转变。

④ 现代化就是从传统向现代的转变，包括从农业经济向工业经济、农业社会向工业社会的转变。现代化的政策含义包括：在政治、经济、社会、文化和个人等各个方面实现从农业文明向工业文明的转型，例如，政治民主化、经济工业化、社会城市化、文化理性化和普及义务教育等。

第二次现代化理论的政策含义：在不同国家有不同含义。

在发达国家，第二次现代化理论的政策含义包括：探索新现代化的途径，在经济、社会、政治、文化、个人和环境领域实现从工业文明向知识文明、物质文明向生态文明的转变，例如，经济知识化和全球化、社会网络化和创新化、政治国际化和平权化、文化产业化和多样化、普及高等教育、提倡终身学习、生态化和绿色化等。

在发展中国家,第二次现代化的主要政策含义包括:在加速经典现代化(如民主化、工业化、城市化、福利化、理性化和普及义务教育)的同时,学习和引进新现代化,推动知识化、网络化、全球化和创新化进程,保护文化多样性和生态环境等。

二、现代化研究的历史演变

世界现代化是一种客观现象,开始于18世纪。在18~19世纪里,这种现象是普遍存在的,但没有引起学者的特别关注,也没有专门的学术研究。在20世纪初,"现代化"作为学术词,开始出现在学术文献中。20世纪50年代以来,现代化研究,高潮迭起,批评不断。

1. 现代化研究的起源

一般而言,现代化研究是20世纪开始的。中国学者20世纪30年代开始讨论现代化问题。美国学者20世纪50年代开始研究现代化。如果把现代化研究归类于一种发展研究,那么,发展研究的历史可以追溯到公元前。现代化研究的兴起大致经历了三个阶段(表2-3)。

表2-3 现代化研究的起源

阶段	大致时间	研究主题
孕育期	公元前3世纪~1950年	早期发展研究:世界和人类发展研究、经济等四个领域研究
探索期	1950~1960年	多学科的研究:发展中国家研究、经济等领域研究
成熟期	1960~1970年	多维度的研究:理论研究、实证研究、经济等领域研究

(1) 孕育期——早期发展研究

早期发展研究有两条主线:世界和人类发展研究、经济等四个领域研究。

首先,世界和人类发展研究。代表性著作有《理想国》(柏拉图,公元前3世纪)、《关于民族共同性的新科学原理》(维柯,1725)、《论世界各国民族精神、礼仪和风俗习惯》(伏尔泰,1745~1757)、《世界史论》(杜尔阁,1750)、《人类精神进步史表纲要》(孔多塞,1794)、《新教伦理与资本主义精神》(韦伯,1904)、《西方的没落》(斯宾格勒,1917)、《历史研究》(汤因比,1934~1961)和《世界文明史》(伯恩斯等,1955)等。

其次,社会和政治经济研究。代表性著作有《政治学》(亚里士多德,公元前3世纪)、《政府论》(洛克,1690)、《社会契约论》(卢梭,1762)、《国富论》(斯密,1776)、《实证哲学教程》(孔德,1830~1842)、《共同体与社会》(滕尼斯,1850)、《社会静力学》(斯宾塞,1850)、《资本论》(马克思,1867)、《古代社会》(摩尔根,1877)、《社会分工论》(迪尔凯姆,1893)、《经济发展理论》(熊彼特,1912)和《社会行动的结构》(帕森斯,1937)等。

1933年中国上海的《申报月刊》出版"中国现代化问题"特辑。

(2) 探索期——多学科的研究

20世纪50年代的发展研究有两条主线:发展中国家研究、经济等领域研究。

首先,发展中国家研究。20世纪50年代,美国一批社会学家、经济学家和政治学家相继开展了现代化研究。1951年6月,在美国社会科学研究会经济增长委员会主办的学术刊物《文化变迁》杂志编辑部举办的学术讨论会上,大家讨论了贫困、经济发展不平衡等问题;与会者认为,使用"现代化"一词来说明从农业社会向工业社会的转变是比较合适的(布莱克,1996)。1958年,丹尼尔·勒纳出版《传统社会的消逝:中东现代化》一书,认为从传统社会向现代社会的转变就是现代化。1959年,美国社会科学研究会比较政治委员会召开了政治现代化讨论会,随后出版了《发展中地区的政治学》(Almond

Coleman,1960)。

其次,经济等领域研究。代表性著作有《社会系统》(Parsons,1951)、《经济增长理论》(刘易斯,1955)、《经济增长与收入平等》(Kuznets,1955)和《经济成长的阶段:非共产党宣言》(罗斯托,1960)等。

(3) 成熟期——多维度的研究

20世纪60年代是现代化研究的成熟期,西方陆续出版了一批有影响的现代化研究专著。例如,《成就社会》(McClelland, 1961)、《日本和土耳其的政治现代化》(Ward, Rustow,1964)、《现代化的政治》(Apter,1965)、《现代化和社会结构》(Levy,1966)、《现代化的动力:比较历史研究》(布莱克,1966)、《现代化:抗拒与变迁》(艾森斯塔德,1966)、《现代化:增长的动力》(Weiner,1966)和《变化社会中的政治秩序》(亨廷顿,1968)等。70年代的著作有:《现代社会系统》(Parsons,1971)、《走向现代》(Inkeles, Smith,1974)和《比较现代化》(布莱克,1976)等。

2. 现代化研究的三次浪潮

在20世纪后50年里,世界范围的现代化研究大致有三次高潮(图2-3)。它们分别是20世纪50～60年代的现代化研究、70～80年代的后现代化研究和90年代以来的新型现代化研究。当然,三次浪潮不是完全独立的,而是高度交叉的,需要交叉讨论。

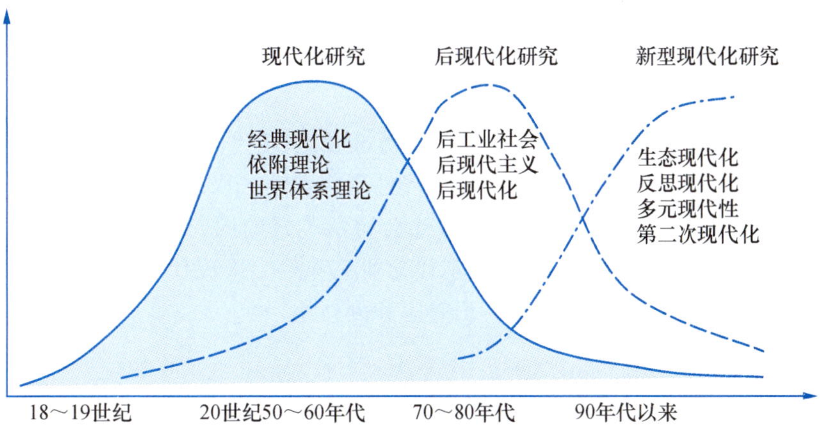

图2-3　世界现代化研究的三次浪潮

资料来源:何传启,2003.

(1) 第一次浪潮——经典现代化研究

20世纪50～60年代是现代化研究的黄金时代,现代化研究成为社会科学的一个热点。20世纪70～80年代是第一次浪潮的低谷,经典现代化理论受到广泛批判,有些学者主张放弃现代化理论。依附理论、世界体系理论和后现代主义等新理论崛起。发展中国家的政治危机、公共政策、经济与民主的关系研究等引起关注和讨论。20世纪80～90年代是第一次浪潮的调整期。由于东亚现代化的成功、东欧现代化的转型和拉美现代化的转型,现代化理论重新受到重视,但研究方法有调整,观点有修正。有些学者把20世纪50～60年代的现代化研究称为“经典现代化研究”,把70年代末以来的现代化研究称为“新现代化研究”(表2-4)。这种“新现代化研究”更多是研究方法的调整,当然也有一些观点的改变。

(2) 第二次浪潮——后现代化研究

20世纪70～80年代是经典现代化研究的低谷,是后现代化研究的高潮。后现代化研究主要包括三个部分:后工业社会、后现代主义和后现代化。虽然后现代主义可以追溯到19世纪,但它的高潮出现在20世纪70～80年代。后现代化研究的高潮延续到90年代。

表 2-4 “经典现代化研究”与“新现代化研究”的比较

	项目	“经典现代化研究”	“新现代化研究”
相似	研究重点	第三世界的发展	同左
	分析层次	国家层次	同左
	关键变量	内部因素:文化价值和社会制度	同左
	关键概念	传统性和现代性	同左
	政策含意	现代化,一般利益	同左
不同	关于传统性	传统性是发展的障碍	传统性是发展的添加因素
	关于方法论	类型学,高度抽象(概括)	具体的案例研究,历史分析
	关于发展的方向	单向路径,朝向美国模式	多方向的发展路径
	关于外部因素和冲突	相对忽视外部因素和矛盾	更多关注外部因素和矛盾

资料来源:So,1990.

20 世纪 70 年代,现代化研究主要分为三支。一支继续研究现代化理论(包括发达国家的现代化史、公共政策、经济与民主的关系等),他们的工作丰富了现代化理论;一支研究发展中国家的现代化,他们的工作修正了现代化理论的种种缺陷;一支研究发达国家未来的发展(未来学),他们提出的新理论五花八门,有后工业社会、后现代主义、反现代化、后现代化、新现代化、继续现代化、信息社会和知识社会等。后现代化研究属于第三支的一个组成部分。

(3) 第三次浪潮——新型现代化研究

20 世纪 80～90 年代是经典现代化研究的调整期,是新型现代化研究的高潮。新型现代化研究主要包括生态现代化研究、反思现代化研究、多元现代性研究和第二次现代化研究等。

新型现代化研究,在继承经典现代化研究的社会科学范式的同时,引入自然科学的方法论,借鉴自然科学的相关概念。生态现代化研究、反思现代化研究和第二次现代化研究,都更加关注自然科学和高技术的社会影响,重视科技的“二重性”:正效应和副作用。

3. 现代化研究的学术批评

关于现代化研究的学术批评来自很多方面,包括主流社会学家和激进社会学家(So,1990)。特别是在 20 世纪 70～80 年代,关于现代化研究的批评之声此起彼伏。

首先,经典现代化研究存在许多缺陷而引起批评(表 2-5),如现代化概念的时间不确定、内涵的宽泛和偏见(对部分国家和富人有利),现代性和传统性概念的模糊、主观和不对称,现代化理论的笼统和滞后等。其次,发展方向不是单向的而应是多向的,发展路径不是单线的而应是多线的(有时具有非连续性),传统价值的意义不能完全否定。其三,不能过于乐观,不能忽视外部因素等。在一些发展中国家,采用经典现代化理论并没有取得预期效果。

现代化理论的问题和现代化实践的问题是两个不同概念,需要区别对待。

关于现代化理论的批评,揭示了研究工作的不足,为理论发展和深入研究开辟了新空间。

关于现代化实践的问题,可能是现代化的一种“伴生现象”或“副作用”(副产品),或者是现代化实践的失误。如果能够事前认识问题,就有可能避免问题发生。现代化先行国家出现的问题,为后发国家提供了历史经验和借鉴。现代化实践中出现的问题,有人称其为“现代病”,如环境污染、生态退化、人性淡漠、国际冲突、贫富差距和经济危机等。实践问题与思想观念有关,副作用不是不可避免的,但要完全避免也是有困难的。

在现代化席卷全球的同时,也存在反现代化思潮(艾恺,1991)。这里不作专门讨论。

表 2-5　经典现代化研究的学术批评

主题	经典现代化研究的观点或特点	质疑和批评
发展的方向	单向发展的进化论。西方国家是现代社会，第三世界是传统社会；西方国家代表第三世界的未来图景，第三世界应采用西方发展模式	为什么说西方国家是现代的？为什么说第三世界是传统的？为什么第三世界不能有自己的发展路径？多线发展和非连续性
发展的可能性	乐观主义。认为西方国家能够成功，第三世界国家采用西方模式也能成功	忽视发展的不确定性，过于乐观。有些第三世界国家陷入停顿，甚至倒退
传统价值	传统性和现代性是对立的，传统性是发展的障碍，现代化是从传统性向现代性的转变	什么是真正的传统性？传统性和现代性是相互排斥的吗？传统性总是现代化的阻力吗？现代化能够完全消除传统价值吗？
研究方法	高度抽象，类型学，关键因素，两分法，跨国家研究	时间不明确，范围不明确，传统和现代的两分法是合理方法吗？
意识形态	第三世界国家只有采用西方发展模式才能成为发达国家，而不是采用苏联发展模式	激进派认为，现代化理论是"冷战意识形态"的学术体现，为美国利益服务
外部因素	关注国家内部的因素，如传统和投资等，对国家的外部因素的讨论不多	忽视外部因素，忽视殖民地历史、跨国公司的控制、不平等贸易和国际体系
理论因素	现代化、传统性和现代性都没有统一定义	现代化和现代性概念的模糊性、传统性和现代性的不对称性，现代性的偏见

资料来源：So，1990；Black，1976；何传启，1999.

三、现代化理论的历史演变

虽然现代化研究已经有 50 多年历史，但是，迄今没有统一的现代化理论。现代化理论不仅缺少系统的理论结构，而且缺乏统一的基本定义。在很大程度上，现代化理论是关于现代化研究的学术思想的一种集合，是不同领域学者的研究成果和学术观点的一个集合。

1. 现代化思想的溯源

在人类文明史上，思想发展和社会实践并不总是同步的，有些思想超前于社会，有些思想是社会实践的总结。在现代化研究领域，有些思想就超前于社会实践。世界现代化大约是 18 世纪开始的，现代化研究是 20 世纪开始的，但现代化概念的一些核心思想可以追溯到很早。

一般而言，现代化概念的不同思想有不同源头，18 世纪的启蒙运动是现代化思想的爆发期，很多思想可以在启蒙运动的著作中找到线索。当然，现代化思想有多个来源，可以追溯到更早时期；如 14～16 世纪的文艺复兴、16 世纪欧洲宗教改革、16～17 世纪的科学革命和资产阶级革命、17～18 世纪的启蒙运动、18～19 世纪的英国工业革命和法国大革命等（表 2-6）。文艺复兴的一些思想可以追溯到古希腊文明时期。

表 2-6　经典现代化理论一些基本观点的思想溯源

基本观点	观点发生（传播）的大致时期、代表性人物及著作
人文主义、世俗主义	欧洲文艺复兴（14～16 世纪）。彼特拉克，薄伽丘，马基雅弗利，达·芬奇等
科学精神、科学思想	欧洲科学革命（16～17 世纪）。哥白尼《天体运行论》（1530），开普勒，伽利略，培根《新工具》（1620），笛卡儿《方法论》（1637），牛顿《数学原理》（1687）等

(续表)

基本观点	观点发生(传播)的大致时期、代表性人物及著作
自由、平等、民主、法治、理性	欧洲启蒙运动(17～18 世纪)。洛克《政府论》(1690),卢梭《社会契约论》(1762),伏尔泰《风俗论》(1757),孟德斯鸠《论法的精神》(1748),狄德罗和法国《百科全书》(1751～1772)等
公民权利、世俗化	美国革命(1776～1781),法国大革命(1789～1799)。人权宣言(1789)、教会世俗化(1789)
工业主义、实证主义	工业革命(18～20 世纪初)。圣西门《工业》杂志(1816),孔德《实证哲学教程》(1830～1842)
进化论	工业革命(18～20 世纪初)。达尔文《物种起源》(1859),斯宾塞《社会静力学》(1850),泰勒《原始文化》(1871),摩尔根《古代社会》(1877)
经济决定论、冲突论	工业革命时期(18～20 世纪初)。亚当·斯密《国富论》(1776),马克思《资本论》(1867)
结构功能主义	工业革命时期(18～20 世纪初)。孔德,迪尔凯姆《社会分工论》(1893)
文化决定论	工业革命时期(18～20 世纪初)。韦伯《新教伦理与资本主义精神》(1904)

资料来源:中国现代化战略研究课题组等,2003.

2. 现代化理论的形成

一般而言,现代化理论的形成是指经典现代化理论的形成。经典现代化理论是现代化理论家庭的最早成员,但不是唯一成员。这里简要讨论经典现代化理论的形成和演变(图 2-4)。

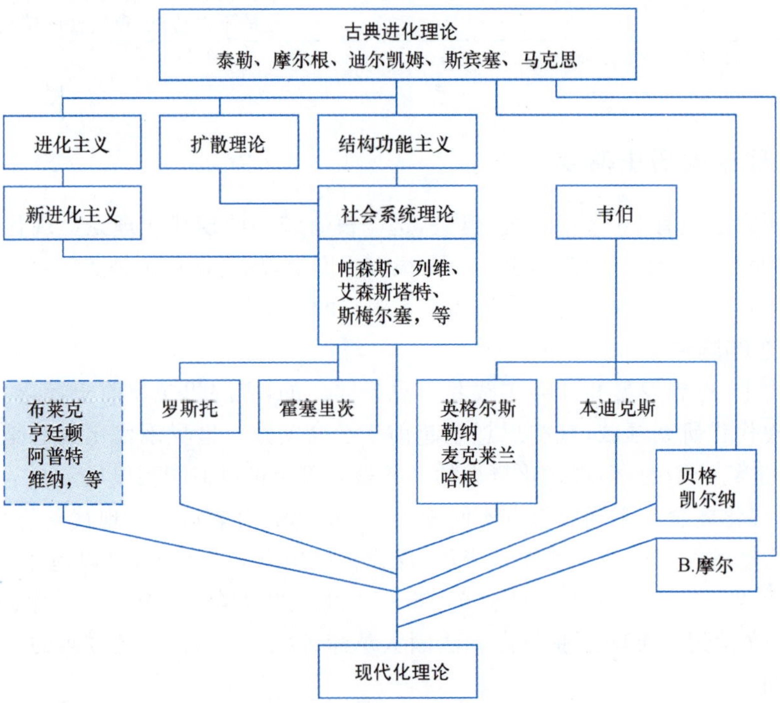

图 2-4 经典现代化理论的形成

资料来源:Harrison, 1988.

注:蓝色背景框中的内容是本报告作者添加的。

(1) 经典现代化理论的起源

英国学者哈里生认为,经典现代化理论是 20 世纪 50～60 年代形成的,它的理论来源主要包括进化主义、扩散理论、结构功能主义、社会系统理论和互动理论,政治科学、人类学、心理学、经济学和地理学也有贡献;经典现代化理论不是单一理论,而是不同思想的集合;经典现代化理论的起源,可以大致追溯到19世纪的古典社会进化论(Harrison，1988)。

根据哈里生的观点，对经典现代化理论做出贡献的西方学者有20多位，包括古典进化论者、新进化论者、扩散论者、英国结构功能主义学者和社会系统论者等(图2-4)。

(2) 经典现代化理论的学术挑战

在20世纪60年代后期，经典现代化理论开始受到广泛批评。批评之声不仅来自外部，也来自从事现代化研究的学者(表2-5)。引人关注的新理论包括依附理论、世界体系理论和后现代主义，它们都对经典现代化理论持批评或否定态度。

(3) 经典现代化理论的学术演变

20世纪70年代以来，经典现代化研究发生了很大变化，经典现代化理论得到部分修正。在大量案例研究和实证研究的基础上，学者们发现和修正了经典现代化理论的一些片面观点。例如，世俗化是一个复杂的社会过程，但宗教始终存在并发挥作用；现代化不是线性的，而是非线性的和多路径的；传统性和现代性不是完全对立的，传统价值长期存在并发挥作用；民主与经济的关系不是线性的，而是非线性的和复杂的；东亚的新现代化，儒家文化和出口导向工业化有积极作用；东欧的新现代化，从计划型现代化向市场型现代化的转变等。

3. 现代化理论的演变

现代化理论的演变大致有两种含义：经典现代化理论的演变、其他的现代化理论的发生和演变。上面已经讨论了经典现代化理论的演变，这里讨论其他的现代化理论的演变。总体而言，经典现代化理论是现代化理论的基础，其他理论是后来衍生出来的(图2-5)。

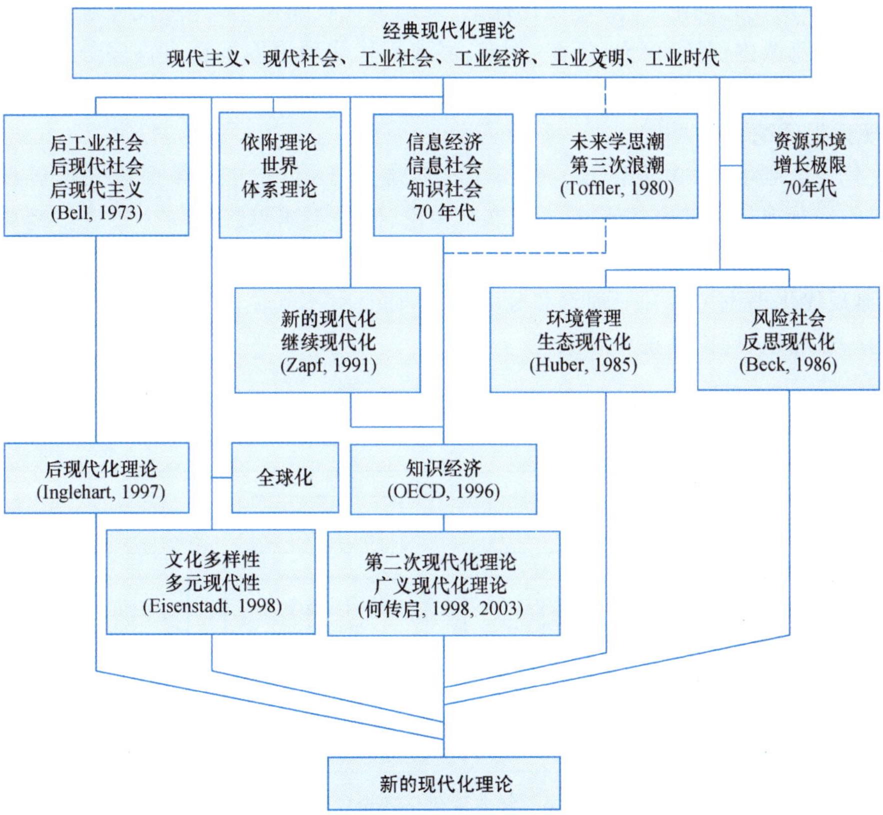

图2-5　现代化理论的发展(理论谱系)

资料来源：中国现代化战略研究课题组等，2006.

(1) 后现代化理论的形成和演变

20 世纪 70 年代,发达国家的未来发展引人关注,涌现出很多新思潮,包括后现代主义和后工业社会等。后现代主义有不同流派。20 世纪 90 年代,后现代化理论基本形成。

(2) 新的现代化理论的形成和演变

20 世纪 80～90 年代初,有些学者坚持现代化研究,提出一些新思想,包括"新的现代化"、继续现代化、生态现代化、反思现代化、多元现代性和全球化研究等。后面将专题讨论。

(3) 第二次现代化理论的形成和演变

20 世纪 90 年代末,随着知识经济和知识社会的兴起,第二次现代化理论浮出水面。在 21 世纪初,第二次现代化理论逐步成为一种广义现代化理论,包括两次现代化和综合现代化等。

第二节 现代化理论的主要流派

20 世纪 50 年代以来的现代化研究,形成了众多的学术流派。当然,有些学术流派之间并没有实质差别,有些是表述方式、重点或少数因素的差别。学术流派的竞争一方面有利于理论的发展,另一方面影响了理论的实践。关于现代化理论的主要流派,目前没有统一认识。

一、现代化理论的六个流派

根据理论内容的新颖性和学术影响的大小,六个流派的现代化理论值得特别关注。它们分别是经典现代化理论、后现代化理论、生态现代化理论、反思现代化理论、多元现代性理论和第二次现代化理论。在有些理论流派内部还有分支流派,例如,经典现代化理论内部还有许多分支流派等。这里简要介绍六个流派的观点,有关内容可参考《中国现代化报告 2003》。

1. 经典现代化理论

经典现代化理论诞生于 20 世纪 50～60 年代。它是对 18 世纪工业革命以来世界现代化进程的一种理论阐述。经典现代化理论并不是一个单一理论,而是不同思想的一个集合。经典现代化理论缺少统一的系统表述。《中国现代化报告 2003》曾经介绍过经典现代化理论,这里沿用它的分析结构。一般而言,经典现代化理论包括一般理论和分支理论,而且有不同流派(图 2-6)。由于篇幅有限,我们重点讨论它的一般理论、理论修正和局限性。

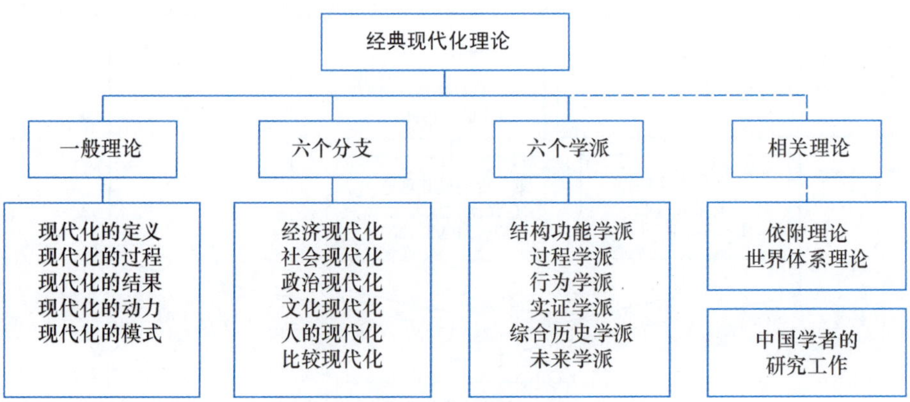

图 2-6 经典现代化理论的结构

资料来源:何传启,2003.

(1) 经典现代化的一般理论

首先,现代化的定义。在经典现代化理论中,不同学派和不同学者对现代化的理解和定义有所不同(Pandey, 1988)。尽管如此,学者们普遍接受现代化的两个基本内涵:① 指发达国家工业革命以来发生的深刻变化;② 指发展中国家追赶世界先进水平的发展过程。北京大学罗荣渠教授在《现代化新论》一书中指出,作为人类近期历史发展的特定过程,把高度发达的工业社会的实现作为现代化完成的一个主要标志也许是合适的(罗荣渠,1993)。

概括地说,现代化是18世纪工业革命以来人类社会的一种深刻变化,是从传统社会向现代社会的转型过程;它既发生在先行国家,也存在于后进国家追赶世界先进水平的过程中。

现代化既是一个从传统农业社会向现代工业社会转变的历史过程,也是一种发展状态,指完成现代化过程的工业化国家的发展状态——工业时代的世界先进水平。

其次,现代化的过程。关于现代化的过程没有统一认识。有人认为现代化是线性的(图2-7),有人认为是非线性的(Inglehart, 1997)。美国学者布莱克认为现代化过程包括四个阶段:① 现代性的挑战;② 现代化领导的稳固;③ 经济和社会的转型;④ 社会整合(Black,1966)。美国学者罗斯托认为经济发展可以分为五个阶段:① 传统社会阶段;② 为起飞创造前提条件的阶段;③ 起飞阶段;④ 成熟阶段;⑤ 高额的大众消费阶段。我们认为,现代化过程包括起步、发展、成熟和过渡四个阶段。美国学者亨廷顿认为现代化过程有九个特征(表2-7)。

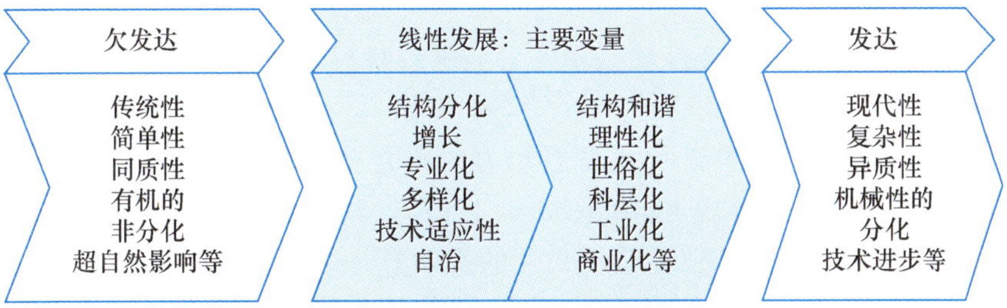

图2-7　经典现代化过程的线性模型

资料来源:Coetzee et al.,2001.

表2-7　经典现代化过程的九个特征

特征	解释
革命的过程	从传统社会向现代社会的转变,只能与人类起源的变化和从原始社会向文明社会的变化相比拟
复杂的过程	它实际上包含着人类思想和行为一切领域的变化
系统的过程	一个因素的变化将联系并影响到其他各种因素的变化
全球的过程	现代化起源于欧洲,但现在已经成为全世界的现象
长期的过程	现代化所涉及的整个变化,需要时间才能解决
有阶段的过程	一切社会的现代化过程,有可能区别出不同水平或阶段
趋同的过程	传统社会有很多不同的类型,现代社会却基本是相似的
不可逆的过程	虽然在某些方面可能出现暂时的挫折和偶然的倒退,但在整体上现代化是一个长期的趋势
进步的过程	在转变时期,现代化的代价和痛苦是巨大的;从长远看,现代化增加了人类在文化和物质方面的幸福

资料来源:Black, 1976.

其三,现代化的结果。现代性是现代化过程的结果。如果说,现代化过程是不断变化的,那么,现代性是相对稳定的。学者们把传统农业社会的特点归纳为传统性,把已经完成现代化过程的国家的现代工业社会特点称为现代性;传统性和现代性是相对的,也是不对称的。不同学者对现代性的认识有一定差别,但现代性具有一些基本特征。现代性在不同领域有不同表现,如政治民主化、经济工业化、社会城市化、宗教世俗化、观念理性化、现代主义和普及义务教育等(表 2-8)。关于现代性的争论已经持续 50 多年,有些观点是事实与理念的一种混合体。

表 2-8 经典现代化的现代性(第一现代性)

领域	传统性	现代性(第一现代性)
经济	小农经济、自给自足、分散的	工业化、专业化、规模化、集中的
社会	乡村的、家族的、宗教的、稳定性	城市化、福利化、分化与整合、社会流动
政治	专制的、封建的、宗教的	民主的、法治的、科层化(官僚化)
文化	宗教的、迷信的、宿命论、自然的、教育不发达、封闭的	世俗的、理性的、功利主义、现代主义、普及义务教育、大众传播
个人	保守的、被动的、依赖的、情感的、等级观念、社区价值取向、家族动机	开放性、参与性、独立性、平等性、个人利益取向、成就动机

资料来源:何传启,2003.

马克思(1975)认为:工业较发达的国家向工业较不发达国家所显示的,只是后者未来的景象。一个国家应该而且可以向其他国家学习。一个社会即使探索到了本身运动的自然规律……它还是既不能跳过也不能用法令取消自然的发展阶段。但是它能够缩短和减轻分娩的痛苦。这是理解现代化的过程和结果的一个重要思想。

其四,现代化的动力。关于经典现代化发展动力的研究有大量文献。美国密执根大学殷格哈特教授归纳了经典现代化理论的三种观点(Inglehart, 1997)。其一是"经济发展决定论",主张经济发展决定社会政治和文化的变化,认为工业化是现代化的推动力。这种观点受马克思"经济基础决定上层建筑和阶级冲突"思想的影响较大。其二是"文化发展决定论",认为是文化影响了经济和政治生活,民主化是现代化的推动力。这种观点受德国学者韦伯"新教伦理和理性化"思想的影响较大。其三是综合决定论,认为现代化是政治、经济和文化相互作用的结果。

马克思在《政治经济学批判》一书中提出"经济基础和上层建筑"的著名论断(斯道雷,2006)。"经济基础"包括生产力和生产关系,"上层建筑"包括各种制度以及由这些制度产生的"各种社会意识";经济基础决定或限制上层建筑的内容和形式,上层建筑反映和确认经济基础。技术进步和社会经济的发展,能够导致政治和文化的变化。这种思想被认为是现代化的"经济决定论"的思想源头。关于现代化就是工业化的观点,是这种思想的一种延伸。

其五,现代化的模式。许多学者认为,经典现代化的发展模式具有多样性和路径依赖性,受历史文化和地理条件等的影响。例如,德国学者普尔认为,英国和美国现代化是由民主化和工业化推动的;法国现代化是先有民主化后有工业化;德国现代化是先有工业化后有民主化(普尔,1993)。布莱克将世界 170 多个国家和地区的现代化分成七种类型(Black, 1966)。何传启把经典现代化分成创新型、跟踪型、嫁接型和学习型等四种类型(何传启,1999)。经典现代化的主要类型包括:先发型与后发型、内生型与外源型、主动型与被动型、市场型与计划型现代化等;拉美现代化、东亚现代化、东欧现代化和中东现代化等有自己的特点。

(2) 经典现代化理论的修正

经典现代化理论的理论修正主要有三个来源:对经典现代化理论的学术批评及其回应、历史和案例研究的新发现和经典现代化的新进展(东亚和东欧的新现代化)等。

首先，对经典现代化理论的学术批评及其回应。现代化是多路径的，现代化的“西方模式”存在多样性；传统性和现代性不是完全对立的，而是可以部分共存的；依附理论和世界体系理论既是对经典现代化理论的批判，也可以看成是对经典现代化理论的补充等。

其次，历史和案例研究的新发现。现代化的方向是可以预期的，但过程是不确定的。在现代化过程中，宗教和其他传统文化遗产没有消失，而是长期存在并发挥作用。现代化是局部可逆的，文化现代化是非线性的，关于现代化是西方化或美国化的观念是不成立的（Inglehart，Welzel，2005；表2-9）。民主与经济的关系不是线性的，而是非线性的和复杂的等。

表2-9　经典现代化理论的修正

经典现代化理论的早期观点	经典现代化理论的修正
现代化是一种历史必然	尽管社会经济发展的方向是可以预期的，但过程是不确定的
传统性是现代化的障碍	宗教和其他传统文化遗产长期存在，并发挥作用
现代化是不可逆的	文化现代化是可逆的，现代化是局部可逆的
现代化是线性的	经济、社会和文化发展都不是线性的，现代化是非线性的
现代化是西方化或美国化	这种观点是不对的，东亚现代化有新特点，美国不是世界文化变迁的领导
现代化是历史发展的终点	经典现代化是历史发展的一个阶段，后工业化阶段将是人的发展和解放

资料来源：Inglehart，1997；Inglehart，Welzel，2005.

其三，经典现代化的新进展。20世纪60年代以来，东亚的新现代化，先工业化，后民主化；儒家文化发挥作用，而不是新教文化发挥作用（Borrego，1995）。东欧的新现代化，20世纪后期东欧事变后，东欧国家开始从计划经济向市场经济转型，从计划型现代化向市场型现代化的转变，这种现代化与欧美先行国家的现代化有所不同。

（3）经典现代化理论的局限性

经典现代化理论在解释发达工业国家18世纪60年代至20世纪60年代的发展过程时比较成功，在解释发展中国家追赶发达工业化水平的过程时也还可用，但在解释发达工业国家20世纪70年代以来的发展时就遇到了麻烦，基本上不适用。在发达工业国家，经典现代化理论遇到的两大挑战是，① 20世纪70年代以来，发达工业国家的工业化出现逆转，进入非工业化轨道；② 发达工业国家的城市化出现逆转，城市人口开始向郊区和乡镇迁移。它们动摇了以工业化、城市化为典型特征的经典现代化理论的经济和社会基础。

2. 后现代化理论

后现代化理论出现于20世纪70～80年代。早在20世纪60年代，发达国家出现了三种新现象：① 经济发展从工业化转入非工业化，工业经济比例持续下降，服务经济比例持续上升；② 社会发展从城市化转入非城市化（或逆城市化），城市人口向郊区和乡镇迁移；③ 环境保护运动兴起，后现代文化蔓延。显然，经典现代化理论不能解释这些新变化。20世纪70年代以来，学者们纷纷探索发达工业国家的未来发展，未来学和后现代化理论引起广泛关注。

后现代化理论并不是一个完整的理论体系，而是关于后工业社会、后现代主义和后现代化研究的一个思想集合。后现代化理论主要有三个来源：对经典现代化和现代性的批判性重构（后现代主义和后现代性）、后工业社会的未来学展望、后物质主义和后现代文化的实证研究等。由于篇幅有限，这里简要介绍几种主要观点和它的局限性。

（1）后工业社会理论的主要观点

美国学者贝尔是后工业社会理论的代表人物，他在《后工业社会的来临》一书中把社会发展分为三个阶段:前工业社会、工业社会和后工业社会。他从五个方面刻画后工业社会:① 经济方面:从产品生产经济转变为服务性经济;② 职业分布:专业和技术人员阶级处于主导地位;③ 中轴原理:理论知识处于中心地位,它是社会革新与制定政策的源泉;④ 未来的方向:控制技术发展,对技术进行鉴定;⑤ 制定决策:创造新的"智能技术"(Bell,1973)。

(2) 后现代主义的主要观点

后现代主义是相对于现代主义的一种思潮,它建立在对现代主义、现代性和现代化运动的种种问题和局限性的反思和批判的基础上。作为经典现代化产物的现代性,带来了极大的物质财富,也带来了理性的专制、机器的统治、人性的淡化、精神的空虚、生态的灾难等人类越来越难以忍受的"现代病"。后现代主义通过对"现代病"的揭露、批判和否定,开阔了人们的视野,为未来发展提供了新线索。后现代主义既没有统一定义,也没有系统理论,但有一个鲜明特征,那就是对面面俱到的现代性提出挑战(罗斯诺,1988)。美国学者哈桑认为,后现代主义的主要特征包括破坏性、不确定性、破碎性、反正统性、非我性和内在性等(Hassan, 1987)。

法国学者利奥塔是后现代主义的一个代表人物,他的《后现代状态》一书促进了后现代主义的兴起。他认为:随着社会进入被称为后工业的年代以及文化进入被称为后现代的年代,知识改变了地位。在最近几十年里,知识成为首要生产力,这已经显著地改变了最发达国家的就业结构,对发展中国家来说也是最主要的薄弱环节。知识的供应者和使用者的关系,越来越具有商品的生产者和消费者的关系所具有的形式。不论是现在还是将来,知识为了出售而被生产,为了在新的生产中增殖而被消费;它在这两种情形中都是为了交换(Lyotard, 1984)。

(3) 后现代化理论的主要观点

英国学者柯鲁克、帕库斯基和瓦特斯的《后现代化:发达社会的变化》(Crook, Pakulski, Waters, 1992)是后现代化理论的代表作之一。书中讨论了发达国家从现代化向后现代化的转变,分析了文化、国家、不平等、政治、工作组织、科学和技术六个方面的变化(表 2-10)。他们认为:发达国家正在经历一个长期的、多维度的后现代化过程;后现代化最好被理解为现代化过程的一种延续,但它侵蚀了现代性的稳定性;后现代化的转型包括去组织化、高级(hyper)分化和去分化、高级理性化和高级商业化;从现代化向后现代化的转型涉及高级分化和单中心组织的结合;后现代化转型是多方向的和不可预先确定的。

表 2-10 现代化与后现代化的差别

方面	现代化	后现代化
文化	文化现代化是从传统文化向现代文化的转型过程,包括文化分化、文化理性化和文化商品化;文化现代性是文化现代化的产物,文化现代性产生了一系列紧张关系:分化与去分化、理性艺术与非理性艺术、商品化和反商品化	文化后现代化是多方向的和不可预测的过程,是文化现代化的扩展和反向的混合体,包括高级商业化、高级理性化、高级分化和去分化;文化后现代性是文化后现代化的结果,也是一个混合体
国家	现代化过程产生的国家,是以主权为基础的理性权力机构,是公民权利的创造者和维护者,现代国家逐步成为一个组合主义的管理者	后现代化动摇了组合主义国家权力的某些概念,包括从集中化到分散化、从权威到解放的转变;它对国家机构自动享有政治和公共领域的特权的观念提出质疑

（续表）

方面	现代化	后现代化
不平等	自由资本主义认为，阶级和性别不平等是由生产、积累和社会再生产决定的，有三种不平等：资产阶级、男性工人和妇女。有组织的资本主义改变了这种情况：服务阶级代替了资产阶级，工人阶级碎片化，妇女成为公共领域的再生产者	组织资本主义的不平等更多由消费模式而不是由生产模式决定。在后现代性里，大众媒体扮演关键角色，促进了多元身份。平等的多元共同体，以共同兴趣、选择和责任为基础，而且是流动的和交叉的
政治	现代政治是有组织的、正式的和工业化的，集中在国家层面，涉及规范的公民地位和利益代表；20世纪上半叶政治更加组织化和科层化	新政治与阶级结构脱钩，反对官僚化；后现代政治转变包括从结构基础向多样化集团、从经济议题向社会文化议题、从利益政治向普世关怀的政治的转变
工作组织	现代企业是高度理性的和疏离的，福特主义的生产线，标准化，连续性，约束性，工作任务简单；由于市场饱和，福特主义的生产战略受到挑战；企业和组织联盟出现	后工业主义促进职业的、学院式的工作组织的发展，小企业精神促进自我雇佣，灵活的专业化促进工作的多样性。柔性专业化、计算机控制生产、分散化和扁平管理、灵活的劳动力市场等
科学技术	现代有组织的科学是制度化和职业化过程的产物，适应人类控制自然的"大设想"；组织化科学是一个自治系统，生产新的有用知识，换取政府和企业的政治和经费支持	现代科学面临许多压力：财政的、科学的公众理解等；后现代科学必须最终消除科学与其他领域的边界，需要面对公共利益和高度商业化

资料来源：Crook，Pakulski，Waters，1992.

美国学者殷格哈特是后现代化理论的一个代表人物，也是世界价值观调查项目的负责人。他分析了世界价值观调查获得的大量数据和结果，写成《现代化与后现代化：43个国家的文化、经济和政治变迁》(Inglehart，1997)一书；该书是后现代化理论的代表作之一。殷格哈特认为，历史发展不是线性的，从传统社会向现代社会的转变是现代化，从现代社会向后现代社会的转变是后现代化(图2-8)；1970年以来工业化国家发生的变化是后现代化，发展中国家发生的变化是现代化；从现代化向后现代化的转变包括政治、经济、性和家庭、宗教观念等的深刻变化，如从物质主义到后物质主义、从现代价值到后现代价值、从生存价值到幸福价值；现代化的核心目标是经济增长，通过工业化和系统的技术应用来扩大有形产品；后现代化的核心目标是使个人幸福最大化，追求生活质量和生活体验；在专业化、世俗化和个性化方面，后现代化是现代化的继续。文化变迁具有路径依赖性，后现代化的文化变迁包括后现代主义的兴起。后现代主义可以分为三类：① 反对现代性的后现代主义，反对理性、权威、技术和科学；② 主张复兴传统的后现代主义，认为传统性有积极意义；③ 提倡新价值和新生活的后现代主义，主张更加宽容的伦理、性行为和个人选择。

殷格哈特和威尔吉尔在2005年出版的《现代化、文化变迁和民主》一书中比较详细地讨论了现代化过程的文化变迁。他们认为：现代化的方向是可以预期的，但过程是不确定的；宗教和传统文化遗产的作用没有消失，全球文化没有趋同，文化变迁不是线性的，文化转向一再发生，文化现代化不是不可逆的；工业化带来理性化、官僚化和世俗化，后工业化带来个人自律和自我表达价值；现代化不是西方化，美国不是世界文化变迁的领导者；人的发展和解放已经成为后工业时代的现代化特征(Inglehart，Welzel，2005)。

(4) 后现代化理论的局限性

在很大程度上，后现代化理论是一个毁誉参半的理论。这里不讨论人们对它的批评，而是简要讨论它的局限性。首先，它具有"时间不自洽"的嫌疑。如果说，"后现代"是一个时间概念，那么，"现代"与"后现代"是时间交叉的。从时间角度看，"后现代"是一个"不自洽"的模糊概念。其次，它没有包涵

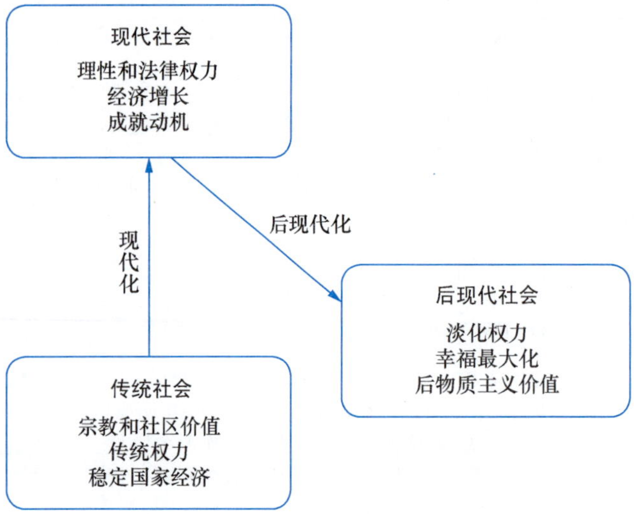

图 2-8 从现代化到后现代化

资料来源：Inglehart，1997.

知识经济、网络社会等新发展和将来的新变化。其三，它有表达能力的局限性。它认为现代化不是历史的终点，后现代化也不是终结，后现代化以后是“后后现代”。如果真是这样，那么，“后后现代”以后是什么？在工业化国家，“后现代”的时间不自洽，引起人们的思想混乱。在发展中国家，现代化和后现代化的矛盾，令人无所适从。后现代化理论由于自身的缺陷，而限制了自身的发展。

3．生态现代化理论

20 世纪 80 年代德国学者胡伯提出的生态现代化理论(Huber，1985)，已经成为发达国家的环境社会学的一个主要理论。《中国现代化报告 2007》系统阐述了广义生态现代化理论的基本原理。生态现代化是国家现代化与自然环境的一种互利耦合，它要求采用预防和创新原则，推动经济增长与环境退化脱钩，实现经济与环境的双赢、人类与自然的互利共生。

(1) 欧洲的生态现代化理论

荷兰学者摩尔认为，最先是 20 世纪 80 年代早期，少数西欧国家如德国、荷兰和英国，首次提出生态现代化理论(Mol,2001)。这种理论主要以欧洲经验为基础，描述一种新模式：追求经济有效、社会公正和环境友好的发展。这是经济和环境的双赢模式；经济增长与环境保护相互协调，经济增长与环境压力脱钩(Christoff,1996；Young,2000；Andersen,2002)。

关于生态现代化，目前没有统一定义。一般而言，它大致有四层含义：

首先，生态现代化是一种环境社会学理论，提供环境改革的一种社会学解释；

其次，生态现代化是理解和分析技术密集的环境政策和生态转型的新范式(框架)；

其三，生态现代化是对发达国家 80 年代以来环境和经济改革相关进步的真实反映；

其四，生态现代化是一种社会变迁理论，描述环境意识引发的经济和社会转型过程，包括生产和消费模式、环境和经济政策、现代科技、政府管理和现代制度的生态转变等。

生态现代化的核心是预防、创新和结构转变。它有六个要点：

① 现代工业社会需要持续的生态重构，建立生态现代性。这种生态重构，是生态和环境意识引发的社会实践和制度的转型和改革。尽管目前的生态转型过程还不能说是线性的和不可逆的，但是在一定程度上它们是永存的和很难倒退的(Mol,2001)。

② 在生态重构中，要发挥现代科技和市场经济的联合作用。现代科学技术是生态改革的核心机

制，同时强调在生态改革中经济和市场动力的重要性，市场经济鼓励的、政府促进的工业创新能够促进环境保护。

③ 正确对待环境挑战。不仅把环境挑战看成是危机，也看作是机会；把减少污染看成是加强经济竞争力的工具，而不是要求额外地增加和维持昂贵的末端处理技术(Cohen，1998)；生态现代化可以看成是环境敏感技术的机会(Christoff，1996)。

④ 建立新的环境议程。通过建立新的环境议程，超越各种冲突和利益，形成环境议程联盟，管理自然资源和环境风险，解决经济增长和相应的环境管理的常规矛盾。

⑤ 建立前瞻的和预防的环境政策。采用预防原理，促进环境改革，推动宏观经济结构、生产和消费模式、技术结构和环境政策等的长期结构变化。

⑥ 采用工业生态学原理，建立参与式的战略环境管理(Huber，2000)。

(2) 广义生态现代化理论

广义生态现代化理论，是欧洲生态现代化理论在世界范围和现代化意义上的拓展和应用，是生态现代化研究的“第三代理论”。它认为，现代社会的环境问题，绝大多数是人为的。解铃还需系铃人。人为的问题，需要人来解决。生态现代化，不是简单地从污染治理入手，而是从改变人的行为模式出发，通过改变经济和社会发展模式，达到环境保护和经济发展双赢的目的。广义生态现代化的本质是：高效低耗、无毒无害、脱钩双赢、互利共生。

首先，生态现代化是现代生态和环境意识引发的世界现代化的生态转型，是现代化与自然环境的一种互利耦合；它包括从物质经济向生态经济、物质社会向生态社会、物质文明向生态文明的转变，自然环境和生态系统的改善，生态效率和生活质量的持续提高，生态结构、生态制度和生态观念的深刻变化，以及国际竞争和国际地位的明显变化等。

其次，生态现代化是一个长期的、有阶段的历史过程，从20世纪70年代到21世纪末，生态现代化大致包括相对非物化和绿色化、高度非物化和生态化、经济与环境双赢、人类与自然互利共生等四个阶段。当然，这种划分是相对的。

其三，生态现代化是一场持续100多年的国际竞赛，包括不同国家追赶、达到和保持世界先进水平的国际竞赛，以及国内生态效率、生态结构、生态制度和生态观念的变化。

其四，生态现代化具有绝对和相对两个视角。如果说，生态现代化的国内进程是绝对生态现代化，那么，生态现代化的国际地位变化过程就是相对生态现代化。生态现代化，既是国内现代化与自然环境的良性耦合，又是现代化与自然环境相互作用领域的国际竞争。

广义生态现代化的15个基本特征是：相对可预期的、全球的、长期的、复杂的、进步的、转型的、系统的、渐进的、不平衡的、很难逆转的世界趋势、非物化、绿色化、生态化、经济与环境双赢、人类与自然互利共生。

广义生态现代化的10个基本原则是：预防原则、创新原则、效率原则、不等价原则、非物化原则、绿色化原则、生态化原则、民主参与原则、污染付费原则、经济和环境双赢原则。此外，自然科学、技术科学、社会科学、人文科学和综合学科的许多原则和原理，如热力学第一定律和第二定律等，也适用于生态现代化。

广义生态现代化的3条基本路径是：全面生态现代化路径、综合生态现代化路径和经典现代化的生态修正。生态现代化具有路径依赖性和起点依赖性，没有最佳模式。

广义生态现代化的基本要求是“三化一脱钩”。

首先，非物化(轻量化)。基本内涵是高效低耗和高品低密。高效：提高物质生产率、资源生产率、能源生产率、土地生产率等；低耗：降低经济和社会的物质消耗、资源消耗、能源消耗、碳能消耗等；高品：提高经济的服务比重、文化比重、信息和知识比重、经济品质和生活品质等；低密：降低经济和社会的物质密度、资源密度、能源密度、碳能密度等。

其次，绿色化。基本内涵是无毒无害和清洁健康。无毒：降低对环境和健康的有毒物和有毒废物的生产和排放，无毒化、低排放和污染治理等；无害：降低对环境和健康的有害物和有害废物的生产和排放，无害化、低排放和环境治理等；清洁：发展环保技术、清洁生产、绿色产品、绿色能源、绿色交通和绿色生活，减少排放等；健康：提高经济和社会中环境友好、人体无害、安全优质的绿色要素的比例等。

其三，生态化。基本内涵是预防创新和循环双赢。预防：预防原则——发展生态农业、生态工业、生态旅游、生态城镇、保护自然和生物资源等；创新：创新原则——环境友好的知识创新、技术创新和制度创新，提升生态效率和生态文化等；循环：循环经济——提高废物再循环、再利用、再制造和废物处理率等；双赢：双赢原则——经济发展的同时，加强生态重建，降低生态退化，经济和环境双赢等。

其四，经济与环境退化脱钩。基本内涵是逆向脱钩和正向耦合。逆向脱钩指经济增长与环境退化脱钩，包括：经济发展与物质需求增长脱钩、经济发展与自然资源消耗增长脱钩、经济发展与能源消耗增长脱钩、经济发展与环境污染增长脱钩、经济发展与生态退化脱钩等。正向耦合指经济发展与环境进步良性耦合等。

（3）生态现代化理论的局限性

生态现代化理论是现代化与自然环境相互作用的一种理论，属于现代化理论的一个分领域理论。生态现代化理论的实用范围是非常有限的。

4. 反思现代化理论

1986 年德国学者贝克的《风险社会——走向新的现代性》德文版问世。他在书中提出了后来产生广泛影响的两个概念：风险社会和反思现代化[①]。随着英文版《风险社会》(Beck, 1992)和《反思现代化》(Beck, Giddens, Lash, 1994)的出版，这两个概念在国际学术界迅速传播。

贝克认为：在 19 世纪，普通现代化分解了农业社会的结构，建立了工业社会；与此相似，今天的反思现代化正在分解工业社会，并产生另一种现代性。这种新出现的现代性就是风险社会(Beck, 1992)。反思现代化就是一个工业社会的创造性破坏的时代，创造性破坏的行为主体不是革命，不是危机，而是西方现代化的胜利(Beck, 1994)。

反思现代化理论的主要观点包括：(1) 世界现代化包括两个阶段，即普通现代化和反思现代化。(2) 普通现代化是从传统社会向工业社会的转变，反思现代化是从工业社会向风险社会的转变，反思现代化是现代化的现代化——再现代化(图 2-9)。(3) 反思现代化可以理解为工业社会的必然性的解体，被迫去寻找和发明新的必然性；新的相互依赖，甚至是全球性相互依赖；个性化和全球化是反思现代化的两个方面。(4) 从一个社会时代向另一个社会时代的转变，能够通过没有预先设计的、非政治的和各种论坛的促进来实现。新社会并不总是在痛苦中诞生。(5) 工业社会的现代性是普通现代性，风险社会的现代性是反思现代性；普通现代性是第一现代性，反思现代性是第二现代性等。贝克认为，普通现代性指 1800～1950 年的工业社会的特征。普通现代性是一个半现代状态，它包含着反现代的因素，阻止进一步的现代化。普通现代化只走完现代化一半的历程。反思现代性指风险社会的特点，如社会不平等的个性化、不确定性、风险全球化、民主对话、结构性失业、部分雇佣和工作安全性的退化等(Beck, 1992)。

反思现代化理论的几个特点。首先，风险社会和反思现代性的特点包括个性化、不确定性、全球生态风险和工业社会文化的基本观念(如阶级利益和进步理念)正在解体等。这些观点与现代主义和

---

① 原文为 Reflexive Modernization。有多种翻译：反思现代化、反射现代化、自反性现代化、再现代化。

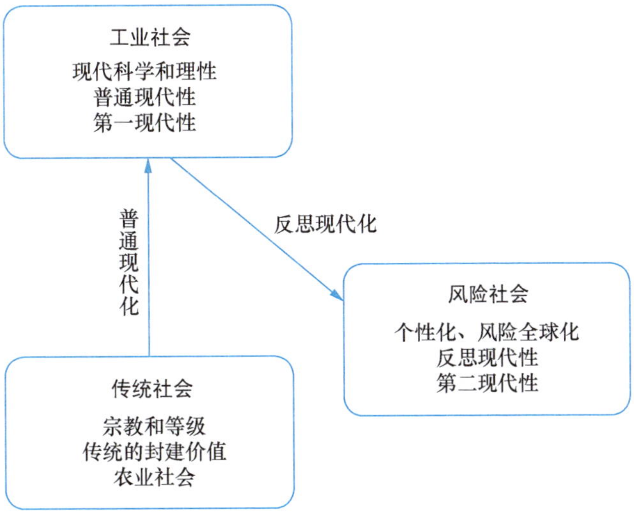

图 2-9　反思现代化是现代化的现代化——反思现代化的一种示意图

资料来源：何传启，2003.

后现代主义的观点是一致的。其次，反思现代化的动力，贝克认为是副作用和反思性，拉什认为是个性化(Beck，Giddens，Lash，1994)。其三，反思性是一个引起广泛讨论概念。贝克认为：反思性是自主的、不受欢迎的、看不见的从工业社会向风险社会的转化过程(Beck，1994)。反思性包括认知的、美学的、阐述的、结构的、制度的和自我的反思性。

反思现代化理论的局限性。反思现代化理论把风险社会作为第二现代性，把风险社会的形成作为反思现代化的目标，这种观点反映了发达国家新变化的部分特征，而不是全部。21 世纪知识经济和知识社会已经成为世界潮流，风险性只是这种世界潮流的一个侧面特征。

5. 多元现代性理论

20 世纪 90 年代以来，文化多样性和文化多元化引起广泛关注。这种思想在现代化研究领域产生了共鸣，"多元现代性"逐步成为一个时髦的学术词汇。艾森斯塔特认为：多元现代性是关于现代时期的历史和特征的某种观点，它与 20 世纪 50 年代的经典现代化理论的阐述不同。经典现代化理论认为，现代性最初在欧洲出现，然后扩散到世界各地，并被后进国家照单全收。现代性确实蔓延到世界大多数地区，但没有产生一个单一的文明，或一种制度模式，而是产生了几种现代文明的发展，或至少多种文明模式。现代社会和正在现代化的社会的多元性和多样性，远远超出了人们以往所承认的程度。现代性具有多种文化方案和制度模式。多元性和多样性被视为是不同现代社会独特面貌的主要决定因素(艾森斯塔特，2006)。

多元现代性理论认为：① 现代性应当被视为一种独特文明，具有独特的制度和文化特征。现代性的核心是对世界一种或多种阐释方式的形成和发展，是一种本体论图景、一种独特的文化方案的形成和发展，与一套或几套新的制度形态的发展相结合，空前的开放性和不确定性是其核中之核。② 现代性的制度模式和意识形态模式的持续的可变性表明，现代性的历史，最好看作是现代性的多元文化方案、独特的现代制度模式以及现代社会的不同自我构想不断发展、形成、构造和重构的一个故事——多元现代性的故事。③ "多元现代性"有几种含义。第一，现代性和西方化不是一回事，西方模式或现代性模式不是唯一的、"真正的"现代性；尽管相对于其他现代性而言，西方模式出现比较早，而且是并将继续是其他模式至关重要的参照点。第二，这类多元现代性的成形，不仅在不同国家间的冲突上留下了烙印，而且在不同的国家范围和跨国领域打下了烙印。第三，多元现代性不是"固定不变"的，而是不断变化的。④ 现代性的这些不同文化方案和制度模式，是通过几种因素之间的持续互动构成的。第一种因素是这些社会的整个历史形成的宇宙观和社会结构，第二个因素是这些文明的历史经验和制度模式，第三个因素是现代化进程中现代性的新文化和政治方案的国际互动，第四个因素是与人口结构、经济和政治变化相关的内部紧张和矛盾。⑤ 现代性文化方案的关键核心，涉及人的能动性和自主性，强调个人自由与制度自由领域的不断扩大，人的活动、创造性、自主性领域的不断扩展。⑥ 文化多样性的分析，并不否认现代化和工业社会趋同的早期理论包含着高度真实的因素——大多数现代社会在制度面貌的某些最基本方面的确趋同。例如，在社会组织方面，如产业关系和现代城市问题等是趋同的；在某些意识形态方面，如平等和政治参与等是趋同的。但是，不同现代社会在提出和解决这些问题的方式方面有很大差异(艾森斯塔特，2006)。

多元现代性理论的局限性。多元现代性突出了文化和制度的多样性，同时承认制度的部分趋同性，但没有区分现代化的阶段。现代化的不同阶段有不同特点。现代化具有进程不同步性。不同阶段的特征，集中到一个历史截面上，可以形成截面的多样性。

6. 第二次现代化理论

第二次现代化理论是中国学者何传启提出来的(何传启，1998，1999)。第二次现代化理论不仅是一个广义现代化理论，也是一种人类文明理论，它使现代化理论与人类文明理论形成一个有机的整体(图 2-2)。它把 18～21 世纪的世界现代化分为第一次和第二次现代化两个阶段；如果说，第一次现代化是以发展工业经济、建设工业社会为特征的经典现代化，那么，第二次现代化是以发展知识经济、建设知识社会为特征的新型现代化。关于第二次现代化理论的全部内容将在第三节(现代化理论的基本原理)讨论，这里简要介绍它的几个观点。

(1) 第二次现代化理论的一般观点

首先，从人类诞生到 21 世纪末，人类文明进程包括四个时代和十六个阶段。四个时代分别是工具时代、农业时代、工业时代和知识时代，每一个时代都包括起步期、发展期、成熟期和过渡期四个阶段。在人类文明进程中，经济和社会发展水平、生产力和生活质量在不断提高，但发展方向发生了三次转折；不同时代和不同阶段人类文明有不同特征，不同国家和不同民族有不同表现，人类文明发展的不同方面有不同的规律和特点。

其次，现代化指 18 世纪工业革命以来人类文明所发生的深刻变化，它包括从传统政治向现代政治、传统经济向现代经济、传统社会向现代社会、传统文化向现代文化转变的历史过程及其变化；它既发生在先行国家，也存在于后进国家追赶世界先进水平的过程中。概括地说，现代化是现代文明的形成、发展、转型和国际互动的复合过程，是文明要素的创新、选择、传播和退出交互进行的复合过程，是追赶、达到和保持世界先进水平的国际竞争；它遵循 10 个基本原理：进程不同步、分布不均衡、结构稳定性、地位可变迁、路径可选择、行为可预期、需求递进、效用递减、状态不重复和中轴转换原理。

其三，世界现代化进程可以分为两个阶段。从 18 世纪到 21 世纪末，世界现代化过程可以大致分为两大阶段：其中，第一次现代化指从农业时代向工业时代、农业经济向工业经济、农业社会向工业社会、农业文化向工业文化的转变过程和深刻变化；第二次现代化指从工业时代向知识时代、工业经济向知识经济、工业社会向知识社会、工业文化向知识文化的转变过程和深刻变化。第二次现代化不是人类历史的终结，将来还有新的发展。

其四，两次现代化是紧密相关的。在同一个国家，第一次现代化奠定了第二次现代化的物质和社会基础；第二次现代化在许多方面是对第一次现代化的消除和“反向”(有些是对传统性的“回归”)，在某些方面是对第一次现代化的继承和发展，在有些方面是新发生的(知识和制度创新)；两次现代化的协调发展则是综合现代化。在不同国家之间，两次现代化相互影响和竞争，在公平贸易条件下两次现代化相互促进，在不公平贸易条件下两次现代化相互制约。

其五，两次现代化有不同规律、特点和发展范式。第一次现代化的主要特点是工业化、专业化、城市化、福利化、流动化、民主化、法治化、分化与整合、理性化、世俗化、大众传播和普及义务教育等。第二次现代化的主要特点是知识化、分散化、网络化、全球化、创新化、个性化、多样化、生态化、信息化、民主的、理性的和普及高等教育等。在第一次现代化过程中，经济发展是第一位的，物质生产扩大物质生活空间，满足人类物质追求和经济安全。在第二次现代化过程中，生活质量是第一位的，知识和信息生产扩大精神生活空间，满足人类幸福追求和自我表现；物质生活质量可能趋同，但精神和文化生活将高度多样化。

其六，两次现代化的动力是不同的，第二次现代化的动力是知识创新、制度创新和专业人才。在第一次现代化过程中，工业化、城市化和民主化的相互作用导致经济、社会、政治和文化结构的变化，从而推动现代化进程。在第二次现代化过程中，知识创新和制度创新导致新的科学和技术；新的科学和技术导致新的经济和社会，新的经济和社会导致新的现代化；制度创新和知识创新还会导致新的政治和文化；新的政治和文化促进新的现代化；新的现代化会促进新的知识创新和制度创新；知识创新和制度创新的相互作用推动了现代化进程。

(2) 综合现代化理论的一般观点

第二次现代化理论认为，21 世纪世界现代化有三条路径：第一次现代化路径、第二次现代化路径和综合现代化路径，综合现代化路径是大部分发展中国家的合理选择。

综合现代化路径要求，协调推进第一次现代化和第二次现代化，大力促进新型工业化、新型城市化、知识化和信息化，实现从第一次现代化向第二次现代化的战略转变。

(3) 第二次现代化理论的局限性

第二次现代化是一个没有完全展开的历史过程。事实上，目前世界现代化的前沿仅达到第二次现代化的发展期。关于第二次现代化的未来发展，我们只能展望不能下结论。所以，目前的第二次现代化理论，还是一个处于成长期的理论，未来的发展空间还很大。目前第二次现代化理论的内容，并不是成熟的第二次现代化理论的全部内涵。

二、现代化理论的其他流派

现代化理论的六个流派集中反映了现代化研究的主流观点，但不是全部观点；其他的理论和思想还很多。这里简要介绍四种理论（表 2-11）。其中，依附理论和世界体系理论与经典现代化理论紧密相关，全球化理论和继续现代化理论与第二次现代化理论紧密相关。

表 2-11 20 世纪现代化理论的主要流派

项目	经典现代化研究	后现代化研究	新型现代化研究
流行时间	20 世纪 50～60 年代	20 世纪 70～80 年代	20 世纪 80～90 年代
六个流派	经典现代化理论、（“新现代化理论”）	后现代化理论（后现代性理论）	生态现代化理论、反思现代化理论、多元现代性理论、第二次现代化理论
其他流派	依附理论、世界体系理论	—	全球化理论、继续现代化理论等

注：“新现代化理论”是一个混合概念，泛指与“经典现代化理论”不同的现代化理论，包括经典现代化理论的修正理论和新提出的“新的现代化理论”。本表中的“新现代化理论”，指经典现代化理论的几种修正理论。

1. 依附理论

依附理论是 20 世纪 60 年代兴起的一种国际政治经济理论。它试图用核心国家和边缘国家的依附关系，来解释边缘国家的欠发达现象，并把欠发达归咎于外部原因(图 2-10)。依附理论文献丰富，支派众多，但迄今为止，尚没有系统的理论表述和完整的理论结构。在现代化理论谱系中，依附理论的地位和作用是有争议的。历史经验表明，不同国家不太可能齐步走，世界现代化过程必然伴随发达和欠发达现象。发达国家是现代化国家，欠发达国家是非现代化国家。既然欠发达现象是现代化的一个客观事实，那么，关于欠发达现象的理论解释，作为经典现代化理论的一个分支理论，应该说是可以成立的。

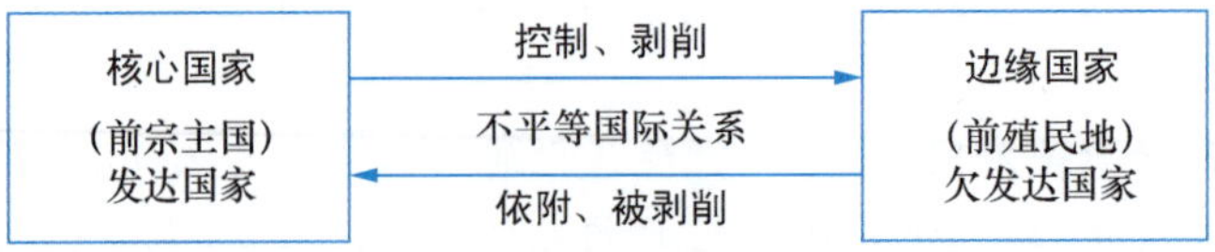

图 2-10 依附理论的示意图

(1) 依附思想的兴起

在过去 300 多年里，欠发达现象普遍和持续存在。虽然关于欠发达(underdevelopement)没有统一定义，但一般而言，欠发达是指国家发展水平大大低于发达国家的一种状态；造成欠发达的原因是多样的，既有外因也有内因。如何解释欠发达现象，是发展经济学和国际政治经济学面临的一个课题，也是被经典现代化理论忽视的一个问题。经济自由主义、马克思主义和“不发达学说”等，对欠发达问题有不同解释；在 20 世纪 60 年代末和 70 年代，依附理论取代结构主义，成为对第三世界不发达的最重要解释(吉尔平，2006)。

(2) 依附理论的观点

20 世纪 60 年代中期出现的依附理论，是经典马克思主义和经济民族主义的一种混合物。它的主要内容包括分析：(1) 资本主义世界体系的性质和运动；(2) 发达资本主义国家和欠发达国家之间的关系或联系；(3) 依附国本身的内部特征。根据多斯桑托斯的观点：“所谓依附，我们指的是若干国家的经济受到它们所依从的另一些国家经济的发展和扩大的制约。”依附理论认为：资本主义的运动规律和经济矛盾，迫使资本主义向世界经济中的欠发达外围扩张；由于母国消费不足和利润率降低，资本主义国家必然控制和剥削欠发达国家；这就导致工业中心和依附性外围之间的等级统治结构。虽然依附理论形形色色，但有一个共同认识：欠发达国家之所以不够发达，主要源于世界资本主义体系中的外部力量，而非源于这些国家政策本身。欠发达国家的不发达和资本主义的发达，都是国际资本主义扩张的结果。这种历史局面没有根本改变，国际经济和政治权力平衡继续倾斜，有利于发达的资本主义国家。尽管在绝对意义上说处于依附地位的欠发达国家也在前进，但在相对意义上说，它们始终是落后的。关于造成不发达的机理存在不同观点，如剥削论、帝国主义疏忽论和依附性发展论等，但比较普遍的观点是资本主义造成了不发达，依附造成了不发达(吉尔平，2006)。

依附性发展或关联发展是依附理论的新发展。他们承认巴西和韩国等欠发达国家的经济取得的成就，认为在某些条件下依附关系可以导致经济迅速增长，但是这种增长不属于真正的发展，因为它并没有带来民族独立。依附理论还认为，国际资本主义中心和第三世界现有资产阶级显贵合作，把该国纳入世界经济的轨道，阻碍了该国的经济发展、社会福利和政治独立。这些显贵抵制自己特权的丧失，并依靠外部势力维持着政权(吉尔平，2006)。

新殖民主义认为，殖民主义仅仅是被一种更加狡猾和仍然有效的剥削方式所替代；新独立国家在技术、金融、市场和产业等方面仍然依附于它们原先的宗主国和其他工业化国家。

北京大学尹保云教授认为(2001)，依附理论可以大致分为三种类型。其一，结构主义依附理论，以普雷维什等人为代表，认为发达国家和发展中国家的关系是一种不平等的“中心—外围”依附关系，它们之间的国际贸易是不平等的，发展中国家应该采取“进口替代的工业化战略”。其二，激进的依附理论，以弗兰克、阿明等人为代表，被认为是新马克思主义在西方发展理论中的反映，认为是资本主义造成了欠发达，主张外围国家与中心国家脱钩，走独立自主的发展道路。其三，依附发展理论，以卡多索、费尔南德斯、埃文斯等人为代表，强调国家的作用，认为发展中国家在“依附”条件下可以获得发展。

(3) 依附理论的局限

依附理论所描述的现象是客观存在的，但是它也存在明显的局限性。① 依附理论主要以拉美国家的现代化的不成功经验为基础的。它过分强调了拉美国家的经验，忽视了发展中国家之间的差异。② 与东亚新兴工业化国家的发展经验不符合。东亚国家如韩国、新加坡和马来西亚等，在几十年前还是第三世界的成员，现在成为新兴工业化国家。③ 过分强调发展的外部因素，相对忽视落后的内部原因。把欠发达现象完全归咎于资本主义和外部原因，有失偏颇。④ 过分强调依附的负面效应，忽视依附的正面效应，如国际援助和技术扩散等。⑤ 忽视资本主义扩张的客观进步意义，资本主义扩张伴随着工业文明的扩散。⑥ 缺少系统的理论体系等。

2. 世界体系理论

世界体系理论是20世纪70年代兴起的一种有广泛影响的理论。它试图用中心—半边缘—边缘地区的依附关系、世界劳动分工和阶级冲突等变量来分析世界体系的历史演变，从而解释16世纪以来的世界发展史(图2-11)。世界体系理论的代表人物包括沃勒斯坦和霍普金斯等。

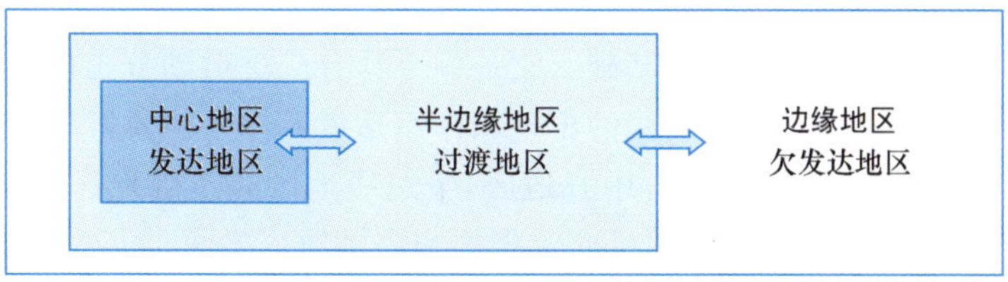

经济体系：单一体系，不等价交换；国家地位：可变化，上升或下降；变化趋势：两极化，差距扩大
政治体系：多个体系并存；国家地位：边缘化或中心化；变化趋势：霸权周期，物质、贸易和金融变化

图2-11　世界体系理论的示意图

关于世界体系理论与现代化理论的关系，目前没有统一认识。世界体系理论的代表人物沃勒斯坦对现代化理论持批评态度(Wallerstein，1976)。现代化理论和世界体系理论都试图解释过去300年的世界史，经典现代化理论是从国家层次上解释的，世界体系理论是从世界体系层次解释的。从现代化研究的角度看，两者的研究内容和研究方法是不同的，但具有一定的互补性。现代化是一个世界运动，必然导致世界体系的变化，世界体系的变化必然影响国家的现代化，但是，经典现代化理论本身没有世界体系层次的分析。考虑到现代化过程必然导致世界体系的变化，建立关于现代化过程的世界体系的理论解释，作为经典现代化理论的一个分支理论是可以的。当然，世界体系理论和依附理论一样，都是一种独立存在和自行演变的学术思想。

(1) 世界体系理论的兴起

世界体系理论的兴起与经典现代化研究和理论批判紧密相关。在20世纪50和60年代，现代化理论认为，如果发展中国家按照现代化模式发展，就能赶上发达国家，实现现代化。在60年代后期，有些学者发现，一些按照现代化模式发展的发展中国家，并没有取得预期的成功，如拉美国家早在19世纪就开始了现代化运动，但直到20世纪60年代都没有取得成功；非洲国家的现代化更是困难重重。有些学者开始质疑把现代化作为普遍发展模式的合理性和可行性。70年代西方学术界掀起一股反"现代化理论"和反"西方化"的思潮。国际环境运动的兴起,促进了反"现代化理论"观念的传播。在20世纪60年代,沃勒斯坦研究了非洲国家如加纳的发展,认识到现代化理论的局限性,并开始对其进行批判。70年代初沃勒斯坦开始推出多卷本的《现代世界体系》,把发展中国家纳入到世界整体发展中进行系统研究。

世界体系理论在很大程度上是对依附理论的进一步发展(皮尔逊,巴斯亚里安,2006)。它采用了依附理论的核心—边缘的分析概念,增加了半边缘地区,认为核心国家和边缘地区的关系是依附关系,在本质是剥削关系。西方学者把世界体系理论看成是马克思主义的一个分支(皮尔逊,巴斯亚里安,2006)。世界体系理论确实包含马克思主义的许多观点,如剥削和阶级冲突等。沃勒斯坦认为:"世界经济基本的政治现实就是一种不断变化形式的阶级冲突:公开的阶级意识与种族—国家意识的对立,国内的阶级和跨国的阶级的对立。"

(2) 世界体系理论的观点

世界体系理论是一个内涵丰富的理论。沃勒斯坦把它分为10个方面:① 周期和趋势,② 商品链;③ 霸权和竞争;④ 地区性和半边缘性;⑤ 融入和边缘化;⑥ 反体系运动;⑦ 家庭;⑧ 种族主义和性;⑨ 科学和知识;⑩ 地缘文化和文明。这些方面归纳起来涉及三个层次,分别是世界经济体系、世界政治体系和世界文明(王正毅,2006)。

① 世界经济体系。沃勒斯坦在《现代世界体系》前三卷中分析了世界体系和世界经济体系。他认为:"世界体系是一个社会体系,它具有范围、结构、成员集团、合理规则和凝聚力。世界体系的生命力由各种冲突构成。"世界经济体系的主要特点如下。

首先,世界体系具有单一的世界经济基础。它是一个具有广泛劳动分工的实体;国际分工包括各种职能性任务的层级体系;阶级和身份集团的出现和作用是世界体系的要素。

其次,劳动分工将世界分成三个地带:中心地区、半边缘地区和边缘地区。中心地区是经济发达地区,边缘地区是经济落后地区,半边缘地区介于中心和边缘地区之间。

其三,资本主义的全球扩张,不断把外围地区融入世界经济体系,并使之边缘化;中心和边缘的不等价交换,保证了资本主义的运行和资本的积累。

其四,资本主义的发展经历着停滞和扩张的长周期运动;扩张期经济增长从中心向边缘扩散,停滞期首先损害的是边缘地区的利益。

其五,国家经济地位是变化的,国家经济地位的地理分布也是变化的。中心和边缘地区不是固定的,边缘地区可以成为中心地区,中心地区可以变成边缘地区。在停滞期,半边缘国家地位变化比较大。

其六,世界经济体系的发展趋向于扩大不同地区的经济和社会差距,趋向两极分化。

② 世界政治体系。沃勒斯坦认为,世界经济体范围内存在多个政治体系,它们保证了资本主义能够一直兴旺。世界政治体系的主要特点如下。

首先,现代国家和国家体系是资本主义经济的独特产物,国家的形式、实力和边界都在不断变化,国家体系一直在扩展。世界体系的国家体系是多重的。

其次,国家体系的变化包括两个对应的过程:核心化过程和边缘化过程。核心化过程指中心地区利用国家机器在世界经济中垄断商品、谋求利润最大化,最终成为核心国家。边缘化过程指边缘地区利用不太先进的技术和不等价交换,逐步成为边缘国家(王正毅,2006)。

其三,国家体系的运行存在周期性,称为霸权周期。资本主义世界体系经历了三个霸权周期,产生了三个霸权国家,即17世纪的荷兰、19世纪的英国和20世纪的美国。

其四,国家体系中的霸权是一种机制,它有三个物质基础。霸权的机制是在大国竞争中,一个大国能够在很大程度上将它的政治、经济、军事、外交和文化上的原则和意愿强加于国家体系中。霸权的物质基础是工农业生产、商业、金融更有效率。霸权的兴衰与这三个经济部门的效率相关。霸权国家先在工农业部门取得优势，然后在国际贸易中取得优势，最后在金融领域占有优势。在三个领域都获得优势，就获得短暂的霸权地位。

其五，霸权统治时期的国家体系是暂时稳定的。政治上追求霸权地位和经济上追求利润最大化一样，是资本主义世界体系的推动力。追求霸权地位是资本主义国家的共同目标。

其六，霸权国家可以运用自己的国家政治机器，为本国资本在世界市场获得最大利润，提供垄断的政治条件。但是霸权的政治职能不是无限的，受到国家体系和竞争国家的制约。

③ 世界文明。沃勒斯坦认为，当我们将文明看成是不同习惯、结构和文化而讨论不同文明之间的关系时，我们应该将其放在一个历史体系中来分析。自牛顿力学产生以来，追求科学是文明的象征。这一思潮伴随英国工业革命以及资本主义的全球扩张，成为一种具有普遍性的文明，这是资本主义世界体系在文明上的表现。对于核心国家创造的科学文明，边缘国家处于两难境地，很难作出有效的反应(王正毅，2006)。

④ 世界体系理论的三个观点。根据美国学者吉尔平的分析，世界体系理论建立在马克思主义对于社会现实的看法基础上，但又有所不同(吉尔平，2006)。该理论认为，第一，作为人类行为的决定性因素，经济活动和阶级斗争比政治和集团冲突重要，它关注国际统治层次，以及各国和不同阶级的斗争；第二，一个已经统一的世界经济体系由处于不同等级的一些阶级统治国家组成，这些国家靠经济力量集合在一起，形成了发达国家外围到处存在的不发达；第三，现代世界经济的特征在于它面临固有的矛盾，以及按照宿命论的法则运行，那些法则支配着它的历史发展、不可避免的危机以及最终的灭亡。世界经济就是地位不平等的许多国家组成的一种国际结构，这种结构维持国际分工，促使先进资本主义国家的资本积累，以及其余国家的落后和不发达的周而复始(吉尔平，2006)。

⑤ 世界体系理论的六个变量。霍普金斯和沃勒斯坦(2002)认为，1945～2025年世界体系处于发展的转型时期。他们提出了现代世界体系的历史演进的六个分析变量，并认为六个变量是相互联系的，而每一个变量都不会孤立于其他变量而独立发展。这六个变量是：国家间体系、世界生产结构、世界劳动力结构、人类福利模式、各国的社会凝聚力和知识结构。他们利用六个变量分析了1945～1990年的世界体系演变和预测了未来的趋势。

(3) 世界体系理论的局限

世界体系理论从世界体系层次分析世界发展的历史，无疑是有意义的，是对经典现代化理论的重要补充。它的局限性主要有：① 中心和外围国家的划分没有定量标准；② 着重从世界体系角度分析世界发展，相对忽视了生产力和科技发展的作用；③ 概念比较混乱，理论自身的矛盾比较多；④ 世界体系层次分析不能反映世界发展和现代化的全貌等。

3. 全球化理论

关于全球化没有统一定义。狭义理解是经济活动的全球联系和相互依赖的扩展，广义理解是经济、政治、文化、社会和环境等领域进行的、复杂的国际化过程。当国际化达到一定程度时，比如说超过50%的国家介入国际化过程的时候，这就是真正的全球化。关于全球化理论，没有统一的理论表述，只有不同学者的观点并存。简单地说，全球化是一个国际联系日益扩展的历史过程，全球化理论是关于全球化现象的理论解释的一个集合。

(1) 全球化的起源和发展

全球化是一个复杂过程，也是一个古老现象。早在古代文明与帝国时期，当人们从事商品和奴隶贸易的时候就出现了国际化；在16～18世纪，航海技术的提高、殖民活动和国际贸易的扩展，促进了经济行为的国际化;20世纪后期,特别是70年代以来,国际贸易和国际金融在数量和质量上都出现了前所未有的转变,公共和私人经济活动的跨国联系日益紧密,国际关系中的相互依赖日益增长,这是新的全球化(皮尔逊,巴亚斯里安,2006)。

关于全球化的发生年代和发展阶段有不同看法。英国学者赫尔德等(2001)认为,全球化可以追溯到人类文明的早期阶段,从大约1万年前到现在,全球化可以分为四个主要阶段:前现代的全球化(1万年前～公元1500年)、现代早期的全球化(1500～1850年)、现代的全球化(1850～1945年)和当代的全球化(1945年至今)。当代全球化是各个领域和各个方面的全球化的历史性汇合和集中。世界银行(2003)的专家认为,1870年以来全球化出现三次高潮(表2-12):第一次全球化浪潮(1870～1914年)、退回到民族主义(1914～1945年)、第二次全球化浪潮(1945～1980年)和第三次全球化浪潮(1980年至今)。

表2-12 全球化的三次浪潮

项目	第一次全球化浪潮	后退到民族主义	第二次全球化浪潮	第三次全球化浪潮
时间	1870～1914年	1914～1945年	1945～1980年	1980年以来
起因	运输成本不断下降,削减贸易壁垒	运输成本下降,贸易政策出现逆转	贸易自由化,削减贸易壁垒	贸易自由化,改善投资环境,交通运输和通讯技术进步
国际贸易	初级产品与工业产品交换,出口占世界收入的8%	国家贸易保护,国际贸易退步	发达国家制造业的专业化聚集和规模效应获得比较优势,初级品和工业品交换	商品市场全球一体化,关税持续下降,部分发展中国家进入全球工业品和服务市场
国际投资	1914年发展中国家外国资本存量占国民收入的32%	1950年发展中国家外国资本存量占国民收入的4%	1980年发展中国家外国资本存量约占GDP的13%	1998年发展中国家外国资本存量占GDP的22%
国际移民	移民人口占世界人口的10%	移民减少	移民较少	移民和非法移民增加,大约2%的世界人口生活在国外
经济增长	年均增长1.3%	增长率下降了约1/3	基本恢复,不平衡	增长较快,部分国家负增长
后果	参与全球化的国家实现经济起飞,世界收入不平等扩大	世界收入不平等大幅度上升,贫困人口上升25%	工业国家的"黄金时代",发达国家和发展中国家的差距扩大	新全球化国家的"黄金时代",大约20亿人口的国家没有进入全球化,被边缘化

资料来源:世界银行,2003.

(2) 全球化的类型和特点

根据全球化的广度、强度、速度和影响,赫尔德等(2001)把全球化分为4种类型。

第一种类型:密集的全球化。在从经济到文化的所有社会生活领域或层面上,全球网络不断扩展,而且具有高强度、高速度以及高影响。19世纪末的全球帝国接近这种类型。

第二种类型:分散的全球化。具有高广度、高强度、高速度,但影响程度比较低的全球网络。当代经济全球化的许多关键方面体现了这种状态。

第三种类型:扩张的全球化。全球相互联系虽然具有低强度、低速度,但有高广度和高影响。现代西方帝国主义的扩张最接近这种类型。

第四种类型：稀疏的全球化。全球网络的高广度并没有伴随高强度、高速度或者高影响，强度、速度和影响仍然处于低度状态。欧洲与中国和东方的早期贸易接近这种类型。

根据赫尔德等(2001)的观点，全球化有 5 个特点。

首先，全球化最好被理解为一个进程或者一组进程，而不是单一的状态。它反映的既不是一个简单的线性发展逻辑，也不是一个世界社会或者世界共同体。相反，它反映出现了区际交往和交换网络和系统。在这方面，国家体系与社会体系在更广泛的全球进程中交织在一起不等于全球整合。

其次，全球化可以被理解为一种结构化和分层化过程。具有空间广度和密度的全球和跨国相互联系把共同体、国家、国际制度、非政府组织以及多国公司之间的关系编织成复合的网络，从而形成了全球秩序。

其三，全球化最好被理解为一个多面的或者分化的社会现象，一个分化的、多面的进程。社会生活的几乎所有领域都无法摆脱全球化进程的影响。这些进程体现在所有社会领域中，从文化领域到经济领域、政治领域、法律领域、军事领域以及环境领域。

其四，由于跨越了政治边界，全球化涉及社会、经济以及政治空间的去领土化和再领土化。在全球化条件下，本土的、国家的、大洲的政治、社会和经济空间得到了重构，它不再一定与既定的法律和领土边界相符合。另一方面，随着全球化的加强，它产生了社会—经济活动重新领土化的压力；全球化也强化了社会的本土化和国家化。

其五，全球化涉及权力组织和实施规模的不断扩大，即网络和权力循环空间范围的扩大。实际上，权力是全球化的根本特征，权力关系深深体现在全球化的进程中。全球化涉及相距遥远的权力关系的构建和再构建，权力地点和权力实施不断远离体验权力的对象和场所。

综合前面的分析，可以大致得出全球化的一种理论解释(表 2-13)。

表 2-13 全球化的一种理论解释

项目	全球化理论的基本内容
定义	没有统一定义。一个高度分化的历史过程，体现在人类活动的所有领域，如经济、社会、文化、政治、军事和生态等 世界范围内社会和经济日益一体化的复杂过程，人类生活的所有方面的全球相互联系的扩大、深化和加速
原因	有不同观点。许多人认为是诸多因素共同作用的结果，包括经济、技术、社会、文化和政治变革等 主要包括：运输成本下降、更低关税壁垒、观念迅速传播、资本流动扩大、跨国公司、移民压力增强、全球性问题等
分期	有不同观点。有人认为全球化是 20 世纪 70 年代以后的进程，有人认为是 19 世纪以来或者 20 世纪的进程 大致分为三个阶段：早期全球化(1500～1850 年)、工业全球化(1850～1970 年)、新兴全球化(1970 年以来)
影响	有不同观点。全球化对国际体系和国家行为都有广泛影响，人类生活的所有方面都会受到影响，国家权力、国际体系结构、国际劳动分工、文化和环境都会发生改变，部分人受益和部分人受损，全球不平等扩大，部分国家边缘化等
轨迹	有不同观点。全球化的轨迹在很大程度上是不确定的，全球化的文明化和民主化 全球网络和相互依赖的加强和扩展的复杂历史进程，但它的最终状态尚不能确定

资料来源：中国现代化战略研究课题组等，2008.

(3) 全球化的主要争论

关于全球化的争论，涉及全球化的概念、原因、动力、分期、影响和轨迹等，可以说是全方位的争论，甚至有人认为全球化是一个神话，而不是经济事实(鲁格曼，2001)。

关于全球化不仅有争论，而且有担忧。例如，全球不平等日益恶化，全球变暖，政府、劳动和资本力量的跨国协调等。发达国家和发展中国家的担心是不同的(世界银行，2003)。

发展中国家对全球化的担心:持续的经济边缘化,政府权力和能力的丧失,被关在市场之外,容易受外来投资者兴趣变化的影响,失去竞争力,不利于工作的改善,出现更大的不平等,环境恶化,社会转移,国际权力的失衡等。发达国家对全球化的担心:恐怖主义,富国中的不平等,制造业工作机会向低工资国家转移,同质化,发达国家发展模式的趋同等。

全球化对不同国家和个人有不同意义。如何应对全球化,是每一个国家无法回避的课题。对于发达国家及其跨国公司而言,全球化是一次盛宴;对于发展中国家及其民族企业而言,全球化是一个挑战;对于发奋图强的国家而言,全球化是一个机会。

4. 继续现代化理论

20 世纪 70 年代以来,关于现代工业社会未来发展的新概念层出不穷。这些新概念,有关于社会的,有关于经济的,有些是综合的。它们既反映了社会现实,也超越了社会现实,部分带着未来学的色彩。这里简要介绍德国学者提出的继续现代化理论。

德国学者查普夫(Zapf,2000)认为,后物质主义社会、后工业社会、后现代社会、信息社会、风险社会、感性社会等概念在语义上都没有像“现代社会”这个概念更具有生命力。他赞成美国学者帕森斯的观点,发展(现代化、变迁)是容纳、价值普遍化、分化和地位提高的综合体。查普夫教授认为,经过冲突论和创新论“淬火”的现代化理论是解释世界现在和未来发展的合适的理论模式,现代社会需要继续现代化。

继续现代化包括技术和社会创新,包括容纳、价值普遍化、分化和地位提高的社会变迁机制,包括方向恒定和结构改善的两重含义(Zapf,2000)。根据查普夫的看法,美国杜克大学图亚江(Tiryakian,1991)教授把这种现代化称为“第二种现代化”或“新现代化”。

显然,查普夫教授强调了现代化的延续性,忽视了现代化方向的重大转折。后现代化理论强调了现代化方向的转折,但具有“时间不自洽”等缺陷。生态现代化和反思现代化理论具有“以偏概全”的嫌疑。从后现代化理论、生态现代化理论、反思现代化理论到继续现代化,它们都反映了 20 世纪 70 年代以来发达国家的某些新发展,但它们都不能全面解释 20 世纪 90 年代世界的新情况。20 世纪 90 年代末,中国学者提出第二次现代化理论,适应了新时代的需要。

三、中国学者的现代化研究

中国学者的现代化研究并不比欧美学者晚,而且有三次高潮(表 2-14 和图 2-12)。在 20 世纪早期,中国学者就开始了现代化现象的学术讨论,但这种学术探索后来中断了。1978 年以来,改革开放推动了中国学者第二轮的现代化研究。20 世纪 90 年代末以来,中国自然科学工作者参与现代化研究,提出第二次现代化理论。20 世纪以来,中国学者的现代化研究大致可以分为三个阶段:起始阶段、探索阶段和新时期的现代化研究(林被甸,董正华,1998)。

表 2-14 中国学者的现代化研究的三次高潮

项目	早期现代化讨论	经典现代化研究	多学科的现代化研究
大致时间	20 世纪 30 年代	20 世纪 70 年代末～90 年代中	20 世纪 90 年代末以来
研究议题	中国现代化问题讨论	经典现代化研究 中国现代化研究	新型现代化研究 现代性与后现代性讨论
工作举例	《申报月刊》特辑(1933)	《现代化新论》(1993)	《第二次现代化》丛书(1999～2003) 《中国现代化报告》系列(2001～2010)
文献翻译	—	经典现代化著作的翻译	现代性、后现代性、新现代化著作的翻译

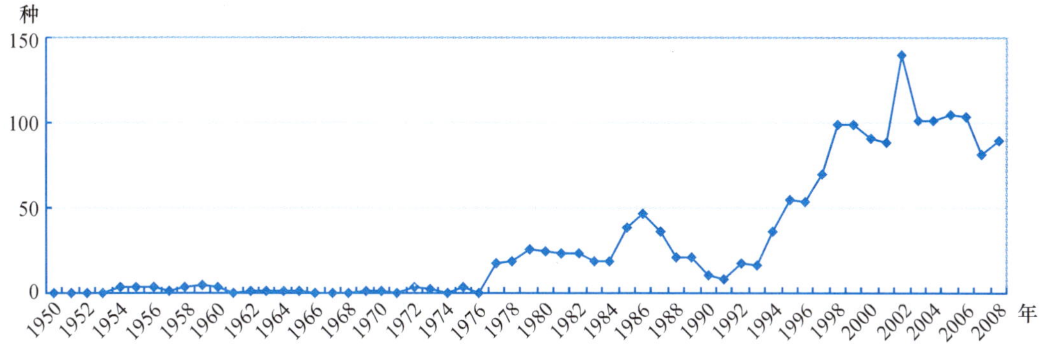

图 2-12　中国国家图书馆收藏的中文现代化图书数量(按书名和出版年代检索)

注:"中文现代化图书"指图书正名中包含"现代化"的中文图书。检索时间:2009 年 7 月 7 日。

迄今为止,现代化研究的中文文献数量庞大(表 2-15),包括中国学者的现代化研究的论著、中国学者翻译的外文现代化著作、海外华人学者的现代化论著等。要全面总结中国学者的现代化研究是非常困难的。下面举例介绍三次高潮的部分研究工作。

表 2-15　现代化研究的中文图书和论文

图书检索方式	国家图书馆中文图书	论文检索方式	维普中文期刊论文	CNKI 的核心期刊论文	CNKI 的期刊论文
正名	2491	论文题名	32 092	10 184	59 461
主题词	1747	关键词	73 691	1960	9110
正名＋主题词	1181	题名＋关键词	24 908	1241	5887

注:图书检索方式:图书正名、主题词、正名和主题词包含"现代化"的中文图书种类。论文检索方式:论文题目、关键词、论文题目和关键词包含"现代化"的论文篇数。检索时间:2009 年 7 月 7 日。

1. 20 世纪上半叶的现代化讨论

在 20 世纪早期,中国学者就开始讨论中国现代化问题。1933 年 7 月,上海的《申报月刊》推出"中国现代化问题号"特辑,包括 10 篇短论和 16 篇专论,作者包括当时的知名学者,如陶孟和等;大家的观点差异较大,对现代化的理解也不尽相同。1948 年,上海的观察社出版吴世昌先生的《中国文化与现代化进程》(表 2-16)。在 30 年代前后,中国出版了一批现代期刊,如,《现代周刊》(1931)、《现代社会》(1932)、《现代政治》(1932)、《现代经济》(1933)和《现代化》(1937)等。这本在太原出版的《现代化》半月刊有可能是中国第一本以现代化为刊名的杂志。

2. 20 世纪中后期的经典现代化研究

20 世纪 50～70 年代,中国大陆的现代化研究处于低谷,现代化研究的文献比较少;从 1978 年开始,现代化研究的文献开始增多(图 2-12 和表 2-17)。目前,现代化研究的中文图书超过 1 千种,中文论文超过 2 万篇(表 2-15)。这些文献大致可以分为三类:经典现代化的理论研究、应用研究、外文文献的翻译和推介等。有关论著详见参考文献。

表 2-16 中国现代化研究的早期文献

作者和译者	文献名称	出版者	出版时间
陶孟和等	"中国现代化问题号"特辑 26 篇文章	上海:申报月刊	1933
吴世昌	中国文化与现代化问题	上海:观察社	1948
福建人民出版社(编)	赶上英国,超过英国(现代化建设)	福州:福建人民出版社	1958
邵玉辉	谈加速农业现代化进程	济南:山东人民出版社	1960
威纳尔著,林清江译	现代化	台北:台湾商务印书馆	1970
吴开流(主编)	现代化杂志	北京:现代化杂志社	1979—1998
艾森斯达著,严伯英,江勇振译	现代化:抗拒与变迁	台北:黎明文化事业公司	1979
朱镕基	现代化管理	天津:天津人民出版社	1980
裘元伦	西德的农业现代化	北京:农业出版社	1980
金耀基	中国现代化的历程:知识分子与中国现代化	台北:时报文化出版企业公司	1980

注:陶孟和,中国社会学的奠基人之一,1949 年担任中国科学院副院长。吴世昌,中国著名红学家,中国社会科学院文学所研究员。1979 年出版的《现代化》杂志是中国科学技术协会主办的一本杂志。

资料来源:中国国家图书馆的中文图书检索.

表 2-17 中国国家图书馆收藏的中文现代化图书(种类)

检索方式	1950～1954	1955～1959	1960～1964	1965～1969	1970～1974	1975～1979	1980～1984	1985～1989	1990～1994	1995～1999	2000～2004	2005～2009
正名	3	15	7	2	6	65	109	163	88	377	520	390
主题词	0	6	2	1	4	37	76	95	54	258	322	213
正名＋主题词	0	2	1	0	2	31	50	71	34	175	213	165

注:检索方式:正名、主题词、正名和主题词包含"现代化"的中文图书种类。检索时间:2009 年 7 月 7 日。

(1) 经典现代化的理论研究

经典现代化的理论研究主要包括世界现代化进程研究、中外现代化比较研究、中国现代化进程研究和中国的地区现代化研究等。代表性的工作包括《现代化新论》(罗荣渠,1993)等。

世界现代化研究:世界现代化(孙显元,1991;罗荣渠,1993;钱乘旦,杨豫,陈晓律,1997;钱乘旦,1997;夏诚,1999;董正华,2009)、拉美现代化(金计初等,1992;曾昭耀,2000;苏振兴,2006;韩琪,2009)、亚洲现代化(张蕴岭,2001;姜桂石,姚大学,王泰,2005;盛邦和,井上聪,2005)、东亚现代化(罗荣渠,董正华,1997;吴建华,2004)和中东现代化(彭树智,1997;中东,哈全安,2006)等。

发达国家现代化研究:发达国家的现代化(丁建弘,1999)、美国(李庆余等,1994;张少华,1996)、英国(钱乘旦,1988;王章辉,1999;钱乘旦,2000;潘迎华,2005;王鼎,2008)、法国(端木美等,2001)、德国(裘元伦,1980;郭少棠,1992;罗莹,2004)、瑞士(马丁,2005)、澳大利亚(黄烨菁,欧阳欢子等,2005)和日本的现代化(刘天纯,1995;王家骅,1995;王新生,2002)等。

发展中国家现代化研究:发展中国家的现代化(姚志学,1993)、韩国(尹保云,1995)、印度(林承节,2001)、巴西(吴红英,2001;张宝宇,2002;董经胜,2009)、墨西哥(曾昭耀,1996)、南非(艾周昌等,2000)、埃及(毕健康,2005)和俄国的现代化(刘祖熙,2000;张建华,2002)等。

经典现代化的理论研究还包括:《从传统到现代》(金耀基,1979)、《走向现代国家之路》(钱乘旦,陈意新,1987)、《社会现代化》(孙立平,1988)、《现代性社会理论》(刘小枫,1998)、《现代化:过程、特征与回应》(胡承槐,2000)、《什么是现代化》(尹保云,2001)和《现代化:历史:理论与反思》(周穗明等,

2001)等。

(2) 经典现代化的应用研究

经典现代化的应用研究主要包括农业现代化、工业现代化、国防现代化、科技现代化、教育现代化、城市现代化和管理现代化研究等。农业现代化研究的文献比较丰富。

(3) 外文经典现代化文献的推介

外文经典现代化文献的中文翻译包括:《经济成长的阶段》(罗斯托,1962)、《人的现代化》(英格尔斯,1985)、《民主与专制的社会起源》(摩尔,1987)、《从起飞进入持续增长的经济学》(罗斯托,1988)、《现代化:抗拒与变迁》(艾森斯塔德,1988)、《现代化的动力》(布莱克,1988)、《变化社会中的政治秩序》(亨廷顿,1989)、《比较现代化》(布莱克,1996)等。

3. 20 世纪 90 年末以来多学科的现代化研究

20 世纪 90 年代末以来,中国学者的现代化研究进入"百花齐放"的时期。经典现代化的理论研究和应用研究继续推进,现代性和后现代性研究引起广泛兴趣,多种新的现代化理论被推介,提出第二次现代化理论和综合现代化理论等。

(1) 经典现代化的理论和应用研究

20 世纪 90 年代末以来,经典现代化的理论和应用研究继续占有重要地位,农业现代化、教育现代化、城市现代化、国防现代化和文化现代化等受到重视。

(2) 现代性和后现代性研究和文献翻译

一般而言,现代性是现代化的结果,后现代性是后现代化的结果。现代性和后现代性研究具有很强的阐释研究的特点。20 世纪 90 年代末以来,关于现代性、后现代性和后现代主义的外文文献的中文翻译大量出现。例如,《后工业社会的来临》(贝尔,1997)、《后现代状态》(利奥塔,1997)、《现代性研究译丛》(周宪,许钧,2000)等。

(3) 第二次现代化的理论研究

1998 年中国学者何传启提出第二次现代化理论,1999 年以来出版《第二次现代化丛书》7 本,2001 年以来出版《中国现代化报告》年度报告 9 本。第二次现代化的理论研究采用自然科学和社会科学相结合的研究方法,强调实证研究和定量分析。

(4) 外国新现代化研究文献的推介

外国新现代化研究文献的中文翻译包括:《自反性现代化》(贝克,2001)、《自由与资本主义》(贝克,2001)、《风险社会》(贝克,2003)、《现代化与社会转型》(查普夫,2000)、《反思现代性》(艾森斯塔特,2006)等。

第三节 现代化理论的基本原理

一般而言,世界是变化的,变化是有规律的,对规律的认识是逐步深化的。现代化是一种变化,它必然有自己的规律,对现代化规律的认识也是逐步加深的。揭示现代化规律,阐述现代化原理,总结现代化经验,是现代化研究的基本任务。目前,现代化理论有不同流派,不同流派对现代化原理的认识和阐述有所不同。由于篇幅有限,在本节里,我们重点讨论第二次现代化理论的基本原理。第二次现代化理论大致包括一般理论、分阶段理论、分层次理论和分领域理论等(表 2-18),其中,一般理论是对现代化原理的一种系统阐述。

表 2-18 第二次现代化理论的结构

分类	理论	主要内容
一般理论	元理论	现代化的含义、过程、结果、动力和模式等
分支理论	分阶段理论	第一次现代化、第二次现代化、综合现代化
	分层次理论	世界、国际、国家、地区、机构和个体的现代化
	分领域理论	经济、社会、政治、文化、个人和环境领域的现代化
	分部门研究	农业、工业、教育、科技、金融、国防和交通等部门的现代化
相关理论	其他的现代化理论	经典现代化理论、后现代化理论、生态现代化理论、反思现代化理论、多元现代性理论等
	社会科学相关理论	发展经济学、发展社会学、发展政治学、依附理论、世界体系理论、全球化理论等
	人文科学相关理论	文化变迁理论、文化人类学、文化经济学、近现代史、科学哲学、文明理论等
	自然科学相关理论	发展心理学、行为心理学、生态科学、环境科学、地球科学、生命科学等
	技术科学相关理论	有机农业、清洁能源、清洁生产、绿色制造、绿色化学、高技术等
	交叉学科相关理论	系统科学、管理科学、发展研究、复杂性研究、区域研究等

注：相关理论是与现代化有关的理论，它们阐述了现代化过程的某个方面的特征和原理。

一、现代化的一般理论

现代化理论有不同流派，不同流派的一般理论有所不同。下面重点介绍第二次现代化理论的一般理论，它主要包括现代化的定义、过程、结果、动力和模式 5 个方面的基本内容（图 2-13）；基本内容主要包括它们的概念、事实、特点、原理和模型等（表 2-19）。

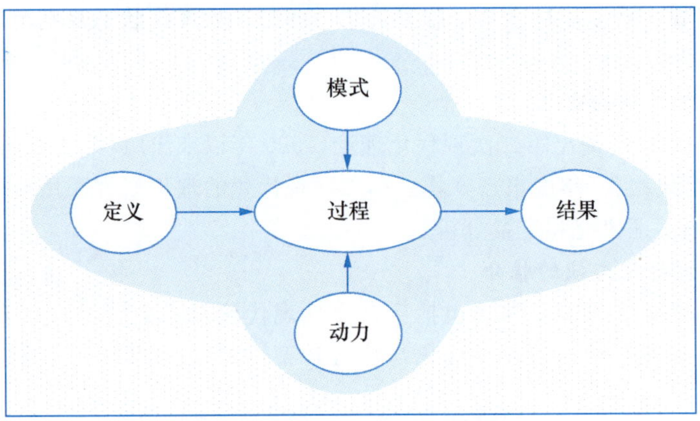

图 2-13 现代化理论的一般结构模型

1. 现代化的基本概念

现代化的基本概念，可以从三个角度讨论：基本含义、主要类型和概念模型。

(1) 现代化的基本含义

一般而言，现代化有五层含义（表 2-20）；五层含义进行组合，可以产生多种定义。概括地说，现代化是现代文明的形成、发展、转型和国际互动的复合过程，是文明要素的创新、选择、传播和退出交互进行的复合过程，是不同国家追赶、达到和保持世界先进水平的国际竞争。

表 2-19 第二次现代化理论的一般理论

方面	基本内容
定义	现代化指 18 世纪工业革命以来人类文明的一种深刻变化，是现代文明的形成、发展、转型和国际互动的复合过程，是文明要素的创新、选择、传播和退出交替进行的复合过程，是追赶、达到和保持世界先进水平的国际竞争。现代化发生在经济、社会、政治、文化、个人和环境领域，发生在先行国家和后进国家
过程	在 18～21 世纪期间，现代化过程可以分为两大阶段：第一次现代化指从农业文明向工业文明、传统文明向现代文明的转型，包括从农业经济向工业经济、农业社会向工业社会、农业政治向工业政治、农业文化向工业文化、传统文化向现代文化的转变等；第二次现代化指从工业文明向知识文明、物质文明向生态文明的转型，包括从工业经济向知识经济、工业社会向知识社会、工业政治向知识政治、工业文化向知识文化、物质文化向生态文化的转变等；第二次现代化不是历史的终点，将来还有新的现代化。现代化过程既有共性又有多样性，约有 20 个共性特点，遵循 10 个基本原理。第一次现代化是第二次现代化的基础，第二次现代化是第一次现代化的部分继承和部分转向，两次现代化的协调发展是综合现代化
结果	国家层次的结果主要是现代性、特色性和多样性的形成，包括劳动生产率和生活质量提高，社会进步，政治民主，文化多元，环境变化，个人全面发展，国家水平达到和保持世界先进水平等。国际体系层次的结果是国际体系和国家地位的变化，包括国际结构相对稳定，国家地位变化较大，国际分化和国家分层，欠发达国家相对贫困化等。第一次现代化的主要结果是第一现代性、特色性和多样性的形成，第一现代性的特点包括工业化、城市化、民主化、理性化、市场化、福利化、制度化、科学化、普及义务教育和非农业化等；副作用包括环境污染等。第二次现代化的主要结果是第二现代性、特色性和多样性的形成，第二现代性的目前特点包括知识化、信息化、生态化、绿色化、郊区化、城乡平衡、创新化、个性化、多元化、全球化、普及高等教育和非工业化等，副作用包括网络犯罪等。部分传统价值持续存在并发挥作用
动力	现代化的动力因素包括创新、竞争、适应、交流、国家利益和市场需求等，动力机制包括创新—选择—传播—退出的超循环、创新驱动、双新驱动、双轮驱动、联合作用、复合互动、创新扩散、创新溢出、竞争驱动和生产力函数等。不同阶段和不同领域的现代化动力有所不同，不同层次和不同部门的现代化动力有所不同，不同国家和不同模式的现代化动力有所不同
模式	现代化具有路径多样性、模式多样性和路径依赖性；现代化大致有 3 条基本路径和 50 多种模式

表 2-20 现代化的五层含义

项目	现代化的基本含义
一种变化	现代化是一种文明变化，包括现代文明的形成、发展、转型和国际互动、文明要素的创新、选择、传播和退出，包括文明的生活、行为、结构、组成、制度和观念的深刻变化
一个过程	现代化是一个历史过程；在 18～21 世纪期间，现代化可分为第一次和第二次现代化两大阶段；22 世纪还有新变化
一种转型	现代化是一种文明转型，包括从农业文明向工业文明、从工业文明向知识文明和物质文明向生态文明的转型
一种竞争	现代化是一种国际竞争，是追赶、达到和保持世界先进水平的国际竞争
两个角度	现代化的国内进步和水平提高是绝对现代化，现代化的国际比较和地位变化是相对现代化
一个表达式	现代化≈文明发展×文明转型×国际互动和地位变化

注：文明没有统一定义。从操作角度考虑，文明指公元前 3500 年以来人类发展的成就总和。现代文明指工业社会的文明（工业文明），农业文明指农业社会的文明，知识文明指知识社会的文明。

（2）现代化的主要类型

根据现代化的关键因素的不同，现代化可以分为不同类型（表 2-21）。

表 2-21 现代化的基本类型

序号	分类依据	现代化的类型
1	起步时间	先发型现代化、后发型现代化
2	知识来源	内源型或外源型现代化,创新型或学习型现代化,跟进型或嫁接型现代化等
3	性质	主动型或被动型现代化,市场型或计划型现代化,领先型或追赶型现代化等
4	区域	东亚现代化、中东现代化、东欧现代化、拉美现代化、非洲现代化等
5	阶段	第一次现代化、第二次现代化、综合现代化等
6	层次	世界现代化、国际现代化、国家现代化、地区现代化、机构现代化、个体现代化等
7	领域	经济现代化、社会现代化、政治现代化、文化现代化、人的现代化、生态现代化等
8	部门	农业、工业、金融、旅游、科技、教育、卫生、国防和交通的现代化等
9	内容	生活、行为、结构、组成、制度和观念的现代化等

(3) 现代化的概念模型

现代化与变化、进步、适应、发展和转型等概念紧密相关,但它们都没有统一定义。根据现代化的定义,可以建立它们的关系模型(表 2-22)。发展是文明进步和正向适应的集合;现代化是 18 世纪以来文明发展、文明转型和国际互动的交集(图 2-14)。

表 2-22 现代化的概念模型

假设和推论	主要的内容
主要假设	
假设一	文明进步指有利于生产力的解放和提高、社会的公平和正义、人的自由解放和全面发展的文明变化
假设二	文明正向适应指对提高生产力、社会进步和人的全面发展没有负面影响的文明调适
假设三	文明转型指从农业文明向工业文明、从工业文明向知识文明和物质文明向生态文明的两次转变
假设四	国际互动包括国际合作、交流、竞争和冲突,不包括国际战争
主要推论	
模型一	发展＝文明进步＋文明正向适应 (质量和水平提高＋规模和范围扩大)
模型二	现代化＝文明发展×文明转型×国际互动(国际体系和国家地位变化)

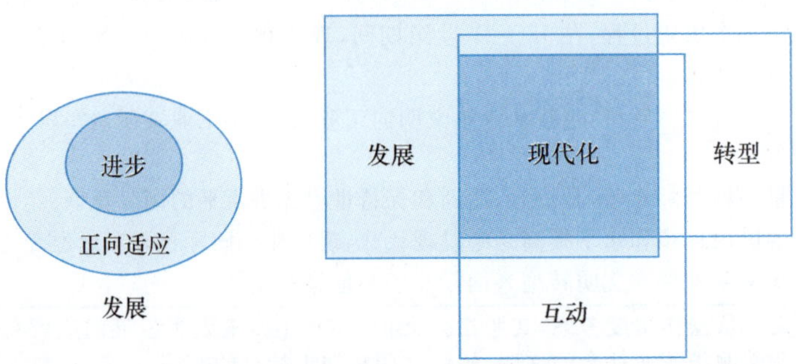

图 2-14 现代化的概念模型:文明发展、文明转型和国际互动的交集

2. 现代化的过程

现代化的过程分析,可以从三个角度讨论:阶段、特点和原理。

(1) 现代化过程的阶段

一般而言,现代化既是人类文明的一种深刻变化,也是人类文明进程的一个阶段。现代化的阶段划分应该与人类文明进程的阶段划分相协调,现代化遵循人类文明的发展规律。

首先，人类文明进程的阶段划分。从人类诞生到21世纪末，人类文明进程的前沿轨迹可以分为4个时代：工具时代、农业时代、工业时代和知识时代（表2-23）；每1个时代又包括4个阶段：起步期、发展期、成熟期和过渡期；人类文明进程包括4个时代16个阶段（表2-24）。

表 2-23　人类文明进程的加速性

项目	工具时代	农业时代	工业时代	知识时代
大致时间	250万年前～公元前3500年	公元前3500年～公元1763年	1763～1970年	1970～约2100年
时间跨度	大约250万年	大约5260年	大约210年	大约130年
四次革命	工具制造革命 （250万年前）	农业革命 （1万年～5500年前）	工业革命 （18世纪下半叶）	知识和信息革命 （20世纪后期）
主要特征	没有文字 没有国家 狩猎采集 原始文化 原始经济 原始社会	发明文字 国家出现 奴隶制、封建制 农业文明 农业经济 农业社会	工业化、城市化 民主化、理性化 福利化、市场化 工业文明 工业经济 工业社会	知识化、信息化 全球化、多样化 绿色化、生态化 知识文明 知识经济 知识社会

注：依据人类文明的前沿轨迹划分时间段，不同国家的文明发展是不同步的。
资料来源：何传启，1999.

表 2-24　人类文明进程的周期表

发展阶段	大致时间*	大约跨度	主要特征	备注
工具时代	250万～0.55万年前	250万年	原始文化、原始经济、原始社会	人类诞生 社会化
起步期	250万～20万年前	230万年	旧石器早期、狩猎采集、原始人群	
发展期	20万～4万年前	16万年	旧石器中期、狩猎采集、血缘氏族	
成熟期	4万～1万年前	3万年	旧石器晚期、狩猎采集、母系社会	
过渡期	1万～0.55万年前	0.5万年	新石器时期、作物栽培、父系社会	
农业时代	公元前3500年～公元1763年	5260年	农业文明、农业经济、农业社会	农业化 文明化
起步期	公元前3500年～500年	3000年	古代文明、种植养殖、奴隶制	
发展期	公元前500年～公元618年	1100年	古典文明、封建制	
成熟期	618～1500年	900年	东方文明繁荣、欧洲中世纪	
过渡期	1500～1763年	260年	欧洲文明崛起、文艺复兴传播	
工业时代	1763～1970年	210年	工业文明、工业经济、工业社会	第一次现代化 工业化 城市化 非农业化
起步期	1763～1870年	110年	第一次工业革命、机械化	
发展期	1871～1913年	40年	第二次工业革命、电气化	
成熟期	1914～1945年	30年	家庭机械电器化、福利化	
过渡期	1946～1970年	20年	第三次产业革命、自动化、电子计算机	
知识时代	1970～2100年	130年	知识文明、知识经济、知识社会	第二次现代化 知识化 生态化 非工业化
起步期	1970～1992年	20年	第一次信息革命、微电脑、知识化	
发展期	1993～2020年	30年	第二次信息革命、网络化、绿色化	
成熟期	2021～2050年	30年	生物设计和克隆、新生物学革命	
过渡期	2051～2100年	50年	新型运载工具、新物理学革命	

注：文明时间和文明进程都是基于人类文明前沿的时间轨迹的描述。人类文明进程是不同步的。
资料来源：何传启，1999.

其次，人类文明进程是不同步的。人类文明的前沿水平与末尾水平差距很大。如果以人类文明的经济发展水平为横轴，以社会发展水平为纵轴，可以建立人类文明的坐标系(图 2-15)。根据经济和社会发展水平，不同国家可以在人类文明的坐标系上找到自己的位置。

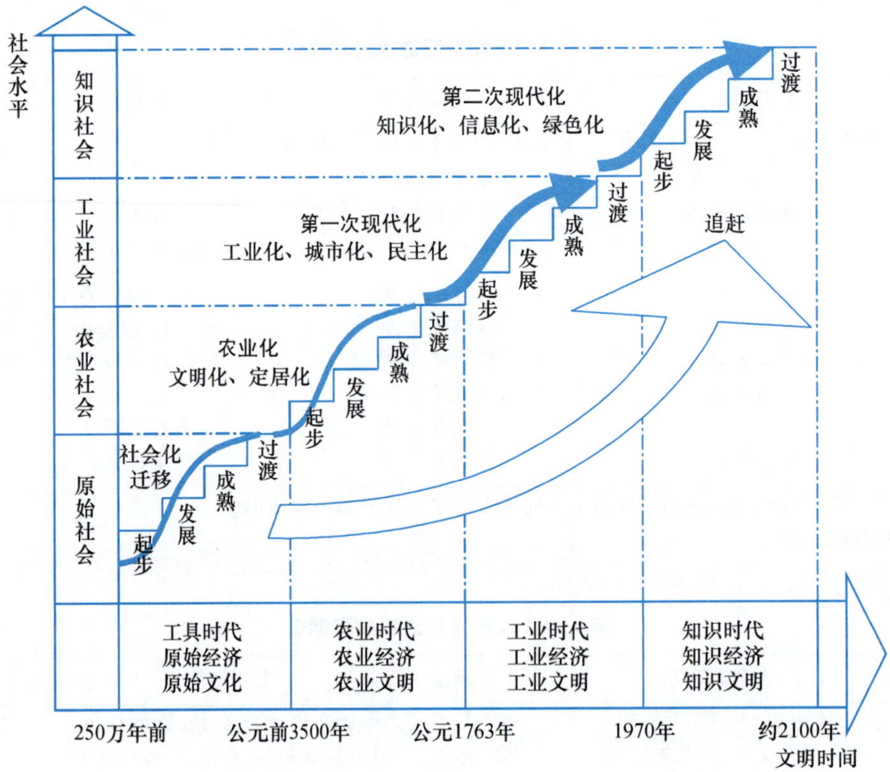

图 2-15　人类文明进程的坐标系(世界现代化的坐标系)

注：依据人类文明的前沿轨迹建立。

资料来源：何传启，2003.

其三，人类文明进程是非线性的。在过去 250 万年里，人类文明的发展水平在持续提高，但发展方向发生了三次重大转折。如果以生产力结构为横轴，以生产力水平为纵轴，可以描绘人类文明前沿轨迹的路线图(图 2-16)。根据生产力结构和水平，不同国家可以在人类文明的路线图上找到自己的位置，可以据此推断自己的过去和未来，可以进行国际比较和历史比较。

其四，现代化过程的大阶段划分。现代化是 18 世纪以来人类文明的一种深刻变化。18 世纪以来人类文明发生了两次转变，分别是从农业时代向工业时代、从农业文明向工业文明的转变、从工业时代向知识时代、从工业文明向知识文明的转变。很显然，18 世纪以来的现代化包括人类文明的两次转变，两次转变可以称为两大阶段：第一次和第二次现代化(表 2-25)。

其五，现代化过程的小阶段划分。工业时代包括起步、发展、成熟和过渡 4 个阶段，知识时代包括起步、发展、成熟和过渡 4 个阶段。相应地，第一次现代化包括起步、发展、成熟和过渡 4 个阶段，第二次现代化包括起步、发展、成熟和过渡 4 个阶段。

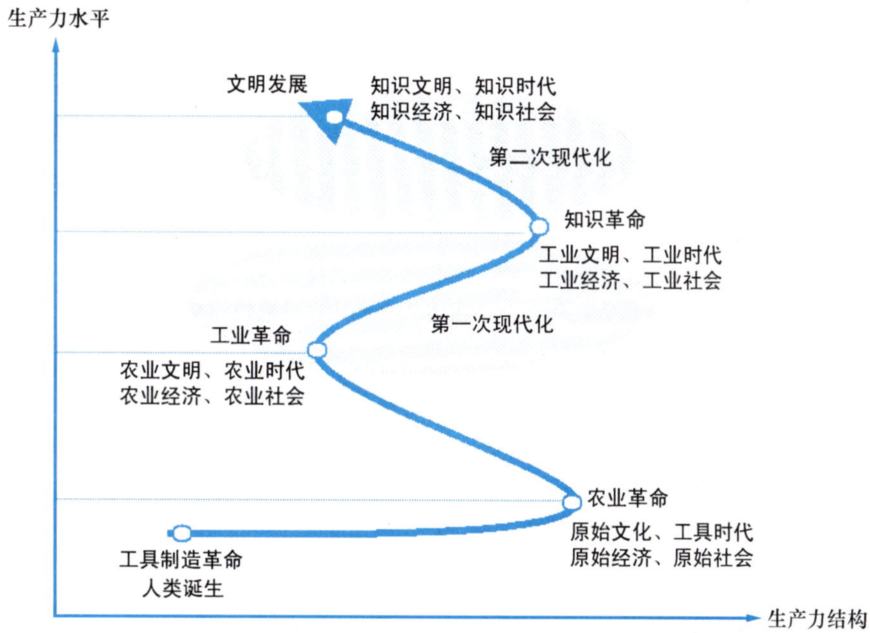

图 2-16　人类文明进程的路线图(国家现代化的路径图)

注:依据人类文明的前沿轨迹描绘。

资料来源:何传启,2003.

表 2-25　现代化过程的两大阶段(根据人类文明和现代化的前沿轨迹划分)

项目	第一次现代化	第二次现代化
时间	约 1763～1970 年	约 1970～2100 年
特征	从农业时代向工业时代、农业文明向工业文明的转变	从工业时代向知识时代、工业文明向知识文明的转变
变化	从农业社会向工业社会、农业经济向工业经济、农业政治向工业政治、农业文化向工业文化的转变等	从工业社会向知识社会、工业经济向知识经济、工业政治向知识政治、工业文化向知识文化、物质文化向生态文化的转变等

其六,现代化过程的高潮划分。现代化进程不同阶段有不同特点。根据现代化的表现特征,第一次现代化包括三次高潮;第二次现代化包括三次高潮。概括地说,如果不把准备阶段包含在内,现代化过程包括两大阶段和六次浪潮(图 1-7)。

(2) 现代化过程的特点

现代化过程的特点,可以从不同角度和不同层次来讨论。这里讨论它的一般特点。

一般而言,现代化过程既有共性又有多样性,大约有 20 个基本特点(表 2-26)。

(3) 现代化过程的原理

一般而言,现代化过程涉及三个方面:文明内容的现代化、文明形态的现代化、国际互动和国际体系变化。相对而言,文明内容属于微观层次,文明形态和国际体系属于宏观层次;微观原理是宏观原理的重要基础,宏观原理是微观原理的集中体现。

首先,现代化过程的一般原理。现代化遵循 10 个基本原理(表 2-27),分别涉及现代化的进程、分布、结构、水平、路径、需求、效用、行为、状态和中轴等。

表 2-26 现代化过程的 20 个特点

编号	特点	现象举例或说明
1	长期性	一个长期的过程,18～21 世纪的现代化持续 400 年,22 世纪还会有新变化
2	阶段性	一个有阶段的过程,18～21 世纪的现代化分为第一次和第二次现代化两个阶段
3	不同步性	一个不同步的过程,不同国家和不同领域的现代化是不同步的
4	不均衡性	一个不平衡的过程,不同国家和不同领域的现代化水平有差异
5	可预期性	现代化的结果是部分可预期的,但现代化的过程是不确定的
6	多路径的	一个多路径的过程,不同国家可以选择不同路径
7	路径依赖性	现代化的路径选择,受国家的客观条件和国际环境的影响
8	非线性	一个转型的过程,现代化不是线性的
9	互动性	一个国际互动的过程,不同国家的现代化可以相互影响
10	系统性	一个系统的过程,不同领域的现代化相互影响
11	竞争性	一种国际竞争,是追赶、达到和保持世界先进水平的国际竞争
12	革命性	一种革命性的变化,它可以与从原始文化向农业文明的转型相比拟
13	多样性	不仅有广泛的共性,而且有普遍的多样性,包括模式和观念的多样性等
14	复杂性	一个复杂的过程,包括生活、结构、制度和观念的变化
15	全球性	一个全球的过程,它从西欧开始,逐步扩散到全球
16	进步性	一个进步的过程,包括生产力提高和人的全面发展等
17	适应性	不仅有进步,而且有适应性变化,如家庭规模的变化等
18	可逆性	一个长期的趋势,但可以发生短期的停顿、中断或倒退
19	副作用	一个有副作用的过程,如环境污染、贫富差距扩大等
20	成本性	一个有成本和代价的过程,如资源消耗、技术老化、利益再分配等

注:本表是《中国现代化报告》和许多学者的观点和研究结果的一种汇编。

表 2-27 第二次现代化理论的 10 个原理

原理	内容或解释	备注
进程不同步	现代化的进程是不同步的,不同国家、领域和要素的现代化进程都是不同步的	国际体系变化
分布不均衡	现代化的分布是不均衡的,现代化的空间、领域和要素的横向和纵向分布都不均衡	国际体系变化
结构稳定性	现代化的分布结构是相对稳定的,发达国家的比例不到 20%,其他国家的比例超过 80%	国际体系变化
地位可变迁	现代化的国际地位是可以变化的,45 年发达国家降级和其他国家升级的概率约为 10%左右	国际体系变化
行为可预期	现代化的行为是可以部分预期的,行为决策具有有限的理性(有限理性原理)	文明内容现代化
需求递进	现代化的社会需求是递进的,需求Ⅰ——满足——需求Ⅱ(马斯洛的需求层次理论)	文明内容现代化
效用递减	现代化的政策效用是递减的,创新Ⅰ——效用变化——创新Ⅱ,效用周期、效用固化	文明内容现代化
路径可选择	现代化的路径是可选择的,路径选择受自身历史和条件的制约(路径依赖性)	文明形态现代化
状态不重复	现代化的状态是变化的,变化是不重复的,状态Ⅰ——变迁——状态Ⅱ	文明形态现代化
中轴转变	现代化的中轴是变化的,不同领域有不同中轴(贝尔的中轴原理)	文明形态现代化

资料来源:中国现代化战略研究课题组等,2006.

其次,文明内容现代化的原理。文明内容的现代化是文明要素的创新、选择、传播和退出交互进行的复合过程;它包括文明要素的创新、选择、传播的双向循环过程和文明要素的可逆退出过程,这些过程共同组成一个超循环(图 2-17)。这些过程的突出特征是多样性。

——文明要素创新具有多样性(图 2-18)。文明要素创新是文明内容现代化的一种形式和一条路径。要素创新具有形式和路径的多样性。例如,生活创新、行为创新、结构创新、组成创新、制度创新、

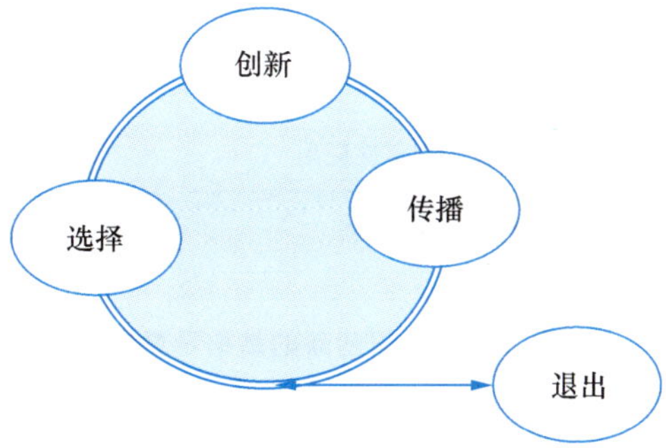

图 2-17　文明内容现代化的超循环模型

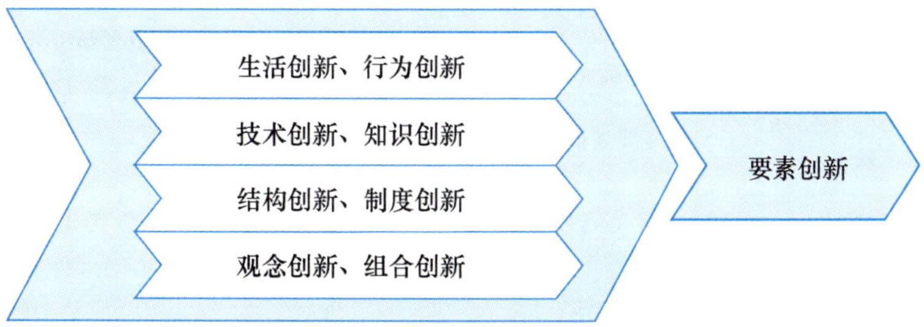

图 2-18　文明要素创新的多样性

观念创新和文明要素的组合创新等。这里的"组成"指与结构相应的结构单元,包括器物和知识等,组成创新包括器物创新(技术创新)和知识创新等。在要素创新中,技术创新、知识创新、制度创新和观念创新的作用非常突出,需要重点讨论。

——技术创新路径(图 2-19)。技术创新是文明要素创新和文明内容现代化的一种形式和一条路径。一般而言,技术创新是技术发明的首次成功的商业应用并获得商业利益的过程。技术有很多种类,如固化的技术、独立的方法和技术诀窍等。不同类型的技术创新有不同特点。

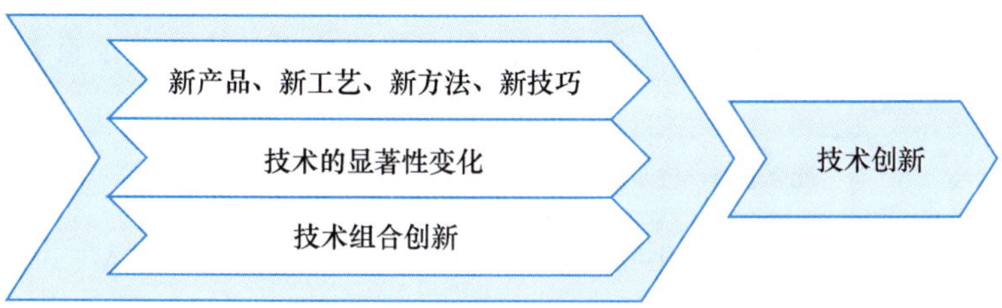

图 2-19　技术创新的结构示意图

——知识创新路径(图 2-20)。知识创新是文明要素创新和文明内容现代化的一种形式和一条路径。一般而言,知识创新是在世界上首次发现、发明、创造或应用某种新知识。知识有许多类型,如科学知识、技术知识、社会知识、人文知识、综合知识、编码知识、非编码知识(隐含知识)等;不同类型的知识创新有不同特点。

——制度创新路径(图 2-21)。制度创新是文明要素创新和文化内容现代化的一种形式和一条路径。一般而言,制度创新是创立一种新制度,这种新制度是世界上首次出现的。制度有许多类型,如政治、经济、社会、文化和环境制度等;不同类型的制度创新有不同特点。

——观念创新路径(图 2-22)。观念创新是文明要素创新和文明内容现代化的一种形式和一条路径。一般而言,观念创新是提出一种新观念,这种新观念是世界上首次出现的。观念有许多类型,如

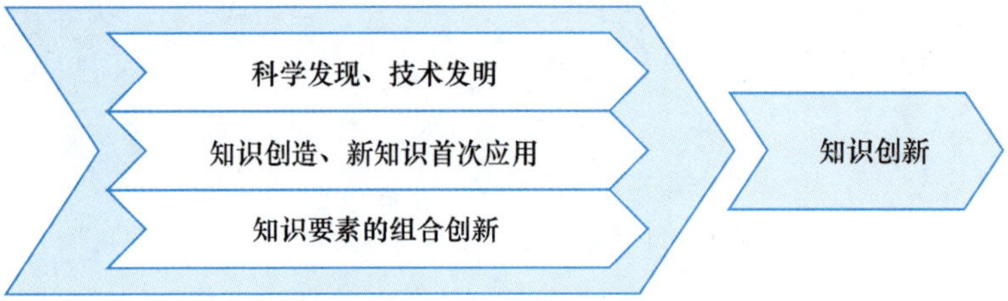

图 2-20　知识创新的结构示意图

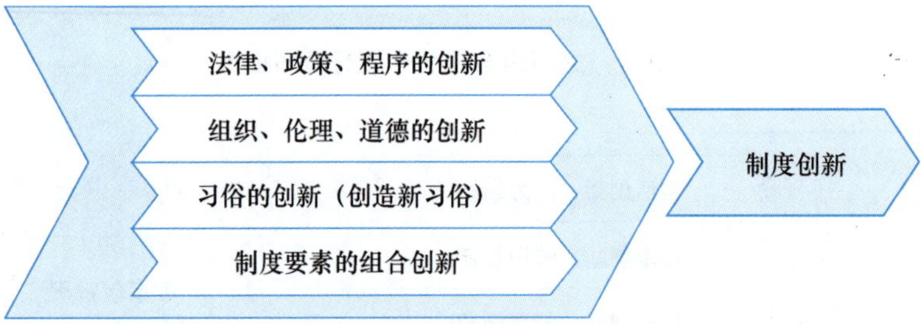

图 2-21　制度创新的结构示意图

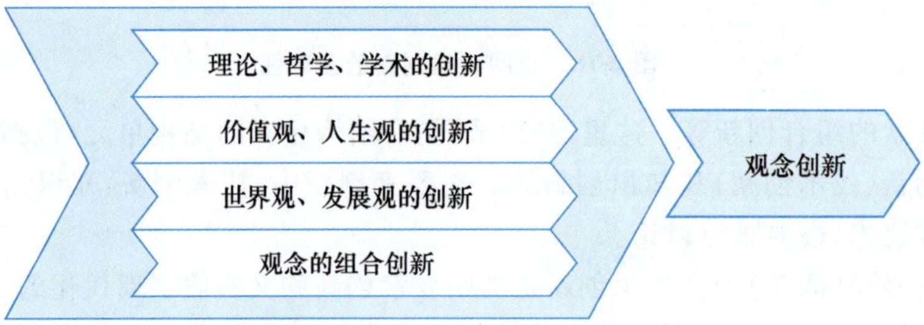

图 2-22　观念创新的结构示意图

政治、经济、社会、文化、环境和人生观念等；不同类型的观念的创新有不同特点。

——要素选择具有多样性(图 2-23)。要素选择是文明内容现代化的一个重要环节。

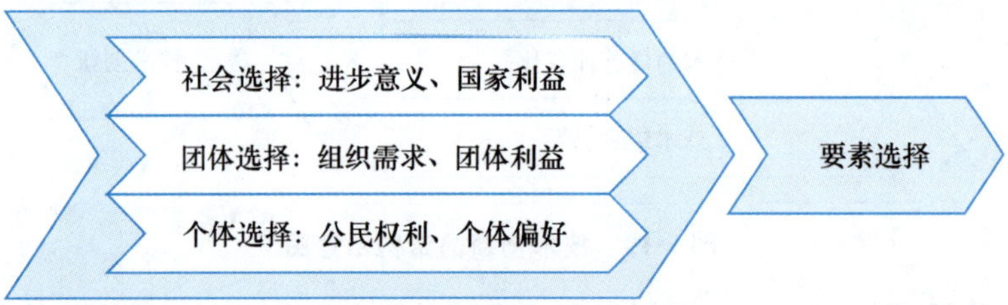

图 2-23　要素选择的多样性

——要素传播具有多样性(图 2-24)。要素传播是文明内容现代化的一种形式和一条路径。

——要素退出具有多样性(图 2-25)。要素退出是文明内容现代化的一种形式和一种路径。

其三、文明形态现代化的原理。文明形态现代化是现代文明的形成、发展、转型和国际互动的复合过程。现代文明的形成、现代文明的发展、现代文明的转型和现代文明的国际互动，都具有路径、内容或形式的多样性。下面分别讨论有关过程的多样性。

——现代文明形成有三条路径(图 2-26)。现代文明形成是文明形态现代化的重要内容。

——传统文明的三个作用。在现代化过程中，传统文明没有消失，而是长期存在并继续发挥作

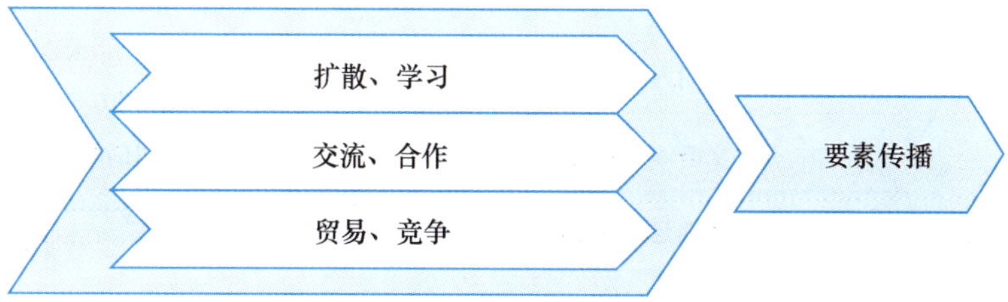

图 2-24 要素传播的多样性

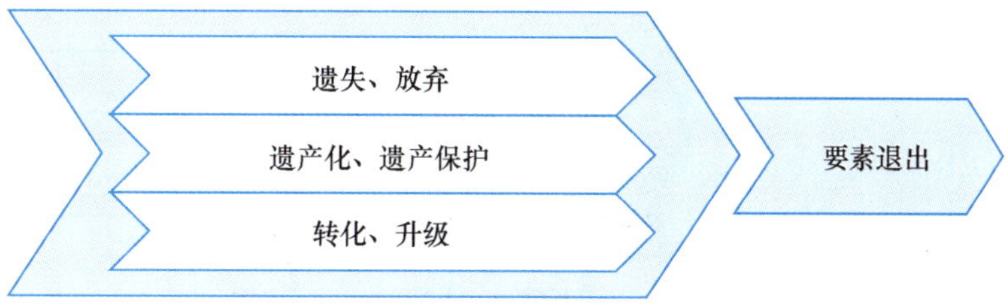

图 2-25 要素退出的多样性

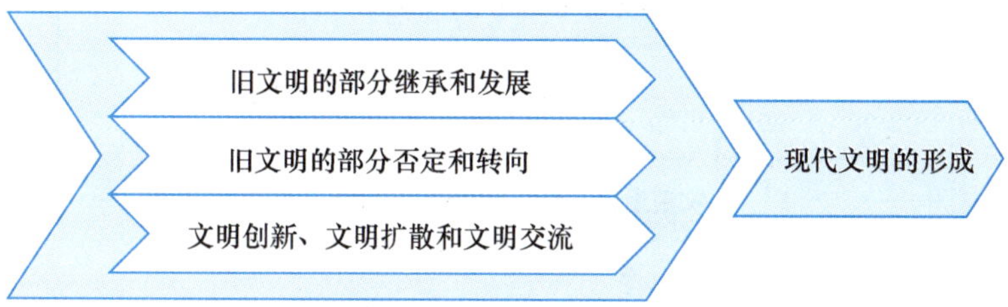

图 2-26 现代文明的三个来源

用。传统文明的作用大致有三种(图 2-27):① 积极作用,有些传统文明要素是创新的原料,有些传统文明要素如文明遗产可以增加文明多样性等;② 消极作用,有些传统文明要素会阻碍文明创新等;③ 中性作用,如影响现代化的路径选择和文明创新的方向选择等。

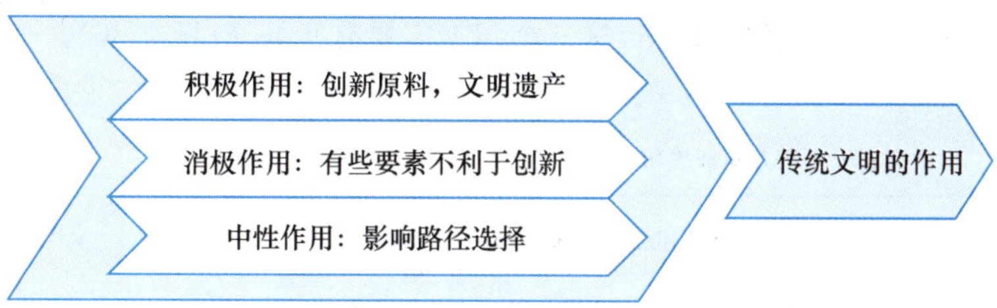

图 2-27 传统文明的三个作用

——文明创新具有多样性(图 2-28)。文明创新是现代文明形成和发展的一条路径,具有形式和路径的多样性。内容创新是微观层次的,形态创新是宏观层次的,体系创新是连接微观和宏观的桥梁;内容创新和体系创新是重要基础,形态创新是内容创新和体系创新的集中表现。

——文明体系创新的原理。文明体系创新是现代化的一种表现形式,是文明遗产、现实文明和新文明之间的复合互动过程(图 2-29);它包括文明创新、文明交流、文明扩散、文明学习、文明退出和文明遗失等多种作用路径。文明体系创新的宏观表现主要是现实文明的结构变化,它包括传统文明比例下降、现代文明比例先升后降、后现代文明比例上升等。

——文明发展有三个判据。文明发展是文明形态现代化过程的一种形式。在第一次现代化过程

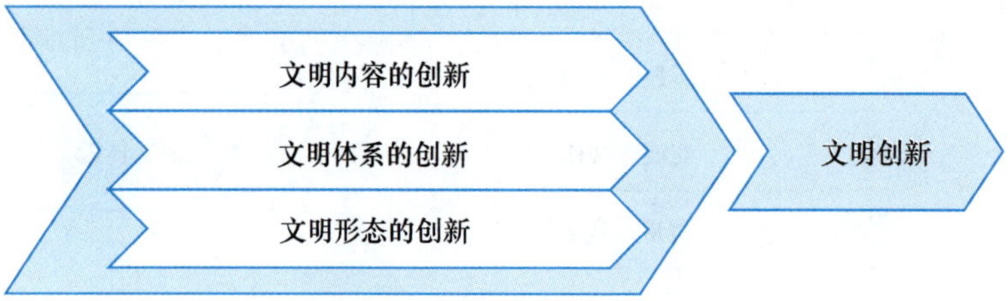

图 2-28　文明创新的多样性

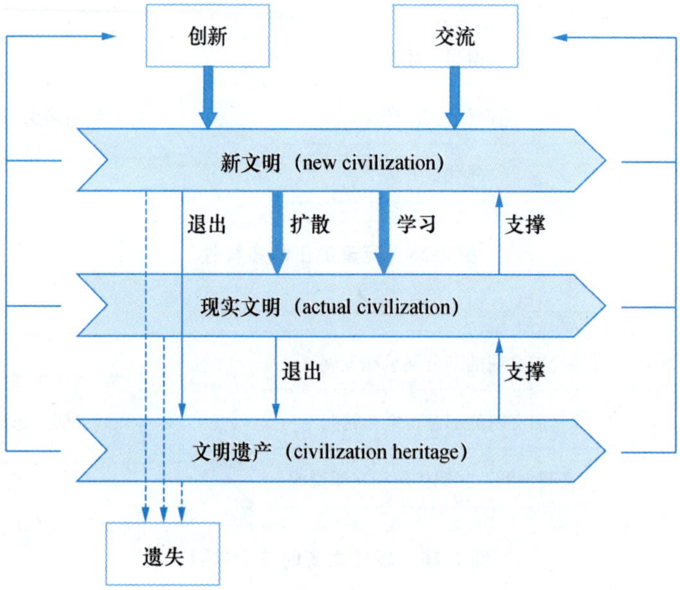

图 2-29　文明体系创新的复合互动模型

注：文明遗产大致相当于文化遗产，包括普通文化遗产、濒危无形文化遗产和失效传统知识等。

中，文明发展的三个判据是：有利于生产力的解放和提高，有利于社会的公平和进步，有利于人的自由解放和全面发展。在第二次现代化过程中，这三个判据需要有所补充（图 2-30）。

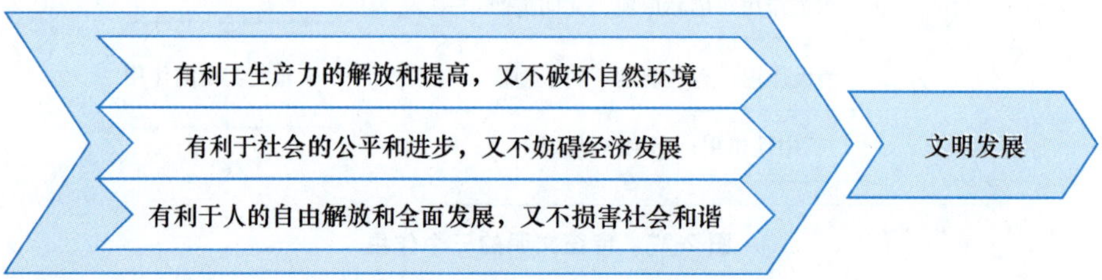

图 2-30　文明发展和现代化的三个判据

——文明转型具有多样性（图 2-31）。文明转型是文明形态现代化过程的重要内容。

——国际互动具有多样性（图 2-32）。国际互动是文明形态现代化过程的重要内容。

其四，国际体系变化的原理。国际体系变化遵循的原则包括：进程不同步、分布不均衡、结构稳定性和地位可变迁等（表 2-27）。在现代化的结果分析时还会讨论。

3. 现代化的结果和目标

现代化过程的结果，与现代化过程的时间跨度和覆盖范围紧密相关。现代化的目标，与现代化的

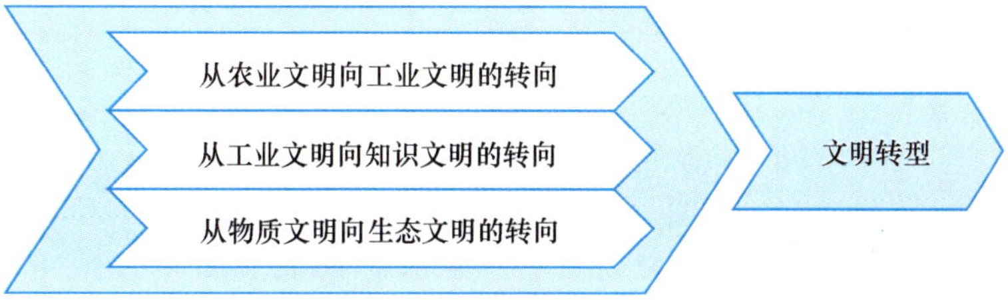

图 2-31　文明转型的多样性

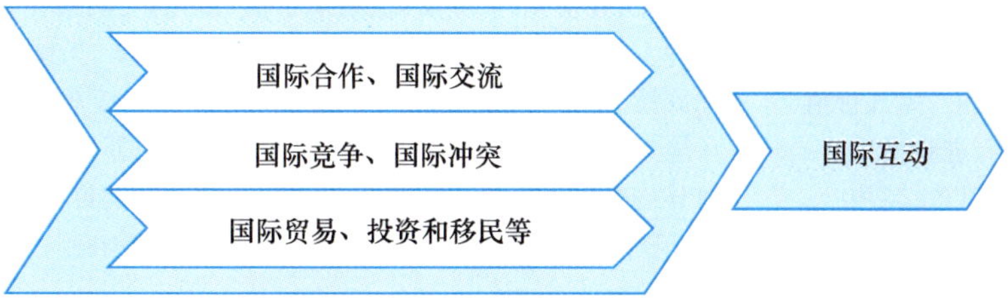

图 2-32　国际互动的多样性

行为主体有关，可以从理论角度和政策角度来认识。

(1) 现代化过程的结果

一般而言，现代性是现代化过程的主要结果。目前，关于现代性的讨论有两种方法：阐释主义的思辨、实证主义的归纳。如果没有明确的时间边界和地理范围，关于现代性的讨论更多是一种思辨。关于现代性的阐释的文献非常多。下面主要讨论现代性的实证主义的归纳。

首先，研究和归纳现代化过程的结果，一般应注意四个要点(表 2-28)。

表 2-28　关于现代化结果(现代性)的实证方法

编号	基本要求	注意事项
1	必须明确现代化过程的起点、终点和覆盖范围	避免：无的放矢，望文生义
2	必须进行现代化的起点截面和终点截面的比较(图 1-8)	避免：张冠李戴，把想象当成事实
3	必须有合适的归纳方法、适度的理论抽象	避免：过于抽象、粗细不一
4	既要重视它的共性结果，也要注意它的多样性和副作用	避免：人为偏见、重大遗漏

其次，国家层次的现代化过程的结果包括现代性(表 2-29)、特色性和多样性的形成、国家水平变化和副作用(副产品)等。迄今为止，没有两个国家的现代化结果完全一样，国际差别有大有小，不同国家各有特色。不同国家的特色性、持续存在的部分传统性和副作用等，组成现代化结果的表现形式的多样性(图 2-33)。相对而言，如果说现代性反映了现代化的本质属性，那么，特色性主要反映了现代化的形式多样性和环境适应性。

——国家现代化的结果，既有现代性(共性特征)，又有特色性(个性特征)和多样性。

——现代性与传统性不是完全对立的。第一和第二现代性都可以包含传统性的部分内容。传统价值没有完全消失，部分传统价值持续存在并发挥作用，如文化遗产等。

——现代化过程可能会有副作用(副产品)，但不是绝对的。不同国家的副作用可以不同。

表 2-29 传统性、第一现代性和第二现代性(举例)

项目	传统性	第一现代性	第二现代性
时间	约公元前 3500 年～公元 1763 年	约 1763～1970 年	约 1970～2006 年
范围	世界	1970 年完成第一次现代化的国家的结果	2006 年处于第二次现代化的国家的结果
经济	手工的、分散的、自给自足	工业化、市场化、标准化、非农业化	知识化、生态化、全球化、非工业化
社会	家族的、稳定性、教育不普及	城市化、福利化、流动化、普及义务教育	信息化、郊区化、绿色化、普及高等教育
政治	专制的、封建的、宗教的	民主化、法治化、科层化、制度化	知识化、国际化、分散化、个性化
文化	宗教的、迷信的、宿命论	世俗化、理性化、大众文化、物质价值	多元化、网络化、产业化、生活质量
环境	开发自然、适应自然、因地而异	经济主义、征服自然、生态环境破坏	生态平衡、互利共生、经济与环境双赢
个人	保守的、等级的、家族价值	开放性、平等性、成就感、个人价值	学习性、个性化、幸福感、自我实现
副作用	社会不平等、进步慢等	环境污染、贫富分化等	网络犯罪、国际风险等
其他	部分原始价值持续存在	部分传统价值持续存在并发挥作用	部分传统价值持续存在并发挥作用

注:本表没有讨论现代化的多样性和副作用等。第二现代性是一幅没有完全展开的图画。

资料来源:何传启,2003.

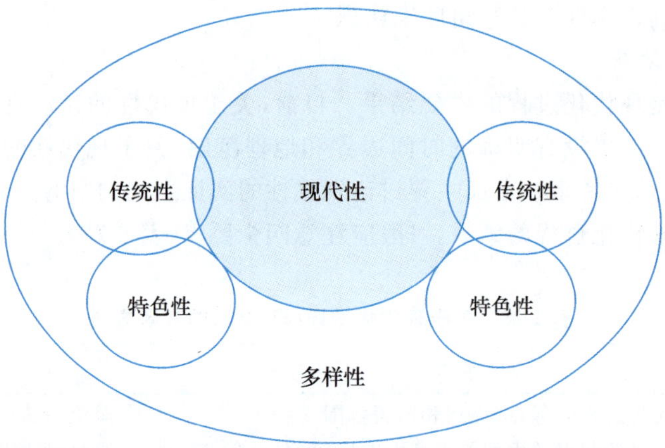

图 2-33 国家现代化的主要结果示意图(没有包括国家水平变化和副作用)

注:现代性是现代化结果的共性特点。不同国家有不同的特色性和传统性。现代性与特色性的边界没有定论,有些时候是模糊的。

——国家现代化水平的变化。主要包括:国内绝对水平的提高、国际相对水平的变化。国际相对水平的变化,导致国家的国际地位的变化。

——根据 1970 年完成第一次现代化的国家的现代化结果,第一现代性的特点包括:工业化、城市化、民主化、科层化、制度化、理性化、世俗化、机械化、电气化、自动化、标准化、专业化、市场化、集中化、分化与整合、流动化、福利化、高效化、非农业化(农业比例下降)、现代科学和能源、大众传播和普及义务教育等;副作用包括环境污染、贫富分化和人性的淡化等;部分传统价值持续存在并发挥作用,如文化遗产的作用等。

——根据 2006 年进入第二次现代化的国家的现代化结果,第二现代性的目前特点包括:知识化、信息化、服务化、网络化、数字化、智能化、全球化、创新化、个性化、多样性、多元化、分散化、绿色化、生态化、非物质化(物质和能源密度下降)、非工业化(工业比例下降)、郊区化、城乡平衡、终身学习和普及高等教育等;副作用包括信息鸿沟、网络犯罪、国际风险、不确定性和国际不平等扩大等;部分传统价值持续存在并发挥作用。

其三，国际体系层次的现代化过程的结果是国际体系的变化。

——国际体系的国家结构具有相对稳定性。发达国家的比例约为13%～15%。

——国际体系的发展水平提高。进入现代化的国家数量增加，国家比例提高。

——在第一次现代化过程中，国家的国际地位可以变化。1700～1970年，发达国家降级概率约为38%，发展中国家晋级概率约为9%。

——在第二次现代化过程中，国家的国际地位可以变化。1970～2006年，发达国家降级概率约为20%，发展中国家晋级概率约为5%(如果把地位波动国家计算在内，概率约为9%)。

——国际效率分化，例如，人均收入的国际差距扩大，欠发达国家相对贫困化等。

——国际结构趋同，经济、社会、政治和文化等的结构趋同，现代性普及程度提高。

——国际体系内部，发达国家存在多样性，没有两个发达国家的现代化结果是完全一样的。

(2) 现代化过程的目标

一般而言，国家是现代化的基本行为主体。下面讨论国家层次的现代化目标。

首先，从理论角度分析，国家现代化的目标主要有三个。第一个目标：完成第一次现代化，完成从农业社会向工业社会的转型。第二个目标：完成第二次现代化，完成从工业社会向知识社会的转型。第三个目标是一个动态目标，指追赶、达到或保持世界先进水平。

其次，从政策角度分析，国家现代化的目标主要有两个。第一个目标是国家进步目标：提高生产力、促进社会的公平和进步、促进人的全面发展、促进人与自然互利共生等。这些目标可以具体化。第二个目标是国际地位目标：追赶、达到或保持世界先进水平。发达国家的政策目标是保持世界先进水平。发展中国家的政策目标是追赶和达到世界先进水平。

4. 现代化的动力

现代化的动力涉及微观和宏观两个层次，涉及动力因素和动力机制两个方面。

(1) 现代化过程的动力因素

现代化是一个复杂过程，必然受到许多因素的影响。不同因素的作用不同。有些因素有促进作用，有些有抑制作用。促进作用比较大的影响因素，可以称为现代化过程的动力因素。

首先，微观层次的影响因素。微观因素包括个人心理因素和社会因素等。

现代化是由人完成的，人的行为受心理因素的影响。主要的心理因素有：好奇心、好胜心、虚荣心、上进心、事业心、恐惧感、荣誉感、成就感、责任感、民族感等。人往高处走，水向低处流。这些因素必然影响人的行为和现代化。

现代化是一种社会行为，受社会因素的影响。主要的社会因素有：知识、制度、观念、结构、历史、传统、家庭、组织、利益、权力、地位、稀缺、资本、资源、市场、创新、适应、交流、合作、冲突和竞争等。它们影响社会选择和社会行为，影响现代化。

其次，宏观层次的影响因素。宏观因素包括国内因素和国际因素等。

现代化的国内影响因素包括：经济、社会、政治、文化、科技、教育、自然环境等。

现代化的国际影响因素包括：国际体系、国际地位、国际地理、国际互动、全球化等。

其三，现代化的动力因素非常多。微观和宏观层次的影响因素非常多，其中的部分因素的促进作用比较大，可以作为动力因素。例如，创新、竞争、适应、交流、国家利益和市场需求等。其中，创新是现代化的根本来源，竞争是现代化的激励机制，适应是现代化的自调机制，交流是现代化的促进因素，国家利益是国际竞争的主导因子，市场需求是产品创新的主导因素。在发达国家，创新作用比较突出；在发展中国家，交流作用比较突出。

(2) 现代化过程的动力模型

现代化的动力因素如何发挥作用呢？需要建立动力模型，解释现代化的动力机制。

首先，微观层次的动力模型：创新驱动模型、双新驱动模型和联合作用模型。前面提到的创新—选择—传播—退出的超循环模型(图 2-17)，也是一种微观动力模型。

——现代化过程的创新驱动模型(图 2-34)。创新是现代化的根本来源。创新产生新观念、新制度、新知识和新产品，它们形成新文化和新生活，从而推动新文明和现代化；在每一个阶段都有信息反馈，形成从创新到现代化的正反馈循环驱动。

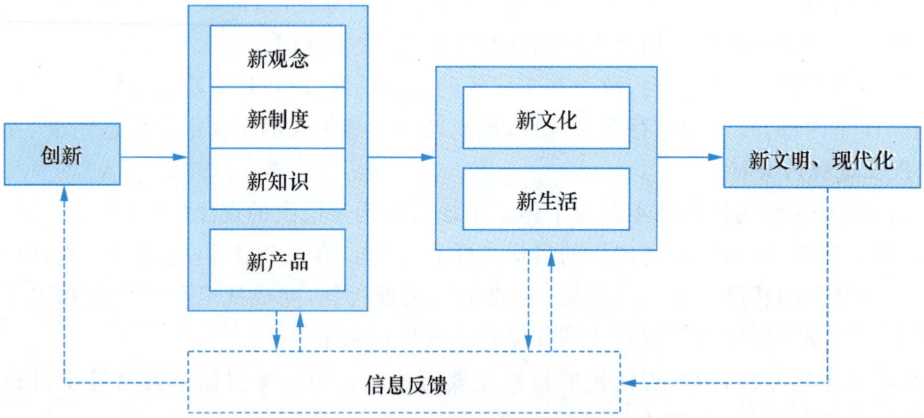

图 2-34 现代化过程的创新驱动模型

注：虚线为信息反馈，实线为作用路径。后同。

——现代化过程的双新驱动模型(图 2-35)。知识创新和制度创新导致新科技，新科技导致新产业(产品)，新产业导致新经济，新经济促进新社会，新社会促进现代化；现代化促进知识创新和制度创新；在模型每一步都有创新和信息反馈，形成从创新到现代化的正反馈循环驱动。

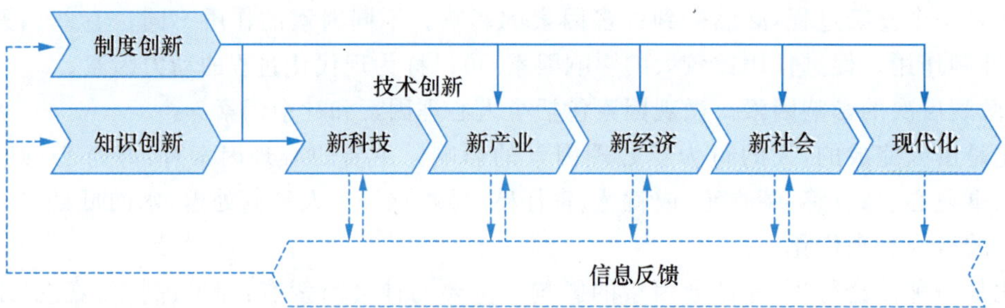

图 2-35 现代化过程的双新驱动模型

注：知识创新包括科学发现、技术发明、知识创造和新知识首次应用，制度创新是创立一种新制度，它们发生在模型的每一步。技术创新指技术发明的首次成功商业应用，主要是从新科技到新产业的过程。

——现代化过程的联合作用模型(图 2-36)。现代化过程是一个复合过程，是多种动力因素联合作用的结果，包括创新、竞争、适应和交流等，它们的联合作用促进文明发展和文明转型，从而推动现代化，并在每一个过程都有信息反馈，形成一个正反馈循环驱动。

某个国家的现代化，也许是多种因素和多个模型的联合作用，也许是某个模型起主导作用。在发达国家和发展中国家，现代化过程的动力机制有所不同；在现代化的不同阶段，现代化过程的动力机制有所不同。上述动力模型，只是现代化过程的动力原理的部分内容。

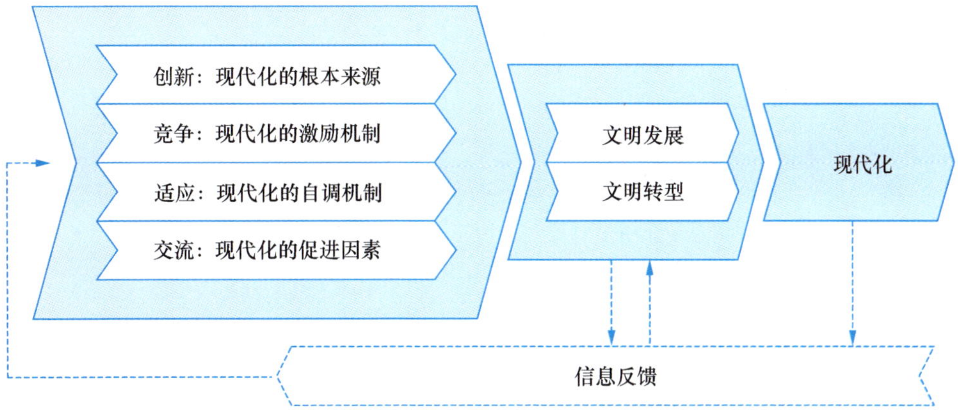

图 2-36　现代化过程的联合作用模型

其次，宏观层次的动力模型：创新扩散模型、创新溢出模型和竞争驱动模型。前面提到的新文明—现实文明—文明遗产的复合互动模型（图 2-29），也是一种宏观动力模型。

——现代化过程的创新扩散模型（图 2-37）。现代化过程是大量创新的集合，所有创新不可能由一个国家完成；一个重大创新完成后，必然会在国内和国际扩散，从而促进文明发展和文明转型，推动现代化；并在每一个阶段都有信息反馈，形成从创新到现代化的正反馈循环驱动。

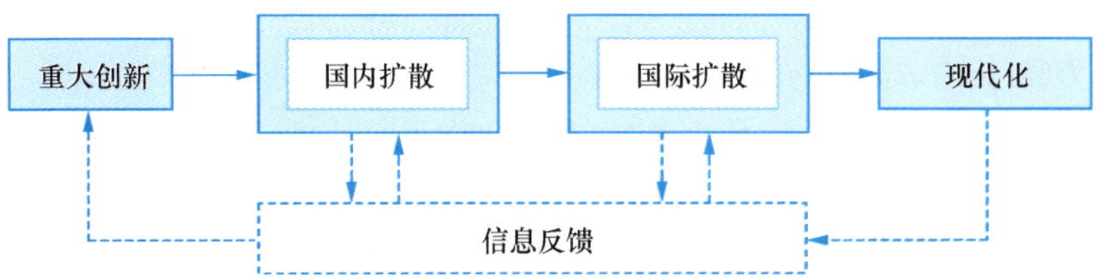

图 2-37　现代化过程的创新扩散模型

——现代化过程的创新溢出模型（图 2-38）。现代化过程是大量创新的集合，不同领域有不同的创新；一个领域的重大创新，必然推动该领域的现代化；一个领域的重大创新和现代化，可以产生溢出效应，影响或拉动其他领域的创新和现代化；从而促进文明发展和文明转型，推动现代化；并在每一个阶段都有信息反馈，形成从创新到现代化的正反馈循环驱动。

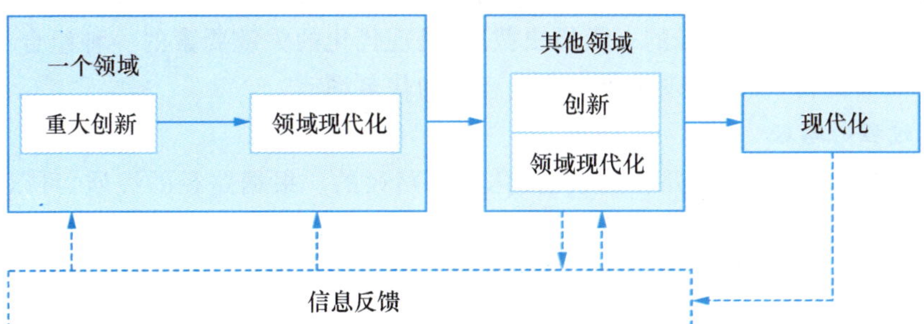

图 2-38　现代化过程的创新溢出模型

——现代化过程的竞争驱动模型（图 2-39）。现代化过程是一个竞争过程，主要竞争包括国际竞争、市场竞争和民主竞选等，它们导致了优胜劣汰、新陈代谢和资源优化配置等，从而促进文明发展和文明转型，推动现代化；并在每一个阶段都有信息反馈，形成从竞争到现代化的正反馈循环驱动。

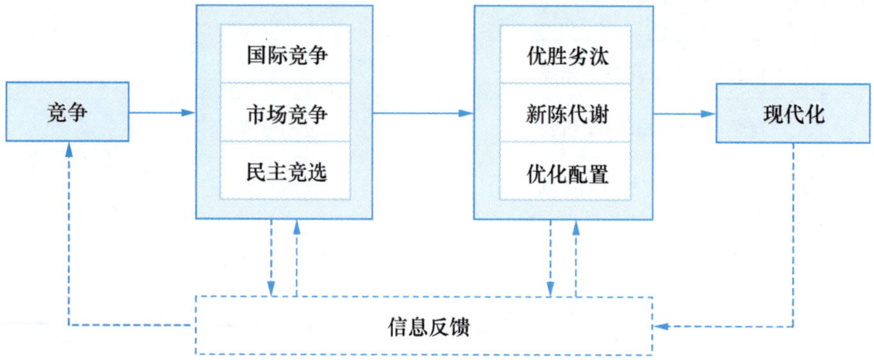

图 2-39 现代化过程的竞争驱动模型

其三，现代化动力的定量模型：生产力函数。

现代化的三个判据是：有利于生产力的解放和提高、有利于社会的公平和进步、有利于人的自由解放和全面发展。第一个判据可以量化，可以建立相应的数学模型。

柯布-道格拉斯生产函数为：

$$Y = A \times K^{a} \times L^{1-a} \tag{1}$$

其中，A 为技术进步乘数，Y 为产出，K 为资本，L 为劳动，a 为资本产出的份额，$(1-a)$为劳动产出的份额。

生产力函数为（何传启，2009）：

$$P = A \times (K/N)^{a} \times S^{1-a} \tag{2}$$

其中，P 为生产力（劳动力的人均产出），A 为技术进步乘数，K/N 为劳动力的人均资本，N 为劳动力人数，S 为劳动力的人均技能；a 为资本产出的份额，$(1-a)$为劳动产出的份额。

根据生产力函数，劳动生产力与技术进步成正比，与劳动力的人均资本成正比，与劳动力的人均技能成正比。

现代化的动力因素：技术进步、人均资本、人均技能。

5. 现代化的路径和模式

现代化是一个历史过程，具有时间跨度和发展路径。不同国家的现代化，有自己的发展路径和阶段模式。发展路径指在现代化的起点与终点（目标）之间的道路，它具有方向性、阶段性和结构特征。现代化的模式是现代化的发展路径的一段历史截段，是现代化的关键要素的一种组合（配方），具有时效性和针对性。一般而言，模式是现代化的实践经验的代名词。

（1）现代化过程的路径

历史已经证明，文明进程是多路径的，现代化是多路径的。根据路径的性质，可以把路径分为三类。第一类是基本路径，指现代化的主要路径，每条主要路径的方向和结构特征是独特的。第二类是细分路径，指基本路径中存在的方向一致但结构特点不同的一组路径，又称为亚路径。第三类是分叉路径，指看似可以通向现代化目标，但实际上是不可能达到目标的路径。

首先，在 21 世纪，现代化有三条基本路径（图 2-40）和许多细分路径。现代化的每个分领域和部门都有自己的路径；三条基本路径分别是这些分领域路径和部门路径的“包络线”。

其次，现代化没有最佳路径，只有基本路径、众多的细分路径和合适的选择。每一条细分路径的适用性不同，同一条细分路径对不同国家是不等价的。合适路径的选择，既受现代化原理的影响，也受国家的传统、基本条件和外部环境等客观因素的制约，还受国际互动的影响。

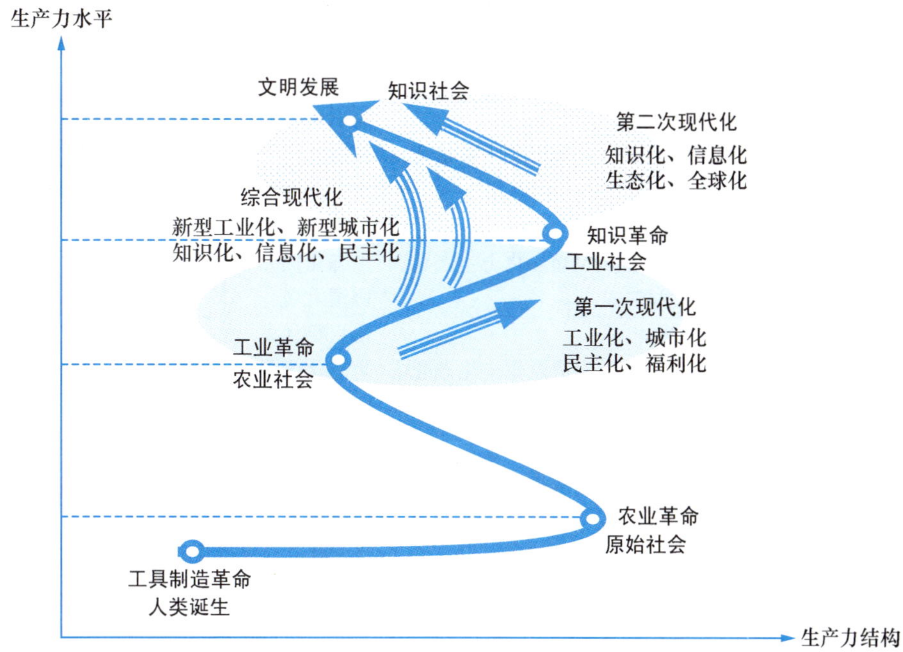

图 2-40 21 世纪现代化的三条基本路径

注:21 世纪第一次现代化路径将受到第二次现代化的影响,多少具有综合现代化的特点。综合现代化路径具有多样性,与起点和目标选择紧密相关。

其三,现代化路径的可选择性是相对的和有条件的。路径选择具有一定的路径依赖性,路径选择与现代化成就有紧密关系。路径选择的风险和机会成本也是很高的。

(2) 现代化过程的模式

首先,现代化的模式是丰富多彩的(表 2-30)。不同国家和不同阶段,可以创造不同的成功模式或失败模式。它们与历史阶段和客观条件紧密相关。

其次,现代化的模式是相对的,相关模式之间并没有明显的疆界。

其三,不同模式可以交叉进行。几个模式可以组合成一种复合模式。

其四,没有最佳模式,只有合适模式。例如,工业化与民主化的三种组合模式,没有高低之分(图 2-41)。大体而言,在 18～19 世纪,美国和英国采用工业化与民主化协调发展模式,法国采用民主化优先模式,德国采用工业化优先模式。在 20 世纪,日本和韩国采用工业化优先模式,印度采用民主化优先模式。同样道理,工业化与城市化的三种组合模式(图 2-41),都有成功的案例,也有不成功的案例。

其五,在经济、社会、政治、文化、个人和环境六个领域,现代化的模式同样是多样的。例如,在经济领域,发达国家经济治理模式有混合市场经济、福利市场经济和社会市场经济等;在社会领域,发达国家的国民教育体制、公共卫生体制和社会福利模式等具有多样性;在政治领域,发达国家的政府治理模式有总统制、内阁制和君主立宪制等。

表 2-30　国家现代化的 56 种组合模式(扣除重复模式)

编号	第一次现代化的组合模式		第二次现代化的组合模式		综合现代化的组合模式	
	要素组合	模式	要素组合	模式	要素组合	模式
1		工业化优先		知识化优先		知识化优先
2	工业化＋民主化	民主化优先	知识化＋信息化	信息化优先	知识化＋工业化	工业化优先
3		协调发展		协调发展		协调发展
4		工业化优先		知识化优先		信息化优先
5	工业化＋城市化	城市化优先	知识化＋生态化	生态化优先	信息化＋工业化	工业化优先
6		协调发展		协调发展		协调发展
7		经济优先		信息化优先		工业化优先
8	经济＋教育	教育优先	信息化＋生态化	生态化优先	工业化＋生态化	生态化优先
9		协调发展		协调发展		协调发展
10		自由市场经济		经济优先		城市化优先
11	市场＋计划	指令计划经济	经济＋生态	生态优先	城市化＋信息化	信息化优先
12		混合经济		协调发展		协调发展
13		进口替代		社会优先		城市化优先
14	追赶工业化	出口导向	社会＋生态	生态优先	城市化＋生态化	生态化优先
15		协调发展		协调发展		协调发展
16		民族工业保护		经济优先		经济优先
17	国际互动	自由贸易	经济＋社会	社会优先	经济＋社会	社会优先
18		殖民帝国		协调发展		协调发展
19		依附发展		高贸易、高投资		高贸易、高投资
20	—	—	国际互动	中贸易、中投资	国际互动	中贸易、中投资
21	—	—		低贸易、低投资		低贸易、低投资
22	—	—	经济＋社会＋生态	协调发展	经济＋社会＋生态	协调发展

参考资料：见表 1-48、1-49、1-50，蓝色背景表示这些模式与第二次现代化的模式是重复的。

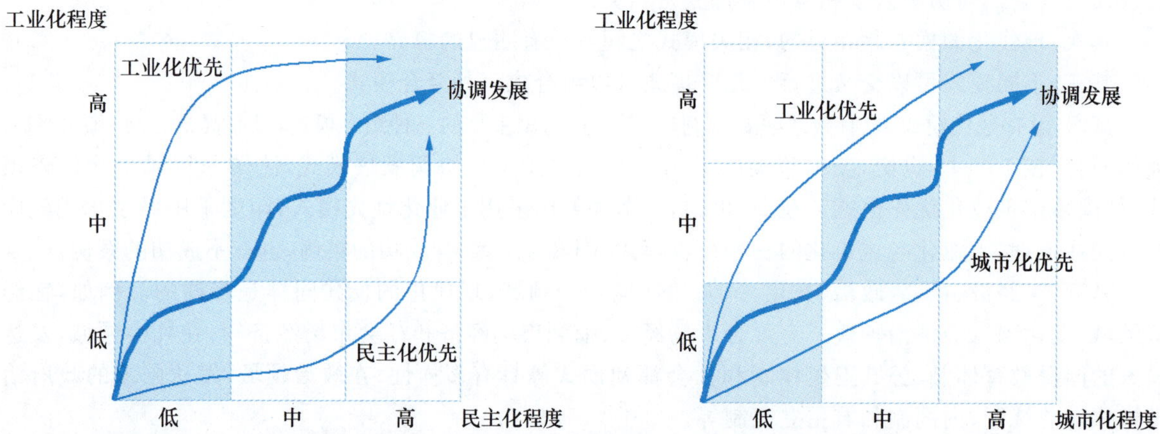

图 2-41　工业化与民主化、工业化与城市化的组合模式(示意图)

二、现代化的分阶段理论

现代化理论的不同流派，对现代化的阶段划分有所不同，对不同阶段的现代化的理论解释有所不同。由于篇幅有限，下面重点介绍第二次现代化理论的分阶段理论。

第二次现代化理论认为，现代化的一般理论、分阶段理论、分层次理论和分领域理论是相互交叉和相互支持的；分阶段、分层次和分领域理论是一般理论在不同阶段、层次和领域的一种体现；一般理论则是分阶段、分层次和分领域理论的一种抽象；它们共同组成现代化理论的理论大厦。第二次现代化理论的分阶段理论包括第一次现代化理论、狭义第二次现代化理论和综合现代化理论，其中，综合现代化是与第二次现代化并行的一个阶段，不是第三阶段。

1. 第一次现代化理论

第一次现代化与经典现代化是同义词，第一次现代化理论与经典现代化理论是大体一致的。第一次现代化理论包括一般理论、分支理论和相关理论；其中，一般理论是关于第一次现代化的基本原理的一种系统阐述（表 2-31），分支理论包括分层次和分领域理论等。

表 2-31 第一次现代化的一般理论

方面	基本内容
定义	第一次现代化指 18 世纪 60 年代以来人类文明的一种深刻变化，是现代工业文明的形成、发展和国际互动的复合过程，是文明要素的创新、选择、传播和退出交互进行的复合过程，是不同国家追赶、达到和保持世界先进水平的国际竞争；它发生在先行国家，也存在于后进国家追赶世界先进水平的过程中
过程	第一次现代化是从农业文明向工业文明、传统文明向现代文明的转型过程，包括从农业社会向工业社会、农业经济向工业经济、农业政治向工业政治、农业文化向工业文化、传统文化向现代文化的转型，遵循 10 个原理
结果	第一现代性、特色性和多样性的形成，以及国家水平和国际体系的变化。第一现代性的特点包括工业化、城市化、民主化、市场化、福利化和理性化等；副作用包括环境污染等；部分传统价值持续存在并发挥作用
动力	动力因素包括创新、竞争、适应、交流、技术、资本、国家利益和市场需求等。动力原理包括创新—选择—传播—退出的超循环、创新驱动、双新驱动、联合作用、复合互动和竞争驱动等。有三种观点：经济发展决定论、文化发展决定论、政治经济文化综合作用
模式	具有路径和模式的多样性（表 1-45 和表 2-30），具有起点依赖性和路径依赖性。发达国家和发展中国家的路径和模式有差别，发达国家彼此之间也有差异

资料来源：中国现代化战略研究课题组，2004.

2. 狭义第二次现代化理论

狭义第二次现代化理论包括一般理论、分支理论和相关理论；其中，一般理论是关于狭义第二次现代化的基本原理的一种系统阐述（表 2-32），分支理论包括分层次和分领域理论等。

表 2-32 狭义第二次现代化的一般理论

方面	基本内容
定义	第二次现代化指 20 世纪 70 年代以来人类文明的一种深刻变化，是知识文明和生态文明的形成、发展和国际互动的复合过程，是文明要素的创新、选择、传播和退出交互进行的复合过程，是不同国家追赶、达到和保持世界先进水平的国际竞争
过程	第二次现代化是从工业文明向知识文明、物质文明向生态文明的转型过程，包括从工业社会向知识社会、工业经济向知识经济、工业政治向知识政治、工业文化向知识文化、物质文化向生态文化的转型，遵循 10 个原理
结果	第二现代性、特色性和多样性的形成，以及国家水平和国际体系的变化。第二现代性的特点目前包括知识化、信息化、生态化、全球化、个性化和多元化等；副作用包括网络犯罪、信息鸿沟等；部分传统价值持续存在并发挥作用

（续表）

方面	基本内容
动力	动力因素包括创新、竞争、适应、交流、知识、制度、国家利益和市场需求等。动力原理包括创新—选择—传播—退出的超循环、创新驱动、双新驱动、双轮驱动、联合作用、复合互动、创新扩散、创新溢出和竞争驱动等
模式	具有路径和模式的多样性(表 1-46 和表 2-30)，具有路径依赖性

资料来源：何传启，2003.

3. 综合现代化理论

综合现代化理论包括一般理论、分支理论和相关理论，其中，一般理论是关于综合现代化的基本原理的一种系统阐述(表 2-33)，分支理论包括分层次和分领域理论等。综合现代化理论适合于目前没有完成第一次现代化的国家。通过两次现代化的协调发展，发展中国家有可能迎头赶上发达国家第二次现代化水平。综合现代化是与第二次现代化并行的一条现代化路径。

表 2-33 综合现代化的一般理论

方面	基本内容
定义	综合现代化是发展中国家的一条现代化路径，是两次现代化的协调发展和持续向知识文明和生态文明转型的复合过程，是工业文明的形成、发展、转型和国际互动的复合过程，是文明要素的创新、选择、传播和退出交互进行的复合过程，是发展中国家追赶和达到世界先进水平的国际竞争
过程	综合现代化是一个双重转型过程，包括从农业文明向工业文明、从工业文明向知识文明的转型，以及两次转型的联动和持续向知识文明的转向。综合现代化包括新型工业化、新型城市化、知识化、信息化、民主化、福利化、绿色化、生态化和全球化等；农业文明比例持续下降，工业文明比例从上升到下降，知识文明和生态文明比例上升
结果	追赶和达到现代化的未来世界先进水平，最终目标是第二现代性和特色性的形成；第一现代性比例从上升到下降，第二现代性比例上升，部分传统价值持续存在并发挥作用
动力	现代化的动力因素包括创新、竞争、适应、交流、技术、制度、国家利益和市场需求等。动力原理包括创新—选择—传播—退出的超循环、创新驱动、双新驱动、双轮驱动、联合作用、复合互动、创新扩散、创新溢出和竞争驱动等
模式	具有路径和模式的多样性(表 1-47 和表 2-30)。既具有路径依赖性，受传统、客观条件和国际环境的影响；也具有起点依赖性，受国家现代化的时间和现代化水平的影响。在不同国家和不同时间启动综合现代化，需要不同的路径和模式

资料来源：何传启，2003.

综合现代化过程需要连续完成两个转变，从农业文明向工业文明转变、从工业文明向知识文明转变，并最终到达知识文明。这个过程可以用两次转型的“联动模型”(何传启，2003)来解释。在这个过程中，文明结构在持续变化，农业文明要素比例下降，工业文明要素先上升后下降，知识文明和生态文明要素持续上升(图 2-42)，但农业文明要素并没有消失。

三、现代化的分层次理论

现代化是一个多层次的过程。不同层次的现代化具有不同特点。现代化理论有不同流派，它们关于现代化的层次划分和理论解释有所不同。由于篇幅有限，下面简介第二次现代化理论的六个分层次理论，它们分别是世界、跨国、国家、地区、机构和个体层次的现代化理论。

1. 世界现代化理论

世界现代化有多种解释。世界现代化理论的世界现代化，指世界层次的现代化。世界现代化理

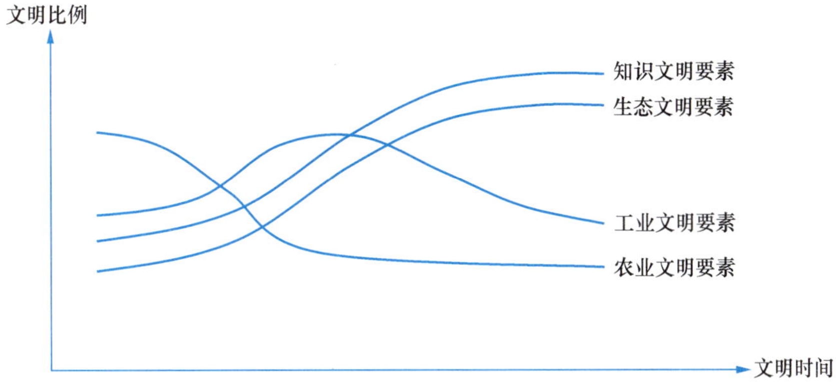

图 2-42　综合现代化路径的示意图(文明结构变化)

论包括一般理论、分支理论和相关理论,其中,一般理论是关于世界现代化的基本原理的一种系统阐述(表 2-34),分支理论包括分阶段和分领域理论等。

表 2-34　世界现代化的一般理论

方面	基本内容
定义	世界现代化指世界层次的现代化,是 18 世纪工业革命以来人类文明的一种深刻变化,是现代人类文明的形成、发展、转型和国际互动的复合过程,是人类文明要素的创新、选择、传播和退出交互进行的复合过程。它包括以国家现代化为基础的国际竞争和国际体系的现代化
过程	世界现代化是一个复杂过程,包括人类文明的行为、结构、制度和观念的变化和两次转型,不同国家追赶、达到和保持世界先进水平的竞争,现代化的国际体系的演变等。18～21 世纪,世界现代化分为第一次和第二次现代化两个阶段。第一次现代化是从农业文明向工业文明的转变,它的国际竞争很多是不平等的竞争;第二次现代化是从工业文明向知识文明、物质文明向生态文明的转变,它的国际竞争是很多是不对称的竞争。它遵循 10 个原理:进程不同步、分布不均衡、结构稳定性、地位可变迁、先行有利、快者有利、强者有利、适者有利、建立者效应(产权效应)和"马太效应"等
结果	第一现代性、第二现代性和多样性的形成,国际分化和国际体系变化。人类发展水平提高,国际收入差距扩大,国家分层和国家流动,国际体系结构基本稳定;发达国家的比例不到 20%,其他国家的比例超过 80%;100 年里发达国家和其他国家保持地位不变的概率约为 80%～90%;发达国家降级和其他国家升级的概率约为 10%～20%。部分传统价值持续存在并发挥作用
动力	微观层次的动力包括创新、竞争、适应和交流等,宏观层次的动力包括国家现代化和国际竞争等。国际竞争是四组国家的不对称国际博弈,四组国家是发达国家、中等发达国家、初等发达国家和欠发达国家。国家竞争力大小,与历史条件、现实水平、创新能力、学习能力、博弈能力、路径选择和国际体系等紧密相关
模式	世界现代化是一种混合模式,不同时期有不同模式。国家现代化没有标准模式,模式选择受客观条件、国内创新、国际学习、国际博弈和国际体系的影响;国际竞争没有标准模式,但有路径依赖性;国际体系的变化具有结构稳定性

资料来源:何传启,2006.

2. 国际现代化理论

国际现代化是跨国层面的现代化,是国家现代化与国际环境的相互作用。世界现代化是世界层面的现代化,是国家现代化的国际环境。一般而言,世界现代化研究站在世界层面,关注人类文明和国际体系变化。国际现代化研究站在跨国和国家层面,关注国际互动和国家地位变化。国际现代化理论包括一般理论、分支理论和相关理论，其中，一般理论是关于国际现代化的基本原理的一种系统表述（表 2-35），分支理论包括分阶段和分领域理论等。

表 2-35 国际现代化的一般理论

方面	基本内容
定义	国际现代化是跨国层次的现代化，是国家现代化与国际环境的一种相互作用，是现代化过程的国际互动，是国家现代化的组成部分
过程	国际现代化是一个历史过程，它既是国际互动的行为、结构、制度和观念的变化过程，也是国家分化和国际环境的变化过程；在 18～21 世纪期间，国际现代化可以分为工业时代的国际现代化和知识时代的国际现代化两大阶段，遵循 4 个原理（联合作用、利益互动、路径选择和象限互动）和 8 个原则（作用力与反作用力、作用效果不同、物以类聚、近朱者赤、目标导向、国家利益、最大最小和有限理性）
结果	国际现代化的结果包括国家变化，如国家行为、国际地位和观念等的变化；国际环境（国际体系）变化，如国际结构、制度和观念等的变化；国际互动的变化，如国际行为的变化等
动力	国际现代化的动力包括人类本性、国家利益、资本积累、国际竞争、重大创新、信息化、全球化、战略资源和环境压力等。不同时期和不同类型的国际互动，其动力结构有所不同
模式	国际现代化的路径和模式是多样的，具有起点依赖性和路径依赖性，受历史、地理、水平、实力、地位、制度和观念因素的影响；四种基本路径是：国际合作、国际交流、国际竞争和国际冲突；四种基本模式是：综合互动、横向互动、向上互动（纵向互动）和向下互动（纵向互动）

注：一般而言，国际关系学研究是基于国家实力的国际环境和国际互动研究；国际现代化研究是基于国家水平（从现代化角度）的国际环境和国际互动研究。它们各有侧重，可以相互检验和补充。

资料来源：中国现代化战略研究课题组，2008.

3. 国家现代化理论

国家现代化是现代化的基本单元，是世界现代化和国际现代化的重要基础，是地区、机构和个体现代化的国内环境。在一定程度上，现代化理论是关于国家现代化的一种理论，是一种国家层次的理论；它可以合理延伸到多个层次，如世界、跨国、地区、机构和个体层次。

国家现代化理论是国家层次的现代化理论，主要包括一般理论、分支理论和相关理论。其中，一般理论是关于国家现代化的基本原理的一种系统阐述（表 2-36），分支理论包括分阶段和分领域理论等。

表 2-36 国家现代化的一般理论

方面	基本内容
定义	国家现代化是国家层次的现代化，是 18 世纪工业革命以来现代国家文明的形成、发展、转型和国际互动的复合过程，是国家文明要素的创新、选择、传播和退出交互进行的复合过程，是追赶、达到或保持世界先进水平的国际竞争
过程	国家现代化是一个复杂过程，包括国家文明的行为、结构、制度和观念的变化和两次转型，追赶、达到或保持世界先进水平的国际竞争等。18～21 世纪期间，国家现代化过程可以分为第一次和第二次现代化两个阶段，第一次现代化是从农业文明向工业文明的转型，第二次现代化是从工业文明向知识文明、从物质文明向生态文明的转变；它遵循 10 个原理：进程不同步、分布不均衡、结构稳定性、地位可变迁、路径可选择、行为可预期、需求递进、效用递减、状态不重复和中轴转换

（续表）

方面	基本内容
结果	现代性、特色性和多样性的形成，以及国家水平和地位的变化；部分传统价值持续存在并发挥作用等。第一次现代化的主要结果是第一现代性的形成，主要特点包括工业化、城市化、民主化、科层化、市场化、福利化、理性化和普及义务教育等；副作用包括环境污染、周期性经济危机等。第二次现代化的主要结果是第二现代性的形成，目前特点包括知识化、信息化、网络化、生态化、绿色化、全球化、多元化、个性化和普及高等教育等，副作用包括信息鸿沟、网络犯罪等。
动力	国家现代化的动力因素包括创新、冲突、适应、交流、国家利益和市场需求等。动力原理包括：创新—选择—传播—退出的超循环、创新驱动、双新驱动、双轮驱动、联合作用、复合互动、创新扩散、创新溢出和竞争驱动等，不同国家和不同阶段的动力有所不同，不同路径和不同模式的动力有所不同
模式	具有路径多样性、模式多样性和路径依赖性。大致有 3 条基本路径和 50 多种模式

资料来源：何传启，2003.

4. 地区现代化理论

如果把地区理解为国家的内部区域，那么，地区现代化是国家现代化的组成部分。地区现代化不是国家现代化的简单“缩小”，而是具有更大的多样性和结构弹性。地区现代化理论是地区层次的现代化理论，主要包括一般理论、分支理论和相关理论，其中，一般理论是关于地区现代化的基本原理的一种系统阐述（表 2-37），分支理论包括分阶段和分领域理论等。

表 2-37 地区现代化的一般理论

方面	基本内容
定义	地区现代化是地区层次的现代化，是国家现代化的组成部分，是现代地区文明的形成、发展、转型和互动的复合过程，是文明要素的创新、选择、传播和退出交互进行的复合过程，是追赶、达到和保持世界先进水平的区际和国际竞争
过程	地区现代化是一个复杂过程，包括地区文明的行为、结构、制度和观念的变化和两次转型等。在 18～21 世纪期间，地区现代化过程一般可以分为第一次和第二次现代化两大阶段。第一次现代化是从农业文明向工业文明的转型，第二次现代化是从工业文明向知识文明、物质文明向生态文明的转型。地区现代化过程中经济和社会结构变化是有弹性的。遵循 10 个原理
结果	第一现代性、第二现代性、特色性和多样性的形成，以及地区地位的变化。第一现代性的特点包括工业化、城市化、民主化、福利化、理性化和普及义务教育等；第二现代性的特点目前包括知识化、信息化、网络化、生态化、绿色化、全球化、多元化和普及高等教育等。地区的两种现代性不是绝对的，具有很大弹性和区域多样性，副作用因地区而异，部分传统价值持续存在并发挥作用
动力	地区第一次现代化的主要动力是投资、技术进步、工业化和城市化等，地区第二次现代化的主要动力是知识创新、制度创新和人力资本等，地区新型综合现代化的主要动力则是教育和投资、工业化和信息化、城市化和郊区化、技术和制度创新等。动力原理包括：创新—选择—传播—退出的超循环、创新驱动、双新驱动、双轮驱动、联合作用、复合互动、创新扩散、创新溢出、竞争驱动和生产力函数等。不同地区和不同阶段的动力有所不同，不同路径和不同模式的动力有所不同
模式	具有路径和模式多样性，受地区地理条件、基础设施和外部环境的影响。地区第一次现代化模式是工业化和城市化等的多种组合，地区第二次现代化模式是知识化、信息化、生态化和郊区化等的多种组合，地区新型综合现代化模式是工业化、信息化、生态化和城市化等的多种组合

资料来源：中国现代化战略研究课题组，2004.

5. 机构现代化理论

一般而言，机构包括政府机构、非赢利机构和赢利机构等。不同类型机构的现代化有不同特点，具有很大的多样性;同时,机构现代化必然与世界现代化相适应,具有一些共性特点。

机构现代化理论是机构层次的现代化理论,主要包括一般理论、分支理论和相关理论,其中,一般理论是关于机构现代化的基本原理的一种系统阐述(表 2-38),分支理论包括分阶段和分领域理论等。

表 2-38 机构现代化的一般理论

方面	基本内容
定义	机构现代化是机构层次的现代化,是现代化过程中的机构变化;包括现代机构的形成、发展、重组和互动,组织要素的创新、选择、传播和退出,追赶、达到和保持世界先进水平的机构竞争
过程	机构现代化包括组织的行为、结构、制度和观念的变化和机构管理的现代化等。第一次现代化过程的机构现代化简称机构的第一次现代化,主要内容包括法治化、科层化、规模化、规范化、标准化、制度化、效率化和管理现代化(组织管理的第一次现代化)等;第二次现代化过程的机构现代化简称机构的第二次现代化,主要内容包括知识化、信息化、网络化、扁平化、柔性化、学习化、人性化、多样化、绿色化、国际化和管理现代化(组织管理的第二次现代化)等
结果	第一次现代化过程的机构现代化,主要结果是形成与工业文明相适应的现代机构和组织,它的特点包括法制的、分层的、规范的、机械的、刚性的和高效的等;第二次现代化过程的机构现代化,主要结果是形成与知识文明和生态文明相适应的后现代机构和组织,它的特点包括灵活的、扁平的、有机的、信息化、绿色化、学习型和创新型等
动力	微观层次的动力包括创新、竞争、适应、交流、机构利益和职业精神等;宏观层次的动力包括国家现代化、世界现代化、信息化和全球化等。不同类型和不同时期的机构,有不同的动力
模式	机构现代化没有标准的路径和模式,具有起点依赖性和路径依赖性,受人员素质、历史传统、文化观念、国家水平和国际环境的影响

6. 个体现代化理论

一般而言,个体是现代化的最小结构单元,不同领域的最小结构单元是不同的。例如,经济领域的最小结构单元是个人,社会领域的最小结构单元是家庭和个人,政治领域的最小结构单元是个人,文化领域的最小结构单元是人群等。

个体现代化理论是个体层次的现代化理论,主要包括一般理论、分支理论和相关理论,其中,一般理论是关于个体现代化的基本原理的一种系统阐述(表 2-39),分支理论包括分阶段和分领域理论等。个体现代化与个人现代化有很多交叉。

表 2-39 个体现代化的一般理论

方面	基本内容
定义	个体现代化是个体层次的现代化,是现代化过程中的个体的行为、素质、能力和观念的变化,是个体行为、素质、能力和观念的创新、选择、传播和退出交互进行的复合过程
过程	个体现代化包括个体的行为、素质、能力和观念的现代化等。第一次现代化过程的个体现代化简称个体的第一次现代化,主要内容包括法制化、效率化、平等化、理性化、独立性、主动性和流动性等;第二次现代化过程的个体现代化简称个体的第二次现代化,主要内容包括知识化、信息化、绿色化、个性化、自主性、学习性和国际性等
结果	第一次现代化过程的个体现代化的主要结果是:形成与工业文明相适应的个体行为、素质、能力和观念,它的特点包括法人的、高效的、平等的、独立的、主动的和流动的等;第二次现代化过程的个体现代化的主要结果是:形成与知识文明和生态文明相适应的个体行为、素质、能力和观念,它的特点目前包括知识化的、信息化的、环境友好的、个性化的、终生学习的和国际化的等

（续表）

方面	基本内容
动力	微观层次的动力包括创新、竞争、适应、交流、个人利益和个人兴趣等；宏观层次的动力包括国家现代化、世界现代化、信息化和全球化等。不同类型和不同时期的个体，有不同的动力
模式	个体现代化没有标准的路径和模式，具有起点依赖性和路径依赖性，受历史传统、文化观念、社会舆论、教育水平、国家水平和国际环境的影响

四、现代化的分领域理论

现代化发生在不同领域。不同领域的现代化有不同特点。一般而言，现代化大致发生在六个领域：经济、社会、政治、文化、个人和环境领域。现代化理论有不同流派，它们对六个领域现代化的解释有所不同。由于篇幅有限，下面简介第二次现代化理论的六个分领域理论。

1. 经济现代化理论

经济现代化是经济领域的现代化。经济现代化理论包括一般理论、分支理论和相关理论，其中，一般理论是关于经济现代化的基本原理的一种系统阐述（表 2-40），分支理论包括分阶段、分层次和分部门理论等。

表 2-40　经济现代化的一般理论

方面	基本内容
定义	经济现代化是经济领域的现代化，是 18 世纪工业革命以来经济领域的一种深刻变化，是现代经济的形成、发展、转型和国际互动的复合过程，是经济要素的创新、选择、传播和退出交互进行的复合过程，是追赶、达到和保持世界经济先进水平的国际竞争。一般而言，经济现代化包括从农业经济向工业经济、工业经济向知识经济的两次转变、经济效率和人均收入的持续提高、经济福利、经济公平、国家经济地位和国际经济体系的变化等
过程	经济现代化是一个复杂过程，包括经济行为、结构、制度和观念的变化和两次转型，不同国家追赶、达到和保持经济现代化的世界先进水平的国际竞争等。在 18～21 世纪期间，经济现代化过程可以分为第一次和第二次经济现代化两大阶段；第一次经济现代化包括从农业经济向工业经济、自给经济向市场经济的转型，第二次经济现代化包括从工业经济向知识经济、物质经济向生态经济的转型；遵循 10 个基本原理
结果	经济现代性、特色性和多样性的形成，劳动生产率和人均收入的提高，经济福利与经济公平的改善，以及国家经济水平、国际经济地位和国际经济体系的变化等。第一次经济现代化的结果是第一经济现代性、特色性和多样性的形成，特点包括工业化、机械化、电气化、自动化、标准化、规模化、市场化和非农业化等，副作用包括环境污染和贫富分化等；完成第一次经济现代化的主要标志是完成工业化和市场化，劳动生产率和人均国民收入达到工业经济的先进水平（20 世纪 60 年代工业国家平均水平）。第二次经济现代化的结果是第二经济现代性、特色性和多样性的形成，目前特点包括知识化、信息化、服务化、智能化、分散化、生态化、绿色化、非物质化、非工业化和全球化等，副作用包括信息鸿沟、网络犯罪等；完成第二次经济现代化的主要标志是完成知识化和生态化，劳动生产率和人均国民收入达到知识经济的先进水平（未来某个时间的）等。实现经济现代化的基本标准包括劳动生产率、人均国民收入、经济结构和制度达到当时世界先进水平等
动力	经济现代化的动力包括经济增长、需求变化、全球化和合理预期等四个作用力，具体包括知识资本、社会资本、物质资本、人力资本、生态意识和知识消费的增长、经济结构的变化和国际竞争等。动力模型包括：创新—选择—传播—退出的超循环、创新驱动、双新驱动、双轮驱动、联合作用、复合互动、创新扩散、创新溢出、竞争驱动和生产力函数等。不同国家和不同阶段经济现代化的动力有所不同
模式	经济现代化的路径和模式是多样的，具有路径依赖性，受历史、地理和客观条件的影响；在 21 世纪有三种基本路径：第一次经济现代化路径、第二次经济现代化路径和综合经济现代化路径；对应的基本模式有：工业化模式、信息化和知识化并行模式、工业化和信息化并行模式、新型工业化、绿色工业化等

资料来源：中国现代化战略研究课题组等，2005.

2. 社会现代化理论

社会现代化是社会领域的现代化。社会现代化理论包括一般理论、分支理论和相关理论，其中，一般理论是关于社会现代化的基本原理的一种系统阐述（表 2-41），分支理论包括分阶段、分层次和分部门理论等。

表 2-41 社会现代化的一般理论

方面	基本内容
定义	社会现代化是社会领域的现代化，是 18 世纪工业革命以来社会领域的一种深刻变化，是现代社会的形成、发展、转型和国际互动的复合过程，是社会要素的创新、选择、传播和退出交互进行的复合过程，是追赶、达到和保持世界先进水平的国际竞赛。一般而言，社会现代化包括从农业社会向工业社会、从工业社会向知识社会的两次转变、社会生产力和生活质量的持续提高、生活方式和生活观念的根本变化、国民文化与健康素质的提高、社会福利、社会公平和国际社会地位的变化等
过程	社会现代化是一个历史过程，包括社会生活、结构、制度和观念等的变化和两次转型，不同国家追赶、达到和保持社会现代化的世界先进水平的国际竞赛等。在 18～21 世纪期间，社会现代化包括第一次和第二次社会现代化两大阶段：第一次社会现代化包括从农业社会向工业社会、农村社会向城市社会、家族社会向福利社会的转型；第二次社会现代化包括从工业社会向知识社会、物质社会向生态社会的转型。遵循 10 个基本原理
结果	社会现代性、特色性和多样性的形成，社会生产力和生活质量的提高，社会福利和社会公平的改善，生活方式、生活观念和国际社会地位的变化等。第一次社会现代化的结果是第一社会现代性、特色性和多样性的形成，特点包括城市化、福利化、流动化、专业化、理性化、机械化、电气化、自动化、技术化、标准化、公平性、社会分化、社会整合、普及初等义务教育和大众传播等，副作用包括贫富分化等；完成第一次社会现代化的主要标志是完成城市化和福利化，社会生产力和生活水平达到工业社会的先进水平（20 世纪 60 年代工业国家平均水平）等。第二次社会现代化的结果是第二社会现代性、特色性和多样性的形成，目前特点包括知识化、信息化、郊区化、城乡平衡、绿色化、生态化、自然化、创新化、国际化、多样化、个性化、休闲化、妇儿权益、普及高等教育、终身学习等，副作用包括信息鸿沟等；完成第二次社会现代化的主要标志是完成知识化和绿色化，社会生产力和生活质量达到知识社会的世界先进水平（未来某个时间的）等。实现社会现代化的基本标准包括社会生产力、生活质量、社会结构和制度达到当时世界先进水平等
动力	社会现代化的动力包括社会推力（经济增长、科技进步、教育发展等的推力）、社会拉力（政治发展、文化变迁、全球化等的拉力）、社会压力（人口变化、环境变化等的压力）。动力模型包括：创新—选择—传播—退出的超循环、创新驱动、双新驱动、双轮驱动、联合作用、复合互动、创新扩散、创新溢出、竞争驱动和生产力函数等。不同国家和不同阶段社会现代化的动力有所不同
模式	社会现代化的路径和模式是多样的，具有路径依赖性，受历史、地理和传统因素的影响；在 21 世纪有三条基本路径：第一次社会现代化路径、第二次社会现代化路径和综合社会现代化路径；对应的基本模式有：城市化模式、知识化和绿色化并行模式、新型城市化、绿色化和信息化并行模式等

资料来源：中国现代化战略研究课题组，2006.

3. 政治现代化理论

政治现代化是政治领域的现代化。政治现代化理论包括一般理论、分支理论和相关理论，其中，一般理论是关于政治现代化的基本原理的一种系统阐述（表 2-42），分支理论包括分阶段、分层次和分部门理论等。

表 2-42　政治现代化的一般理论

方面	基本内容
定义	政治现代化是政治领域的现代化，是 18 世纪以来政治领域的一种深刻变化；它包括现代政治的形成、发展、转型和国际互动，政治要素的创新、选择、传播和退出，以及政治权力合理化和民主化、政治参与法制化和平等化、政治体系制度化和专业化、政治行为理性化和高效化等
过程	政治现代化是一个长期的历史过程，包括政治生活、结构、制度和观念的变化和两次转型，政治参与和国家治理的民主化和合理化，以及不同国家追赶、达到和保持世界先进水平的国际政治互动等。在 18～21 世纪期间，政治现代化可以分为两大阶段：第一次政治现代化是从农业政治向工业政治、专制政治向民主政治、家族政治向公民政治的转型过程，第二次政治现代化是从工业政治向知识政治、权力政治向服务政治、物质政治向生态政治的转型过程；它遵循 10 个原理
结果	政治现代性、特色性和多样性的形成，政治参与、国家治理、国际政治和政治环境的深刻变化等。第一次政治现代化的结果是第一政治现代性、特色性和多样性的形成，特点包括民主化、合理化、科层化、法治化、世俗化、制度化、专业化和高效化等，副作用包括政治腐败等。第二次政治现代化的结果是第二政治现代性、特色性和多样性的形成，目前特点大致包括知识化、网络化、多元化、绿色化、个性化、国际化、服务化和透明化等，副作用包括政治信誉下降等
动力	政治现代化的影响因素包括权力分配、技术进步、资本积累、文化变迁、阶级冲突、竞选、革命、城市化、工业化、国际竞争和全球化等。动力模型包括：创新—选择—传播—退出的超循环、创新驱动、双新驱动、双轮驱动、联合作用、复合互动、创新扩散、创新溢出和竞争驱动等。不同国家和不同阶段的动力有所差别，发达国家和发展中国家的动力有所不同
模式	政治现代化的路径和模式是多样的，具有起点依赖性和路径依赖性，受传统政治、国家水平和国际体系的影响。21 世纪基本路径是：第一次政治现代化路径、第二次政治现代化路径、综合政治现代化路径；每一种基本路径有许多的细分路径和发展模式

4. 文化现代化理论

文化现代化是文化领域的现代化。文化现代化理论包括一般理论、分支理论和相关理论，其中，一般理论是关于文化现代化的基本原理的一种系统阐述(表 2-43)，分支理论包括分阶段、分层次和分部门理论等。

表 2-43　文化现代化的一般理论

方面	基本内容
定义	文化现代化是文化领域的现代化，是 18 世纪以来文化领域的一种深刻变化，是现代文化的形成、发展、转型和国际互动的复合过程，是文化要素的创新、选择、传播和退出交互进行的复合过程，是不同国家追赶、达到和保持文化变迁的世界前沿地位的国际竞争等。一般而言，文化现代化包括从传统文化向现代文化、现代文化向后现代文化的两次转变、文化创造力和文化生活质量的提高、文化设施和文化产业的发展、人类的自我解放和全面发展等
过程	文化现代化是一个历史过程，包括文化生活、结构、制度和观念的变化和两次转型，不同国家追赶、达到和保持文化变迁的世界前沿地位的国际互动等。在 18～21 世纪期间，文化现代化可以分为两大阶段：第一次文化现代化是从农业文化向工业文化的转型，包括从专制文化向民主文化、封建文化向公民文化、农村文化向城市文化的转型等；第二次文化现代化是从工业文化向知识文化的转型，包括从机械文化向人性文化、物质文化向生态文化、文化汇聚向文化多元的转型等。它遵循 10 个原理

（续表）

方面	基本内容
结果	文化现代性、特色性和多样性的形成，文化生活质量和国际文化竞争力的提高，文化设施和文化产业的发展，人的自我解放和全面发展，部分传统价值持续存在并发挥作用等。第一次文化现代化的结果是第一文化现代性、特色性和多样性的形成，特点包括文化分化、文化专业化、理性化、世俗化、科学化、商品化和个性化等，副作用包括人性的淡化等。第二次文化现代化的结果是第二文化现代性、特色性和多样性的形成，目前特点大致包括文化去分化、文化产业化、网络化、数字化、生态化、民主化、人性化、多元化和全球化等，副作用包括网络依赖等。
动力	文化现代化的动力因素包括创新、交流、竞争、适应、国家利益和市场需求等。动力模型包括：创新—选择—传播—退出的超循环、创新驱动、双新驱动、双轮驱动、联合作用、复合互动、创新扩散、创新溢出和竞争驱动等。不同国家和阶段的动力有所差别，发达国家和发展中国家的动力有所不同
模式	文化现代化的路径和模式是多样的，具有起点依赖性和路径依赖性，受历史传统、国家水平和国际体系的影响。21 世纪基本路径是：第一次文化现代化路径、第二次文化现代化路径、综合文化现代化路径；每一种基本路径有许多的细分路径和发展模式

资料来源：中国现代化战略研究课题组，2009.

5. 个人现代化理论

个人现代化是个人领域的现代化。个人现代化理论包括一般理论、分支理论和相关理论，其中，一般理论是关于个人现代化的基本原理的一种系统阐述（表 2-44），分支理论包括分阶段、分层次和分部门理论等。人的现代化与文化现代化有一些交叉，都涉及人的行为和发展。

表 2-44　个人现代化的一般理论

方面	基本内容
定义	个人现代化是人的现代化，是 18 世纪以来人类自身的一种深刻变化，是现代化过程中人的行为、素质、能力和观念的一种深刻变化，是现代文明人的形成、发展、转型和互动的复合过程，是现代文明人的各种要素（如行为、素质、能力和观念等）的创新、选择、传播和退出交互进行的复合过程。一般而言，人的现代化是人类自身的自由解放和全面发展，是从传统人向现代人、从工业人向知识人的两次转变，它包括人的基本素质和竞争能力的全面提高，包括人的生活方式、行为模式、素质和技能、知识和观念的现代化等
过程	人的现代化是一个长期过程，包括人的经济化、社会化、政治化、多样化和全面发展等。第一次现代化过程的个人现代化简称第一次个人现代化，它是从传统人向现代人的转变，包括从伦理人向契约人、从家族人向社会人、从等级人向平等人转变等，逐步形成与工业文明相适应的个人行为、素质、能力和观念等。第二次现代化过程的个人现代化简称第二次个人现代化，它是从工业人向知识人的转变，包括从经济人向文化人、从组织人向自主人、从民族人向世界人转变等，逐步形成与知识文明和生态文明相适应的个人行为、素质、能力和观念等
结果	人的现代性、特色性和多样性的形成，人的能力和素质的全面发展等。第一次个人现代化的结果是人的第一现代性、特色性和多样性的形成，主要特点包括职业化、公民化、法人化、理性化、平等化、民主化、组织化、效率化、开放性、独立性、参与性、计划性、现实性、公平性、主动性、流动性、科学性、纪律性、责任感、信任感、成就感和个人价值等，副作用包括人性的淡化、物质主义流行等。第二次现代化过程的个人现代化的结果是人的第二现代性、特色性和多样性的形成，目前特点包括知识化、信息化、绿色化、个性化、多样化、兴趣化、国际化、幸福感、终生学习、自我实现和人的全面发展等，副作用包括知识和技能老化加快、工作风险和家庭风险扩大等
动力	微观层次的动力包括创新、竞争、适应、交流、个人利益和个人兴趣等；宏观层次的动力包括国家现代化、世界现代化、信息化和全球化等。不同类型和不同时期的个人，有不同的动力
模式	个人现代化没有标准的路径和模式，具有起点依赖性和路径依赖性，受历史传统、文化观念、社会舆论、教育水平、国家水平和国际环境的影响

6. 生态现代化理论

国家现代化有两个环境：国际环境和自然环境。国家现代化与国际环境的相互作用是国际现代化。国际现代化也是跨国层次的现代化（表 2-35）。国家现代化与自然环境的相互作用和互利耦合是生态现代化。欧洲学者提出了生态现代化理论，认为它是世界现代化的生态转型。

《中国现代化报告 2007：生态现代化研究》提出了广义生态现代化理论，它包括一般理论、分支理论和相关理论，其中，一般理论是关于生态现代化的基本原理的一种系统阐述（表 2-45），分支理论包括分阶段、分层次和分部门理论等。

表 2-45　广义生态现代化的一般理论

方面	基本内容
定义	生态现代化是现代化的一个重要领域，是 20 世纪 70 年代以来现代化模式的一种生态转型，是国家现代化与自然环境的相互作用和互利耦合，是生态文明的形成、发展和国际互动的复合过程，是生态文明要素的创新、选择、传播和退出交互进行的复合过程，是不同国家追赶、达到和保持世界先进水平的国际竞争等。一般而言，生态现代化包括生态质量的改善、生态效率的提高、生态结构、制度和观念的变化，以及相关国际地位的变化
过程	生态现代化是一个历史过程，是现代化的一个重要方面；它包括生态文明的行为、结构、制度和观念的形成和发展，以及追赶、达到和保持世界先进水平的国际竞争。从 20 世纪 70 年代到 21 世纪末，生态现代化包括从物质经济向生态经济、物质社会向生态社会、物质文明向生态文明的转变，包括全面生态现代化、综合生态现代化和经典现代化的生态修正等三个类型，具有 15 个主要特点，遵循 10 个基本原理和 10 个基本原则
结果	生态现代性、特色性和多样性的形成；包括现代化与环境退化完全脱钩，人类与自然互利共生和协同进化，实现非物化、绿色化、生态化和全球化等，基本标准是经济增长与环境退化脱钩、经济与环境双赢
动力	生态现代化的动力包括生活质量（后物质价值）、生态安全、知识创新、生态意识、生态运动（公民社会）、生态政治、企业环境责任、技术创新、制度创新、结构非物化、国际环境政治、国际环境贸易等。动力机理包括创新驱动、双新驱动、双轮驱动、联合作用、复合互动、创新扩散、创新溢出、竞争驱动等
模式	生态现代化的路径和模式是多样的，具有起点依赖性和路径依赖性，受历史、地理和发展水平的影响；在 21 世纪有三条基本路径：全面生态现代化、综合生态现代化和经典现代化的生态修正；基本模式有：环境议程、工业生态学、绿色生产和消费、生态园区、绿色工业化和绿色城市化等。一般而言，欧洲的生态现代化具有较多理想主义的特点，北美的生态现代化具有较多实用主义的特点，发展中国家的生态现代化具有较多现实主义的特点

注：欧洲学者首先提出生态现代化理论（Mol，2001），有关内容请参考本章第二节的专题讨论。
资料来源：中国现代化战略研究课题组，2007.

第四节　现代化理论的政策含义

现代化理论主要包括 6 大理论体系：经典现代化理论、后现代化理论、生态现代化理论、反思现代化理论、多元现代性理论和第二次现代化理论等。不同理论有不同政策含义。在不同时期和不同国家，同一种理论的政策含义也会有所差别。全面解释现代化理论的政策含义，需要进行国别分析和专题研究。下面简要讨论 6 种现代化理论的一般性的政策含义。

一、经典现代化理论的政策含义

经典现代化理论诞生于 20 世纪 50～60 年代。它一方面被用来解释发达工业国家 18 世纪 60 年代～20 世纪 60 年代的变化；一方面被用来指导发展中国家的发展，特别是新独立国家的发展。它对发展中国家和国际政治产生了重大影响。下面讨论经典现代化理论 21 世纪的政策含义。

1. 在发展中国家的政策含义

在发展中国家，经典现代化理论的政策含义非常丰富，涉及现代化战略、现代化模式、国际关系、如何对待传统文化等问题；实现现代化成为发展中国家的主要奋斗目标。

(1) 关于现代化的不同理解

经典现代化理论并不是一个统一理论，而是不同观念的一个集合。不同学者对现代化的理解不同，其政策含义也不一样。概括起来，大致有 5 种观点。

① 现代化是落后国家赶上世界先进水平的过程。根据这种观点，现代化的政策含义是落后国家在各个领域学习和追赶世界先进水平。例如，中国提出“农业现代化、工业现代化、国防现代化和科学技术现代化”，就是要在四个领域学习和赶上世界先进水平。

② 现代化就是工业化。根据这种观点，现代化的政策含义是优先发展工业和工业经济，实现工业化，保持经济持续增长。

③ 现代化主要是价值观念和生活方式的改变。根据这种观点，现代化的政策含义是普及教育，传播科学，提倡理性、民主与自由，实现从农业文明向工业文明、传统人向现代人的转变。

④ 现代化就是西方化、欧洲化或美国化等。显然，这种观点是不科学的。根据这种观点，现代化的政策含义是发展中国家全面引进西方或欧美的现代思想、科学文化、民主政治、现代体制、现代管理和先进技术等。

⑤ 经典现代化是第一次现代化，即从农业经济向工业经济、农业社会向工业社会、农业文明向工业文明的转变过程。经典现代化的政策含义是在政治、经济、社会、文化和个人等各个方面实现从农业文明向工业文明的转型，例如，政治民主化和法制化、经济工业化和市场化、社会城市化和福利化、文化理性化和大众化、普及义务教育等。

(2) 经典现代化的模式选择

一般而言，现代化政策与现代化模式紧密相关。现代化模式是现代化要素的一种组合。在经典现代化过程中，大约有 19 种组合模式是比较重要的(表 2-30)。

首先，跨领域的组合模式。国家现代化包括经济等六个领域现代化。六个领域现代化不可能同步推进，必然有先有后，可以产生多种组合模式。例如：

——工业化与民主化的三种组合模式：工业化优先、民主化优先、两者协调发展模式。

——工业化与城市化的三种组合模式：工业化优先、城市化优先、两者协调发展模式。

——经济与教育的三种组合模式：经济优先、教育优先、两者协调发展模式。

——经济与社会的三种组合模式：经济优先、社会优先、两者协调发展模式。

其次，六个领域内部的组合模式。每个领域现代化都涉及许多要素，如行为、结构、制度和观念、亚领域、相关部门和国际地位变化等；它们可以产生许多组合模式。例如：

——计划与市场的三种组合模式：计划经济模式、市场经济模式、混合经济模式。

——追赶工业化的三种模式：进口替代、出口导向、两者协调发展模式。

——国际互动的三种模式：民族工业保护、自由贸易和依附发展模式。

其三，要素组合模式的数量估算。以经济领域为例(中国现代化战略研究课题组等，2005)。

根据经济现代化的概念模型有：

$$M_e = \{M_p, M_t, M_{ind}, M_s, M_{in}, M_{id}, E_f, L_p, N_i, E_w, G_r\}$$

其中，M_e指经济现代化，{ }指经济变化的集合，M_p指生产模式的现代化，M_t指核心技术的现代化，

M_{ind}指主导产业的现代化，M_s指经济结构的现代化，M_{in}指经济制度的现代化，M_{id}指经济观念的现代化，E_f指经济形态的转变，L_p指劳动生产率的提高，N_i指国民收入的增长，E_w指经济福利的改善，G_r指国际经济地位的变化。

如果不考虑时间因素，它们有多少组合呢？

$$\begin{aligned} N &= \sum_{n=1}^{12} C_{12}^{n} \\ &= 12+66+220+495+792+924+792+495+220+66+12+1 \\ &= 4095 \end{aligned}$$

经济现代化的12种要素和变化，可以产生多达4095种组合。如果考虑到经济现代化包括起步期、发展期、成熟期和过渡期等四个阶段，那么，组合数可以增加4倍，达到16 380个。当然，这只是说有16 000多种可能性，而不是说经济现代化的组合模式有16 000多种。

可以肯定地说，在这些组合中，并非每一个组合都是合理的，有些组合是不可能出现的。经济现代化的政策选择非常多，但具体有多少种组合，难以准确计算。

(3) 不同领域的政策要点

经典现代化理论的政策含义非常丰富，具有国家差异性、时空差异性、领域差异性和问题针对性等，具有很大的多样性。这里分领域略作说明。

首先，经济领域。加快工业化：加快农业向工业和服务业的转移，大力发展服务业。积极引进技术和资本，提高劳动生产率。加快农业现代化等。

其次，社会领域。推动城市化：加快农村人口向城市的迁移，加强城市基础设施建设；促进福利化：建立社会保障体系，建设全民福利社会；大力发展教育：普及义务教育，发展中等教育、职业教育和高等教育等。

其三，政治领域。促进民主化：建立和完善民主选举、民主立法和民主监督制度等。民主化的模式具有多样性，发展中国家可以选择适合自己的民主模式。

其四，文化领域。文化职业化和商业化，大力发展文化设施。适量发展科学和技术，提高技术创新能力，大力破除封建文化等。

其五，个人领域。促进人的观念和行为的现代化。

其六，国际环境领域。参与国际市场竞争，支持跨国企业，加强地区经济合作等。

2. 在发达国家的政策含义

经典现代化理论诞生于20世纪50～60年代。发达国家完成经典现代化的时间大致是20世纪60年代前后。在很大程度上，经典现代化理论是对发达国家18世纪60年代至20世纪60年代的发展历程的理论总结。所以，这种理论对发达国家的国内发展而言，没有现实意义。

发达国家在处理与发展中国家的国际关系时，经常采用经典现代化理论的一些原理。特别是在国际援助时，常常根据经典现代化理论提出一些政策建议和条件。

3. 经典现代化的政策偏差

现代化研究是社会科学领域的一门交叉学科，研究工作应该坚持科学的态度和方法。科学讲究理性，而不是情感。遗憾的是，有些时候，有些人不是科学地、客观地研究现代化的规律和政策，而是出于功利目的、带着感情色彩或有色眼镜来看待现代化；不是从人类文明进步的角度来研究现代化，而是把现代化作为实现自己目的的工具。这样一来，在经典现代化研究中出现偏差，在经典现代化实践和政策中出现失误甚至挫折，就是可以预见的。

主要的偏差包括:把现代化等同于西方化,忽视国际差别;重视工业化忽视农业现代化,经济结构不平衡;重视经济发展,忽视社会进步,贫富分化;忽视环境保护,环境污染等。

二、第二次现代化理论的政策含义

第二次现代化理论诞生于20世纪90年代末,包括一般理论、分阶段、分层次和分领域理论等。全面讨论第二次现代化理论的政策含义需要大量篇幅。下面简要讨论21世纪第二次现代化理论的路径选择和三条路径的政策含义;其中,三条路径的政策含义需要分别讨论。

1. 21世纪国家现代化的路径选择

第二次现代化理论认为,21世纪国家现代化有三条基本路径:第二次现代化路径、追赶现代化路径和综合现代化路径,不同国家可以选择不同路径。

(1) 发达国家只有一种选择

2006年世界上有29个国家进入第二次现代化,所有发达国家都进入第二次现代化。一般而言,如果没有重大变故,发达国家会继续推进第二次现代化。

(2) 发展中国家可以有三种选择

2006年发展中国家有三种情况:少数国家已经进入第二次现代化,部分国家已经完成第一次现代化但还没有进入第二次现代化,多数国家没有完成第一次现代化。

已经进入第二次现代化的发展中国家,一般将会继续推进第二次现代化。

已经完成第一次现代化的发展中国家,将会先后进入第二次现代化。

没有完成第一次现代化的发展中国家,大致有三种选择:

第一种,继续进行第一次现代化,将来再考虑第二次现代化,走追赶现代化道路;

第二种,同时开展第一次和第二次现代化,两次现代化协调发展,走综合现代化道路;

第三种,跳过第一次现代化,直接进行第二次现代化。

第一条道路是可行的,但要赶上发达国家是困难的。它多少会受到第二次现代化的影响。

第二条道路是有挑战的,因为这是一条新路。由于不同国家现代化程度不同,不同国家在协调推进两次现代化的时候,可以选择不同的发展战略,于是将形成多种形式的新现代化。

第三条道路是走不通的,或者是很难走通的。如果没有第一次现代化建立的物质基础和社会基础,不可能顺利推进第二次现代化,也很难完成第二次现代化。

在21世纪,发达国家和发展中国家的现代化是相互影响的,而不是彼此孤立的。对于发达国家而言,第二次现代化是人类文明的发展前沿,没有先例可供借鉴;只能是在探索中前进,错误和挫折在所难免。对于发展中国家而言,需要探索在第二次现代化背景下的现代化道路,需要不断修正和调整自己的现代化路径,部分国家需要探索综合现代化路径。

2. 第二次现代化路径的政策含义

国家现代化的第二次现代化路径是一个复合路径,是国家六个领域现代化路径的"包络线"。第二次现代化路径的模式非常多,比较重要的模式大约有22个(表2-30)。

(1) 跨领域的组合模式

首先,知识化与信息化的三种组合模式:知识化优先、信息化优先、两者协调发展模式。

其次,知识化与生态化的三种组合模式:知识化优先、生态化优先、两者协调发展模式。

其三,信息化与生态化的三种组合模式:信息化优先、生态化优先、两者协调发展模式。

其四,经济与社会的三种组合模式:经济优先、社会优先、两者协调发展模式。

其五，经济与生态的三种组合模式：经济优先、生态优先、两者协调发展模式。

其六，社会与生态的三种组合模式：社会优先、生态优先、两者协调发展模式。

其七，经济、社会与生态的协调发展模式等。

(2) 六个领域内部的组合模式

首先，不同领域有不同的组合模式。例如，在国际环境领域，国际互动的三种组合模式：高贸易高投资、中贸易中投资、低贸易低投资模式等。

其次，不同领域的要素组合模式的数量估算。以经济领域为例。经济现代化的 12 种要素和变化，可以产生多达 4095 种组合；如果考虑经济现代化的四个阶段，组合数可以达到 16 000 多个。虽然并非每一种组合都是合理的，但是，要素组合模式的数量是非常大的。

(3) 国家层次的政策要点

第二次现代化路径的政策重点需要适时进行调整。目前一般大致有 10 个要点(表 2-46)。

表 2-46 第二次现代化路径的政策要点

序号	主要内容
1	完善国家创新体系，提高国家创新能力，建设创新型国家。建设创新网络，优化创新政策，培育创新文化，加强知识创新、技术创新、制度创新和观念创新等，完善国家知识基础设施
2	促进知识化。发展知识产业，包括知识生产、知识和信息传播、知识服务业、高技术产业，普及高等教育，加快工业转移和工业升级，提高经济的知识含量和劳动生产力
3	加快信息化和网络化。建设信息基础设施，发展信息技术产业，实现全民上网、全企上网和电子政务，加快教育信息化，建设网络社会和学习型社会
4	实施生态现代化战略。经济增长和环境保护协调，经济发展与环境退化脱钩，实现经济与环境的双赢
5	提高文化创造力和文化竞争力，大力发展文化产业，提高文化生活质量
6	促进郊区化和城区改造升级，促进城乡平衡发展
7	经济全球化。全球经营，电子商务，无国界经济，自由贸易区等
8	按贡献分配。实行按贡献分配、按需要调节，知识资本和投资资本参与纯收入分配
9	个性化民主。推动包容性、对话式、协商式和直接的民主，尊重个性化选择
10	风险管理。科技、理性和决策存在风险，需要建立机制来控制风险等

资料来源：何传启，2003.

3. 追赶现代化路径的政策含义

追赶现代化路径是 21 世纪发展中国家的一种战略选择。追赶现代化以第一次现代化为基础，适度吸收第二次现代化要素；当然，不同国家可以根据实际情况决定吸收的多少。

(1) 跨领域的组合模式

追赶现代化路径的跨领域组合模式，基本与第一次现代化的组合模式相同(表 2-30)。

(2) 五个领域内部的组合模式

追赶现代化路径的五个领域内部的组合模式，基本与经典现代化的组合模式相同。

(3) 国家层次的政策重点

追赶现代化路径的政策重点需要适时进行调整。一般大致有 10 个要点(表 2-47)。

表 2-47 追赶现代化路径的政策要点

序号	主要内容
1	加快工业化。加快农业向工业和服务业的转移,大力发展服务业,积极引进技术和资本,提高劳动生产率,加速农业现代化
2	推动城市化。加快农村人口向城市的迁移,加强城市基础设施建设
3	促进民主化。建立和完善民主选举、民主立法和民主监督制度
4	促进福利化。建设福利社会,实现人人有保险,家家有福利的社会化目标
5	大力普及教育。普及义务教育和中等教育,发展职业教育和高等教育
6	适量发展科学和技术,提高技术创新能力,大力破除封建和专制文化等
7	生态现代化。在加快经济增长的同时,保护自然环境和资源合理利用,加强风险管理,实现持续发展
8	推动信息化。加强信息基础设施建设,提供广泛的信息服务,逐步实现信息普及,发展信息技术产业
9	参与全球化。参与国际市场竞争,支持跨国企业,发展电子商务,建立自由贸易区等
10	加强地区经济合作,促进地区知识和经验共享。建立各种形式的官方经济合作体,加强民间的经济合作网;举办区域现代化和发展论坛,交流发展经验和知识

资料来源:何传启,2003.

4. 综合现代化路径的政策含义

综合现代化路径是 21 世纪发展中国家的一种战略选择。综合现代化路径涉及六个领域的现代化,具有起点依赖性和模式多样性,比较重要的模式有 22 个(表 2-30)。

(1) 跨领域的组合模式

首先,工业化与知识化的三种组合模式:工业化优先、知识化优先、两者协调发展模式。

其次,工业化与信息化的三种组合模式:工业化优先、信息化优先、两者协调发展模式。

其三,工业化与生态化的三种组合模式:工业化优先、生态化优先、两者协调发展模式。

其四,工业化与民主化的三种组合模式:工业化优先、民主化优先、两者协调发展模式。

其五,工业化与城市化的三种组合模式:工业化优先、城市化优先、两者协调发展模式。

其六,经济与社会的三种组合模式:经济优先、社会优先、两者协调发展模式。

其七,经济与生态的三种组合模式:经济优先、生态优先、两者协调发展模式。

其八,社会与生态的三种组合模式:社会优先、生态优先、两者协调发展模式。

其九,经济、社会与生态的协调发展模式等。

(2) 六个领域内部的组合模式

首先,不同领域有不同的组合模式。例如,在国际环境领域,国际互动的三种组合模式:高贸易高投资、中贸易中投资、低贸易低投资模式等。

其次,不同领域的要素组合模式的数量估算。以社会领域为例。社会现代化的 12 种要素和变化,可以产生多达 4095 种组合;如果考虑社会现代化的四个阶段,组合数可以达到 16 000 多个。虽然并非每一种组合都是合理的,但是,要素组合模式的数量是非常大的。

(3) 国家层次的政策要点

综合现代化路径的政策重点需要适时进行调整;一般大致有 10 个要点(表 2-48)。

表 2-48　综合现代化路径的政策要点

序号	主要内容
1	新型工业化。工业化有进有退：工业化和工业转移并重，有选择地发展工业，有选择地转移或淘汰工业，发展高技术产业，大力发展服务业，提高劳动生产率。工业化、信息化和生态化协调发展
2	新型城市化。城市化有进有出：城市化和郊区化并举，加快农村人口向城市的迁移，鼓励城市人口向郊区移动，加强社区建设、交通和商业基础设施建设，建立覆盖全国的社会保障体系。城市化、信息化和生态化协调发展，建设城乡平衡社会
3	促进民主化。完善民主选举、民主立法和民主监督制度，尊重个性化选择，建设民主社会
4	加速信息化，建设信息社会。发展信息技术产业，建设信息基础设施，实现全民上网、全企上网、电子政务
5	促进知识化，建设知识社会。发展知识产业，包括知识生产、知识传播和知识服务业，建设知识基础设施，提高农业、工业和服务业的知识含量和生产力
6	经济全球化，提高国际竞争力。发展电子商务，建立国际经济合作区、自由贸易区等
7	发展高等教育，建设学习型社会。普及义务教育和中等教育，发展职业教育、远程教育和高等教育
8	完善国家创新体系，建设创新型国家。建设创新网络，优化创新政策，培育创新文化，加强知识创新、技术创新和制度创新
9	实施生态现代化战略。促进经济增长与环境退化的脱钩，加强风险管理，实现经济与环境的双赢
10	实行按贡献分配制度。实行按贡献分配按需要调节，知识资本和投资资本参与纯收入分配

资料来源：何传启，2003.

第二次现代化理论包括六个领域理论。2005～2009 年的《中国现代化报告》分别讨论了经济现代化、社会现代化、生态现代化、国际现代化和文化现代化理论的政策含义。关于政治现代化和个人现代化理论的政策含义，需要专题研究。

三、其他现代化理论的政策含义

其他的现代化理论，如后现代化理论、生态现代化理论、反思现代化理论和多元现代性理论等，它们在不同国家有不同政策含义。这里简要讨论它们在 21 世纪的一般政策含义。

1. 后现代化理论的政策含义

后现代化理论认为，现代化是非线性的，从传统社会向现代社会的转型是现代化，从现代社会向后现代社会的转型是后现代化。它的政策含义很丰富，下面以文化和社会领域为例。

(1) 文化领域的政策含义

文化现代化是非线性的。应该保护文化遗产，尊重人的选择，促进人的解放和发展等。

(2) 社会领域的政策含义

后现代社会的核心目标是追求生活质量和生活体验，实现个人幸福最大化等。

2. 生态现代化理论的政策含义

生态现代化是国家现代化与自然环境的互利耦合。生态现代化理论的政策含义，主要集中在自然环境领域，涉及生态变迁、生态经济、生态社会、生态政治和生态文化等。《中国现代化报告 2007：生态现代化研究》集中讨论了生态现代化理论的政策含义，这里不再赘述。

3. 反思现代化理论的政策含义

反思现代化理论认为，从农业社会向工业社会的转型是普通现代化，从工业社会向风险社会的转型是反思现代化，反思现代化是现代化的现代化，副作用和反思性是它的动力。它的政策含义很丰富，这里以风险管理(环境领域)和政治领域为例。

(1) 环境领域的政策含义

风险社会的风险普遍存在,包括技术风险、环境风险和工作风险等,需要加强风险管理等。

(2) 政治领域的政策含义

反思现代性包括社会不平等的个性化、亚政治、对话民主和不确定性等。需要重视各种论坛、反思性、副作用、结构性失业和全球风险的政治意义等。

4. 多元现代性理论的政策含义

多元现代性理论认为,现代性的制度和文化有多种解决方案,现代性文化方案的关键要素包括扩大人的能动性和自主性。下面以文化领域和制度方面为例,讨论它的政策含义。

(1) 文化领域的政策含义

尊重和保护文化多样性。现代性的文化模式可以是多样的,而且是变化的等。

(2) 制度方面的政策含义

现代社会是多元的,具有多样性。现代性的西方模式不是唯一的。现代制度模式是可以变化的,是不断发展、形成、构建和重构的过程。现代制度的某些方面是趋同的,如政治平等和政治参与等,但不同社会的实现途径可以有很大差异等。

本章小结

本章集中讨论了世界现代化的科学原理和政策含义,主要内容包括现代化概念和现代化研究的历史演变、现代化理论的主要流派、现代化理论的基本原理和政策含义等。本章的重点是现代化研究的基本知识和 10 种理论,同时关注第二次现代化理论的基本原理(表 2-49)。

首先,现代化概念的演变。在 1748～1770 年期间,现代化的英文单词诞生,它是一个普通词。在 1950～1970 年期间,现代化一词逐步成为一个社会科学名词(专业词)。现代化有三种解释:基本词义(字面解释)、理论含义(理论解释)和政策含义(政策解释)。

现代化的基本词义是:成为现代的、适合现代需要的,公元 1500 年以来出现的新变化和新特征等。通俗地说,最新的、最先进的、最好的、适合现代需要的就是现代化的。

现代化的理论含义是:不同学派有不同解释。一般而言,现代化是从传统向现代的转变,是 18 世纪工业革命以来人类社会的一种深刻变化,它发生在不同国家和不同领域。

现代化的政策含义是:不同时期和不同国家有不同解释。属于现代化理论的政策应用。

其次,现代化研究的演变。现代化研究大致经历孕育期、探索期和成熟期三个阶段。在 20 世纪后 50 年里出现三次浪潮:经典现代化研究(50～60 年代)、后现代化研究(70～80 年代)和新型现代化研究(80～90 年代),三次浪潮是交叉的。20 世纪 70 年代以来,经典现代化理论受到广泛批评,并不断被修正;同时,新的现代化思想不断涌现,形成不同理论流派。

其三,现代化理论的演变。西方的现代化思想可以追溯到 18 世纪启蒙运动,甚至更早的文艺复兴。经典现代化理论是 20 世纪 50～60 年代形成的,它的起源可以大致追溯到 19 世纪的古典社会进化论(Harrison, 1988)。20 世纪 70 年代以来,依附理论和世界体系理论兴起,它们对经典现代化理论提出挑战。20 世纪 70～80 年代,后现代主义和后现代化理论引起社会关注。20 世纪 80～90 年代,涌现多种新型现代化理论,如反思现代化理论和第二次现代化理论等。

其四,现代化理论的主要流派。现代化理论的六个流派是:经典现代化理论、后现代化理论、生态现代化理论、反思现代化理论、多元现代性理论和第二次现代化理论。其他现代化理论和相关理论包括:依附理论、世界体系理论、全球化理论和继续现代化理论等。

表 2-49 现代化研究的基本知识和基本原理

序号	现代化研究的基本知识	第二次现代化理论的基本原理
1	现代化单词的诞生:18 世纪中叶(1748～1770 年)	现代化的实质:18 世纪工业革命以来人类文明的一种变化
2	现代化的基本词义:成为现代的,适合现代需要的	现代化的内涵 Ⅰ:现代文明的形成、发展、转型和国际互动
3	现代化的理论含义:从传统向现代的转变。有学派差别	现代化的内涵 Ⅱ:文明要素的创新、选择、传播和退出
4	现代化的政策含义:工业化、追赶先进水平。需要与时俱进	现代化的内涵 Ⅲ:追赶、达到和保持世界先进水平的国际竞争
5	现代化的两种用法:表示一个过程;表示一种状态(目标)	现代化的外延 Ⅰ:文明生活、结构、制度和观念的现代化
6	现代化的习惯用法:最新的、最好的、最先进的就是现代化的	现代化的外延 Ⅱ:不同时期、层次、领域和方面的现代化
7	现代化研究的浪潮 Ⅰ:经典现代化研究(20 世纪 50～60 年代)	现代化的标准:三个判断依据(三个有利于,见本表注释)
8	现代化研究的浪潮 Ⅱ:后现代化研究(20 世纪 70～80 年代)	现代化的背景:文明周期表、世界坐标系、国家路径图
9	现代化研究的浪潮 Ⅲ:新型现代化研究(20 世纪 80 年代以来)	现代化的过程 Ⅰ:两大阶段:第一次现代化和第二次现代化
10	中国的现代化研究 Ⅰ:早期研究(20 世纪 30 年代)	现代化的过程 Ⅱ:20 个共性特点:长期性、多样性等
11	中国的现代化研究 Ⅱ:经典现代化研究(20 世纪 80～90 年代)	现代化的过程 Ⅲ:10 个基本原理:进程不同步等
12	中国的现代化研究 Ⅲ:多学科的研究(20 世纪 90 年代以来)	现代化的结果 Ⅰ:两种现代性、多样性和副作用,传统仍存在
13	西方的现代化思想:可以追溯到 18 世纪启蒙运动或更早	现代化的结果 Ⅱ:国家地位、国际体系和国际环境的变化
14	现代化研究的逻辑:实证主义、阐释主义、现实主义等	现代化的动力:6 个主要动力要素,9 个动力机理模型等
15	现代化研究的方法:多学科研究、定性、定量、案例分析等	现代化的路径:路径依赖性,三条基本路径、多种细分路径
16	现代化理论的流派:6 个主流理论、4 个有影响力的理论	现代化的模式:模式多样性,要素组合的 56 种模式
17	现代化理论的应用:国家现代化的战略、规划和政策研制等	现代化的分阶段理论:第一次、第二次和综合现代化理论
18	经典现代化理论:从传统农业社会向现代工业社会的转变	现代化的分层次理论:世界、跨国、国家、地区、机构、个体
19	后现代化理论:从现代工业社会向后现代后工业社会的转变	现代化的分领域理论:经济、社会、政治、文化、个人、生态
20	第二次现代化理论:从农业向工业、从工业向知识社会的转变	现代化的分部门研究:农业、工业、教育、科技、国防等

注:关于经典现代化理论、后现代化理论、生态现代化理论、反思现代化理论和多元现代性理论等的基本原理,请参考本章第二节有关内容。一般而言,现代化是文明发展、文明转型和国际互动的交集;但并非所有的文明发展、文明转型和国际互动都属于现代化,只有满足现代化的标准的变化和行为才属于现代化;现代化大致有三个判断依据,它们分别是:有利于生产力的解放和提高,有利于社会的公平和进步,有利于人的自由解放和全面发展;在第二次现代化过程中,需要略有调整和补充:有利于生产力的解放和提高又不破坏自然环境,有利于社会的公平和进步又不妨碍经济发展,有利于人的自由解放和全面发展又不损害社会和谐。

其五,中国学者的现代化研究。大体而言,中国学者的现代化研究有三次浪潮:20 世纪 30 年代的现代化探索、20 世纪 70～90 年代的经典现代化研究、20 世纪 90 年代末以来的多学科的现代化研究,包括 1998 年中国学者提出第二次现代化理论等。

其六,现代化理论的基本原理。不同现代化理论对现代化原理的阐述有所不同。第二次现代化理论包括一般理论、分阶段理论、分层次理论和分领域理论等。它的一般理论阐述了现代化的一般原理,包括现代化的定义、过程、结果、动力和模式五个方面的内容等。它的分阶段理论包括第一次现代化理论、狭义第二次现代化理论和综合现代化理论。它的分层次理论包括世界现代化、国际现代化、国家现代化、地区现代化、机构现代化和个体现代化理论。它的分领域理论包括经济、社会、政治、文化、个人和环境领域的现代化理论。

其七，经典现代化理论的政策含义。大致包括发展中国家的现代化模式和政策要点等。

其八，第二次现代化理论的政策含义。大致包括现代化的三条路径的政策含义等。

其九，四种现代化理论的政策含义。包括后现代化理论、生态现代化理论、反思现代化理论和多元现代性理论的政策含义。

其十，现代化理论的应用。不同国家、地区和行业现代化的战略、规划和政策研制等。

如果说，现代化理论是一门科学，那么，现代化建设就是一种实践。在一定程度上，理论来源于实践，实践需要理论指导。科学猜想也是理论研究的一种重要方法。在 21 世纪，现代化理论还会不断发展，现代化实践还将精彩纷呈。本章讨论的现代化原理和政策含义，仅反映迄今为止的研究结果。未来的发展需要更多的研究。

第三章　中国现代化的事实和前景

- 国家现代化的研究方法
  - 国家现代化研究的基本概念
    - 国家现代化研究的研究对象
    - 国家现代化研究的研究内容
    - 国家现代化研究的研究目的
  - 国家现代化的多维分析方法
    - 国家现代化的进程研究
    - 国家现代化的现实研究
    - 国家现代化的前景分析
  - 国家现代化的坐标分析方法
    - 国家现代化的坐标分析
    - 国家现代化的时序和截面分析
    - 国家现代化的分析指标
- 中国现代化的历史进程
  - 中国现代化的国家进程
    - 中国现代化的过程分析
    - 中国现代化的时序分析
    - 中国现代化的截面分析
  - 中国六个领域现代化的进程
    - 六个领域现代化的过程分析
    - 六个领域现代化的时序分析
    - 六个领域现代化的截面分析
  - 中国的地区现代化的进程
    - 中国地区现代化的过程分析
    - 中国地区现代化的时序分析
    - 中国地区现代化的截面分析
- 中国现代化的客观现实
  - 中国现代化的国家水平
    - 中国现代化的阶段
    - 中国现代化的水平
    - 中国现代化的空间结构
  - 中国六个领域现代化的水平
    - 六个领域现代化的阶段和水平
    - 六个领域的生活和结构现代化
    - 六个领域的制度和观念现代化
  - 中国的地区现代化的水平
    - 中国地区现代化的阶段
    - 中国地区现代化的水平
    - 中国地区现代化的差距
- 中国现代化的前景分析
  - 中国现代化的国家前景分析
    - 中国现代化的目标分析
    - 中国现代化的差距分析
    - 中国现代化的路径分析
  - 中国六个领域现代化的前景分析
    - 经济和社会现代化的情景分析
    - 文化等领域现代化的情景分析
    - 生态和国际现代化的情景分析
  - 中国的地区现代化的前景分析
    - 中国地区现代化的目标分析
    - 中国地区现代化的差距分析
    - 中国地区现代化的路径分析

图 3-1　第三章内容提要

中国现代化是世界范围的国家现代化的一个组成部分。关于中国现代化的事实和前景的分析，属于国家现代化研究的国别研究(国家案例研究)。本章采用国家现代化的研究方法，简要讨论中国现代化的历史、现实和前景。

第一节 国家现代化的研究方法

国家现代化有两种含义：世界范围的国家现代化、某个国家的国家现代化。关于国家现代化的科学研究，可以简称为国家现代化研究。国家现代化的分析方法非常丰富，包括定性和定量分析、时序和截面分析、案例研究、过程分析和理论分析等。本章的研究对象是中国的国家现代化(简称中国现代化)、中国六个领域的现代化和中国现代化的地区结构等。

一、国家现代化研究的基本概念

国家现代化是现代化的一种基本表现形式。国家现代化研究是现代化研究的一个组成部分。

1. 国家现代化研究的研究对象

国家现代化进程是一个四维过程。如果不考虑时间和空间维度，国家现代化研究一般包括国家现代化的整体研究、六个领域、四种要素和四个方面研究，它们组成一个结构矩阵(表 3-1)。经济等六个领域的研究分别包括各自的领域研究、亚领域、四种要素和四个方面研究。

表 3-1 国家现代化研究的结构矩阵

要素和方面		领域和内容		
		国家社会(国家文明)	国家经济、社会、政治、文化和个人	国家环境(自然和国际环境)
		国家整体的现代化	五个领域的现代化	国家生态现代化、国际现代化
要素	生活与行为	国家生活的现代化	五个领域的生活的现代化	生态和国际互动的行为的现代化
	结构与组成	国家结构的现代化	五个领域的结构的现代化	生态和国际互动的结构的现代化
	制度与组织	国家制度的现代化	五个领域的制度的现代化	生态和国际互动的制度的现代化
	观念与理论	国家观念的现代化	五个领域的观念的现代化	生态和国际互动的观念的现代化
方面	过程与结果	国家现代化的过程与结果	五个领域的现代化的过程与结果	生态和国际现代化的过程与结果
	动力与模式	国家现代化的动力与模式	五个领域的现代化的动力与模式	生态和国际现代化的动力与模式

注：国家现代化研究包括“世界范围的国家现代化”和“某个国家的国家现代化”的科学研究.

如果考虑时间和空间维度，国家现代化研究的研究对象还包括国家现代化的时间结构(第一次和第二次现代化)、国家现代化的空间结构(地区结构)和世界范围的国家现代化等。

2. 国家现代化研究的研究内容

国家现代化研究的研究内容与研究对象关系紧密，主要包括六个角度的研究(表 3-2)。

表 3-2 国家现代化研究的基本内容

序号	基本研究内容
1	国家现代化的四个方面(国家现代化的过程、结果、动力、模式)
2	国家现代化的四种要素(国家生活、结构、制度和观念的现代化)
3	国家现代化的领域结构(国家经济、社会、政治、文化、环境和个人六个领域的现代化)
4	国家现代化的宏观结构(地区结构、人口结构、水平结构、前沿、末尾、地区差距等)
5	国家现代化的各种因素的相互作用和历史经验
6	世界范围的国家现代化(国家水平、国际体系、国际差距、国际追赶等)

3. 国家现代化研究的研究目的

国家现代化研究有两个主要目的：学术目的和政策目的。

从学术角度看，国家现代化研究是现代化研究的一个重要方面，它的研究目的是揭示国家现代化的基本事实、基本原理和历史经验，完善和丰富现代化理论的内涵。

从政策角度看，国家现代化是现代化实践的基本单元，国家现代化研究的目的是为国家现代化实践提供理论基础、历史借鉴和政策选择。

二、国家现代化的多维分析方法

国家现代化是一个多维度和多层次的复杂过程，需要多维分析、跨学科研究和综合研究，包括现代化研究的坐标分析方法等。国家现代化研究可以沿用现代化研究的方法论。

1. 国家现代化的进程研究

国家现代化的进程研究，一般可以采用实证主义、阐释主义和现实主义的研究方法。在《中国现代化报告》里，我们一般采用实证主义的研究方法，从科学角度进行研究，发现和归纳国家现代化进程的客观事实和历史经验。

2. 国家现代化的现实研究

国家现代化的现实研究，一般可以采用实证主义、阐释主义和现实主义的研究方法。在《中国现代化报告》里，我们一般采用实证主义和阐释主义相结合的研究方法，从科学和人文角度同时进行研究，发现和解释国家现代化的客观事实，归纳和阐释国家现代化的典型特征。

3. 国家现代化的前景分析

国家现代化的未来前景研究，一般可以采用实证主义、阐释主义和现实主义的研究方法。在《中国现代化报告》里，我们一般采用现实主义和阐释主义相结合的研究方法，从政策和人文角度进行研究，根据国家现代化的基本原理、基本理念和变化趋势，预测世界范围和某个国家的国家现代化的未来前景，提出战略选择和政策建议。

4. 国家现代化研究的主要挑战

国家现代化研究面临一系列挑战，如认识论和方法论的挑战等。下面举两个例子。

比较分析是现代化研究的一种基本方法。由于国家规模、水平和文化的差异，不同历史时期国家地理范围和国际环境的差异，国家现代化的国际比较常常受到质疑。

阐释研究是现代化研究的一种常用方法。阐释研究常常是基于研究者的价值判断。个人的价值判断面临三个挑战：主观偏见？社会影响？知识局限？

三、国家现代化的坐标分析方法

第二次现代化理论建立的“现代化研究的坐标分析方法”，可以用于国家现代化研究。

1. 国家现代化的坐标分析方法

国家现代化的坐标体系是坐标分析的核心内容，它包括文明时间表、文明周期表、现代化坐标系和路线图等（详见第二章）。现代化的坐标系由横坐标和纵坐标组成。

纵坐标的刻度：国家现代化的分析变量的水平或轨迹。数据来自范式分析、时序分析、截面分析和定量评价的结果。国家现代化的综合变量的评价方法需要专门分析。

横坐标的刻度：历史时间、文明时间或国家水平分组等。文明时间指根据人类文明发展前沿的“历史时间轨迹”所标识的一种时间刻度。

国家现代化的坐标分析还包括范式分析、进程评价、时序分析和截面分析等内容。

2. 国家现代化的时序分析方法

国家现代化研究的时序分析是现代化坐标分析的重要内容。它旨在通过分析比较世界范围的或某个国家的国家现代化的时间系列数据、特征、资料和变化，揭示国家现代化的长期趋势及其变化规律。如果进行某个国家的时序分析，需要有国际参照系。一般选择同类国家、典型国家、高收入国家、中等收入国家、低收入国家和世界平均值为对照；同类国家一般指与该国有比较多共同特点的国家，典型国家一般指有典型意义的国家。

国家现代化的时序分析的主要步骤如下：

首先，选择分析指标。可以从三个方面选择：国家整体的现代化、国家生活等四种要素的现代化、国家经济等六个领域的现代化等(表 3-1)。

其次，选择分析的国家样本。根据研究目的，可以选择若干国家或某个国家进行时序分析。如果有需要和条件许可，可以对每一个国家进行时序分析。

其三，选择分析的时间范围。要了解国家现代化的全过程，时间跨度应覆盖国家现代化的全过程。不同国家的时间范围可以不同。

其四，采集和建立分析指标的时序数据和资料。一般而言，定量指标采用权威部门的统计数据或著名学术机构的相关数据；定性指标应采用比较科学客观的研究资料。

其五，系统分析国家现代化的定量指标的变化和长期趋势等。

其六，系统分析国家现代化的定性指标的长期趋势和特征等。

3. 国家现代化的截面分析方法

国家现代化的截面分析是现代化坐标分析的重要内容。它旨在通过分析比较国家现代化的不同时间截面的数据、特征、资料和变化，揭示或阐释国家现代化的结构特征及其规律。

国家现代化的截面分析的主要步骤如下：

首先，选择分析变量。可以从三个方面选择：国家现代化、国家生活等四种要素的现代化，国家经济等六个领域的现代化。由于篇幅的限制，只能选择关键变量。

其次，选择国际对照。如果是世界范围的国家现代化的截面分析，可以包括全部国家(有数据的国家)。如果是某个国家的国家现代化的截面分析，可以有两个选择。

第一种选择：选择同类国家、典型国家、高收入国家、中等收入国家、低收入国家和世界平均值为对照；同类国家指与该国有较多共同特点的国家，典型国家指有典型意义的国家。

第二种选择：采用世界范围的国家现代化的截面分析结果为国际对照。

其三，选择分析截面。2005 年以来，《中国现代化报告》选择 8 个截面：1700、1750、1820、1870、1900、1960、1980 和 2001 年。某个国家的国家现代化的截面分析，可以按需选择。

其四，采集和建立分析指标的截面数据和资料。一般而言，定量指标采用权威部门的统计数据或著名学术机构的相关数据；定性指标应采用比较科学客观的研究资料。

其五，单个截面的系统分析。国家现代化的单个截面分析，主要是分析截面的结构特征、水平特征和性质特征。关于截面特征的分析，可以是定性、定量或综合分析。

其六，多个截面的比较分析。两个或多个截面之间的比较，包括结构比较、水平比较、特征比较和性质比较等，还可以计算分析指标的变化速率等。

其七，世界范围的国家现代化的截面特征分析(见第一章第一节)。

4. 国家现代化的分析指标

国家现代化的分析变量的选择，需要考虑三个因素：① 具有学术或政策意义，② 便于国际比较和分析，③ 可以获得连续数据或资料。根据数据的可获得性和指标的重要性，本报告选择 100 个定量指标作为它的基本分析变量(附表1-1)。根据长期趋势和变化特点的不同,这些指标可以大致分为七种类型。① 上升变量:有些变量随时间而上升,其数值会发生短期波动。② 下降变量:有些变量随时间而下降。③ 转折变量:有些变量经历先升后降(或者先降后升)两个阶段。④ 长期波动变量:有些变量长期在一定范围内波动。⑤ 随机变量:有些变量的变化是随机的,趋势不明显。⑥ 地域变量:有些变量的变化趋势存在明显的地域差异和多种形式。⑦ 稳定变量:有些国家的有些变量的变化幅度非常小,已经或接近数值饱和。波动变量和随机变量的国际可比性较差,上升变量和下降变量的国际可比性较好,转折变量、地域变量和数值饱和变量的政策意义比较丰富。

第二节　中国现代化的历史进程

中国现代化的历史进程,指从中国现代化起步到目前的历史过程。关于中国现代化的起点没有统一认识。一般而言,19世纪中叶(1840～1860年)可以作为中国现代化的起点,中国现代化的过程分析可以从19世纪初开始,时间跨度约为180年(1820～2005年)。

在本报告里,中国现代化的历史进程研究包括中国现代化的国家进程、中国六个领域的现代化进程和中国的地区现代化进程等;研究方法主要包括过程分析、时序分析和截面分析等;主要目的是概述中国现代化的基本事实、基本特征和历史经验等。

一、中国现代化的国家进程

中国现代化的起步,比世界现代化大约晚了100年。中国现代化的起步和发展,都受到世界现代化的巨大影响。关于中国现代化的历史分析已有不少研究,例如,罗兹曼(1988),张琢(1992),罗荣渠,牛大勇(1992),胡福明(1994),许纪霖,陈达凯(1995),周积明(1996),虞和平(2002)等。下面采用过程分析、时序和截面分析方法,简要讨论中国现代化进程。

1. 中国现代化的过程分析

中国现代化的过程分析主要包括中国现代化的阶段、特点、结果、动力和模式分析等。

(1) 中国现代化的主要阶段

中国现代化进程是中国历史的组成部分,两者的阶段划分应相互协调。关于中国历史阶段划分没有统一认识,大致分为远古、古代、近代和现代四个阶段。从现代化角度看,中国历史大致分为原始社会、农业社会、现代化起步、局部现代化和全面现代化五个阶段(表3-3)。

目前,中国学术界比较普遍的看法是,中国现代化可以分为三个阶段,它们是1840(1860)～1911年、1912～1949年、1949年至今。第一个阶段是清朝末年的现代化起步,第二个阶段是民国时期的局部现代化,第三个阶段是新中国(中华人民共和国)的全面现代化(表3-3,3-4)。

关于中国现代化的起步时间,目前仍然有争议。一般而言,中国现代化起步大致发生在19世纪中叶。有人认为,中国现代化的启蒙思想可以追溯到16世纪(许苏民,2006)。

如果说,16世纪是中国现代化的萌动,17～18世纪是中国现代化的中断,19世纪是中国现代化的起步,那么,20～21世纪是中国现代化的全面展开。从19世纪算起,中国现代化将是一个持续约300年的历史过程(19～21世纪)。

表 3-3 中国历史的阶段划分(从现代化角度划分)

阶段	年代	大致时间	经济	社会	政治	文化
原始社会	远古时代(五帝时期)	公元前2070年前	狩猎采集,旧石器	氏族、部落	氏族、部落制	口头语言,自然崇拜
			新石器,原始公有制	部落社会	原始民主制	记事符号,原始文化
农业社会	夏商西周春秋	公元前2070年～公元1840年	农业经济,私有制。种植,畜牧,传统手工业,青铜器和铁器	奴隶社会	奴隶制	甲骨文,《夏历》
	战国			封建社会	封建制	诸子百家,铁器文化
	秦汉南北朝			封建社会,农业社会	封建制	秦文汉赋,儒道佛玄
	隋唐宋					唐诗宋词,宋代理学
	元明					明代理学,早期启蒙
	清朝前期					专制主义,实学朴学
现代化起步	清朝后期	1840至1911年	农业经济。工业化起步,机械化起步	封建社会,农业社会,现代教育,现代运输	封建制,变革	启蒙思想,报纸杂志,现代出版,现代音乐
局部现代化	民国时期	1912至1949年	农业经济。局部工业化,局部机械化和电气化	农业社会。现代教育,现代卫生,现代运输	共和制,复辟,"三民主义"	提倡民主与科学,"五四"新文学
全面现代化	新中国(计划时期)	1949至1977年	计划经济。全面工业化,机械化,电气化	农业社会。城市化,公共卫生,现代教育	共和制,"新民主主义"	人民文学,电视文学,"文化大革命"
	新中国(改革时期)	1978至2001年	工业经济。市场化,工业化,信息化	农业社会。城市化,信息化,普及义务教育	共和制,改革开放	大众文学,网络文学,现代科技,现代哲学
	新中国(追赶时期)	2002年至今	工业经济。新型工业化,全球化,绿色化	工业社会。新型城市化,福利化,绿色化	共和制,政治文明建设	大众文化,网络文化,文化产业化

注:本表内容是举例性的,不是全面概括。关于不同时期的特征,必然见仁见智,本表只是一种观点。

参考资料:袁行霈等,2006;蒯伯赞,2006;中国现代化战略研究课题组等,2005,2006,2007,2009.

表 3-4 中国现代化的历史阶段

阶段	时期	大致时间	历史阶段	经济	社会	政治	文化
现代化起步(清朝末年)	准备	1840～1860	鸦片战争	外资造船和银行	引进科学知识	封建制	师夷制夷
	起步	1860～1894	洋务运动	外资和官办工业	现代运输和教育	政府改革	中体西用
	启蒙思想	调整	1895～1911	维新新政	民办轻工业	现代教育和卫生	维新立宪
局部现代化(民国时期)	探索	1912～1927	北洋政府时期	民办工业化	现代教育的发展	共和制	新文化运动
	探索	1928～1936	国民政府早期	官办工业化	交通运输和教育	权威政治	三民主义
	调整	1937～1949	战争时期	战时工业化	局部社会现代化	战时政治	现代文化
全面现代化(新中国)	探索	1949～1977	计划时期	工业化和计划性	教育、卫生和福利	共和制	新民主主义
	市场化	1978～2001	改革时期	工业化和市场化	城市化和信息化	改革开放	大众文化
	全球化	2002～至今	追赶时期	新型工业化 绿色化、知识化	新型城市化 福利化、信息化	政治文明 民主化	文化产业化 网络文化

注:本表内容只是一个提纲,是从现代化角度看历史,不是历史阶段的全面阐述。

参考资料:罗荣渠 1993;许纪霖,陈达凯 1995;周积明,1996;虞和平,2002;冯天瑜,何晓明,周积明,2005;袁行霈等,2006;中国现代化战略研究课题组等,2005,2006,2007,2008,2009.

从文明进步的角度看,如果说,18 世纪是中华文明失落的 100 年,19 世纪是中华文明觉醒的 100 年,20 世纪是中华文明奋起的 100 年,那么,21 世纪将是中华文明复兴的 100 年。

(2) 中国现代化的主要特点

关于中国现代化的特点，需要专题研究，而且会见仁见智。一般而言，国家现代化既有共性也有个性(多样性)。中国现代化的特点，既有世界范围的国家现代化的共性特点(表 2-26)，也有中国的特色，而且不同阶段有不同特点(表 3-5)。

表 3-5　中国现代化的类型和特点

项目	观察角度	中国现代化的类型和特点	备注
一般特点	起步时间 人口规模 现代化性质 现代化过程 现代化模式	后发型现代化 人口规模最大的现代化 追赶型现代化 曾经多次中断或倒退的现代化 工业化优先(城市化和民主化滞后)	1840～2005 年期间
起步阶段的特点	起步原因 知识来源 现代化阶段 现代化性质	被动型现代化 外源型现代化、学习型现代化 第一次现代化(经典现代化) 封建王朝主导的现代化	1840～1911 年期间
局部现代化阶段	知识来源 现代化阶段 现代化性质	外源型现代化、学习型现代化 第一次现代化(经典现代化) 集权政府主导的现代化	1911～1949 年期间
全面现代化阶段	知识来源 现代化阶段 现代化阶段 现代化性质 现代化性质	跟进型现代化(创新和学习) 第一次现代化(经典现代化) 综合现代化(两次现代化并存) 计划型现代化(计划经济模式) 市场型现代化(市场经济模式)	1949～2005 年期间 1949～1997 年期间 1998～2005 年期间 1949～1977 年期间 1978～2005 年期间

(3) 中国现代化的主要结果

一般而言，现代化进程的结果与它的起点截面和终点截面(或分析截面)紧密相关。通过两个截面的指标、水平和特征的比较，可以分析在两个截面之间的国家现代化进程的主要结果。中国现代化进程的结果，同样需要分阶段分析，需要截面比较。

首先，1840～1911 年中国现代化进程的主要结果。如果把中国 1840 和 1911 年截面进行比较，可以发现两个截面的主要差别，它显示了中国现代化 70 年的主要结果(表 3-6)。

表 3-6　1840～1911 年中国现代化进程的结果分析(举例说明)

1840 年截面	1911 年截面	1840～1911 年现代化的结果
一个农业国家，属于传统农业社会。经济领域：小农经济。社会领域：乡村社会，城市化水平约为 4%，平均寿命约 23 岁。政治领域：封建专制。文化领域：封建文化等	一个农业国家，属于传统农业社会。经济领域：工业化已经起步，工业增加值比例达到 10%左右。社会领域：城市化水平约为 4%，现代教育、卫生和交通的发展。政治领域：推翻封建王朝。文化领域：科学和启蒙思想传播等	工业化起步，工业增加值比例达到 10%左右；现代教育、卫生和交通的发展；推翻封建专制；传播科学和启蒙思想等

参考资料：谢文蕙，邓卫，1996；虞和平，2002.

其次,1912～1949 年中国现代化进程的主要结果。如果把中国 1912 和 1949 年截面进行比较,可以发现两个截面的主要差别,这个差别显示了中国现代化 37 年的主要结果(表 3-7)。

表 3-7 1912～1949 年中国现代化进程的结果分析(举例说明)

1912 年截面	1949 年截面	1912～1949 年现代化的结果
一个农业国家,属于传统农业社会。经济领域:工业化已经起步,工业增加值比例达到 10%左右。社会领域:城市化水平约为 4%,现代教育、卫生和交通的发展。政治领域:共和制,民主选举。文化领域:科学和启蒙思想传播等	一个农业国家,属于传统农业社会。经济领域:工业化取得进展,工业增加值比例达到 12%左右。社会领域:城市化水平达到 10%左右,平均预期寿命 40 岁左右,现代教育、卫生和交通的发展。政治领域:共和制,集权政治。文化领域:成人识字率约 36%,现代文化和科技的发展等	工业化取得进展,工业增加值比例达到 12%。城市化水平达到 10%左右,平均预期寿命 40 岁左右,现代教育、卫生和交通的发展。共和制,集权政治。成人识字率约 36%,现代文化和科技的发展等

参考资料:谢文蕙,邓卫,1996;虞和平,2002.

其三,1949～2005 年中国现代化进程的主要结果。如果把中国 1949 年和 2005 年截面进行比较,可以发现两个截面的主要差别,这个差别显示了中国现代化 56 年的主要结果(表 3-8)。

表 3-8 1949～2005 年中国现代化进程的结果分析(举例说明)

1949 年截面	2005 年截面	1949～2005 年现代化的结果
一个农业国家,属于欠发达国家和传统农业社会。经济领域:工业化取得进展,工业增加值比例达到 12%左右。社会领域:城市化水平达到 10%左右,平均预期寿命 40 岁左右,现代教育、卫生和交通的发展。政治领域:共和制,集权政治。文化领域:成人识字率约 36%,现代文化和科技的发展等	一个新兴工业化国家,属于初等发达国家和三元混合社会(农业、工业和信息)。经济领域:工业化进入后期,工业增加值比例约为 48%,市场化和信息化取得进展。社会领域:城市化水平达到 40%左右,平均预期寿命约 72 岁,9 年义务教育基本普及,高等教育进入大众化阶段。政治领域:共和制,基层民主,政府信息化,政治文明建设。文化领域:成人识字率约 91%,大众文化和网络文化,文化产业化等	从欠发达国家晋级初等发达国家,距离中等发达国家和发达国家的差距仍然很大。工业化进入后期,城市化进入中期,信息化已经起步;9 年义务教育基本普及,高等教育进入大众化阶段;民主化、市场化、福利化和国际化取得进展;大众文化、网络文化、文化遗产保护制度和文化产业基本形成等

其四,2005～2050 年中国现代化进程的主要结果。需要等到 2050 年以后才能进行研究。

其五,2051～2100 年中国现代化进程的主要结果。需要等到 2100 年以后才能进行研究。

(4) 中国现代化的主要动力

中国现代化是后发型现代化,在不同阶段的动力有所不同(表 3-9)。一般而言,后发型现代化的动力来源于外部和内部,民族独立和国际追赶是重要的动力因素。

国家现代化的过程分析,还可以从其他角度进行分析,例如,从文明发展、文明转型、国际互动和地位变化的角度分析,从国家生活、结构、制度和观念的角度分析等。

2. 中国现代化的时序分析

中国现代化的时序分析的主要对象包括国家现代化水平和地理分布的变化等。

表 3-9　中国现代化的主要动力

项目	现代化起步阶段	局部现代化阶段	全面现代化阶段
外部动力因素	西方经济扩张、外国租界和西方文化的双重效应等(周积明,1996),国际战争和国际竞争的压力可以部分转化为动力	西方经济扩张的双重效应,维护国家主权的需要等	国际技术援助,国际技术扩散和国际竞争等
内部动力因素	清朝的自我拯救,传统文化中的忧患意识、民族意识和变革思想,民族资本主义的发展,现代科技和教育思想的传播等	局部工业化,资本积累,市场竞争,实业救国和战时经济等	追赶战略,资本积累,工业化,市场化,改革开放和技术创新等

(5) 中国现代化的路径和模式

中国现代化进程大致分为三个阶段,不同阶段的现代化路径和模式有所不同(表 3-10)。

表 3-10　中国现代化的路径和模式

项目	现代化起步阶段	局部现代化阶段	全面现代化阶段
路径	第一次现代化	第一次现代化	1949～1977 年,第一次现代化 1977～2001 年,第一次现代化 2002 年以来,综合现代化(两次现代化的协调发展)
主要模式	工业化优先模式,追赶型工业化,进口替代	工业化优先模式,追赶型工业化,战时工业化,进口替代	1949～1977 年,工业化优先,计划经济,进口替代 1977～2001 年,工业化优先,市场化,出口导向 2002 年以来,新型工业化,新型城市化,民主化,知识化,信息化,绿色化和全球化

(1) 中国现代化的国家水平的变化

首先,中国关键单项指标的变化。在 1950 年前,统计尚不完备,中国整体水平可以采用关键指标代表(表 3-11)。根据已有资料,1950 年以前工业化和城市化水平在提高,预期寿命延长,成人识字率提高,但比较慢;人均 GDP(PPP)负增长,中国与世界前沿水平的差距扩大。

表 3-11　1700～2005 年中国水平和国际差距的变化(单项指标)

指标	项目	1700	1820	1870	1913	1950	1960	1980	2001	2005	A	B	C
人均 GDP (PPP)	中国	600	600	530	552	439	673	380	2081	2968	−0.1	−0.6	3.54
	世界前沿	1056	1270	2086	3688	5013	7601	14 527	22 326	23 946	1.15	0.83	2.88
	世界平均	615	667	867	1510	2114	2781	4238	5661	6288	0.88	0.91	2.00
	中国差距	456	670	1556	3136	4574	6928	14 147	20 245	20 978	1.67	1.03	2.81
人均 GNI	中国	—	—	—	—	48	89	220	1000	1740	—	—	7.76
	世界前沿	—	—	—	—	577	1209	10 463	26 250	35 014	—	—	7.43
	世界平均	—	—	—	—	350	434	2553	5217	7012	—	—	6.50
	中国差距	—	—	—	—	529	1121	10 243	25 250	33 274	—	—	7.42
工业增加值比例	中国	—	—	—	13	21	45	49	45	48	—	1.25	1.50
	世界前沿	—	—	25	31	39	40	37	27	26	—	0.67	−0.7
	世界平均	—	—	—	—	—	24	37	28	28	—	—	—
	中国差距	—	—	—	17	18	−5	−11	−18	−21	—	0.25	—

（续表）

指标	类型	1700	1820	1870	1913	1950	1960	1980	2001	2005	A	B	C
互联网普及率	中国	—	—	—	—	—	—	—	3	9	—	—	—
	世界前沿	—	—	—	—	—	—	—	38	56	—	—	—
	世界平均	—	—	—	—	—	—	—	8	16	—	—	—
	中国差距	—	—	—	—	—	—	—	35	48	—	—	—
城市人口比例	中国	—	3.8	3.8	4.4	13	16	20	37	40	—	—	2.16
	世界前沿	34	41	56	69	62	62	71	77	77	—	—	0.40
	世界平均	10	13	19	25	30	33	39	47	49	—	—	0.88
	中国差距	—	37	52	65	50	46	51	40	37	—	—	−0.5
平均预期寿命	中国	—	23	—	24	41	36	67	70	72	0.18	2.11	1.02
	世界前沿	38	41	57	66	67	69	74	78	79	0.66	−0.21	0.30
	世界平均	—	26	—	31	49	50	63	67	68	0.82	0.38	0.60
	中国差距	—	18	—	42	26	32	7	8	7	0.70	−0.5	−2.3
成人识字率	中国	—	—	—	—	36	43	67	91	91	0.05	1.08	1.70
	世界前沿	—	—	69	85	95	96	96	96	99	0.60	0.03	0.07
	世界平均	—	—	—	—	52	63	79	82	82	0.22	0.92	0.84
	中国差距	—	—	—	—	59	53	29	5	8	1.06	−1.0	−3.6
大学普及率	中国	—	—	—	—	0.3	0.2	2	10	21	—	—	7.78
	世界前沿	—	0.6	1.4	3.3	4.3	16	35	59	67	3.91	0.75	5.11
	世界平均	—	—	—	—	2.3	4.6	13	20	24	—	—	4.35
	中国差距	—	—	—	—	4	16	33	49	46	—	—	4.55

注：指标单位见附表 1-1。世界前沿为高收入国家（或西欧 12 国）的平均值，中国差距等于世界前沿值减去中国值。人均 GDP(PPP)的单位为 1990 年价格国际美元，1700～1960 年数据来自麦迪森（Madisson，1995，2001），1980～2005 年数据来自世界银行（World Bank，2008）。人均 GNI 为按世界银行 Atlas 方法计算（三年平均汇率计算），1960 年人均 GNI 为 1962 年数据。工业增加值比例经历上升和下降两个阶段。城市人口比例 1820 年数据为 1850 年的值，城市人口比例和平均预期寿命的 1913 年数据为 1900 年的值。A 为 1820～1913 年期间的年均增长率。B 为 1913～1950 年期间的年均增长率。C 为 1950～2005 年期间的年均增长率。“—”表示没有数据，后同。

其次，中国综合指标的变化。1950 年以来，中国整体水平可以采用综合指标来反映，如现代化阶段、第一次现代化程度、第二次现代化指数、人类发展指数、新人类发展指数等。

在 1950～2005 年期间，中国尚没有完成第一次现代化，但已经从传统农业社会进入第一次现代化的成熟期，第一次现代化程度（实现程度）提高了 60 个百分点；中国第二次现代化指数提高近 1 倍；中国人类发展指数提高 1 倍多，中国与发达国家的国际差距缩小（表 3-12）。

表 3-12 和表 3-4 都包含中国现代化的阶段划分，两者有所差别。表 3-12 的阶段划分是根据产业结构和就业结构进行的定量划分，表 3-4 的阶段划分是根据现代化现象的定性划分。

表 3-12 1950～2005 年中国水平和国际差距的变化(综合指标)

指标	项目	1950	1960	1970	1980	1990	2000	2001	2005
现代化阶段	中国	传统社会	传统社会	起步期Ⅰ	起步期Ⅰ	发展期Ⅰ	发展期Ⅰ	发展期Ⅰ	成熟期Ⅰ
	世界前沿	成熟期Ⅰ	成熟期Ⅰ	过渡期Ⅰ	过渡期Ⅰ	起步期Ⅱ	起步期Ⅱ	起步期Ⅱ	发展期Ⅱ
	世界平均	起步期Ⅰ	起步期Ⅰ	起步期Ⅰ	发展期Ⅰ	发展期Ⅰ	成熟期Ⅰ	成熟期Ⅰ	成熟期Ⅰ
	中国差距	3 阶段	3 阶段	3 阶段	3 阶段	3 阶段	3 阶段	3 阶段	3 阶段
第一次现代化程度	中国	26	37	40	54	63	76	78	86
	世界前沿	75	100	100	100	100	100	100	100
	世界平均	47	53	68	80	81	89	90	93
	中国差距	49	63	60	46	37	24	22	14
第二次现代化指数	中国	—	—	21	25	26	31	31	40
	世界前沿	—	—	72	76	89	100	100	100
	世界平均	—	—	33	44	47	46	46	51
	中国差距	—	—	51	52	63	69	69	61
人类发展指数	中国	0.284	0.322	0.525	0.558	0.627	0.730	0.721	0.777
	世界前沿	0.674	0.752	0.833	0.85	0.884	0.932	0.927	0.936
	世界平均	0.35	0.489	0.595	0.621	0.66	0.722	0.722	0.743
	中国差距	0.390	0.430	0.308	0.292	0.257	0.202	0.206	0.159
新人类发展指数	中国	—	—	—	18	21	20	—	29
	世界前沿	—	—	—	44	57	59	—	68
	世界平均	—	—	—	24	27	25	—	30
	中国差距	—	—	—	27	36	39	—	40

注:世界前沿为高收入国家平均值,平均为世界平均,差距为前沿与中国之差。第一次现代化阶段:起步期Ⅰ、发展期Ⅰ、成熟期Ⅰ和过渡期Ⅰ;第二次现代化阶段:起步期Ⅱ、发展期Ⅱ、成熟期Ⅱ和过渡期Ⅱ。阶段划分的方法见技术注释。

(2) 中国现代化水平的国际地位的变化

首先,中国关键单项指标的国际地位的变化。在 1700～1950 年期间,中国经济水平从中等发达水平下降到欠发达水平,人均 GDP(PPP)的世界排名从第 18 位下降到第 99 位。在 1950～2005 年期间,中国经济水平仍然属于欠发达水平,但人均 GDP(PPP)的世界排名已经上升到第 74 位;中国城市化水平、大学普及率和互联网普及率从欠发达水平上升到初等发达水平;中国平均预期寿命和成人识字率从初等发达水平晋级中等发达水平(表 3-13)。

表 3-13 1700～2005 年中国水平和国际地位的变化(单项指标)

指标	项目	1700	1820	1870	1913	1950	1960	1970	1980	1990	2000	2001	2005
人均 GDP (PPP)	中国	600	600	530	552	439	673	783	380	798	1935	2081	2968
	中国水平	2	3	4	4	4	4	4	4	4	4	4	4
	中国排名	18	48	73	104	99	92	92	97	101	79	78	74
	国家总数	104	104	104	104	104	104	104	100	126	129	129	130
人均 GNI	中国	—	—	—	—	48	89	120	220	320	930	1000	1740
	中国水平	—	—	—	—	4	4	4	4	4	4	4	4
	中国排名	—	—	—	—	46	72	73	87	91	75	74	70
	国家总数	—	—	—	—	48	92	83	90	109	129	128	128

（续表）

指标	项目	1700	1820	1870	1913	1950	1960	1970	1980	1990	2000	2001	2005
工业增加值比例	中国	—	—	—	13	21	45	40	49	42	46	45	48
	中国水平	—	—	—	—	—	—	—	—	—	—	—	—
	中国排名	—	—	—	17	32	8	16	8	22	12	12	10
	国家总数	—	4	10	17	45	91	92	91	123	130	129	120
互联网普及率	中国	—	—	—	—	—	—	—	—	—	2	3	9
	中国水平	—	—	—	—	—	—	—	—	—	4	4	3
	中国排名	—	—	—	—	—	—	—	—	—	63	64	65
	国家总数	—	—	—	—	—	—	—	—	—	130	131	130
城市人口比例	中国	—	3.8	3.8	4.4	13	16	17	20	27	36	37	40
	中国水平	—	—	—	4	4	4	4	3	3	3	3	3
	中国排名	—	23	17	18	93	98	103	107	106	96	96	92
	国家总数	13	24	17	18	128	131	131	131	131	131	131	131
平均预期寿命	中国	—	23	—	24	41	36	62	67	69	70	71	72
	中国水平	—	—	—	—	3	4	2	2	2	2	2	2
	中国排名	—	14	—	27	29	123	53	54	57	63	49	53
	国家总数	—	17	18	29	32	128	124	131	131	130	131	131
成人识字率	中国	—	—	—	—	36	43	53	67	78	91	91	91
	中国水平	—	—	—	—	—	3	3	2	2	2	2	2
	中国排名	—	—	—	—	33	52	76	70	68	58	63	64
	国家总数	—	—	15	15	41	96	120	115	104	122	127	130
大学普及率	中国	—	—	—	—	0.3	2.3	0.1	2	3	8	10	21
	中国水平	—	—	—	—	—	4	4	4	4	4	4	3
	中国排名	—	—	—	—	57	49	96	95	98	87	77	68
	国家总数	—	4	11	25	65	72	97	119	128	122	106	120

注：指标单位见附表 1-1。国家水平分组：1 代表发达水平，2 代表中等发达水平，3 代表初等发达水平，4 代表欠发达水平。如果爱尔兰和希腊不参加排名，1700 年中国人均 GDP(PPP)排世界第 16 位。经济现代化经历工业化和非工业化两个阶段，工业增加值比例的水平的分组难以进行。城市人口比例 1820 年数据为 1850 年的值，城市人口比例和平均预期寿命的 1913 年数据为 1900 年的值。预期寿命指标的分组标准：发达水平，数值超过高收入国家平均值；中等发达水平，数值超过世界平均值但低于发达水平；初等发达水平，数值低于世界平均值但高于欠发达水平；欠发达水平，数值为比世界平均值少 10 岁。其他 6 个指标的分组标准：发达水平，数值超过高收入国家平均值的 80%；中等发达水平，数值超过世界平均值但低于发达水平；初等发达水平，数值低于世界平均值但高于欠发达水平；欠发达水平，数值低于世界平均值的一半。

其次，中国综合指标的国际地位的变化。在 1950～2005 年期间，中国现代化水平已经从欠发达水平上升为初等发达水平，现代化指数在 131 个国家中排名达到第 70 位左右；中国人类发展水平超过世界平均水平，从初等发达水平晋级中等发达水平（表 3-14）。

表 3-14　1900～2005 年中国水平和国际地位的变化(综合指标)

指标	项目	1900	1950	1960	1970	1980	1990	2000	2001	2005
第一次现代化程度	中国指数	—	26	37	40	54	63	76	78	86
	中国水平	—	4	3	4	4	3	3	3	3
	中国排名	—	52	72	72	69	67	80	75	69
	国家总数	—	57	107	101	110	104	131	131	131
第二次现代化指数	中国指数	—	—	—	21	25	26	31	31	40
	中国水平	—	—	—	4	3	4	3	3	3
	中国排名	—	—	—	60	78	73	78	79	71
	国家总数	—	—	—	104	122	106	131	131	131
人类发展指数	中国指数	0.160	0.284	0.322	0.525	0.558	0.627	0.73	0.721	0.777
	中国水平	4	3	3	3	3	3	2	3	2
	中国排名	39	40	76	53	59	72	63	71	56
	国家总数	40	97	102	89	94	114	117	131	131
新人类发展指数	中国指数	—	—	—	—	18	21	20	—	29
	中国水平	—	—	—	—	3	3	3	—	3
	中国排名	—	—	—	—	91	92	85	—	71
	国家总数	—	—	—	—	131	131	131	—	131

注:国家水平分组:1 代表发达水平,2 代表中等发达水平,3 代表初等发达水平,4 代表欠发达水平。第一次现代化程度的分组标准:初等发达水平,数值低于世界平均值但高于欠发达水平;欠发达水平,数值低于世界平均值减 20。第二次现代化指数的分组标准:发达水平,数值超过高收入国家平均值的 80%;中等发达水平,数值超过世界平均值但低于发达水平;初等发达水平,数值低于世界平均值但高于欠发达水平;欠发达水平,数值低于 30。人类发展指数(UNDP,2008)的分组标准:发达水平,数值超过高收入国家平均值;中等发达水平,数值超过世界平均值但低于发达水平;初等发达水平,数值低于世界平均值但高于欠发达国家;欠发达水平,数值低于世界平均值减 0.2。新人类发展指数的分组标准:发达水平,数值超过高收入国家平均值的 90%;中等发达水平,数值超过世界平均值但低于发达水平;初等发达水平,数值低于世界平均值但高于欠发达国家;欠发达水平,数值低于高收入国家平均值的 30%。

(3) 中国现代化水平的国际比较

首先,中国关键单项指标的国际比较。我们选择美国、英国、德国、日本和印度作为国际参照,进行国际比较(附表 1-18 和附表 1-19),不同指标有不同特点。例如,人均 GDP(PPP)与美国等 4 个发达国家的相对差距从扩大到缩小,1980 年前后是一个转折点(表 3-15)。

表 3-15　1700～2005 年中国水平的国际比较(单项指标)

指标	国家	1700	1820	1870	1913	1950	1960	1970	1980	1990	2000	2001	2005
人均 GDP (PPP)	中国	100	100	100	100	100	100	100	100	100	100	100	100
	美国	88	210	461	960	2178	1683	1920	4845	2889	1459	1353	1023
	英国	208	285	602	891	1573	1285	1375	3441	2075	1048	1002	767
	德国	149	176	344	661	884	1142	1386	3815	2254	1106	1040	745
	日本	95	112	139	251	439	593	1241	3550	2352	1070	995	741
	印度	92	89	101	122	141	112	111	165	109	64	62	54

（续表）

指标	国家	1700	1820	1870	1913	1950	1960	1970	1980	1990	2000	2001	2005
人均国民收入	中国	—	—	—	—	100	100	100	100	100	100	100	100
	美国	—	—	—	—	3274	3179	4167	5900	7291	3699	3481	2483
	英国	—	—	—	—	1216	1550	—	3823	5066	2685	2511	2192
	德国	—	—	—	—	739	1469	—	5727	6447	2743	2402	1999
	日本	—	—	—	—	233	527	1600	4686	8331	3723	3512	2237
	印度	—	—	—	—	116	81	92	123	122	48	46	42
工业增加值比例	中国	—	—	—	100	100	100	100	100	100	100	100	100
	美国	—	—	—	201	181	85	86	69	67	53	51	48
	英国	—	—	—	286	224	96	109	87	84	61	60	51
	德国	—	—	—	316	243	118	121	85	90	66	66	62
	日本	—	—	—	128	152	100	116	85	95	71	69	63
	印度	—	—	—	—	76	43	51	51	65	57	56	58
互联网普及率	中国	—	—	—	—	—	—	—	—	—	100	100	100
	美国	—	—	—	—	—	—	—	—	—	2466	1890	784
	英国	—	—	—	—	—	—	—	—	—	1484	1256	626
	德国	—	—	—	—	—	—	—	—	—	1693	1192	509
	日本	—	—	—	—	—	—	—	—	—	1681	1451	784
	印度	—	—	—	—	—	—	—	—	—	30	26	64
城市人口比例	中国	—	100	100	100	100	100	100	100	100	100	100	100
	美国	—	405	676	900	514	438	423	376	275	221	216	200
	英国	—	1042	1479	1573	674	490	443	448	324	250	244	222
	德国	—	395	766	1109	575	436	419	370	268	210	205	186
	日本	—	534	421	364	402	269	306	304	230	182	178	163
	印度	—	—	—	—	138	112	114	118	93	77	76	71
平均预期寿命	中国	—	100	—	100	100	100	100	100	100	100	100	100
	美国	—	170	—	196	166	192	115	110	109	110	108	108
	英国	—	174	—	208	168	196	117	110	110	111	109	110
	德国	—	178	—	196	163	191	114	109	109	111	110	110
	日本	—	148	—	183	149	186	117	114	114	115	114	114
	印度	—	91	—	100	78	122	80	81	86	90	88	89
成人识字率	中国	—	100	—	100	100	100	100	100	100	100	100	100
	美国	—	—	—	—	275	228	187	146	126	109	109	109
	英国	—	—	—	—	275	223	183	145	124	107	107	107
	德国	—	—	—	—	275	223	187	143	126	109	109	109
	日本	—	—	—	—	—	228	187	148	126	109	109	109
	印度	—	—	—	—	50	65	63	61	63	63	67	67
大学普及率	中国	—	—	—	—	100	100	100	100	100	100	100	100
	美国	—	—	—	—	5288	—	70 692	3258	2530	899	705	392
	英国	—	—	—	—	726	—	21 705	1119	1014	757	595	283
	德国	—	—	—	—	801	—	—	—	1139	634	—	—
	日本	—	—	—	—	1642	—	26 475	1791	996	617	494	263
	印度	—	—	—	—	386	—	7321	307	204	125	99	53

注：指标单位见附表 1-1。城市人口比例 1820 年数据为 1850 年值，城市人口比例和平均预期寿命的 1913 年数据为 1900 年值。

其次，中国综合指标的国际比较。1950年以来，中国第一次现代化程度和人类发展指数与美国等4个发达国家的相对差距在缩小；2000年以来，中国第二次现代化指数与美国等4个发达国家的相对差距在缩小（附表1-18、表3-16）。

表3-16　1900～2005年中国水平的国际比较（综合指标）

指标	国家	1900	1950	1960	1970	1980	1990	2000	2001	2005
第一次现代化程度	中国	—	100	100	100	100	100	100	100	100
	美国	—	383	274	250	185	159	131	128	116
	英国	—	320	263	250	185	159	131	128	116
	德国	—	288	252	250	185	159	131	128	116
	日本	—	240	242	250	185	159	131	128	116
	印度	—	116	92	97	81	82	77	77	76
第二次现代化指数	中国	—	—	—	100	100	100	100	100	100
	美国	—	—	—	337	320	373	346	346	274
	英国	—	—	—	259	259	289	295	299	230
	德国	—	—	—	266	250	308	310	311	235
	日本	—	—	—	279	293	340	332	332	257
	印度	—	—	—	82	78	92	66	73	67
人类发展指数	中国	100	100	100	100	100	100	100	100	100
	美国	370	280	257	160	154	144	129	130	122
	英国	390	270	246	161	153	141	130	129	122
	德国	366	252	237	165	158	145	129	128	120
	日本	311	230	230	166	158	143	128	129	123
	印度	202	65	97	78	78	82	79	82	80
新人类发展指数	中国	—	—	—	—	100	100	100	—	100
	美国	—	—	—	—	309	316	319	—	270
	英国	—	—	—	—	265	268	300	—	236
	德国	—	—	—	—	285	274	287	—	249
	日本	—	—	—	—	215	234	266	—	252
	印度	—	—	—	—	84	83	80	—	56

(4) 中国现代化的地理分布的变化

关于中国的地理结构有不同观点，不同历史时期的认识有所不同。

首先，现代化起步阶段的地理分布。中国现代化是外源型现代化，现代化起步阶段的变化主要发生在沿海和沿江的开放口岸城市。1842年《南京条约》规定开放5个口岸：广州、厦门、福州、上海和宁波；第二次鸦片战争后开放口岸增加到沿海和沿江的19个口岸；甲午战争后增加到37个口岸；清朝末年增加到82个口岸（虞和平，2002）。开放口岸城市既是西方掠夺中国的桥头堡，也是中国变革和国际交流的前沿地带。在此阶段，中国现代企业主要集中在华东、华南和华北地区的开放城市，西南和东北地区的现代企业比较少（表3-17）。

表 3-17 1842～1911 年中国通商口岸和中国企业的地区分布

地区	1842 年通商口岸数	1860 年通商口岸数	1865～1897 年官办军企数	1894 年前商办企业数	1911 年工矿交通企业数
华东地区(上海、江苏、浙江、江西、安徽等)	2	5	4	39	415
华南地区(湖北、湖南、福建、广东等)	3	8	7	101	246
华北地区(北京、天津、山东、山西、河北、河南等)	—	3	5	4	114
西南地区(陕西、四川、云南、贵州、广西、甘肃、新疆等)	—	3	4	—	63
东北地区(黑龙江、吉林、辽宁等)	—	—	1	—	56
不详	—	—	—	7	2
合计	5	19	21	151	896

注:通商口岸包括已经开放的通商口岸和协定同意开放的通商口岸。

资料来源:虞和平,2002.

其次,局部现代化阶段的地理分布可以分为上下两段,这里以工业化分布为例。上段期间(1936 年前)中国大约 90%的产业资本分布在华东、华南和华北地区。下段期间,特别是抗日战争时期,大量产业转移到西南地区,东北地区的产业资本增加也比较多(表 3-18)。

表 3-18 1913～1945 年中国产业资本的地区分布(%)

地区	1913	1920	1936	1945
华东地区(上海、江苏、浙江、江西、安徽等)	38.8	39.8	—	—
华南地区(湖北、湖南、福建、广东等)	35.2	28.8	—	—
华北地区(北京、天津、山东、山西、河北、河南等)	18.9	21.9	10.2	—
西南地区(陕西、四川、云南、贵州、广西、甘肃、新疆等)	4.3	3.8	5.2	31.4
东北地区(黑龙江、吉林、辽宁等)	2.7	5.7	26.2	—

注:如果包括外资在内,1936 年东北地区产业资本约占全国的 32.3%。

资料来源:虞和平,2002.

其三,全面现代化阶段的地理分布可以分为前后两段。前段是改革开放前(1977 年前),采用平衡发展策略,华东、华北和东北发展水平相对比较高。后段是改革开放以来(1978 年以来),采用非平衡发展策略,先后开放沿海、沿江、沿边城市和省会城市,建立经济特区和开发区,华东和华北水平比较高,华南逐步赶上东北地区。

目前,关于中国地理结构有不同认识。这里采用“三大带、三大片和八大区”的分析结构。三大带是东部、中部和西部地带;三大片是南方片、北方片和西部片;八大区是东北、华北、黄河中游、华东、华南、长江中游、西北和西南地区。选择两个指标进行分析(表 3-19 和表 3-20)。

从三大带看,东部发展水平高于中部,中部高于西部。

从三大片看,一般而言,北方片发展水平高于南方片,南方片高于西部片;但有例外情况,如在 2000 年和 2001 年,南方片人均 GDP 高于北方片;2005 年北方和南方水平大体相当。

从八大地区看,在过去 35 年,地区现代化水平结构发生了一些变化。

表 3-19 1970～2005 年中国现代化进程的地理结构(人均 GDP 的地区比较)

中国和地区	人均 GDP/美元						年均增长率				
	1970	1980	1990	2000	2001	2005	1970～1980	1980～1990	1990～2000	2000～2005	1980～2005
东部	183	338	493	1485	1665	3051	6.3	3.9	11.7	15.5	9.2
中部	102	170	272	734	791	1462	5.2	4.8	10.4	14.8	9.0
西部	81	151	236	538	590	1081	6.4	4.6	8.6	15.0	8.2
北方片	151	270	402	1085	1202	2350	6.0	4.0	10.4	16.7	9.0
南方片	135	250	380	1186	1318	2284	6.4	4.3	12.1	14.0	9.3
西部片	84	159	249	571	629	1122	6.6	4.6	8.6	14.5	8.1
东北地区	161	270	413	1067	1163	1902	5.3	4.3	10.0	12.2	8.1
华北地区	205	390	544	1548	1741	3510	6.7	3.4	11.0	17.8	9.2
黄河中游地区	89	151	251	635	691	1525	5.4	5.2	9.7	19.1	9.7
华东地区	260	518	644	2079	2344	4209	7.2	2.2	12.4	15.2	8.7
华南地区	77	151	322	1015	1134	1907	7.0	7.9	12.2	13.4	10.7
长江中游地区	85	148	239	687	732	1218	5.7	4.9	11.1	12.1	8.8
西南地区	61	132	221	527	573	1029	8.0	5.2	9.1	14.3	8.5
西北地区	100	185	278	626	699	1239	6.3	4.2	8.4	14.6	7.9
中国	112	192	312	949	1042	1720	5.5	5.0	11.8	12.6	9.2

注:华南地区包括香港、澳门和台湾等,本表数据是中国内地的华南地区的平均数(没有包括港澳台数据)。关于中国 8 大地区的划分方法见《中国现代化报告 2004:地区现代化之路》。地区人均 GDP 为地区人均居民生产总值,后同。

表 3-20 1970～2005 年中国现代化进程的地理结构(第一次现代化程度的地区比较)

中国和地区	第一次现代化程度						年均增长率				
	1970	1980	1990	2000	2001	2005	1970～1980	1980～1990	1990～2000	2000～2005	1980～2005
东部	48	61	71	82	84	89	2.5	1.6	1.5	1.7	1.6
中部	41	56	63	74	76	83	3.2	1.1	1.6	2.4	1.6
西部	36	48	56	68	70	77	3.0	1.5	2.1	2.5	1.9
北方片	48	63	71	80	82	87	2.7	1.2	1.2	1.7	1.3
南方片	40	54	64	77	79	86	3.1	1.7	1.9	2.2	1.8
西部片	36	48	55	68	69	77	2.9	1.5	2.1	2.6	1.9
东北地区	55	66	73	82	85	87	1.8	1.1	1.2	1.2	1.1
华北地区	50	67	75	85	85	91	3.0	1.2	1.2	1.5	1.2
黄河中游地区	41	56	64	74	76	83	3.3	1.4	1.4	2.5	1.6
华东地区	49	64	73	87	90	95	2.6	1.4	1.8	1.6	1.6
华南地区	39	50	63	74	76	83	2.5	2.4	1.7	2.3	2.1
长江中游地区	34	52	58	72	74	82	4.2	1.2	2.2	2.5	1.8
西南地区	33	44	51	65	67	75	3.1	1.4	2.5	2.8	2.1
西北地区	38	51	60	71	72	80	3.0	1.6	1.7	2.4	1.8
中国	40	54	63	76	78	86	3.1	1.6	1.9	2.5	1.9

注:华南地区包括香港、澳门和台湾等,本表数据是中国内地的华南地区的平均数(没有包括港澳台数据)。

1970年经济水平分为三个方阵：华东、华北和东北比较高，西北、黄河中游和长江中游次之，华南和西南比较低；2005年经济水平分三个方阵：华东和华北比较高，华南和东北次之，黄河中游、长江中游、西北和西南比较低；在过去35年里，西南地区水平都是比较低的。

1970年地区现代化分为三个方阵：东北、华北和华东比较高，黄河中游、华南和西北次之，长江中游和西南比较低。2005年地区现代化分为三个方阵：华东和华北比较高，东北、华南、黄河中游和长江中游次之，西南和西北比较低。在过去35年里，西南地区水平都是比较低的。

3. 中国现代化的截面分析

中国现代化的截面分析，可以根据中国现代化的3个阶段选择截面，并采用定量指标。

首先，2001年截面。中国属于初等发达国家，处于第一次现代化的发展期；第一次现代化实现程度约为78%，排131个国家的第75位；第二次现代化指数为31，排131个国家的第79位；人均国民收入约1000美元，排128个国家的第74位；城市化率约37%，排131个国家的第96位；大学普及率约10%，排106个国家的第77位。

其次，1980年截面。中国部分指标达到初等发达水平，部分指标为欠发达水平，处于第一次现代化的起步期；第一次现代化实现程度约为54%，排110个国家的第69位；第二次现代化指数为25，排122个国家的第78位；人均国民收入约220美元，排90个国家的第87位；城市化率约20%，排131个国家的第107位；大学普及率约2%，排119个国家的第95位。

其三，1960年截面。中国属于欠发达国家，属于传统农业社会；第一次现代化实现程度约为37%，排101个国家的第72位；人均国民收入约70美元(1962年值)，排70个国家的第65位；城市化率约16%，排131个国家的第98位；大学普及率约2%，排72个国家的第49位。

其四，1949年截面(1950年数据)。中国属于欠发达国家，属于传统农业社会；第一次现代化实现程度约为26%，排57个国家的第52位；人均GDP(PPP)约439国际美元(1990年价格)，排104个国家的第99位；城市化率约13%，排128个国家的第93位；大学普及率约0.3%，排65个国家的第57位。

其五，1912年截面(1913年数据)。中国属于当时的欠发达国家，属于传统农业社会；人均GDP(PPP)约552国际美元(1990年价格)，排104个国家的第104位；城市化率约4%，工业增加值比例约为13%，平均预期寿命约24岁。

其六，1840年截面(1820年数据)。中国属于当时的初等发达国家，属于传统农业社会；人均GDP(PPP)约600国际美元(1990年价格)，排104个国家的第48位；城市化率约4%，平均预期寿命约23岁。

二、中国六个领域现代化的进程

中国六个领域现代化的进程分析主要包括过程分析、时序分析和截面分析等。

1. 中国六个领域现代化的过程分析

中国六个领域现代化的过程分析一般包括它们的阶段、结果、动力和模式分析等。

(1) 中国六个领域现代化的主要阶段

中国六个领域现代化是中国现代化的重要组成部分。中国六个领域现代化的主要阶段，与中国现代化的主要阶段是基本协调的(表3-4)，大致分为三个阶段(表3-21)。

表 3-21　中国六个领域现代化的主要阶段

领域	现代化起步阶段 1840～1911 年	局部现代化阶段 1912～1949 年	全面现代化阶段 1949～2005 年
经济	洋务运动、工业化起步	工业化、机械化、电气化	工业化、市场化、全球化
社会	现代教育、卫生和运输	城市化、现代教育和运输	城市化、福利化、信息化
政治	政府改革、维新立宪	共和制、权威政府、科层化	共和制、改革开放、政府信息化
文化	引进近代科学、启蒙思想	新文化运动、三民主义	新民主主义、文化产业化
个人	留学、学科学、反专制	反封建、反传统、反侵略	讲科学、讲民主、职业化
自然环境	—	—	环境治理、生态建设
国际环境	侵略与反侵略、不平等条约	修约外交、抗日战争、参加联合国	改革开放、全球化、国际合作

注：本表内容是举例性的，不是全面概括。关于不同阶段的特征，必然见仁见智。

（2）中国六个领域现代化的主要结果

中国六个领域现代化进程的结果，需要分阶段分析，需要截面比较，需要专题研究。一般而言，在不同历史截面，中国六个领域现代化有不同的指标、水平和特征；通过两个截面的指标、水平和特征的比较，可以分析在两个截面之间的世界六个领域现代化进程的主要结果。

（3）中国六个领域现代化的主要动力

中国六个领域现代化的动力分析，需要专题进行。一般而言，创新是现代化的根本源泉，六个领域现代化可以相互影响；如果某个领域现代化走在其他领域的前面，它可以带动或促进其他领域的现代化。中国现代化是后发型现代化，学习和追赶是一种重要动力因素。

（4）中国六个领域现代化的路径和模式

中国六个领域现代化进程的路径和模式分析，需要分别研究。一般而言，在现代化起步阶段、局部现代化阶段和全面现代化的前期，中国现代化都采用第一次现代化路径，不同领域的做法有所不同，不同领域的现代化模式也在不断变化；在全面现代化的后期，中国加入全球化进程，对现代化规律的认识不断深化，现代化实践逐步走上理性轨道。

2. 中国六个领域现代化的时序分析

中国六个领域现代化的时序分析包括它们的水平、生活、结构、制度和观念的分析等。

（1）中国六个领域现代化水平的变化

中国六个领域现代化需要专题研究。2005～2009 年的《中国现代化报告》分别讨论了经济现代化、社会现代化、生态现代化、国际现代化和文化现代化（表 3-22），政治现代化和人的现代化有待专题讨论。目前，中国现代化处于第一次现代化阶段，经济和社会现代化指数都采用它们的第一次现代化指数；文化现代化采用文化生活现代化指数；国际现代化没有单一指数，采用客观竞争力、人均竞争力、客观国力和客观影响力指数来反映；人的现代化，需要专题研究，目前可以采用人类发展指数来反映。

中国经济、社会和生态现代化指数的数值在提高，2005 年中国经济和生态现代化仍然属于欠发达水平。2005 年中国人类发展指数达到中等发达水平，社会现代化指数和文化生活现代化指数达到初等发达水平，中国客观竞争力属于初等强国，人均竞争力属于世界弱国，客观国力和客观影响力属于世界强国。

表 3-22 中国六个领域现代化水平的变化

领域	指数	项目	1950	1960	1970	1980	1990	2000	2001	2005
经济	经济现代化指数	指数	7	11	11	11	11	20	21	27
		水平	4	4	4	4	4	4	4	4
		排名	55	71	76	86	108	79	79	75
		国家数	58	98	96	97	130	130	130	130
社会	社会现代化指数	指数	11	16	36	47	53	69	72	73
		水平	4	4	4	4	4	3	3	3
		排名	64	95	70	78	81	73	74	75
		国家数	72	117	117	127	131	131	131	131
政治	政治现代化指数	—	—	—	—	—	—	—	—	—
文化	文化生活现代化指数	指数	—	—	—	—	4	6	10	12
		水平	—	—	—	—	4	4	4	3
		排名	—	—	—	—	77	69	57	57
		国家数	—	—	—	—	131	131	131	131
个人	个人现代化指数（人类发展指数）	指数	0.284	0.322	0.525	0.558	0.627	0.73	0.721	0.777
		水平	3	3	3	3	3	2	3	2
		排名	40	76	53	59	72	63	71	56
		国家数	97	102	89	94	114	117	131	131
自然环境	生态现代化指数	指数	—	—	25	33	34	42	42	42
		水平	—	—	4	4	4	4	4	4
		排名	—	—	75	80	96	101	100	100
		国家数	—	—	76	84	101	122	120	118
国际环境	客观竞争力指数	指数	—	—	—	—	5	8	9	19
		水平	—	—	—	—	4	4	4	3
		排名	—	—	—	—	78	57	52	27
		国家数	—	—	—	—	131	131	131	131
	客观国力指数	指数	—	—	—	—	21	29	30	36
		水平	—	—	—	—	2	2	2	1
		排名	—	—	—	—	16	6	5	3
		国家数	—	—	—	—	131	131	131	131
	客观影响力指数	指数	—	—	—	—	12	17	21	32
		水平	—	—	—	—	1	1	1	1
		排名	—	—	—	—	10	7	6	3
		国家数	—	—	—	—	131	131	131	131
	人均竞争力指数	指数	—	—	—	—	3	4	4	9
		水平	—	—	—	—	4	4	4	4
		排名	—	—	—	—	102	90	85	65
		国家数	—	—	—	—	131	131	131	131

注：国家水平分组：1 代表发达水平（或世界强国），2 代表中等发达水平（或中等强国），3 代表初等发达水平（或初等强国），4 代表欠发达水平（或世界弱国）。经济现代化指数为第一次经济现代化指数，第二次经济现代化指数和综合经济现代化指数见《中国现代化报告 2005：经济现代化研究》。经济现代化水平的国家分组：初等发达水平，第一次经济现代化指数低于世界平均值到高于欠发达水平；欠发达水平，第一次经济现代化指数低于世界平均值的一半。社会现代化指数为第一次社会现代化指数，第二次社会现代化指数和综合社会现代化指数见《中国现代化报告 2006：社会现代化研究》。社会现代化水平的国家分组：初等发达水平，第一次社会现代化指数低于世界平均值但高于欠发达水平；欠发达水平，第一次社会现代化指数比世界平均值低 20。人类发展指数（UNDP，2008）可以部分反映人的现代化水平。生态现代化指数，2001 年数据为 2002 年的值，2005 年的数据为 2004 年的值。其他指标的国家水平分组标准分别见《中国现代化报告 2007：生态现代化研究》、《中国现代化报告 2008：国际现代化研究》和《中国现代化报告 2009：文化现代化研究》。

(2) 中国六个领域的生活和结构现代化

中国六个领域的生活和结构现代化需要专题研究。2005～2009 年的《中国现代化报告》分别讨论了经济、社会、文化、自然环境和国际环境领域的生活和结构变迁，政治和个人领域的变化有待专题讨论。在 1820～2005 年期间，中国六个领域发生了巨大变化(附表 2-20)。

中国六个领域生活和结构现代化的变化是有规律的，指标变化的模式包括上升、下降、转折和波动等几种模式(表 3-23)；其中，上升变量有 64 个，下降变量有 17 个。

表 3-23 中国六个领域生活和结构现代化的变化的主要类型

项目	经济	社会	政治	文化	个人	自然环境	国际环境	合计
上升变量	11	15	3	13	8	6	8	64
下降变量	4	3	4	0	1	5	0	17
转折变量	1	0	0	0	1	0	1	3
波动变量	4	1	1	0	0	0	0	6
合计	20	19	8	13	10	11	9	90

(3) 中国六个领域的制度和观念现代化

中国六个领域的制度和观念现代化需要专题研究。2005～2009 年的《中国现代化报告》分别讨论了经济、社会、文化、自然环境和国际环境领域的制度和观念变迁，政治和个人领域的制度和观念变化有待专题讨论。

3. 中国六个领域现代化的截面分析

中国六个领域现代化的截面分析，可以参考中国现代化的阶段划分选择截面和定量指标。1820～2005 年中国六个领域的 96 个指标的变迁的数据见附表 2-20。

(1) 2001 年截面

经济领域：经济现代化水平为欠发达水平，人均国民收入达到 1000 美元，排 128 个国家的第 74 位，工业增加值比例约为 48%等。

社会领域：社会现代化水平为初等发达水平；城市化率为 37%，平均预期寿命为 71 岁等。

政治领域：继续实施改革开放政策，政治文明建设和政府信息化等。需要专题研究。

文化领域：文化生活现代化水平为欠发达水平；成人识字率达到 91%，文化产业化等。

个人领域：需要专题研究；人类发展指数达到初等发达水平，大学普及率达到 10%等。

自然环境领域：生态现代化已经起步，生态现代化水平为欠发达水平等。

国际环境领域：客观影响力为世界强国，客观国力为中等强国，客观竞争力为世界弱国，人均竞争力为世界弱国，参与全球化等。

(2) 1980 年截面

经济领域：经济现代化水平为欠发达水平；人均国民收入达到 220 美元，排 90 个国家的第 87 位；工业增加值比例约为 49%等。

社会领域：社会现代化水平为欠发达水平；城市化率达到 20%，平均预期寿命达到 67 岁等。

政治领域：实施改革开放政策等。需要专题研究。

文化领域：成人识字率达到 67%等。

个人领域：需要专题研究；人类发展指数达到初等发达水平，大学普及率约为 2%等。

自然环境领域：生态现代化尚没有起步。

国际环境领域:实施改革开放政策等。

(3) 1950 年截面

经济领域:经济现代化水平为欠发达水平;人均国民收入约为 48 美元,工业增加值比例约为 21%等。

社会领域:社会现代化水平为欠发达水平;城市化率约为 13%,平均预期寿命约 41 岁等。

政治领域:新中国成立,实现新民主主义等。

文化领域:成人识字率约 36%等。

(4) 1912 年截面

经济领域:工业化已经起步,工业增加值比例约为 13%等。

社会领域:城市化尚没有起步;城市化率约 4%,平均预期寿命达到 24 岁等。

政治领域:推翻封建统治,建立共和国等。

(5) 1840 年截面

经济领域:工业化尚没有起步。

社会领域:城市化尚没有起步;城市化率约 4%,平均预期寿命达到 23 岁等。

三、中国的地区现代化的进程

中国的地区现代化的进程分析主要包括过程分析、时序分析和截面分析等。《中国现代化报告2004:地区现代化之路》讨论了地区现代化的原理和中国地区现代化的进程,可供参考。

1. 中国的地区现代化的过程分析

中国的地区现代化的过程分析一般包括它们的阶段、结果、动力和模式分析等。

(1) 中国的地区现代化的主要阶段

中国的地区现代化是中国现代化的重要组成部分。中国的地区现代化的主要阶段,与中国现代化的主要阶段是基本协调的(表 3-4),大致分为三个阶段(表 3-24)。

表 3-24 中国的地区现代化的主要阶段和特点

项目	现代化起步阶段	局部现代化阶段	全面现代化阶段
大致时间	1840～1911 年	1912～1949 年	1949～2005 年
主要特点	进口替代型工业化,主要集中在沿海地区和开放口岸城市等	进口替代型工业化、战时工业化,地区发展不平衡,华东和华南先行等	从进口替代转向出口导向型工业化,从平衡发展转向不平衡发展,从局部开放转向全面开放,从计划型现代化转向市场型现代化等

(2) 中国的地区现代化的主要结果

中国的地区现代化进程的结果,需要分阶段分析,需要截面比较。通过两个截面的指标、水平和特征的比较,可以分析在两个截面之间的地区现代化进程的主要结果,需要专题研究。

(3) 中国的地区现代化的主要动力

中国的地区现代化的动力需要专题进行。一般而言,地区现代化受到国际环境和国内环境的影响,地区现代化的动力来自国际竞争和国内竞争,而且受到地区传统的影响。

(4) 中国的地区现代化的路径和模式

中国的地区现代化的路径和模式需要分别研究。一般而言,在现代化起步和局部现代化阶段,地区现代化都采用第一次现代化路径和进口替代工业化模式,但不同地区的重点有所不同;在全面现代化阶段，地区现代化的路径和模式具有多样性。

2. 中国地区现代化的时序分析

中国的地区现代化的时序分析的主要包括地区现代化水平和差距分析等。

(1) 中国的地区现代化的水平

首先，中国的地区现代化的阶段分布(表 3-25)。1970 年中国有 3 个地区处于传统农业社会；2005 年中国没有地区处于传统农业社会，有 4 个地区进入第二次现代化，有 3 个地区完成第一次现代化，有 31 个地区处于第一次现代化。

表 3-25 1970～2005 年中国的地区现代化的阶段分布

项目	地区分类	1970	1980	1990	2000	2001	2005
地区个数	进入第二次现代化的地区	—	—	—	2	2	4
	完成第一次现代化的地区	—	—	3	3	3	3
	处于第一次现代化的地区	25	29	29	31	31	31
	处于传统农业社会的地区	3	1	1	0	0	0
	地区总数	28	30	33	34	34	34
地区比例/(%)	进入第二次现代化的地区	—	—	—	6	6	12
	完成第一次现代化的地区	—	—	9	9	9	9
	处于第一次现代化的地区	89	97	88	91	91	91
	处于传统农业社会的地区	11	3	3	0	0	0
	合计	100	100	100	100	100	100

注：1970～1980 年香港、澳门和台湾地区没有参加评价。完成第一次现代化指第一次现代化程度达到 100。进入第二次现代化是根据产业结构和就业结构的信号指标进行分析的。

其次，中国的地区现代化的水平分布(表 3-26)。根据第二次现代化指数的分组，1970 年中国内地地区没有一个地区达到世界发达国家和中等发达国家水平，有 3 个地区属于初等发达水平，25 个地区属于欠发达水平；2005 年中国有 6 个地区的第二次现代化指数达到发达国家或中等发达国家水平，有 25 个地区属于初等发达水平，有 3 个地区属于欠发达水平。

表 3-26 1970～2005 年中国的地区现代化的水平分布

项目	地区分类	1970	1980	1990	2000	2001	2005
地区个数	发达地区	—	—	—	1	1	5
	中等发达地区	—	—	5	5	5	1
	初等发达地区	3	9	4	12	13	25
	欠发达地区	25	21	24	16	15	3
	地区总数	28	30	33	34	34	34
地区比例/(%)	发达地区	—	—	—	3	3	15
	中等发达地区	—	—	15	15	15	3
	初等发达地区	11	30	12	35	38	74
	欠发达地区	89	70	73	47	44	9
	合计	100	100	100	100	100	100

注：根据第二次现代化指数分组，它的分组方法是：高收入国家指数的平均值为 100；发达地区指数大于或等于 80，中等发达地区指数小于 80 但高于世界平均值，初等发达地区指数低于世界平均值但大于或等于 30，欠发达地区指数小于 30。1970～1980 年的评价没有香港、澳门和台湾地区的数据。

(2) 中国内地的地区现代化的地区差距

首先,关键单项指标的地区差距的变化(表 3-27)。在 1980～2005 年期间,中国内地地区的人均 GDP(PPP)、人均 GDP、平均预期寿命和大学普及率的绝对差距在扩大,工业增加值比例和成人识字率的绝对差距在缩小。地区人均 GDP 为地区人均居民生产总值。

表 3-27 1970～2005 年中国内地的地区现代化的地区差距(单项指标)

指标	项目	1970	1980	1990	2000	2001	2005	A	B	C
人均 GDP (PPP)	最大值	—	2385	5174	10 425	11 321	14 929	7.7	7.4	7.6
	最小值	—	191	709	803	877	1465	7.5	12.8	8.5
	绝对差距	—	2194	4465	9622	10 444	13 464	7.7	7.0	7.5
	相对差距	—	13	7	13	13	10	0.2	−4.7	−0.8
人均 GDP	最大值	594	1133	1127	4173	4516	6282	6.7	8.5	7.1
	最小值	53	90	152	321	350	617	6.5	13.9	8.0
	绝对差距	541	1043	975	3852	4166	5665	6.7	8.0	7.0
	相对差距	11	13	7	13	13	10	0.2	−4.7	−0.8
工业增加值比例	最大值	77	76	64	57	56	57	−1.4	0.0	−1.1
	最小值	26	19	13	20	20	25	0.3	4.5	1.1
	绝对差距	51	57	51	37	36	32	−2.1	−2.7	−2.2
	相对差距	3	4	5	3	3	2	−1.7	−4.3	−2.2
互联网普及率	最大值	—	—	—	20	24	28	—	6.6	—
	最小值	—	—	—	0	1	3	—	62.5	—
	绝对差距	—	—	—	20	23	25	—	4.6	—
	相对差距	—	—	—	78	45	10	—	−34.4	—
城市人口比例	最大值	62	61	73	88	88	89	1.8	0.2	1.5
	最小值	7	9	13	19	19	27	3.6	7.1	4.3
	绝对差距	55	52	60	69	69	62	1.5	−2.1	0.7
	相对差距	8	7	6	5	5	3	−1.7	−6.4	−2.7
平均预期寿命	最大值	—	73	76	78	78	80	0.3	0.4	0.4
	最小值	—	61	61	64	64	64	0.3	0.0	0.2
	绝对差距	—	12	15	14	14	16	0.6	2.3	0.9
	相对差距	—	1.2	1.2	1.2	1.2	1.2	0.1	0.4	0.1
成人识字率	最大值	—	86	89	95	95	96	0.5	0.2	0.4
	最小值	—	39	32	53	53	55	1.5	0.9	1.4
	绝对差距	—	47	57	42	42	41	−0.5	−0.7	−0.6
	相对差距	—	2	3	2	2	2	−1.0	−0.7	−0.9
大学普及率	最大值	1	8	16	28	34	60	6.7	16.5	8.6
	最小值	0.0	1	1	3	3	8	4.8	25.0	8.6
	绝对差距	1	7	15	25	31	52	7.0	15.4	8.6
	相对差距	35	7	19	10	10	7	1.8	−6.8	0.0

注:指标单位见附表 1-1。绝对差距＝最大值－最小值;相对差距＝最大值÷最小值。人均 GDP(PPP)为当年价格国际美元。A 为 1980～2000 年期间的年均增长率。B 为 2000～2005 年期间的年均增长率。C 为 1980～2005 年期间的年均增长率。

其次,综合指标的地区差距的变化(表 3-28)。在 1980～2005 年期间,中国内地地区的第一次现代化程度的绝对差距和相对差距都在缩小;第二次现代化指数的绝对差距和相对差距都在扩大。在 2000～2005 年期间,第二次现代化指数的相对差距缩小。

表 3-28 1970～2005 年中国内地的地区现代化的地区差距(综合指标)

指标	项目	1970	1980	1990	2000	2001	2005	A	B	C
现代化阶段	地区前沿	成熟期Ⅰ	过渡期Ⅰ	过渡期Ⅰ	过渡期Ⅰ	过渡期Ⅰ	起步期Ⅱ	—	—	—
	地区末尾	传统社会	传统社会	传统社会	起步期Ⅰ	起步期Ⅰ	起步期Ⅰ	—	—	—
	地区平均	传统社会	起步期Ⅰ	发展期Ⅰ	发展期Ⅰ	发展期Ⅰ	过渡期Ⅰ	—	—	—
	地区差距	3 阶段	4 阶段	4 阶段	3 阶段	3 阶段	4 阶段	—	—	—
第一次现代化程度	最大值	67	82	90	97	97	99	0.8	0.5	0.7
	最小值	27	31	44	59	61	68	3.3	3.2	3.2
	绝对差距	40	51	46	38	36	31	−1.5	−4.4	−2.1
	相对差距	2.4	2.7	2.0	1.6	1.6	1.4	−2.4	−2.6	−2.4
第二次现代化指数	最大值	39	44	55	74	76	90	2.7	4.0	2.9
	最小值	12	15	19	22	22	28	1.7	5.5	2.4
	绝对差距	27	29	36	52	54	62	3.1	3.4	3.2
	相对差距	3.2	2.8	2.9	3.4	3.4	3.2	1.0	−1.4	0.5

注:第一次现代化阶段:起步期Ⅰ、发展期Ⅰ、成熟期Ⅰ和过渡期Ⅰ;第二次现代化阶段:起步期Ⅱ、发展期Ⅱ、成熟期Ⅱ和过渡期Ⅱ。地区差距=前沿值－末尾值。绝对差距=最大值－最小值。相对差距=最大值÷最小值。A 为 1980～2000 年的年均增长率。B 为 2000～2005 年的年均增长率。C 为 1980～2005 年的年均增长率。

(3) 中国内地的地区现代化水平的国际差距

首先,关键单项指标的国际差距(表 3-29)。在 1980～2005 年期间,中国内地地区的人均 GDP(PPP)、人均 GDP、平均预期寿命和大学普及率的国际最大差距在扩大,工业增加值比例、城市人口比例和成人识字率的国际最大差距在缩小。

表 3-29 1970～2005 年中国内地的地区现代化的国际差距(单项指标)

指标	项目	1970	1980	1990	2000	2001	2005	A	B	C
人均 GDP(PPP)	最大差距	—	9417	17 512	26 366	27 135	31 519	5.3	3.6	5.0
	最小差距	—	7223	13 047	16 744	16 691	18 055	4.3	1.5	3.7
	平均差距	—	9357	17 423	24 798	25 401	28 896	5.0	3.1	4.6
人均 GDP	最大差距	2851	9908	19 497	25 835	25 339	33 591	4.9	5.4	5.0
	最小差距	2310	8865	18 522	21 984	21 173	27 926	4.6	4.9	4.7
	平均差距	2792	9807	19 337	25 208	24 647	32 488	4.8	5.2	4.9
工业增加值比例	最大差距	13	18	19	8	7	2	−4.0	−27.9	−9.3
	最小差距	−38	−39	−31	−29	−29	−31	−1.3	1.2	−0.8
	平均差距	1	−11	−9	−18	−18	−21	2.4	3.5	2.6
互联网普及率	最大差距	—	—	—	31	37	53	—	11.1	—
	最小差距	—	—	—	11	14	28	—	19.8	—
	平均差距	—	—	—	30	35	48	.	9.8	—
城市人口比例	最大差距	60	62	61	57	58	51	−0.4	−2.4	−0.8
	最小差距	6	10	1	−12	−12	−12	—	−0.4	—
	平均差距	50	51	46	41	40	37	−1.2	−1.8	−1.3
平均预期寿命	最大差距	—	13	15	14	14	15	0.3	1.7	0.6
	最小差距	—	1	0	0	0	−1	—	—	—
	平均差距	9	7	7	8	7	7	0.7	−0.9	0.4
成人识字率	最大差距	96	57	64	43	43	43	−1.4	0.1	−1.1
	最小差距	96	10	7	1	1	3	−11.0	22.6	−5.1
	平均差距	43	29	18	5	5	8	−8.3	8.8	−5.1

（续表）

指标	项目	1970	1980	1990	2000	2001	2005	A	B	C
大学普及率	最大差距	26	34	47	54	55	58	2.3	1.5	2.2
	最小差距	25	28	32	29	25	7	0.3	−25.2	−5.5
	平均差距	26	33	44	49	49	46	2.0	−1.5	1.3

注：指标单位见附表 1-1。最大差距等于高收入国家平均值减中国地区最小值，最小差距等于高收入国家平均值减中国地区最大值，平均差距等于高收入国家平均值减中国平均值。人均 GDP(PPP)为当年价格国际美元。A 为 1980～2000 年的年均增长率。B 为 2000～2005 年的年均增长率。C 为 1980～2005 年的年均增长率。

其次，综合指标的国际差距(表 3-30)。在 1980～2005 年期间，中国内地地区的第一次现代化实现程度的国际差距都在缩小；第二次现代化指数的最大差距和平均差距都在扩大，但最小差距在缩小。在 2000～2005 年期间，第二次现代化指数的最大和平均差距缩小。

表 3-30　1970～2005 年中国内地的地区现代化的国际差距(综合指标)

指标	项目	1970	1980	1990	2000	2001	2005	A	B	C
第一次现代化程度	最大差距	73	69	56	41	39	32	−2.5	−5.3	−3.1
	最小差距	33	18	10	3	3	1	−7.9	−18.2	−10.1
	平均差距	60	46	37	24	22	14	−3.2	−10.2	−4.7
第二次现代化指数	最大差距	60	61	70	79	78	72	1.3	−1.7	0.7
	最小差距	34	33	34	26	24	10	−1.1	−17.6	−4.7
	平均差距	51	52	63	69	69	61	1.5	−2.6	0.6

注：最大差距等于高收入国家平均值减中国地区最小值，最小差距等于高收入国家平均值减中国地区最大值，平均差距等于高收入国家平均值减中国平均值。A 为 1980～2000 年的年均增长率。B 为 2000～2005 年的年均增长率。C 为 1980～2005 年的年均增长率。

3. 中国的地区现代化的截面分析

中国的地区现代化的截面分析，可以参考中国现代化的阶段划分选择截面和定量指标。

(1) 2001 年截面

2001 年中国有 2 个地区进入第二次现代化，有 3 个地区完成第一次现代化，有 31 个地区处于第一次现代化；达到世界发达国家水平的地区有 1 个，中等发达水平的地区有 5 个，初等发达水平的地区有 13 个，欠发达水平的地区有 15 个。

中国内地地区的国内差距：人均 GDP 的绝对差距达到 4167 美元，相对差距约为 12 倍。

中国内地地区的国际差距：人均 GDP 的平均差距为 24 647 美元。

(2) 1980 年截面

1980 年中国没有地区进入第二次现代化，没有地区完成第一次现代化，有 29 个地区处于第一次现代化，有 1 个地区属于传统农业社会；没有地区达到世界发达国家水平或中等发达水平，达到世界初等发达水平的地区有 9 个，欠发达水平的地区有 21 个。

中国内地地区的国内差距：人均 GDP 的绝对差距达到 1043 美元，相对差距约为 12 倍。

中国内地地区的国际差距：人均 GDP 的平均差距为 9807 美元。

(3) 1950 年截面

需要专题研究。

(4) 1912 年截面

需要专题研究。

(5) 1840 年截面

需要专题研究。

第三节　中国现代化的客观现实

中国是世界上人口最多的发展中国家，也是现代化任务最重的后发型国家。关于中国现代化的客观现实是什么？肯定没有统一答案。如果用全国平均水平代表中国的现实，就会忽视中国的地区差距(图 3-2)。如果用地区水平代表中国的现实，那么，哪个地区具有这种荣耀？而且，中国不同领域的现代化水平存在差异。关于中国现代化的现实分析需要专题研究。

图 3-2　2000 年长江流域的地区差距和人类文明进程的"长江模型"

注：从农业社会向工业社会转型是第一次现代化，从工业社会向知识社会转型是第二次现代化。

在本报告里，中国现代化的现实分析以 2006 年截面为分析对象；分析内容包括中国现代化的国家水平、中国六个领域现代化和中国的地区现代化的水平等；分析方法主要包括阶段分析、水平分析、特征分析和截面分析。通过简要分析勾勒一幅中国现代化的"数字化素描"。

一、中国现代化的国家水平

中国现代化的国家水平分析，包括它的阶段、水平、速度、国际差距和空间结构分析等。

1. 2006 年中国现代化的阶段

2006 年中国现代化已经进入第一次现代化成熟期(表 3-31)。中国尚没有完成第一次现代化，但已经具有第二次现代化的许多要素；中国的发达地区已经进入第二次现代化的发展期，中国的落后地区处于第一次现代化的发展期，中国是两次现代化并存。从长江流域的发展水平看，目前中国处于两次现代化并存的时期(图 3-2)。

表 3-31 2006 年中国现代化的阶段分析

项目	阶段	备注
中国(全国平均)	第一次现代化的成熟期	
中国的发达地区	第二次现代化的发展期	两次现代化并存
中国的落后地区	第一次现代化的发展期	

2. 2006 年中国现代化的水平和速度

根据第二次现代化指数分组，2006 年中国已经进入初等发达国家行列，属于发展中国家；中国距离世界中等发达国家和发达国家的差距仍然很大。

(1) 2006 年中国现代化的国家水平和国际比较

中国现代化的水平可以采用 4 个综合指数和 8 个单项指标来描述(表 3-32)。2006 年中国现代化水平(第一次现代化程度和第二次现代化指数)达到世界初等发达国家水平，人类发展指数、平均预期寿命和成人识字率达到中等发达国家水平，人均 GDP(PPP)、城市化水平和大学普及率为初等发达国家水平，人均国民收入和互联网普及率为欠发达国家水平。

表 3-32 2006 年中国现代化的国家水平和国际地位

指标	中国	中国水平	中国排名	国家总数	高收入国家	中收入国家	低收入国家	世界平均
第一次现代化程度	87	初等发达	68	131	100	93	60	94
第二次现代化指数	40	初等发达	70	131	100	41	22	51
人类发展指数	0.762	中等发达	65	130	0.942	0.774	0.564	0.747
新人类发展指数	31	中等发达	65	131	71	27	14	30
人均国民收入	2000	欠发达	69	125	36 608	3053	649	7448
人均 GDP(PPP)	3257	初等发达	71	127	24 419	4596	1321	6491
工业增加值比例	48	—	8	108	26	37	28	28
互联网普及率	10	欠发达	61	110	59	14	4	21
城市化水平	41	初等发达	91	131	78	55	30	49
平均预期寿命	72	中等发达	56	131	79	71	60	68
成人识字率	91	中等发达	63	130	99	90	61	82
大学普及率	22	初等发达	68	120	67	27	9	24

注：指标单位见附表 1-1，后同。人均 GDP(PPP)为按 1990 年国际美元价格计算的人均 GDP(人均国内生产总值)。第一次现代化程度的分组标准：初等发达水平，数值低于世界平均值但高于欠发达水平；欠发达水平，数值低于世界平均值减 20。第二次现代化指数的分组标准：发达水平，数值超过高收入国家平均值的 80%；中等发达水平，数值超过世界平均值但低于发达水平；初等发达水平，数值低于世界平均值但高于欠发达水平；欠发达水平，数值低于高收入国家平均值的 30%。人类发展指数(UNDP,2009)的分组标准：发达水平，数值超过高收入国家平均值；中等发达水平，数值超过世界平均值但低于发达水平；初等发达水平，数值低于世界平均值但高于欠发达国家；欠发达水平，数值低于世界平均值减 0.2。新人类发展指数的分组标准：发达水平，数值超过高收入国家平均值的 90%；中等发达水平，数值超过世界平均值但低于发达水平；初等发达水平，数值低于世界平均值但高于欠发达国家；欠发达水平，数值低于高收入国家平均值的 40%。经济现代化经历工业化和非工业化两个阶段，工业增加值比例的水平的分组难以进行。预期寿命指标的分组标准，发达水平，数值超过高收入国家平均值；中等发达水平，数值超过世界平均值但低于发达水平；初等发达水平，数值低于世界平均值但高于欠发达水平；欠发达水平，数值为比世界平均值少 10 岁。6 个指标的分组标准：发达水平，数值超过高收入国家平均值的 80%；中等发达水平，数值超过世界平均值但低于发达水平；初等发达水平，数值低于世界平均值但高于欠发达水平；欠发达水平，数值低于世界平均值的一半。

2006年中国现代化水平与发达国家的差距仍然比较大。例如，2006年美国、英国、德国和日本的人均国民收入分别约为中国的22、20、18和19倍，人均GDP(PPP)分别约为中国的9、7、7和7倍，互联网普及率分别约为中国的6、5、4和6倍，第二次现代化指数分别是中国的2倍多(表3-33)。

表3-33　2006年中国现代化水平的国际比较

指标	中国	美国	英国	德国	日本	印度	美国/中国	英国/中国	德国/中国	日本/中国	印度/中国
第一次现代化程度	87	100	100	100	100	65	1.2	1.2	1.2	1.2	0.8
第二次现代化指数	40	109	91	93	102	25	2.7	2.3	2.3	2.5	0.6
人类发展指数	0.762	0.950	0.942	0.940	0.956	0.609	1.2	1.2	1.2	1.3	0.8
新人类发展指数	31	75	72	70	67	19	2.4	2.3	2.3	2.2	0.6
人均国民收入	2000	44 710	40 560	36 810	38 630	820	22.4	20.3	18.4	19.3	0.4
人均GDP(PPP)	3257	30 840	23 208	22 672	22 408	1732	9.5	7.1	7.0	6.9	0.5
工业增加值比例	48	23	24	30	30	28	0.5	0.5	0.6	0.6	0.6
互联网普及率	10	69	55	47	69	5	6.7	5.3	4.5	6.6	0.5
城市化水平	41	81	90	75	66	29	2.0	2.2	1.8	1.6	0.7
平均预期寿命	72	78	79	79	82	64	1.1	1.1	1.1	1.1	0.9
成人识字率	91	99	97	99	99	61	1.1	1.1	1.1	1.1	0.7
大学普及率	22	82	59	—	55	11	3.8	2.8	—	2.6	0.5

(2) 2000～2006年中国现代化水平的年增长率和国际比较

在2000～2006年期间，中国第一次现代化程度、第二次现代化指数、人类发展指数、人均国民收入、人均GDP(PPP)、互联网普及率、城市化水平和大学普及率的年均增长率超过高收入国家、中收入国家和世界平均值，中国平均预期寿命和成人识字率的增长比较慢(表3-34)。

表3-34　2000～2006年中国现代化水平的年均增长率(%)

指标	中国	高收入国家	中收入国家	低收入国家	世界平均	比较Ⅰ	比较Ⅱ	比较Ⅲ	比较Ⅳ
第一次现代化程度	2.2	0.0	0.0	0.8	0.8	2.2	2.2	1.4	1.4
第二次现代化指数	4.2	0.0	1.1	1.7	1.9	4.2	3.1	2.5	2.4
人类发展指数	0.7	0.6	0.6	0.3	0.6	0.1	0.1	0.4	0.1
新人类发展指数	7.4	3.1	2.7	1.7	3.1	4.3	4.8	5.7	4.4
人均国民收入	13.6	5.6	10.0	9.3	6.0	8.0	3.6	4.3	7.6
人均GDP(PPP)	9.1	1.6	5.0	4.6	2.5	7.4	4.1	4.4	6.6
工业增加值比例	0.9	−1.1	0.5	0.8	−0.8	2.0	0.4	0.1	1.6
互联网普及率	34.3	11.1	34.1	50.2	21.9	23.2	0.2	−15.9	12.4
城市化水平	2.4	0.3	1.3	1.1	0.8	2.1	1.1	1.3	1.6
平均预期寿命	0.4	0.3	0.4	0.4	0.3	0.1	0.0	0.0	0.1
成人识字率	0.0	0.4	0.0	0.8	0.7	−0.4	0.0	−0.8	−0.7
大学普及率	18.8	2.7	6.7	2.9	4.2	16.1	12.1	15.9	14.5

注：比较Ⅰ＝中国值－高收入国家值。比较Ⅱ＝中国值－中收入国家值。比较Ⅲ＝中国值－低收入国家值。比较Ⅳ＝中国值－世界平均值。

在2000～2006年期间，中国第一次现代化程度、第二次现代化指数、人均国民收入、人均GDP(PPP)、互联网普及率、城市化水平、平均预期寿命和大学普及率等的年均增长率都超过美国、英国、德国和日本(表3-35)。

表 3-35 2000～2006 年中国现代化水平的年均增长率的国际比较

指标	中国	美国	英国	德国	日本	印度	比较Ⅰ	比较Ⅱ	比较Ⅲ	比较Ⅳ	比较Ⅴ
第一次现代化程度	2.2	0.0	0.0	0.0	0.0	1.8	2.2	2.2	2.2	2.2	0.3
第二次现代化指数	4.2	0.1	−0.1	−0.6	−0.3	3.2	4.1	4.4	4.8	4.5	1.0
人类发展指数	0.7	0.2	−0.1	0.0	0.4	0.9	0.5	0.8	0.7	0.3	−0.2
新人类发展指数	7.4	2.7	3.0	3.2	3.9	3.1	4.7	4.4	4.2	3.5	4.3
人均国民收入	13.6	4.5	8.4	6.3	1.8	10.5	9.1	5.2	7.3	11.8	3.1
人均 GDP(PPP)	9.1	1.5	2.3	1.0	1.3	5.8	7.6	6.8	8.1	7.7	3.3
工业增加值比例	0.9	−0.9	−2.6	−0.2	−1.3	1.1	1.8	3.5	1.0	2.2	−0.2
互联网普及率	34.3	7.9	13.1	7.6	14.8	47.1	26.3	21.2	26.7	19.5	−12.8
城市化水平	2.4	0.4	0.1	0.0	0.2	0.8	2.0	2.3	2.4	2.2	1.7
平均预期寿命	0.4	0.2	0.3	0.3	0.3	0.4	0.2	0.1	0.2	0.2	0.0
成人识字率	0.0	0.0	0.0	0.0	0.0	1.1	0.0	0.0	0.0	0.0	−1.1
大学普及率	18.8	3.0	0.3	—	2.6	2.3	15.8	18.4	—	16.2	16.5

注：比较Ⅰ＝中国值－美国值。比较Ⅱ＝中国值－英国值。比较Ⅲ＝中国值－德国值。比较Ⅳ＝中国值－日本值。比较Ⅴ＝中国值－印度值。

(3) 2006 年中国现代化水平的国际差距

2006 年中国现代化水平与世界先进水平(世界最大值)的差距非常明显(表 3-36)。例如，中国与世界最大值的绝对差距，第一次现代化程度约为 13%，第二次现代化指数为 69，人类发展指数为 0.2，人均国民收入为 66 440 美元，人均 GDP(PPP)为 31 867 国际美元，互联网普及率为 79%，城市化水平为 59%，平均预期寿命为 10 岁，大学普及率为 70%等；人均国民收入的最大相对差距超过 30 倍。

表 3-36 2006 年中国现代化水平的国际差距

指标	中国	世界最大值	世界平均值	中国与世界最大值的差距		中国与世界平均值的差距	
				绝对差距	相对差距	绝对差距	相对差距
第一次现代化程度	87	100	94	13	1.2	7	1.1
第二次现代化指数	40	109	51	69	2.7	11	1.3
人类发展指数	0.762	0.968	0.747	0.2	1.3	0.0	1.0
新人类发展指数	31	81	30	50	2.6	−0.8	1.0
人均国民收入	2000	68 440	7448	66 440	34.2	5448	3.7
人均 GDP(PPP)	3257	35 125	6491	31 867	10.8	3234	2.0
工业增加值比例	48	73	28	25	1.5	−20	0.6
互联网普及率	10	89	21	79	8.5	11	2.1
城市化水平	41	100	49	59	2.4	8	1.2
平均预期寿命	72	82	68	10	1.1	−4	0.9
成人识字率	91	100	82	9	1.1	−9	0.9
大学普及率	22	92	24	70	4.3	3	1.1

注：绝对差距＝世界值－中国值。相对差距＝世界值÷中国值。

2006 年中国现代化水平与世界平均水平的差距非常明显(表 3-36)。中国与世界平均值的绝对差距，第一次现代化程度约为 7%，第二次现代化指数为 11，人均国民收入为 5448 美元，人均 GDP(PPP)为 3234 国际美元，互联网普及率为 11%，城市化水平为 8%，大学普及率为 3%等。2006 年中国人类发展指数、平均预期寿命和成人识字率已经超过世界平均值。

(4) 中国现代化水平的国际追赶

在2000～2006年期间，中国现代化水平与世界先进水平的差距发生了变化(表3-37)。

表3-37 2000～2006年中国现代化水平的国际追赶

指标	2000年					2006年				
	排名	差距Ⅰ	差距Ⅱ	差距Ⅲ	差距Ⅳ	排名	差距Ⅰ	差距Ⅱ	差距Ⅲ	差距Ⅳ
第一次现代化程度	80	24	24	16	13	68	13	13	6	7
第二次现代化指数	78	78	69	7	15	70	69	60	2	11
人类发展指数	63	0.230	0.177	0.017	−0.008	65	0.206	0.18	0.012	−0.015
新人类发展指数	85	45	39	2	5	65	50	40	−4	0
人均国民收入	75	39 180	25 435	795	4322	69	66 440	34 608	1053	5448
人均GDP(PPP)	79	29 821	20 235	1499	3670	71	31 867	21 161	1338	3234
工业增加值比例	12	26	−18	−10	−17	8	25	−22	−11	−20
互联网普及率	63	44	30	1	5	61	79	49	4	11
城市化水平	96	64	41	15	11	91	59	36	13	8
平均预期寿命	63	11	8	−1	−3	56	10	7	−1	−4
成人识字率	58	9	5	−1	−12	63	9	8	−1	−9
大学普及率	87	75	49	11	11	68	70	45	6	3

注：差距Ⅰ＝世界最大值－中国值。差距Ⅱ＝高收入国家平均值－中国值。差距Ⅲ＝中收入国家平均值－中国值。差距Ⅳ＝世界平均值－中国值。

首先，世界排名的变化。2006与2000年相比，排名上升的指标有：第一次现代化程度、第二次现代化指数、人均国民收入、人均GDP(PPP)、互联网普及率、城市化水平、平均预期寿命和大学普及率等；排名下降的指标有：人类发展指数和成人识字率等。

其次，与世界最大值的差距的变化。2006与2000年相比，绝对差距扩大的指标有：人均国民收入、人均GDP(PPP)和互联网普及率等；绝对差距缩小的指标有：第一次现代化程度、第二次现代化指数、人类发展指数、城市化水平、平均预期寿命和大学普及率等。

其三，与高收入国家平均值的差距的变化。2006与2000年相比，绝对差距扩大的指标有：人均国民收入、人均GDP(PPP)和互联网普及率等；绝对差距缩小的指标有：第一次现代化程度、第二次现代化指数、人类发展指数、城市化水平、平均预期寿命和大学普及率等。

其四，与世界平均值的差距的变化。2006与2000年相比，绝对差距扩大的指标有：人均国民收入和互联网普及率等；绝对差距缩小的指标有：第一次现代化程度、第二次现代化指数、人均GDP(PPP)、城市化水平、平均预期寿命和大学普及率等。

2006与2000年相比，除人均国民收入、人均GDP(PPP)和互联网普及率等指标外，中国现代化水平的国际差距在缩小；具体而言，人均国民收入和互联网普及率的国际差距扩大，人均GDP(PPP)与发达国家的差距扩大，其他指标的国际差距有不同程度的缩小。

3. 2006年中国现代化的空间结构

中国现代化的空间结构采用"三大带、三大片和八大区"的分析框架(表3-38)，不同指标的空间结构有所不同。这里采用第一次现代化程度、第二次现代化指数和人均GDP进行分析。关于三大片和八大区的划分方法见《中国现代化报告2004：地区现代化之路》。我国许多学者习惯采用三大带的划分(陆大道等，2000)。关于三大带和三大片的比较见图3-3。

表 3-38 2000～2006 年中国现代化的空间分析

地区	2000～2006 年期间的年均增长率			2006 年			2000 年		
	FMI	SMI	人均 GDP	FMI	SMI	人均 GDP	FMI	SMI	人均 GDP
东部	1.6	5.2	15.8	90	54	3580	82	40	1485
中部	2.2	4.9	15.6	84	40	1747	74	30	734
西部	2.3	4.6	15.7	78	36	1292	68	27	538
北方片	1.6	4.6	17.0	88	51	2783	80	39	1085
南方片	2.0	5.4	14.6	87	45	2690	77	33	1186
西部片	2.4	4.8	15.1	78	34	1331	68	26	571
东北地区	1.1	4.7	13.1	88	48	2240	82	36	1067
华北地区	1.3	4.7	17.7	92	62	4108	85	47	1548
黄河中游地区	2.1	4.5	19.7	84	41	1866	74	31	635
华东地区	1.5	5.8	15.4	96	63	4910	87	45	2079
华南地区	2.2	5.4	14.4	85	40	2271	74	29	1015
长江中游地区	2.4	4.9	13.2	83	37	1445	72	28	687
西南地区	2.6	5.0	14.9	76	33	1214	65	25	527
西北地区	2.1	4.6	15.4	80	36	1476	71	28	626
中国	2.2	4.2	13.4	87	40	2016	76	31	949

注：华南地区包括香港、澳门和台湾等，但本表数据是中国内地的华南地区的平均数（没有包括港澳台数据）。如果把港澳台的数据计算在内，2006 年华南地区和南方片第一次现代化程度都为 90%，南方片指数高于北方片。

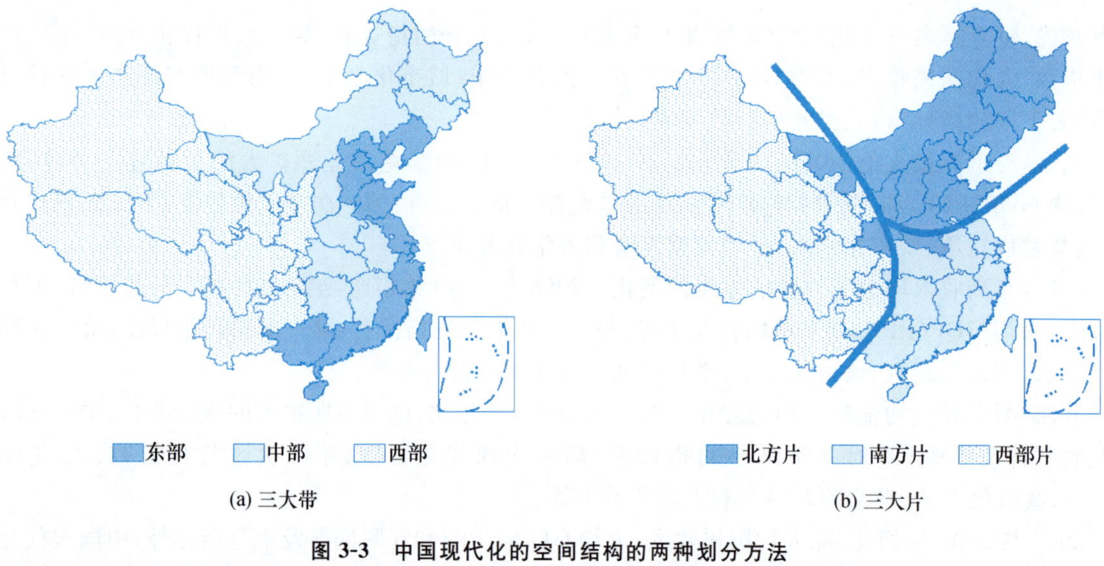

图 3-3 中国现代化的空间结构的两种划分方法

注：(a)为三大带，包括东部、中部和西部。(b)为三大片，包括北方片、南方片和西部片。北方片包括东北、华北和黄河中游地区；南方片包括华东、华南和长江中游地区；西部片包括西南和西北地区。

(1) 中国三大带地区的现代化水平

2006 年，东部现代化水平高于中部，中部现代化水平高于西部；东部与西部人均 GDP 相差 2288 美元。在 2000～2006 年期间，东部第二次现代化指数和人均 GDP 的年均增长率高于西部，东部和西部的差距还在扩大。

(2) 中国三大片地区的现代化水平

2006 年,北方现代化水平略高于南方,北方和南方现代化水平大大高于西部;北方与西部人均 GDP 相差 1452 美元,南方与西部人均 GDP 相差 1359 美元。在 2000～2006 年期间,北方人均 GDP 的年均增长率高于西部,南方第二次现代化指数的年均增长率高于西部。

(3) 中国八大地区的现代化水平

2006 年,华东和华北现代化水平是全国最高的,东北和华南现代化水平比较高,黄河中游、长江中游和西北次之,西南比较低。2006 年华东、华北和东北现代化水平高于全国平均值,华南和黄河中游地区与全国平均值大致相当,长江中游、西南和西北低于全国平均(图 3-4)。

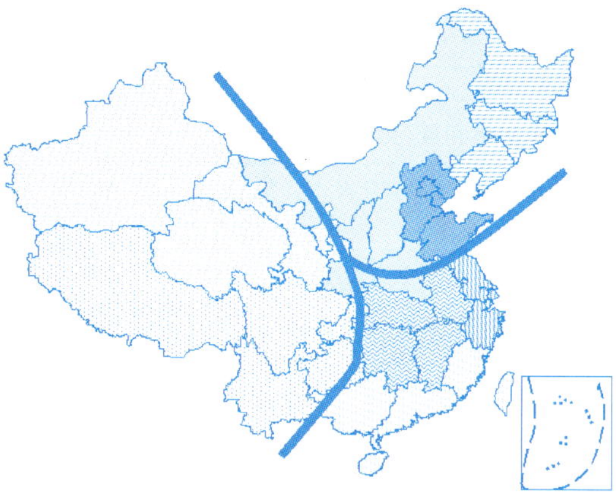

(a) 八大区的划分

(b) 八大区的水平

图 3-4 2006 年中国八大地区的现代化水平

注:(a)为八大区的划分。(b)为八大区的水平。其中,华东、华北和东北地区现代化水平高于全国平均值,华南和黄河中游地区与全国平均值大致相当,长江中游、西南和西北地区低于全国平均。在华北地区中,河北现代化水平低于全国平均。在华南地区中,广东和福建现代化水平高于全国平均。本图华南地区的数值没有包括香港、澳门和台湾的数据,2006 年港澳台地区现代化水平高于全国平均。在长江中游地区中,湖北现代化水平与全国平均值大致相当。在西南地区中,重庆现代化水平高于全国平均。

二、中国六个领域现代化的水平

中国六个领域现代化的水平分析,以 2006 年截面为分析对象,内容包括它们的阶段和水平,以及它们的生活、结构、制度和观念的水平或特征等。

1. 2006 年中国六个领域现代化的阶段

中国六个领域现代化与世界现代化的阶段大体协调,不同领域有所差别(表 3-39)。

2. 中国六个领域现代化的水平

中国六个领域现代化水平需要专题研究。根据 2005～2009 年《中国现代化报告》的研究结果,可以获得中国经济现代化、社会现代化、文化现代化和生态现代化的大致水平(表 3-40);个人现代化用人类发展指数来代表。国际现代化没有统一指标,可以用客观竞争力等来反映。

表 3-39　2006 年中国六个领域的现代化的阶段分析

领域	现代化	阶段	备注
经济	经济现代化	第一次现代化	发达地区进入第二次经济现代化，落后地区处于第一次经济现代化
社会	社会现代化	第一次现代化	发达地区进入第二次社会现代化，落后地区处于第一次社会现代化
政治	政治现代化	—	—
文化	文化现代化	第一次现代化	发达地区进入第二次文化现代化，落后地区处于第一次文化现代化
个人	个人现代化	—	—
自然环境	生态现代化	综合生态现代化	发达地区进入全面生态现代化，落后地区处于第一次现代化的生态修正
国际环境	国际现代化	第一次现代化的国际互动	发达地区进入第二次现代化的国际互动

表 3-40　中国六个领域现代化的国家水平和国际地位

领域	现代化	中国	中国水平	中国排名	国家总数	高收入国家	中收入国家	低收入国家	世界平均	年份
经济	经济现代化指数	29	欠发达	75	131	100	47	13	65	2006
社会	社会现代化指数	74	初等发达	77	131	100	91	47	90	2006
政治	政治现代化指数	—	—	—	—	—	—	—	—	
文化	文化生活现代化指数	12	初等发达	57	131	39	13	5	16	2005
个人	个人现代化指数（人类发展指数）	0.762	中等发达	65	130	0.942	0.774	0.564	0.747	2006
自然环境	生态现代化指数	42	欠发达	100	118	99	—	—	59	2004
国际环境	客观竞争力指数	22	中等强国	21	131	—	—	—	—	2006
	客观国力指数	37	世界强国	3	131	—	—	—	—	2006
	客观影响力指数	33	世界强国	3	131	—	—	—	—	2006
	人均竞争力指数	9	世界弱国	67	131	—	—	—	—	2006

注：国家水平的分组标准同表 3-22。经济现代化指数为第一次经济现代化指数，社会现代化指数为第一次社会现代化指数；经济和社会现代化进程都可以分为第一次和第二次现代化。

经济领域：2006 年中国经济现代化属于欠发达水平；第一次经济现代化指数约为 29%，与世界平均水平相差约 36 个百分点，第一次经济现代化指数排名世界第 75 位。

社会领域：2006 年中国社会现代化属于初等发达水平；第一次社会现代化指数约为 74%，与世界平均水平相差约 16 个百分点，第一次社会现代化指数排名世界第 77 位。

政治领域：需要专题研究。

文化领域：2005 年中国文化生活现代化属于初等发达水平，排名世界第 57 位。

个人领域：2006 年中国人类发展指数属于中等发达水平，排名世界第 65 位。

自然环境领域：2004 年中国生态现代化属于欠发达水平，排名世界第 100 位。

国际环境领域：2006 年中国客观国力和客观影响力为世界强国，排名世界第 3 位；中国客观竞争力为世界中等强国，排名世界第 21 位；中国人均竞争力为世界弱国，排名世界第 67 位。

3. 2006 年中国六个领域现代化的指标水平和国际比较

中国六个领域现代化的指标水平和国际差距，选择高收入国家、中收入国家、低收入国家和世界为对照，选择 96 个指标为分析对象，具体数据和比较结果见附表 1-21。

这里仅以经济领域的分析为例(表 3-41)。2006 年,高收入国家人均国民收入约是中国的 18 倍,人均 GDP 是中国的 17 倍,人均公路里程是中国的 11 倍,人均 GDP(PPP)是中国的 7 倍,农业增加值比例是中国的 13%,农业劳动力比例是中国的 7%;中国约有 4 个指标与高收入国家的相对差距大于 10 倍。

表 3-41 2006 年中国经济领域现代化的指标水平和国际差距

指标	中国	高收入国家	中收入国家	低收入国家	世界	差距Ⅰ	差距Ⅱ	差距Ⅲ	差距Ⅳ
GDP	26 447	367 950	100 590	16 187	484 620	13.9	3.8	0.6	18.3
GDP 增长率	10.7	2.9	7.2	8.0	3.8	0.3	0.7	0.8	0.4
人均 GDP	2016	35 699	3258	669	7412	17.7	1.6	0.3	3.7
人均 GDP(PPP)	3257	24 419	4596	1321	6491	7.5	1.4	0.4	2.0
人均 GDP 增长率	10.1	2.2	6.3	6.1	2.6	0.2	0.6	0.6	0.3
人均国民收入	2000	36 608	3053	649	7448	18.3	1.5	0.3	3.7
农业增加值比例	12	2	8	20	3	0.1	0.7	1.7	0.3
工业增加值比例	48	26	37	28	28	0.5	0.8	0.6	0.6
服务增加值比例	40	72	54	52	69	1.8	1.4	1.3	1.7
农业劳动力比例[a]	45	3	35	57	40	0.1	0.8	1.3	0.9
工业劳动力比例[a]	24	25	32	16	22	1.0	1.3	0.7	0.9
服务劳动力比例[a]	31	72	33	27	38	2.3	1.0	0.9	1.2
失业率[a]	4.2	6.2	6.4	—	6.3	1.5	1.5	—	1.5
人均公路里程[a]	1.5	17.2	2.2	1.4	5.5	11.6	1.5	0.9	3.7
股票市值比例	92	126	74	67	114	1.4	0.8	0.7	1.2
通货膨胀率	3.6	2.3	6.0	7.3	5.7	0.6	1.7	2.0	1.6
国内消费率	47	73	78	79	81	1.5	1.6	1.7	1.7
国内储蓄率	53	20	30	26	21	0.4	0.6	0.5	0.4
国内投资率	45	20	27	30	21	0.5	0.6	0.7	0.5
家庭消费比例	33	62	55	64	61	1.9	1.7	1.9	1.8

注:指标单位见附表 1-1。a. 2006 年数据为 2005 年的值。差距Ⅰ=高收入国家值÷中国值。差距Ⅱ=中收入国家值÷中国值。差距Ⅲ=低收入值÷中国值。差距Ⅳ=世界值÷中国值。

中国六个领域现代化的指标水平的国际比较,选择美国、英国、德国、日本和印度为对照,选择 96 个指标为比较对象,具体数据和比较结果见附表 1-22。

这里仅以经济领域的分析为例(表 3-42)。2006 年,美国人均国民收入约是中国的 22 倍,人均 GDP 是中国的 21 倍,人均公路里程是中国的 14 倍,人均 GDP(PPP)是中国的 9 倍,农业增加值比例是中国的 10%,农业劳动力比例是中国的 7%;中国约有 4 个指标与美国的相对差距大于 10 倍。

2006 年中国六个领域现代化的 96 个指标中,与高收入国家平均值的相对差距超过 10 倍的指标约有 12 个,5～9 倍的指标有 7 个,1～4 倍的指标有 27 个;与美国的相对差距超过 10 倍的指标约有 10 个,5～9 倍的指标有 15 个,1～4 倍的指标有 28 个(表 3-43)。

表 3-42 2006 年中国经济领域现代化的国际比较

领域和指标	中国	美国	英国	德国	日本	印度	差距Ⅰ	差距Ⅱ	差距Ⅲ	差距Ⅳ	差距Ⅴ
GDP	26 447	131 640	23 770	28 969	43 684	9118	5.0	0.9	1.1	1.7	0.3
GDP 增长率	10.7	2.9	2.8	2.8	2.2	9.2	0.3	0.3	0.3	0.2	0.9
人均 GDP	2016	43 968	39 257	35 167	34 192	822	21.8	19.5	17.4	17.0	0.4
人均 GDP(PPP)	3257	30 840	23 208	22 672	22 408	1732	9.5	7.1	7.0	6.9	0.5
人均 GDP 增长率	10.1	1.9	2.2	2.9	2.2	7.7	0.2	0.2	0.3	0.2	0.8
人均国民收入	2000	44 710	40 560	36 810	38 630	820	22.4	20.3	18.4	19.3	0.4
农业增加值比例	12	1	1	1	2	18	0.1	0.1	0.1	0.1	1.5
工业增加值比例	48	23	24	30	30	28	0.5	0.5	0.6	0.6	0.6
服务增加值比例	45	76	75	69	69	55	1.7	1.7	1.5	1.5	1.2
农业劳动力比例[a]	24	2	1	2	4	69	0.1	0.1	0.1	0.2	2.9
工业劳动力比例[a]	31	21	22	30	28	14	0.7	0.7	0.9	0.9	0.4
服务劳动力比例[a]	13	78	76	68	66	17	6.1	6.0	5.3	5.2	1.4
失业率[a]	4.2	5.1	4.6	11.1	4.4	4.3	1.2	1.1	2.6	1.0	1.0
人均公路里程[a]	1.5	22.1	6.4	—	9.2	3.2	14.9	4.4	—	6.2	2.2
股票市值比例	92	148	160	57	108	90	1.6	1.7	0.6	1.2	1.0
通货膨胀率	3.6	3.2	2.4	0.3	−0.9	5.9	0.9	0.7	0.1	−0.2	1.6
国内消费率	47	86	86	77	75	69	1.8	1.8	1.6	1.6	1.5
国内储蓄率	53	14	14	23	25	31	0.3	0.3	0.4	0.5	0.6
国内投资率	45	19	18	18	23	34	0.4	0.4	0.4	0.5	0.8
家庭消费比例	33	71	64	58	57	58	2.1	1.9	1.8	1.7	1.7

注:指标单位见附表 1-1。a. 2006 年数据为 2005 年的值。差距Ⅰ＝美国值÷中国值。差距Ⅱ＝英国值÷中国值。差距Ⅲ＝德国值÷中国值。差距Ⅳ＝日本值÷中国值。差距Ⅴ＝印度值÷中国值。

表 3-43 2006 年中国六个领域现代化的指标水平的国际差距　　单位:指标个数

领域	中国与高收入国家的相对差距			中国与美国的相对差距		
	大于 10 倍	5～9 倍	1～4 倍	大于 10 倍	5～9 倍	1～4 倍
经济	4	2	5	4	3	7
社会	—	2	5	—	1	7
政治	—	—	3	—	—	2
文化	2	2	3	1	4	4
个人	—	1	7	1	4	3
自然环境	1	—	4	1	1	3
国际环境	5	—	—	3	2	2
合计	12	7	27	10	15	28

注:中国与高收入国家比较不包括 GDP 总量、人均外国援助和外国援助比例指标。

4. 2006 年中国六个领域制度和观念现代化的分析

中国六个领域制度和观念现代化水平,难以定量分析,需要专题研究。

三、中国的地区现代化的水平

中国的地区现代化的水平分析,以 2006 年截面为分析对象,内容包括它们的阶段和水平等。

1. 2006 年中国的地区现代化的阶段

2006 年中国全部 34 个地区都已经进入现代化轨道(表 3-44)。中国内地省级地区现代化的前沿已经进入第二次现代化的起步期，北京已经到达第二次现代化的起步期，上海和天津已经处于从第一次现代化向第二次现代化的过渡期，浙江等 7 个地区处于第一次现代化的成熟期，湖北等 21 个地区处于第一次现代化的发展期。

表 3-44　2006 年中国 34 个地区现代化的阶段

现代化	阶段	地区
第二次现代化	过渡期	无
	成熟期	无
	发展期	香港、澳门
	起步期	北京、台湾
第一次现代化	过渡期	上海、天津
	成熟期	浙江、广东、江苏、辽宁、福建、山东、山西
	发展期	湖北、河北、吉林、黑龙江、江西、海南、重庆、陕西、青海、宁夏、内蒙古、安徽、河南、湖南、四川、甘肃、新疆、广西、贵州、云南、西藏
	起步期	无

2. 2006 年中国的地区现代化的水平

中国 34 个地区 2006 年有 4 个地区完成第一次现代化，有 4 个地区已经进入第二次现代化，有 30 个地区处于第一次现代化。根据第二次现代化指数的分组，2006 年第二次现代化指数达到发达国家水平的地区有 3 个，达到中等发达国家水平的地区有 6 个，达到初等发达水平的地区有 22 个，属于欠发达水平的地区有 3 个(表 3-45)。

表 3-45　2006 年中国的地区现代化的水平

地区分类	地区个数	地区比例/(%)	地区分类	地区个数	地区比例/(%)
进入第二次现代化的地区	4	11.8	发达地区	3	8.8
完成第一次现代化的地区	4	11.8	中等发达地区	6	17.6
处于第一次现代化的地区	30	88.2	初等发达地区	22	64.7
处于传统农业社会的地区	0	0.0	欠发达地区	3	8.8

注：地区水平分组是根据第二次现代化指数的分组。分组方法见表 3-26。

根据第二次现代化指数分组，2006 年中国内地省级地区中，发达和中等发达地区有 6 个，初等发达地区有 22 个，欠发达地区有 3 个；其中，北京和上海属于发达地区。

根据综合现代化指数分组，2006 年中国内地省级地区中，中等发达地区有 3 个，初等发达地区有 24 个，欠发达地区有 4 个；其中，北京、上海和天津属于中等发达地区。

2006 年北京的第二次现代化指数、城市化水平和大学普及率已经达到意大利和西班牙水平，综合现代化指数、平均预期寿命和成人识字率接近意大利和西班牙水平，人均 GDP(PPP)和互联网普及率达到葡萄牙水平；2006 年上海的第二次现代化指数和城市化水平已经达到意大利和西班牙水平，平均预期寿命和成人识字率接近意大利和西班牙水平，综合现代化指数、人均 GDP(PPP)和大学普及率达到葡萄牙水平；但北京和上海的人均 GDP、人均 GDP(PPP)和互联网普及率都低于意大利和西班牙(表 3-46)。由此可见，2006 年中国部分地区的部分指标已经达到或接近欧洲比较发达国家的水平。

表 3-46 2006 年中国内地的地区现代化的国际比较

指标	北京	上海	天津	浙江	江苏	广东	意大利	西班牙	希腊	葡萄牙	匈牙利	俄罗斯
第一次现代化程度	98	100	96	94	93	93	100	100	100	100	100	97
第二次现代化指数	93	84	72	55	51	49	78	80	74	68	66	66
综合现代化指数	78	72	62	47	44	45	83	80	74	69	67	59
人均 GDP	6475	7402	5281	4090	3697	3635	31 457	27 758	27 671	18 390	11 217	6926
人均 GDP(PPP)	14 582	16 670	11 893	9209	8325	8186	20 377	20 094	22 011	14 577	12 819	9199
工业增加值比例	28	49	57	54	57	51	27	30	21	25	30	39
互联网普及率	30	28	24	20	14	20	49	42	18	30	35	18
城市化水平	84	89	76	57	52	63	68	77	59	58	67	73
平均预期寿命	80	80	76	75	75	74	81	81	79	78	73	66
成人识字率	96	95	96	90	91	95	98	98	96	94	99	99
大学普及率	73	57	56	27	26	16	65	66	90	55	65	70

注:指标单位见附表 1-1,后同。

3. 2006 年中国内地的地区现代化的地区差距

2006 年,中国内地的地区现代化的地区差距比较明显。地区差距比较大的指标有:人均 GDP、人均 GDP(PPP)、大学普及率、互联网普及率、城市化水平和第二次现代化指数等;其中,人均 GDP、人均 GDP(PPP)、大学普及率和互联网普及率的相对差距超过 5 倍(表 3-47)。

表 3-47 2006 年中国内地的地区现代化的地区差距

指标	地区水平			地区差距		国际对照			
	最大值	最小值	平均值	绝对差距	相对差距	高收入国家	中收入国家	低收入国家	世界平均
第一次现代化程度	100	69	87	30	1.4	100	93	60	94
第二次现代化指数	93	28	40	65	3.3	100	41	22	51
人均 GDP	7402	742	2000	6660	10.0	35 699	3258	669	7412
人均 GDP(PPP)	16 670	1672	3257	14 998	10.0	34 814	6552	1884	9255
工业增加值比例	58	27	48	30	2.1	26	37	28	28
互联网普及率	30	4	10	26	7.8	59	14	4	21
城市化水平	89	27	41	61	3.2	78	55	30	49
平均预期寿命	80	65	72	16	1.2	79	71	60	68
成人识字率	96	54	91	42	1.8	99	90	61	82
大学普及率	73	8	22	66	9.6	67	27	9	24

注:绝对差距=最大值-最小值。相对差距=最大值÷最小值。大学普及率的国际对照为 2005 年的数据。

4. 2006 年中国内地的地区现代化的国际差距

2006 年中国内地的地区现代化的国际差距同样非常明显(表 3-48)。例如,中国内地地区与高收入国家的差距比较大的指标有:人均 GDP、人均 GDP(PPP)、第二次现代化指数、大学普及率、互联网普及率和城市化水平等;中国内地地区与世界平均值的差距比较大的指标有:人均 GDP、人均 GDP(PPP)、第一次现代化程度、第二次现代化指数、互联网普及率、城市化水平和大学普及率等。中国内地地区与高收入国家的人均 GDP 的最大差距约为 34 957 美元,最小差距约为 28 297 美元。

表 3-48　2006 年中国内地的地区现代化的国际差距

指标	中国内地地区与高收入国家平均值的差距			中国内地地区与世界平均值的差距		
	最大差距	最小差距	平均差距	最大差距	最小差距	平均差距
第一次现代化程度	31	0	13	24	−6	7
第二次现代化指数	72	8	60	23	−42	11
人均 GDP	34 957	28 297	33 683	6670	10	5396
人均 GDP(PPP)	33 142	18 144	30 170	7583	−7415	4611
工业增加值比例	−1	−32	−23	0	−30	−21
互联网普及率	56	30	49	18	−8	11
城市化水平	50	−11	36	22	−40	8
平均预期寿命	14	−1	7	3	−12	−4
成人识字率	44	3	8	28	−14	−9
大学普及率	59	−7	45	16	−49	3

5. 2006 年中国内地的地区现代化的国际追赶

如果根据第二次现代化水平分组，2006 年中国内地省级地区中，浙江、辽宁和江苏从初等发达地区晋级中等发达地区，广东等 22 个地区进入初等发达地区。2006 年北京和上海第二次现代化指数分别为 93 和 84 分，比 2005 年都有所提高，与世界先进水平的差距缩小。

如果根据综合现代化水平分组，2006 年中国内地省级地区分组与 2005 年相比没有变化。如果按照第一次现代化发展阶段的变化，与 2005 年相比，海南从第一次现代化起步期已进入第一次现代化的发展期。2000 年到 2006 年，中国内地 31 个地区综合现代化水平都提高了。

6. 2006 年中国港澳台地区的地区现代化水平

中国的香港、澳门和台湾的现代化水平处在中国地区的前列。港澳台地区的第一次现代化实现程度都已经达到 100%，并且都已经进入第二次现代化，其中，香港和澳门已经进入第二次现代化的发展期，台湾进入第二次现代化的起步期。

根据第二次现代化水平分组，2006 年中国香港、澳门、台湾第二次现代化指数达到或超过世界中等发达国家水平，其中，台湾第二次现代化指数的数值已经达到发达国家组的水平。2006 年澳门综合现代化指数的数值达到发达国家组的水平。

第四节　中国现代化的前景分析

中国现代化的前景，是由自身努力和国际环境共同决定的。第一章关于世界现代化的前景分析，提供了中国现代化的未来国际环境的大概轮廓。本节重点讨论中国现代化的自身努力和可能前景。在本报告里，中国现代化的前景分析的时间跨度为 2005～2100 年(约 95 年)；分析对象包括中国的国家现代化、中国六个领域的现代化和中国的地区现代化等；分析方法包括情景分析、外推分析、概率分析和路径分析等。中国现代化的前景分析，重点不是描绘未来的宏伟蓝图，而是分析未来的可能性，勾画中国现代化的几幅未来的“数字化剪影”。

一、中国现代化的国家前景分析

国家现代化的前景分析没有标准模式，可以采用定量、定性或综合分析等。在本报告里，国家现代化的前景分析采用水平、差距和路径三要素分析模式，水平分析主要采用定量方法。

1. 中国现代化的水平分析

根据邓小平同志的“三步走”发展战略，中国将在 2050 年左右达到世界中等发达国家水平，基本实现现代化。中国要达到发达国家水平，全面实现现代化，预计要到 21 世纪末。这是 21 世纪中国现代化的基本目标。如果要正确理解基本目标的客观内涵，就需要进行目标分析。

中国现代化的目标分析，包括中国现代化的国家水平和国际地位的分析，需要与世界现代化的未来水平进行对比。第一章第四节分析了世界现代化的未来水平。这里分析中国现代化的未来水平，并进行国际比较，讨论中国未来的国际地位和国家目标。

(1) 中国现代化的未来水平

一般而言，中国现代化水平与中国现代化的阶段、关键指标和国际地位紧密相关。

首先，中国现代化进程的阶段分析。《中国现代化报告》根据产业结构和就业结构的信号指标来分析和判断现代化进程的阶段。这里分别采用 1980～2005 年和 1990～2005 年期间的年均增长率测算中国产业结构和就业结构，然后分析中国现代化的阶段(表 3-49)。

表 3-49　21 世纪中国现代化的阶段的情景分析

<table>
<tr><th>方法</th><th>项目</th><th>2005</th><th>2010</th><th>2020</th><th>2030</th><th>2040</th><th>2050</th><th>2060</th><th>2070</th><th>2080</th><th>2090</th><th>2100</th></tr>
<tr><td rowspan="2">A</td><td>第一次现代化</td><td colspan="4">成熟期</td><td colspan="2">过渡期</td><td colspan="5"></td></tr>
<tr><td>第二次现代化</td><td colspan="3"></td><td colspan="3">起步期</td><td colspan="2">发展期</td><td colspan="3">成熟期</td></tr>
<tr><td rowspan="2">B</td><td>第一次现代化</td><td colspan="3">成熟期</td><td colspan="2">过渡期</td><td colspan="6"></td></tr>
<tr><td>第二次现代化</td><td colspan="3"></td><td colspan="2">起步期</td><td colspan="3">发展期</td><td>成熟期</td><td colspan="2">过渡期</td></tr>
</table>

注：方法 A 按 1980～2005 年的年均增长率测算产业结构和就业结构，方法 B 按 1990～2005 年的年均增长率测算产业结构和就业结构，实际测算时各个指标的年均增长率都有所调整，测算结果见附表 1-23；然后根据产业结构和就业结构的信号指标(三次产业的产业和就业结构)判断中国现代化的阶段，判断标准见技术注释。

2005 年中国刚刚进入第一次现代化的成熟期。如果按照过去 15 年的年均增长率测算，中国有可能在 2030 年前后进入第二次现代化的起步期，在 2050 年前后进入第二次现代化的发展期，在 2080 年前后进入第二次现代化的成熟期，在 2100 年前后达到第二次现代化的过渡期。

其次，中国现代化水平的指标分析。这里选择 4 个综合指标和 6 个单项指标进行分析。指标分析的方法包括情景分析和线性外推(表 3-50)。

表 3-50　21 世纪中国现代化的国家水平的情景分析

指数	增长率	2005	2010	2020	2030	2040	2050	2060	2070	2080	2090	2100
FMI	1.89	86	94	100								
	2.11	86	96	100								
SMI	2.42	40	45	57	72	91	116	147	187	237	301	383
	3.53	40	47	67	94	133	189	267	378	535	757	1071
HDI	1.33	0.777	0.830	0.948	1.082	1.235	1.410	1.610	1.838	2.098	2.395	2.734
	1.44	0.777	0.835	0.963	1.111	1.282	1.479	1.706	1.968	2.271	2.620	3.023
HDI_N	2.31	33	35	44	55	69	87	109	137	172	217	272
	2.75	33	35	46	61	80	105	138	180	237	311	407
人均国民收入	6.03	1740	2331	4186	7514	13 490	24 219	43 479	78 058	140 136	251 585	451 666
	8.04	1740	2561	5 550	12 026	26 058	56 463	122 347	265 105	574 439	1 244 714	2 697 090

（续表）

指数	增长率	2005	2010	2020	2030	2040	2050	2060	2070	2080	2090	2100
人均 GDP (PPP)	5.04	2968	3795	6202	10 137	16 568	27 079	44 259	72 339	118 233	193 244	315 845
	5.04	2968	3796	6207	10 151	16 600	27 147	44 394	72 599	118 725	194 155	317 510
互联网普及率	估计	9	14	32	70	85	94	100	100	100	100	100
	6.12	9	11	21	38	68	100	100	100	100	100	100
城市化水平	2.94	40	47	62	83	100	100	100	100	100	100	100
	2.62	40	46	60	77	100	100	100	100	100	100	100
平均预期寿命	0.29	72	73	75	77	79	82	84	87	89	92	94
	0.28	72	73	75	77	79	81	84	86	89	91	94
大学普及率	5.56	21	28	47	81	100	100	100	100	100	100	100
	5.89	21	28	50	88	100	100	100	100	100	100	100

注：本表是一种线性测算，测算数据只有一定参考意义。FMI 为第一次现代化程度，最大值为 100。SMI 为第二次现代化指数，为以 2005 年高收入国家平均值为基准值的评价和预测（附表 1-24）。HDI 为人类发展指数（UNDP，2008），根据 UNDP 目前的计算方法，HDI 的最大值为 1；表中 HDI 的值超过 1，是按年均增长率测算的结果。HDI_N 为新人类发展指数，它的 2005 年的值为 2007 年的数值，增长率分别为 1980～2007 年和 1990～2007 年的年均增长率。其他指标的增长率分别为 1980～2005 年和 1990～2005 年的年均增长率。人均国民收入为按世界银行 Atlas 方法计算的美元。人均 GDP(PPP)为 1990 年价格国际美元。互联网普及率的年增长率为估计值，其他指标的年增长率分别为 1980～2005 年和 1990～2005 年的均增长率（有部分调整）。后同。

按照过去 25 年和 15 年的年均增长率测算，中国有可能在 2020 年前后完成第一次现代化。按照过去 15 年的年均增长率测算，中国有可能在 2030 年前后人均国民收入达到 1 万美元左右，在 2040 年前后完成城市化和普及高等教育，在 2050 年前后完成信息化。

如果中国在 2020 年前后完成第一次现代化（表 3-50），在 2030 年前后进入第二次现代化的起步期（表 3-49），两者之间相差 10 年左右。中国可以通过加快产业和就业结构转型的步伐，来缩短这个时间差；并争取在 2020 年就进入第二次现代化的起步期。

其三，中国现代化水平的国际地位。这里选择第二次现代化指数（SMI）、综合现代化指数（IMI）、人均国民收入和人均 GDP(PPP)进行分析（表 3-51）。

根据第二次现代化指数分组，2005 年中国为初等发达水平。如果按 1990～2005 年的年均增长率测算，中国有可能在 2030～2040 年期间达到中等发达水平，第二次现代化指数排名进入世界前 40 名。如果按 1980～2005 年的年均增长率测算，中国有可能在 2040～2050 年期间达到中等发达水平，第二次现代化指数排名进入世界前 40 名。按过去 15 年的年均增长率测算，中国有可能在 2090 年前后进入发达国家行列，第二次现代化指数排名进入世界前 20 名左右。

根据综合现代化指数分组，2005 年中国为初等发达水平。如果按 1980～2005 年和 1990～2005 年的年均增长率测算，中国有可能在 2030～2040 年期间达到中等发达水平，综合现代化指数排名进入世界前 40 名左右；在 2080 年前后进入发达国家行列，综合现代化指数排名进入世界前 20 名左右。

根据人均国民收入分组，2005 年中国为经济欠发达水平。如果按 1980～2005 年和 1990～2005 年的年均增长率测算，中国有可能在 2030 年前后达到经济初等发达水平，在 2060 年前后达到经济中等发达水平，在 2080 年前后进入经济发达国家行列。

根据人均 GDP(PPP)分组，2005 年中国为经济欠发达水平。如果按 1980～2005 年和 1990～2005 年的年均增长率测算，中国有可能在 2010 年前后达到经济初等发达水平，在 2030 年前后达到经济中等发达水平，在 2070 年前后进入经济发达国家行列。

表 3-51　21 世纪中国现代化的国家水平和国际地位

项目	增长率	2005	2010	2020	2030	2040	2050	2060	2070	2080	2090	2100
SMI	2.42	3	3	3	3	2	2	2	2	2	2	2
水平	3.53	3	3	3	2	2	2	2	2	1	1	1
SMI	2.42	71	60	56	51	43	37	37	36	36	37	35
排名	3.53	71	58	48	44	40	33	29	25	24	23	20
IMI	2.92	3	3	3	2	2	2	2	2	1	1	1
水平	2.88	3	3	3	2	2	2	2	2	1	1	1
IMI	2.92	79	73	61	38	31	28	26	18	12	8	7
排名	2.88	79	73	63	53	45	39	34	28	25	18	16
人均国民	7.02	4	4	4	3	3	3	2	2	2	2	2
收入水平	8.04	4	4	4	3	3	3	2	2	1	1	1
人均国民	7.02	70	69	52	40	33	29	29	27	27	27	27
收入排名	8.04	70	69	59	48	42	36	35	32	25	21	19
人均 GDP	5.04	4	3	3	2	2	2	2	1	1	1	1
(PPP)水平	5.04	4	3	3	2	2	2	2	1	1	1	1
人均 GDP	5.04	74	67	58	42	35	32	26	20	9	7	7
(PPP)排名	5.04	74	67	59	48	41	35	27	21	14	9	8

注：本表是一种线性测算，测算数据只有一定参考意义。SMI 为第二次现代化指数，为以 2005 年高收入国家平均值为基准值的评价和预测(附表 1-24)。IMI 为综合现代化指数，以 2005 年高收入国家平均值为基准值的评价和预测(附表 1-25)。人均 GDP(PPP)的单位为按购买力平价计算的 1990 年价格国际美元。中国和其他 130 个国家的测算增长率分别为 1980～2005 年和 1990～2005 年的年均增长率，具体方法见表 3-56 的注释。国家水平的分组和标准：1 代表发达水平，数值超过高收入国家平均值的 80%；2 代表中等发达水平，数值低于发达水平但高于世界平均值；3 代表初等发达水平，数值低于世界平均值但高于欠发达水平；4 代表欠发达水平，数值低于世界平均值的 50%。

(2) 21 世纪中国现代化的目标分解

根据中国现代化的预期水平和国际地位，21 世纪中国现代化的国家目标可以分解为三个阶段目标(表 3-52)。

(3) 中国现代化第三步战略目标的实现时间

根据邓小平同志的“三步走”发展战略，中国现代化建设的第三步战略目标是：在 2050 年前后达到当时的世界中等发达国家水平，基本实现现代化。

如果按 1990～2005 年的年均增长率测算，中国有可能在 2040 年前后达到当时世界中等发达水平(表 3-52)。由此可见，中国有可能提前 10 年左右实现第三步战略目标。

(4) 21 世纪中国现代化目标的实现概率

21 世纪中国现代化的三个阶段目标，在很大程度上是一种预测，是以按过去 25 年或 15 年的年均增长率的测算结果为基础的，没有考虑国际战争和重大灾难的影响等。

众所周知，根据过去的速度预测未来的水平是有很大风险的，因为未来具有很大不确定性。那么，这种不确定有多大呢？或者说，我们实现目标的概率有多大？这个问题需要专题研究。这里，通过计算国际地位的转移概率来估算。

表 3-52 21 世纪中国现代化的三个阶段目标

阶段目标	目标内容	目标要求
目标一	2020 年左右完成第一次现代化	国家现代化水平达到当时的初等发达国家水平 关键现代化指标达到 1960 年工业化国家平均水平 第一次现代化程度达到 100% 第二次现代化指数的排名进入世界前 60 名 关键现代化指标的排名进入世界前 60 名 国家进入一次现代化的成熟期(或过渡期)
目标二	2050 年左右基本实现现代化	国家现代化水平达到当时的中等发达国家水平 关键现代化指标超过世界平均水平 第二次现代化指数超过世界平均值 第二次现代化指数的排名进入世界前 40 名 关键现代化指标的排名进入世界前 40 名 国家进入第二次现代化的发展期
目标三	2100 年以前全面实现现代化	国家现代化水平达到当时的发达国家水平 关键现代化指标达到或接近高收入国家平均水平 第二次现代化指数达到或接近发达国家平均值 第二次现代化指数排名进入世界前 20 名 关键现代化指标的排名进入世界前 20 名 国家进入第二次现代化的过渡期(或成熟期)

注:目标二是对邓小平同志提出的“三步走”发展战略的第三步战略目标的一种理解。第二次现代化指数的排名指在参加评价的 131 个国家中的排名,这 131 个国家为 2000 年人口超过 100 万和数据比较齐全的国家。

根据 1960～2005 年的世界现代化经验,根据第二次现代化指数和综合现代化指数的国家水平的转移概率,21 世纪中国实现现代化目标的可能性是有的,但概率比较小(表 3-53)。具体而言,如果完全按照现代化的国际经验,中国在 2050 年前后晋级中等发达国家的概率约为 15%(3%～28%),在 2100 年前晋级发达国家的概率约为 4%(0.7%～7.3%)。其中,根据第二次现代化指数计算的概率为:2050 年晋级中等发达国家的概率约 3%～18%,2100 年晋级发达国家的概率约 0.7%～4.0%;根据综合现代化指数计算的概率为:2050 年晋级中等发达国家的概率约 5%～28%,2100 年晋级发达国家的概率约 1.3%～7.3%。

表 3-53 21 世纪中国现代化的国际地位的转移概率估算

指标	时间	中国的地位和变迁	变迁概率的中国估计值	国际地位和升级	晋级概率的世界参考值
第二次现代化指数	2005 年	初等发达水平		欠发达水平	
	15 年(2005～2020)	保持初等发达水平	100%	晋级初等发达水平	3%～27%
	30 年(2021～2050)	晋级中等发达水平	3%～18%	晋级中等发达水平	3%～18%
	50 年(2051～2100)	晋级发达水平	22%	晋级发达水平	22%
	100 年的总概率	从初等发达到发达水平	0.67%～3.96%	从欠发达到发达水平	0.02%～1.07%
综合现代化指数	2005 年	初等发达水平		欠发达水平	
	15 年(2005～2020)	保持初等发达水平	100%	晋级初等发达水平	4%～27%
	30 年(2021～2050)	晋级中等发达水平	5%～28%	晋级中等发达水平	5%～28%
	50 年(2051～2100)	晋级发达水平	26%	晋级发达水平	26%
	100 年的总概率	从初等发达到发达水平	1.3%～7.28%	从欠发达到发达水平	0.05%～1.97%

注:根据 1960～2005 年期间的世界现代化的国际地位的转移概率进行推算。

根据1900～2005年的世界经验，初等发达国家在105年内晋级发达国家的概率约为4%(表1-42)。这与根据过去45年的世界经验的推算结果基本一致(表3-53)。当然，用历史经验来估算未来概率只是一种分析方法，但这种方法能够揭示一种可能性，这种可能性是不能忽视的。

由此可见，中国实现现代化并不是一件必然的事情，而是需要长期的努力和奋斗。如果完全按照世界现代化的历史经验，21世纪中国实现现代化的概率约为4%。显然，这是不能令人满意的。我们必须加强现代化研究，寻求更加有效的现代化路径，提高中国现代化的实现概率。

如果能够完成邓小平同志的“三步走”发展战略，在2050年左右达到世界中等发达国家水平，那么，中国在2100年晋级发达国家的概率将提高到22%～28%。为此，2005年以来的《中国现代化报告》提出了经济等领域的中国现代化的路径图，瞄准2050年的世界中等发达国家水平，有关内容将在后面简要介绍，也可以参考历年的《中国现代化报告》。

(5) 21世纪中国现代化水平的空间分析

目前中国是世界上人口最多的国家，也是发展不平衡的国家，现代化水平的空间分布需要和值得关注。21世纪中国现代化的空间结构分析，选择人均GDP和第二次现代化指数为代表进行分析。中国多数地区在2020年前后将完成第一次现代化。由于篇幅有限，这里以按1990～2005年的年均增长率进行测算的结果为例，分析中国现代化的空间结构的变化。

首先，中国经济水平的空间结构(以人均GDP为例)。在21世纪，如果按1990～2005年的年均增长率测算，不同地区经济水平的排名将发生变化；其中，东部、中部和西部的排名不变，南方片有可能在2030年超过北方片；华南有可能在2010年超过东北，黄河中游地区有可能在2020年超过东北，在2030年超过全国平均水平；西南有可能在2070年超过西北，长江中游地区有可能在2070年超过东北；2100年，华东和华北水平最高，华南和黄河中游次之，长江中游和东北比较低，西北和西南排名靠后(表3-54)。

表3-54 21世纪中国现代化的空间分布(人均GDP)

中国和地区	增长率	2005	2010	2020	2030	2040	2050	2060	2070	2080	2090	2100
东部	12.9	177	184	200	216	234	254	275	299	325	354	385
中部	11.9	85	84	83	82	80	79	78	76	75	74	73
西部	10.7	63	59	52	46	41	36	32	28	24	21	19
北方片	12.5	137	139	145	151	158	164	171	179	187	195	204
南方片	12.7	133	137	145	154	164	174	185	197	210	224	239
西部片	10.5	65	61	53	46	40	35	31	26	23	20	17
东北地区	10.7	111	104	92	82	73	64	57	50	44	39	34
华北地区	13.2	204	215	239	267	297	332	371	415	464	520	584
黄河中游地区	12.8	89	92	98	104	112	119	128	137	147	157	169
华东地区	13.3	245	259	291	326	367	413	465	525	593	670	759
华南地区	12.6	111	114	119	125	132	139	146	154	162	171	180
长江中游地区	11.5	71	69	66	62	59	56	53	50	48	45	43
西南地区	10.8	60	57	51	45	40	36	32	29	25	23	20
西北地区	10.5	72	67	58	50	43	38	32	28	24	21	18
中国	12.0	100	100	100	100	100	100	100	100	100	100	100

注：增长率为1990～2005年的年均增长率。华南地区和南方片的数值没有包含香港、澳门和台湾地区的数据。

其次，中国现代化水平的空间分布(以第二次现代化指数为例)。在21世纪，如果按1990～2005

年的年均增长率测算，不同地区第二次现代化指数的排名将发生变化；其中，西部有可能在2040年超过中部，南方片有可能在2050年超过北方片；华东有可能在2020年超过华北，华南有可能在2040年超过全国平均水平，西南有可能在2020年超过西北，在2050年超过长江中游，2060年超过黄河中游地区；2100年，华东和华北现代化水平最高，华南次之，西南、长江中游、黄河中游和东北比较低，西北有可能排名最后(表3-55)。

表3-55　21世纪中国现代化的空间分布(第二次现代化指数)

中国和地区	增长率	2005	2010	2020	2030	2040	2050	2060	2070	2080	2090	2100
东部	3.2	51	60	82	112	153	209	285	390	533	728	995
中部	2.5	37	42	54	69	88	112	143	182	233	297	380
西部	2.8	34	40	52	68	90	118	155	203	267	351	461
北方片	2.8	48	55	73	96	127	167	221	291	384	507	669
南方片	3.1	43	50	67	91	124	169	229	311	423	575	781
西部片	2.5	33	37	48	61	78	100	128	163	209	267	341
东北地区	2.4	45	51	65	82	104	133	169	214	272	346	440
华北地区	3.2	60	70	95	130	178	243	332	453	618	844	1153
黄河中游地区	2.6	39	44	57	74	96	124	161	208	270	350	453
华东地区	3.3	59	70	97	135	188	261	362	503	700	972	1351
华南地区	3.2	37	43	59	81	112	153	210	287	394	540	740
长江中游地区	2.7	35	40	53	69	91	119	156	205	268	351	460
西南地区	3.0	32	37	50	67	90	121	163	219	294	395	531
西北地区	2.1	34	38	47	57	71	87	107	131	161	198	243
中国	2.9	40	46	61	81	107	142	189	251	333	443	588

注：增长率为1990～2005年的年均增长率。华南地区和南方片的数值没有包含香港、澳门和台湾地区的数据。

2. 中国现代化水平的国际差距

21世纪中国现代化的国家目标包括三个阶段目标，其中，第二个和第三个阶段目标是以21世纪的世界现代化为参照系的，它们分别是在2050年赶上当时的中等发达国家水平和在21世纪末赶上当时的发达国家水平。这就要求我们进行中国现代化水平的国际比较分析。

(1) 21世纪中国现代化水平的国际差距

这里选择第二次现代化指数(SMI)、综合现代化指数(IMI)、人均国民收入(人均GNI)和人均GDP(按购买力平价PPP计算)进行分析，比较在21世纪里中国与高收入国家平均值、发达国家的底线(高收入国家平均值的80%)和世界平均值的差距(表3-56)。

中国第二次现代化指数距离高收入国家平均值和发达国家的底线的最大差距：如果按1980～2005年的年均增长率测算，分别出现在2080年和2050年；如果按1990～2005年的年均增长率测算，分别出现在2070年和2040年。

按过去25年的年均增长率测算，中国第二次现代化指数有可能在2040年超过世界平均值，但赶不上发达国家水平。按过去15年的年均增长率测算，中国第二次现代化指数有可能在2030年超过世界平均值，在2080年超过发达国家的底线，进入发达国家行列。

表 3-56 21 世纪中国现代化的国家水平的国际差距(一种测算)

项目	计算	2005	2010	2020	2030	2040	2050	2060	2070	2080	2090	2100
SMI 差距Ⅰ	A	61	64	72	79	87	95	101	106	109	107	99
SMI 差距Ⅱ	A	40	42	46	49	52	53	52	48	40	25	3
SMI 差距Ⅲ	A	9	9	6	2	−4	−13	−26	−43	−68	−101	−147
SMI 差距Ⅰ	B	61	66	79	93	107	119	128	130	117	80	4
SMI 差距Ⅱ	B	40	44	50	55	59	58	49	28	−13	−87	−211
SMI 差距Ⅲ	B	9	8	5	−2	−14	−35	−70	−123	−207	−334	−525
IMI 差距Ⅰ	A	63	66	72	78	81	81	76	64	41	1	−61
IMI 差距Ⅱ	A	43	45	47	47	45	38	25	3	−31	−84	−162
IMI 差距Ⅲ	A	17	14	6	−6	−24	−49	−84	−134	−202	−295	−423
IMI 差距Ⅰ	B	63	66	71	75	77	75	69	54	28	−14	−79
IMI 差距Ⅱ	B	43	44	46	45	42	34	20	−3	−39	−93	−172
IMI 差距Ⅲ	B	17	14	6	−5	−22	−46	−80	−127	−191	−279	−400
人均 GNI 差距Ⅰ	A	33 274	42 140	67 464	107 693	171 283	271 166	426 773	666 585	1 030 826	1 572 983	2 356 673
人均 GNI 差距Ⅱ	A	26 271	33 223	53 009	84 259	133 292	209 574	326 920	504 705	768 387	1 147 520	1 666 915
人均 GNI 差距Ⅲ	A	5272	6140	8045	9780	10 177	6430	−7736	−45 808	−136 041	−336 622	−765 962
人均 GNI 差距Ⅰ	B	33 274	40 050	57 560	81 444	112 377	148 566	181 314	184 635	91 652	−258 194	−1 235 997
人均 GNI 差距Ⅱ	B	26 271	31 528	44 938	62 750	84 690	107 561	120 582	94 687	−41 566	−455 498	−1 528 216
人均 GNI 差距Ⅲ	B	5272	5841	6515	5299	−1180	−20 740	−71 049	−191 443	−468 663	−1 092 823	−2 478 981
人均 GDP 差距Ⅰ	A	20 978	22 669	26 118	29 336	31 640	31 797	27 646	15 479	−10 981	−62 257	−155 871
人均 GDP 差距Ⅱ	A	16 189	17 376	19 654	21 441	21 998	20 022	13 265	−2084	−32 431	−88 455	−187 866
人均 GDP 差距Ⅲ	A	3320	3010	1766	−807	−5643	−14 287	−29 280	−54 799	−97 694	−169 195	−287 684
人均 GDP 差距Ⅰ	B	20 978	22 434	25 264	27 608	28 703	27 209	20 822	5647	−24 844	−81 516	−182 365
人均 GDP 差距Ⅱ	B	16 189	17 188	18 969	20 056	19 643	16 338	7779	−10 002	−43 620	−104 044	−209 394
人均 GDP 差距Ⅲ	B	3320	3061	1943	−462	−5082	−13 455	−28 118	−53 251	−95 724	−166 813	−285 007

注:本表是一种线性测算,测算数据只有一定参考意义。人均 GDP(PPP)的单位为 1990 年价格国际美元。差距Ⅰ=高收入国家平均值−中国值。差距Ⅱ=发达国家的底线(高收入国家平均值×80%)−中国值。差距Ⅲ=世界平均值−中国值。计算 A:为按 1980～2005 年的年均增长率进行测算,增长率小于零时取值 0.1%,增长率缺乏时取值 0.5%。少数几个国家的 SMI 增长率超过 4%、IMI 增长率超过 3%、人均 GNI 增长率超过 7%和人均 GDP(PPP)增长率超过 5%,进行了打折调整。世界平均第二次现代化指数的年增长率调高到 1.67%。计算 B:为按 1990～2005 年的年均增长率进行测算,增长率小于零时取值 0.1%,增长率缺乏时取值 0.5%。少数几个国家的 SMI 增长率超过 4%、IMI 增长率超过 3%、人均 GNI 增长率超过 8%和人均 GDP(PPP)增长率超过 5%,进行了打折调整。高收入国家和世界平均第二次现代化指数的年增长率都调高 0.8%。打折调整的方法,以 SMI 增长率调整为例,调整后的增长率=4%+(增长率−4%)/100。其他类推。

中国综合现代化指数距离高收入国家平均值和发达国家的底线的最大差距:如果按 1980～2005 年的年均增长率测算,分别出现在 2050 年和 2030 年;如果按 1990～2005 年的年均增长率测算,出现在 2040 年和 2020 年。

按过去 25 年的年均增长率测算,中国综合现代化指数有可能在 2030 年超过世界平均值,在 2080 年超过发达国家的底线,在 2100 年超过高收入国家平均值。按过去 15 年的年均增长率测算,中国综合现代化指数有可能在 2030 年超过世界平均值,在 2070 年或 2080 年超过发达国家的底线,在 2090 年超过高收入国家平均值。

中国人均国民收入距离高收入国家平均值和经济发达国家的底线的最大差距:如果按 1980～2005 年的年均增长率测算,都出现在 2100 年;如果按 1990～2005 年的年均增长率测算,分别出现在 2070 年和 2060 年。

按过去 25 年的年均增长率测算,中国人均国民收入有可能在 2060 年超过世界平均值,但赶不上发达国家水平。按过去 15 年的年均增长率测算,中国人均国民收入有可能在 2040 年超过世界平均值,在 2080 年超过发达国家的底线,在 2090 年超过高收入国家平均值。

中国人均 GDP(PPP)距离高收入国家平均值和经济发达国家的底线的最大差距：如果按 1980～2005 年的年均增长率测算，分别出现在 2050 年和 2040 年；如果按 1990～2005 年的年均增长率测算，分别出现在 2040 年和 2030 年。

按过去 25 年的年均增长率测算，中国人均 GDP(PPP)有可能在 2030 年超过世界平均值，在 2070 年超过发达国家的底线，在 2080 年超过高收入国家平均值。按过去 15 年的年均增长率测算，中国人均 GDP(PPP)有可能在 2030 年超过世界平均值，在 2070 年超过发达国家的底线，在 2090 年超过高收入国家平均值。

在 21 世纪里，中国第二次现代化指数、综合现代化指数和人均 GDP(PPP)的国际差距，主要是与高收入国家和发达国家的差距，中国与世界平均值的差距有可能缩小并消失；中国人均国民收入的国际差距，包括与高收入国家和发达国家的差距在 21 世纪前 50 年有可能持续扩大，与世界平均值的差距有可能在 21 世纪前期(2020～2040 年前)会扩大。

(2) 21 世纪中国现代化水平的国际比较

选择中国与美国、英国、德国、日本、印度的第二次现代化指数(SMI)、综合现代化指数(IMI)、人均国民收入(人均 GNI)和人均 GDP(按购买力平价 PPP 计算)进行分析(表 3-57)。

表 3-57　21 世纪中国现代化的国家水平的国际比较

指标和国家	计算	2005	2010	2020	2030	2040	2050	2060	2070	2080	2090	2100
SMI												
中国	A	100	100	100	100	100	100	100	100	100	100	100
美国	A	281	270	249	230	213	196	181	167	154	142	131
英国	A	214	208	196	184	173	163	153	144	136	128	120
德国	A	226	216	199	183	168	154	141	130	119	110	101
日本	A	258	249	231	214	199	185	172	159	148	137	128
印度	A	61	59	56	53	50	47	44	42	39	37	35
中国	B	100	100	100	100	100	100	100	100	100	100	100
美国	B	281	257	215	180	150	125	105	88	73	61	51
英国	B	214	201	177	155	136	120	105	93	81	72	63
德国	B	226	203	165	134	109	88	72	58	47	38	31
日本	B	258	231	185	148	119	95	76	61	49	39	32
印度	B	61	57	51	45	40	35	31	28	25	22	19
IMI												
中国	A	100	100	100	100	100	100	100	100	100	100	100
美国	A	268	246	209	177	150	127	108	91	77	65	55
英国	A	255	239	209	183	160	141	123	108	94	83	72
德国	A	257	238	205	176	151	129	111	95	82	70	60
日本	A	257	240	211	185	162	142	124	109	95	84	73
印度	A	78	72	61	52	44	38	32	27	23	20	17
中国	B	100	100	100	100	100	100	100	100	100	100	100
美国	B	268	247	210	179	152	129	110	94	80	68	58
英国	B	255	241	216	193	173	155	139	124	111	99	89
德国	B	257	242	215	191	170	151	134	119	106	94	83
日本	B	257	237	202	172	146	124	106	90	77	65	56
印度	B	78	72	60	50	42	35	29	25	20	17	14

（续表）

指标和国家	计算	2005	2010	2020	2030	2040	2050	2060	2070	2080	2090	2100
人均 GNI												
中国	A	100	100	100	100	100	100	100	100	100	100	100
美国	A	2483	2250	1848	1517	1246	1023	840	690	567	465	382
英国	A	2192	2113	1964	1825	1696	1576	1464	1361	1264	1175	1092
德国	A	1999	1745	1329	1013	772	588	448	341	260	198	151
日本	A	2237	2079	1796	1551	1339	1157	999	863	745	643	556
印度	A	42	36	28	21	16	12	9	7	5	4	3
中国	B	100	100	100	100	100	100	100	100	100	100	100
美国	B	2483	2072	1442	1004	699	486	338	236	164	114	79
英国	B	2192	1981	1617	1320	1078	880	718	586	479	391	319
德国	B	1999	1616	1057	691	452	295	193	126	82	54	35
日本	B	2237	1724	1024	608	361	215	128	76	45	27	16
印度	B	42	35	25	17	12	8	6	4	3	2	1
人均 GDP(PPP)												
中国	A	100	100	100	100	100	100	100	100	100	100	100
美国	A	1023	884	660	493	369	275	206	154	115	86	64
英国	A	767	671	512	391	299	228	174	133	102	78	59
德国	A	745	634	459	332	241	174	126	91	66	48	35
日本	A	741	639	475	353	263	195	145	108	80	60	44
印度	A	54	51	46	41	37	33	29	26	23	21	19
中国	B	100	100	100	100	100	100	100	100	100	100	100
美国	B	1023	876	644	473	347	255	187	138	101	74	54
英国	B	767	667	504	381	288	218	165	125	94	71	54
德国	B	745	624	437	307	215	151	106	74	52	36	26
日本	B	741	611	415	282	192	130	88	60	41	28	19
印度	B	54	52	48	44	41	38	35	32	30	27	25

注：计算方法同表 3-55。例如，中国、美国、英国、德国、日本和印度的人均国民收入（Atlas 方法）的年均增长率分别为：A 计算为 7.02％、4.93％、6.23％、4.14％、5.46％和 4.06％（为 1980～2005 年期间的年均增长率），B 计算为 8.04％、4.19％、5.87％、3.54％、2.56％和 4.27％（为 1990～2005 年期间的年均增长率）。

第二次现代化指数的国际比较：如果按 1980～2005 年的年均增长率测算，21 世纪中国不太可能赶上美国、英国、德国和日本；如果按 1990～2005 年的年均增长率测算，中国有可能在 2050 年赶上德国和日本，在 2070 年赶上美国和英国。

综合现代化指数的国际比较：如果按 1980～2005 年的年均增长率测算，中国有可能在 2070 年赶上美国和德国，在 2080 年赶上英国和日本；如果按 1990～2005 年的年均增长率测算，中国有可能在 2070 年赶上美国和日本，在 2090 年赶上英国和德国。

人均国民收入的国际比较：如果按 1980～2005 年的年均增长率测算，21 世纪中国不太可能赶上美国、英国、德国和日本；如果按 1990～2005 年的年均增长率测算，中国有可能在 2070 年赶上日本，在 2080 年赶上德国，在 2090 年赶上美国。

人均 GDP(PPP)的国际比较：如果按 1980～2005 年的年均增长率测算，中国可能在 2070 年赶上德国，在 2080 年赶上英国，在 2090 年赶上美国和日本；如果按 1990～2005 年的年均增长率测算，中国有可能在 2060 年赶上日本，在 2070 年赶上德国，在 2080 年赶上英国，在 2090 年赶上美国。

由此可见，在2050年以前，中国现代化水平很难赶上美国或英国的水平；在2070年前后，中国现代化水平才有可能赶上美国或英国；中国人均国民收入有可能在2090年前后赶上美国，也有可能在21世纪内都赶不上美国。中国经济建设虽然已经取得很大进展，但距离经济发达国家的差距仍然非常明显，赶上经济发达国家的难度仍然非常之大。

3. 中国现代化的路径分析

目标明确后，路径很重要。中国现代化的路径选择，应该遵循现代化的基本原理，应该符合中国国情，应该满足中国需要。根据邓小平同志的“三步走”发展战略，中国要在2050年左右达到世界中等发达国家水平，基本实现现代化。中国要达到发达国家水平，全面实现现代化，预计要到21世纪末。中国现代化的路径选择，应该服务于中国现代化的国家目标。

根据第二次现代化理论，世界现代化有三条基本路径：第二次现代化路径、追赶现代化路径和综合现代化路径（何传启，2003）。如果没有发生世界性的重大危机或重大灾难，21世纪世界现代化的路径将是20世纪的延续，也就是主要有三条基本路径。

一般而言，已经完成第一次现代化的国家和已经进入第二次现代化的国家，没有选择，只能采用第二次现代化路径；没有完成第一次现代化的国家，可以有三种选择，即第二次现代化路径、追赶现代化路径或综合现代化路径。如果没有完成第一次现代化，但已经接近完成（处于第一次现代化的过渡期），可以选择第二次现代化路径，当然需要适当补课。如果距离完成第一次现代化的差距比较大，就不太适合于采用第二次现代化路径，因为没有必要的物质和社会基础（第一次现代化建立的物质和社会基础），很难直接进行第二次现代化。

目前，中国尚没有完成第一次现代化。从理论上说，中国现代化可以有三种选择：第二次现代化路径、追赶现代化路径或综合现代化路径。2000年中国第一次现代化实现程度为76%，处于第一次现代化的发展期；2006年中国第一次现代化实现程度达到86%，刚刚进入第一次现代化的成熟期。根据现代化的基本原理和国际经验，目前中国不适合直接采用第二次现代化路径，因为距离完成第一次现代化的差距比较大，可以选择追赶现代化路径或综合现代化路径。

如果采用追赶现代化路径，先完成第一次现代化，然后进行第二次现代化，那么，中国很难在21世纪赶上世界现代化的先进水平（图3-5）。下面简单地推演一下，说明这个道理。

其一，根据现代化理论，第一次现代化大约需要200年，第二次现代化大约需要100年。

其二，2000年中国第一次现代化已经进行了约160年（从1840年算起），处于第一次现代化的发展期。以当时计算，中国完成第一次现代化还需要约20年时间（附表1-14）。

其三，2000年世界先进水平处于第二次现代化的发展期，第二次现代化已进行了约30年。

其四，2020年中国完成第一次现代化的时候，世界先进水平已经达到第二次现代化的成熟期，第二次现代化已经进行了约50年。

其五，假设2020年中国进入第二次现代化[①]，并依据世界先进水平的历史经验，花50年时间进入第二次现代化的成熟期，那么，2070年的中国水平相当于2020年的世界先进水平。

其六，2070年世界先进水平大约是完成第二次现代化，第二次现代化已经进行100年。

如果采用追赶现代化路径，中国2070年可能仍然落后世界先进水平50年，而且21世纪可能无法完成第二次现代化，世界先进水平则可能在2070年前后进入现代化的新阶段。

如果采用综合现代化路径，两次现代化协调发展，并坚定地向第二次现代化转型，那么，中国有可

---

① 如果中国在2020年前后进入第二次现代化的起步期，就比预期的2030年进入第二次现代化要早一些（表3-51）。如果是这样，中国需要加快产业结构和就业结构转型的步伐。

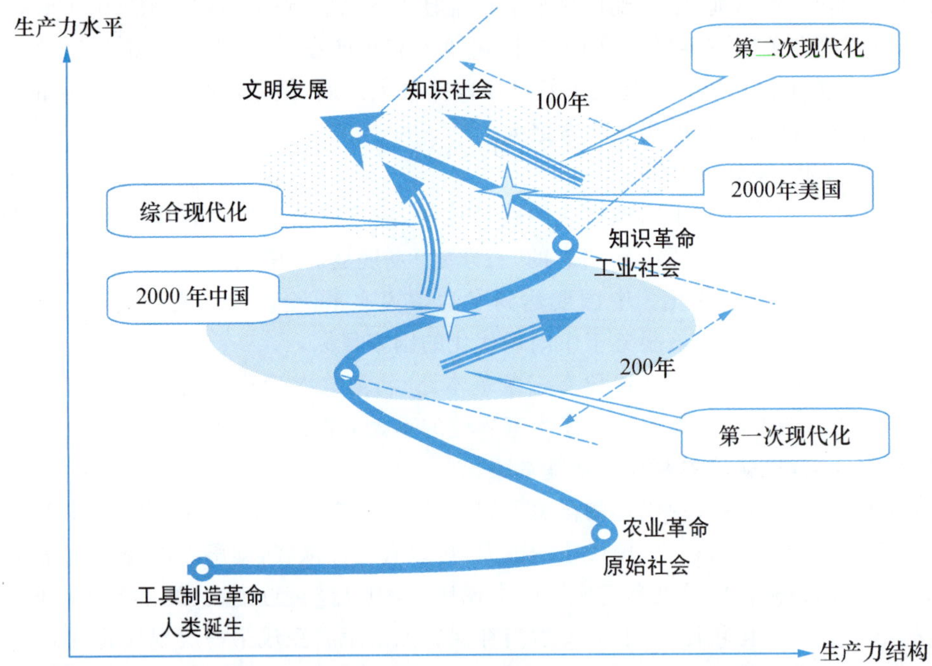

图 3-5　21 世纪中国现代化的路径选择：综合现代化路径

注：第一次现代化进程大约 200 年，第二次现代化进程大约 100 年。2000 年中国处于第一次现代化的发展期，美国处于第二次现代化的发展期。如果中国采用追赶现代化路径，预计完成第一次现代化还需要 20 年左右时间。2020 年的美国预计将达到第二次现代化的成熟期；届时美国进行第二次现代化的时间已经有 50 年了。综合现代化路径不是追赶目前的世界先进水平，而是迎头赶上 21 世纪后期的世界先进水平。

能在 21 世纪完成两次现代化，并迎头赶上世界先进水平。这条综合现代化路径被形象地称为运河路径或运河战略（何传启，2003），因为它很像一条人工运河，而不是一条天然河流；一条沟通工业社会和知识社会两个阶段的社会运河，一条跨越第一次现代化和第二次现代化的现代化运河（图 3-5）。当然，这种运河战略的挑战也是前所未有的。

综合现代化路径是一条新路径，而不是发达国家走过的老路。它要求遵循现代化的基本原理，尊重行为主体的客观条件和国际环境，所以，不同国家的综合现代化路径将会各有特色。

综合现代化路径是一条基本路径，需要分别研究制定不同领域的综合现代化路径。

二、中国六个领域现代化的前景分析

中国六个领域现代化的前景分析可以分领域进行，政治和个人领域现代化需要专题研究。六个领域现代化的前景分析没有标准模式，本报告采用水平、差距和路径三要素分析模式。一般而言，六个领域现代化是国家现代化的组成部分；六个领域现代化的未来水平，应该与国家现代化的未来水平基本相当；六个领域现代化的目标设定，应该与国家现代化的总体目标相协调；六个领域现代化的路径选择，应该与国家现代化的总体路径相适应。

1. 中国经济领域现代化的前景分析

经济现代化是经济领域的现代化，是国家现代化的重要组成部分。《中国现代化报告 2005：经济现代化研究》分析了中国经济现代化的历史、现状和前景，提出了中国经济现代化的路径图和政策建议。这里简要介绍其主要观点。

(1) 中国经济现代化的水平分析

如果按照1990～2002年的年均增长率估算，中国第二次经济现代化指数的水平大致是：2002年为经济欠发达水平；2030年有可能晋级经济初等发达水平，2050年有可能晋级经济中等发达水平，2080年有可能晋级经济发达水平(表3-58)。

表3-58 21世纪中国经济现代化的水平分析

项目	2002	2010	2020	2030	2040	2050	2060	2070	2080	2090	2100
中国水平	4	4	4	3	3	2	2	2	1	1	1
中国排名	81	67	59	47	42	37	23	20	15	13	11
中国指数	17	23	35	51	76	112	166	245	363	538	796
对照A	100	112	131	152	176	205	238	277	322	374	435
对照B	45	52	62	73	87	104	124	147	175	208	248

注：中国指数、排名和水平分别为第二次经济现代化指数的数值、排名和国家水平，排名为中国在131个国家中的排名。对照A为高收入国家第二次经济现代化指数的平均值，对照B为第二次经济现代化指数的世界平均值。所有国家第二次经济现代化指数都按1990～2002年的年均增长率进行测算，少数国家增长率有调整。中国第二次经济现代化指数的年均增长率约为4%，对照A和B的年均增长率分别为1.52%和1.76%。国家水平分组：1代表经济发达水平；2代表经济中等发达水平；3代表经济初等发达水平；4代表经济欠发达水平。2070年的中国经济水平分组有所调整(下调)。

21世纪中国经济现代化的国家目标可以分解为三个阶段目标。

第一阶段目标：在2030年左右，晋级经济初等发达水平，第二次经济现代化指数的排名进入世界前50名，关键经济指标的排名进入世界前60名。

第二阶段目标：在2050年左右，晋级经济中等发达水平，第二次经济现代化指数的排名进入世界前40名，关键经济指标的排名进入世界前40名，基本实现经济现代化。

第三阶段目标：在2080年左右，晋级经济发达水平，第二次经济现代化指数的排名进入世界前20名，关键经济指标的排名进入世界前20名，全面实现经济现代化。

(2) 中国经济现代化水平的差距分析

2002年中国属于经济欠发达国家。21世纪中国要实现经济现代化，必须登上三个台阶：从经济欠发达国家晋级初等发达国家，从初等发达国家晋级中等发达国家，从中等发达国家晋级发达国家。显然，中国经济现代化是瞄准发达国家水平的，需要进行国际比较分析。

这里以第二次经济现代化指数为例，分析中国经济现代化水平的国际差距(表3-59)。如果按照1990～2002年的年均增长率估算，中国第二次经济现代化指数有可能在2050年超过世界平均值，在2070年超过经济发达国家的底线，在2080年超过高收入国家平均值；有可能在2060年赶上德国，在2080年赶上日本，在2100年赶上美国。在21世纪里，中国第二次经济现代化指数与美国、英国、德国、日本和发达国家平均值的相对差距有可能不断缩小。

表 3-59 21 世纪中国经济现代化水平的国际比较

国家和地区	2002	2010	2020	2030	2040	2050	2060	2070	2080	2090	2100
中国	100	100	100	100	100	100	100	100	100	100	100
美国	680	573	463	375	303	245	198	160	129	104	84
英国	582	517	445	384	331	285	246	212	183	157	136
德国	523	413	308	230	171	127	95	71	53	39	29
日本	595	485	375	291	225	174	135	104	81	63	48
印度	83	67	51	39	29	22	17	13	10	7	6
高收入国家	585	482	378	297	233	183	144	113	89	70	55
发达国家底线	468	385	303	238	187	146	115	90	71	56	44
世界平均	264	222	178	143	115	93	75	60	48	39	31

注：本表数据是根据各国的第二次经济现代化指数的计算结果，第二次经济现代化指数的计算方法同表 3-60。发达国家底线的数值＝高收入国家平均值×80％。

(3) 中国经济现代化的路径图

《中国现代化报告 2005：经济现代化研究》提出了 21 世纪中国经济现代化的路径图，它是中国经济现代化的战略目标和基本路径的一种集成。主要内容包括中国经济现代化的运河战略、基本目标、基本任务、监测指标（表 3-60）、质量监测和结构监测等，以及若干战略措施。

表 3-60 21 世纪中国经济现代化路径图的监测指标

经济质量监测指标			经济结构监测指标		
经济效率	经济进步	经济基础设施	经济结构转型	流通和分配结构	经济协调发展
人均 GNI	工业化	人均公路	农业劳动力比例	人均出口总值	地区经济差距
人均 PPP	市场化	人均铁路	服务业劳动力比例	股市相对规模	城乡收入差距
劳动生产率	知识化	人均能源消费	物质业劳动力比例	基尼系数	工业和农业相对差
农业生产率	信息化	电话普及率	农业增加值比例	低收入者收入比例	就业和产业相对差
工业生产率	绿色化	科技经费投入	服务业增加值比例	家庭消费比例	水资源使用效率
服务业生产率	全球化	教育经费投入	物质业增加值比例	转移支付比例	能源资源消耗系数

注：36 个监测指标的单位和 2002～2050 年的数值见附表 1-26。

中国经济现代化的运河战略的基本思路是：在 21 世纪前 50 年，采用综合经济现代化基本路径，协调推进第一次经济现代化和第二次经济现代化，协调推进新型工业化、知识化、绿色化和全球化，协调推进从新型工业化向知识化的转型，全面完成从第一次经济现代化向第二次经济现代化的转型，达到世界经济现代化的中等发达水平；在 21 世纪后 50 年，全力推进知识化和绿色化，全面完成第二次经济现代化，迎头赶上世界经济现代化的先进水平。

在 21 世纪前 50 年，中国经济现代化至少有三大瓶颈。其一是经济质量，其二是经济结构，其三是经济竞争力。在未来 50 年里，提升经济质量是重中之重，加快经济转型是关键所在，提高经济竞争力是长期任务。

2. 中国社会领域现代化的前景分析

社会现代化是社会领域的现代化，是国家现代化的重要组成部分。《中国现代化报告 2006：社会现代化研究》分析了中国社会现代化的历史、现状和前景，提出了中国社会现代化的路径图和政策建议。这里简要介绍其主要观点。

(1) 中国社会现代化的水平分析

如果按照1990～2003年的年均增长率估算，中国第二次社会现代化指数的水平大致是：2003年为社会欠发达水平；2010年有可能晋级社会初等发达水平，2040年有可能晋级社会中等发达水平，2100年有可能晋级社会发达水平（表3-61）。

表3-61 21世纪中国社会现代化的水平分析

项目	2003	2010	2020	2030	2040	2050	2060	2070	2080	2090	2100
中国水平	4	3	3	3	2	2	2	2	2	2	1
中国排名	75	66	51	44	38	35	33	31	28	26	20
中国指数	28	35	48	66	91	124	171	234	321	441	604
对照A	100	115	140	171	208	254	309	377	459	560	683
对照B	37	43	54	67	83	103	128	159	198	246	305

注：中国指数、排名和水平分别为第二次社会现代化指数的数值、排名和国家水平，排名为中国在131个国家中的排名。对照A为高收入国家第二次社会现代化指数的平均值，对照B为第二次社会现代化指数的世界平均值。所有国家第二次社会现代化指数都按1990～2005年的年均增长率进行测算，少数国家增长率有调整。中国第二次社会现代化指数的年均增长率约为3.2%，对照A和B的年均增长率分别为2.0%和2.2%。国家水平分组：1代表社会发达水平；2代表社会中等发达水平；3代表社会初等发达水平；4代表社会欠发达水平。2100年的中国排名有所调整（上调）。2003年的国家水平分组有两种方法，按第一次社会现代化指数分组，中国为社会初等发达水平；按第二次社会现代化指数分组，中国为社会欠发达水平。

21世纪中国社会现代化的国家目标可以分解为三个阶段目标。

第一阶段目标：在2020年前，晋级社会初等发达水平，第二次社会现代化指数的排名进入世界前60名，关键社会指标的排名进入世界前60名。

第二阶段目标：在2040年左右晋级社会中等发达水平，第二次社会现代化指数的排名进入世界前40名，关键社会指标的排名进入世界前40名，基本实现社会现代化。

第三阶段目标：在2100年左右晋级社会发达水平，第二次社会现代化指数的排名进入世界前20名，关键社会指标的排名进入世界前20名，全面实现社会现代化。

(2) 中国社会现代化水平的差距分析

2003年中国属于社会欠发达国家。21世纪中国要实现社会现代化，必须登上三个台阶：从社会欠发达国家晋级初等发达国家，从初等发达国家晋级中等发达国家，从中等发达国家晋级发达国家。显然，中国社会现代化是瞄准发达国家水平的，需要进行国际比较分析。

这里以第二次社会现代化指数为例，分析中国社会现代化水平的国际差距（表3-62）。如果按照1990～2003年的年均增长率估算，中国第二次社会现代化指数有可能在2040年超过世界平均值，在2090年超过经济发达国家的底线；有可能在2090年赶上美国和德国。

(3) 中国社会现代化的路径图

《中国现代化报告2006：社会现代化研究》提出了21世纪中国社会现代化的路径图。它是中国社会现代化的战略目标和运河路径的一种集成，主要内容包括：中国社会现代化的运河路径、战略目标、基本任务、监测指标、社会生活监测（表3-63）、社会结构监测等；以及实施路径图的主要战略措施，如国家反贫困战略、社会福利化战略、新型城市化战略、社会信息化战略和社会知识化战略等。

表 3-62 21 世纪中国社会现代化水平的国际比较

国家和地区	2003	2010	2020	2030	2040	2050	2060	2070	2080	2090	2100
中国	100	100	100	100	100	100	100	100	100	100	100
美国	391	352	303	261	225	194	167	144	124	106	92
英国	364	352	336	321	306	292	279	266	254	243	232
德国	337	307	268	235	205	179	157	137	120	105	92
日本	351	329	301	276	252	230	211	193	176	161	147
印度	61	55	48	41	35	30	26	22	19	17	14
高收入国家	355	327	290	258	229	204	181	161	143	127	113
发达国家底线	284	261	232	206	183	163	145	129	114	102	90
世界平均	131	123	111	101	91	83	75	68	62	56	51

注：本表数据是根据各国的第二次社会现代化指数的计算结果，第二次社会现代化指数的计算方法同表 3-61。发达国家底线的数值＝高收入国家平均值×80%。

表 3-63 21 世纪中国社会现代化路径图的监测指标

社会生活监测指标			社会结构监测指标		
生活质量	生活条件	生活方式	社会转型	社会保障	社会和谐
预期寿命	社会生产力	汽车普及率	城市化	社会保障费用比例	高度贫困率
婴儿死亡率	医生数/千人	电视普及率	义务教育普及率	养老保险覆盖率	中度贫困率
恩格尔系数	护士数/千人	电脑普及率	人均电力消费	医疗保险覆盖率	贫富之比
平均受教育年数	人均公共教育费	预期受教育年数	老龄化(郊区化)	失业保险覆盖率	儿童死亡率
人均信息费	信息费用比例	大学毕业劳动力比例	大学普及率	养老金支付率	儿童工作率
出国旅游率	大学男女生比例	知识性职业比例	移动通信普及率	公共卫生费用比例	最低月工资

注：36 个监测指标的单位和 2003～2050 年的数值见附表 1-27。

中国社会现代化的运河战略的基本思路是：采用综合社会现代化原理，协调推进两次社会现代化，协调推进新型城市化、信息化、知识化、绿色化和全球化，加速从农业社会向工业社会和知识社会的转型，迎头赶上发达国家第二次社会现代化水平；在 2010 年前启动新型城市化等五个战略；2020 年完成城市化和普及 9 年免费义务教育；2030 年基本完成社会信息化、普及 12 年免费义务教育、消灭绝对贫困、建成和谐高效的新型福利国家；2040 年基本普及高等教育、消灭知识和信息鸿沟；2050 年达到世界中等水平，基本实现社会现代化；21 世纪末达到世界先进水平，全面实现社会现代化。

3. 中国政治领域现代化的前景分析

政治现代化是政治领域的现代化，是国家现代化的重要组成部分。没有政治现代化，就没有国家现代化。中国政治领域现代化的前景分析，需要专题研究。

(1) 政治现代化的基本概念

关于政治现代化，国外和国内已经有大量的研究文献。一般而言，政治现代化是现代化过程中政治领域的一种深刻变化，它包括现代政治的形成、发展、转型和国际互动，政治要素的创新、选择、传播和退出，以及政治权力合理化和民主化、政治参与法制化和平等化、政治体系制度化和专业化、政治行为理性化和高效化等。

根据世界现代化的历史经验，现代政治一般包括民主政治、公民政治、服务政治和生态政治等，它的基本特点包括民主、自由、平等和高效等。在法律面前，人人平等；在投票面前，人人平等；在选举面前，人人平等；在公民权利和义务面前，人人平等。现代政治没有标准模式，不同国家可以选择适合自己的政治模式，但都遵循现代政治的一般原则。

政治现代化的研究对象，可以从国家和国际两个角度来分析，两个角度的研究有所交叉。从国家角度看，政治现代化的研究对象一般包括政治生活、政治行为、政治组织、政治结构、政治制度和政治观念的现代化，包括政治参与、政治权利、政府治理、政府结构、政治环境和国际关系的现代化，包括国防、军队、司法、警察、外交和新闻媒体的现代化，包括法律、制度、政策和公共管理的现代化等。从国际角度看，政治现代化的研究对象一般包括国际政治生活、国际政治行为、国际政治体系、国际政治制度和政治观念的现代化等。

简单地说，政治现代化的研究对象包括国内政治现代化和国际政治现代化。关于国内政治现代化需要专题研究。关于国际政治现代化，属于国际现代化研究的一个重要领域。国际现代化是国家现代化与国际环境的一种相互作用，是现代化过程的国际互动。国际现代化发生在多个层次和多个领域；发生在国际政治领域的国际互动，就属于国际政治现代化。

《中国现代化报告 2008：国际现代化研究》分析了过去 300 年的国际现代化进程，归纳了国际现代化的客观事实和基本原理，提出了 21 世纪中国国际现代化的"和平鸽"战略和政策建议。这种分析已经包含并超出了国际政治现代化的范畴。下面简要介绍其主要观点。

(2) 中国国际现代化的目标分析

根据国际现代化的基本原理和中国现代化的战略需要，中国国际现代化的目标是：提升中国国际地位，晋级发达国家行列；提高中国国际互动能力，关键指标位居世界前列；改善国际环境，促进世界和平与发展。关于国家水平，前面已有分析(表 3-52 和表 3-53)。关于国家互动能力，采用客观国力指数、客观影响力指数、客观竞争力指数和人均竞争力指数进行分析。

如果按照 1990～2005 年的年均增长率估算，中国客观国力指数的地位大致是：2005 年排名世界第 3，2030 年有可能排名世界第 2，2070 年排名世界第 1；中国客观影响力指数的地位大致是：2005 年排名世界第 3，2020 年有可能排名世界第 2，2080 年排名世界第 1；中国客观竞争力指数的水平大致是：2005 年为初等强国，2010 年有可能晋级中等强国，2060 年有可能晋级世界强国；中国人均竞争力指数的水平大致是：2005 年为世界弱国，2010 年有可能晋级初等强国，2050 年有可能晋级中等强国，2090 年有可能晋级世界强国(表 3-64)。

21 世纪中国国际现代化的国家目标可以分解为三个阶段目标。

第一阶段目标：在 2020 年左右，国家水平达到初等发达水平，国家的客观国力和客观影响力位居世界前列，客观竞争力晋级中等强国，人均竞争力晋级初等强国，人均竞争力指数的排名进入世界前 60 名；国际环境和国际关系明显改善，90%以上的国家建立外交关系。

第二阶段目标：在 2050 年左右，国家水平晋级中等发达水平，国家的客观国力和客观影响力位居世界前列，客观竞争力和人均竞争力达到中等强国水平，客观竞争力指数的排名进入世界前 10 名，人均竞争力指数的排名进入世界前 40 名；国际关系比较和谐，国际环境相对良好。

第三阶段目标：在 2100 年左右，国家水平晋级发达水平，国家的客观国力、客观影响力和客观竞争力位居世界前列，客观竞争力和人均竞争力晋级世界强国，人均竞争力指数的排名进入世界前 20 名；国际环境和国际关系令人满意，中国人民可以畅游全球。

(3) 中国国际现代化的"和平鸽"战略

一般而言，国际现代化战略应该服务于国家现代化的总体战略。基于对国际现代化 300 年历史经验和基本原理的认识，基于对中国国际现代化的历史和现状的认识，我们认为，中国国际现代化的"和平鸽"战略设想，可以作为 21 世纪中国国际现代化的一种战略选择。"和平鸽"战略主要包括战略目标、原则、结构、监测、重点和措施等内容。

表 3-64　21 世纪中国国际现代化的水平分析

项目	2005	2010	2020	2030	2040	2050	2060	2070	2080	2090	2100
客观国力											
中国水平	1	1	1	1	1	1	1	1	1	1	1
中国排名	3	3	3	2	2	2	2	1	1	1	1
中国指数	36	39	48	59	72	87	107	130	159	194	237
对照 A	80	83	89	95	102	110	118	126	135	145	156
对照 B	45	46	49	51	54	56	59	62	65	69	72
客观影响力											
中国水平	1	1	1	1	1	1	1	1	1	1	1
中国排名	3	3	2	2	2	2	2	2	1	1	1
中国指数	32	35	43	52	64	78	96	117	144	176	215
对照 C	91	93	98	103	108	114	120	126	132	139	146
对照 D	35	35	36	38	39	41	42	44	45	47	49
客观竞争力											
中国水平	3	2	2	2	2	2	1	1	1	1	1
中国排名	27	21	16	13	12	8	8	7	6	5	5
中国指数	19	25	35	46	56	75	102	138	186	252	341
对照 E	40	43	50	58	67	78	91	105	122	142	165
对照 F	20	22	27	33	40	49	59	72	88	108	131
人均竞争力											
中国水平	4	3	3	3	3	2	2	2	2	1	1
中国排名	65	58	53	52	48	36	27	26	24	23	23
中国指数	9	11	16	21	35	52	77	114	170	252	374
对照 E	40	44	54	66	80	98	119	145	177	215	262
对照 F	20	22	27	33	40	49	59	72	88	108	131

注：中国指数、排名和水平分别为各个指数的数值、排名和国家水平，排名为中国在 131 个国家中的排名。对照 A 为美国值，对照 B 为日本值；对照 C 为高收入美国值，对照 D 为德国值；对照 E 为世界强国的值，对照 F 为世界中等强国的值。所有国家各个指数都按 1990～2005 年的年均增长率进行测算，少数国家增长率有调整。国家水平分组：1 代表发达水平（世界强国）；2 代表中等发达水平（中等强国）；3 代表初等发达水平（初等强国）；4 代表欠发达水平（世界弱国）。具体方法见《中国现代化报告 2008：国际现代化研究》。

中国"和平鸽"战略的基本结构是："和平鸽"身体前部是亚洲国家联合会（待建），东翼是亚太经济合作组织，西翼是亚欧经济合作组织（亚欧会议的升级），身体后部（南方）是南美、大洋洲和非洲国家；联合国是"和平鸽"的头部。

中国"和平鸽"战略的基本思路是：遵循宪章和促进和平——遵循联合国宪章，促进和平与进步。立足亚洲和面向全球——以亚洲合作为基础，促进全球跨区域经济合作。东西比翼和南北协作——同时发挥亚太经合组织和亚欧经合组织的作用，加强与欧美的合作；加强与南方国家的交流合作，包括与非洲、太平洋和南美国家的合作。互利共生和协同发展——参加合作的国家，平等互利，和平共处，求同存异，协同发展。

中国"和平鸽"战略包括五个层次战略（国际体系层次、亚国际体系层次、国家层次、地区层次和民间层次的战略）和五个领域战略（政治、经济、社会、文化和生态领域的战略）。

中国"和平鸽"战略的战略特点是：立足亚洲，放眼全球；东西比翼，南北协作；美欧均衡，政经兼备；互利共生，协调发展；发挥联合国的作用，提升亚洲文明水平。

4. 中国文化领域现代化的前景分析

文化现代化是文化领域的现代化，是国家现代化的重要组成部分。《中国现代化报告 2009：文化现代化研究》分析了中国文化现代化的历史、现状和前景，提出了中国文化现代化的路径图和政策建议等。21 世纪中国文化现代化的目标包括定量目标和定性目标，定量目标涉及文化生活、文化竞争力和文化影响力等。中国文化现代化的目标分析，可以以文化生活现代化指数和文化竞争力指数为例。这里简要介绍 2009 年《中国现代化报告》的主要观点。

(1) 中国文化现代化的水平分析

如果按照 1990～2005 年的年均增长率估算，中国文化生活现代化指数的水平大致是：2005 年为初等发达水平；2030 年有可能晋级中等发达水平，2080 年有可能晋级发达水平；中国文化竞争力的水平大致是：2005 年为中等强国；2060 年有可能成为世界强国(表 3-65)。

表 3-65　21 世纪中国文化现代化水平的国际比较

项目	2005	2010	2020	2030	2040	2050	2060	2070	2080	2090	2100
文化生活现代化											
中国水平	3	3	3	2	2	2	2	2	1	1	1
中国排名	57	53	50	45	39	33	26	26	19	17	12
中国指数	12	14	21	31	46	68	100	148	219	324	480
对照 A	39	44	56	72	92	118	151	194	248	317	406
对照 B	16	18	23	29	37	47	60	77	99	127	162
文化竞争力											
中国水平	2	2	2	2	2	2	1	1	1	1	1
中国排名	24	24	21	20	16	12	11	9	7	8	8
中国指数	22	24	29	35	41	50	59	71	85	101	121
对照 C	30	32	36	40	46	51	58	65	73	83	93
对照 D	20	21	23	26	28	31	35	38	42	47	51

注：中国指数、排名和水平分别为指数的数值、排名和国家水平，排名为中国在 131 个国家中的排名。对照 A 为高收入国家的平均值，对照 B 为的世界平均值。对照 C 为世界强国的底线，对照 D 为世界平均值。所有指数都按 1990～2005 年的年均增长率进行测算，少数国家增长率有调整。中国文化生活现代化指数的年均增长率约为 4.0%，对照 A 和 B 的年均增长率分别为 2.5%和 2.5%。中国文化竞争力指数的年均增长率约为 1.8%，对照 C 和 D 的年均增长率分别为 1.2%和 1.0%。国家水平分组：1 代表发达水平(世界强国)；2 代表中等发达水平(中等强国)；3 代表初等发达水平(初等强国)；4 代表欠发达水平(世界弱国)。

21 世纪中国文化生活现代化的国家目标可以分解为三个阶段目标。

第一阶段目标：在 2020 年左右，接近中等发达水平，文化生活现代化指数的排名进入世界前 50 名，关键文化指标的排名进入世界前 50 名。

第二阶段目标：在 2050 年前，晋级中等发达水平，文化生活现代化指数的排名进入世界前 40 名，关键文化指标的排名进入世界前 40 名，基本实现文化生活现代化。

第三阶段目标：在 2080 年左右，晋级发达水平，文化生活现代化指数的排名进入世界前 20 名，关键文化指标的排名进入世界前 20 名，全面实现文化生活现代化。

(2) 中国文化生活现代化水平的差距分析

2005 年中国属于文化生活初等发达国家。21 世纪中国要实现文化生活现代化，必须登上两个台阶：从初等发达国家晋级中等发达国家，从中等发达国家晋级发达国家。显然，中国文化生活现代化是瞄准发达国家水平的，需要进行国际比较分析。

这里以文化生活现代化指数为例，分析中国文化现代化水平的国际差距(表3-66)。如果按照1990～2005年的年均增长率估算，中国文化生活现代化指数有可能在2030年超过世界平均值，在2080年超过文化生活发达国家的底线，在2090年超过高收入国家平均值；有可能在2060年赶上德国，在2070年赶上美国。

表3-66 21世纪中国文化生活现代化水平的国际比较

国家和地区	2003	2010	2020	2030	2040	2050	2060	2070	2080	2090	2100
中国	100	100	100	100	100	100	100	100	100	100	100
美国	380	342	278	226	183	149	121	98	80	65	53
英国	460	436	391	351	315	283	254	228	204	183	165
德国	360	317	247	192	149	116	90	70	54	42	33
日本	327	311	283	257	234	212	193	175	159	145	132
印度	76	66	49	37	27	20	15	11	8	6	5
高收入国家	337	313	271	234	202	175	151	131	113	98	85
发达国家底线	269	250	217	187	162	140	121	105	91	78	68
世界平均	134	125	108	94	81	70	60	52	45	39	34

注：本表数据是根据各国的文化生活现代化指数的计算结果，文化生活现代化指数的计算方法同表3-65。发达国家底线的数值＝高收入国家平均值×80％。

(3) 中国文化现代化的路径图

《中国现代化报告2009：文化现代化研究》提出了21世纪中国文化现代化的路径图。它是中国文化现代化的战略目标、运河路径和战略措施的一种系统集成，它包括：中国文化现代化的运河路径、战略目标、基本任务、监测指标(表3-67)、文化生活监测、文化竞争力监测和战略措施等七个部分。

表3-67 21世纪中国文化现代化路径图的监测指标

文化生活现代化监测指标			文化竞争力监测指标		
文化生产	文化消费	文化设施	文化资源	文化产业	文化贸易
文化产业比例	人均文化消费	电视普及率	世界文化遗产份额	人均文化增加值	文化贸易比例
文化就业比例	家庭文化消费比例	宽带网普及率	电影产量份额	政府文化支出比例	人均文化贸易
日报发行比例	人均年看电影次数	移动电话普及率	人均互联网带宽	国际旅游收支比例	人均文化出口
图书出版比例	出境旅游人次比例	博物馆参观比例	人均入境旅游支出	国际旅游人次比例	人均文化商品出口
电影产量比例	人均文化商品进口	入境旅游人次比例	国民文化素质	人均入境旅游收入	人均文化服务出口

注：30个监测指标的单位和2005～2050年的数值见附表1-28。

中国文化现代化的运河战略的基本思路是：依据综合文化现代化原理，协调推进两次文化现代化，协调推进工业文化、创新文化、网络文化、生态文化、文化产业和文化遗产保护，不断提高文化创造力和文化竞争力，迎头赶上发达国家文化生活现代化水平；在2050年达到文化生活现代化的世界中等水平，在21世纪末达到文化生活现代化的世界先进水平。

5. 中国个人领域现代化的前景分析

人的现代化是国家现代化的基础，也是国家现代化的目标。没有人的现代化，就没有国家现代化。中国人的现代化的前景分析，需要专题研究。

(1) 人的现代化的基本概念

关于人的现代化,国外和国内已经有大量的研究文献。一般而言,人的现代化是现代化过程中人的行为、素质、能力和观念的变化,是个人行为、素质、能力和观念的创新、选择、传播和退出交互进行的复合过程;它包括个人的行为、素质、能力和观念的现代化等。

世界现代化进程可以分为第一次和第二次现代化。第一次现代化过程的个人现代化简称第一次个人现代化,主要特点包括职业化、理性化、平等化、组织化、效率性、开放性、独立性、参与性、计划性、现实性、主动性、流动性和科学性等;第二次现代化过程的个人现代化简称第二次个人现代化,主要特点包括知识化、信息化、绿色化、个性化、兴趣化、学习性、国际性、幸福感、自我实现和全面发展等。在许多发展中国家,两次人的现代化的特点交互出现。

人的现代化的研究对象,可以从国家和个体两个层次来分析,两个层次的研究有所交叉。在国家层次上,人的现代化的研究对象一般包括国民生活、国民行为、国民结构、国民素质、国民制度和国民观念的现代化,包括国民教育、国民工作、国民休闲和国民娱乐的现代化,包括学生、在职人员和退休人员的现代化等。在个体层次上,人的现代化的研究对象一般包括个人生活、个人行为、个人知识、个人素质、个人能力、人际关系和价值观念的现代化等。

人的现代化与文化现代化紧密相关。例如,个人生活、行为和观念、国民制度和观念的现代化等,既是人的现代化的范畴,也是文化现代化的范畴。

(2) 中国人的现代化的目标分析

中国人的现代化的目标,可以分为国家目标和个人目标。虽然人的现代化有共性特点,但不同职业和不同年龄段的人有很大差别,他们的现代化也会有差别。所以,这里重点讨论国家层次的人的现代化的目标。显然,这个问题需要专题研究。

如果按1980～2005年的年均增长率进行测算,中国人类发展指数的水平大致是:2005年为中等发达水平;2040年有可能达到发达水平,世界排名进入前20名(表3-68)。如果按1990～2007年的年均增长率进行测算,中国新人类发展指数的水平大致是:2007年为中等发达水平;2070年有可能达到发达水平(表3-68)。

表3-68 21世纪中国人的现代化的目标分析

项目	2005	2010	2020	2030	2040	2050	2060	2070	2080	2090	2100
人类发展指数											
中国水平	2	2	2	2	1	1	1	1	1	1	1
中国排名	56	48	41	28	14	6	5	4	4	3	3
中国指数	0.78	0.82	0.90	1.00	1.10	1.22	1.35	1.49	1.64	1.82	2.01
对照A	0.94	0.97	1.04	1.11	1.19	1.28	1.37	1.47	1.58	1.69	1.82
对照B	0.74	0.77	0.84	0.90	0.98	1.06	1.15	1.24	1.34	1.45	1.57
新人类发展指数											
中国水平	2	2	2	2	2	2	2	2	1	1	1
中国排名	63	60	49	40	35	33	28	25	22	17	17
中国指数	33	35	46	61	80	105	138	180	237	311	407
对照A	72	76	89	106	125	148	175	208	246	291	344
对照B	31	33	39	45	53	62	73	86	100	118	138

注:中国指数、排名和水平分别为中国指数的数值、排名和国家水平,排名为中国在131个国家中的排名。对照A为高收入国家平均值,对照B为世界平均值。人类发展指数按1980～2005年的年均增长率进行测算(UNDP,2008),并有调整。中国增长率约为1%,高收入国家的增长率约为0.7%,世界平均约为0.72%。新人类发展指数2005年的值为2007年的数值,增长率分别为1980～2007年和1990～2007年的年均增长率。

(3) 中国人的现代化的战略重点

关于中国人的现代化的战略重点,不同人可能有不同理解。首先,人的全面发展无疑是重中之重;其次,提高国民素质,包括劳动力素质;其三,提高人的流动性和开放性;其四,提高信息化水平;其五,提高人均文化消费;其六,普及现代化知识,促进观念现代化。

关于人的现代化有许多指标,这里选用 6 个指标(表 3-69)为例,以作说明。

表 3-69 21 世纪中国人的现代化的关键因素

指标	2005	2010	2020	2030	2040	2050	2060	2070	2080	2090	2100
大学普及率/(%)	21	26	38	51	68	83	92	97	100	100	100
劳动力素质/(%)	7	9	13	19	29	43	63	70	77	85	94
轿车普及率/(‰)	15	24	57	123	243	435	530	586	616	647	680
互联网普及率/(%)	9	14	32	70	85	94	100	100	100	100	100
出国旅游比例/(%)	2	4	12	25	41	56	69	77	86	96	97
人均文化消费/美元	38	61	159	412	1068	2770	7184	18 634	48 332	125 361	325 154

注:劳动力素质为劳动力具有高等学历的比例。出国旅游比例为出国人次占人口的比例。所有指标都按 1990～2005 年的年均增长率进行测算,并有调整。

6. 中国生态现代化的前景分析

生态现代化是国家现代化与自然环境的良性互动,是国家现代化的重要组成部分。《中国现代化报告 2007:生态现代化研究》分析了中国生态现代化的历史、现状和前景,提出了中国生态现代化的路径图和政策建议。这里简要介绍其主要观点。

(1) 中国生态现代化的水平分析

如果按照 1990～2004 年的年均增长率估算,中国生态现代化指数的水平大致是:2004 年为欠发达水平;2020 年有可能晋级初等发达水平,2050 年有可能晋级中等发达水平,2100 年有可能晋级发达水平(表 3-70)。

表 3-70 21 世纪中国生态现代化的水平分析

项目	2003	2010	2020	2030	2040	2050	2060	2070	2080	2090	2100
中国水平	4	4	3	3	3	2	2	2	2	2	1
中国排名	100	83	64	49	42	34	30	26	21	20	19
中国指数	42	47	58	71	88	108	132	162	199	245	301
对照 A	99	108	124	142	163	188	216	248	285	327	376
对照 B	59	63	71	80	91	102	115	130	146	165	185

注:中国指数、排名和水平分别为生态现代化指数的数值、排名和国家水平,排名为中国在 131 个国家中的排名。对照 A 为高收入国家生态现代化指数的平均值,对照 B 为生态现代化指数的世界平均值。所有国家生态现代化指数都按 1990～2004 年的年均增长率进行测算,少数国家增长率有调整。中国生态现代化指数的年均增长率约为 2.1%,对照 A 和 B 的年均增长率分别为 1.4%和 1.2%。国家水平分组:1 代表发达水平;2 代表中等发达水平;3 代表初等发达水平;4 代表欠发达水平。

21 世纪中国生态现代化的国家目标可以分解为三个阶段目标。

第一阶段目标:在 2020 年前,晋级初等发达水平,生态现代化指数的排名达到世界前 60 名左右,关键生态领域指标的排名达到世界前 60 名左右。

第二阶段目标：在 2050 年晋级中等发达水平，生态现代化指数的排名进入世界前 40 名，关键生态领域指标的排名进入世界前 40 名，基本实现生态现代化，经济与环境退化脱钩。

第三阶段目标：在 2100 年左右晋级发达水平，生态现代化指数的排名进入世界前 20 名，关键生态领域指标的排名进入世界前 20 名，全面实现生态现代化，人与自然互利共生。

(2) 中国生态现代化水平的差距分析

2004 年中国属于生态欠发达国家。21 世纪中国要实现生态现代化，必须攀登三个台阶：从欠发达国家晋级初等发达国家，从初等发达国家晋级中等发达国家，从中等发达国家晋级发达国家。显然，中国生态现代化是瞄准发达国家水平的，需要进行国际比较分析。

这里以生态现代化指数为例，分析中国生态现代化水平的国际差距（表 3-71）。如果按照 1990～2004 年的年均增长率估算，中国生态现代化指数有可能在 2050 年超过世界平均值，在 2100 年达到发达国家的底线；有可能在 2050 年赶上日本，在 2070 年赶上美国。

表 3-71　21 世纪中国生态现代化水平的国际比较

国家和地区	2004	2010	2020	2030	2040	2050	2060	2070	2080	2090	2100
中国	100	100	100	100	100	100	100	100	100	100	100
美国	196	183	162	144	128	113	100	89	79	70	62
英国	216	209	197	187	177	167	158	150	142	134	127
德国	222	219	215	210	206	201	197	193	188	184	180
日本	200	182	154	131	111	94	80	68	58	49	41
印度	98	88	73	60	50	41	34	28	24	20	16
高收入国家	237	228	213	200	187	175	163	153	143	134	125
发达国家底线	190	182	171	160	149	140	131	122	114	107	100
世界平均	141	134	123	113	104	95	87	80	73	67	62

注：本表数据是根据各国的生态现代化指数的计算结果，生态现代化指数的计算方法同表 3-70。发达国家底线的数值＝高收入国家平均值×80％。

(3) 中国生态现代化的路径图

《中国现代化报告 2007：生态现代化研究》提出了 21 世纪中国生态现代化的路径图。它是中国生态现代化的战略目标和运河路径的一种集成，其主要内容包括：中国生态现代化的运河路径、战略目标、基本任务、监测指标（表 3-72）、生态进步监测、生态经济监测、生态社会监测和战略措施等八个部分；战略措施包括：绿色工业化、绿色城市化、循环经济、低碳经济、环境责任制、西部生态现代化战略和国际资源战略等。

表 3-72　21 世纪中国生态现代化路径图的监测指标

生态进步监测指标		生态经济监测指标		生态社会监测指标	
环境质量	土地质量	生态效率	生态结构	绿色家园	绿色生活
人均 CO_2 排放	森林覆盖率	土地生产率	有机农业比例	安全饮水普及率	绿色能源
人均 SO_2 排放	国家保护区	淡水生产率	循环经济(铝)	卫生设施普及率	绿色交通
颗粒物浓度	水土流失比例	农业化肥密度	绿色旅游收入	生活废水处理率	服务收入比值
工业有机废水	荒漠化比例	工业能源密度	资源消耗比例	城市废物处理率	人均服务消费
工业固体废物	农业用地比例	经济物质密度	环境损失比例	城市空气质量	自然灾害死亡率
生物多样性损失	建设用地比例	物质生产效率	环保投入比例	农村人口密度	自然灾害受灾率

注：36 个监测指标的单位和 2004～2050 年的数值见附表 1-29。

中国生态现代化的运河战略的基本思路是：依据综合生态现代化原理，协调推进生态现代化和综合现代化，协调推进绿色工业化、绿色城市化、知识化、轻量化、绿色化和生态化，实现经济发展与环境退化的绝对脱钩，迎头赶上发达国家生态现代化水平；在 2050 年达到生态现代化的世界中等水平，在 21 世纪末达到生态现代化的世界先进水平。

关于中国六个领域现代化的 96 个指标的前景分析见附表 1-23。关于 21 世纪中国六个领域现代化的国际比较（与美国的比较）见附表 1-30。关于中国经济速度的国际比较见附表 1-31 和附表 1-32。关于 21 世纪中国经济效率和经济规模的国际比较见附表 1-33 和附表 1-34。

三、中国的地区现代化的前景分析

中国的地区现代化的情景分析一般包括目标、差距和路径分析。

1. 中国的地区现代化的目标分析

中国地区现代化的目标分析，主要包括时间进度、阶段和定量水平分析等。

(1) 中国地区现代化的时间进度分析

首先，地区完成第一次现代化的时间，将在第五章专题分析。

其次，地区完成第二次现代化的时间。目前，世界现代化的前沿已经达到第二次现代化的发展期，尚没有一个国家完成第二次现代化；尚不能确定完成第二次现代化的标准。所以，不能确定地区完成第二次现代化的时间。

(2) 中国地区现代化的阶段分析

如果按 1990～2005 年的年均增长率进行测算，2020 年中国可能有 7 个地区进入第二次现代化，有 31 个地区完成第一次现代化；2050 年可能有 33 个地区进入第二次现代化，34 个地区完成第一次现代化；2070 年全部 34 个地区进入第二次现代化（表 3-73）。

表 3-73　中国地区的地区现代化阶段的一种估算

项目	2005	2010	2020	2030	2040	2050	2060	2070	2080	2090	2100
进入第二次现代化的地区	4	6	7	13	26	33	33	34	34	34	34
完成第一次现代化的地区	3	7	31	34	34	34	34	34	34	34	34
处于第一次现代化的地区	30	28	27	21	8	1	1	0	0	0	0
处于传统农业社会的地区	0	0	0	0	0	0	0	0	0	0	0

注：按 1990～2005 年的年均增长率进行测算。第二次现代化指数达到 80，表示已经进入第二次现代化。第一次现代化程度达到 100，表示已经完成第一次现代化。

(3) 中国地区现代化的水平分析

如果按 1990～2005 年的年均增长率进行测算，2020 年中国可能有 6 个地区达到发达水平，有 6 个地区达到中等发达水平；2050 年可能有 10 个地区达到发达水平，有 14 个地区达到中等发达水平；2100 年可能有 19 个地区达到发达水平，有 14 个地区属于中等发达水平（表 3-74）。

表 3-74　中国的地区现代化水平的一种估算

地区分类	2005	2010	2020	2030	2040	2050	2060	2070	2080	2090	2100
发达地区	5	5	6	7	9	10	9	12	15	17	19
中等发达地区	3	6	6	11	12	14	18	19	17	16	14
初等发达地区	23	23	22	16	13	10	7	3	2	1	1
欠发达地区	3	0	0	0	0	0	0	0	0	0	0

注:中国地区、高收入国家和世界的第二次现代化指数都按 1990～2005 年的年均增长率进行测算。根据第二次现代化指数分组,发达地区的指数超过高收入国家平均指数的 80%,中等发达地区指数超过世界平均值但低于发达地区,初等发达地区指数低于世界平均值但高于欠发达地区,欠发达地区指数低于世界平均值的一半。

(4) 中国港澳台地区的地区现代化水平

如果按 1990～2005 年的年均增长率测算,21 世纪港澳台地区仍将保持高水平(表 3-75)。

表 3-75　中国香港、澳门和台湾的地区现代化水平的一种估算

地区	增长率	2005	2010	2020	2030	2040	2050	2060	2070	2080	2090	2100
香港	1.44	93	100	115	133	153	176	204	235	271	313	361
澳门	2.10	93	103	127	157	193	237	292	359	442	545	670
台湾	2.07	88	98	120	148	181	223	274	336	412	506	622
对照												
高收入国家	1.73	100	109	129	154	182	217	257	305	363	430	511
中收入国家	2.00	42	47	57	70	85	103	126	153	187	228	278
世界平均	1.67	49	53	63	74	87	103	121	143	169	199	235

注:第二次现代化指数按 1990～2005 年的年均增长率进行测算。

2. 中国的地区现代化的差距分析

(1) 中国内地的地区现代化的地区差距

如果按 1990～2005 年的年均增长率进行测算,21 世纪里中国内地的第二次现代化指数的地区差距有可能扩大(表 3-76)。当然,这只是一种可能出现的情况。

表 3-76　中国内地的地区现代化的地区差距的一种估算

项目	2005	2010	2020	2030	2040	2050	2060	2070	2080	2090	2100
最大值	93	107	150	209	293	409	573	801	1121	1614	2429
最小值	28	32	42	54	66	81	98	120	146	178	217
绝对差距	65	75	108	155	227	329	474	681	975	1436	2211
相对差距	3	3	4	4	4	5	6	7	8	9	11

注:第二次现代化指数按 1990～2005 年的年均增长率进行测算。绝对差距＝最大值－最小值;相对差距＝最大值÷最小值。

(2) 中国内地的地区现代化的国际差距

如果按 1990～2005 年的年均增长率进行测算,21 世纪里中国内地的第二次现代化指数的国际差距会发生比较大的变化(表 3-77)。中国内地地区与高收入国家的最大差距可能会扩大,最小差距可能会缩小,平均差距先扩大后缩小。中国内地地区与世界平均值的最大差距可能会波动或缩小,最小

差距和平均差距都可能缩小。

表 3-77　中国内地的地区现代化的国际差距

项目	2005	2010	2020	2030	2040	2050	2060	2070	2080	2090	2100
与高收入国家的差距											
最大差距	72	77	88	100	116	136	159	186	216	252	294
最小差距	7	2	−20	−56	−110	−193	−316	−496	−758	−1183	−1918
平均差距	60	63	69	73	75	74	68	54	29	−12	−77
与世界平均值的差距											
最大差距	21	21	21	20	21	22	23	23	23	21	18
最小差距	−44	−54	−87	−135	−205	−307	−451	−658	−952	−1414	−2193
平均差距	9	7	2	−7	−20	−39	−68	−108	−164	−243	−353

注：第二次现代化指数按 1990～2005 年的年均增长率进行测算。最大差距＝高收入国家值（世界平均值）－中国地区的最小值。最小差距＝高收入国家值（世界平均值）－中国地区的最大值。平均差距＝高收入国家值（世界平均值）－中国平均值。

3. 中国的地区现代化的路径分析

地区现代化具有路径依赖性，路径选择受历史传统、起点水平和国际环境的影响。

一般而言，21 世纪中国地区现代化的路径选择有三种情况。首先，已经完成第一次现代化的地区，必然选择第二次现代化路径。其次，没有完成第一次现代化的地区，可以选择追赶现代化路径，先完成第一次现代化，后进行第二次现代化。其三，没有完成第一次现代化的地区，可以选择综合现代化路径，两次现代化协调发展。

不同地区可以根据自己的水平和客观条件，选择不同路径和不同模式。如果根据地区现代化的阶段和水平进行预测，那么，2005 年大约有 4 个地区选择第二次现代化路径，有 30 个地区可以选择追赶现代化路径或综合现代化路径；2020 年大约有 31 个地区可以选择第二次现代化路径，有 3 个地区可以选择综合现代化路径或追赶现代化路径；2050 年大约有 34 个地区可以选择第二次现代化路径。当然，如果已经选择了综合现代化路径，就有可能继续走综合现代化路径（图 3-5），尽管它可能在中途的某个时间完成了第一次现代化。

本 章 小 结

如果从 19 世纪 40 年代算起，中国现代化已经走过 160 多年历程，经历了现代化起步、局部现代化和全面现代化的三个阶段。从 19 世纪 40 年代到 21 世纪末的 260 年，无疑是中国人民为实现现代化而奋斗的 260 年。本章简要分析了中国现代化的历史、现实和前景，包括国家现代化、六个领域现代化和地区现代化的国际比较分析，加深了对中国现代化的长期性、复杂性和艰巨性的认识。全面总结中国现代化的历史经验需要专题研究。这里简要地谈几点认识。

首先，中国现代化的事实和前景。中国现代化是世界上人口规模最大的现代化，中国现代化的复杂性和艰巨性超过目前发达国家的总和。关于中国现代化的事实和前景的分析，只能是一种概览，不可能面面俱到。比较重要的事实包括：中国现代化的起点、终点、阶段、性质、特点、水平、模式、差距、速度、国际地位和国际追赶等；比较重要的前景包括：21 世纪中国现代化的目标、水平、排名、阶段、路径、概率和国际追赶等（表 3-78）。

表 3-78 中国现代化的事实和前景

号	中国现代化的事实(1840～2006 年)	中国现代化的前景(2010～2100 年)
1	中国现代化的起点:19 世纪中期(1840～1860 年)	中国现代化的目标(Ⅰ):2050 年左右基本实现现代化
2	中国现代化的终点:动态的,尚不能确定它的终点	中国现代化的目标(Ⅱ):21 世纪末全面实现现代化
3	中国现代化的进程:起步阶段、局部现代化、全面现代化	中国现代化的水平(Ⅰ):2020 年左右完成第一次现代化
4	中国现代化的特点:人口规模最大的现代化	中国现代化的水平(Ⅱ):2040 年左右超过世界平均水平
5	中国现代化的性质:第一次现代化为主	中国现代化的水平(Ⅲ):21 世纪末达到世界先进水平
6	中国现代化的类型:后发型、追赶型现代化	中国现代化的排名(Ⅰ):2020 年左右进入世界前 60 名
7	中国现代化的模式:很多时候为工业化优先模式	中国现代化的排名(Ⅱ):2050 年左右进入世界前 40 名
8	中国现代化的起步:比先行国家大约晚 100 年	中国现代化的排名(Ⅲ):21 世纪末进入世界前 20 名
9	中国现代化的追赶:从欠发达国家晋级初等发达国家	中国现代化的阶段(Ⅰ):2020 年左右进入第二次现代化
10	中国现代化的速度:15 年年均增长率 3.5%,超过世界平均	中国现代化的阶段(Ⅱ):21 世纪末完成第二次现代化
11	2006 年现代化阶段:第一次现代化的成熟期	中国现代化的概率:根据世界经验,21 世纪概率约 4%
12	2006 年现代化水平:初等发达国家水平	中国现代化的路径:综合现代化路径(运河战略)
13	2006 年现代化排名:世界第 70 位(在 131 个国家中)	中国现代化的追赶:21 世纪后期有可能赶上美国
14	2006 年现代化程度:第一次现代化已经完成 4/5	中国的经济现代化:21 世纪后期晋级经济发达水平
15	2006 年现代化程度:第二次现代化约为发达国家的 2/5	中国的社会现代化:21 世纪末晋级社会发达水平
16	2006 年现代化差距:人均国民收入最大差距约 30 倍	中国的国际现代化:2050 年左右国际竞争力进入世界前列
17	六个领域的现代化:经济和生态现代化为欠发达水平	中国的文化现代化:21 世纪后期文化生活晋级发达水平
18	中国现代化的分布:北方和南方相当,西部水平较低	中国的人的现代化:2050 年左右人类发展指数晋级发达水平
19	中国地区的现代化:2006 年 4 个地区进入第二次现代化	中国的生态现代化:21 世纪末生态现代化晋级发达水平
20	中国地区的现代化:2006 年京沪部分接近意大利水平	中国的地区现代化:21 世纪末过半地区晋级发达水平

注:现代化的速度指 1990～2005 年期间第二次现代化指数的年均增长率,中国约为 3.5%,高收入国家平均为 1.7%,中收入国家平均为 3.0%,低收入国家平均为 2.0%,世界平均约为 1.7%。2006 年现代化排名为中国第二次现代化指数在 131 个国家中的排名。2006 年人均国民收入的差距指中国值与 131 个国家的最大值的相对差距。中国现代化的概率的数值为 1900～2005 年的世界经验值。21 世纪后期一般指 2080 年前后。

① 中国现代化的事实。中国现代化起步大约是 19 世纪中叶,比先行国家大约晚了 100 年。中国现代化属于后发追赶型现代化,也是世界上人口规模最大的现代化。2006 年中国属于初等发达国家,第一次现代化完成了五分之四,第二次现代化水平约为发达国家的五分之二,第二次现代化指数在 131 个国家中排名第 70 位。中国现代化的分布不平衡,北方和南方水平大体相当,西部水平比较低;社会现代化水平比较高,经济和生态现代化水平比较低;中国的发达地区已经进入第二次现代化,北京和上海的部分指标已经达到或接近意大利水平。

② 中国现代化的前景。如果按 1990～2005 年的年均增长率估算,中国有可能在 2020 年前后完成第一次现代化,在 2040 年前后超过世界平均水平,在 21 世纪末达到世界先进水平;中国第二次现代化指数和关键指标的排名有可能在 2020 年左右进入世界前 60 名,在 2050 年左右进入世界前 40 年,在 21 世纪末进入世界前 20 名。由于 21 世纪具有很大不确定性,中国现代化同样存在风险;如果按照世界现代化的历史经验估算,中国 21 世纪晋级发达国家的概率约为 4%。中国需要加强现代化研究,寻求现代化的高效路径,大幅度提高实现现代化的概率。

③ 中国现代化的目标。根据邓小平同志的"三步走"发展战略,中国将在 2050 年左右达到中等发达国家水平,基本实现现代化。如果要达到发达国家水平,全面实现现代化,预计要到 21 世纪末。如果按 1990～2005 年的年均增长率估算,中国有可能在 2040 年左右达到中等发达国家水平。中国现代化的第三步战略目标有可能提前 10 年左右实现。

如果实现第三步战略目标,2050 年中国现代化水平大体如下:

经济现代化：人均国民收入超过 2 万美元，关键经济指标的排名进入世界前 40 名。

社会现代化：养老和医疗保险覆盖率达到 100%，城市化率和信息化率达到 80%左右。

政治现代化：建成民主、自由、平等和高效的政治文明，国际竞争力排名进入世界前 10 名。

文化现代化：文化生活超过世界平均水平，文化创新能力关键指标排名进入世界前 20 名。

人的现代化：大学普及率超 80%，预期寿命超 80 岁，人类发展指数排名进入世界前 20 名。

生态现代化：经济增长与环境退化完全脱钩，人居环境质量基本达到主要发达国家水平。

其次，中国现代化的历史启示。中国现代化的经验和教训是深刻的，中国现代化的成绩是有目共睹的，可以给人许多启示。其中，比较重要的启示有如下几点。

① 中国现代化是一种后发追赶型现代化。中国现代化的启动不是自发的，而是被迫的。这是现代化后发国家的一种普遍现象。这种现代化，学习和借鉴先行国家的知识和经验非常重要，但不可能重复先行者的老路，因为两者的国际环境和自身条件差别很大。

② 中国现代化遵循世界现代化的基本规律。中国现代化包含现代文明的形成、发展、转型和国际互动，包括文明要素的创新、选择、传播和退出，包括国际竞争和地位变化等，这些都是现代化的基本内涵。所以，现代化的基本原理同样适用于中国。一般而言，现代化既有共性原理，也有国家和领域的多样性。中国现代化既要遵循基本规律，也要适当保持自己的个性。

③ 中国现代化进程既有重大失误，也有成功案例(表 3-79)。从 18 世纪到 20 世纪的 300 年里，中国现代化错失了不少重大机遇，当然也有一些成功事例。错失的机遇主要包括：1793 年第一次工业革命扩散、1840～1860 年第二次工业革命启动、1895 年第二次工业革命扩散和 1945～1970 年的第三次产业革命(自动化和工业经济的黄金年代)等。成功的事例包括：1945 年联合国成立，中国加入联合国并成为常任理事国；1970～2000 年期间第四次产业革命(信息化)、知识经济和第二次现代化兴起，与中国实行改革开放政策的时间大致重合等。失去机遇加速了中国的衰落，抓住机遇促进了中国的复兴。

表 3-79 中国现代化进程的失误和成功事例

大致时间	世界发展机遇	中国历史事件	相关的结果
16～17 世纪	欧洲文艺复兴的传播	明朝的早期启蒙思想，资本主义兴起。以清代明，王朝循环，启蒙夭折	中国现代化启蒙延后约 200 年
1793 年	第一次工业革命扩散	英国使者访华，建立商贸关系，乾隆皇帝婉言拒绝	中国现代化启动延后约 70 年
1840～1860 年	第二次工业革命启动	清王朝的“自我陶醉”	中国工业化启动延后约 20 年
1895 年	第二次工业革命扩散	甲午战争的失败	中国工业化受到重大挫折
1937～1945 年		日本侵华战争	中国工业化倒退约 30 年
1945 年	联合国成立	中国加入联合国，并担任常任理事国	中国获得国际事务的话语权
1945～1970 年	第三次产业革命，黄金年代	中国的半开放政策，主要与苏联、东欧合作	中国失去工业经济的“黄金机遇”
(1966～1976 年)		(中国的“文化大革命”)	(中国现代化大约停滞 10 年)
1970～2000 年	第四次产业革命(信息革命)知识经济与第二次现代化	中国的改革开放	中国改革开放与第二次现代化兴起的时间基本重合

注：20 世纪 50 和 60 年代，以自动化为代表的第三次产业革命，被西方学者认为是工业经济的“黄金年代”。日本抓住这次“黄金机遇”，实现了战后的复兴。中国工业增加值比例，1914 年约为 14%，1936 年约为 16%，1946 年约为 11%(虞和平，2002)。日本的侵华战争，使 1946 年的中国工业化水平倒退到 1914 年前的水平。

④ 中国现代化的任务超过发达国家的总和，国际经验不足以解决中国问题。迄今为止，中国现代化是世界最大人口规模的现代化(表3-80)。2005年20个发达国家的总人口约8.2亿，西欧12个国家约3.3亿，美国约3亿，日本约1.3亿，中国约13亿。从人口规模的角度看，中国现代化的任务超过发达国家的总和，是西欧12个国家的4倍多，是美国的4倍多，是日本的10倍。在世界现代化的先行国家之中，没有一个国家具有中国的人口规模，没有一个国家具有中国的悠久历史。中国现代化的复杂性和艰巨性是前所未有的。世界现代化的先行国家的国际经验，不足以解决中国问题，中国现代化面临更多的挑战，需要深入研究和创新。

表3-80　中国现代化任务的国际比较(以人口为例)　　人口单位：百万

项目	1700	1820	1870	1900	1950	2000	2005	2020	2050	2100
中国	138	381	358	400	552	1263	1305	1431	1417	1181
美国	1	10	40	76	152	282	297	346	404	437
英国	9	21	31	38	50	60	60	65	72	64
德国	15	25	39	32	68	82	82	80	71	73
日本	27	31	34	44	84	127	128	124	102	90
印度	165	209	253	236	359	1016	1095	1367	1614	1458
西欧12国	69	114	162	178	257	323	329	347	380	461
高收入国家	—	—	—	—	—	988	1024	1128	1319	1581
世界	603	1041	1270	1565	2524	6077	6462	7675	9150	9064

注：1700～1950年的数据来自麦迪森(Madisson，1996，2001)，2000～2100年数据来自联合国(UN，2004，2009)。2020～2100年高收入国家人口是根据2005年的高收入国家的人口的预测数，21世纪高收入国家会发生变化。

⑤ 中国现代化面临双重压力，需要选择适合自己的路径。世界现代化进程分为第一次和第二次现代化，世界现代化是非线性的，第二次现代化是对第一次现代化的部分继承和发展、部分否定和转向。目前世界现代化是两次现代化并存。发达国家已经进入第二次现代化，发展中国家处于第一次现代化，但多少受到第二次现代化的影响。中国第一次现代化尚没有完成，但已经包含第二次现代化的要素，部分地区已经进入第二次现代化。中国面临完成第一次现代化的压力和加快进入并努力完成第二次现代化的压力。这是发达国家所没有面临的挑战。中国现代化只能选择适合自己的路径，综合现代化的运河战略将是一个合理选择。

⑥ 中国现代化面临资源挑战，需要扩大国际空间。现代化建设需要物质资源。迄今为止，实现现代化的国家的人口大约为10亿。10亿人口的现代化已经对世界资源和环境造成巨大压力。如果中国13亿人口要实现现代化，如果扣除知识经济对物质资源的替代效应，它对世界资源和环境的压力也是不可低估的。中国需要大力改善中国的国际环境，扩展中国的国际空间。

⑦ 中国现代化不能忽视制度和观念现代化。世界现代化不仅包括生活和结构的现代化，也包括制度和观念的现代化。在知识经济时代，知识、制度和观念的现代化更为重要。在过去的100多年里，在很多时候，中国现代化的模式大体属于工业化优先模式；从洋务运动以来，物质和技术层面的现代化受到持续重视，这是比较合理的；但是，制度和观念的现代化则波澜起伏，摇摆不定。制度和观念现代化的滞后的负面效应，会随着物质和技术现代化的推进而逐步显露，逐步成为影响中国现代化成败的关键因素。重视制度和观念现代化，已经成为不可回避的战略选择。

中国社会的封建观念历史悠久，消除封建意识的任务非常艰巨。如果不彻底消除封建观念，如果不真正解放思想和实事求是，中国现代化就难以完成。

⑧ 中国现代化不能忽视地区差距和文化多样性。世界现代化具有进程不同步性和多样性。在现代化过程中，地区和贫富差距的扩大是一种自然现象。但是，要实现现代化，就需要把地区和贫富差距控制在最小范围内。目前，中国地区发展不同步，地区和贫富差距还在扩大。中国是一个多民族国家，不同民族的文化具有不同特点。文化现代化是一种世界潮流，文化多样性同样是一种世界趋势。中国现代化需要理性面对发展不同步性和文化多样性，在发展先进主流文化的同时，尊重和保护文化多样性，缩小地区和贫富差距，建设和谐社会。

⑨ 中国现代化的政策目标需要与时俱进。在 20 世纪 50 年代早期，中国现代化的政策目标是建设工业化强国。在 20 世纪 60～70 年代，中国现代化的政策目标是实现“四个现代化”，包括农业现代化、工业现代化、国防现代化和科学技术现代化。在 20 世纪 80 年代，中国现代化的政策目标是“三步走”战略目标，1990 年人均国民收入比 1980 年翻一番，2000 年人均国民收入比 1990 年翻一番，2050 年前后达到中等发达国家水平，基本实现现代化。在 21 世纪，中国现代化的政策目标包括，在 2050 年基本实现现代化，在 21 世纪末全面实现现代化。全面实现现代化，不仅要求国家整体水平达到世界先进水平，而且要求六个领域的现代化，包括经济现代化、社会现代化、政治现代化、文化现代化、人的现代化和生态现代化。

⑩ 中国现代化既是一种世界潮流，也是一种民族复兴。在 1700～2100 年期间，中国的国际地位经历下降和上升两个阶段，从相对衰落走向伟大复兴(表 3-81)。1700 年中国人均 GDP(PPP)排名世界第 18 位(如果爱尔兰和希腊不参加排名，中国排第 16 位)。2100 年中国现代化水平的排名有可能进入世界前 20 名。如果说，18 和 19 世纪是中国衰落的 200 年，那么，20 世纪是中国觉醒的 100 年，21 世纪将是中国复兴的 100 年。21 世纪将是中国伟大复兴的世纪！

表 3-81 1700～2100 年中国的相对衰落和伟大复兴

项目	1700	1820	1900	1950	1980	2000	2005	2020	2040	2050	2080	2100
人均 GDP												
中国	600	600	652	439	380	1935	2968	6207	16 600	27 147	118 725	317 510
中国水平	2	3	4	4	4	4	4	3	2	2	1	1
中国排名	18	48	71	99	97	79	74	59	41	35	14	8
国家总数	104	104	104	104	100	129	130	130	130	130	130	130
人均 GNI												
中国	—	—	—	48	220	930	1740	5550	26 058	56 463	574 439	2 697 090
中国水平	—	—	—	4	4	4	4	4	2	2	1	1
中国排名	—	—	—	46	87	75	70	59	42	36	25	19
国家总数	—	—	—	48	90	129	128	129	129	129	129	129
FMI												
中国	—	—	—	26	54	76	86	100	100	100	100	100
中国水平	—	—	—	4	4	3	3	3	—	—	—	—
中国排名	—	—	—	52	69	80	69	—	—	—	—	—
国家总数	—	—	—	57	110	131	131	131	131	131	131	131
SMI												
中国	—	—	—	—	25	31	40	67	133	189	535	1071
中国水平	—	—	—	—	3	3	3	3	2	2	1	1
中国排名	—	—	—	—	78	78	71	48	40	33	24	20
国家总数	—	—	—	—	122	131	131	131	131	131	131	131

（续表）

项目	1700	1820	1900	1950	1980	2000	2005	2020	2040	2050	2080	2100
IMI												
中国	—	—	—	—	18	30	37	56	99	132	308	544
中国水平	—	—	—	—	4	3	3	3	2	2	1	1
中国排名	—	—	—	—	117	88	79	63	45	39	25	16
国家总数	—	—	—	—	129	131	131	131	131	131	131	131

注：人均 GDP 的单位为按购买力平价(PPP)1990 年不变价格计算的国际美元，1700～1900 年有些国家人均 GDP(PPP)的数值采用所在地区的平均值代表。如果爱尔兰和希腊不参加排名，1700 年中国人均 GDP(PPP)的世界排名为第 16 位。人均 GNI 为人均国民收入，单位为当年价美元。FMI 为第一次现代化程度。SMI 为第二次现代化指数。IMI 为综合现代化指数。2005～2100 年的数据是根据 1990～2005 年的年均增长率进行测算的结果。1700 年中国经济水平排名世界第 18 位；如果爱尔兰和希腊不参加排名，中国排名第 16 位。2100 年中国现代化水平排名预计进入世界前 20 名。国家水平分组：4 代表欠发达水平；3 代表初等发达水平；2 代表中等发达水平；1 代表发达水平。

历史是人类创造的，未来是人类谱写的。在 18 世纪以前，中华民族创造了辉煌历史；在欧洲中世纪的千年里(约公元 500～1500 年)，中国走在世界前列。18 世纪是世界现代化的分水岭；随着工业文明的崛起，中国农业文明逐步走向衰落。在 19～20 世纪，中国成为世界工业文明的落伍者。在农业文明时代，中华民族是农业文明的一个创造者。在工业文明时代，中华民族是工业文明的一个学习者。在知识文明时代，中华民族将成为知识文明的开拓者。21 世纪将是中华文明全面振兴的世纪，将是中华民族伟大复兴的世纪。

21 世纪必将因中华民族的伟大复兴而光彩夺目。请为这个伟大时代贡献一份力量！

下　篇

世界和中国现代化评价

世界是变化的。世界现代化的变化包括国家的兴衰。通过对世界现代化进程的客观评价，可以动态监测世界和中国现代化进程。在《中国现代化报告》前九本报告中，我们提出了国家、地区、经济、社会、文化、生态和国际现代化的评价方法，建立了世界现代化指数等。本报告重点研究世界现代化过程的人类发展评价，建立新人类发展指数等(图二)。

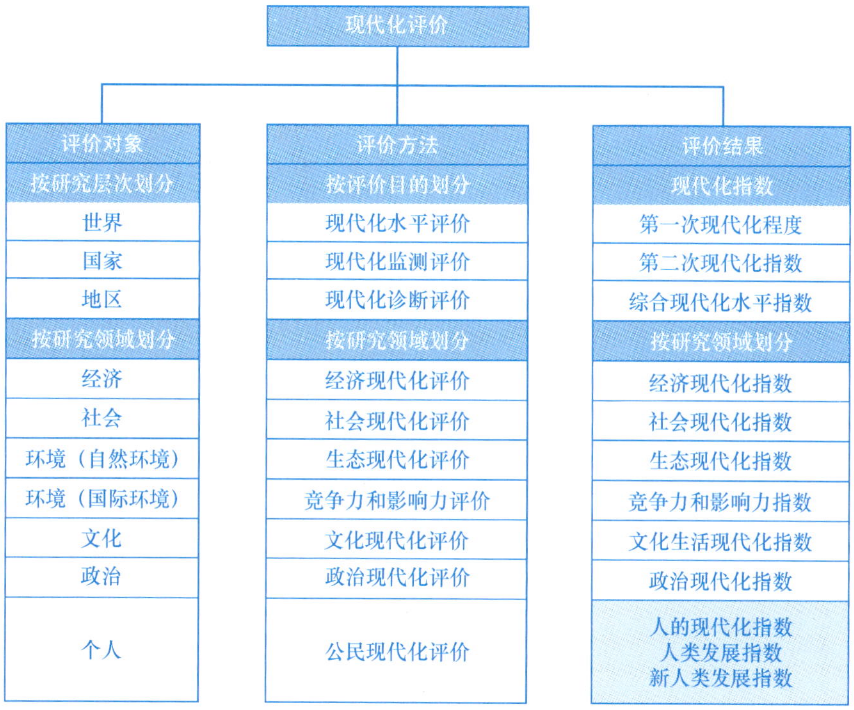

图二　现代化评价的结构

注：现代化水平评价主要反映国家现代化的实际进展和国际相对水平，现代化监测评价主要反映国家现代化的政策目标的实际进展，现代化诊断评价反映国家现代化过程中的优劣和得失；第一次现代化程度主要反映工业化和城市化的实际水平，第二次现代化指数主要反映知识化和信息化的实际水平，综合现代化指数主要反映现代化水平的国际相对差距；各领域的现代化评价，反映该领域现代化的实际进展和国际相对水平；本报告没有包含政治和国防等的现代化，这些内容需要专门研究。人的现代化指数，需要专题研究。

《中国现代化报告》是一个年度系列报告，它将连续评价和动态监测世界现代化进程和趋势，为那些希望成为赢家和希望保持优势的国家提供一面数字化“镜子”。虽然目前这面镜子还不够明亮，但可以大致照出她们的“现代化倩影”，而且我们将不断改进和完善这面镜子的功能。

目前现代化指数主要反映现代化在经济、社会、文化和环境等四个领域的综合成就和相对水平。事实上，现代化不仅包括这四个领域的变化，还包括政治等领域的变化。所以，现代化指数只是反映了现代化的部分内容，而不是全部。在引用现代化指数时需要对此特别注意。1990 年联合国开发计划署建立了人类发展指数。为适应 21 世纪的新特点，本报告提出了新人类发展指数，反映人类发展在寿命、知识、信息、环境和富裕生活五个方面的平均成就。

第四章　世界现代化的人类发展评价

- 人类发展水平的定量评价
  - UNDP 的 HDI 评价
    - HDI 的评价原理
    - HDI 的历史演变
    - HDI 的局限性
  - HDI_N的评价方法
    - HDI_N的评价思路
    - HDI_N的评价模型
    - HDI_N与 HDI 的比较
- 世界范围的 HDI_N
  - 世界主要国家的 HDI_N
    - HDI_N的世界先进水平和排名
    - HDI_N的亚洲先进水平和排名
    - HDI_N的发展速度
    - HDI_N的国际差距
    - HDI_N的国际追赶
    - HDI_N的国际结构
  - HDI_N与其他指标的比较
    - HDI_N等六个指标的国家水平比较
    - HDI_N等六个指标的世界排名比较
    - HDI_N等六个指标的发展速度比较
    - HDI_N等六个指标的国际差距比较
    - HDI_N等六个指标的国际追赶比较
    - HDI_N等六个指标的国际结构比较
- 中国范围的 HDI_N
  - 中国的 HDI_N
    - 中国 HDI_N的国家水平和排名
    - 中国 HDI_N的发展速度
    - 中国 HDI_N的国际差距
    - 中国 HDI_N的国际追赶
  - 中国地区的 HDI_N
    - 中国地区 HDI_N的水平和排名
    - 中国地区 HDI_N的发展速度
    - 中国地区 HDI_N的地区差距
    - 中国地区 HDI_N的国际差距
    - 中国地区 HDI_N与 HDI 的比较

图 4-1　第四章内容提要

注：HDI_N为新人类发展指数，HDI 为人类发展指数，UNDP 为联合国开发计划署。

人是人类文明的创造者，也是现代化的建设者。在现代化过程中，人的发展和现代化处于核心地位。关于人的发展和现代化已有大量研究。本章讨论世界现代化的人类发展评价。

世界现代化的人类发展评价，是人的现代化评价的一个重要课题。一般而言，人的现代化评价可以在国家层次和个体层次进行。在国家层次上，可以利用统计数据进行评价；在个体层次上，需要进行问卷调查，而且受文化因素影响更大。1990 年以来联合国开发计划署发布的人类发展指数(HDI)，是人类发展评价的一项重要成果，可以作为国家层次的个人现代化评价的一个重要指标。当然，关于人的现代化评价和人的现代化指数，仍然需要专题研究①。

第一节 人类发展水平的定量评价

在世界现代化研究中，人的现代化研究是现代化研究的一个重要领域，人的现代化评价是现代化评价的一个重要内容，人类发展水平的定量评价可以作为人的现代化的定量评价的一个重要指标。从现代化研究角度考虑，人类发展评价可以与现代化评价相协调。

在 18～21 世纪期间，世界现代化大致可以分为两个阶段：第一次现代化是从农业文明向工业文明的转变，包括从农业经济向工业经济、农业社会向工业社会、农业文化向工业文化的转型等；第二次现代化是从工业文明向知识文明、物质文明向生态文明的转变，包括从工业经济向知识经济、工业社会向知识社会、物质文化向生态文化的转型等。在两次现代化过程中，个人现代化的内容和特点是不同的。联合国开发计划署 1990 年推出的人类发展指数，比较适合第一次现代化过程的个人现代化，能够反映工业经济时代的人类发展水平，不太适合第二次现代化过程的个人现代化，不能完全反映知识经济时代的人类发展特点。为适应第二次现代化和知识经济的世界潮流和时代需要，我们提出一个“新人类发展指数”，供大家讨论和参考。

一、联合国开发计划署的人类发展指数评价

1990 年联合国开发计划署出版首份《人类发展报告》，提出人类发展指数(HDI)。1990 年以来，联合国开发计划署先后提出了人类贫困指数(HPI)、性别发展指数(GDI)(表 4-1)和性别赋权尺度(GEM)的评价体系。下面重点讨论人类发展指数的评价原理和方法。

表 4-1 人类发展指数、人类贫困指数和性别发展指数的指标结构

指数	健康长寿的生活	知识	体面的生活	参与或排斥
人类发展指数	出生时预期寿命	成人识字率、综合入学率	人均 GDP(PPP)	
发展中国家的人类贫困指数	预期寿命低于 40 岁的人	成人文盲率	非安全饮水人口比例 5 岁以下体重不足儿童比例	
发达国家的人类贫困指数	预期寿命低于 60 岁的人	功能性文盲比例	国家贫困人口比例	长期失业率
性别发展指数	男女预期寿命的不平等	男女识字率、男女综合入学率	男女收入的不平等	

① 关于人类发展指数、世界现代化指数和个人现代化指数的差别，可能会见仁见智，需要专题研究。我们认为，人类发展指数(HDI)是对人类自身的发展成就的一种评价，主要反映人类自身的发展水平；世界现代化指数是对人类取得的成就的一种评价，反映人类的创造物的发展水平；个人现代化指数是对人的现代化的一种评价，反映世界现代化在个人领域的发展水平。个人现代化指数不仅要反映人类自身的发展水平，还要反映与人类自身发展相关的物质、结构、制度和观念的发展水平。从这个意义上说，人类发展指数可以作为个人现代化评价的一个重要指标，当然也是世界现代化评价的一个重要指标。迄今为止，关于人类发展研究和世界现代化研究，都没有统一认识。一般而言，现代化研究包括经济、社会、政治、文化、个人和环境六个领域的现代化研究，个人现代化研究是现代化研究的一个重要领域，个人现代化评价是现代化评价的一个重要课题。

1. 人类发展指数的评价原理

HDI 是对人类发展成就的总括衡量。它衡量一个国家在人类发展的三个基本方面的平均成就：① 健康长寿的生活，用出生时预期寿命来表示；② 知识，用成人识字率（占 2/3 的权重）以及小学、中学和大学综合毛入学率（占 1/3 的权重）来表示，③ 体面的生活水平，用人均 GDP(PPP) 来表示（表 4-2）。每个方面的成就表示成 0～1 之间的数值，HDI 是三个方面的指数（预期寿命、教育和 GDP 指数）的简单平均值（UNDP，2002）。

表 4-2 人类发展指数的评价模型

指标	最大值	最小值	计算方法
预期寿命/岁	85	25	预期寿命指数＝(实际值－25)÷(85－25)
成人识字率/(%)	100	0	成人识字率指数＝(实际值－0)÷(100－0)
综合入学率/(%)	100	0	综合入学率指数＝(实际值－0)÷(100－0)
教育指数	1	0	教育指数＝(2×成人识字率指数＋综合入学率指数)÷3
人均 GDP(PPP)	40 000	100	GDP 指数＝(log 实际值－log100)÷(log40 000－log100)
人类发展指数	1	0	HDI＝(预期寿命指数＋教育指数＋GDP 指数)÷3

注：人均 GDP(PPP) 为按购买力平价计算的人均国内生产总值，评价时采用取对数(log)后的数值。

联合国开发计划署认为，实现体面的人类生活水平并不需要无限多的收入，所以可以对收入进行调整。在计算 GDP 指数时，采用人均 GDP 取对数后的数值进行计算（UNDP，2002）。

2. 人类发展指数的历史演变

在 1990～1999 年期间，人类发展指数的评价方法在不断调整（表 4-3）。其中，评价指标有 3 个版本，预期寿命评价有 2 个版本，教育成就评价有 4 个版本，GDP 评价有 5 个版本，HDI 评价有 2 个版本。1994 年的调整是一次全面调整，1999 年以来 HDI 评价方法就基本稳定了。

表 4-3 人类发展指数的评价方法的演变

项目	内容和方法的变化			
评价指标	1990 年	1991～1993 年	1994～2008 年	
	预期寿命、成人识字率、人均 GDP(PPP)	预期寿命、成人识字率、平均受教育年数、人均 GDP(PPP)	预期寿命、成人识字率、综合入学率、人均 GDP(PPP)	
预期寿命指数	1990～1993 年		1994～2008 年	
	差距指数＝(当年最大值－实际值)÷(当年最大值－当年最小值)		预期寿命指数＝(实际值－25)÷(85－25)	
教育指数	1990～1991 年	1992～1993 年	1994 年	1995～2008 年
	差距指数＝(100－实际值)÷(100－当年最小值)	差距指数＝(最大值－实际值)÷(最大值－最小值)，教育成就：最大值＝3，最小值＝0	单项指数＝(实际值－最小值)÷(最大值－最小值)；教育指数＝(2×成人识字率指数＋平均受教育年数指数)÷3	单项指数＝(实际值－0)÷(100－0)；教育指数＝(2×成人识字率指数＋综合入学率指数)÷3

（续表）

<table>
<tr><th>项目</th><th colspan="5">内容和方法的变化</th></tr>
<tr><td rowspan="2">GDP 指数</td><td>1990 年</td><td>1991～1993 年</td><td>1994 年</td><td>1995～1998 年</td><td>1999～2008 年</td></tr>
<tr><td>差距指数＝（log 当年最大值－log 实际值）÷（log 当年最大值－log 当年最小值）</td><td>差距指数＝（最大值的调整值－实际值的调整值）÷（最大值的调整值－最小值的调整值）；根据国家贫困线调整</td><td>GDP 指数＝（实际值－200）÷（最大值的调整值－200）；最大值＝40 000PPP；最大值和实际值超过世界平均值时进行调整</td><td>GDP 指数＝（实际值－100）÷（最大值的调整值－100）；最大值＝40 000PPP；最大值和实际值超过世界平均值时进行调整</td><td>GDP 指数＝（log 实际值－log100）÷（log40 000－log100）</td></tr>
<tr><td rowspan="2">人类发展指数</td><td colspan="2">1990～1993 年</td><td colspan="3">1994～2008 年</td></tr>
<tr><td colspan="2">平均差距指数＝（寿命差距指数＋教育差距指数＋GDP 差距指数）÷3，
HDI＝1－平均差距指数</td><td colspan="3">HDI＝（预期寿命指数＋教育指数＋GDP 指数）÷3</td></tr>
</table>

注：1994 年，成人识字率：最大值＝100，最小值＝0；平均受教育年数：最大值＝15，最小值＝0。

参考资料：联合国开发计划署历年的《人类发展报告》。

3. 人类发展指数的局限性

人类发展指数具有突出的优点，如方法简明、数据可获取、内涵比人均 GDP 更丰富等。

随着人类发展水平的提高和信息革命的兴起，人类发展指数评价模型的局限性开始显现。

首先，人类发展水平提高带来的人类发展指数评价模型的局限性（表 4-4）。随着人类发展水平的提高，有些指标的数值逐步接近或达到饱和值，有些原定的评价基准被超过。

表 4-4　2006 年人类发展指数的评价指标的解析

项目	寿命/岁	成人识字率/（%）	综合入学率/（%）	小学入学率/（%）	中学入学率/（%）	大学入学率/（%）	人均 GDP（PPP）	log（人均 GDP）
高收入国家	79	99	92	101	101	67	35 062	4.54
中收入国家	71	91	73	109	66	22	6649	3.82
低收入国家	60	64	55	97	42	6	1949	3.29
世界平均	68	81	67	105	66	25	9316	3.97
实际最大值	82	100	114	140	150	95	51 862	4.71
实际最小值	41	23	26	51	11	1	281	2.45
相对差距	2.0	4.4	4.5	2.8	13.4	189.8	184.6	1.9
超过 100%的国家		0	5	72	20	0		
超过 90%的国家		70	24	104	41	3		
超过 80%的国家		88	43	108	60	5		
国家总数	131	129	131	116	101	93	130	

注：人均 GDP（PPP）的单位为按购买力平价计算的国际美元。相对差距＝实际最大值÷实际最小值。超过 90%的国家中，包括超过 100%的国家。超过 80%的国家中，包括超过 90%和 100%的国家。

预期寿命：1980 年最大值约为 76 岁，2006 年约为 82 岁。

成人识字率：70 个国家超过 90%，接近饱和。这些国家评价结果对指标变化不敏感。

综合入学率：综合指标，涉及小学、中学和大学入学率 3 个指标。

小学入学率：72 个国家超过 100%，已经饱和；32 个国家为 90%～99%，接近饱和。

中学入学率：20 个国家超过 100%，已经饱和；21 个国家为 90%～99%，接近饱和。

大学入学率：3 个国家超过 90%，2 个国家为 80%～89%。

人均 GDP(PPP)：5 个国家超过 40 000 国际美元。

如果要保持人类发展指数评价的灵敏性，有些评价指标和评价方法就可能需要调整。

① 教育指标的调整。成人识字率指标的评价敏感性比较低。综合入学率指标中，72 个国家的小学入学率已经饱和，41 个国家的中学入学率已经或接近饱和，3 个国家的大学入学率接近饱和；大学入学率指标的评价敏感性比较高。

② 预期寿命指标的调整。如果继续把 85 岁设为最大值，标准偏低。

③ 人均 GDP(PPP)指标的调整。5 个国家人均 GDP(PPP)已经超过 40 000 国际美元。如果继续把 40 000 国际美元设为最大值，标准偏低。采用对数方法将人均 GDP(PPP)的相对差距从 184 压缩到 2 是否合适，需要进一步研究。体面生活不需要无限多的收入，但生活水平差距是客观存在的。

其次，信息革命兴起带来的人类发展指数评价模型的局限性。信息革命和知识经济的兴起，已经并在继续改变人类的生活方式和基本观念。人类的新发展提出了评价的新要求。

① 信息化成为世界潮流。不会使用互联网的人，他的个人发展水平是有限的。

② 绿色化成为国际共识。环境保护和生态建设，已经得到国际社会的广泛认同。

③ 知识化成为发展前沿。高等教育从大众化走向普及化，知识产业已经超过物质产业。

目前的人类发展指数评价指标，没有包括信息指标和环境指标；知识指标重点不突出，高等教育指标隐含在综合入学率指标之中。

二、新人类发展指数的评价方法

21 世纪将是知识经济占主导地位的世纪。21 世纪的人类发展，必然反映知识化、信息化、绿色化和全球化的时代特征；人类发展水平的定量评价，必然要适应新的时代需求。

1. 新人类发展指数的评价思路

21 世纪的人类发展水平的定量评价，可以沿用联合国开发计划署的人类发展指数评价的基本思路，但需要作四个方面的调整：评价原理、评价指标、评价基准和评价方法。

首先，评价原理的调整。新人类发展指数衡量一个国家在人类发展的五个基本方面的平均成就：① 健康长寿的生活，用出生时预期寿命来表示；② 知识普及，用大学普及率来表示，③ 信息共享，用互联网普及率来表示；④ 环境改善，用生活废水处理率来表示；⑤ 富裕的生活水平(高质量的生活或优质的生活)，用人均购买力(按购买力平价 PPP 计算的人均国民收入)来表示(图 4-2)。每个方面的成就表示成 0～100 之间的数值，新人类发展指数是五个方面的指数(寿命、知识、信息、环境和购买力指数)的简单平均值。

其次，评价指标的调整。评价指标调整从 5 个方面考虑(表 4-5)。① 经济方面。从体面生活调整为富裕生活(优质生活)，用人均购买力指标代替人均 GDP(PPP)指标。② 社会方面。仍然采用健康长寿的生活，仍然用出生时预期寿命来表示。③ 知识方面。知识普及用大学普及率来表示，代替原来的成人识字率和综合入学率指标。④ 信息方面。新增加的指标，信息共享用互联网普及率来表示。⑤ 环境方面。新增加的指标，环境改善用生活废水处理率来表示。许多环境指标的变化，具有倒 U 形曲线的特点；虽然它们很重要，但不适合作定量评价指标。

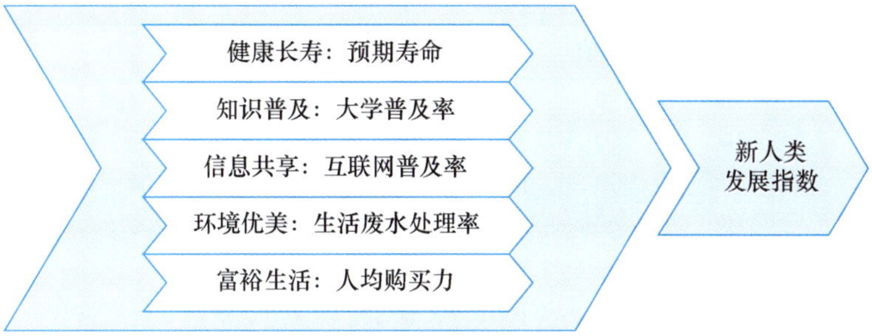

图 4-2　新人类发展指数的结构示意图

表 4-5　新人类发展指数和其他 4 个指数的评价指标

方面	人类发展指数	新人类发展指数	第一次现代化程度	第二次现代化指数	综合现代化指数
经济	人均 GDP(PPP)	人均购买力	人均国民收入 农业劳动力比例 农业增加值比例 服务业增加值比例	人均国民收入 人均购买力 物质产业增加值比例 物质产业劳动力比例	人均国民收入 人均购买力 服务业增加值比例 服务业劳动力比例
社会	预期寿命	预期寿命	预期寿命 城市人口比例 医生比例 婴儿死亡率	预期寿命 城市人口比例 医生比例 婴儿死亡率	预期寿命 城市人口比例 医生比例
知识	成人识字率 综合入学率	大学普及率	成人识字率 大学普及率	中学普及率 大学普及率 科技投入比例 科技人员比例 发明专利比例	大学普及率 科技投入比例 发明专利比例
信息		互联网普及率		电视普及率 互联网普及率	互联网普及率
环境		生活废水处理率		人均能源消费	生态效率

注：人均购买力为按购买力平价(PPP)计算的人均国民收入。综合入学率、中学普及率和大学普及率，可作为社会领域的教育指标，也可作为文化领域的知识指标。生态效率暂时采用单位能耗所产生的 GDP 代替。

其三，评价基准的调整。大体而言，1 个指标的基准需要调整，4 个指标的基准需要设立。

① 预期寿命的基准，最大值调整为 90 岁，最小值调整为 30 岁。

② 大学普及率、互联网普及率和生活废水处理率的基准，最大值为 100%，最小值为 0。

③ 人均购买力的基准，最大值为 60 000 国际美元，最小值为 200 国际美元。

其四，评价方法的调整。计算方法沿用人类发展指数的思路，但所有指标都采用原值评价。

2. 新人类发展指数的评价模型

综合前面的分析，可以提出新人类发展指数的评价模型(表 4-6)。新人类发展指数等于预期寿命、知识普及、信息共享、环境质量和购买力指数的算术平均数；5 个单项指数(预期寿命、知识普及、信息共享、环境质量和购买力指数)的权重相等，都为 1/5。

表 4-6 新人类发展指数的评价模型

指标	最大值	最小值	计算方法
预期寿命/岁	90	30	寿命指数＝100×(实际值－30)÷(90－30)
大学普及率/(%)	100	0	知识普及指数＝100×(实际值－0)÷(100－0)
互联网普及率/(%)	100	0	信息共享指数＝100×(实际值－0)÷(100－0)
生活废水处理率/(%)	100	0	环境质量指数＝100×(实际值－0)÷(100－0)
人均购买力/国际美元	60 000	200	购买力指数＝100×(实际值－200)÷(60 000－200)
新人类发展指数	100	0	HDI_N＝(寿命指数＋知识指数＋信息指数＋环境指数＋购买力指数)÷5

注：预期寿命 90 岁和人均购买力 60 000 国际美元大约相当于 2020 年高收入国家的平均水平。人均购买力为按购买力平价(PPP)计算的人均国民收入。目前，生活废水处理率的统计数据比较难获取。在实际评价时，有数据的国家如 OECD 国家，可以直接采用生活废水处理率；没有数据的国家，可以暂时采用城市人口比例的 60%代替，它隐含的假设是 60%的城市人口的生活废水得到处理；这是一个估计值，会带来一定的系统误差。

3. 新人类发展指数和人类发展指数的比较

人类发展指数和新人类发展指数都是关于人类发展水平的一种定量评价模型。两者有很多的相似之处，也有一些不同之处。相似之处包括基本思路、评价指标、评价基准和计算方法等，不同之处包括评价原理、评价指标、评价基准和计算方法等(表 4-7)。

表 4-7 新人类发展指数与人类发展指数的比较

项目	相似之处	不同之处	
	两者的共同特点	人类发展指数的特点	新人类发展指数的特点
评价思路	衡量几个方面的平均成就	3 个方面	5 个方面
评价原理	关注健康寿命、知识和生活水平	健康寿命、教育成就和体面生活	健康寿命、知识普及、信息共享、环境改善、富裕生活
评价指标	指标数比较少，1 个指标相同	4 个指标，其中 3 个不同于 HDI_N	5 个指标，其中 4 个不同于 HDI
评价基准	设有最大值和最小值	寿命最大值 85，最小值 25 人均 GDP 最大值 40 000，最小值 100	寿命最大值 90，最小值 30 人均购买力最大值 60 000，最小值 200
权重	采用加权方法	3 个方面权重相等，各占 1/3 预期寿命的权重为 1/3 体面生活的权重为 1/3 教育指数，内部权重不同	5 个方面权重相等，各占 1/5 预期寿命的权重为 1/5 富裕生活的权重为 1/5
单项计算	单项指数的计算方法相似(见注释)	GDP 指数采用对数值计算	购买力指数采用原值计算
综合评价	发展指数的评价方法相似	HDI＝3 个指数的简单平均值	HDI_N＝5 个指数的简单平均值

注：单个指标的指数的计算方法：(实际值－最小值)÷(最大值－最小值)，最大值和最小值是事先设立的。

在人类发展指数中，健康寿命、教育成就和体面生活(人均 GDP)的权重各占 1/3。在新人类发展指数中，健康寿命、知识普及、信息共享、环境改善和富裕生活(优质生活，人均购买力)的权重各占 1/5。新人类发展指数与人类发展指数相比，物质生活(人均 GDP 或人均购买力)和预期寿命的权重下降了，从 1/3 下降到 1/5；知识普及(大学普及率)的权重增加了，从不到 1/9(人类发展指数中综合入学率的权重为 1/9，大学入学率是综合入学率的组成部分)上升到 1/5；信息共享和环境改善是新增加的。

通俗地说，新人类发展指数与人类发展指数相比，物质生活和预期寿命的重要性下降了，知识、信息和环境的重要性上升了；或者说，物质生活的重要性下降了，精神生活的重要性上升了。当然，这并不是说物质生活和预期寿命不重要，而是说在新的历史时期它们对新的人类发展的重要性相对下降了。也许，这是“边际收益递减”的一种表现形式。

在一定程度上，人类发展指数与新人类发展指数的关系，与第一次现代化程度和第二次现代化指数的关系大致相当。一个反映第一次现代化过程中的人类发展水平和国家现代化程度，一个反映第二次现代化过程中的人类发展水平和国家现代化水平。

人类发展指数的英文翻译为 Human Development Index，简称 HDI。新人类发展指数的英文翻译为 Human Development Index in new vision，即人类发展指数的新版本，英文简称 HDI_N。

第二节 世界范围的新人类发展指数

利用世界银行的世界发展指标数据（World Bank，2009），我们开展了世界 131 个国家 1990～2007 年的新人类发展指数评价（附录三）。现将评价结果报告如下。

一、世界主要国家的新人类发展指数

1. 新人类发展指数的世界先进水平和排名

2007 年在参加评价的 131 个国家中，新人类发展指数位居世界前 10 名的国家分别是：挪威、芬兰、荷兰、丹麦、瑞典、美国、韩国、瑞士、英国和新西兰（表 4-8）；新人类发展指数位居世界后 10 位的国家分别是：乌干达、乍得、布基纳法索、刚果民主共和国、中非共和国、卢旺达、莱索托、马拉维、莫桑比克和布隆迪。

表 4-8 1980～2007 年新人类发展指数的世界先进水平和排名

国家	HDI_N				世界排名			
	1980	1990	2000	2007	1980	1990	2000	2007
挪威	38	51	62	82	32	12	7	1
芬兰	46	57	64	79	13	7	3	2
荷兰	49	60	65	79	6	2	2	3
丹麦	47	60	62	78	9	3	6	4
瑞典	52	59	65	78	3	4	1	5
美国	55	65	64	77	1	1	4	6
韩国	26	41	59	76	65	28	13	7
瑞士	48	59	64	75	8	5	5	8
英国	47	55	60	74	10	9	10	9
新西兰	43	46	61	71	18	20	8	10
高收入国家	44	57	59	72				
中收入国家	21	24	22	28				
低收入国家	18	15	13	15				
世界平均	24	27	25	31				

注：1980 年和 1990 年没有信息共享指数的数据，影响评价结果的历史可比性。1980 年和 1990 年有些国家没有人均 GNI(PPP)数据，评价结果可能高估了它们的发展水平。

在 1980～2007 年期间，挪威新人类发展指数的世界排名从第 32 位上升到第 1 位，芬兰从第 13 位上升到第 2 位，荷兰从第 6 位上升到第 3 位，丹麦从第 9 位上升到第 4 位，韩国从第 65 位上升到第 7 位；美国从第 1 位下降到第 6 位，加拿大从第 2 位下降到第 13 位，瑞典从第 3 位下降到第 5 位，德国从第 4 位下降到第 11 位。

在 1980～2007 年期间，新人类发展指数的数值提高的国家大约有 99 个，约占 131 个国家的 76%；数值下降的国家约有 26 个，约占 16%；数值不变的国家约有 6 个，约占 4%。

2007 年在 131 个国家中，人类发展指数的世界前 10 名国家分别是：挪威、澳大利亚、加拿大、爱尔兰、荷兰、瑞典、法国、瑞士、日本、芬兰(UNDP, 2009)。有 5 个国家同时进入人类发展指数和新人类发展指数的世界前 10 名，它们是挪威、芬兰、荷兰、瑞典和瑞士。

2. 新人类发展指数的亚洲先进水平和排名

2007 年新人类发展指数位居亚洲前 10 名的国家是：韩国、日本、新加坡、科威特、以色列、黎巴嫩、马来西亚、沙特阿拉伯、土耳其和约旦(表 4-9)。2007 年人类发展指数排亚洲前 10 位的国家分别是：日本、新加坡、韩国、以色列、科威特、沙特阿拉伯、马来西亚、土耳其、哈萨克斯坦和黎巴嫩。

表 4-9　1980～2007 年新人类发展指数的国家水平和亚洲排名

亚洲	HDI_N				亚洲排名			
	1980	1990	2000	2007	1980	1990	2000	2007
韩国	26	41	59	76	16	5	1	1
日本	38	48	54	68	7	1	3	2
新加坡	37	45	54	67	9	4	2	3
科威特	43	48	45	56	2	2	5	4
以色列	42	47	48	54	3	3	4	5
黎巴嫩	45	38	35	46	5	10	6	6
马来西亚	24	28	34	45	21	19	8	7
沙特阿拉伯	32	36	34	43	15	11	7	8
土耳其	15	21	25	38	27	25	18	9
约旦	27	31	30	37	17	13	9	10
亚洲最大值	45	48	59	76				
亚洲最小值	9	13	12	14				
亚洲差距	36	35	47	62				
亚洲平均	27	28	27	33				

3. 新人类发展指数的发展速度

在 1980～2007 年期间，新人类发展指数的年均增长率最高的国家分别是：韩国、土耳其、葡萄牙、希腊、西班牙、挪威、匈牙利、爱尔兰、奥地利和比利时；在亚洲国家中，新人类发展指数的年均增长率最高的国家分别是：韩国、土耳其、马来西亚、中国、新加坡、日本、印度尼西亚、尼泊尔、孟加拉国和伊朗(表 4-10)。

表 4-10　1980～2007 年新人类发展指数的年均增长率

国家	1980～2000	2000～2007	1980～2007	排名	亚洲国家	1980～2000	2000～2007	1980～2007	排名
韩国	4.1	3.8	4.0	1	韩国	4.1	3.8	4.0	1
土耳其	2.6	6.4	3.6	2	土耳其	2.6	6.4	3.6	2
葡萄牙	3.2	4.0	3.4	3	马来西亚	1.8	4.0	2.4	3
希腊	2.7	4.5	3.2	4	中国	0.7	7.2	2.3	4
西班牙	2.8	3.3	2.9	5	新加坡	1.9	3.0	2.2	5
挪威	2.5	4.2	2.9	6	日本	1.7	3.6	2.2	6
匈牙利	1.5	6.8	2.8	7	印度尼西亚	1.8	3.1	2.2	7
爱尔兰	2.1	4.1	2.6	8	尼泊尔	1.6	3.2	2.0	8
奥地利	2.5	2.2	2.4	9	孟加拉国	1.7	2.1	1.8	9
比利时	2.0	3.6	2.4	10	伊朗	0.9	3.9	1.7	10
高收入国家	1.4	2.9	1.8		亚洲最大值	4.1	7.2	4.0	
中收入国家	0.2	3.5	1.0		亚洲最小值	−3.3	−5.9	−2.2	
低收入国家	−1.5	2.4	−0.5		亚洲差距	7.4	13.0	6.2	
世界平均	0.3	3.1	1.0		亚洲平均	0.1	2.7	0.8	

4. 新人类发展指数的国际差距

在 1980～2007 年期间，新人类发展指数的国际差距在扩大(表 4-11)。其中，绝对差距扩大，标准差扩大，相对差距有起伏，变异系数有起伏但在扩大。

表 4-11　1980～2007 年新人类发展指数的国际差距

项目	1980	1990	2000	2005	2006	2007	变化Ⅰ	变化Ⅱ
最大值	55	65	65	79	81	82	11	17
最小值	7	2	6	8	8	8	−1	2
平均值	27	30	29	34	35	36	2	7
绝对差距	47	63	59	71	73	74	12	15
标准差	13	14	16	20	21	21	4	5
相对差距	7	35	10	10	10	10	3	0
变异系数	0.48	0.48	0.57	0.59	0.59	0.59	0.09	0.02
样本数	131	131	131	131	131	131		

注：变化Ⅰ＝2000 年数值－1980 年数值；变化Ⅱ＝2007 年数值－2000 年数值。

5. 新人类发展指数的国际追赶

首先，100 个发展中国家的排名变化。在 1980～2007 年期间，排名上升的国家有 52 个，排名不变的国家有 0 个，排名下降的国家有 48 个。

其次，100 个发展中国家的发展速度。在 1980～2007 年期间，新人类发展指数的年均增长率超过高收入国家平均值的国家有 6 个，超过世界平均的国家有 28 个，负增长的国家有 30 个。

其三，100 个发展中国家的国际差距。2007 年与 1980 年相比，100 个发展中国家的新人类发展指数与高收入国家平均值的差距都扩大了。

其四，国际地位的变化。在 1990～2007 年期间，大约 10％的发达国家降级成中等发达国家，大约有 6％的中等发达国家晋级发达国家，17％的初等发达国家晋级成中等发达国家，大约 3％的欠发达国家晋级成初等发达国家(表 4-12)。

表 4-12 新人类发展指数的国际地位的转移概率(马尔可夫链分析)

1990 年		2007 年国家分组和国家个数				17 年的转移概率/(%)				
分组	国家个数	发达国家	中等发达国家	初等发达国家	欠发达国家	发达国家	中等发达国家	初等发达国家	欠发达国家	合计
发达国家	20	18	2	0	0	90	10	0	0	100
中等发达国家	49	3	38	7	1	6	78	14	2	100
初等发达国家	24	0	4	12	8	0	17	50	33	100
欠发达国家	38	0	0	1	37	0	0	3	97	100

注:国家分组的方法:发达国家,新人类发展指数高于高收入国家平均值的 90%;中等发达国家,指数高于世界平均值但低于发达国家;初等发达国家,指数高于欠发达国家但低于世界平均值;欠发达国家,指数低于高收入国家平均值的 30%;1990 年发达国家指数高于高收入国家平均值的 80%,1980 和 1990 年欠发达国家指数低于高收入国家平均值的 35%。国家比例的加和不等于 100,是由于四舍五入的原因。

6. 新人类发展指数的国际结构

2007 年,根据新人类发展指数的大小,可以把国家分成四组。其中,发达国家有 21 个,约占国家样本数的 16%;中等发达国家有 44 个,约占 34%;初等发达国家有 20 个,约占 15%;欠发达国家有 46 个,约占 35%(表 4-13)。

表 4-13 新人类发展指数的国际结构

国家分组	国家个数				国家比例/(%)			
	1980	1990	2000	2007	1980	1990	2000	2007
发达国家	24	20	19	21	18	15	15	16
中等发达国家	45	49	48	44	34	37	37	34
初等发达国家	26	24	21	20	20	18	16	15
欠发达国家	36	38	43	46	27	29	33	35

注:国家分组方法同表 4-12。

二、新人类发展指数与其他指标的比较

我们选择 6 个指标进行比较:新人类发展指数、人类发展指数、第一次现代化程度、第二次现代化指数、人均购买力和人均 GDP。比较项目包括国家水平、世界排名、发展速度、国际差距和国际结构;时间截面为 2006 年,国家样本为时序分析的 15 个国家或 131 个国家。

1. 新人类发展指数等 6 个指标的国家水平比较

2006 年在 15 个样本国家中,美国等 7 个国家新人类发展指数的国家水平与其他 5 个指标的国家水平分组完全一致;德国、意大利、俄罗斯和印度新人类发展指数的国家水平分组分别与 1 个指标的国家水平分组不一致,与其他 4 个指标一致;墨西哥有 2 个指标不一致,巴西和印度尼西亚有 3 个指标不一致,中国有 4 个指标不一致(表 4-14)。

表 4-14　2006 年新人类发展指数等 6 个指标的国家水平

国家	国家水平						国家水平分组					
	HDI_N	HDI	FMI	SMI	人均购买力	人均GDP	HDI_N	HDI	FMI	SMI	人均购买力	人均GDP
美国	75	0.95	100	109	44 270	44 017	1	1	1	1	1	1
日本	67	0.956	100	102	32 950	34 253	1	1	1	1	1	1
德国	70	0.94	100	93	33 150	35 366	1	2	1	1	1	1
英国	72	0.942	100	91	34 050	39 644	1	1	1	1	1	1
法国	65	0.955	100	93	32 210	36 959	1	1	1	1	1	1
澳大利亚	65	0.965	100	100	31 900	34 997	1	1	1	1	1	1
意大利	64	0.945	100	78	29 310	31 501	1	1	1	2	1	1
加拿大	70	0.967	100	95	36 490	39 050	1	1	1	1	1	1
俄罗斯	43	0.806	97	66	12 810	6951	2	2	2	2	2	3
墨西哥	36	0.842	100	46	13 240	9104	2	2	1	3	2	2
巴西	38	0.807	96	49	8830	5788	2	2	2	3	3	3
中国	31	0.762	87	40	4690	2027	2	2	3	3	3	4
印度尼西亚	25	0.726	79	27	3290	1635	3	3	3	4	4	4
印度	19	0.609	65	25	2470	824	4	3	4	4	4	4
尼日利亚	15	0.499	56	26	1780	1015	4	4	4	4	4	4

注：HDI_N 为新人类发展指数，HDI 为人类发展指数，FMI 为第一次现代化程度，SMI 为第二次现代化指数，人均购买力为按购买力评价(PPP)计算的人均国民收入。国家水平分组方法见表 3-32。1 代表发达水平；2 代表中等发达水平；3 代表初等发达水平；4 代表欠发达水平。《人类发展报告 2007/2008》(UNDP，2008)和《人类发展报告 2009》(UNDP，2009)的计算和数据有所不同。新人类发展指数与人类发展指数的比较分析，采用《人类发展报告 2007/2008》的数据。后同。

2. 新人类发展指数等 6 个指标的世界排名比较

2006 年在 15 个样本国家中，美国等 8 个国家的新人类发展指数的世界排名与其他指标的排名完全不一致，日本等 6 个国家的新人类发展指数的世界排名分别与 1 个指标的排名是一致的，意大利新人类发展指数的世界排名与其他 2 个指标的排名是一致的(表 4-15)。

表 4-15　2006 年新人类发展指数等 6 个指标的世界排名

国家	HDI_N	HDI	FMI	SMI	人均购买力	人均GDP	比较Ⅰ	比较Ⅱ	比较Ⅲ	比较Ⅳ
美国	6	13	—	1	4	5	−7	5	2	1
日本	15	7	—	3	15	17	8	12	0	−2
德国	12	20	—	12	14	15	−8	0	−2	−3
英国	9	19	—	16	12	9	−10	−7	−3	0
法国	17	9	—	13	17	14	8	4	0	3
澳大利亚	16	3	—	7	18	16	13	9	−2	0
意大利	19	17	—	22	19	19	2	−3	0	0
加拿大	11	2	—	10	7	12	9	1	4	−1
俄罗斯	38	52	41	31	37	39	−14	7	1	−1
墨西哥	55	39	—	53	36	33	16	2	19	22

（续表）

国家	HDI_N	HDI	FMI	SMI	人均购买力	人均GDP	比较Ⅰ	比较Ⅱ	比较Ⅲ	比较Ⅳ
巴西	48	49	46	46	53	44	−1	2	−5	4
中国	65	65	68	70	73	76	0	−5	−8	−11
印度尼西亚	79	75	82	89	84	79	4	−10	−5	0
印度	89	92	91	97	88	96	−3	−8	1	−7
尼日利亚	106	109	99	93	97	87	−3	13	9	19

注：排名为在 131 个国家中的排名。比较Ⅰ＝HDI_N排名－HDI 排名。比较Ⅱ＝HDI_N排名－SMI 排名。比较Ⅲ＝HDI_N排名－人均购买力排名。比较Ⅳ＝HDI_N排名－人均 GDP 排名。后同。

3. 新人类发展指数等 6 个指标的发展速度比较

在 2000～2006 年期间，在 15 个样本国家中，新人类发展指数的年均增长率高于人类发展指数的国家有 14 个，高于第二次现代化指数的国家有 12 个，高于人均购买力的国家有 1 个；低于人均购买力的国家有 14 个，低于人均 GDP 的国家有 15 个(表 4-16)。

表 4-16　2000～2006 年新人类发展指数等 6 个指标的年均增长率

国家	HDI_N	HDI	FMI	SMI	人均购买力	人均GDP	比较Ⅰ	比较Ⅱ	比较Ⅲ	比较Ⅳ
美国	2.7	0.1	—	0.1	3.9	4.1	2.6	2.6	−1.2	−1.4
日本	3.9	0.3	—	−0.3	4.1	−1.2	3.7	4.2	−0.2	5.1
德国	3.2	0.2	—	−0.6	4.4	7.3	3.0	3.8	−1.2	−4.2
英国	3.0	0.2	—	−0.1	4.9	8.3	2.8	3.2	−1.9	−5.2
法国	3.1	0.3	—	0.6	3.4	8.6	2.8	2.5	−0.3	−5.5
澳大利亚	1.8	0.2	—	0.2	4.2	8.8	1.5	1.6	−2.4	−7.0
意大利	3.3	0.4	—	0.9	2.4	8.5	2.9	2.4	0.9	−5.2
加拿大	2.5	0.3	—	0.5	4.7	8.8	2.2	2.0	−2.2	−6.3
俄罗斯	2.9	—	1.1	2.4	9.5	25.5	—	0.5	−6.6	−22.6
墨西哥	4.4	0.5	0.4	2.6	6.7	7.4	3.9	1.8	−2.4	−3.0
巴西	4.7	0.4	0.4	3.7	4.4	7.7	4.3	1.0	0.3	−3.0
中国	7.4	1.0	2.2	4.2	12.4	13.5	6.4	3.2	−4.9	−6.1
印度尼西亚	3.0	1.3	2.6	3.3	6.6	12.6	1.7	−0.3	−3.6	−9.7
印度	2.5	1.4	1.8	3.2	8.7	10.5	1.1	−0.7	−6.1	−8.0
尼日利亚	2.3	1.7	2.1	9.7	7.9	18.4	0.6	−7.4	−5.6	−16.1

注：比较Ⅰ＝HDI_N年均增长率－HDI 年均增长率。比较Ⅱ＝HDI_N年均增长率－SMI 年均增长率。比较Ⅲ＝HDI_N年均增长率－人均购买力年均增长率。比较Ⅳ＝HDI_N年均增长率－人均 GDP 年均增长率。

4. 新人类发展指数等 6 个指标的国际差距比较

2006 年在 131 个国家中，新人类发展指数的相对差距和变异系数，与第二次现代化指数相当，大于人类发展指数和第一次现代化程度，小于人均购买力和人均 GDP(表 4-17)。

表 4-17　2006 年新人类发展指数等 6 个指标的国际差距

项目	HDI_N	HDI	FMI	SMI	人均购买力	人均GDP	比较Ⅰ	比较Ⅱ	比较Ⅲ	比较Ⅳ
最大值	81	0.968	100	109	52 610	72 322	—	—	—	—
最小值	8	0.329	35	12	270	121	—	—	—	—
平均值	35	0.720	79	46	11 294	9796	—	—	—	—
绝对差距	73	0.639	65	97	52 340	72 201	—	—	—	—
标准差	21	0.184	22	27	12 821	14 803	20	−6	−12 800	−14 782
相对差距	10	3	3	9	195	599	7	1	−185	−589
变异系数	0.59	0.26	0.28	0.57	1.14	1.51	0.3	0.0	−0.5	−0.9
样本数	131	130	131	131	130	129	—	—	—	—

注：比较Ⅰ＝HDI_N差距－HDI 差距。比较Ⅱ＝HDI_N差距－SMI 差距。比较Ⅲ＝HDI_N差距－人均购买力差距。比较Ⅳ＝HDI_N差距－人均 GDP 差距。

5．新人类发展指数等 6 个指标的国际追赶比较

在 2000～2006 年期间，在 100 个发展中国家中，新人类发展指数等 6 个指标的国际地位的变化和世界排名的变化，存在一定的差异（表 4-18）。

表 4-18　2000～2006 年新人类发展指数等 6 个指标的国际追赶

项目	HDI_N	HDI	FMI	SMI	人均购买力	人均GDP	比较Ⅰ	比较Ⅱ	比较Ⅲ	比较Ⅳ
地位上升国家	4	1	8	6	11	11	3	−2	−7	−7
地位下降国家	8	9	6	6	1	2	−1	2	7	6
地位不变国家	88	78	86	88	88	87	10	0	0	1
排名上升国家	49	4	43	48	33	41	45	1	16	8
排名下降国家	42	82	50	43	57	47	−40	−1	−15	−5
排名不变国家	9	1	7	9	8	12	8	0	1	−3

注：比较Ⅰ＝HDI_N数值－HDI 数值。比较Ⅱ＝HDI_N数值－SMI 数值。比较Ⅲ＝HDI_N数值－人均购买力数值。比较Ⅳ＝HDI_N数值－人均 GDP 数值。

6．新人类发展指数等 6 个指标的国际结构比较

2006 年，新人类发展指数等 6 个指标的国际结构有一定差异（表 4-19）。其中，根据新人类发展指数的国家分组，中等发达国家比例比较高，初等发达国家比例比较低；根据人均 GDP 分组，中等发达国家和初等发达国家比例比较低，欠发达国家比例比较高。

表 4-19 2006 年新人类发展指数等 6 个指标的国际结构

项目	分类	HDI_N	HDI	FMI	SMI	人均购买力	人均GDP	比较Ⅰ	比较Ⅱ	比较Ⅲ	比较Ⅳ
国家个数	发达国家	19	19	35	20	19	19	0	−1	0	0
	中等发达国家	47	51	23	25	31	18	−4	22	16	29
	初等发达国家	18	28	28	37	23	18	−10	−19	−5	0
	欠发达国家	47	32	45	49	58	76	15	−2	−11	−29
	合计	131	130	131	131	131	131				
国家比例/(%)	发达国家	15	15	27	15	15	15	0	−1	0	0
	中等发达国家	36	39	18	19	24	14	−3	17	12	22
	初等发达国家	14	21	21	28	18	14	−8	−15	−4	0
	欠发达国家	36	24	34	37	44	58	11	−2	−8	−22
	合计	100	100	100	100	100	100				

注：HDI_N的国家分组同表 4-12。HDI 的国家分组方法：发达国家，HDI 高于高收入国家平均值；中等发达国家，HDI 高于世界平均值但低于发达国家；初等发达国家，HDI 高于欠发达国家但低于世界平均值；欠发达国家，HDI 比世界平均值低 0.2。FMI 的国家分组方法：发达国家，FMI 达到 100%；中等发达国家，FMI 高于世界平均值但低于发达国家；初等发达国家，FMI 高于欠发达国家但低于世界平均值；欠发达国家，FMI 比世界平均值低 20 个百分点。SMI 的国家分组方法：发达国家，SMI 超过高收入国家平均值的 80%；中等发达国家，SMI 高于世界平均值但低于发达国家；初等发达国家，SMI 高于欠发达国家但低于世界平均值；欠发达国家，SMI 低于高收入国家平均值的 30%。人均购买力和人均 GDP 的国家分组方法：发达国家，数值超过高收入国家平均值的 80%；中等发达国家，数值高于世界平均值但低于发达国家；初等发达国家，数值高于欠发达国家但低于世界平均值；欠发达国家，数值低于世界平均值的 50%。比较Ⅰ＝HDI_N数值－HDI 数值；比较Ⅱ＝HDI_N数值－SMI 数值；比较Ⅲ＝HDI_N数值－人均购买力数值；比较Ⅳ＝HDI_N数值－人均 GDP 数值。

第三节 中国范围的新人类发展指数

中国范围的新人类发展指数包括中国和中国地区的新人类发展指数。

一、中国的新人类发展指数

1. 中国新人类发展指数的国家水平和排名

2007 年，中国新人类发展指数约为 33，世界排名第 63 位，亚洲排名第 14 位（表 4-20）；中国人类发展指数约为 0.772，世界排名第 64 位。在 1980～2007 年期间，中国新人类发展指数从 18 上升到 33，水平从初等发达水平晋级中等发达水平，世界排名从第 91 位上升到第 63 位，上升 28 位。在过去 20 多年里，中国新人类发展水平有较大提高。

表 4-20 中国新人类发展指数和人类发展指数的国家水平和世界排名

项目	1980	1990	2000	2005	2006	2007	变化Ⅰ	变化Ⅱ
新人类发展指数	18	21	20	29	31	33	2	13
世界排名	91	92	85	72	65	63	−6	−22
亚洲排名	26	27	24	18	16	14	−2	−10
国家水平	3	3	3	3	2	2	0	−1
人类发展指数	0.533	0.608	0.719	0.756	0.763	0.772	0.186	0.052
世界排名	54[a]	70	60	64	66	64	—	4
国家水平	3	3	3	2	2	2	0	−1

（续表）

项目	1980	1990	2000	2005	2006	2007	变化Ⅰ	变化Ⅱ
新人类发展指数的国际对照								
高收入国家	44	57	59	68	71	72	14	13
中收入国家	21	24	22	26	27	28	1	6
低收入国家	18	15	13	15	14	15	−5	2
世界平均	24	27	25	30	30	31	2	6

注：变化Ⅰ＝2000 年数值－1980 年数值，变化Ⅱ＝2007 年数值－2000 年数值。a. 在 73 个国家中的排名。本表中国人类发展指数的数据来自《人类发展报告 2009》(UNDP,2009)。排名为 131 个国家的排名。

2. 中国新人类发展指数的发展速度

在 1980～2007 年期间，中国新人类发展指数的年均增长率在世界上排名第 12 位，快于美国、英国、德国、日本、高收入国家和世界平均值(表 4-21)。

表 4-21 中国新人类发展指数的年均增长率

国家	1980～1990	1990～2000	2000～2007	1980～2000	1980～2007	排名
中国	1.6	−0.2	7.2	0.7	2.3	12
美国	1.8	−0.1	2.6	0.8	1.3	46
英国	1.6	0.9	2.9	1.3	1.7	25
德国	1.2	0.2	3.0	0.7	1.3	45
日本	2.4	1.1	3.6	1.7	2.2	14
印度	1.5	−0.8	2.5	0.3	0.9	75
高收入国家	2.5	0.3	2.9	1.4	1.8	
中收入国家	1.4	−1.0	3.5	0.2	1.0	
低收入国家	−1.3	−1.6	2.4	−1.5	−0.5	
世界平均	1.3	−0.7	3.1	0.3	1.0	

3. 中国新人类发展指数的国际差距

在 1980～2007 年期间，中国新人类发展指数与世界最大值和高收入国家平均值的差距扩大了，但与中收入国家和世界平均值的差距缩小了(表 4-22)。2005 年以来，中国新人类发展指数与发达国家的差距略有缩小。

表 4-22 中国新人类发展指数的国际差距

项目	1980	1990	2000	2005	2006	2007	变化Ⅰ	变化Ⅱ
与世界最大值的差距	37	44	45	50	50	50	8	4
与高收入国家的差距	27	36	39	40	40	39	12	1
与中收入国家的差距	3	4	2	−3	−4	−5	−2	−7
与世界平均的差距	6	7	5	1	0	−1	−1	−6

注：变化Ⅰ＝2000 年数值－1980 年数值；变化Ⅱ＝2007 年数值－2000 年数值。

4. 中国新人类发展指数的国际追赶

在 1980～2007 年期间，中国新人类发展指数的国际追赶主要体现在 4 个方面。

首先，中国已经从初等发达水平晋级中等发达水平，已经超过世界平均水平。

其次，中国新人类发展指数的世界排名上升了 28 位。

其三，中国新人类发展指数的年均增长率高于发达国家。

其四，中国新人类发展指数与发达国家的差距，2005 年以来有缩小的趋势。

二、中国地区的新人类发展指数

1. 中国地区新人类发展指数的水平和排名

2007 年在中国 31 个内地地区中，新人类发展指数排前 10 名的地区分别是：北京、上海、天津、浙江、江苏、广东、辽宁、福建和河北（表 4-23）。2007 年人类发展指数排前 10 位的地区分别是：北京、上海、天津、浙江、广东、江苏、辽宁、山东、福建和吉林（附录二）。

表 4-23　中国地区新人类发展指数的水平和排名

地区	HDI_N					全国排名				
	1990	2000	2005	2006	2007	1990	2000	2005	2006	2007
北京	35	38	50	60	66	1	1	1	1	1
上海	29	30	48	55	61	3	3	2	2	2
天津	35	35	44	50	52	2	2	3	3	3
浙江	26	25	35	39	42	4	4	4	4	4
江苏	25	24	32	36	39	8	7	5	6	5
广东	24	21	30	33	37	12	14	8	8	6
山东	26	25	32	36	37	5	6	6	5	7
辽宁	26	25	30	35	37	6	5	7	7	8
福建	23	22	28	31	33	13	11	9	9	9
河北	22	20	26	31	32	16	16	15	10	10
香港	53	49	57	60	65					
澳门	40	38	59	62	69					
台湾	41	49	59	60	59					

2. 中国地区新人类发展指数的发展速度

在 1990～2007 年期间，新人类发展指数的年均增长率排前 10 名的中国内地地区分别是：上海、青海、北京、西藏、浙江、广东、湖北、江苏、天津和陕西（表 4-24）。

表 4-24　中国地区新人类发展指数的年均增长率

地区	1990～2000	2000～2007	1990～2007	排名
上海	0.4	10.7	4.5	1
青海	−0.9	11.6	4.1	2
北京	0.9	8.3	3.8	3
西藏	−0.8	9.9	3.5	4
浙江	−0.3	7.5	2.9	5
广东	−1.0	8.4	2.7	6
湖北	−0.3	7.2	2.7	7
江苏	−0.3	7.0	2.6	8
天津	0.1	5.7	2.4	9
陕西	−0.6	6.5	2.3	10
香港	−0.7	4.1	1.3	
澳门	−0.5	9.0	3.3	
台湾	1.7	2.8	2.2	

3. 中国地区新人类发展指数的地区差距

在1990～2007年期间，中国内地地区的新人类发展指数的地区差距在扩大(表4-25)。其中，绝对差距、标准差、相对差距和变异系数都有所扩大。

表4-25　中国内地地区新人类发展指数的国内差距

项目	1990	2000	2005	2006	2007	变化Ⅰ	变化Ⅱ
最大值	35	38	50	60	66	3	28
最小值	13	12	15	17	18	−1	5
平均值	23	21	27	31	32	−1	11
绝对差距	21	25	36	43	48	4	23
标准差	5	5	8	9	11	1	5
相对差距	3	3	3	4	4	0	1
变异系数	0.21	0.26	0.30	0.31	0.32	0.05	0.07
样本数	30	31	31	31	31		

注：变化Ⅰ＝2000年值－1990年值，变化Ⅱ＝2007年值－2000年值。

4. 中国地区新人类发展指数的国际差距

在1990～2007年期间，中国内地地区的新人类发展指数的国际差距在扩大(表4-26)。其中，中国地区与发达国家的最大差距扩大，最小差距缩小，平均差距扩大；与世界平均的最大差距有一定起伏，平均差距缩小。中国地区的最高水平已经超过世界平均。

表4-26　中国内地地区新人类发展指数的国际差距

项目	1990	2000	2005	2006	2007	变化Ⅰ	变化Ⅱ
与发达国家的差距							
最大差距	44	46	54	54	54	3	8
最小差距	22	21	18	11	6	−1	−15
平均差距	34	38	41	40	39	3	2
与世界平均的差距							
最大差距	14	13	15	13	14	−1	1
最小差距	−8	−12	−21	−30	−34	−5	−22
平均差距	5	4	2	0	−1	−0.40	−5.13

注：变化Ⅰ＝2000年值－1990年值，变化Ⅱ＝2007年值－2000年值。

5. 中国地区 HDI_N 与 HDI 的比较

2007年中国内地31个地区中，青海等13个地区的 HDI_N 的全国排名高于HDI排名，吉林等12个地区的 HDI_N 的全国排名低于HDI排名，北京等6个地区两者排名相同(表4-27)。

表4-27　2007年中国内地地区 HDI_N 与HDI的比较

地区	HDI_N	排名	HDI	排名	差别	地区	HDI_N	排名	HDI	排名	差别
北京	66	1	0.920	1	0	新疆	29	17	0.762	18	−1
上海	61	2	0.915	2	0	黑龙江	29	18	0.785	13	5
天津	52	3	0.871	3	0	陕西	29	19	0.761	19	0
浙江	42	4	0.845	4	0	宁夏	28	20	0.751	23	−3
江苏	39	5	0.826	6	−1	云南	28	21	0.690	29	−8

（续表）

地区	HDI_N	排名	HDI	排名	差别	地区	HDI_N	排名	HDI	排名	差别
广东	37	6	0.844	5	1	四川	28	22	0.750	24	−2
山东	37	7	0.811	8	−1	吉林	28	23	0.791	10	13
辽宁	37	8	0.818	7	1	河南	27	24	0.779	16	8
福建	33	9	0.791	9	0	安徽	27	25	0.737	26	−1
河北	32	10	0.785	12	−2	湖南	24	26	0.756	21	5
重庆	31	11	0.766	17	−6	江西	24	27	0.747	25	2
内蒙古	31	12	0.780	15	−3	西藏	24	28	0.641	31	−3
青海	31	13	0.708	27	−14	甘肃	22	29	0.703	28	1
山西	31	14	0.790	11	3	广西	21	30	0.756	22	8
海南	30	15	0.782	14	1	贵州	18	31	0.676	30	1
湖北	30	16	0.760	20	−4						

注：差别＝新人类发展指数（HDI_N）的排名－人类发展指数（HDI）的排名。

本章小结

本章简要分析了世界现代化的人类发展评价问题，提出了新人类发展指数，完成了1980～2007年131个国家和1990～2007年中国34个地区的新人类发展指数评价。新人类发展指数衡量人类发展在预期寿命、知识普及、信息共享、环境优美和富裕生活等五个方面的平均成就。

2007年新人类发展指数的世界前10名国家是：挪威、芬兰、荷兰、丹麦、瑞典、美国、韩国、瑞士、英国和新西兰；中国排世界第63位，亚洲第14位；中国内地地区的新人类发展指数的前10名地区分别是北京、上海、天津、浙江、江苏、广东、山东、辽宁、福建和河北。

第五章　2007 年世界和中国现代化指数

- 2007 年世界现代化指数
  - 2007 年世界现代化水平
    - 2007 年世界现代化的总体水平
    - 2007 年世界现代化的前沿水平
    - 2007 年世界现代化的末尾水平
    - 2007 年世界现代化的国际差距
    - 2007 年世界现代化的国际追赶
    - 2007 年世界现代化的不平衡性
  - 2007 年世界现代化评价
    - 2007 年世界第一次现代化评价
    - 2007 年世界第二次现代化评价
    - 2007 年世界综合现代化评价
- 2007 年中国现代化指数
  - 2007 年中国现代化水平
    - 2007 年中国现代化的总体水平
    - 2007 年中国现代化的国际差距
    - 2007 年中国现代化的国际追赶
    - 2007 年中国现代化的不平衡性
  - 2007 年中国现代化评价
    - 2007 年中国第一次现代化评价
    - 2007 年中国第二次现代化评价
    - 2007 年中国综合现代化评价
- 中国地区现代化指数
  - 中国地区现代化水平
    - 中国内地地区现代化的总体水平
    - 中国内地地区现代化的前沿水平
    - 中国内地地区现代化的地区差距
    - 中国内地地区现代化的国际差距
    - 中国内地地区现代化的国际追赶
    - 中国内地地区现代化的不平衡性
    - 中国港澳台地区的现代化水平
  - 中国地区现代化评价
    - 中国地区第一次现代化评价
    - 中国地区第二次现代化评价
    - 中国地区综合现代化评价
    - 中国不同区域的现代化评价
    - 中国港澳台地区的现代化评价

图 5-1　第五章内容提要

注：中国和中国地区现代化指数包括 2007 年和 2008 年的部分数据。

世界现代化既是一种时代潮流，也是一种国际竞争。根据过去 300 年的历史经验，世界现代化的国际体系的结构是相对稳定的，但国家的国际地位是变化的，发达国家有可能降级成发展中国家，发展中国家有可能晋级成发达国家。动态监测和评价不同国家的现代化水平和国际地位，有利于知己知彼。世界不同国家的现代化水平，可以用现代化指数来定量刻画。本报告的现代化指数，没有包含政治等领域的指标，在引用时需要谨慎对待。官方统计机构有时会对历史数据进行调整，这些对评价结果的历史可比性可能产生一些影响。

前九本的《中国现代化报告》，分析了 2006 年以前的世界和中国现代化指数。这里，我们报告 2007 年的世界和中国现代化指数，供大家参考。2007 年美国等 29 个国家已经进入第二次现代化，中国等 90 个国家处于第一次现代化，中非共和国等 12 个国家仍然处于传统农业社会，有些少数民族仍然生活在原始社会（图 5-2）。很显然，2007 年的世界，是一个不平衡的世界；世界现代化的国际竞争，仍然是激烈的。

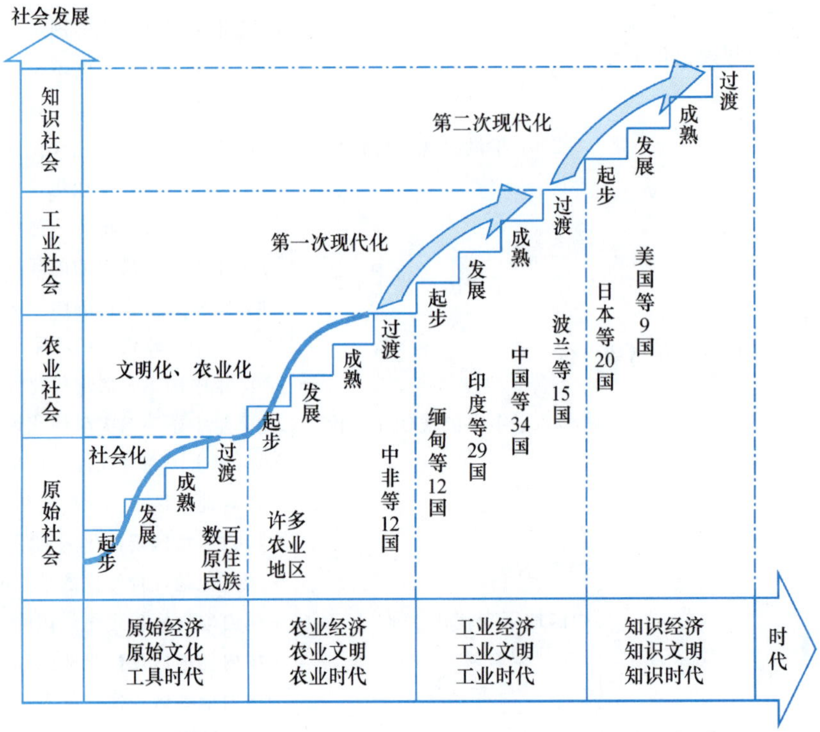

图 5-2 2007 年世界现代化水平的坐标图

第一节 2007 年世界现代化指数

世界现代化指数反映世界 131 个国家、不同组国家和世界平均的现代化水平，包括世界第一次现代化程度（实现程度）、第二次现代化指数和综合现代化指数。它体现世界现代化在经济、社会和知识等领域的综合水平，没有包括政治等领域的现代化水平。关于现代化指数的评价方法，请阅读技术注释。关于现代化指数的评价数据，请阅读附录三。

一、2007 年世界现代化水平

世界现代化指数包括世界第一次现代化程度、第二次现代化指数和综合现代化指数（表 5-1）。第一次现代化程度能够比较好地表征发展中国家的实际水平、第二次现代化指数比较好地表征发达国家的实际水平，综合现代化指数同时比较好地表征发达国家和发展中国家的相对水平。由于世界不同国家处于现代化的不同阶段，所以，将三者组合起来，能够比较真实地表征世界以及不同国家的现代化水平。评价方法见技术注释。

表 5-1　世界现代化指数的组成

项目	第一次现代化程度	第二次现代化指数	综合现代化指数
用途	反映不同国家和地区完成第一次现代化的进展（第一次现代化是以工业化、城市化和民主化为典型特征的经典现代化）	反映不同国家和地区第二次现代化的进展（第二次现代化是以知识化、绿色化和全球化为典型特征的新现代化）	反映不同国家和地区现代化水平与世界先进水平的相对差距（综合现代化是以两次现代化协调发展为主要特征的新型现代化）
特点	(1) 比较好地表征发展中国家的实际水平 (2) 不能完全反映发达国家的实际水平 (3) 随着越来越多国家完成第一次现代化，其适用对象减少 (4) 指标和标准值是固定的	(1) 比较好地表征发达国家的实际水平 (2) 不能完全反映发展中国家的实际水平 (3) 随着越来越多国家进入第二次现代化，其适用对象增多 (4) 指标和基准值是可变的	(1) 同时表征发达国家和发展中国家的相对水平 (2) 适用范围比较广 (3) 与前两者有一些重复 (4) 与前两者有所衔接 (5) 指标和参考值是可变的 (6) 可称为相对现代化指数
性质	主要反映“绝对水平”	主要反映“绝对水平”	主要反映“相对水平”

1. 2007 年世界现代化总体水平

2007 年参加评价的 131 个国家中（表 5-2），进入第二次现代化的国家有 29 个，约占国家样本数的 22%；第一次现代化程度达到 100 的国家有 38 个，第一次现代化程度超过 90 的国家有 27 个，已经完成和基本实现第一次现代化的国家有 65 个，约占国家样本数的 50%。

表 5-2　2000～2007 年的世界现代化进程　　单位：国家个数

项目	2000	2001	2002	2003	2004	2005	2006	2007
已经完成第一次现代化的国家	27	27	26	27	30	34	35	38
其中：进入第二次现代化的国家	24	24	23	24	24	28	29	29
没有完成第一次现代化的国家	104	104	105	104	101	97	96	93
其中：基本实现第一次现代化的国家	31	30	34	34	31	27	28	27
处于传统农业社会的国家	13	13	11	10	10	13	12	12

注：如果第一次现代化程度达到 100，表示达到 1960 年工业化国家平均水平，完成第一次现代化。第一次现代化程度超过 90，表示基本实现第一次现代化。2001～2009 年的《中国现代化报告》认为，第一次现代化评价的 10 个指标中，如果有 6 个及以上的指标达到评价标准，表示基本实现第一次现代化。

2007 年根据第二次现代化指数分组，美国等 21 个国家为发达国家，希腊等 25 个国家为中等发达国家，中国等 36 个国家为初等发达国家，印度等 49 个国家为欠发达国家；发达国家、中等发达国家、初等发达和欠发达国家分别占国家样本数的 16%、19%、28%和 37%（图 5-3）。

2007 年，发达国家已经全部进入第二次现代化；中等发达国家有 8 个进入第二次现代化，有 17 个处于第一次现代化；初等发达国家都处于第一次现代化；欠发达国家有 37 个处于第一次现代化，有 12 个处于传统农业社会（表 5-3）。

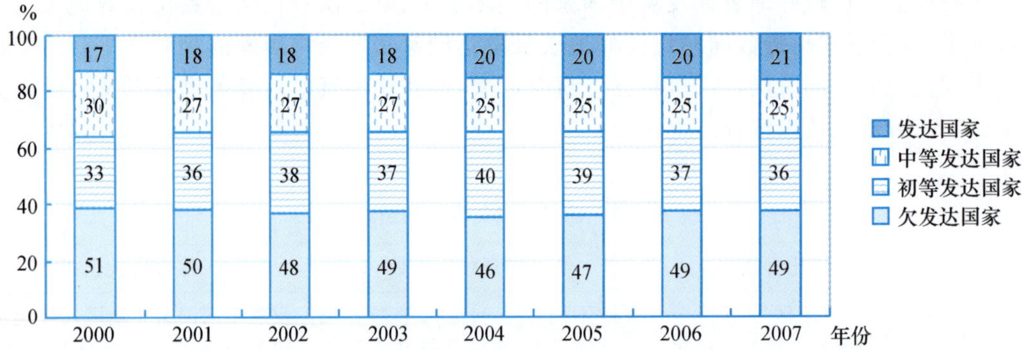

图 5-3 2000～2007 年根据第二次现代化水平的国家分组(国家个数)

表 5-3 2007 年国家现代化的水平与阶段的关系

国家水平分组	传统农业社会	第一次现代化				第二次现代化		合计
		起步期	发展期	成熟期	过渡期	起步期	发展期	
发达国家	—	—	—	—	—	12	9	21
中等发达国家	—	—	—	7	10	8	—	25
初等发达国家	—	—	14	17	5	—	—	36
欠发达国家	12	12	15	10	—	—	—	49

注:国家水平分组是根据第二次现代化指数的国家分组。现代化阶段是根据产业结构和就业结构的划分。

(1) 2007 年发达国家水平

根据 2007 年第二次现代化水平分组,美国等 21 个发达国家的第二次现代化指数均在 80～109 之间,排名顺序与 2006 年排名顺序略有不同,但都是排在前 21 名。21 个发达国家均已全面完成第一次现代化。21 个发达国家的综合现代化指数均在 79～97 之间,2007 年排名顺序与 2006 年排名顺序有所不同(表 5-4)。

表 5-4 21 个发达国家的现代化指数

国家	第二次现代化指数	2007 年排名	2006 年排名	第一次现代化程度	2007 年排名	2006 年排名	综合现代化指数	2007 年排名	2006 年排名
美国	109	1	1	100	1	1	97	1	1
瑞典	105	2	2	100	1	1	94	4	3
丹麦	103	3	4	100	1	1	95	3	2
芬兰	103	4	5	100	1	1	92	6	7
日本	101	5	3	100	1	1	95	2	4
挪威	99	6	6	100	1	1	89	12	12
韩国	97	7	9	100	1	1	86	15	17
瑞士	95	8	8	100	1	1	91	7	8
德国	95	9	12	100	1	1	94	5	6
比利时	94	10	14	100	1	1	89	13	14
澳大利亚	94	11	7	100	1	1	87	14	5
荷兰	93	12	11	100	1	1	90	10	9
加拿大	93	13	10	100	1	1	85	17	15
英国	93	14	16	100	1	1	90	9	11
法国	93	15	13	100	1	1	89	11	10

（续表）

国家	第二次现代化指数	2007年排名	2006年排名	第一次现代化程度	2007年排名	2006年排名	综合现代化指数	2007年排名	2006年排名
新加坡	92	16	18	100	1	1	83	20	22
奥地利	92	17	17	100	1	1	90	8	13
新西兰	91	18	15	100	1	1	85	16	16
爱尔兰	85	19	19	100	1	1	84	18	19
西班牙	81	20	21	100	1	1	82	21	20
以色列	80	21	20	100	1	1	79	22	21

注：排名为131个国家的排名。表5-5，表5-6的排名也是131个国家的排名。2001～2009年的《中国现代化报告》中的排名为108个国家的排名。第一次现代化程度达到100%时，排名都为1，不分先后。后同。

(2) 2007年中等发达国家水平

希腊等25个中等发达国家的第二次现代化指数均在50～80之间(第二次现代化指数世界平均值为50)，排名顺序与2006年排名顺序略有不同。25个中等发达国家中有15个国家全面完成了第一次现代化，10个国家已基本实现了第一次现代化。25个中等发达国家的综合现代化指数在54～83之间，排名顺序与2006年排名顺序有所不同(表5-5)。

表5-5　25个中等发达国家的现代化指数

国家	第二次现代化指数	2007年排名	2006年排名	第一次现代化程度	2007年排名	2006年排名	综合现代化指数	2007年排名	2006年排名
意大利	79	22	22	100	1	1	83	19	18
斯洛文尼亚	77	23	23	100	1	1	75	23	24
爱沙尼亚	74	24	25	100	1	1	71	25	25
希腊	74	25	24	100	1	1	75	24	23
捷克	73	26	26	100	1	1	69	29	29
葡萄牙	69	27	28	100	1	1	71	26	26
匈牙利	69	28	29	100	1	1	70	28	28
拉脱维亚	68	29	30	100	1	1	70	27	27
俄罗斯	67	30	31	100	1	41	61	37	37
立陶宛	67	31	33	100	1	1	66	33	33
科威特	67	32	32	100	1	1	68	31	30
黎巴嫩	64	33	35	98	42	37	68	30	31
斯洛伐克	63	34	34	100	1	1	61	38	36
克罗地亚	62	35	36	100	1	1	66	32	32
波兰	62	36	38	100	1	1	62	35	38
乌克兰	58	37	39	93	62	62	55	45	47
白俄罗斯	58	38	37	96	49	49	54	47	39
阿根廷	58	39	40	98	44	43	61	36	35
保加利亚	57	40	42	96	48	48	55	44	46
约旦	56	41	41	94	59	58	56	43	44
乌拉圭	55	42	43	99	39	40	65	34	34
智利	54	43	45	100	1	36	57	40	42
沙特阿拉伯	54	44	27	97	47	42	54	48	48
哈萨克斯坦	50	45	47	95	51	51	49	57	56
巴西	50	46	46	98	43	46	56	42	41

(3) 2007 年初等发达国家水平

中国等 36 个初等发达国家的第二次现代化指数均在 31～49 之间，排名顺序与 2006 年排名顺序略有不同。36 个初等发达国家中有 2 个国家全面完成了第一次现代化，有 16 国家已基本实现了第一次现代化。36 个初等发达国家的综合现代化指数在 31～58 之间，排名顺序与 2006 年排名顺序有所不同(表 5-6)。

表 5-6　36 个初等发达国家的现代化指数

国家	第二次现代化指数	2007 年排名	2006 年排名	第一次现代化程度	2007 年排名	2006 年排名	综合现代化指数	2007 年排名	2006 年排名
罗马尼亚	49	47	51	98	41	47	52	53	54
土库曼斯坦	49	48	50	81	80	80	34	81	82
委内瑞拉	48	49	49	98	40	39	53	50	50
马来西亚	48	50	48	95	53	56	50	56	51
土耳其	48	51	62	100	1	38	57	41	53
巴拿马	47	52	59	97	46	44	58	39	43
墨西哥	47	53	53	100	1	1	55	46	45
马其顿	47	54	58	94	54	52	51	54	57
格鲁吉亚	47	55	52	87	71	70	45	62	64
哥斯达黎加	46	56	56	97	45	45	53	49	49
摩尔多瓦	45	57	61	89	68	69	47	61	62
突尼斯	45	58	57	94	58	60	47	58	60
亚美尼亚	43	59	60	85	75	72	44	64	65
牙买加	43	60	68	94	60	59	47	60	63
哥伦比亚	42	61	69	95	50	50	53	52	55
伊朗	42	62	64	94	61	61	42	67	67
中国	42	63	70	87	70	68	38	78	75
阿塞拜疆	41	64	66	85	73	81	39	77	78
蒙古	41	65	65	82	79	76	42	65	58
厄瓜多尔	40	66	73	94	57	55	47	59	61
多米尼加	40	67	44	95	52	54	53	51	40
南非	40	68	67	89	66	67	41	69	66
泰国	40	69	71	81	81	77	36	80	80
秘鲁	40	70	63	94	55	53	50	55	52
埃及	39	71	72	88	69	64	41	68	69
吉尔吉斯斯坦	38	72	74	79	82	85	40	74	77
萨尔瓦多	36	73	75	94	56	57	44	63	59
阿尔及利亚	36	74	76	90	64	66	39	75	74
阿尔巴尼亚	35	75	54	86	72	71	41	70	71
玻利维亚	35	76	79	85	76	74	42	66	68
乌兹别克斯坦	35	77	55	78	86	84	33	85	83
巴拉圭	34	78	77	89	67	65	40	73	73
摩洛哥	34	79	78	79	85	83	40	71	70
菲律宾	34	80	80	90	63	63	40	72	72
叙利亚	33	81	81	79	83	79	33	83	84
塔吉克斯坦	31	82	84	73	89	88	31	87	88

(4) 2007 年欠发达国家水平

印度等 49 个欠发达国家的第二次现代化指数均在 12～29 之间，排名顺序与 2006 年排名顺序略有不同。49 个欠发达国家中没有一个国家全面完成了第一次现代化，有 1 个国家基本实现了第一次现代化。49 个欠发达国家的综合现代化指数均在 15～39 之间，排名顺序与 2006 年排名顺序有所不同(表 5-7)。

表 5-7　49 个欠发达国家的现代化指数

国家	第二次现代化指数	2007 年排名	2006 年排名	第一次现代化程度	2007 年排名	2006 年排名	综合现代化指数	2007 年排名	2006 年排名
洪都拉斯	29	83	85	85	74	73	33	84	85
危地马拉	29	84	86	90	65	78	37	79	79
越南	29	85	83	70	90	87	27	99	96
尼加拉瓜	29	86	87	83	77	75	32	86	86
博茨瓦纳	29	87	88	82	78	86	39	76	76
印度尼西亚	28	88	89	79	84	82	30	88	89
也门共和国	27	89	92	64	93	94	27	98	97
斯里兰卡	26	90	91	74	87	90	30	91	91
海地	26	91	95	54	109	106	29	92	95
印度	25	92	97	67	91	91	28	94	93
老挝	25	93	101	56	103	110	24	108	115
巴基斯坦	24	94	100	64	92	92	30	89	87
纳米比亚	24	95	82	74	88	89	34	82	81
马里	23	96	105	45	118	118	24	109	109
毛里塔尼亚	23	97	102	58	100	100	24	107	103
塞内加尔	22	98	98	62	95	101	30	90	94
尼泊尔	22	99	112	56	106	111	24	106	110
安哥拉	21	100	116	52	111	108	24	104	111
孟加拉国	21	101	107	60	98	98	28	95	92
多哥	21	102	111	48	115	116	22	112	116
津巴布韦	21	103	90	61	97	95	27	96	101
肯尼亚	20	104	113	55	107	102	26	101	100
尼日利亚	20	105	93	57	101	99	25	103	102
缅甸	20	106	106	63	94	93	26	100	90
加纳	19	107	96	56	105	105	24	105	106
厄立特里亚	19	108	108	46	117	112	20	114	113
马达加斯加	19	109	117	53	110	107	24	110	108
巴布亚新几内亚	18	110	114	39	124	125	16	129	125
喀麦隆	18	111	94	60	99	96	27	97	99
科特迪瓦	18	112	104	56	104	103	26	102	104
柬埔寨	18	113	99	54	108	109	18	120	114
刚果共和国	18	114	110	62	96	97	28	93	98
刚果民主共和国	18	115	127	43	119	122	17	125	127
几内亚	17	116	109	48	114	114	21	113	112
贝宁	17	117	103	49	112	115	23	111	105
莱索托	16	118	128	57	102	104	20	115	123
乍得	16	119	124	38	129	130	17	127	129
赞比亚	15	120	122	49	113	113	18	121	117
乌干达	15	121	115	47	116	117	20	116	107
莫桑比克	15	122	126	42	122	119	19	118	118
塞拉利昂	15	123	119	37	130	128	19	117	124
布基纳法索	14	124	130	38	128	129	19	119	119
埃塞俄比亚	14	125	129	38	127	127	16	130	130
马拉维	13	126	118	42	121	121	15	131	131
布隆迪	13	127	123	38	126	124	17	126	121
卢旺达	12	128	125	41	123	123	18	122	126
中非	12	129	131	39	125	126	18	123	122
坦桑尼亚	12	130	120	43	120	120	17	128	128
尼日尔	12	131	121	36	131	131	18	124	120

2. 2007 年世界现代化的前沿水平

世界现代化的前沿水平可以从两个方面来反映，一是现代化阶段，一是现代化指数。

2007 年世界现代化前沿已经到达第二次现代化的发展期。2007 年处于第二次现代化发展期的国家大约有 9 个，它们的现代化水平是世界前沿水平的一种反映(表 5-8)。

表 5-8　2007 年处于第二次现代化发展期的国家

国家	知识创新指数	知识传播指数	生活质量指数	经济质量指数	第二次现代化指数	排名
美国	109	107	101	120	109	1
瑞典	92	108	111	108	105	2
丹麦	85	115	105	108	103	3
瑞士	78	92	102	110	95	8
比利时	54	101	114	106	94	10
荷兰	50	108	108	109	93	12
英国	62	99	98	112	93	14
法国	67	94	105	105	93	15
新加坡	79	83	104	104	92	16

2007 年第二次现代化指数排世界前 10 名的国家是：美国、瑞典、丹麦、芬兰、日本、挪威、韩国、瑞士、德国、比利时。

2007 年综合现代化指数排世界前 10 名的国家是：美国、日本、丹麦、瑞典、德国、芬兰、瑞士、奥地利、英国、荷兰。

这些排名世界前 10 位的国家的水平，反映了世界现代化的先进水平。

3. 2007 年世界现代化的末尾水平

世界现代化的末尾水平可以从两个方面来反映，一是现代化阶段，一是现代化指数。

2007 年有 12 个国家仍然是传统农业社会，没有进入现代化行列，它们是厄立特里亚、马达加斯加、几内亚、乍得、莫桑比克、布基纳法索、埃塞俄比亚、马拉维、布隆迪、卢旺达、中非、尼日尔。

2007 年第一次现代化程度排世界后 10 名的国家是：莫桑比克、卢旺达、巴布亚新几内亚、中非共和国、布隆迪、埃塞俄比亚、布基纳法索、乍得、塞拉利昂、尼日尔，其中有 9 个国家在 2006 年同样排在后 10 名，它们第一次现代化程度在 36%～42%之间。

2007 年第二次现代化指数排世界后 10 名的国家是：莫桑比克、塞拉利昂、布基纳法索、埃塞俄比亚、马拉维、布隆迪、卢旺达、中非共和国、坦桑尼亚、尼日尔，其中有 6 个国家在 2006 年同样排名后 10 位，它们的第二次现代化指数在 12～15 之间。

2007 年综合现代化指数排世界后 10 名的国家是：卢旺达、中非共和国、尼日尔、刚果民主共和国、布隆迪、乍得、坦桑尼亚、巴布亚新几内亚、埃塞俄比亚、马拉维，其中有 8 个国家在 2006 年同样排在后 10 位，它们的综合现代化指数在 15～18 之间。

这些排名世界后 10 位的国家的水平，反映了世界现代化的最低水平。

4. 2007 年世界现代化的国际差距

2007 年世界现代化水平的国际差距比 2000 年略有扩大，比 1990 年有较大扩大。两次现代化和综合现代化水平所反映的差距变化情况不一样。

第一次现代化水平，2007 年的绝对差距比 1990 和 2000 年有所减小，相对差距没有变化；第二次现代化水平，2007 年的绝对差距和相对差距比 2000 年有所减小，比 1990 年有所加大；综合现代化水平,2007年的绝对差距比2000年有所增加,相对差距没有变化(表5-9)。

表5-9 世界现代化水平的国家差距

	第一次现代化程度			第二次现代化指数			综合现代化指数		
	2007	2000	1990	2007	2000	1990	2007	2000	1990
最大值	100	100	100	109	109	98	100	98	98
最小值	36	31	32	12	9	16	15	14	20
平均值	80	77	72	46	42	42	48	44	48
绝对差距	64	69	68	97	100	82	85	84	78
标准差	22	22	23	27	26	23	24	23	22
相对差距	3	3	3	9	12	6	7	7	5
变异系数	0.27	0.29	0.32	0.59	0.62	0.55	0.51	0.53	0.46

5. 2007年世界现代化的国际追赶

在2000～2007年期间,根据第二次现代化水平分组,在131个参加评价的国家中,有15个国家的分组发生了变化,其中,组别上升的国家有10个,组别下降的国家有5个。

首先,现代化水平分组升级的国家。中等发达国家升级为发达国家的国家是西班牙、爱尔兰、新西兰、新加坡,初等发达国家升级为中等发达国家的国家是巴西、哈萨克斯坦、约旦,欠发达国家升级为初等发达国家的国家是叙利亚、玻利维亚、阿尔巴尼亚。

其次,现代化水平分组降级的国家。中等发达国家降级为初等发达国家的国家是哥伦比亚、牙买加、格鲁吉亚、巴拿马。初等发达国家降级为欠发达国家的国家是博茨瓦纳。

在1960～2007年期间,有26个国家的分组发生了变化(表5-10)。地位上升的国家有12个,它们是芬兰、日本、新加坡、奥地利、爱尔兰、西班牙、巴西、葡萄牙、中国、约旦、韩国、沙特阿拉伯。地位下降的国家有14个,它们是委内瑞拉、墨西哥、南非、巴拿马、牙买加、危地马拉、俄罗斯、罗马尼亚、蒙古、尼加拉瓜、斯里兰卡、津巴布韦、刚果共和国、赞比亚。

表5-10 1960～2007年世界现代化的国际地位发生变化的国家

升级的国家			降级的国家		
国家	1960年分组	2007年分组	国家	1960年分组	2007年分组
芬兰	中等发达	发达	俄罗斯	发达	中等发达
日本	中等发达	发达	委内瑞拉	发达	中等发达
新加坡	中等发达	发达	墨西哥	中等发达	初等发达
奥地利	中等发达	发达	南非	中等发达	初等发达
爱尔兰	中等发达	发达	巴拿马	中等发达	初等发达
西班牙	中等发达	发达	牙买加	中等发达	初等发达
韩国	初等发达	发达	罗马尼亚	中等发达	初等发达
巴西	初等发达	中等发达	蒙古	中等发达	初等发达
葡萄牙	初等发达	中等发达	危地马拉	初等发达	欠发达
约旦	初等发达	中等发达	尼加拉瓜	初等发达	欠发达
沙特阿拉伯	欠发达	中等发达	斯里兰卡	初等发达	欠发达
中国	欠发达	初等发达	津巴布韦	初等发达	欠发达
			刚果共和国	初等发达	欠发达
			赞比亚	初等发达	欠发达

注:1960年根据第一次现代化实现程度分组,2007年根据第二次现代化指数分组。

在 1960～2007 年期间，大约 80%～94%的发达国家一直是发达国家，大约 85%～95%的欠发达国家一直是欠发达国家；中等发达国家升级为发达国家的概率为 26%～44%；初等发达国家升级为中等发达国家的概率为 8%～15%，升级为发达国家的概率为 0～8%；欠发达国家升级为初等发达国家的概率为 3%～13%，升级为中等发达国家的概率约为 0～3%(表 5-11)。

表 5-11 世界现代化的国家地位的转移概率(马尔可夫链分析)

分组	国家数	发达	中等	初等	欠发达	国家数	发达	中等	初等	欠发达
	1960	1960～2007 年转移概率/(%)				1970	1970～2007 年转移概率/(%)			
发达	15	93	7	0	0	15	80	20	0	0
中等	23	26	43	30	0	16	44	38	19	0
初等	29	3	10	66	21	26	8	15	62	15
欠发达	40	0	3	3	94	47	0	2	13	85
	1980	1980～2007 年转移概率/(%)				1990	1990～2007 年转移概率/(%)			
发达	17	88	12	0	0	16	94	6	0	0
中等	13	31	54	15	0	18	33	56	11	0
初等	41	5	15	56	24	37	0	8	59	32
欠发达	39	0	0	5	95	35	0	0	6	94

注：发达代表发达国家；中等代表中等发达国家；初等代表初等发达国家；欠发达代表欠发达国家。1960 年根据第一次现代化程度分组的分组标准：发达国家>90%，中等发达 60%～90%，初等发达 40%～60%，欠发达<40%。1970～2006 年根据第二次现代化指数分组的分组标准：发达国家的指数大于高收入平均值的 80%；中等发达国家的指数高于世界平均值但低于发达国家；初等发达的指数低于世界平均值但高于欠发达国家；欠发达国家的指数低于高收入国家平均值的 30%；高收入国家平均值为 100。

6. 2007 年世界现代化的不平衡性

世界现代化的不平衡性大致表现在五个方面：(1)国家现代化进程不同步(表 5-12)；(2)不同国家现代化速度不平衡；(3)不同国家现代化水平不平衡；(4)世界现代化要素指标的不平衡；(5)世界现代化的地理分布不平衡，世界五大洲的平均现代化水平是不同的。相对而言，欧洲和北美水平比较高，南美和亚洲相当，非洲比较落后(图 5-4)。

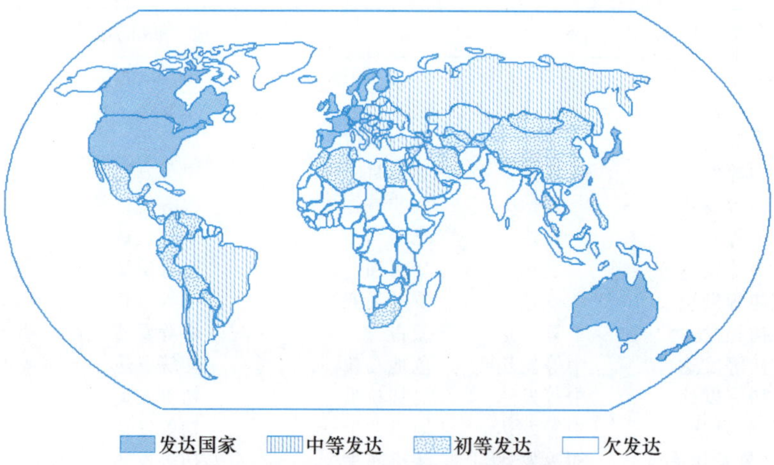

图 5-4 2007 年世界现代化的地理分布

(本地图为世界简图，完整的世界地图见中国地图出版社出版的世界地图)

表 5-12　2007 年世界现代化的国家分布和不平衡性

阶段	时期	国家
第二次现代化的阶段	过渡期	
	成熟期	
	发展期 9 个	美国、瑞典、丹麦、瑞士、比利时、荷兰、英国、法国、新加坡
	起步期 20 个	芬兰、日本、挪威、韩国、德国、澳大利亚、加拿大、奥地利、新西兰、爱尔兰、西班牙、以色列、意大利、斯洛文尼亚、爱沙尼亚、希腊、葡萄牙、匈牙利、拉脱维亚、斯洛伐克
第一次现代化的阶段	过渡期 15 个	捷克、俄罗斯、立陶宛、科威特、波兰、阿根廷、保加利亚、约旦、智利、沙特阿拉伯、委内瑞拉、墨西哥、厄瓜多尔、南非、秘鲁
	成熟期 34 个	黎巴嫩、克罗地亚、乌克兰、白俄罗斯、乌拉圭、哈萨克斯坦、巴西、罗马尼亚、马来西亚、土耳其、巴拿马、马其顿、哥斯达黎加、突尼斯、牙买加、哥伦比亚、伊朗、中国、阿塞拜疆、多米尼加、埃及、萨尔瓦多、阿尔及利亚、叙利亚、洪都拉斯、危地马拉、尼加拉瓜、博茨瓦纳、斯里兰卡、纳米比亚、塞内加尔、安哥拉、刚果共和国、莱索托
	发展期 29 个	土库曼斯坦、格鲁吉亚、摩尔多瓦、亚美尼亚、蒙古、泰国、吉尔吉斯斯坦、阿尔巴尼亚、玻利维亚、乌兹别克斯坦、巴拉圭、摩洛哥、菲律宾、塔吉克斯坦、越南、印度尼西亚、也门共和国、海地、印度、巴基斯坦、马里、毛里塔尼亚、孟加拉国、津巴布韦、肯尼亚、喀麦隆、科特迪瓦、柬埔寨、赞比亚
	起步期 12 个	老挝、尼泊尔、多哥、尼日利亚、缅甸、加纳、巴布亚新几内亚、刚果民主共和国、贝宁、乌干达、塞拉利昂、坦桑尼亚
传统农业社会		厄立特里亚、马达加斯加、几内亚、乍得、莫桑比克、布基纳法索、埃塞俄比亚、马拉维、布隆迪、卢旺达、中非共和国、尼日尔(12 个)

二、2007 年世界现代化评价

1. 2007 年世界第一次现代化评价

(1) 2007 年世界有 65 个国家已经完成或基本实现第一次现代化

在 2007 年参加评价的 131 个国家中，有 65 个国家已经完成或基本实现第一次现代化，约占国家总数的 50%；有 66 个国家没有完成第一次现代化，约占 50%。全面完成第一次现代化的国家有 38 个，约占 29%。基本实现第一次现代化的国家有 27 个，约占 21%。

前九本《中国现代化报告》根据第一次现代化评价指标的达标个数判断国家第一次现代化水平。如果达标个数为 6～9 个，表示已经基本实现第一次现代化。本报告根据第一次现代化程度进行判断。如果第一次现代化程度超过 90%但低于 100%，表示基本实现第一次现代化。

(2) 2007 年世界第一次现代化的不平衡性

2007 年世界不同国家第一次现代化程度不同，所处阶段也不同。根据产业结构和劳动力结构信号综合分析，2007 年世界约有 44 个国家进入第一次现代化过渡期，其中有 29 个国家已进入第二次现代化；有 34 个国家进入第一次现代化的成熟期，29 个国家进入发展期，12 个国家进入起步期，12 个国家处于传统农业社会(表 5-12)。2007 年世界第一次现代化的 10 个评价指标的发展不平衡。

(3) 不同国家预期完成第一次现代化的所需时间不同

世界发达国家已经完成第一次现代化，部分发展中国家已经完成第一次现代化。没有完成第一次现代化的发展中国家，在1980～2007年期间第一次现代化发展速度不同。如果按1980～2007年的年均增长率估算，它们完成第一次现代化（第一次现代化程度达到100%）所需时间不同（附表3-2-4）；如果它们增长率变了，则它们完成第一次现代化的所需时间就会变化。如果按照1980～2007年的年均增长率估算，世界低收入国家平均完成第一次现代化大约需要64年，世界平均大约需要10年（附表3-2-4）。

2. 2007年世界第二次现代化评价

(1) 2007年世界上约有29个国家进入第二次现代化

在2007年参加评价的131个国家中，约有29个国家进入第二次现代化发展轨道，约占国家样本数的22%；其中，9个国家进入第二次现代化的发展期，它们是美国、瑞典、丹麦、瑞士、比利时、荷兰、英国、法国、新加坡；20个国家进入第二次现代化的起步期（表5-12）。

(2) 2007年世界第二次现代化的国际差距仍然很大

2007年第二次现代化指数，最高的国家是美国，达到109（表5-13）；最低的国家是尼日尔，仅为12。美国第二次现代化指数约是尼日尔的9倍。2000年第二次现代化指数最高的国家是瑞典，最低的国家是卢旺达，瑞典第二次现代化指数是卢旺达的12倍。

表5-13 2000与2007年世界第二次现代化指数排前10名的国家

国家	2007年指数	2007年排名	国家	2000年指数	2000年排名
美国	109	1	瑞典	109	1
瑞典	105	2	美国	108	2
丹麦	103	3	日本	103	3
芬兰	103	4	丹麦	102	5
日本	101	5	芬兰	103	4
挪威	99	6	挪威	100	6
韩国	97	7	瑞士	99	8
瑞士	95	8	澳大利亚	99	7
德国	95	9	德国	97	9
比利时	94	10	荷兰	93	10

(3) 2007年世界第二次现代化的不平衡性

2007年非洲38个国家中，没有1个国家进入发达国家和中等发达国家行列；美洲22个国家中，有2个属于发达国家，4个属于中等发达国家；亚洲35个国家中，有4个属于发达国家，5个属于中等发达国家；欧洲33个国家中，有13个属于发达国家，16个属于中等发达国家；大洋洲的澳大利亚和新西兰属于发达国家（表5-14）。

3. 2007年世界综合现代化评价

(1) 2007年世界综合现代化的国家分布

综合现代化水平反映了不同国家与世界先进水平的相对差距。用综合现代化指数来分析世界现代化水平的国家分布（图5-5），可以比较世界现代化水平的纵向分布。2007年世界综合现代化水平的国家分布与2000年的国家分布基本相同，但分布不均衡。这表明世界现代化的纵向结构，既不均衡，又相对稳定。

表 5-14　2007 年世界第二次现代化水平的五大洲分布　　单位:国家个数

国家分组	2007 年						2000 年					
	非洲	美洲	亚洲	欧洲	大洋洲	小计	非洲	美洲	亚洲	欧洲	大洋洲	小计
发达国家	0	2	4	13	2	21	—	2	3	11	1	17
中等发达	0	4	5	16	0	25	—	6	5	18	1	30
初等发达	5	12	15	4	0	36	6	9	15	3	—	33
欠发达	33	4	11	0	1	49	32	5	12	1	1	51
小计	38	22	35	33	3	131	38	22	35	33	3	131

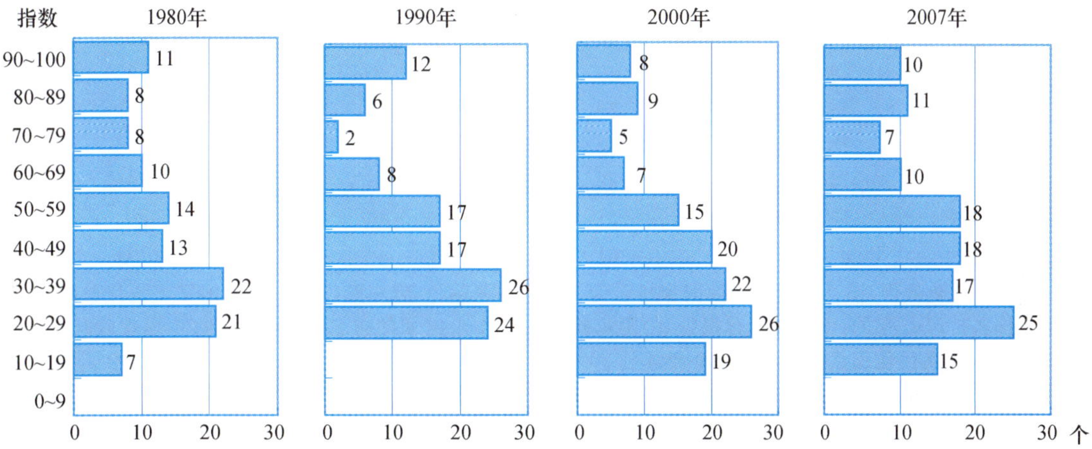

图 5-5　世界综合现代化水平的国家分布

(2) 2007 年世界综合现代化的国际追赶

根据综合现代化指数的变化，从 2000 到 2007 年，在参加评价的 131 个国家中，综合现代化水平上升的国家有 86 个(指数上升在 2 以上的)，下降的国家有 17 个(指数下降在 2 以上的)，变化不大的国家约有 28 个(指数变化在±2 之间的)。在综合现代化水平上升的 86 个国家中，有 74 个国家是发展中国家；在某种程度上可以说，这些发展中国家与世界先进水平的差距缩小了。

第二节　2007 年中国现代化指数

中国现代化指数包括中国第一次现代化程度、第二次现代化指数和综合现代化指数，它反映了中国现代化在经济、社会、文化和环境等领域的综合水平。关于中国政治等领域的现代化水平，需要专门研究。中国现代化指数的评价方法和评价数据来源，与世界现代化指数相同，请阅读技术注释和附录三。

一、2007 年中国现代化水平

1. 2007 年中国现代化的总体水平

2007 年中国处于世界初等发达国家水平。中国现代化水平与世界中等发达国家和发达国家的差距仍然较大。2007 年中国仍然是发展中国家。

2007 年，中国第一次现代化程度为 87%，在世界 131 个国家中排第 70 位(在世界 108 个国家中排第 57 位)；中国第二次现代化指数为 42 分，在世界 131 个国家中排第 63 位(在世界 108 个国家中排第

47 位);综合现代化指数为 38 分,在世界 131 个国家中排第 78 位(在世界 108 个国家中排第 60 位)。2008 年中国第一次现代化程度达到 90%(表 5-15)。

表 5-15 2000～2008 年中国现代化指数

时间	第一次现代化			第二次现代化			综合现代化		
年	程度/(%)	排名(131 个)	排名(108 个)	指数	排名(131 个)	排名(108 个)	指数	排名(131 个)	排名(108 个)
2008	90	—	—	—		—	—		—
2007	87	70	57	42	63	47	38	78	60
2006	87	68	56	40	70	51	38	75	59
2005	86	69	56	40	71	51	38	72	55
2004	86	66	55	39	69	51	35	77	59
2003	82	73	60	33	75	55	33	80	62
2002	81	75	60	32	76	56	33	79	60
2001	78	75	60	31	79	59	32	78	60
2000	76	80	62	31	78	58	31	79	61

注:《中国现代化报告》前九本报告中的国家排名为 108 个国家的排名(东欧事变后的新国家和统计数据不稳定的国家不参加排名),2010 年的《中国现代化报告》的国家排名为 131 个国家的排名。2009 年的《中国现代化报告》评价 2007 年中国第一次现代化程度为 88.4,2010 年评价 2007 年中国第一次现代化程度为 87.3。2007 年中国第二次现代化指数在世界现代化评价中为 41.6,在中国地区现代化评价中为 43.6;中国综合现代化指数在世界现代化评价中为 38.1,在中国地区现代化评价中为 40.6。造成差别的原因主要是,2010 年报告评价采用世界银行《世界发展报告 2009》的数据,2009 年报告评价采用《中国统计年鉴 2008》的数据,中国地区现代化评价是采用《中国统计年鉴 2008》的数据;两者评价指标的数值有一定的差别。

2. 2007 年中国现代化的国际差距

2007 年,中国第一次现代化程度为 87%,与已经完成第一次现代化的国家相差 13 个百分点;第二次现代化指数为 42,与高收入国家平均值(100)相差 58;综合现代化指数为 38,与高收入国家平均值(100)相差 62。2007 年,中国第二次现代化指数与世界平均值(50)相差 8,中国综合现代化指数与世界平均值(54)相差 18。

3. 2007 年中国现代化的国际追赶

2007 和 2000 年,中国都属于初等发达国家。2007 年第一次现代化程度比 2000 年提高了 11 个百分点,2007 年综合现代化指数比 2000 年提高了 9。2007 与 2000 年相比,中国现代化水平有较大提高(表 5-15)。2007 年中国现代化的国际差距小于 2000 年。

2007 年,中国第二次现代化指数为 42,在 131 个国家中排名第 63 位。如果 131 个国家在未来 100 年里,能够按照它们的 1990～2007 年第二次现代化指数的年均增长率估算它们的现代化水平,那么,中国在 2010 年的世界排名为第 60 名左右,2020 年为 50 名左右,在 2050 年进入世界前 40 名;在 2080 年为前 30 名左右,在 2100 年为前 20 名左右。如果实现这个目标,届时中国就是一个现代化国家,中华民族就实现了伟大复兴。

2007 年,中国为初等发达国家。根据 1960～2007 年的世界经验,在 47 年里,初等发达国家升级的概率约为 8%～23%,中等发达国家升级的概率约为 26%～44%。如果沿用世界历史经验,那么,2050 年中国成为中等发达国家的概率为 15%左右。如果 2050 年中国成为中等发达国家,那么,2100 年中国成为发达国家的概率约为 30%左右。

4. 2007年中国现代化的不平衡性

中国现代化的不平衡同样表现在几个方面，一是地区不平衡，二是指标不平衡。第一次现代化10个指标发展不平衡，2007年有6个指标已经达到标准，表现最差的指标（人均GNI）达标程度仅为42%。第二次现代化的四大类指标也不平衡。

二、2007年中国现代化评价

1. 2007年中国第一次现代化评价

2007年中国进入第一次现代化的成熟期，第一次现代化程度为87%，比2005年提高1个百分点。2007年中国第一次现代化程度在131个国家中排名第70位。2008年中国第一次现代化程度达到90%，比2007年提高3个百分点，仍然处于第一次现代化的成熟期。

2008年中国第一次现代化10个指标发展不平衡。6个指标已经达标，它们分别是医疗服务、平均预期寿命、婴儿存活率、成人识字率、大学普及率和农业增加值比例。4个指标没有达到标准，它们分别是人均GNI、农业劳动力比例、服务业增加值比例和城市人口比例（图5-6）。

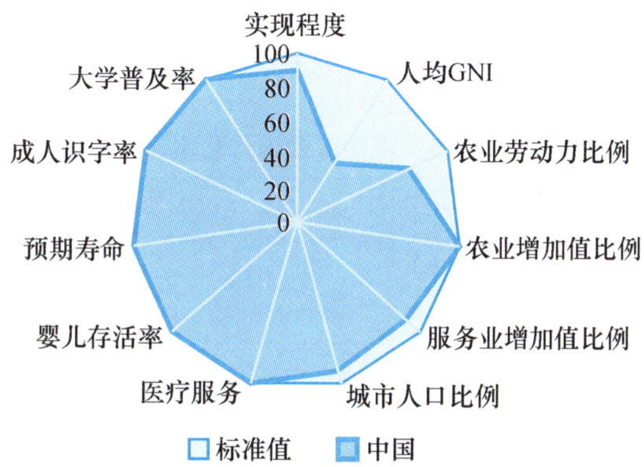

图5-6　2008年中国第一次现代化的特点

中国第一次现代化程度达到100所需要的时间，与第一次现代化程度的年均增长率正相关。如果按照1960～2000年速度估算，中国第一次现代化程度达到100%约需15年（从2000年算起）。如果按1980～2008年速度估算，中国第一次现代化程度达到100%约需6年（从2008年算起）。中国有可能在2015年前后完成第一次现代化，达到1960年发达国家水平。

2. 2007年中国第二次现代化评价

2007年中国尚没有完成第一次现代化，也没有进入第二次现代化。由于中国参与全球化进程，第二次现代化的许多要素已经传入中国。如果按第二次现代化评价模型进行评价，可以大概了解中国第二次现代化的进展。这种评价，仅有参考意义。

2007年中国第二次现代化指数为42，在131个国家中排第63位，在108个国家中排第47位。中国第二次现代化指数世界排名好于第一次现代化程度的世界排名，说明中国比其他发展中国家具有更多的第二次现代化的要素。

2007年中国第二次现代化4类指标发展不平衡，知识传播和生活质量指数达到世界平均水平（图5-7）。以2007年高收入国家平均值100为对照，2007年中国知识创新指数为32（世界平均47），知识传播指数为57（世界平均为55），生活质量指数为53（世界平均为51），经济质量指数为25（世界平均为45）。2007年，中国经济质量水平距离高收入国家的差距最大；在2000～2006年期间，中国知识创新水平距离高收入国家的差距最大。

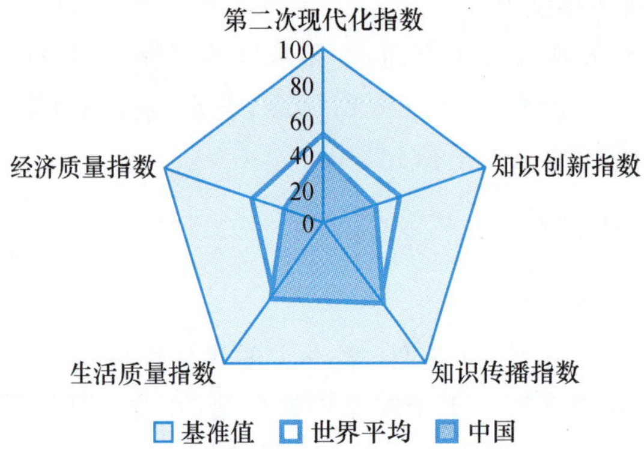

图 5-7 2007 年中国第二次现代化的特点

3. 2007 年中国综合现代化评价

综合现代化指数反映国家水平与世界先进水平的相对差距。2007 年中国综合现代化指数为 38，比 2000 年提高了 7，比 1990 年提高 10，比 1980 年提高 17。2007 年中国综合现代化指数在世界 131 个国家中排名第 78 位，比 2000 年提高了 1 位，比 1990 年上升 25 位，比 1980 年上升 25 位(表 5-16)。

表 5-16 中国综合现代化水平

项目	2007	2006	2005	2004	2003	2002	2001	2000	1990	1980
中国指数	38	38	38	35	33	33	32	31	28	21
中国排名(108 个国家)	60	59	55	59	62	60	60	61	86	93
中国排名(131 个国家)	78	75	72	77	80	79	78	79	103	103
高收入国家平均值	100	100	100	100	100	100	100	100	100	100
中等收入国家平均值	40	42	41	40	40	44	42	42	44	52
低收入国家平均值	24	26	26	26	25	26	23	24	32	28
世界平均值	54	53	53	53	52	55	51	50	53	60

注：国家数据比较齐全的国家，1980 年为 114 个，1990 年为 124 个。

第三节 2007 年中国地区现代化指数

中国地区现代化指数包括中国 34 个省级地区的第一次现代化程度、第二次现代化指数和综合现代化指数，它反映了 34 个省级地区现代化在经济、社会、文化和环境等领域的综合水平。关于评价方法，请阅读技术注释；关于评价数据，请阅读附录四。

一、2007 年中国地区现代化水平

1. 2007 年中国内地地区现代化的总体水平

2007 年，中国内地地区中，北京进入第二次现代化，其他地区处于第一次现代化；根据第二次现代化指数分组，北京等 7 个地区为发达地区或中等发达地区，山东等 24 个地区为初等发达地区。根据综合现代化指数分组，2007 年贵州等 2 个地区为欠发达地区。2007 年中国多数内地地区属于发展中地区(表 5-17)。

表 5-17　2007 年中国地区现代化指数

分组	地区	SMI	FMI	IMI	人均 GDP	分组	地区	SMI	FMI	IMI	人均 GDP
发达地区和中等发达地区	北京	97	100	81	7527	初等发达地区	内蒙古	41	88	36	3328
	台湾	90	100	78	17 252		河北	41	86	33	2595
	上海	89	100	77	8620		四川	40	82	35	1699
	澳门	80	100	79	36 357		湖南	38	84	34	1902
	香港	78	100	76	29 914		河南	37	80	30	2108
	天津	75	97	63	5952		新疆	37	81	34	2210
	浙江	59	95	50	4877		安徽	37	84	33	1582
	江苏	55	94	47	4436		海南	36	82	36	1902
	辽宁	55	91	46	3370		江西	36	83	34	1655
	广东	54	95	49	4323		甘肃	36	81	31	1357
	世界平均	50	94	54	7980		青海	36	81	31	1865
初等发达地区	黑龙江	47	87	39	2428		广西	34	78	30	1641
	陕西	47	85	41	1916		西藏	31	77	34	1583
	山东	47	90	39	3643		云南	31	74	28	1380
	吉林	46	88	41	2544		贵州	30	74	27	958
	山西	44	87	36	2220	对照	中国	44	88	41	2482
	湖北	44	89	39	2128		高收入国家	100	100	100	37 460
	福建	44	92	39	3394		中等收入国家	38	89	40	2748
	宁夏	42	85	34	1916		低收入国家	20	57	24	461
	重庆	42	89	38	1924						

注：FMI 为第一次现代化程度，SMI 为第二次现代化指数，IMI 为综合现代化指数。关于中国现代化指数的评价结果的说明，见表 5-15。中国 34 个地区的“人均 GDP”为各地区的人均居民生产总值(美元)。

2008 年，在中国内地地区中，上海和北京第一次现代化程度达到 100%(达到 1960 年工业化国家的平均水平)；天津等 9 个地区第一次现代化程度超过 90%，吉林等 16 个地区第一次现代化程度达到 80%～89%，广西等 4 个地区第一次现代化程度达到 75%～79%(图 5-8)。天津、江苏、浙江和广东有 8 个指标达标，内蒙古、辽宁、吉林、黑龙江、福建和重庆有 7 个指标达标，河北、山西、山东、陕西和宁夏有 6 个指标达标。2008 和 2007 年相比，新疆等 6 个地区第一次现代化程度的全国排名上升，湖南等 5 个地区排名下降，北京等 20 个地区排名没有变化(附表 4-2-5)。

2. 2007 年中国内地地区现代化的前沿水平

2007 年，中国内地地区现代化的前沿已经进入第二次现代化的发展期，地区现代化的前沿水平接近发达国家的底线，部分指标达到发达国家的底线。例如，2007 年北京处于第二次现代化的发展期，北京和上海的部分指标接近或达到意大利和西班牙的水平(表 5-18)。

3. 2007 年中国内地地区现代化的地区差距

在 2000～2007 年期间，中国内地地区现代化的地区差距有所扩大。其中，第一次现代化程度的地区差距缩小；第二次现代化指数的绝对差距扩大，相对差距没有变化；综合现代化指数的绝对差距和相对差距都扩大了(表 5-19)。

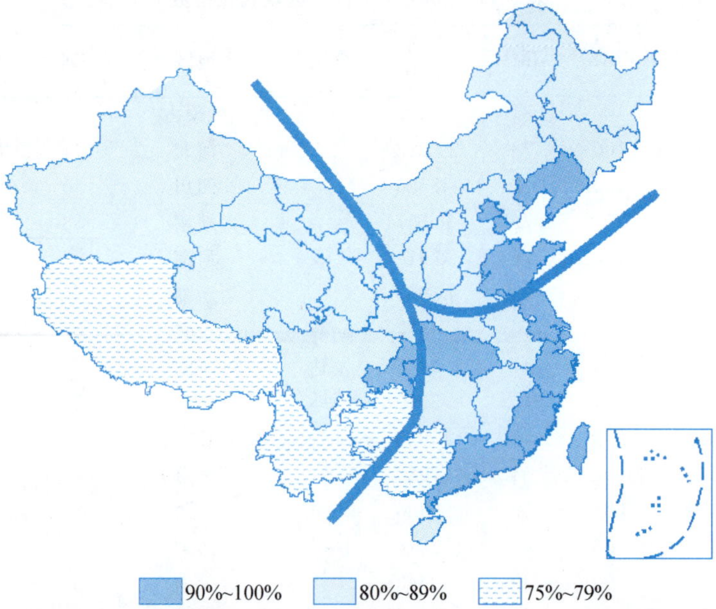

图 5-8 2008 年中国现代化水平的地区分布(本图为工作简图)

注:根据第一次现代化程度分组:90%～100%,80%～89%,75%～79%。

表 5-18 2007 年中国内地地区现代化的前沿水平和国际比较

指标	北京	上海	天津	浙江	江苏	广东	意大利	西班牙	希腊	葡萄牙	匈牙利	俄罗斯
第一次现代化程度	100	100	97	95	94	95	100	100	100	100	100	100
第二次现代化指数	97	89	75	59	55	54	79	81	74	69	69	67
综合现代化指数	81	77	63	50	47	49	83	82	75	71	70	61
人均 GDP	7527	8620	5952	4877	4436	4323	35 396	32 017	27 995	20 998	13 799	9079
人均 GDP(PPP)	16 469	18 862	13 023	10 672	9707	9459	30 190	30 750	27 830	21 790	17 470	14 330
互联网普及率	45	45	26	30	23	35	54	51	33	40	52	21
城市化水平	85	89	76	57	53	63	68	77	61	59	67	73
大学普及率	82	65	60	29	27	19	68	69	91	56	69	75

注:意大利等 6 个国家人均 GDP(PPP)的数据为人均 GNI(PPP)的数值。

表 5-19 中国内地地区现代化的地区差距

项目	第一次现代化程度			第二次现代化指数			综合现代化指数		
	2007	2000	1990	2007	2000	1990	2007	2000	1990
最大值	100	97	91	97	74	55	81	65	52
最小值	74	59	44	30	22	19	27	24	23
平均值	86	75	64	46	33	28	40	33	31
绝对差距	26	37	46	67	53	36	54	42	29
标准差	7	9	10	15	12	8	13	9	7
相对差距	1.4	1.6	2.0	3.2	3.4	2.9	3.0	2.8	2.3
变异系数	0.08	0.12	0.16	0.33	0.35	0.29	0.31	0.28	0.21

4. 2007 年中国内地地区现代化的国际差距

中国内地省级 31 个地区中,地区第一次现代化水平与已经完成第一次现代化的国家的最大差距约为 26 个百分点,平均差距为 14 个百分点;地区第二次现代化水平与世界先进水平的最大差距是

72，最小差距是 4，平均差距是 55；地区综合现代化水平与世界先进水平的最大差距是 73，最小差距 19，平均差距 60(表 5-20)。

表 5-20　2007 年中国内地地区现代化的国际差距

项目		第一次现代化			第二次现代化			综合现代化		
		2007	2000	1990	2007	2000	1990	2007	2000	1990
与发达国家的差距	最小差距	0	3	9	3	26	34	19	35	48
	最大差距	26	41	56	70	79	70	73	77	77
	平均差距	14	25	36	54	67	61	60	67	69
与世界平均值的差距	最小差距	—	—	—	—	—	—	—	—	—
	最大差距	20	30	37	20	24	28	26	27	37
	平均差距	8	14	17	4	13	19	14	17	28

5. 2007 年中国内地地区现代化的国际追赶

如果根据第二次现代化水平分组，2007 年中国内地省级地区中，浙江、辽宁、江苏和广东从初等发达地区进入中等发达地区，黑龙江等 22 个地区进入初等发达地区。2007 年北京和上海第二次现代化指数分别为 97 和 89，比 2006 年都有所提高，与世界先进水平的差距缩小。

如果根据综合现代化水平分组，2007 年中国内地省级地区分组与 2006 年相比有变化的地区包括：北京和西藏分别上升了一组、广西下降了一组。

如果按照第一次现代化发展阶段的变化，与 2006 年相比，河南、河北、重庆、陕西、青海、宁夏从第一次现代化发展期已进入第一次现代化的成熟期。

6. 2007 年中国地区现代化的不平衡性

中国地区现代化的不平衡性是非常突出的，包括地区现代化进程的不同步(表 5-21)、地区现代化速度有快有慢、地区现代化水平差距比较大、地区现代化指标的表现差别比较大、地区现代化水平的地理分布不均衡等。北京等 4 个地区已经进入第二次现代化，上海等 2 个地区已经达到第一次现代化的过渡期，浙江等 13 个地区已经进入第一次现代化的成熟期，比 2006 年增加了 6 个地区，湖北等 15 个地区处于第一次现代化的发展期(表 5-21)。

表 5-21　2007 年中国 34 个地区现代化的阶段和不平衡性

阶段	时期	地区
第二次现代化的发展阶段	过渡期	
	成熟期	
	发展期	香港、澳门、北京
	起步期	台湾
第一次现代化的发展阶段	过渡期	上海、天津
	成熟期	浙江、河北、河南、广东、重庆、陕西、青海、宁夏、山西、江苏、辽宁、福建、山东
	发展期	湖北、吉林、黑龙江、江西、海南、内蒙古、安徽、湖南、四川、甘肃、新疆、广西、贵州、云南、西藏
	起步期	无
传统农业社会		无

7. 2007 年中国港澳台地区现代化水平

中国的香港、澳门和台湾的现代化水平处于中国地区水平的前列。根据第二次现代化水平分组，2007 年中国香港、澳门、台湾第二次现代化指数超过世界中等发达水平，其中，台湾和澳门第二次现代化指数的数值已经达到世界发达水平。如果根据综合现代化指数分组，港澳台地区都属于中等发达水平。香港、澳门和台湾早已完成第一次现代化。

二、2007 年中国地区现代化评价

1. 2007 和 2008 年中国地区第一次现代化评价

2007 年中国地区第一次现代化评价，在《中国现代化报告 2009：文化现代化研究》中已经完成。这里我们进行 2008 年中国地区第一次现代化的评价。

(1) 2008 年中国内地有 10 个地区已经完成或基本实现第一次现代化

2008 年中国内地 31 个地区中，有 10 个地区已经完成或基本实现第一次现代化，它们是北京、上海（第一次现代化程度达到 100%，10 个指标达到标准），天津、浙江、广东、江苏、福建、辽宁、山东、重庆（第一次现代化程度超过 90%，指标达标个数超过 6 个）。

如果北京、天津、上海、香港、澳门和台湾不参加排名，2008 年第一次现代化程度排名前 10 位的地区为：浙江、广东、江苏、福建、辽宁、山东、重庆、湖北、吉林、内蒙古（图 5-9）。

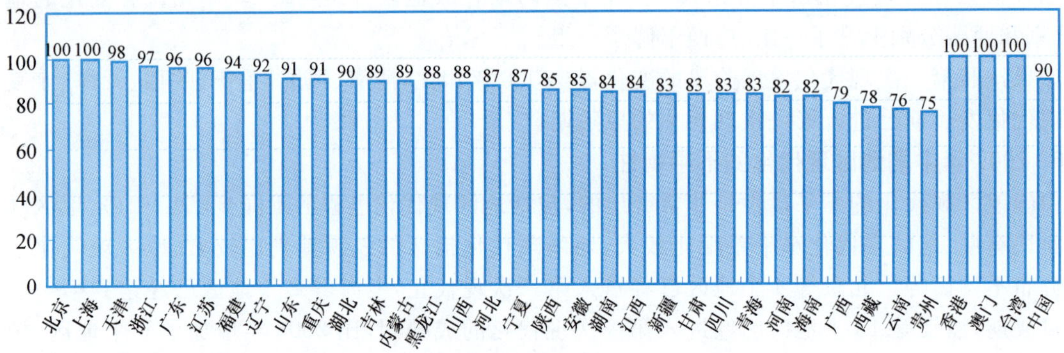

图 5-9 2008 年中国地区第一次现代化程度

(2) 中国内地地区完成第一次现代化预期时间

如果按照 1990～2008 年年均增长率估算，浙江、天津、江苏、广东、福建、山东、湖北、内蒙古、安徽、宁夏、河北、吉林、江西、湖南、西藏等地区，有可能用 10 年左右的时间完成第一次现代化（表 5-22）。完成第一次现代化，表示大约达到 1960 年工业化国家的平均水平。

表 5-22 中国内地地区完成第一次现代化的时间估算

地区	第一次现代化程度/(%)			程度达到 100%		程度达到 100%	
	1980 年	1990 年	2008 年	1990～2008 年均增长率	所需时间/年	1980～2008 年均增长率	需要时间/年
北京	82.9	90.5	100.0	0.56	0	0.67	0
天津	77.7	84.2	98.4	0.87	2	0.84	2
河北	56.4	62.9	87.4	1.84	7	1.57	9
山西	62.5	69.0	87.8	1.35	10	1.22	11
内蒙古	58.8	65.3	89.3	1.75	7	1.50	8

（续表）

地区	第一次现代化程度/(%)			程度达到 100%		程度达到 100%	
	1980 年	1990 年	2008 年	1990～2008 年均增长率	所需时间/年	1980～2008 年均增长率	需要时间/年
辽宁	69.5	79.2	92.4	0.86	9	1.02	8
吉林	64.7	68.6	89.5	1.49	8	1.17	10
黑龙江	63.7	72.0	88.1	1.13	11	1.16	11
上海	82.3	89.4	100.0	0.63	0	0.70	0
江苏	56.3	64.2	95.7	2.25	2	1.92	2
浙江	52.7	66.3	96.8	2.13	2	2.20	1
安徽	51.5	56.7	85.2	2.28	7	1.81	9
福建	54.8	65.0	93.9	2.06	3	1.94	3
江西	51.6	56.2	84.3	2.28	8	1.77	10
山东	51.2	63.4	91.0	2.03	5	2.08	5
河南	50.5	59.1	82.4	1.87	10	1.76	11
湖北	53.8	62.7	89.7	2.01	5	1.84	6
湖南	50.8	57.5	84.4	2.15	8	1.83	9
广东	59.2	69.2	96.4	1.86	2	1.76	2
广西	53.4	56.4	79.3	1.91	12	1.42	16
海南	31.3	61.7	82.3	1.61	12	3.51	6
重庆	—	—	90.5				
四川	48.8	57.0	82.6	2.08	9	1.90	10
贵州	45.4	51.3	75.1	2.14	14	1.81	16
云南	44.1	49.8	75.7	2.35	12	1.94	14
西藏	38.4	44.3	77.7	3.17	8	2.55	10
陕西	53.5	64.3	85.5	1.59	10	1.69	9
甘肃	46.0	59.9	82.7	1.81	11	2.12	9
青海	53.1	57.0	82.6	2.08	9	1.59	12
宁夏	54.2	61.7	87.0	1.93	7	1.71	8
新疆	50.6	60.2	83.2	1.82	10	1.80	10
中国	54.0	63.0	89.8	1.99	5	1.84	6

注:完成第一次现代化表示达到 1960 年发达工业化国家平均水平。

2. 2007 年中国地区第二次现代化评价

(1) 2007 年中国内地有 7 个地区第二次现代化指数达到或超过世界平均水平

根据第二次现代化指数分组,2007 年,北京和上海第二次现代化指数的数值已经达到发达国家组的水平,天津、浙江、江苏、辽宁和广东已经达到世界中等发达国家水平,黑龙江等 24 个地区达到初等发达水平(图 5-10)。

(2) 2007 年中国地区第二次现代化的不平衡性

中国地区第二次现代化发展不平衡的主要表现是:不同地区第二次现代化水平不同,第二次现代化的 4 大类指标和 16 个具体指标的发展水平不同;不同地区第二次现代化的进程不同步。北京进入第二次现代化发展期;其他地区仍是第一次现代化。

3. 2007 中国地区综合现代化评价

在 1980～2007 年期间,中国地区综合现代化水平在提高。其中,2000～2007 年,中国内地 31 个

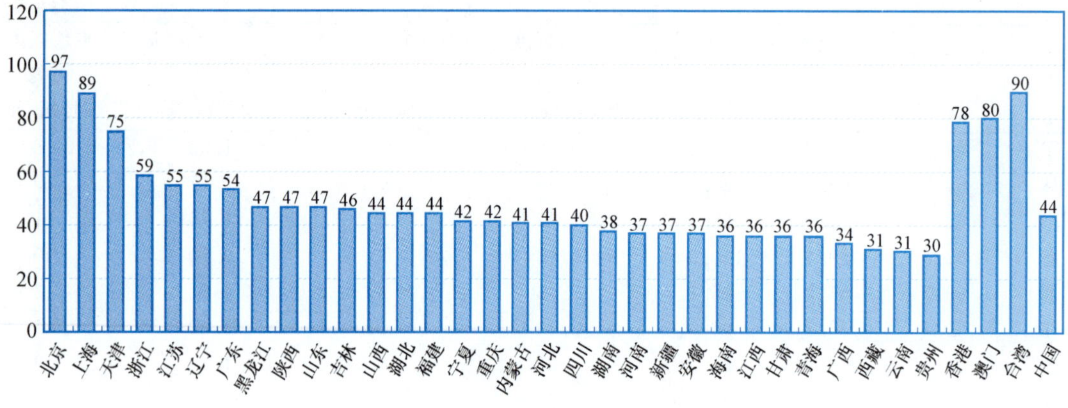

图 5-10　2007 年中国地区第二次现代化水平

地区综合现代化水平都提高了；1990～2000 年，有 21 个地区提高了；1980～1990 年，有 29 个地区提高了。这表明中国部分地区现代化与世界先进水平的差距在缩小。

4. 中国不同区域的现代化评价

关于中国区域划分有多种方案。这里采用“三大带、三大片和八大区”的划分(表 5-23)。

表 5-23　中国不同区域的现代化水平的比较

地区	2008 年第一次现代化实现程度	2008 年人均 GDP	2007 年第一次现代化实现程度	2007 年第二次现代化指数	2007 年综合现代化水平指数
东部	93	5476	92	57	49
中部	87	2938	86	41	36
西部	82	2140	81	37	33
北方片	90	4431	89	52	44
南方片	90	4185	89	48	42
西部片	82	2165	81	36	32
东北地区	90	3665	89	49	42
华北沿海	94	6190	93	65	54
黄河中游	86	3246	85	42	36
华东沿海	98	7385	97	68	58
华南沿海	88	3576	87	42	38
长江中游	86	2393	85	39	35
西南地区	80	1970	79	35	32
西北地区	84	2408	82	38	33
中国	90	3258	88	44	41

注：三大带、三大片和八大区的数值为该区有关地区数值的简单算术平均值。

首先，2008 年中国内地，东部现代化水平高于中部，中部现代化水平高于西部。

其次，2008 年中国内地，北方片现代化水平与南方片相当，都高于西部片。2008 年北方片第一次现代化程度平均值为 90%，比 2007 年提高了 1 个百分点；南方片平均为 90%，比 2007 年提高了 1 个百分点；西部片平均为 82%，比 2007 年提高了 1 个百分点。如果把港澳台计算在南方片内，2008 年南方片第一次现代化程度平均为 92%，比 2007 年提高 1 个百分点。

其三，2008 年中国内地八大地区中，华东沿海、华北沿海和东北地区是现代化水平较高的地区，华南沿海、长江中游和黄河中游是现代化水平的第二集团，西南地区和西北地区是现代化水平较低的地区。华东、华北和东北地区高于全国平均水平，其他地区低于全国平均水平。

其四，2007年中国华东沿海现代化水平超过世界平均水平，华北沿海地区基本达到世界平均水平。华东和华北沿海地区是中国内地现代化水平最高的地区。

5. 中国港澳台地区的现代化评价

2007年中国香港、澳门和台湾都已经进入第二次现代化，其中，香港和澳门进入第二次现代化的发展期，台湾进入第二次现代化的起步期。2007年台湾和澳门第二次现代化指数达到或超过80，香港第二次现代化指数低于80。2007年香港、澳门、台湾的综合现代化指数都低于80，但高于世界平均值。中国香港、澳门和台湾的第一次现代化程度都早已达到100%。

本章小结

本章完成了2007年世界131个国家和中国34个地区的现代化指数评价。

2007年，美国等29个国家已经进入第二次现代化，约占国家样本数的22%；波兰等35个国家全面完成第一次现代化，巴西等27个国家基本实现第一次现代化，全面完成和基本实现第一次现代化的国家约占国家样本的50%。

2007年，瑞典等21个国家属于发达国家，希腊等25个国家属于中等发达国家，中国等36个国家属于初等发达国家，印度等49个国家属于欠发达国家。

2007年，第二次现代化指数排世界前10名的国家是：美国、瑞典、丹麦、芬兰、日本、挪威、韩国、瑞士、德国、比利时。

2007年中国属于初等发达国家。2007年中国第一次现代化程度为87%，第二次现代化指数为42，综合现代化指数为38；分别在世界131个国家中排第70、第63和第78位。

2007年与2006年相比，中国第二次现代化指数排名提高7位，第一次现代化程度和综合现代化指数排名分别下降了2和3位。

2007年，中国内地地区发展不平衡，北京进入第二次现代化，其他内地地区都处于第一次现代化；根据第二次现代化指数分组，北京等7个地区为发达地区或中等发达地区，山东等24个地区为初等发达地区。根据综合现代化指数分组，2007年贵州等2个地区仍然为欠发达地区。

2007年，中国内地地区现代化的前沿水平已经接近发达国家的底线，部分指标达到发达国家的底线。例如，北京和上海的部分指标接近或达到意大利和西班牙的水平。

2007年，中国华东和华北沿海地区现代化水平已经达到或超过世界平均水平。

2007年，中国香港、澳门、台湾都已经进入第二次现代化，第二次现代化指数都超过世界中等发达水平，其中，台湾和澳门第二次现代化指数的数值已经达到世界发达水平。

2008年，中国第一次现代化程度达到90%，上海和北京第一次现代化程度达到100%；天津等9个地区第一次现代化程度达到90%～98%，吉林等16个地区第一次现代化程度达到80%～89%，广西等4个地区第一次现代化程度达到75%～79%。

2008年，如果北京、天津、上海、香港、澳门和台湾不参加排名，第一次现代化程度排名前10位的地区分别是：浙江、广东、江苏、福建、辽宁、山东、重庆、湖北、吉林、内蒙古。

技术注释

《中国现代化报告2010》包括世界现代化的基础数据和评价数据、世界131个国家和中国34个地区2007年的发展数据和评价数据。由于世界不同国家的统计方法不完全相同，统计方法在不断发展，统计数据的可比性和一致性问题需要特别关注。《中国现代化报告2010》采用国际机构、有关国家官方统计机构公布的数据。

一、资料来源

世界现代化的300年的历史数据主要来自米切尔的《帕尔格雷夫世界历史统计》、麦迪森的《世界经济千年史》、库兹涅茨的《各国的经济增长》、世界银行的《世界发展指标》、联合国统计年鉴、联合国贸易与发展会议（UNCTAD）统计数据、世界贸易组织（WTO）的有关数据、经济合作与发展组织（OECD）、联合国教科文组织（UNESCO）的数据等。

现代化进程评价所用数据，除少数年份的几个指标的中国数据（世界银行数据集中缺少的数据）来自《中国统计年鉴》外，其他全部采用世界银行出版的2009年《世界发展指标》、联合国出版的《统计年鉴》、联合国教科文组织出版的《统计年鉴》、联合国贸易与发展会议的《世界投资报告》、世界贸易组织的《国际贸易统计》等。

中国地区现代化评价所用数据，主要来自《中国统计年鉴》、《中国科技统计年鉴》、《中国能源统计年鉴》和31个省级行政地区的《统计年鉴》。

二、数据一致性和可靠性

世界现代化进程评价，以世界银行出版的2008和2009年《世界发展指标》的系列数据为基本数据来源；部分年份的数据来自联合国贸易与发展会议的《世界投资报告》、世界贸易组织的《国际贸易统计》和联合国《统计年鉴》；部分年份的知识创新经费投入、知识创新人员投入和电视普及率数据来自联合国教科文组织《统计年鉴》；部分年份的劳动力结构数据来自国际劳工组织《劳动力统计年鉴》；部分OECD国家的数据来自OECD出版物；少数几个中国数据来自《中国统计年鉴》。

许多发展中国家的统计制度还很薄弱，统计方法在不断发展，统计指标的概念存在差异，统计方法在国与国之间差别较大，它们会影响数据的一致性和可靠性。许多国家的统计机构常常修改其历史统计数据。世界银行在历年《世界发展指标》中对数据来源、数据一致性和可靠性进行了说明。世界银行有时根据一些国家提供的新数据，对过去年份的数据进行调整。在不同年份出版的《世界发展指标》中，关于某年的数据不完全一致。如果出现这种情况，一般采用最近年份《世界发展指标》中公布的数据。2007年世界现代化评价统一采用2009年《世界发展指标》的数据（网络版数据）。数据汇总方法在《世界发展指标》中有专门说明。

中国地区现代化进程评价，以2009年《中国统计年鉴》的系列数据为基本数据来源；《中国统计年鉴》中没有的数据，采用31个省级行政地区统计机构出版地方《统计年鉴》；知识创新经费投入、知识创新人员投入和居民专利申请数据来自《中国科技统计年鉴》；部分年份人均能源消费数据来自《中国能源统计年鉴》。

在世界银行和联合国有关机构出版的统计资料中，中国数据的数值一般为中国内地31个省级行政地区统计数据的加总；在《中国统计年鉴》中，香港特区、澳门特区和台湾地区的统计数据单列，全国的加总数在数值上为内地 31 个省级行政地区统计数据的加和。

苏联和东欧国家（联邦德国、捷克斯洛伐克等），1990 年前后发生变化。1990 年前采用原国家数据。1990 年后，分别为俄罗斯、德国、捷克和斯洛伐克的数据。

三、国家分组

关于国家分组的方法有很多。《中国现代化报告 2003》对此进行了专门分析。例如，世界银行根据人均收入大小分组、联合国开发计划署根据人类发展指数分组、联合国工作分组、联合国地区分组、《中国现代化报告》根据第二次现代化指数分组等。一般而言，国家分组是相对的，更多是为了分析和操作的方便。本报告沿用《中国现代化报告 2003》国家分组方法。

《中国现代化报告 2003》采用四种国家分组方法：(1) 工业化国家和发展中国家；(2) 发达国家和发展中国家；(3) 高收入国家、中等收入国家和低收入国家；(4) 发达国家、中等发达国家、初等发达国家和欠发达国家。四种方法具有一定可比性（表 a）。

表 a 《中国现代化报告 2003》的国家分组

国家分组	类别	分组方法或标准
按地区分组	发达国家[a]	高收入国家（不含石油输出国）
	OECD 国家	OECD 国家
	比较发达国家	按联合国的划分
	比较不发达国家（发展中国家）	按联合国的划分
	最不发达国家（发展中国家）	按联合国的划分
按人均收入分组（2000 年）	高收入国家	人均 GNI 大于 9266 美元
	中等收入国家（中高、中低收入国家）	人均 GNI 为 756～9265 美元
	低收入国家	人均 GNI 小于 755 美元
按第一次现代化实现程度分组（2000 年）	发达工业化国家	完成第一次现代化的国家
	发展中国家	没有完成第一次现代化的国家
按第二次现代化指数分组（2000 年）	发达国家[a]（高现代化水平）	第二次现代化指数大于 80
	中等发达国家（中等现代化水平）	第二次现代化指数 46～79.9
	初等发达国家（初等现代化水平）	第二次现代化指数 30～45.9
	欠发达国家（低现代化水平）	第二次现代化指数小于 30

注：a. “发达国家”有两种划分方法：按第二次现代化指数划分的发达国家、按人均收入划分（习惯分法）的发达国家（一般指不含石油输出国的高收入国家），它们（划分的结果）是基本一致的。

四、人类发展水平评价

人类发展水平评价包括五个综合指标评价，具体内容见第四章。

五、第一次现代化程度的评价方法和评价指标

第一次现代化进展评价方法主要有三种：定性评价、定量评价和综合评价（定性和定量相结合）。本报告主要进行经济和社会第一次现代化的实现程度的定量评价。

1. 评估模型

参考 20 世纪 80 年代美国学者英克尔斯教授提出的评价指标（英克尔斯，1988），参考 1960 年 19

个工业化国家发展指标的平均值，设计“第一次现代化评价模型”，包括 10 个社会和经济指标，以及评价标准和评价方法。

$$\begin{cases} \text{FMI} = \sum S_i / n \quad (i = 1, 2, \cdots, n) \\ S_i = 100 \times i_{\text{实际值}} / i_{\text{标准值}} \quad (\text{正指标}, S_i \leqslant 100) \\ S_i = 100 \times i_{\text{标准值}} / i_{\text{实际值}} \quad (\text{逆指标}, S_i \leqslant 100) \end{cases}$$

其中，FMI 为第一次现代化程度，n 为参加评价的指标总个数，S_i 为第 i 项指标的达标程度（$S_i \leqslant 100$）；i 为评价指标的编号；$i_{\text{实际值}}$ 为 i 号指标的实际值，$i_{\text{标准值}}$ 为 i 号指标的标准值（具体数值见表 b）。

表 b　第一次现代化评价指标的标准值（1960 年工业化国家指标平均值）

	指　标	标准	备注[b]
经济指标	1. 人均 GNI（人均国民收入）	逐年计算[a]	正指标
	2. 农业劳动力比例（农业劳动力占总劳动力比例）	30%以下	逆指标
	3. 农业增加值比例（农业增加值占国内生产总值比例）	15%以下	逆指标
	4. 服务业增加值比例（服务业产值占国内生产总值比例）	45%以上	正指标
社会和知识指标	5. 城市人口比例（城市人口占总人口比例）	50%以上	正指标
	6. 医生比例（每千人口中的医生人数）	1 人以上	正指标
	7. 婴儿存活率[c]	97%以上	正指标
	（婴儿死亡率）	（30‰以下）	（逆指标）
	8. 预期寿命（出生时平均预期寿命）	70 岁以上	正指标
	9. 成人识字率	80%以上	正指标
	10. 大学普及率（在校大学生占 20～24 岁人口比例）	15%以上	正指标

注：参考英克尔斯教授的评价指标（英克尔斯，1988）。a. 以 1960 年 19 个市场化工业国家人均 GNI 平均值 1280 美元为基准值，以后逐年根据美元通货膨胀率计算标准值。例如，1960 年标准值为 1280 美元，1970 年为 1702 美元，1980 年为 3411 美元，1990 年为 5147 美元，2000 年为 6399 美元，2007 年为 7655 美元，2008 年为 7814 美元。b. 正指标，评价对象数值等于或大于标准值时，表示它达到或超过经典现代化标准；逆指标，评价对象数值等于或小于标准值时，表示它达到或超过经典现代化标准。c. “婴儿死亡率”用作评价指标不符合中国文化，用“婴儿存活率”代替它；婴儿存活率＝1－婴儿死亡率；实际评价时，仍然用婴儿死亡率数据进行评价，按逆指标计算方法进行评价。

2. 评估过程和方法

首先，检验评价指标的相关性。在地区现代化评价时，可以调整部分评价指标。其次，计算人均 GNI 的标准值。其三，采用“比值法”计算单个指标达标程度。单个指标达标程度最大值为 100%（如果超过 100%，取值 100%），达到 100%表明该指标已经达到第一次现代化水平。其四，采用“简单算术平均值”法，计算第一次现代化实现程度。

评价的有效性。如果参加评价的有效指标个数占指标总数的比例低于 60%（即指标个数少于 6 个），则视为无效样本，不进行评价。

计算方法。所有评价由计算机自动完成。计算机计算数据时，计算机内部保留小数点后 12 位小数；显示数据结果时，一般保留整数或 1～2 位小数。在阅读和利用评价数据和结果时，需要特别注意小数“四舍五入”带来的影响。第二次现代化和综合现代化评价也是如此。

结果排序。20 世纪 90 年代东欧剧变，出现了一批新国家。有些年份样本国家的数据不全。为了保持评价的一致性，在世界第一次现代化实现程度评价和排序时，将新出现的国家单列，不参加排序；数据不满足评价条件的国家，不参加排序。两种排序：131 个国家和 108 个国家排序。

3. 第一次现代化的阶段评价

$$\begin{cases} P_{FM} = (P_{\text{农业增加值比例}} + P_{\text{农业/工业增加值}} + P_{\text{农业劳动力比例}} + P_{\text{农业/工业劳动力}})/4 \\ P_{\text{农业增加值比例}} = (4,3,2,1,0)\text{，根据实际值与标准值的比较判断阶段并赋值} \\ P_{\text{农业/工业增加值}} = (4,3,2,1,0)\text{，根据实际值与标准值的比较判断阶段并赋值} \\ P_{\text{农业劳动力比例}} = (4,3,2,1,0)\text{，根据实际值与标准值的比较判断阶段并赋值} \\ P_{\text{农业/工业劳动力}} = (4,3,2,1,0)\text{，根据实际值与标准值的比较判断阶段并赋值} \end{cases}$$

其中，P_{FM}代表第一次现代化的阶段，$P_{\text{农业增加值比例}}$代表根据农业增加值比例判断的阶段和赋值，$P_{\text{农业/工业增加值}}$代表根据农业增加值比例与工业增加值比例的比值判断的阶段和赋值，$P_{\text{农业劳动力比例}}$代表根据农业劳动力比例判断的阶段和赋值，$P_{\text{农业/工业劳动力}}$代表根据农业劳动力比例与工业劳动力比例的比值判断的阶段和赋值。

首先，根据信号指标实际值与标准值的比较判断阶段并赋值；其次，计算赋值的平均值；其三，综合判断第一次现代化的阶段。第一次现代化阶段评价的 4 个信号指标的标准值和赋值见表 c。第一次现代化阶段评价的信号指标的变化如图 a 所示。

表 c 第一次现代化信号指标的划分标准和赋值

	农业增加值占 GDP 比例	农业增加值/工业增加值	赋值	说　明
过渡期	＜5％	＜0.2	4	农业增加值占 GDP 比例低于 15％为完成第一次现代化的标准，结合工业化国家 200 年经济史制定
成熟期	5％～15％，＜15％	0.2～0.8，＜0.8	3	
发展期	15％～30％，＜30％	0.8～2.0，＜2.0	2	
起步期	30％～50％，＜50％	2.0～5.0，＜5.0	1	
传统社会	＞50％	＞5.0	0	
	农业劳动力占总劳动力比例	农业劳动力/工业劳动力	赋值	说　明
过渡期	＜10％	＜0.2	4	农业劳动力占总劳动力比例低于 30％为完成第一次现代化的标准，结合工业化国家 200 年经济史制定
成熟期	10％～30％，＜30％	0.2～0.8，＜0.8	3	
发展期	30％～50％，＜50％	0.8～2.0，＜2.0	2	
起步期	50％～80％，＜80％	2.0～5.0，＜5.0	1	
传统社会	＞80％	＞5.0	0	

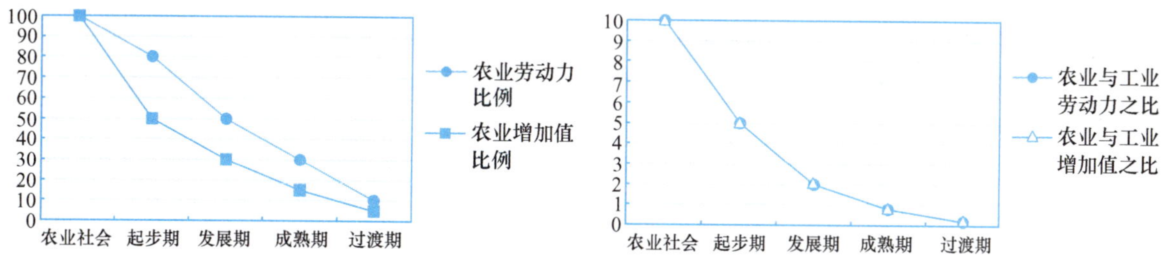

图 a 第一次现代化阶段评价的信号指标变化

有些时候，可能是统计数据或者国家差异的原因，产业结构和就力结构的分析结果与现代化总体水平不协调，需要根据第一次现代化实现程度对发展阶段进行调整。

4. 评价指标

第一次现代化进程评价共 10 个评价指标和 4 个信号指标。4 个信号指标是农业增加值比重、农业增加值/工业增加值、农业劳动力比重、农业劳动力/工业劳动力。

(1) 人均 GNI。人均国民收入，当年价格美元。受汇率影响较大。中国地区第一次现代化进程评价采用人均 GDP(人均地区居民生产总值)代替人均 GNI。标准值需要逐年计算。

(2) 农业增加值比例。农业增加值占国内生产总值的比例。农业包括种植业、畜牧业、林业、狩猎和渔业。

(3) 服务业增加值比例。服务业增加值占国内生产总值的比例。服务业包括除了农业和工业以外的所有行业。

(4) 农业劳动力比例。农业劳动力占全国劳动力的比例。

(5) 城市人口比例。城市人口占全国人口的比例。中国地区第一次现代化进程评价采用“城镇人口比例”代替城市人口比例，城镇人口中包含非城市人口。

(6) 医生比例。每千人口中的医生数。

(7) 婴儿存活率。婴儿存活率＝1－婴儿死亡率。用婴儿死亡率的数据进行评价。婴儿死亡率指每千例活产婴儿在 1 岁内的死亡率。

(8) 预期寿命。新生儿平均预期寿命。

(9) 成人识字率。成人识字率＝1－成人文盲率。不同国家关于文盲的定义不同。成人文盲率一般为文盲人口占 15 岁以上人口的比例。

(10) 大学普及率。在校大学生人数占适龄人口(一般为 20～24 岁人口)的比例。中国地区第一次现代化进程评价，大学普及率为在校大学生人数占 19～22 岁人口比例。

(11) 工业增加值比例。工业增加值占国内生产总值的比例。工业包括采矿业、制造业、建筑业、公共事业(电力、供水、天然气)。

(12) 工业劳动力比例。工业劳动力占全国劳动力比例。

六、第二次现代化指数的评价方法和评价指标

第二次现代化进展评价同样有定性评价、定量评价和综合评价等三种方法。第二次现代化启动不过 30 多年，它的特点和规律正在形成过程中。随着第二次现代化的发展，第二次现代化评价指标和评价方法应该作相应的调整。

1. 评估模型

第二次现代化理论认为，知识的创新、传播和应用是第二次现代化的动力，知识创新、知识传播和知识应用的水平反映了第二次现代化的水平。第二次现代化评价包括知识创新、知识传播、知识应用Ⅰ和Ⅱ(生活质量和经济质量)四大类指标和 16 个具体指标。

$$
\begin{cases}
\mathrm{SMI} = (\mathrm{KII} + \mathrm{KTI} + \mathrm{LQI} + \mathrm{EQI})/4 \\
\mathrm{KII} = \sum D_i/3 \quad (i = 1,2,3) \\
\mathrm{KTI} = \sum D_i/4 \quad (i = 4,5,6,7) \\
\mathrm{LQI} = \sum D_i/5 \quad (i = 8,9,10,11,12) \\
\mathrm{EQI} = \sum D_i/4 \quad (i = 13,14,15,16) \\
D_i = 100 \times i_{\text{实际值}}/i_{\text{基准值}} \quad (\text{正指标}, D_i \leqslant 120) \\
D_i = 100 \times i_{\text{基准值}}/i_{\text{实际值}} \quad (\text{逆指标}, D_i \leqslant 120) \\
(i = 1,2,3,4,5,6,7,8,9,10,11,12,13,14,15,16)
\end{cases}
$$

其中，SMI 是第二次现代化指数，KII 是知识创新指数，KTI 是知识传播指数，LQI 是生活质量指数，EQI 是经济质量指数，D_i 是第 i 号评价指标的发展指数($D_i \leqslant 120$，避免单个指标数值过高影响总评价结果)；i 为 16 个评价指标的编号，为 1～16；$i_{实际值}$ 为 i 号指标的实际值，$i_{基准值}$ 为 i 号指标的基准值。16 个评价指标的基准值为最新年发达国家指标的平均值。

2. 评估过程

首先，检验评价指标的相关性。在地区现代化评价时，可以调整部分评价指标。

其次，确定评价的基准值，为最新年发达国家平均值。

其三，采用“比值法”计算单个指标的发展指数。单个指标的发展指数的最高值为 120 点(如果超过 120 点，取值 120 点)，避免单个指标过高造成评价“失真”。

其四，采用“简单算术平均值”法，分别计算知识创新指数、知识传播指数、生活质量指数和经济质量指数。

其五，采用“简单算术平均值”法计算第二次现代化指数。

评价的有效性。如果参加评估的有效指标个数占指标总数的比例低于 60%，则视为无效样本，不进行评价。

结果排序。20 世纪 90 年代东欧剧变，出现了一批新国家。有些年份样本国家的数据不全。为了保持评价的科学性和一致性，在世界第二次现代化指数、知识创新、知识传播、生活质量和经济质量指数评价和排序时，新出现的国家单列不参加排序；数据不满足评价条件的国家不参加排序。

由于评价基准值不同，《中国现代化报告 2010》与前面的九份报告关于第二次现代化进程的评价结果，只具有相对可比性。

3. 第二次现代化的阶段评价

$$\begin{cases} P_{SM} = (P_{物质产业增加值比例} + P_{物质产业劳动力比例})/2 \\ P_{物质产业增加值比例} = (3,2,1)\text{，根据实际值与标准值的比较判断阶段并赋值} \\ P_{物质产业劳动力比例} = (3,2,1)\text{，根据实际值与标准值的比较判断阶段并赋值} \end{cases}$$

其中，P_{SM}代表第二次现代化的阶段，$P_{物质产业增加值比例}$代表根据物质产业增加值比例判断的阶段的赋值，$P_{物质产业劳动力比例}$代表根据物质产业劳动力比例判断的阶段的赋值。

首先，筛选出处于第一次现代化的过渡期的国家；其次，根据这些国家信号指标实际值与标准值的比较，判断这些国家的阶段并赋值；其三，计算赋值的平均值，判断第二次现代化的阶段。第二次现代化阶段的信号指标的标准值和赋值见表 d。

表 d　第二次现代化信号指标的标准和赋值

阶段	物质产业增加值比例	物质产业劳动力比例	赋值	备注(前提条件)
成熟期	<20%	<20%	3	
发展期	<30%，≥20%	<30%，≥20%	2	处于第一次现代化过渡期
起步期	<40%，≥30%	<40%，≥30%	1	处于第一次现代化过渡期
准备阶段	<50%，≥40%	<50%，≥40%	0	

注释：进入第一次现代化过渡期的国家，才进一步判断它第二次现代化的阶段。

有些时候，可能是统计数据或者国家差异的原因，产业结构和就业结构的分析结果与现代化总体水平不协调，需要根据第二次现代化总体水平对发展阶段进行调整。

4. 评价指标

第二次现代化进程评价包括知识创新、知识传播、生活质量(知识应用改进生活质量)、经济质量(知识应用改进经济质量)4 大类指标和 16 个具体指标,还有物质产业增加值比重、物质产业劳动力比重等 2 个信号指标。知识创新指在世界上首次发现、发明、创造或应用某种新知识,包括科学发现、技术发明、知识创造和新知识首次应用。

(1) 知识创新经费投入。研究与发展经费占国内生产总值的比例(R&D/GDP)。中国地区第二次现代化评价采用研究与发展经费占国内生产总值的比例(R&D/GDP)。世界各国数据主要来自联合国教科文组织的《统计年鉴》。

(2) 知识创新人员投入。从事研究与发展活动的科学家和工程师全时当量/万人,或从事研究与发展活动的科学家和工程师全时当量/万劳动力。

(3) 知识创新专利产出。居民申请国内发明专利数/百万人。1970～1990 年世界各国数值为居民和非居民申请发明专利的总和。

(4) 中学普及率。在校中学生人数占适龄人口比例。世界现代化进程评价,中学适龄人口一般为 12～17 岁人口;中国地区现代化进程评价,中学适龄人口一般为 13～18 岁人口。

(5) 大学普及率。在校大学生人数占适龄人口比例。世界现代化进程评价,大学适龄人口一般为 20～24 岁人口;中国地区现代化进程评价,大学适龄人口一般为 19～22 岁人口。

(6) 电视普及率。每千人拥有的电视机台数。2006 年为家庭电视普及率(%)。

(7) 互联网普及率。互联网用户/千人(或者互联网用户/百人)。

(8) 城镇人口比例。世界现代化进程评价采用城市人口比例(城市人口占总人口比例),中国地区现代化进程评价采用城镇人口比例(城镇人口占总人口的比例)。

(9) 医生比例。每千人口中的医生数。

(10) 婴儿存活率。婴儿存活率=1－婴儿死亡率。具体评价时用婴儿死亡率数据进行评价。婴儿死亡率为每千例活产婴儿在 1 岁内的死亡率。

(11) 预期寿命。新生儿平均预期寿命。

(12) 人均能源消费。千克石油当量/人。

(13) 人均 GNI。人均国民收入(美元)。本指标受统计方法、物价和汇率影响较大。中国地区现代化评价用人均 GDP 代替人均 GNI。

(14) 人均 PPP。按购买力平价 PPP 计算的人均 GNI(国际美元)。有多种计算方法,本报告采用世界银行《世界发展报告》的计算数值,中国内地地区用 PPP 衡量的中国 GNI 与 GNI 的比值作为地区 GDP 与 PPP 的换算系数。世界银行调整了中国的换算系数。

(15) 物质产业增加值比例。农业和工业增加值占国内生产总值的比例。

(16) 物质产业劳动力比例。农业和工业劳动力占总劳动力比例。

(17) 工业增加值比例。工业增加值占国内生产总值的比例。

(18) 工业劳动力比例。工业劳动力占总劳动力的比例。

七、综合现代化指数的评价方法和评价指标

综合现代化指数,主要反映被评价对象的现代化水平与世界先进水平的相对差距。世界第一次现代化是经典的,第二次现代化是新的。随着第二次现代化的发展,综合现代化水平的评价指标和评价方法应该作相应的调整。

1. 评估模型

第二次现代化理论认为,综合现代化是两次现代化的协调发展。综合现代化指数评价,要选择两

次现代化的典型特征指标和两次现代化都适用的指标作为评价指标。综合现代化评价包括经济、社会和知识等三大类指标和 12 个具体指标。

$$\begin{cases} \text{IMI} = (\text{EI} + \text{SI} + \text{KI})/3 \\ \text{EI} = \sum D_i/4 \quad (i = 1,2,3,4) \\ \text{SI} = \sum D_i/4 \quad (i = 5,6,7,8) \\ \text{KI} = \sum D_i/4 \quad (i = 9,10,11,12) \\ D_i = 100 \times i_{\text{实际值}}/i_{\text{参考值}} \quad (\text{正指标}, D_i \leqslant 100) \\ D_i = 100 \times i_{\text{参考值}}/i_{\text{实际值}} \quad (\text{逆指标}, D_i \leqslant 100) \\ (i = 1,2,3,4,5,6,7,8,9,10,11,12) \end{cases}$$

其中,IMI 是综合现代化指数,EI 是综合现代化经济指数, SI 是综合现代化社会指数,KI 是综合现代化知识指数,D_i 是第 i 号评价指标的相对发展水平($D_i \leqslant 100$);i 为 12 个评价指标的编号,从 1~12;$i_{\text{实际值}}$为 i 号指标的实际值,$i_{\text{参考值}}$为 i 号指标的参考值。12 个评价指标的参考值为当年发达国家指标的平均值。

2. 评估过程

首先,检验评价指标的相关性。在地区现代化评价时,可以调整部分评价指标。

其次,确定评价的参考值,为当年发达国家的平均值。

其三,采用"比值法"计算单个指标的发展水平。单个指标的发展水平的最高值为 100 点(如果超过 100 点,取值 100 点),达到 100 点表明该指标已经达到世界前沿水平。

其四,采用"简单算术平均值"法,分别计算经济发展、社会发展和知识发展指数。

其五,采用"简单算术平均值"法计算综合现代化水平。

评价的有效性。如果参加评估的有效指标个数占指标总数的比例低于 60%,则视为无效样本,不进行评价。

结果排序。20 世纪 90 年代东欧剧变,出现了一批新国家。有些年份样本国家的数据不全。为了保持评价的一致性,新出现的国家单列不参加排序;数据不满足评价条件的国家不参加排序。

3. 评价指标

综合现代化水平评价包括经济、社会和知识三大类指标和 12 个具体指标。

(1) 人均 GNI。人均国民收入(美元)。本指标受统计方法、物价和汇率的影响较大。中国地区现代化进程评价,用人均 GDP 代替人均 GNI。

(2) 人均 PPP。按购买力平价 PPP 计算的人均 GNI(国际美元)。有多种计算方法,本报告采用世界银行《世界发展报告》的计算数值,中国内地地区用 PPP 衡量的中国 GNI 与 GNI 的比值作为地区 GDP 与 PPP 的换算系数。世界银行调整了中国的换算系数。

(3) 服务业增加值比例。服务业增加值占国内生产总值的比例。

(4) 服务业劳动力比例。服务业劳动力占总劳动力比例。

(5) 城镇人口比例。世界现代化进程评价采用城市人口比例(城市人口占总人口比例),中国地区现代化进程评价采用城镇人口比例(城镇人口占总人口的比例)。

(6) 医生比例。每千人口中的医生数。

(7) 预期寿命。新生儿平均预期寿命。

(8) 生态效益。目前没有特别合适的指标。暂时用能源效率指标代替,数值等于人均 GDP/人均能源消费。在美国工业化过程中,能源效率先下降后上升,20 世纪 60 年代以来一直上升。20 世纪 70

～80 年代，发展中国家由于人均 GDP 很低，人均能源消费也很少，能源效率高于发达国家。20 世纪 90 年代以来，发达国家能源效率大幅度提高，部分发展中国家能源效率下降。采用本指标，希望世界不同水平的国家都关注能源效率，减少环境污染，保护有限的资源。

(9) 知识创新经费投入。研究与发展经费占国内生产总值的比例(R&D/GDP)。中国地区第二次现代化评价采用研究与发展经费占国内生产总值的比例(R&D/GDP)。世界各国数据主要来自联合国教科文组织的《统计年鉴》。

(10) 知识创新专利产出。居民申请国内发明专利数/百万人。1970～1990 年世界各国数值为居民和非居民申请发明专利的总和。

(11) 大学普及率。在校大学生人数占适龄人口比例。世界现代化进程评价，大学适龄人口一般为 20～24 岁人口；中国地区现代化进程评价，大学适龄人口一般为 19～22 岁人口。在地区综合现代化评价时，可以用成人受高等教育的比例指标代替本指标。

(12) 互联网普及率。互联网用户/千人(或者互联网用户/百人)。在地区综合现代化评价时，可以用家庭电脑普及率指标来代替本指标。

参考文献

1. 阿尔蒙德,鲍威尔. 2007. 比较政治学——体系、过程和政策. 曹沛霖,等,译. 北京:东方出版社.
2. 阿塞莫格鲁,罗宾逊. 2008. 政治发展的经济分析——专制和民主的经济起源. 马春文,等,译. 上海:上海财经大学出版社.
3. 艾恺. 1991. 世界范围内的反现代化思潮:论文化守成主义. 贵阳:贵州人民出版社.
4. 艾森斯达. 1979[1966]. 现代化:抗拒与变迁. 严伯英,江勇振,译. 台北:黎明文化事业公司.
5. 艾森斯塔德 S N. 1988[1966]. 现代化:抗拒与变迁. 张旅平,等,译. 北京:中国人民大学出版社.
6. 艾森斯塔特 S N. 2006. 反思现代性. 旷新年,王爱松,译. 北京:生活·读书·新知三联书店.
7. 艾周昌,等. 2000. 南非现代化研究. 上海:华东师范大学出版社.
8. 奥唐奈. 2006. 现代化和官僚威权主义:南美政治研究. 王欢,申明民,译. 北京:北京大学出版社.
9. 巴比. 2002. 社会研究方法基础. 邱泽奇译. 北京:华夏出版社.
10. 巴尔赞. 2002. 从黎明到衰落:西方文化生活五百年. 林华,译. 北京:世界知识出版社.
11. 柏拉图. 1986. 理想国. 郭斌和,张竹明,译. 北京:商务印书馆.
12. 班德. 2006. 价值的未来. 周云帆,译. 北京:社会科学文献出版社.
13. 贝尔. 1997[1973]. 后工业社会的来临——对社会预测的一项探索. 高铦,王宏周,魏章玲,译. 北京:新华出版社.
14. 贝克. 2004. 风险社会. 何博闻,译. 北京:译林出版社.
15. 贝克. 2004. 世界风险社会. 吴英姿,孙淑敏,等,译. 南京:南京大学出版社.
16. 贝克,吉登斯,拉什. 2001. 自反性现代化:现代社会秩序中的政治、传统与美学. 赵书文,译. 北京:商务印书馆.
17. 贝克,威尔姆斯. 2001. 自由与资本主义——与著名社会学家乌尔里希·贝克对话. 路国林,译. 杭州:浙江人民出版.
18. 毕健康. 2005. 埃及现代化与政治稳定. 北京:社会科学文献出版社.
19. 伯恩斯,拉尔夫. 1987—1988. 世界文明史. 罗经国,等,译. 北京:商务印书馆.
20. 伯克. 2007. 欧洲文艺复兴——中心与边缘. 刘耀春,刘君,译. 北京:东方出版社.
21. 布莱克. 1984. 日本和俄国的现代化:一份进行比较的研究报告. 周师铭,等,译. 北京:商务印书馆.
22. 布莱克. 1988[1966]. 现代化的动力. 段小光,译. 成都:四川人民出版社.
23. 布莱克. 1989[1966]. 现代化的动力:一个比较史的研究. 景跃进,张静,译. 杭州:浙江人民出版社.
24. 布莱克. 1996[1976]. 比较现代化. 杨豫,陈祖洲,译. 上海:上海译文出版社.
25. 布朗. 2008. 现代化:美国生活的变迁 1600—1865. 马兴,译. 北京:世界知识出版社.
26. 布朗 A R. 1999. 原始社会的结构与功能. 潘蛟,王贤海,刘文远,译. 北京:中国民族大学出版社.
27. 布罗代尔. 2002. 十五至十八世纪的物质文明、经济和资本主义. 顾良,施康强,译. 北京:三联书店.
28. 布罗代尔. 2003. 文明史纲. 肖昶,等,译. 桂林:广西师范大学出版社.
29. 布赞,利特尔. 2004. 世界历史中的国际体系:国际关系研究的再构建. 刘德斌,等,译. 北京:高等教育出版社.
30. 查普夫. 2000. 现代化与社会转型(第二版). 陈黎,陆成宏,译. 北京:社会科学文献出版社.
31. 陈鸿瑜. 2008. 政治发展理论. 长春:吉林出版集团有限责任公司
32. 达尔文. 2005[1859],物种起源. 舒德干,等,译. 北京:北京大学出版社.
33. 邓恩. 1999. 民主的历程. 林猛,等,译. 长春:吉林人民出版社.
34. 邓小平. 1993. 邓小平文选(第三卷). 北京:人民出版社.

35. 狄德罗. 2007[1751～1772]. 狄德罗的《百科全书》. 斯・坚吉尔,英译;梁从诫,中译. 广州:花城出版社.
36. 笛卡尔. 1999. 方法论. 赵建兵,译. 北京:中国社会出版社.
37. 蒂利. 2008. 欧洲的抗争与民主:1650—2000. 陈周旺,李辉,熊易寒,译. 上海:格致出版社.
38. 丁建弘. 1999. 发达国家的现代化道路——一种历史社会学研究. 北京:北京大学出版社.
39. 董经胜. 2009. 巴西现代化道路研究:1964—1985 年军人政权时期的发展. 北京:世界图书出版公司北京公司.
40. 董小川. 2002. 世界文化史. 北京:高等教育出版社.
41. 端木美,等. 2001. 法国现代化进程中的社会问题. 北京:中国社会科学出版社.
42. 多德. 2002. 社会理论与现代性. 陶传进,译. 北京:社会科学文献出版社.
43. 冯天瑜,何晓明,周积明. 2005. 中华文化史. 上海:上海人民出版社.
44. 弗兰克. 1999. 依附性积累与不发达. 高铦,高戈,译. 南京:译林出版社.
45. 弗兰克,吉尔斯. 2004. 世界体系:500 年还是 5000 年? 郝名玮,译. 北京:社会科学文献出版社.
46. 弗里曼,卢桑. 2007. 光阴似箭:从工业革命到信息革命. 沈宏亮,沈由佳,译. 北京:中国人民大学出版社.
47. 伏尔泰. 1994—1997[1745～1757]. 风俗论《论世界各国民族精神、礼仪和习惯》. 蒋守锵,梁守锵,邱公南,等译. 北京:商务印书馆.
48. 福建人民出版社. 1958. 赶上英国,超过英国(现代化建设). 福州:福建人民出版社.
49. 富永健一. 2004. 日本的现代化与社会变迁. 李国庆,刘畅,译. 北京:商务印书馆.
50. 哥白尼. 2006[1530]. 天体运行论. 叶式煇,易照华,译. 北京:北京大学出版社.
51. 古丁,克林格曼. 2006. 政治科学新手册. 钟开斌,等,译. 北京:生活・读书・新知三联书店.
52. 郭少棠. 1992. 德国现代化新论:权力与自由. 香港:商务印书馆(香港).
53. 哈全安. 2006. 中东国家的现代化历程. 北京:人民出版社.
54. 哈维. 2003. 后现代的状况. 阎嘉,译. 北京:商务印书馆.
55. 海尔布,罗纳. 1989. 现代化理论研究. 俞新天,等,译. 北京:华夏出版社.
56. 海哥德,考夫曼. 2008. 民主化转型的政治经济分析. 张大军,译. 北京:社会科学文献出版社.
57. 海武德. 2006. 政治学. 2nd. 张立鹏,译. 北京:中国人民大学出版社.
58. 海武德. 2008. 政治学核心概念. 吴勇,译. 天津:天津人民出版社.
59. 韩琦. 2009. 拉美国家现代化道路研究丛书. 北京:世界图书出版公司.
60. 郝侠君,毛磊,石光荣. 1996. 中西 500 年比较:修订本. 北京:中国工人出版社.
61. 何传启. 1998a. 知识经济与中国现代化. 光明日报. 1998 年 4 月 7 日.
62. 何传启. 1998b. 知识经济与第二次现代化. 科技导报,6:3～4.
63. 何传启. 1999. 第二次现代化——人类文明进程的启示. 北京:高等教育出版社.
64. 何传启. 2000a. 公民意识现代化. 北京:中国经济出版社.
65. 何传启. 2000b. K 管理:企业管理现代化. 北京:中国经济出版社.
66. 何传启. 2001. 分配革命——按贡献分配. 北京:经济管理出版社.
67. 何传启. 2003. 东方复兴——现代化的三条道路. 北京:商务印书馆.
68. 何传启. 2006. 中国社会现代化的战略思考. 理论与现代化,6:5—14.
69. 何传启. 2009. 中国山区现代化的三种模式. 中国科学院院刊,24(3):256—264.
70. 何传启. 张凤,2001. 知识创新——竞争新焦点. 北京:经济管理出版社.
71. 何芳川. 2008. 中外文化交流史. 北京:国际文化出版公司.
72. 赫尔德. 1998. 民主的模式. 燕继荣,等,译. 北京:中央编译出版社.
73. 赫尔德,等. 2001. 全球大变革:全球化时代的政治、经济与文化. 杨雪冬,等,译. 北京:社会科学文献出版社.
74. 黑格,哈罗普. 2006. 比较政府与政治导论. 张小劲,丁韶彬,李姿姿,译. 北京:中国人民大学出版社.
75. 亨廷顿. 1989. 变化社会中的政治秩序. 王冠华,等,译,北京:三联书店.
76. 亨廷顿,(罗荣渠编). 1993. 现代化:理论与历史经验的再探讨. 上海:上海译文出版社.

77. 亨廷顿. 1998a. 文明冲突与世界秩序的重建. 周琪，等，译. 北京：上新华出版社.
78. 亨廷顿. 1998b. 第三波：二十世纪末的民主化浪潮. 刘军宁，译. 上海：上海三联书店.
79. 胡承槐. 2000. 现代化：过程，特征与回应，杭州：浙江人民出版社.
80. 胡福明. 1994. 中国现代化的历史进程. 合肥：安徽人民出版社.
81. 胡福明，贾轸，严英龙. 1996. 苏南现代化 . 南京：江苏人民出版社.
82. 黄烨菁，欧阳欢子，等. 2005. 澳大利亚现代化发展经验及其对中国的启示. 上海：上海社会科学院出版社.
83. 霍普金斯，等. 2002. 转型时代：世界体系的发展轨迹 1945—2025. 吴英，译. 北京：高等教育出版社.
84. 基欧汉，奈. 2003. 导言. 约瑟夫·S·奈，约翰·D·唐纳胡，全球化世界的治理. 王勇，等，译. 北京：世界知识出版社：1—38.
85. 吉尔平. 2006. 国际关系政治经济学. 杨宇光，等，译. 上海：上海人民出版社.
86. 翦伯赞. 2006. 中国史纲要. 北京：北京大学出版社.
87. 姜桂石，姚大学，王泰. 2005. 全球化与亚洲现代化. 北京：社会科学文献出版社.
88. 姜洪. 1986. 中国的现代化：改革与发展战略. 北京：中国经济出版社.
89. 金计初，等. 1992. 拉丁美洲现代化. 成都：四川人民出版社.
90. 金耀基. 1979[1966]. 从传统到现代. 台北：时报文化出版企业公司.
91. 金耀基，等. 1980. 中国现代化的历程：知识分子与中国现代化. 台北：时报文化出版企业公司.
92. 经济合作与发展组织. 1997. 以知识为基础的经济. 杨宏进等译. 北京：机械工业出版社.
93. 卡尔 R. 1996. 惶惑的旅程：西班牙的现代化历程：1875～1980. 许步曾，等，译. 上海：学林出版社.
94. 卡斯特. 2001[2000]. 网络社会的崛起. 夏铸九，王志弘，等，译. 北京：社会科学文献出版社.
95. 科布. 2006. 后现代公共政策——重塑宗教、文化、教育、性、阶级、种族、政治和经济. 李际，张晨，译. 北京：社会科学文献出版社.
96. 科恩，肯尼迪. 2001. 全球社会学. 文军，等，译. 北京：社会科学文献出版社.
97. 科学技术部国际合作司编（Mansell R，When U，eds.）. 1999. 知识社会：信息技术促进可持续发展. 北京：机械工业出版社.
98. 克罗格. 2003. 错过进化的国度：希腊的现代化之路. 苏俊翔，译. 台北：左岸文化.
99. 肯尼迪. 1988. 大国的兴衰. 王保存，等，译. 北京：求实出版社.
100. 肯伍德 A G，洛赫德 A L. 1996. 国际经济的成长：1820—1990. 王春法，译. 北京：经济科学出版社.
101. 孔多塞. 1998[1794]. 人类精神进步史表纲要. 何兆武，何冰，译. 北京：生活. 读书. 新知三联书店.
102. 库恩. 2004[1962]. 科学革命的结构. 金吾伦，胡新，译. 北京：北京大学出版社.
103. 库珀. 2007. 和平箴言：21 世纪的秩序与混乱. 吴云，庞中英，等，译. 北京：北京大学出版社.
104. 库兹涅茨. 1999. 各国的经济增长. 常勋，等，译. 北京：商务印书馆.
105. 拉尔夫，等. 1998/1999. 世界文明史. 赵丰，译. 北京：商务印书馆.
106. 雷迅马. 2003. 作为意识形态的现代化：社会科学与美国对第三世界政策. 牛可，译. 北京：中央编译出版社.
107. 李伯庚. 2004. 欧洲文化史. 赵复三，译. 上海：上海社会科学院出版社.
108. 李国祁. 1983. 中国现代化区域研究：闽浙台地区(1860—1916). 中央研究院近代史研究所编，1991. 中国现代化论文集.
109. 李庆余，等. 1994. 美国现代化道路. 北京：人民出版社.
110. 利奥塔尔. 1997. 后现代状态：关于知识的报告. 车槿山，译. 北京：三联书店.
111. 利普哈特. 2006. 民主的模式：36 个国家的政府形式和政府绩效. 陈崎，译. 北京：北京大学出版社.
112. 林被甸，董正华. 1998. 现代化研究在中国的兴起与发展. 历史研究，5：150—171.
113. 林承节. 2001. 印度现代化的发展道路. 北京：北京大学出版社.
114. 刘天纯. 1995. 日本现代化研究：日本现代化的奥秘何在？北京：东方出版社.
115. 刘小枫. 1998. 现代化社会理论. 上海：上海三联书店.

116. 刘易斯. 1990[1955]. 经济增长理论. 梁小民，译. 上海:上海三联书店.
117. 刘祖熙. 2000. 改革和革命:俄国现代化研究(1861～1917). 北京:北京大学出版社.
118. 卢梭. 1962[1762]. 社会契约论，或政治权利的原理. 何兆武，译. 北京:商务印书馆.
119. 鲁格曼. 2001. 全球化的终结:对全球化及其对商业影响的全新激进的分析. 常志霄，等，译. 北京:三联书店.
120. 陆大道，等. 2000. 1999 中国区域发展报告. 北京:商务印书馆.
121. 罗荣渠. 1990. 从《西化》到现代化. 北京:北京大学出版社.
122. 罗荣渠. 1993. 各国现代化比较研究. 西安:陕西人民出版社.
123. 罗荣渠. 1993. 现代化新论. 北京:北京大学出版社.
124. 罗荣渠. 1997. 现代化新论续篇:东亚与中国的现代化进程. 北京:北京大学出版社.
125. 罗荣渠，董正华. 1997. 东亚现代化:新模式与新经验. 北京:北京大学出版社.
126. 罗荣渠，牛大勇. 1992. 中国现代化历程的探索. 北京:北京大学出版社.
127. 罗斯. 2002. 后现代与后工业. 张月，译. 沈阳:辽宁教育出版社
128. 罗斯诺. 1998. 后现代主义与社会科学. 张国清，译. 上海:上海译文出版社.
129. 罗斯托 W W. 1962[1960]，经济成长的阶段[专著]:非共产党宣言. 国际关系研究所编辑室，译. 北京:商务印书馆.
130. 罗斯托 W W. 1988. 从起飞进入持续增长的经济学. 贺力平，等，译. 成都:四川人民出版社.
131. 罗斯托 W W. 2001[1960]. 经济增长的阶段:非共产党宣言. 郭熙保，王松茂，译. 北京:中国社会科学出版社.
132. 罗莹. 2004. 德国现代化进程研究. 北京:中国市场出版社.
133. 罗兹曼. 1995[1988]. 中国的现代化. 国家社会科学基金"比较现代化"课题组，译. 南京:江苏人民出版社.
134. 洛克. 1982[1690]. 政府论. 瞿菊农，叶启芳，译. 北京:商务印书馆.
135. 洛耶 D. 2004. 进化的挑战:人类动因对进化的冲击. 胡恩华，钱兆华，颜剑英，译. 北京:社会科学文献出版社.
136. 马丁. 2005. 瑞士现代化进程研究. 北京:方志出版社.
137. 马克思. 1975[1867]. 资本论(第一卷). 北京:人民出版社.
138. 马什，斯托克. 2006. 政治科学的理论与方法. 景跃进，张小劲，欧阳景根，译. 北京:中国人民大学出版社.
139. 麦迪森. 1997[1995]. 世界经济二百年回顾. 李德伟，盖建玲，译. 北京:改革出版社.
140. 麦迪森. 2003[2001]. 世界经济千年史. 伍晓鹰，等，译. 北京:北京大学出版社.
141. 梅多斯 D H，等. 1983[1979]. 增长的极限:罗马俱乐部关于人类困境的研究报告. 李宝恒，译. 成都:四川人民出版社.
142. 孟德斯鸠. 2009[1748]. 论法的精神. 严复，译. 上海:上海三联书店.
143. 米格拉尼扬. 2003. 俄罗斯现代化与公民社会. 徐葵，等，译. 北京:新华出版社.
144. 米切尔 B R. 2002. 帕尔格雷夫世界历史统计. 贺力平，译. 北京:经济科学出版社.
145. 闵学勤. 2004. 城市人的理性化与现代化. 南京:南京大学出版社.
146. 摩尔根 H. 1971. 古代社会. 杨东莼，等，译. 北京:商务印书馆.
147. 摩尔 B. 1987. 民主与专制的社会起源. 拓夫，张冬冬，译. 北京:华夏出版社.
148. 莫尔. 1998[1516]. 乌托邦. 邢占军，译. 北京:外文出版社.
149. 默里. 2008. 文明的解析:人类的艺术与科学成就. 胡利平，译. 上海:上海人民出版社.
150. 奈，唐纳胡. 2003. 全球化世界的治理. 王勇，等，译. 北京:世界知识出版社.
151. 牛顿. 2006[1687]. 自然哲学的数学原理. 赵振江，译. 北京:商务印书馆.
152. 诺思. 1992[1981]. 经济史上的结构和变革. 厉以平，译. 北京:商务印书馆.
153. 帕尔默 R R. 2009. 现代世界史，1870 年起:插图第 10 版. 董正华，陈少衡，牛可，等，译. 北京:世界图书出版公司北京公司.
154. 帕尔默 R R. 2009. 现代世界史，至 1870 年:插图第 10 版. 何兆武，孙福生，陈敦全，等，译. 北京:世界图书出版公司北京公司.

155. 帕森斯. 2003[1937]. 社会行动的结构. 张明德,夏遇南,彭刚,译. 北京:译林出版社.
156. 帕森斯 T. 1988. 现代社会的结构和过程. 梁向阳译. 北京:光明日报出版社.
157. 帕森斯 T,斯梅尔瑟 N J. 1989. 经济与社会:对经济与社会的理论统一的研究. 刘进,等,译. 北京:华夏出版社.
158. 派恩二世,吉尔摩. 2002. 体验经济. 夏业良,等,译. 北京:机械工业出版社.
159. 潘迎华. 2005. 19 世纪英国现代化与女性. 杭州:浙江人民出版社.
160. 培根. 1999. 新工具. 张毅,译. 北京:中国社会出版社.
161. 彭树智. 1997. 伊斯兰教与中东现代化进程. 西安:西北大学出版社.
162. 皮尔逊,巴亚斯里安. 2006. 国际政治经济学:全球体系中的冲突与合作. 杨毅,钟飞腾,苗苗,译. 北京:北京大学出版社.
163. 皮特·N. 斯特恩斯,等. 2006. 全球文明史. 赵轶峰,等,译. 北京:中华书局.
164. 普尔. 1993. 欧洲现代化与第三世界. 罗荣渠,现代化理论与历史经验的再探讨. 上海:上海译文出版社. 309—330.
165. 钱乘旦. 1988. 第一个工业化社会. 成都:四川人民出版社.
166. 钱乘旦. 1991. 现代文明的起源与演进. 南京:南京大学出版社.
167. 钱乘旦. 2000. 英联邦国家现代化研究丛书. 成都:四川人民出版社.
168. 钱乘旦,陈意新. 1987. 走向现代国家之路. 成都:四川人民出版社.
169. 钱乘旦,陈晓律. 2003. 英国:在传统与变革之间. 成都:四川人民出版社.
170. 钱乘旦,刘金源. 1999. 寰球透视:现代化的迷途. 杭州:浙江人民出版社.
171. 钱乘旦,杨豫,陈晓律. 1997. 世界现代化进程. 南京:南京大学出版社.
172. 裘元伦. 1980. 西德的农业现代化. 北京:农业出版社.
173. 瑞泽尔. 2003. 后现代社会理论. 谢立中,等,译. 北京:华夏出版社.
174. 桑戴克. 2005. 世界文化史 . 陈廷璠,译. 上海:上海三联书店.
175. 邵玉辉. 1960. 谈加速农业现代化进程. 济南:山东人民出版社.
176. 盛邦和,井上聪. 2005. 亚洲现代化之思:经济文化学的解读. 上海:上海财经大学出版社.
177. 施雪华. 2006. 政治现代化比较研究. 武汉:武汉大学出版社.
178. 史徒华 (斯图尔德). 1989. 文化变迁的理论. 张恭启,译. 台北:允晨文化实业公司.
179. 史远芹. 1999. 中国近代化的历程. 北京:中共中央党校出版社.
180. 世界银行. 2003. 全球化、增长与贫困:建设一个包容性的世界经济. 北京:中国财政经济出版社.
181. 世界银行. 2007. 构建知识社会:第三级教育面临的新挑战. 国家教育发展研究中心组,译. 北京:高等教育出版社.
182. 斯宾格勒. 2006. 西方的没落. 吴琼,译. 上海:上海三联书店.
183. 斯宾塞. 1996[1850]. 社会静力学:节略修订本. 张雄武,译. 北京:商务印书馆.
184. 斯宾塞. 2001. 社会学研究. 张红晖,胡江波,译. 北京:华夏出版社.
185. 斯道雷. 2006. 文化理论与通俗文化导论. 杨竹山,等,译. 南京:南京大学出版社.
186. 斯密. 1997[1776]. 国民财富的性质和原因的研究. 郭大力,王亚南,译. 北京:商务印书馆.
187. 斯塔夫里阿诺斯. 1992. 全球通史:1500 年以后的世界. 吴象婴,梁赤民,译. 上海:上海社会科学院出版社.
188. 斯特尔. 1998. 知识社会. 殷晓蓉,译. 上海:上海译文出版社.
189. 苏振兴. 2001. 世界文化史纲. 天津:天津人民出版社.
190. 苏振兴. 2006. 拉美国家现代化进程研究. 北京:社会科学文献出版社.
191. 孙立平. 1988. 社会现代化. 北京:华夏出版社.
192. 孙显元. 1991. 世界现代化的实践和理论. 太原:山西人民出版社.
193. 泰勒. 2005[1871]. 原始文化:神话、哲学、宗教、语言、艺术和习俗发展之研究. 连树声,译. 桂林:广西师范大学出版社.

194. 汤普森. 2005. 意识形态与现代文化. 高銛,等,译. 南京:译林出版社.
195. 汤因比. 1997[1934～1961]. 历史研究. 曹未凤, 等, 译. 上海:上海人民出版社.
196. 唐文基. 2008. 16～18 世纪中国商业革命. 北京:社会科学文献出版社.
197. 陶孟和, 等. 1933. 中国现代化问题号特辑 26 篇文章. 上海:申报月刊.
198. 滕尼斯. 1999[1850]. 共同体和社会. 林荣远, 译. 北京:商务印书馆.
199. 涂尔干(爱弥尔・迪尔凯姆). 2000[1893]. 社会分工论. 渠东, 译. 北京:生活.读书.新知三联书店.
200. 托夫勒. 1996. 第三次浪潮. 朱志焱,潘琪,张焱, 译. 北京:新华出版社.
201. 托克维尔. 2008. 论美国的民主. 董果良, 译. 北京:商务印书馆.
202. 汪茂林. 1998. 中国走向近代化的里程碑. 重庆:重庆出版社.
203. 王鼎. 2008. 英国政府管理现代化:分权、民主与服务. 北京:中国经济出版社.
204. 王家骅. 1995. 儒家思想与日本的现代化. 杭州:浙江人民出版社.
205. 王树槐. 1984. 中国现代化区域研究:江苏省(1860—1916). 中央研究院近代史研究所编, 1991. 中国现代化论文集.
206. 王章辉. 1999/2000. 英国文化与现代化. 沈阳:辽海出版社.
207. 王正毅. 2006. 世界体系与国家兴衰. 北京:北京大学出版社.
208. 威纳尔. 1970. 现代化. 林清江, 译. 台北:台湾商务印书馆.
209. 威亚尔达. 2005. 新兴国家的政治发展——第三世界还存在吗? 刘青,牛可,译. 北京:北京大学出版社.
210. 威亚尔达. 2006. 非西方发展理论——地区模式与全球趋势. 董正华,昝涛, 郑振轻,译. 北京:北京大学出版社.
211. 韦伯. 1987[1904]. 新教伦理与资本主义精神. 于晓, 等, 译. 北京:三联书店.
212. 维柯. 1997[1725]. 新科学(关于民族共同性的新科学原理). 朱光潜, 译. 北京:人民文学出版社.
213. 沃勒斯坦. 1998[1974]. 现代世界体系:第一卷——16 世纪的资本主义农业与欧洲世界经济体的起源. 尤来寅, 等, 译. 北京:高等教育出版社.
214. 沃勒斯坦. 1998[1980]. 现代世界体系:第二卷——重商主义与欧洲世界经济体的巩固(1600—1750). 吕丹, 等, 译. 北京:高等教育出版社.
215. 沃勒斯坦. 2000[1989]. 现代世界体系:第三卷——资本主义世界经济大扩张的第二个时代(18 世纪 30 年代至 19 世纪 40 年代). 孙立田, 等, 译. 北京:高等教育出版社.
216. 沃特森. 2008. 未来 50 年大趋势:我们将身处一个怎样的世界. 张庆,译. 北京:京华出版社.
217. 吴红英. 2001. 巴西现代化进程透视:历史与现实. 北京:时事出版社.
218. 吴建华. 2004. 东亚现代化与中国. 北京:中央编译出版社.
219. 吴开流. 1979—1998. 现代化杂志. 北京:现代化杂志社.
220. 吴世昌. 1948. 中国文化与现代化问题. 上海:观察社.
221. 吴于廑,等. 1992. 世界史, 近代史编. 北京:高等教育出版社.
222. 吴于廑,齐世荣,等. 1994. 世界史, 古代史编. 北京:高等教育出版社.
223. 夏诚. 1999. 世界现代化史纲. 第一卷, 世界体系的形成与第一轮现代化. 南宁:广西人民出版社.
224. 谢文蕙, 邓卫. 1996. 城市经济学. 北京:清华大学出版社.
225. 熊彼特. 1990[1912]. 经济发展理论:对于利润、资本、信贷、利息和经济周期的考察. 何畏, 等, 译. 北京:商务印书馆.
226. 徐奉臻. 2009. 现代化:历史的困窘与困窘的思考. 哈尔滨:哈尔滨工业大学出版社.
227. 徐宗华. 2007. 现代化的政治文化维度. 北京:人民出版社.
228. 许纪霖. 1997. 寻求意义:现代化变迁与文化批判. 上海:上海三联书店.
229. 许纪霖,陈达凯. 1995. 中国现代化史. 上海:上海三联书店.
230. 许苏民. 2006. 中国文化现代化的历程——17 世纪中西大分流的历史教训. 华南理工大学学报(社会科学版), 8(6):18—25.

231. 许云峰.1981. 中国现代化区域研究:湖北省(1860—1916). 中央研究院近代史研究所编，1991. 中国现代化论文集.
232. 雅诺斯基.2006. 公民与文明社会. 柯雄，译. 沈阳:辽宁教育出版社.
233. 亚里士多德.1965. 政治学. 吴寿彭，译. 北京:商务印书馆.
234. 亚历山大. 2003. 世纪末社会理论. 张旅平，等，译. 上海:上海人民出版社.
235. 燕继荣. 2006. 发展政治学:政治发展研究的概念与理论. 北京:北京大学出版社.
236. 姚志学. 1993. 中国和其他发展中国家现代化之比较. 武汉:湖北人民出版社.
237. 叶南客. 1998. 中国人的现代化. 南京:南京出版社.
238. 依田憙家. 1997. 日中两国现代化比较研究. 卞立强，等，译. 北京:北京大学出版社.
239. 尹保云. 1995. 韩国的现代化:一个儒教国家的道路. 北京:东方出版社.
240. 尹保云. 1999. 现代化通病——二十多个国家和地区的经验与教训. 天津:天津人民出版社.
241. 尹保云. 2001. 什么是现代化:概念与范式的探索. 北京:人民出版社.
242. 英格尔斯.1985. 人的现代化. 殷陆君，译. 成都:四川人民出版社.
243. 虞和平. 2002. 中国现代化历程. 南京:江苏人民出版社.
244. 袁行霈，等. 2006. 中华文明史. 北京:北京大学出版社.
245. 曾昭耀. 1996. 政治稳定与现代化——墨西哥政治模式的历史考察. 北京:东方出版社.
246. 曾昭耀. 2000. 现代化战略选择与国际关系——拉美经验研究. 北京:社会科学文献出版社.
247. 詹姆斯·博曼,威廉·雷吉. 2006. 协商民主:论理性与政治. 陈家刚,等,译. 北京:中央编译出版社.
248. 詹姆斯·施密特. 2005. 启蒙运动与现代性——18 世纪与 20 世纪的对话. 徐向东,卢华萍,译. 上海:上海人民出版社.
249. 张宝宇. 2002. 巴西现代化研究. 北京:世界知识出版社.
250. 张岱年，方克立. 2004. 中国文化概论. 北京:北京师范大学出版社.
251. 张凤,何传启. 1999. 国家创新系统——第二次现代化的发动机. 北京:高等教育出版社.
252. 张建华. 2002. 俄国现代化道路研究. 北京:北京师范大学出版社.
253. 张朋园.1984. 中国现代化区域研究:湖南省(1860—1916). 中央研究院近代史研究所编，1991. 中国现代化论文集.
254. 张少华. 1996. 美国早期现代化的两条道路之争. 北京:北京大学出版社.
255. 张玉法.1982. 中国现代化区域研究:山东省(1860—1916). 中央研究院近代史研究所编，1991. 中国现代化论文集.
256. 张蕴岭. 2001. 亚洲现代化透视. 北京:社会科学文献出版社.
257. 张琢.1992. 九死一生——中国现代化的坎坷历程和中长期预测. 北京:社会科学出版社.
258. 章开沅，罗福惠.1993. 比较中的审视:中国早期现代化研究. 北京:人民出版社.
259. 章正华.2009.世界现代化进程十五讲,北京:北京大学出版社.
260. 赵利济.2006. 韩国现代化奇迹的过程. 张慧智，译. 长春:吉林人民出版社.
261. 郑宗生，吴述尧，何传启. 2006. 世界 120 个国家的生活质量比较. 理论与现代化，4:15—20.
262. 中国美国史研究学会.1994. 美国现代化历史经验. 北京:东方出版社.
263. 中国现代化报告课题组.2001. 中国现代化报告 2001. 北京:北京大学出版社.
264. 中国现代化战略研究课题组，等. 2002—2009. 中国现代化报告 2002—2009. 北京:北京大学出版社.
265. 周积明. 1996. 最初的纪元:中国早期现代化研究. 北京:高等教育出版社.
266. 周积明，郭莹. 2003. 震荡与冲突:中国早期现代化进程中的思潮和社会. 北京:商务印书馆.
267. 周穗明,等.2001.现代化:历史、理论与反思.北京:中国广播电视出版社.
268. 周宪,许钧. 2000. 现代性研究译丛. 北京:商务印书馆.
269. 朱镕基.1980. 现代化管理. 天津:天津人民出版社.

270. Adelman I. 2000. Fifty Years of Economic Development: What Have we Learned? World Bank Working Paper Number 28737. Washington D. C. : World Bank.

271. Alexander J C. 1995. Modern, Anti, Post, Neo, New. Left Review, 210 (March/April): 63—101.

272. Almond G A. 1987. The Development of Political Development. // Myron Weiner & Samuel P. Huntington (eds.). Understanding Political Development (pp. 437—490). Boston: Little, Brown.

273. Almond G A, Coleman J S. 1960. The Politics of the Developing Areas. Princeton, NJ: Princeton University Press.

274. Almond G A, Powell G B. 1966. Comparative Politics: A Developmental Approach, Boston: Little Brown and Company.

275. Altena B, Linden M. 2002. De-industrialization: Social, Cultural, and Political Aspects. Cambridge: Press of the University of Cambridge.

276. Anand S, Sen A. 2000. Human Development and Economic Sustainability. World Development, 28 (12): 2029—2049.

277. Andersen M A, Massa I. 2000. Ecological Modernisation: Origins, Dilemmas and Future Directions. Journal of Environmental Policy and Planning, 2 (4): 337—345.

278. Andersen M S. 2002. Ecological Modernization or Subversion? The Effects of Europeanization on Eastern Europe. American Behavioral Scientist, 45(9): 1394—1416.

279. Apter D E. 1965. The Politics of Modernization. Chicago: Chicago University Press.

280. Armer M, Schnaiberg A. 1972. Measuring Individual Modernity: A Near Myth. American Sociological Review, 37: 301—316.

281. Atkinson T. 2002. Social Indicators: the EU and Social Inclusion. Oxford, New York: Oxford University Press.

282. Bairoch P, Levy-Leboyer M. 1981. Disparities in Economic Development since the Industrial Revolution. London: Macmillan.

283. Barro R J. 1997: Determinants of Economic Growth: A Cross-Country Empirical Study. Cambridge: MIT Press.

284. Baum R C. 1974. Beyond Convergence: Toward Theoretical Relevance in Quantitative Modernization Research. Sociological Inquiry, 44(4): 225—240.

285. Beck N, Katz J N. 1995. What to Do (and Not to Do) With Time-Series Cross-Section Data. American Political Science Review, 89 (September): 634—647.

286. Beck U. 1992[1986]. Risk Society: Toward a New Modernity. London: Sage.

287. Beck U. 1994. The Reinvention of Politics: Towards a Theory of Reflexive Modernization. // Beck U, Giddens A, Lash S, Reflexive Modernization. Stanford, California: Stanford University Press, 1—55.

288. Beck U. 2000. What is Gobalization? Translated by Camiller P. Cambridge, UK: Polity Press, Malden: Blackwell.

289. Beck U, Giddens A, Lash S. 1994. Reflexive Modernization. Stanford, California: Stanford University Press.

290. Beck U, Willms J. 2000. Freiheit oder Kapitalismus. Frankfurt: Suhrkamp Verlag.

291. Bell D. 1973. The Coming of Postindustrial Society. New York: Penguin.

292. Bell D. 1976. The Cultural Contradictions of Capitalism. New York: Basic Books.

293. Bendix R. 1964. Nation-building and Citizenship. New York and London: Wiley.

294. Bendix R. 1967. Tradition and Modernity Reconsidered. Comparative Studies in Society and History, IX (3): 292—346.

295. Berger P, Berger B, Kellner H. 1974. The Homeless Mind. Harmondsworth: Penguin.

296. Berger P, Luckmann T. 1967. The Social Construction of Reality. Harmondsworth: Penguin.

297. Black C E. 1976. Comparative Modernization. New York: The Free Press.

298. Black C E. 1966. The Dynamics of Modernization: A Study in Comparative History. New York, Evanston, and London: Harper & Row, Publishers.

299. Boix C. 2001. Democracy, Development and the Public Sector. American Journal of Political Science, 45 (January): 1—17.

300. Borrego J. 1995. Models of Integration, Models of Development in the Pacific. Journal of World-Systems Research, 1(11): 1—142.

301. Brooks A C. 2008. Gross National Happiness: Why Happiness Matters for America and How We Can Get More of It. New York: Basic Books.

302. Brown D E. 1991. Human Universals. New York: McGraw-Hill.

303. Buck G. 1969. A Quantitative Analysis of Modernization, Office of Research Analyses, Holloman Air Force Base, New Mexico.

304. Bunce V. 2000. Comparative Democratization: Big and Bounded Generalizations. Comparative Political Studies, 33 (6—7): 703—734.

305. Burns E M, Ralph P L, Lerner R E, Meacham S. 1955. World Civilizations. 6th ed. New York: W W Norton & Company.

306. Cardoso F H. 1977. The Consumption of Dependency Theory in the United States. Latin American Research Review, 12:7—24.

307. Cardoso F H, Faletto E. 1979. Dependency and Development in Latin American. Berkeley: University of California Press.

308. Casper G, Taylor M M. 1996. Negotiating Democracy: Transitions From Authoritarian Rule. Pittsburgh: University of Pittsburgh Press.

309. Castells M. 2000[1996]. The Rise of the Network Society, The Information Age: Economy, Society and Culture Vol. I. Cambridge, MA; Oxford, UK: Blackwell.

310. Christoff P. 1996. Ecological Modernisation, Ecological Modernities. Environmental Politics, 5 (3): 476—500.

311. Coetzee J K et al. 2001. Development: Theory, Policy, and Practice. Oxford: University Press.

312. Cohen M J. 1998. Science and the Environment: Cultural Capacity for Ecological Modernization. Public Understanding of Science, 7(2): 149—167.

313. Coleman J S. 1968. Modernization: Political Aspects. In David L. Sills (ed.), International Encyclopedia of the Social Sciences (vol. 10). Washington D C: Free Press, 395—402.

314. Crook S, Pakulski J, Waters M. 1992. Post-Modernization: Change in Advanced Society. London: Sage.

315. Dahl R A. 1989. Democracy and Its Critics. New Haven: Yale University Press.

316. Dahl R A. 1998. Development and Democratic Culture. Journal of Democracy, (9): 34—39.

317. Desai M. 1991. Human Development: Concepts and Measurement. European Economic Review, 35: 350—357.

318. Deutsch K. 1961. Social Mobilization and Political Development. American Political Science Review, 55: 493—514.

319. Diamond L. 1992. Economic Development and Democracy Reconsidered. American Behavioral Scientist, 35: 450—499.

320. Diamond L. 1993. The Globalization of Democracy. In Robert O. Slater, Barry M. Schutz and Steven R. Dorr (eds.), Global Transformation and the Third World, Boulder: Lynne Rienner: 31—69.

321. Dogan M, Pelassy D. 1984. How to Compare Nations: Strategies in Comparative Politics. Chatham: Chatham House.

322. Donnelly J. 1993. Human Rights and World Politics. Boulder: West View Press.

323. Dorenspleet R. 2000. Reassessing the Three Waves of Democratization. World Politics. 52 (April): 384—406.

324. Dos Santos T. 1970. The Structure of Dependence. American Economic Review, 60: 235—246.

325. Durkheim E. 1964[1893]. The Division of Labour in Society. New York: Free Press.

326. Easton D. 1965. A Systems Analysis of Political Life. New York: John Wiley.

327. Eckstein H. 1982. The Idea of Political Development: From Dignity to Efficiency. World Politics, 34: 451—486.

328. Ehrlich P R. 2000. Human Natures: Genes, Cultures, and the Human Prospect. Covelo, CA: Island Press.

329. Eisenstadt S N. 1992. A Reapraisal of Theories of Social Change and Modernization. In H. Haferkamp and N. J. Smelser. (ed.) Social Change and Modernity, Berkeley, Los Angeles, Oxford: Univ. of California Press.

330. Eisenstadt S N. 1998. Multiple and Changing Modernities in Settings of Globalization, Paper given at the 34th World Congress of the International of Sociology, Tel Aviv, July 11—15.

331. Eisenstadt S N. 2001. The Challenge of Multiple Modernities. In L. Tmasi. (ed.) New Horizons in Sociological Theory and Research, Aldershot/Burlington USA/Singapore/Sydney: Ashgate Publishing Company.

332. Eisenstadt S N. 2003. Comparative Civilizations and Multiple Modernities. Leiden: Brill.

333. Ember C R. 1978. Myths About Hunter-Gatherers. Ethnology, 17: 439—448.

334. Emes J, Hahn T. 2001. Measuring Development: An Index of Human Progress. A Fraser Institute Occasional Paper. Vancouver, British Columbia, Canada.

335. Esping-Andersen G. 1990. The Three Worlds of Welfare Capitalism. Princeton: Princeton University Press.

336. Estes R J. 1984. The Social Progress of Nation. New York: Praeger.

337. Estes R J. 1988. Trends in World Social Development. New York: Praeger.

338. Estes R J. 1998. Trends in World Social Development. Journal of Developing Societies, 14(1): 11—39.

339. Evans P B. 1979. Dependent Development: The Alliance of Multinational, State, and Local Capital in Brazil. Princeton, NJ: Princeton University Press.

340. Frank A G. 1966. The Development and Underdevelopment. Monthly Review, 18(4): 17—31.

341. Frank A G. 1967. Capitalism and Underdevelopment in Latin America. New York: Monthly Review Press.

342. Freedom House, (ed.) annually. Freedom in the World, Lanham: University Press of America.

343. Fukuyama F. 1992. The End of History and the Last Man. New York: Free Press.

344. Giddens A. 1990. The Consequences of Modernity. Stanford: Stanford University Press.

345. Giddens A. 1991. Modernity and Self-Identity. Cambridge: Polity Press.

346. Goldscheider C. 1971. Population, Modernization, and Social Structure. Boston: Little, Brown and Co.

347. Habermas J. 1981. Modernity versus Postmodernity. New German Critique, 22: 3—14.

348. Habermas J. 1987. The Philosophical Discourse of Modernity: Twelve Lecture. Cambridge, Eng: Cambridge University Press.

349. Hadenius A. 1992. Democracy and Development. Cambridge: Cambridge University Press.

350. Hagen E E. 1962. On the Theory of Social Change: How Economic Growth Begins. Homewood, IL: Dorsey.

351. Harbison F H, et al. 1970. Quantitative Analysis of Modernization and Development. Princeton, New Jersey: Princeton University.

352. Harrison D. 1988. The Sociology of Modernization and Development. London: Unwin Hyman.

353. Hassan I. 1987. The Postmodern Turn: Essays in Postmodern Theory and Culture. Columbus: Ohio State University Press.

354. Horowitz I L. 1966. Three World of Development: The Theory and Practice of International Strtification. New York: Oxford University Press.

355. Hoselitz B. 1952. The Progress of Underdeveloped Areas. Chicago, Ill.: Univ. of Chicago Press.

356. Huber J. 1985. Die Regenbogengesellschaft: Okologie und Sozialpolitik (The Rainbow Society: Ecology and Social Politics). Frankfurt am Main: Fisher Verlag.

357. Huber J. 2000. Towards Industrial Ecology: Sustainable Development as a Concept of Ecological Modernization. Journal of Environmental Policy & Planning, 2: 269—285.

358. Huntington S P. 1968. Political Order in Changing Societies. New Haven, CT: Yale University Press.

359. Huntington S P. 1984. Will More Countries Become Democratic? Political Science Quarterly, 99: 193—218.

360. Huntington S P. 1991. The Third Wave: Democratization in the Late Twentieth Century. Norman: University of Oklahoma Press.

361. Huntington S P. 1996. The Clash of Civilizations and the Remaking of the World Order. New York: Simon & Schuster.

362. Inglehart R F. 2008. Changing Values Among Western Publics from 1970 to 2006. West European Politics, 31 (1—2): 130—146.

363. Inglehart R. 1977. The Silent Revolution. Princeton, NJ: Princeton University Press.

364. Inglehart R. 1990. Culture Shift in Advanced Industrial Society. Princeton, NJ: Princeton University Press.

365. Inglehart R. 1997. Modernization and Postmodernization: Cultural, Economic and Political Change in 43 Societies. Princeton: Princeton University Press.

366. Inglehart R. 1999. Globalization and Postmodern Values. The Washington Quarterly, 23(1): 215—228.

367. Inglehart R, Baker W E. 2000. Modernization, Cultural Change and the Persistence of Traditional Values. American Sociological Review, 65(February): 19—51.

368. Inglehart R, Norris P. 2003. Rising Tide: Gender Equality and Cultural Change Worldwide. New York: Cambridge University Press.

369. Inglehart R, Welzel C. 2005. Modernization, Cultural Change, and Democracy: The Human Development Sequence. New York: Cambridge University Press.

370. Inkeles A. 1993. On Measuring Democracy: Its Consequences and Concomitants. New Brunswick: Transaction.

371. Inkeles A. 1966. The Modernization of Man, in Weiner, M. (ed.) Modernization: The Dynamics of Growth. New York: Basic Books.

372. Inkeles A. 1969. Making Men Modern: On the Causes and Consequences of Individual Change in Six Developing Countries. American Journal of Sociology, 75(2): 208—255.

373. Inkeles A. 1983. Exploring Individual Modernity. New York: Columbia University Press.

374. Inkeles A, Smith D H. 1974. Becoming Modern: Individual Change in Six Developing Countries. Cambridge: Harvard University Press.

375. Irrgang B. 2007. Technology Transfer and Modernization: What Can Philosophers of Technology Contribute? ACM Ubiquity, 8 (48): 3—10.

376. Kahl L A. 1968. The Measurement of Modernism: A Study of Values in Brazil and Mexico. (Latin American Monograph No. 12.) Austin: University of Texas Press.

377. Kurzman C. 1998. Waves of democratization. Studies in Comparative International Development. 33(Spring): 42—64.

378. Kurzman C. 1998. Waves of Democratization. Studies in Comparative International Development, 33 (Spring): 42—64.

379. Kuznets S. 1955. Economic Growth and Income Inequality. American Economic Review, 45(1): 1—28.

380. Kuznets S. 1971. Economic Growth of Nations. Combridge, MA: Harvard University Press.

381. Lach S. 1990. Sociology of Postmodernism. New York: Routledge.

382. Landes D S. 1998. The Wealth and Poverty of Nations: Why Some are So Rich and Some So Poor. New York: W. W. Norton.

383. Lasswell H D. 1958. Politics: Who Gets What, When, and How. New York: Meridian Books.

384. Leakey R. 1994. The Origin of Humankind. New York, NY: Basic Books.
385. Lee R B. 2004. The Cambridge Encyclopedia of Hunters and Gatherers. Cambridge Univ. Press.
386. Lerner D. 1958. The Passing of Traditional Society: Modernizing the Middle East. New York: Free Press.
387. Lerner D. 1968. Modernization: Social Aspects. // D. L. Sills (ed.). The International Encyclopedia of the Social Sciences (vol. 10), New York: Free Press, 386—395.
388. Levinson D. 1996. Encyclopedia of World Cultures. Volume X. Boston, Mass. G K Hall & Co.
389. Levy M J. 1966. Modernization and the Structure of Societies. Princeton, NJ: Princeton Univ. Press.
390. Lewis W A. 1955. The Theory of Economic Growth. Homewood, NJ: Richard D. Irvin.
391. Lipset S M. 1959. Some Social Requisites of Democracy: Economic Development and Political Legitimacy. American Political Science Review, 53: 69—105.
392. Lipset S M. 1960. Political Man: The Social Bases of Politics. Garden City: Doubleday.
393. Lyotard, Jean-Francois. [1979] 1984. The Postmodern Condition: A Report on Knowledge. Minneapolis: University of Minnesota.
394. Maddison A. 2001: The World Economy: A Millennial Perspective. OECD Development Centre Studies. Paris: OECD.
395. Mansell R, When U. 1998. Knowledge Societies: Information Technology for Sustainable Development. New York: United States, Oxford University Press.
396. Markoff J. 1996. Waves of Democracy: Social Movements and Political Change. Thousands Oaks: Pine Forge Press.
397. Martinelli A. 2005. Global Modernization: Rethinking the Project of Modernity. London, Thousand Oaks, New Delhi: Sage Publications.
398. Marx K. 1954[1867]. Capital, Volume I. London: Lawrence and Wishart.
399. Marx K. 1973[1858]. Grundrisse, Harmondsworth: Penguin.
400. Mayer L G. 2001. Comparative Politics: Nations and Theories in a Changing World, London: Prentice Hall.
401. McClelland D C. 1961. The Achieving Society. Princeton, NJ: Van Nostrand.
402. Meadows D H et al. 1972. The Limits to Growth. New York: New American Library.
403. Migdal J S. 1988. Strong Societies and Weak States: State-society relations and state capabilities in the Third World. Princeton, NJ: Princeton University Press.
404. Mol A P J. 1996. Ecological Modernisation and Institutional Reflexivity: Environmental Reform in the Late Modern Age. Environmental Politics, 5(2): 302—323.
405. Mol A P J. 2001. Globalization and Environmental Reform: the Ecological Modernization of the Global Economy. Cambridge: MIT Press.
406. Mol A P J, Sonnenfeld D A. 2000. Ecological modernization around the world: Perspectives and critical debates. London: Frank Cass.
407. Moore B. 1967. Social Origins of Dictatorship and Democracy. Harmondsworth: Penguin.
408. Moore W E. 1974. Social Change. 2nd ed. Englewood Cliffs, NJ: Prentice Hall
409. Morgan D R, Kickham K. 1997. Modernization Among the U. S. States: Change and Continuity from 1960 to 1990. The Journal of Federalism, 27(3): 23—40.
410. Morgan L H. 1964[1877]. Ancient Society. (White L A, ed.) Cambridge, Mass. : Harvard University Press.
411. Morse E L. 1976. Modernization and the Transformation of International Relations. New York: The Free Press.
412. Nelson B. 1973. Civilizational Complexes and Intercivilizational Encounters. Sociological Analysis, 34 (Summer): 79—105.
413. Norris P. 2002. Democratic Phoenix: Political Activism Worldwide. Princeton: Princeton University Press.

414. North D C. 1981. Structure and Change in Economic History. New York: W W Norton.
415. OECD. 1976. Measuring Social Well-Being: A Progress Report on the Development of Social Indicators.
416. OECD. 1987—2008. OECD Environmental Data Compendium. Paris: OECD.
417. OECD. 1996. Science, Technology and Industry Outlook. Paris: OECD.
418. OECD. 1998. Measuring Development Progress. A Working Set of Core Indicators. Paris: OECD.
419. OECD. 2004. Measuring Sustainable Development: Integrated Economic, Environmental and Social Frameworks. Paris: OECD.
420. OECD. 2005. Society at a Glance 2005: OECD Social Indicators. Paris: OECD.
421. OECD. 2007. OECD Factbook 2007: Economic, Environmental and Social Statistics. Paris: OECD.
422. O'Donnell G A. 1973. Modernization and Bureaucratic-Authoritarianism: Studies in South American politics. Berkeley: Institute of International Studies, University of California, Berkeley.
423. O'Leary T J, Levinson D. 1996. Encyclopedia of World Cultures. Volume I. North America. Boston, Mass. G. K. Hall & Co.
424. Palmqvist R. 2006. Having Fun in the Second Modernization. Journal of Drug Education, 36: 1—14.
425. Pandey R. 1988. Modernisation and Social Change. New Delhi: Criterion Publications.
426. Parsons T. 1951. The Social System. Glencoe, Ill. : Free Press.
427. Parsons T. 1971. The System of Modern Society. Englewood Cliffs, N. J. : Prentice-Hall.
428. Parsons T. Shils E, (eds.) 1962. Towards a General Theory of Action. New York: Harper & Row.
429. Parsons T, Smelser N J. 1956. Economy and Society. New York: Free Press.
430. Poggi G. 1978. The Development of the Modern State: A Sociological Introduction, London: Hutchinson.
431. Porat M U. 1977. The Information Economy. USA. DOC. GPO. Washington, D. C.
432. Porter M E. 1990. Competitive Advantage of Nations. New York: The Free Press.
433. Prebisch R. 1950. The Economic Development of Latin American and its Principal Problems. New York: United Nations.
434. Przeworski A. 1991. Democracy and the Market. Cambridge, UK: Cambridge University Press.
435. Przeworski A, Limongi F. 1997. Modernization: Theories and Facts. World Politics, 49 (Jan.): 155—183.
436. Pye L W. 1963. Communications and Political Development. Princeton, NJ: Princeton University Press.
437. Pye L W. 1990. Political Science and the Crisis of Authoritarianism. American Political Science Review, 84 (March): 3—19.
438. Pye L W, Verba S. 1965[1963]. Political Culture and Political Development. Princeton, NJ: Princeton University Press.
439. Quigley C. 1961. The Evolution of Civilizations. An Introduction to Historical Analysis. New York: Harper.
440. Ralph P L. 1991. World Civilizations: Their History and Their Culture. New York: W. W. Norton & Company Inc.
441. Roberts J T, Hite A. 2000. From Modernization to Globalization. Malden, Mass. : Blackwell Publishers.
442. Rostow W W. 1960. The Stages of Economic Growth: A Non-Communist Manifesto. Cambridge: Cambridge University Press.
443. Rustow D A. 1970. Transitions to Democracy: Toward A Dynamic Model. Comparative Politics. 2 (April): 337—363.
444. Schelkle W et al. 2000. Paradigms of Social Change: Modernization, Development, Transformation, Evolution, Campus Verlag, Frankfurt, New York: St. Martin's Press.
445. Schweitzer P P et al. 2000. Hunters and Gatherers in the Modern World. New York, Oxford: Berghahn Books.
446. Sen A. 2001. Development as Freedom. New York: Alfred Knopf.

447. Servaes N, Carpentier J. 2006. Towards a Sustainable Information Society. Bristol: ECCR Book Series, Intellect.

448. Service E. 1962. Origins of the State and Civilization, New York: W. W. Norton.

449. Shively D H. 1971. Tradition and Modernization in Japanese Culture. Princeton, NJ: Princeton University Press.

450. Sieben I, Graaf P M. 2001. Testing the Modernization Hypothesis and the Socialist Ideology Hypothesis: a Comparative Sibling Analysis of Educational Attainment and Occupational Status. British Journal of Sociology, 52 (3): 441—467.

451. Smelser N J. 1959. Social Change in the Industrial Revolution. London: Routledge.

452. Smith D H, Inkeles A. 1966. The OM Scale: A Comparative Socio-psychological Measure of Individual Modernity. Sociometry, 29: 353—377.

453. So A Y. 1990. Social Change and Development. Newbury Park: Sage Publications.

454. Spencer H. 1898. The Principles of Sociology. New York: Appleton.

455. Stephenson J B. 1968. Is Everyone Going Modern? A Critique and a Suggestion For Measuring Modernism. American Journal of Sociology, 74: 265—275.

456. Taylor C, Hudson M. 1972. World Handbook of Political and Social Indicators. New Haven, Conn.: Yale University Press.

457. Taylor J G. 1979. From Modernization to Modes of Production: A Critique of the Sociologies of Development and Underdevelopment. Atlantic Highlands, NJ: Humanities Press.

458. Tilley C et al. 2006. Handbook of Material Culture. London: Sage.

459. Tilly C. 1975. The Formation of National States in Western Europe. Princeton, NJ: Princeton University Press.

460. Tiryakian E. 1991. Modernization: Exhumetur in Pace (Rethinking Macrosociology in the 1990s'). International Sociology, 6(2): 165—180.

461. Toffler A. 1980. The Third Wave. New York, NY: Bantam Books.

462. Tylor E. 1871. Primitive Culture. London: John Murray.

463. UN (United Nations). 2001. World Urbanization Prospects. The 1999 revision. New York: United Nations.

464. UN (United Nations). 2004. World Population to 2300. New York: United Nations.

465. UN (United Nations). 2008. World Urbanization Prospects, The 2007 Revision. New York: United Nations.

466. UN (United Nations). 2009. World Population Prospects: The 2008 Revision. New York: United Nations.

467. UN (United Nations). Annually. United Nations Statistical Yearbook. New York: United Nations Publication.

468. UNCTAD. Various years. World Investment Report. Geneva, New York: UN.

469. UNDP. Various years. Human Development Report. New York: Oxford University Press.

470. UNESCO Institute for Statistics. 2003. Measuring and Monitoring the Information and Knowledge Societies: a Statistical Challenge. Paris: UNESCO.

471. UNESCO. 2005. Towards Knowledge Societies. http://www.unesco.org.

472. UNESCO. Annually. Statistical Yearbook. Paris: UNESCO Publishing and Bernan Press.

473. Vago S. 2005. Social Change. Beijing: Beijing University Press.

474. Valenzuela J S, Valenzuela A. 1978. Modernization and dependency: Alternative perspectives in the study of Latin American underdevelopment. Comparative Politics, 10(4): 535—557.

475. Wallerstein I. 1976. Modernization: Requiescat. In Pace //Coser L, Larse O. (Eds.) The Uses of Controversy in Sociology. New York: Wiley.

476. Ward R E, Rustow D A. 1964. Political modernization in Japan and Turkey. Princeton, NJ: Princeton University Press.

477. Weber M. 1958[1904]. The Protestant Ethic and the Spirit of Capitalism. Boston: Allen and Unwin.

478. Weiner M. (ed.) 1966. Modernization: The Dynamics of Growth, New York: Basic Books.

479. Weiner M, Huntington S P. 1987. Understanding political development. Boston: Little, Brown.

480. Welzel C, 2003. Effective Democracy, Mass Culture, and the Quality of Elites. International Journal of Comparative Sociology, 43(3—5): 269—298.

481. Welzel C, Inglehart R, Klingemann H-D. 2003. The Theory of Human Development: A Cross-Cultural Analysis. European Journal of Political Research, 42: 341—379.

482. Wernic I K et al. 1997. Materialization and Dematerialization: Measures and Trends. Daedalus, 125(3): 171—198

483. White L A. 1949. The Science of Culture. New York: Farra and Strauss.

484. Wilkinson D. 1987. Central Civilization. Comparative Civilizations Review, 17 (Fall): 31—59.

485. Williams R. 1958. Culture and Society 1780—1950. New York: Harper & Row.

486. Wintle J. 1984. Dictionary of Modern Culture. London: Ark Paperbacks.

487. World Bank. Annually. World Development Indicators. Washington: World Bank.

488. World Bank. 2001. Interactive Inventory of Governance Dabesets[DB/OL]. http://www.worldbank.org/wbi/governance/govdata 2001.htm.

489. World Bank. Annually. World Development Report. Washington: World Bank.

490. World Trade Organization, annually. International Trade Statistics. Geneva: WTO.

491. Young S. 2000. The Emergence of Ecological Modernization: Integrating the Environment and the Economy? New York: Routledge.

492. Zapf W. 1991. Die Modernisierung Moderner Gesellschaften. Verhandlungen des 25. Deutschen Soziologentages, Frankfurt, New York: Campus.

493. Zapf W. 1999. Modernisierung, Wohlfahrtsentwicklung und Transformation. Berlin: Sigma.

494. Ziehe T. 2000. Engagement and Abstention: Youth and the School in the Second Modernization. European Education, 31: 6—22.

数据资料来源

本报告的统计数据和资料主要来自世界组织、有关国家和地区的官方统计出版物。如果没有相关世界组织、国家和地区的统计专家和工作人员通过长期的、艰苦的、系统的努力而积累的高质量的统计数据，本报告是无法完成的。特此向他们表示最诚挚的感谢！

本报告的数据资料来源主要包括：

1. International Labor Office. Yearbook of Labor Statistics, 1945～2004. http://www.ilo.org/

2. OECD. 2000. OECD Historical Statistics. 1970～1999. Paris: OECD.

3. UNCTAD. World Investment Report, 1997～2008. New York and Geneva: United Nations.

4. UNCTAD. 2008. Creative Economy Report 2008. New York and Geneva: United Nations.

5. UNDP. Human Development Report, 1990～2009. http://www.undp.org/

6. UNESCO. Statistics Yearbook, 1974～1999. http://www.unesco.org/

7. UNESCO Institute for Statistics. 2005. International Flows of Selected Cultural Goods and Services, 1994～2003. Montreal, Quebec (Canada): UNESCO Institute for Statistics.

8. United Nations. Statistics Yearbook. 1951～2005. New York: United Nations.

9. World Bank. World Development Indicators. 1997～2009. Washington D. C.: World Bank

10. World Bank. World Development Report. 1979～2009. Washington D. C.: World Bank.

11. World Bank. World Table. 1983～1994. Washington D. C.: World Bank.

12. World Resources Institute et al. World Resources. 1986～2005. http://www.wri.org/

13. World Trade Organization. International Trade Statistics. 2003～2005. Geneva: WTO.

14. 国家统计局. 中国统计年鉴. 1982～2009. 北京：中国统计出版社.

15. 国家统计局、国家科技部. 中国科技统计年鉴. 1991～2008. 北京：中国统计出版社.

16. 国家统计局. 中国能源统计年鉴. 1991～2005. 北京：中国统计出版社.

17. 国家统计局国民经济综合统计司. 新中国五十年统计资料汇编. 1999. 北京：中国统计出版社.

18. 北京市统计局. 北京统计年鉴. 1982～2006.

19. 天津市统计局. 天津统计年鉴. 1984～2006.

20. 河北统计局. 河北经济年鉴. 2006.

21. 山西省统计局. 山西统计年鉴. 1996～2006.

22. 内蒙古自治区统计局. 内蒙古自治区统计年鉴. 1996～2006.

23. 辽宁省统计局. 辽宁统计年鉴. 1996～2006.

24. 吉林省统计局. 吉林统计年鉴. 1996～2006.

25. 黑龙江省统计局. 黑龙江统计年鉴. 1996～2006.

26. 上海市统计局. 上海统计年鉴. 1996～2006.

27. 江苏省统计局. 江苏统计年鉴. 1996～2006.

28. 浙江省统计局. 浙江统计年鉴. 1984～2006.

29. 安徽省统计局. 安徽统计年鉴. 1996～2006.
30. 福建省统计局. 福建统计年鉴. 1984～2006.
31. 江西省统计局. 江西统计年鉴. 1996～2006.
32. 山东省统计局. 山东统计年鉴. 1996～2006.
33. 河南省统计局. 河南统计年鉴. 1996～2006.
34. 湖北省统计局. 湖北统计年鉴. 1996～2006.
35. 湖南省统计局. 湖南统计年鉴. 1996～2006.
36. 广东省统计局. 广东统计年鉴. 1996～2006.
37. 广西壮族自治区统计局. 广西壮族自治区统计年鉴. 1996～2006.
38. 海南省统计局. 海南统计年鉴. 1996～2006.
39. 重庆市统计局. 重庆统计年鉴. 1996～2006.
40. 四川省统计局. 四川统计年鉴. 1996～2006.
41. 贵州省统计局. 贵州统计年鉴. 1996～2006.
42. 云南省统计局. 云南统计年鉴. 1996～2006.
43. 西藏自治区统计局. 西藏自治区统计年鉴. 1996～2006.
44. 陕西省统计局. 陕西统计年鉴. 1996～2006.
45. 甘肃省统计局. 甘肃统计年鉴. 1984～1994.
46. 青海省统计局. 青海统计年鉴. 1996～2006.
47. 宁夏回族自治区统计局. 宁夏回族自治区统计年鉴. 1996～2006.
48. 新疆维吾尔自治区统计局. 新疆维吾尔自治区统计年鉴. 1996～2006.

附　　录

附录一 世界现代化进程分析的数据集[a]

注:a. 世界银行的原版数据,不同指标的小数点后的位数不同。本报告采用 Excel 软件处理数据。在计算过程中,不做小数点后位数的变动。在本数据集中,一般显示整数或保留小数点后 1～3 位数。请注意两者的差别和影响。

附表 1-1　世界现代化研究的定量指标

领域和指标	分析指标的解释和单位	领域和指标	分析指标的解释和单位
(1) 综合指标		人均外国援助	人均接受外国援助，美元
第一次现代化	第一次现代化程度	外国援助比例	外国援助/GDP,(%)
第二次现代化	第二次现代化指数	**(5) 文化领域**	
人类发展	人类发展指数	科技投入比例	R&D 经费/GDP,(%)
新人类发展	新人类发展指数	科技论文比例	篇/万人
(2) 经济领域		发明专利比例	项/万人
GDP	国内生产总值，亿美元	信教人口比例	信教人口/总人口,(%)
GDP 增长率	(%)	妇女就业比例	非农业部门妇女就业比例,(%)
人均 GDP	人均国内生产总值，美元	妇女避孕率	15～49 岁妇女避孕率,(%)
人均 GDP(PPP)	按购买力平价(PPP)计算，见注释	成人识字率	(%)
人均 GDP 增长率	人均国内生产总值增长率,(%)	电话普及率	电话用户/100 人
人均国民收入	人均 GNI，美元	电视普及率	电视机数/千人，电视家庭用户/100 户家庭
农业增加值比例	农业增加值/GDP,(%)	互联网普及率	用户/100 人
工业增加值比例	工业增加值/GDP,(%)	日报发行比例	份/1000 人
服务业增加值比例	服务业增加值/GDP,(%)	图书出版比例	种/10 万人
农业劳动力比例	农业劳动力/就业劳动力,(%)	出境旅游比例	出境旅游人次/总人口,(%)
工业劳动力比例	工业劳动力/就业劳动力,(%)	人均文化贸易	美元
服务业劳动力比例	服务业劳动力/就业劳动力,(%)	**(6) 个人领域**	
失业率	失业劳动力/总劳动力,(%)	青少年识字率	15～24 岁青少年识字率,(%)
人均公路里程	米	青少女生育率	生育孩子个数/千名 15～19 岁女性
股票市值比例	股票市值/GDP,(%)	童工比例	10～14 岁儿童工作的比例,(%)
通货膨胀率	(%)	劳动力素质	受过高等教育的劳动力比例,(%)
国内消费率	国内消费/GDP,(%)	总和生育率	妇女平均一生生育孩子个数
国内储蓄率	国内储蓄/ GDP,(%)	艾滋病感染率	15～49 岁人口感染率,(%)
国内投资率	国内资本形成/ GDP,(%)	离婚率	年离婚人数/100 位结婚者
家庭消费比例	家庭消费/ GDP,(%)	成人吸烟率	成人男性吸烟率,(%)
(3) 社会领域		犯罪率	在押犯人数/10 万人
人口	百万	轿车普及率	私人汽车/1000 人
人口自然增长率	(%)	移动电话普及率	移动电话用户/100 人
老龄人口比例	65 岁及以上人口/总人口,(%)	宽带网普及率	用户/100 人
城市人口比例	城市人口/总人口,(%)	**(7) 自然环境**	
平均预期寿命	新生儿平均预期寿命，岁	人均耕地面积	可耕地面积/人口，公顷
婴儿死亡率	(‰)	森林覆盖率	%
医生比例	每千人口中的医生数	国家保护区比例	国家保护区面积/国土面积,(%)
公共卫生费比例	公共卫生费/GDP,(%)	人均能源消费	人均商业能源消费，千克标准油
公费医疗比例	公共卫生费/总卫生费,(%)	化石能源消费比例	化石能源消费/总能源消费,(%)
公共教育费比例	公共教育费/GDP,(%)	能源消费密度	能源消费/GDP，千克标准油/美元(2000 年价格)
义务教育普及率	中学入学率,(%)	CO_2 排放密度	CO_2 排放/GDP，千克/美元(2000 年价格)
大学普及率	在校大学生/20～24 岁人口,(%)	有机废水排放密度	有机废水 BOD/GDP，千克/千美元(2000 年价格)
人均购买力	按 PPP 计算的人均 GNI，国际美元	生活废水处理率	生活废水处理人口比例,(%)
高度贫困率	日生活费低于 1 国际美元的人口比例,(%)	废纸循环利用率	纸和纸板循环利用率,(%)
基尼系数	收入分配的基尼系数	安全饮水普及率	(%)
贫富收入差距	最富 10%和最穷 10%人口的收入比	空气可吸入颗粒物浓度	全国空气可吸入颗粒物(PM10)浓度，微克/立方米
养老保险覆盖率	参加养老保险的劳动力比例,(%)	**(8) 国际环境**	
社保费用比例	公共社会保障费用/GDP,(%)	国际战争频率	伤亡超过 1000 人的国际战争次数/50 年
每周工作小时	非农业劳动力每周工作小时	国际债务比例	国际债务/GNI,(%)
每年休闲天数	非农业劳动力年平均休闲天数	人均国际贸易	美元
(4) 政治领域		国际贸易比例	国际贸易/GDP,(%)
民主化程度	发言权和问责度指数，民主国家个数	人均外国投资	美元
政府收入比例	中央政府收入/GDP,(%)	外国投资比例	外国直接投资/GDP,(%)
政府消费比例	政府消费/GDP,(%)	国际组织数量	个
政府债务比例	中央政府债务/GDP,(%)	国际移民比例	国际移民人数/总人口,(%)
国防经费比例	国防经费/GDP,(%)	人均互联网带宽	比特
军事人员比例	军事人员/劳动力,(%)	人均国际通话	分钟

注：人均 GDP(PPP)为按购买力平价计算的人均国内生产总值。在本报告中如无说明，其单位一般为 1990 年价格的国际美元。

发言权和问责度指数是世界银行的治理指标的一个指数(World Bank, 2001)。

附表 1-2　1700～2006 年社会生产力(人均 GDP)的提高

国家	编号	1700	1820	1870	1900	1913	1950	1960	1970	1980	1990	2000	2006
瑞典	1	977	1198	1664	2561	3096	6738	8688	12 716	14 876	17 937	20 988	23 982
美国	2	527	1257	2445	4096	5301	9561	11 328	15 030	18 425	23 064	28 234	30 840
芬兰	3	638	781	1140	1620	2111	4253	6230	9578	13 048	16 843	19 713	23 161
澳大利亚	4	400	753	2339	4299	4947	7493	8865	12 171	15 330	17 648	22 362	24 933
瑞士	5	1044	1280	2202	3531	4266	9064	12 457	16 904	20 587	24 097	24 984	26 088
挪威	6	900	1104	1432	1762	2501	5463	7200	10 029	18 909	23 371	31 756	35 125
日本	7	570	669	737	1135	1387	1926	3988	9715	13 500	18 776	20 699	22 408
丹麦	8	1039	1274	2003	2902	3912	6946	8812	12 685	15 202	18 575	23 113	25 034
德国	9	894	1058	1821	3134	3648	3881	7685	10 849	14 509	17 996	21 409	22 672
荷兰	10	2110	1821	2753	3533	4049	5996	8289	11 967	15 921	18 832	24 146	25 643
加拿大	11	400	753	2339	2758	4947	8453	9444	11 221	16 665	19 454	23 428	25 751
新加坡	12	565	565	603	681	794	2219	2310	4438	10 459	16 946	26 610	31 360
英国	13	1250	1707	3191	4593	4921	6907	8645	10 767	13 083	16 566	20 276	23 208
法国	14	986	1230	1876	2849	3485	5270	7543	11 668	14 969	18 016	21 107	22 440
比利时	15	1144	1319	2697	3652	4220	5462	6953	10 611	15 054	18 138	21 808	23 527
奥地利	16	993	1218	1863	2901	3465	3706	6518	9748	15 551	19 047	23 583	25 285
新西兰	17	400	753	2339	4320	4947	7437	8947	12 307	12 512	13 602	16 078	17 899
韩国	18	565	565	603	850	794	770	1105	1954	3748	7692	12 657	16 124
以色列	19	565	565	603	681	794	2818	4664	8102	10 721	12 739	16 358	16 902
意大利	20	1100	1117	1499	1746	2564	3502	5916	9689	13 576	17 127	19 968	20 377
爱尔兰	21	617	743	1066	2495	1840	3446	4279	6200	9155	12 670	23 260	28 244
西班牙	22	900	1063	1376	2040	2255	2397	3437	7291	11 073	14 227	18 083	20 094
爱沙尼亚	23	—	—	—	—	—	—	—	—	6696	7462	7874	13 304
斯洛文尼亚	24	—	—	—	—	—	—	—	—	—	11 489	13 834	17 084
乌拉圭	25	505	623	705	880	1461	4659	4960	5184	5413	5063	6413	7156
俄罗斯	26	611	689	943	1218	1488	2834	3935	5569	—	9139	6234	9199
斯洛伐克	27	—	—	—	—	—	—	—	—	—	9073	9182	12 437
希腊	28	617	743	1066	1575	1840	1915	3146	6211	14 622	14 852	17 422	22 011
匈牙利	29	566	636	871	1682	1527	2480	3649	5028	7767	8974	9849	12 819
捷克	30	566	636	871	1729	1527	3501	5108	6460	—	11 733	12 139	15 514
葡萄牙	31	854	963	997	1408	1244	2069	3004	5714	8208	11 149	14 343	14 577
白俄罗斯	32	—	—	—	—	—	—	—	—	—	4657	4205	6826
拉脱维亚	33	—	—	—	—	—	—	—	—	5993	7394	6258	10 766
立陶宛	34	—	—	—	—	—	—	—	—	—	9073	6825	11 038
格鲁吉亚	35	—	—	—	—	—	—	—	—	4372	3905	1694	2813
乌克兰	36	—	—	—	—	—	—	—	—	—	5835	2670	4357
保加利亚	37	566	636	871	1263	1527	1651	2912	4773	4271	5513	5009	7206
黎巴嫩	38	565	565	603	681	794	2429	2393	2917	—	3784	6022	6833
哈萨克斯坦	39	—	—	—	—	—	—	—	—	—	5131	3912	6896
波兰	40	566	636	871	1263	1527	2447	3218	4428	—	5807	8353	10 406
阿根廷	41	505	623	705	2756	1461	4987	5559	7302	7305	5408	7449	8406
巴拿马	42	505	623	705	880	1461	1916	2391	3814	4383	4057	5432	6491
克罗地亚	43	—	—	—	—	—	—	—	—	—	8222	7481	10 036
沙特阿拉伯	44	565	565	603	681	794	2231	3719	7624	24 933	13 701	14 201	15 639
哥伦比亚	45	505	623	705	973	1461	2153	2497	3094	3132	3620	3881	4474
科威特	46	565	565	603	681	794	28 833	28 836	30 674	31 087	—	26 380	—
智利	47	505	623	705	1949	1461	3821	4320	5293	3908	4794	7620	9139
马其顿	48	—	—	—	—	—	—	—	—	—	5825	5049	5506
阿塞拜疆	49	—	—	—	—	—	—	—	—	—	3506	1836	4405
摩尔多瓦	50	—	—	—	—	—	—	—	—	—	2794	1053	1667
罗马尼亚	51	566	636	871	1263	1527	1182	1844	2853	—	5690	4955	7316
委内瑞拉	52	505	623	705	821	1461	7462	9646	10 672	8324	6895	6888	7758
乌兹别克斯坦	53	—	—	—	—	—	—	—	—	—	1454	1185	1537
多米尼加	54	505	623	705	880	1461	1045	1332	1579	2258	2320	3453	4114
亚美尼亚	55	—	—	—	—	—	—	—	—	—	2125	1657	3422
巴拉圭	56	505	623	705	880	1461	1584	1555	1872	2946	2857	2689	2829
哥斯达黎加	57	505	623	705	880	1461	1963	2715	3754	4459	4359	5681	6708
巴西	58	505	623	705	704	1461	1672	2335	3057	5236	5237	5744	6277
墨西哥	59	568	759	674	1157	1732	2365	3155	4320	6842	6641	7936	8541
博茨瓦纳	60	400	418	444	500	585	349	403	647	2408	4925	7086	8773
秘鲁	61	505	623	705	817	1461	2263	3023	3807	4400	3232	4047	4974
牙买加	62	505	623	705	880	1461	1327	2654	3849	3773	4381	4901	5308
约旦	63	565	565	603	681	794	1664	2329	2395	2886	2417	2635	3246
南非	64	400	418	444	500	585	2535	3041	4045	6200	5640	5404	6374
土耳其	65	565	565	603	681	794	1818	2518	3450	3130	4118	4874	5904
厄瓜多尔	66	505	623	705	880	1461	1897	2290	2793	4195	3982	3974	5012
伊朗	67	565	565	603	681	794	1718	2154	4177	5147	4540	5565	6948
蒙古	68	565	565	603	681	794	435	585	787	—	1688	1469	2025
摩洛哥	69	400	418	444	500	585	1455	1329	1616	1706	1996	2144	2746
马来西亚	70	565	565	603	681	794	1559	1530	2079	3585	4868	7523	8793

附表 1-2　1700～2006 年社会生产力(人均 GDP)的提高　　（续表）

国家	编号	1700	1820	1870	1900	1913	1950	1960	1970	1980	1990	2000	2006
萨尔瓦多	71	505	623	705	880	1461	1489	1769	2199	3394	2929	3789	4044
埃及	72	400	418	444	509	585	718	783	990	1778	2398	3024	3474
中国	73	600	600	530	652	552	439	673	783	380	798	1935	3257
阿尔及利亚	74	400	418	444	500	585	1365	2088	2249	3882	3793	3714	4452
土库曼斯坦	75	—	—	—	—	—	—	—	—	—	—	—	—
突尼斯	76	400	418	444	500	585	1115	1343	1827	2587	2873	3892	4811
阿尔巴尼亚	77	—	—	—	—	—	—	—	—	2761	2544	3114	4129
吉尔吉斯斯坦	78	—	—	—	—	—	—	—	—	—	1813	1087	1272
塔吉克斯坦	79	—	—	—	—	—	—	—	—	—	2219	726	1129
玻利维亚	80	505	623	705	880	1461	1919	1606	2176	2714	2204	2559	2762
缅甸	81	565	565	603	681	794	396	564	642	260	245	413	—
菲律宾	82	565	565	603	1033	794	1070	1475	1761	1896	1759	1908	2211
泰国	83	565	565	603	812	794	817	1078	1694	1633	2996	4146	5330
纳米比亚	84	400	418	444	500	585	2160	2616	3321	3149	2491	2834	3380
津巴布韦	85	400	418	444	500	585	701	938	1282	—	—	—	—
洪都拉斯	86	505	623	705	880	1461	1313	1398	1601	2149	2027	2211	2485
尼加拉瓜	87	505	623	705	880	1461	1616	1983	2812	2254	1545	1748	1956
越南	88	565	565	603	681	794	658	799	735	—	653	1156	1657
肯尼亚	89	400	418	444	500	585	651	726	913	1018	1052	950	1029
斯里兰卡	90	565	565	603	681	794	961	1020	1413	1086	1418	2072	2628
刚果共和国	91	—	—	—	—	—	—	—	—	2068	2463	2145	2446
印度尼西亚	92	565	565	603	745	794	840	1019	1194	978	1509	1972	2423
赞比亚	93	400	418	444	500	585	661	960	1074	1093	887	737	883
危地马拉	94	505	623	705	880	1461	2085	2262	2906	3490	2997	3558	3630
毛里塔尼亚	95	400	418	444	500	585	464	625	1059	1265	1150	1155	1326
科特迪瓦	96	400	418	444	500	585	859	1051	1633	1932	1354	1274	1157
印度	97	550	533	533	625	673	619	753	868	627	870	1238	1732
巴基斯坦	98	565	565	603	687	794	643	647	952	862	1215	1398	1656
莱索托	99	—	—	—	—	—	—	—	—	579	719	866	1010
柬埔寨	100	565	565	603	681	794	518	720	684	—	—	730	1135
喀麦隆	101	400	418	444	500	585	671	832	982	1487	1529	1352	1465
厄立特里亚	102	—	—	—	—	—	—	—	—	—	—	515	478
叙利亚	103	565	565	603	681	794	2409	3023	3540	2436	2132	2696	2963
加纳	104	400	418	444	462	585	1122	1378	1424	689	623	734	873
乍得	105	400	418	444	500	585	476	569	512	561	704	637	1037
莫桑比克	106	400	418	444	500	585	1133	1327	1743	334	304	366	518
几内亚	107	—	—	—	—	—	—	—	—	669	688	754	806
也门共和国	108	565	565	603	681	794	976	1032	1317	—	1299	1508	1588
巴布亚新几内亚	109	—	—	—	—	—	—	—	—	1230	1079	1324	1275
海地	110	505	623	705	880	1461	1051	1055	906	1704	1308	951	859
尼泊尔	111	565	565	603	681	794	496	607	653	405	508	650	700
塞内加尔	112	400	418	444	500	585	1259	1445	1435	1018	977	1011	1112
塞拉利昂	113	400	418	444	500	585	656	856	1129	568	491	275	442
刚果民主共和国	114	400	418	444	500	585	1289	1523	1825	543	438	184	197
老挝	115	565	565	603	681	794	613	679	748	—	732	1051	1389
马拉维	116	—	—	—	—	—	—	—	—	546	447	509	491
多哥	117	400	418	444	500	585	574	698	1075	784	612	557	544
马达加斯加	118	400	418	444	500	585	951	1125	1226	887	703	621	616
马里	119	400	418	444	500	585	457	535	588	648	544	620	742
尼日利亚	120	400	418	444	500	585	753	869	1233	1137	951	946	1130
孟加拉国	121	565	565	603	581	794	540	544	629	445	504	652	810
坦桑尼亚	122	400	418	444	500	585	377	433	559	—	557	560	698
贝宁	123	400	418	444	500	585	1084	978	1027	799	745	853	886
尼日尔	124	400	418	444	500	585	813	940	971	690	505	423	441
安哥拉	125	400	418	444	500	585	1052	1253	1768	—	2337	1906	3110
乌干达	126	400	418	444	500	585	687	713	869	—	393	547	626
中非	127	400	418	444	500	585	772	925	896	685	587	539	484
布基纳法索	128	—	—	—	—	—	—	—	—	489	531	666	793
埃塞俄比亚	129	400	418	444	500	585	277	302	393	—	355	366	446
布隆迪	130	—	—	—	—	—	—	—	—	312	350	245	234
卢旺达	131	400	418	444	500	585	547	656	717	555	484	438	518
高收入国家		1056	1270	2086	3092	3688	5013	7601	10 956	14 527	18 221	22 170	24 419
中等收入国家		—	—	—	—	—	—	—	—	2491	2882	3434	4596
低收入国家		400	418	444	500	585	852	1024	1311	658	796	1007	1321
世界平均		615	667	867	1263	1510	2114	2781	3748	4238	4852	5605	6491

注：人均 GDP 的单位为按购买力平价(PPP)计算的 1990 年不变价格国际美元。1700～1913 年的数值，澳大利亚、加拿大和新西兰分别为非美国的西方衍生国家的平均值；爱尔兰和希腊分别为南欧地区的平均值；捷克、匈牙利、波兰和罗马尼亚分别为东欧地区的平均值；拉美 16 国中，墨西哥为本国的数值，委内瑞拉等 15 个国家分别为非墨西哥的拉美国家的平均值；中国、印度和日本为本国的数值，其他 24 个亚洲国家分别为其他亚洲国家的平均值；非洲国家分别为非洲地区的平均值；高收入国家值为西欧 12 个国家的平均值，低收入国家值为非洲地区的平均值。"—"表示无数据，后同。

资料来源：1700～1970 年数据来自麦迪森(Maidisson，1996，2001)，1980～2006 年数据来自世界银行(World Bank，2008)。

附表 1-3　1700～2006 年发达国家和现代化国家的名单

现代化指数的世界排名前 45 位的国家：发达国家(现代化国家)、中等发达国家和部分初等发达国家

国家	1950	国家	1960	国家	1970	国家	1980	国家	1990	国家	2000	国家	2005	国家	2006
美国	1	美国	1	美国	1	美国	1	瑞士	1	瑞典	1	美国	1	美国	1
加拿大	1	加拿大	1	捷克	1	瑞典	1	美国	1	美国	1	瑞典	1	瑞典	1
澳大利亚	1	澳大利亚	1	荷兰	1	比利时	1	瑞典	1	日本	1	丹麦	1	日本	1
挪威	1	新西兰	1	加拿大	1	日本	1	科威特	1	芬兰	1	日本	1	丹麦	1
新西兰	1	丹麦	1	科威特	1	捷克	1	加拿大	1	丹麦	1	挪威	1	芬兰	1
以色列	1	法国	1	日本	1	加拿大	1	日本	1	挪威	1	芬兰	1	挪威	1
丹麦	1	荷兰	1	瑞典	1	荷兰	1	挪威	1	澳大利亚	1	澳大利亚	1	澳大利亚	1
瑞士	1	英国	1	挪威	1	保加利亚	1	丹麦	1	瑞士	1	瑞士	1	瑞士	1
英国	1	瑞典	1	德国	1	法国	1	荷兰	1	德国	1	荷兰	1	韩国	1
比利时	1	以色列	1	波兰	1	丹麦	1	芬兰	1	荷兰	1	德国	1	加拿大	1
阿根廷	1	比利时	1	英国	1	瑞士	1	比利时	1	英国	1	比利时	1	荷兰	1
瑞典	1	瑞士	1	丹麦	1	挪威	1	德国	1	加拿大	1	韩国	1	德国	1
荷兰	1	德国	1	澳大利亚	1	以色列	1	法国	1	法国	1	法国	1	法国	1
		挪威	1	比利时	1	英国	1	奥地利	1	比利时	1	加拿大	1	比利时	1
法国	2	俄罗斯	1	瑞士	1	芬兰	1	澳大利亚	1	韩国	1	英国	1	新西兰	1
德国	2					德国	1	英国	1	奥地利	1	新西兰	1	英国	1
奥地利	2	奥地利	2	保加利亚	2	新西兰	1			以色列	1	奥地利	1	奥地利	1
匈牙利	2	日本	2	匈牙利	2			新西兰	2			新加坡	1	新加坡	1
智利	2	意大利	2	芬兰	2	澳大利亚	2	新加坡	2	新西兰	2	以色列	1	爱尔兰	1
爱尔兰	2	阿根廷	2	法国	2	希腊	2	意大利	2	新加坡	2	爱尔兰	1	以色列	1
希腊	2	爱尔兰	2	新西兰	2	奥地利	2	以色列	2	爱尔兰	2				
意大利	2	芬兰	2	以色列	2	西班牙	2	保加利亚	2	意大利	2	西班牙	2	西班牙	2
日本	2	保加利亚	2	奥地利	2	蒙古	2	西班牙	2	西班牙	2	意大利	2	意大利	2
芬兰	2	乌拉圭	2	新加坡	2	科威特	2	捷克	2	乌拉圭	2	斯洛文尼亚	2	斯洛文尼亚	2
西班牙	2	波兰	2	巴拿马	2	匈牙利	2	乌拉圭	2	葡萄牙	2	爱沙尼亚	2	希腊	2
南非	2	匈牙利	2	南非	2	黎巴嫩	2	爱尔兰	2	斯洛文尼亚	2	希腊	2	爱沙尼亚	2
哥斯达黎加	2	黎巴嫩	2	意大利	2	波兰	2	韩国	2	爱沙尼亚	2	葡萄牙	2	捷克	2
新加坡	2	新加坡	2	爱尔兰	2	乌拉圭	2	阿根廷	2	希腊	2	捷克	2	沙特阿拉伯	2
墨西哥	2	科威特	2	罗马尼亚	2	巴拿马	2	巴拿马	2	捷克	2	沙特阿拉伯	2	葡萄牙	2
巴西	2	委内瑞拉	2	阿根廷	2	意大利	2	沙特阿拉伯	2	俄罗斯	2	俄罗斯	2	匈牙利	2
委内瑞拉	2	希腊	2	希腊	2	爱尔兰	2	希腊	2	斯洛伐克	2	立陶宛	2	拉脱维亚	2
		智利	2	乌拉圭	2			蒙古	2	匈牙利	2	匈牙利	2	俄罗斯	2
波兰	3	西班牙	2			罗马尼亚	3	匈牙利	2	拉脱维亚	2	拉脱维亚	2	科威特	2
葡萄牙	3	牙买加	2	哥斯达黎加	3	新加坡	3	约旦	2	立陶宛	2	黎巴嫩	2	立陶宛	2
巴拿马	3	罗马尼亚	2	刚果共和国	3	阿根廷	3	波兰	2	黎巴嫩	2	斯洛伐克	2	斯洛伐克	2
厄瓜多尔	3	蒙古	2	委内瑞拉	3	沙特阿拉伯	3			阿根廷	2	科威特	2	黎巴嫩	2
牙买加	3	墨西哥	2	西班牙	3	厄瓜多尔	3	墨西哥	3	科威特	2	波兰	2	克罗地亚	2
巴拉圭	3	巴拿马	2	叙利亚	3	牙买加	3	多米尼加	3	巴拿马	2	克罗地亚	2	白俄罗斯	2
萨尔瓦多	3	南非	2	巴西	3	智利	3	巴西	3	波兰	2	白俄罗斯	2	波兰	2
菲律宾	3			智利	3	阿尔巴尼亚	3	哥伦比亚	3	白俄罗斯	2	乌克兰	2	乌克兰	2
多米尼加	3	葡萄牙	3	玻利维亚	3	多米尼加	3	牙买加	3	克罗地亚	2	智利	2	阿根廷	2
阿尔及利亚	3	巴西	3	沙特阿拉伯	3	叙利亚	3	罗马尼亚	3	沙特阿拉伯	2	阿根廷	2	约旦	2
泰国	3	秘鲁	3	墨西哥	3	韩国	3	也门共和国	3			约旦	2	保加利亚	2
玻利维亚	3	菲律宾	3	多米尼加	3	委内瑞拉	3	葡萄牙	3	乌克兰	3	保加利亚	2	乌拉圭	2
哥伦比亚	3	哥斯达黎加	3	菲律宾	3	墨西哥	3	委内瑞拉	3	格鲁吉亚	3	乌拉圭	2	多米尼加	2
摩洛哥	3	巴拉圭	3	马来西亚	3	南非	3	阿尔及利亚	3	智利	3	多米尼加	2	智利	2
秘鲁	3	哥伦比亚	3	牙买加	3	约旦	3	智利	3	保加利亚	3				

附表 1-3　1700～2006 年发达国家和现代化国家的名单　　（续表）

人均 GDP(PPP)的世界排名前 50 位的国家：经济发达国家、经济中等发达国家和部分经济初等发达国家

国家	1700	国家	1820	国家	1870	国家	1900	国家	1960	国家	1980	国家	2000	国家	2006
荷兰	1	荷兰	1	英国	1	英国	1	科威特	1	科威特	1	挪威	1	挪威	1
英国	1	英国	1	荷兰	1	新西兰	1	瑞士	1	沙特阿拉伯	1	美国	1	新加坡	1
比利时	1	比利时	1	比利时	1	澳大利亚	1	美国	1	瑞士	1	新加坡	1	美国	1
意大利	1	瑞士	1	美国	1	美国	1	委内瑞拉	1	挪威	1	科威特	1	爱尔兰	1
瑞士	1	丹麦	1	加拿大	1	比利时	1	加拿大	1	美国	1	瑞士	1	瑞士	1
丹麦	1	美国	1	澳大利亚	1	荷兰	1	新西兰	1	加拿大	1	荷兰	1	加拿大	1
奥地利	1	法国	1	新西兰	1	瑞士	1	澳大利亚	1	荷兰	1	奥地利	1	荷兰	1
法国	1	奥地利	1	瑞士	1	德国	1	丹麦	1	奥地利	1	加拿大	1	奥地利	1
瑞典	1	瑞典	1	丹麦	1	丹麦	1	瑞典	1	澳大利亚	1	爱尔兰	1	丹麦	1
挪威	1	意大利	1	法国	1	奥地利	1	英国	1	丹麦	1	丹麦	1	澳大利亚	1
西班牙	1	挪威	1	奥地利	1	法国	1	荷兰	1	比利时	1	澳大利亚	1	瑞典	1
德国	1	西班牙	1	德国	1	加拿大	1	德国	1	法国	1	比利时	1	比利时	1
葡萄牙	1	德国	1			阿根廷	1	法国	1	瑞典	1	德国	1	英国	1
				瑞典	2	瑞典	1	挪威	1	希腊	1	法国	1	芬兰	1
芬兰	2	葡萄牙	2	意大利	2	爱尔兰	1	比利时	1	德国	1	瑞典	1	德国	1
爱尔兰	2	芬兰	2	挪威	2			奥地利	1	意大利	1	日本	1	法国	1
希腊	2	墨西哥	2	西班牙	2	西班牙	2	芬兰	1	日本	1	英国	1	日本	1
俄罗斯	2	加拿大	2	芬兰	2	智利	2			英国	1	意大利	1	希腊	1
中国	2	澳大利亚	2	爱尔兰	2	挪威	2	意大利	2	芬兰	1	芬兰	1	意大利	1
日本	2	新西兰	2	希腊	2	意大利	2	阿根廷	2	新西兰	1	西班牙	1	西班牙	1
墨西哥	2	爱尔兰	2	葡萄牙	2	捷克	2	捷克	2						
捷克	2	希腊	2	俄罗斯	2	匈牙利	2	乌拉圭	2	西班牙	2	希腊	2	新西兰	2
匈牙利	2	俄罗斯	2	捷克	2	芬兰	2	以色列	2	以色列	2	以色列	2	斯洛文尼亚	2
波兰	2	日本	2	匈牙利	2	希腊	2	智利	2	新加坡	2	新西兰	2	以色列	2
罗马尼亚	2	捷克	2	波兰	2	葡萄牙	2	爱尔兰	2	爱尔兰	2	葡萄牙	2	韩国	2
保加利亚	2	匈牙利	2	罗马尼亚	2	波兰	2	日本	2	委内瑞拉	2	沙特阿拉伯	2	沙特阿拉伯	2
新加坡	2	波兰	2	保加利亚	2	罗马尼亚	2	俄罗斯	2	葡萄牙	2	斯洛文尼亚	2	捷克	2
科威特	2	罗马尼亚	2			保加利亚	2	沙特阿拉伯	2	匈牙利	2	韩国	2	葡萄牙	2
以色列	2	保加利亚	2	日本	3			匈牙利	2	阿根廷	2	捷克	2	爱沙尼亚	2
韩国	2			智利	3	俄罗斯	3	西班牙	2	墨西哥	2	匈牙利	2	匈牙利	2
沙特阿拉伯	2	智利	3	阿根廷	3	墨西哥	3	波兰	2	爱沙尼亚	2	斯洛伐克	2	斯洛伐克	2
马来西亚	2	阿根廷	3	委内瑞拉	3	日本	3	墨西哥	2	南非	2	波兰	2	立陶宛	2
伊朗	2	委内瑞拉	3	乌拉圭	3	菲律宾	3	希腊	2	拉脱维亚	2	墨西哥	2	拉脱维亚	2
黎巴嫩	2	乌拉圭	3	哥斯达黎加	3	哥伦比亚	3	南非	2	乌拉圭	2	爱沙尼亚	2	波兰	2
土耳其	2	哥斯达黎加	3	巴拿马	3	乌拉圭	3	秘鲁	2	巴西	2	智利	2	克罗地亚	2
泰国	2	巴拿马	3	巴西	3	哥斯达黎加	3	叙利亚	2	伊朗	2	马来西亚	2	俄罗斯	2
约旦	2	巴西	3	牙买加	3	巴拿马	3	葡萄牙	2	哥斯达黎加	2	克罗地亚	2	智利	2
叙利亚	2	牙买加	3	厄瓜多尔	3	牙买加	3	保加利亚	2	秘鲁	2	阿根廷	2	马来西亚	2
斯里兰卡	2	厄瓜多尔	3	秘鲁	3	厄瓜多尔	3			巴拿马	2	博茨瓦纳	2	博茨瓦纳	2
印度尼西亚	2	秘鲁	3	哥伦比亚	3	多米尼加	3	哥斯达黎加	3	格鲁吉亚	2	委内瑞拉	2	墨西哥	2
菲律宾	2	哥伦比亚	3	多米尼加	3	萨尔瓦多	3	牙买加	3	保加利亚	2	立陶宛	2	阿根廷	2
蒙古	2	多米尼加	3	萨尔瓦多	3	危地马拉	3	纳米比亚	3			乌拉圭	2	委内瑞拉	2
越南	2	萨尔瓦多	3	危地马拉	3	巴拉圭	3	土耳其	3	厄瓜多尔	3	拉脱维亚	2	罗马尼亚	2
巴基斯坦	2	危地马拉	3	巴拉圭	3	玻利维亚	3	哥伦比亚	3	智利	3	俄罗斯	2	保加利亚	2
也门共和国	2	巴拉圭	3	玻利维亚	3	洪都拉斯	3	黎巴嫩	3	阿尔及利亚	3	黎巴嫩	2	乌拉圭	2
老挝	2	玻利维亚	3	洪都拉斯	3	尼加拉瓜	3	巴拿马	3	牙买加	3	巴西	2	伊朗	2
柬埔寨	2	洪都拉斯	3	尼加拉瓜	3	海地	3	巴西	3	韩国	3	哥斯达黎加	2	哈萨克斯坦	2
孟加拉国	2	尼加拉瓜	3	海地	3	韩国	3	约旦	3	马来西亚	3			黎巴嫩	2
尼泊尔	2	海地	3	墨西哥	3	委内瑞拉	3	新加坡	3	危地马拉	3	伊朗	3	白俄罗斯	2
缅甸	2	中国	3	新加坡	3	秘鲁	3	厄瓜多尔	3	萨尔瓦多	3	巴拿马	3	哥斯达黎加	2
印度	2	新加坡	3	科威特	3	泰国	3	危地马拉	3	纳米比亚	3	南非	3	巴拿马	2
		科威特	3	以色列	3	印度尼西亚	3	伊朗	3	哥伦比亚	3	马其顿	3		

注 1：国家分组方法不同，分组结果也会有变化。本表的国家分组方法，是众多分组方法中的一种方法。

注 2：现代化指数的国家分组，1950 和 1960 年根据第一次现代化程度（实现程度）分组，其他年份根据第二次现代化指数分组。分组标准：1 代表发达国家，数值超过高收入国家平均值的 80%；2 代表中等发达国家，数值超过世界平均值但低于发达国家；3 代表初等发达国家，数值低于世界平均值但高于欠发达国家。

注 3：经济水平的国家分组：根据按购买力平价 1990 年不变价格计算的人均 GDP(PPP)的分组。分组标准：1 代表发达国家，数值超过高收入国家（西欧国家）平均值的 80%；2 代表中等发达国家，数值超过世界平均值但低于发达国家；3 代表初等发达国家，数值低于世界平均值但高于欠发达国家。

注 4：1700～1900 年部分国家的数值为所在地区的平均值（见附表 1-2），分组结果仅有参考意义。

注 5：根据人均 GDP(PPP)进行国家分组，分组结果可能高估了有些石油出口国家的经济发展水平。石油出口国的经济水平分组，需要专题研究。

附表 1-4　1700～2005 年世界六个领域现代化的变化趋势

领域和指标	1700	1750	1820	1870	1900	1960	1970	1980	1990	2000	2005	特征
(1) 经济												
GDP	—	—	—	—	—	13 496	28 907	109 960	218 280	318 760	449 830	上升
GDP 增长率	—	—	—	—	—	4.6	4.4	1.8	2.9	4.1	3.5	波动
人均 GDP	—	—	—	—	—	447	786	2482	4147	5246	6961	上升
人均 GDP(PPP)	615	—	667	867	1263	2781	3748	4238	4852	5605	6288	上升
人均 GDP 增长率	—	—	—	—	—	3.2	2.2	0.1	1	2.7	2.2	波动
人均国民收入[a]	—	—	—	—	—	468	785	2553	4075	5252	7012	上升
农业增加值比例			—	—	—	32	8	7	5	4	3	下降
工业增加值比例	—	—	—	—	—	24	38	37	33	29	28	转折
服务业增加值比例	—	—	—	—	—	44	54	56	61	67	69	上升
农业劳动力比例	—	—	—	—	—	57	51	50	43	42	40	下降
工业劳动力比例	—	—	—	—	—	18	19	20	21	21	22	上升
服务业劳动力比例	—	—	—	—	—	25	30	30	37	37	38	上升
失业率	—	—	—	—	—	—	—	6.6	7.2	5.4	8.8	波动
人均公路里程	—	—	—	—	—	—	—	—	4.8	4.7	5.5	上升
股票市值比例	—	—	—	—	—	—	—	—	48	103	99	上升
通货膨胀率[a]	—	—	—	—	—	2.7	4.7	13.6	8.2	4.8	5.4	波动
国内消费率	—	—	—	—	—	85	74	76	76	82	81	波动
国内储蓄率	—	—	—	—	—	22	25	24	23	22	22	波动
国内投资率	—	—	—	—	—	23	25	25	23	22	22	波动
家庭消费比例	—	—	—	—	—	60	60	60	60	61	61	波动
(2) 社会												
人口	603	—	1041	1270	1565	3022	3676	4431	5264	6077	6462	上升
人口自然增长率	—	—	—	—	—	3.3	2.1	1.8	1.9	1.3	1.2	下降
老龄人口比例	—	—	—	—	—	5.3	5.4	5.9	6.1	6.9	7.3	上升
城市人口比例[b]	10	—	10	13	25	33	36	39	43	47	49	上升
平均预期寿命	—	—	26	—	31	50	59	63	65	67	68	上升
婴儿死亡率	—	—	—	—	—	121	98	79	63	56	51	下降
医生比例	—	—	—	—	—	0.4	0.6	1	1.4	1.4	1.4	上升
公共卫生费比例[a]	—	—	—	—	—	—	—	—	5.4	5.4	6	上升
公费医疗比例[a]	—	—	—	—	—	—	—	—	—	58	59	波动
公共教育费比例	—	—	—	—	—	—	3.7	3.8	4	4.1	4.6	上升
义务教育普及率	—	—	—	—	—	21	34	49	55	60	65	上升
大学普及率	—	—	—	—	—	5	8	13	16	19	24	上升
人均购买力[a]	—	—	—	—	—	—	1830	2775	4803	6839	8596	上升
高度贫困率[a]	—	—	—	—	—	—	—	4.9	5.6	5.2	4.9	转折
基尼系数	—	—	—	—	—	—	—	37	40	41	40	转折
贫富收入差距	—	—	—	—	—	—	—	20	18	17	20	波动
养老保险覆盖率	—	—	—	—	—	—	—	—	—	39	43	上升
社保费用比例[a]	—	—	—	—	—	—	—	11	11	12	13	上升
每周工作小时[a]	—	—	—	—	—	—	—	42	42	46	46	上升
每年休闲天数	—	—	—	—	—	—	—	—	—	—	—	—
(3) 政治												
民主化程度[c]	—	—	—	—	—	22	30	57	71	121	—	上升
政府收入比例	—	—	—	—	—	—	—	—	23	25	25	上升
政府消费比例	—	—	—	—	—	14	15	17	17	16	17	上升
政府债务比例	—	—	—	—	—	—	—	—	73	61	57	下降
国防经费比例[a]	—	—	—	—	—	—	—	3.2	3.6	2.3	2.5	下降
军事人员比例	—	—	—	—	—	—	—	1.1	1.1	1	0.9	下降
人均外国援助	—	—	—	—	—	1	2	8	11	10	17	上升
外国援助比例	—	—	—	—	—	0.31	0.24	0.31	0.27	0.18	0.24	下降
(4) 文化												
科技投入比例	—	—	—	—	—	—	2	1.9	2.1	2.2	2.1	波动
科技论文比例	—	—	—	—	—	—	—	—	0.9	1	1.1	上升
发明专利比例	—	—	—	—	—	—	—	—	1	1.4	1.4	上升

附表 1-4 1700～2005 年世界六个领域现代化的变化趋势 （续表）

领域和指标	1700	1750	1820	1870	1900	1960	1970	1980	1990	2000	2005	特征
信教人口比例	—	—	—	—	100	—	81	79	79	85	93	转折
妇女就业比例	—	—	—	—	—	—	—	—	35	38	38	上升
妇女避孕率	—	—	—	—	—	—	37	45	50	50	60	上升
成人识字率[a]	—	—	—	—	—	—	55	63	71	79	82	上升
电话普及率	—	—	—	—	—	4	5	8	10	16	20	上升
电视普及率	—	—	—	—	—	—	—	—	60	79	83	上升
互联网普及率	—	—	—	—	—	—	—	—	0.1	7	16	上升
日报发行比例[a]	—	—	—	—	—	—	—	102	104	102	105	上升
图书出版比例	—	—	—	—	—	—	—	—	18	—	—	—
出境旅游比例[a]	—	—	—	—	—	—	—	—	8	13	16	上升
人均文化贸易	—	—	—	—	—	—	—	—	80	95	134	上升
(5) 个人												
青少年识字率	—	—	—	—	—	—	—	—	83	84	88	上升
青少女生育率	—	—	—	—	—	—	—	—	—	63	55	下降
童工比例	—	—	—	—	—	—	—	—	—	30	32	—
劳动力素质	—	—	—	—	—	—	—	—	—	—	—	—
总和生育率	—	—	—	—	—	4.6	4.8	3.7	3.1	2.7	2.6	下降
艾滋病感染率	—	—	—	—	—	—	—	—	—	0.96	0.99	上升
离婚率	—	—	—	—	—	—	—	—	—	—	—	—
成人吸烟率	—	—	—	—	—	—	—	—	—	39	35	转折
犯罪率	—	—	—	—	—	—	—	—	—	—	—	—
轿车普及率	—	—	—	—	—	—	—	—	91	104	118	上升
移动电话普及率	—	—	—	—	—	—	—	0	0.2	12.2	34.6	上升
宽带网普及率	—	—	—	—	—	—	—	—	—	0.4	3.4	上升
(6) 自然环境												
人均耕地面积[a]	—	—	—	—	—	0.35	0.32	0.27	0.24	0.23	0.22	下降
森林覆盖率	—	—	—	—	—	—	—	30.7	31.5	30.8	30.5	转折
国家保护区比例[a]	—	—	—	—	—	—	1.2	2.8	5.2	6.4	11.6	上升
人均能源消费	—	—	—	—	—	—	—	1373	1682	1672	1796	上升
化石能源消费比例	—	—	—	—	—	94	95	83	81	80	81	下降
能源消费密度	—	—	—	—	—	—	—	0.4	0.36	0.31	0.31	下降
CO_2 排放密度	—	—	—	—	—	1	0.9	0.8	0.7	0.8	0.8	下降
有机废水排放密度	—	—	—	—	—	—	—	1	1.3	0.8	0.9	转折
生活废水处理率[a]	—	—	—	—	—	—	—	—	—	—	—	—
废纸循环利用率	—	—	—	—	—	—	—	—	—	—	—	—
安全饮水普及率[a]	—	—	—	—	—	—	—	—	76	81	83	上升
空气可吸入颗粒物浓度	—	—	—	—	—	—	—	—	80	63	53	下降
(7) 国际环境												
国际战争频率[d]	20	17	19	—	17	80	—	—	—	3	—	波动
国际债务比例	—	—	—	—	—	—	12	22	43	40	28	转折
人均国际贸易	—	—	—	—	—	109	209	957	1587	2588	3783	上升
国际贸易比例	—	—	—	9	15	24	27	39	38	49	54	上升
人均外国投资	—	—	—	—	—	—	3	12	39	250	162	上升
外国投资比例	—	—	—	—	—	—	0.5	0.5	1	4.9	2.4	上升
国际组织数量	7	9	10	40	146	2008	3206	4873	7253	10 159	10 564	上升
国际移民比例	—	—	—	—	—	2.6	2.2	2.2	2.9	2.9	2.9	上升
人均互联网带宽	—	—	—	—	—	—	—	—	—	102	529	上升
人均国际通话	—	—	—	—	—	—	—	—	29	38	29	波动

注：本表数据为世界平均值、世界总量或样本国家(131 个国家或有数据的国家)的平均值，反映世界六个领域的发展趋势。a. 指标的起点或终点年与表中的年份有所差别；b. 1820 和 1870 年的城市化率分别为 1800 和 1850 年的数据；c. 为民主国家的数量；d. 分别为 1700～1749 年、1750～1799 年、1800～1849 年、1850～1899 年、1900～1949 年、1950～1999 年、2000～2006 年的国际战争次数。

附表 1-5　1700～2005 年世界六个领域现代化的世界前沿

领域和指标	1700	1750	1820	1870	1900	1960	1970	1980	1990	2000	2005	特征
(1) 经济												
GDP	—	—	—	—	—	10 217	22 609	85 265	180 170	258 400	350 150	上升
GDP 增长率	—	—	—	—	—	4.9	4	1.3	3.1	3.8	2.6	波动
人均 GDP	—	—	—	—	—	1470	2904	9999	19 649	26 157	34 208	上升
人均 GDP(PPP)	1056	—	1270	2086	3092	7601	10 956	14 527	18 221	22 170	23 946	上升
人均 GDP 增长率	—	—	—	—	—	3.6	2.9	0.5	2.2	3	1.9	波动
人均国民收入[a]	—	—	—	—	—	1604	2921	10 463	19 426	26 365	35 014	上升
农业增加值比例	—	—	43	38	29	6	4	4	3	2	2	下降
工业增加值比例	—	—	25	25	29	40	39	37	32	28	26	转折
服务业增加值比例	—	—	32	37	42	54	57	59	65	70	72	上升
农业劳动力比例	—	79	58	53	44	18	12	9	6	4	3	下降
工业劳动力比例	—	3	19	23	28	38	39	34	30	27	25	转折
服务业劳动力比例	—	18	23	25	28	44	49	57	64	69	72	上升
失业率	—	—	—	—	—	—	—	6	6.1	6	6.2	波动
人均公路里程	—	—	—	—	—	—	—	—	15	15	17	上升
股票市值比例	—	—	—	—	—	—	—	—	51	117	112	上升
通货膨胀率[a]	—	—	—	—	—	2.6	5.9	11.7	4.3	3	2.9	波动
国内消费率	—	—	—	—	—	80	73	76	76	73	74	下降
国内储蓄率	—	—	—	—	—	23	26	24	23	22	20	波动
国内投资率	—	—	—	—	—	23	25	25	23	22	21	波动
家庭消费比例	—	—	—	—	—	62	58	59	60	62	62	波动
(2) 社会												
人口	79	—	135	173	221	695	779	853	917	988	1024	上升
人口自然增长率	—	—	—	—	—	4.1	1	0.8	0.8	0.8	0.7	下降
老龄人口比例	—	—	—	—	—	9	10.1	11.5	12.5	14	14.8	上升
城市人口比例[b]	11	—	12	22	40	62	67	71	74	76	77	上升
平均预期寿命	—	32	35	44	48	69	71	74	76	78	79	上升
婴儿死亡率	—	239	193	171	152	37	24	14	9	6	6	下降
医生比例	—	—	—	—	—	1.2	1.2	1.6	1.9	2.7	2.6	上升
公共卫生费比例[a]	—	—	—	—	—	—	—	—	6	6.1	7	上升
公费医疗比例[a]	—	—	—	—	—	—	—	—	—	60	61	波动
公共教育费比例	—	—	—	—	—	2.9	4.6	5.5	4.9	4.7	5.4	上升
义务教育普及率[a]	—	—	—	2	3	54	75	86	94	101	101	上升
大学普及率	—	—	0.3	0.6	0.9	16	26	35	47	57	67	上升
人均购买力[a]	—	—	—	—	—	—	5860	9568	18 130	27 312	32 971	上升
高度贫困率	—	—	—	—	—	—	—	—	—	—	—	—
基尼系数	—	—	—	—	—	—	—	—	33	35	32	转折
贫富收入差距	—	—	—	—	—	—	—	—	11	10	13	波动
养老保险覆盖率	—	—	—	—	—	—	—	—	—	76	86	上升
社保费用比例[a]	—	—	—	—	—	—	—	18	21	22	22	上升
每周工作小时[a]	—	—	—		52	46	40	39	37	38	38	下降
每年休闲天数[a]	—	—	—	71	106	105	140	118	162	166	—	上升
(3) 政治												
民主化程度	—	—	—	—	—	—	—	—	—	—	—	
政府收入比例	—	—	—	—	—	—	—	—	24	28	26	转折
政府消费比例	—	—	—	—	—	15	16	17	18	17	18	上升
政府债务比例	—	—	—	—	—	—	—	—	65	57	54	下降
国防经费比例[a]	—	—	—	—	—	—	—	3.6	3.4	2.3	2.6	下降
军事人员比例	—	—	—	—	—	—	—	1.6	1.6	1.2	1.1	下降
人均外国援助	—	—	—	—	—	0.7	0.6	2.1	2.7	2.3	—	转折
外国援助比例	—	—	—	—	—	0.05	0.02	0.02	0.01	0.01	—	下降
(4) 文化												
科技投入比例	—	—	—	—	—	—	2.4	2.2	2.3	2.5	2.4	波动
科技论文比例	—	—	—	—	—	—	—	—	4.8	5.5	5.7	上升
发明专利比例	—	—	—	—	—	—	—	—	5.7	7.6	7.6	上升

附表 1-5 1700～2005 年世界六个领域现代化的世界前沿 （续表）

领域和指标	1700	1750	1820	1870	1900	1960	1970	1980	1990	2000	2005	特征
信教人口比例	—	—	—	—	—	—	—	—	—	—	87	—
妇女就业比例	—	—	—	—	—	—	—	—	43	45	46	上升
妇女避孕率	—	—	—	—	—	—	71	74	73	72	73	上升
成人识字率[a]	—	—	—	69	85	96	96	96	96	99	99	上升
电话普及率	—	—	—	—	—	13	19	31	44	57	53	上升
电视普及率[a]	—	—	—	—	—	—	76	81	86	97	98	上升
互联网普及率	—	—	—	—	—	—	—	—	0.3	32	56	上升
日报发行比例	—	—	—	—	—	—	317	310	303	269	263	下降
图书出版比例	—	—	—	—	—	—	—	56	54	56	—	波动
出境旅游比例	—	—	—	—	—	—	—	—	23	41	52	上升
人均文化贸易	—	—	—	—	—	—	—	—	313	341	475	上升
(5) 个人												
青少年识字率	—	—	—	—	—	—	—	—	99	99	99	饱和
青少女生育率	—	—	—	—	—	—	—	—	—	23	22	下降
童工比例	—	—	—	—	—	—	—	—	—	0	0	—
劳动力素质	—	—	—	—	—	—	—	—	21.8	29.8	41.1	上升
总和生育率	—	—	—	—	—	3	2.5	1.9	1.8	1.7	1.7	下降
艾滋病感染率[a]	—	—	—	—	—	—	—	—	—	0.36	0.36	波动
离婚率	—	—	—	—	—	—	13	26	31	39	47	上升
成人吸烟率	—	—	—	—	—	—	—	—	—	30	29	转折
犯罪率	—	—	—	—	—	—	—	68	91	107	—	上升
轿车普及率	—	—	—	—	—	—	—	334	390	436	467	上升
移动电话普及率	—	—	—	—	—	—	—	0	1.2	51.7	85.4	上升
宽带网普及率	—	—	—	—	—	—	—	—	—	1.6	15.5	上升
(6) 自然环境												
人均耕地面积[a]	—	—	—	—	—	0.51	0.5	0.46	0.43	0.38	0.36	下降
森林覆盖率	—	—	—	—	—	—	33.3	30.2	29.1	29.4	29.5	转折
国家保护区比例[a]	—	—	—	—	—	—	2.3	3	7	7.2	13	上升
人均能源消费	—	—	—	—	—	2816	4399	4597	4842	5414	5498	上升
化石能源消费比例	—	—	—	—	—	94	95	91	84	83	83	下降
能源消费密度	—	—	—	—	—	0.3	0.31	0.27	0.22	0.21	0.2	下降
CO_2 排放密度	—	—	—	—	—	0.9	0.8	0.7	0.5	0.5	0.5	下降
有机废水排放密度[a]	—	—	—	—	—	—	—	0.4	0.2	0.2	0.1	下降
生活废水处理率[a]	—	—	—	—	—	—	—	—	55	75	79	上升
废纸循环利用率[a]	—	—	—	—	—	—	—	—	40	51	56	上升
安全饮水普及率[a]	—	—	—	—	—	—	—	—	100	99	99	上升
空气可吸入颗粒物浓度	—	—	—	—	—	—	—	—	37	31	27	下降
(7) 国际环境												
国际战争频率	—	—	—	—	—	—	—	—	—	—	—	—
国际债务比例[c]	—	—	—	—	—	—	14	22	54	42	27	转折
人均国际贸易	—	—	—	—	—	353	805	3944	7453	12 568	17 783	上升
国际贸易比例	—	—	—	—	—	24	28	39	38	48	52	上升
人均外国投资	—	—	—	—	—	—	9	52	197	1369	743	上升
外国投资比例	—	—	—	—	—	—	0.5	0.5	1	5.3	2.2	上升
国际组织数量	—	—	—	—	—	—	—	—	—	—	—	—
国际移民比例	—	—	—	—	—	5	5	6	8	10	11	上升
人均互联网带宽	—	—	—	—	—	—	—	—	—	595	4346	上升
人均国际通话	—	—	—	—	—	—	—	—	58	170	204	上升

注：本表数据为高收入国家的平均值、总量或样本国家(22 个发达国家或西欧 12 国)的平均值，反映世界前沿的发展趋势。a. 指标的起点年或终点年与表中的年份有所差别；b. 1820 和 1870 年的城市化率分别为 1800 和 1850 年的数据；c. 为低收入国家的平均国际债务比例。

附表 1-6　世界范围的国家现代化的起步和转型时间(年)的比较

国家	现代化领导的稳固	经济与社会转型	社会整合	起步时间	稳固完成	转型完成	起步时间差	稳固时间	转型时间
类型Ⅰ									
英国	1649～1832	1832～1945	1945～	1649	1832	1945	－111	183	113
法国	1789～1848	1848～1945	1945～	1789	1848	1945	29	59	97
类型Ⅱ									
美国	1776～1865	1865～1933	1933～	1776	1865	1933	16	89	68
加拿大	1797～1867	1867～1947	1947～	1797	1867	1947	37	70	80
澳大利亚	1801～1901	1901～1941	1941～	1801	1901	1941	41	100	40
新西兰	1826～1907	1907～1947	1947～	1826	1907	1947	66	81	40
类型Ⅲ									
比利时	1795～1848	1848～1948	1948～	1795	1848	1948	35	53	100
卢森堡	1795～1867	1867～1948	1948～	1795	1867	1948	35	72	81
荷兰	1795～1848	1848～1948	1948～	1795	1848	1948	35	53	100
瑞士	1798～1848	1848～1932	1932～	1798	1848	1932	38	50	84
德国	1803～1871	1871～1933	1933～	1803	1871	1933	43	68	62
意大利	1805～1871	1871～	—	1805	1871	—	45	66	—
丹麦	1807～1866	1866～1945	1945～	1807	1866	1945	47	59	79
挪威	1809～1905	1905～1945	1945～	1809	1905	1945	49	96	40
瑞典	1809～1905	1905～1945	1945～	1809	1905	1945	49	96	40
西班牙	1812～1909	1909～	—	1812	1909	—	52	97	—
葡萄牙	1822～1910	1910～	—	1822	1910	—	62	88	—
奥地利	1848～1918	1918～	—	1848	1918	—	88	70	—
匈牙利	1848～1918	1918～	—	1848	1918	—	88	70	—
希腊	1863～1918	1918～	—	1863	1918	—	103	55	—
波兰	1863～1918	1918～	—	1863	1918	—	103	55	—
芬兰	1863～1919	1919～	—	1863	1919	—	103	56	—
爱尔兰	1870～1922	1922～	—	1870	1922	—	110	52	—
保加利亚	1878～1918	1918～	—	1878	1918	—	118	40	—
罗马尼亚	1878～1918	1918～	—	1878	1918	—	118	40	—
阿尔巴尼亚	1912～1925	1925～	—	1912	1925	—	152	13	—
类型Ⅳ									—
乌拉圭	1828～1911	1911～	—	1828	1911	—	68	83	—
巴西	1850～1930	1930～	—	1850	1930	—	90	80	—
阿根廷	1853～1946	1946～	—	1853	1946	—	93	93	—
智利	1861～1925	1925～	—	1861	1925	—	101	64	—
墨西哥	1867～1910	1910～	—	1867	1910	—	107	43	—
委内瑞拉	1870～1958	1958～	—	1870	1958	—	110	88	—
玻利维亚	1880～1952	1952～	—	1880	1952	—	120	72	—
哥斯达黎加	1889～1948	1948～	—	1889	1948	—	129	59	—
巴拉圭	1841～	—	—	1841	—	—	81	—	—
哥伦比亚	1863～	—	—	1863	—	—	103	—	—
厄瓜多尔	1875～	—	—	1875	—	—	115	—	—
海地	1879～	—	—	1879	—	—	119	—	—
秘鲁	1879～	—	—	1881	—	—	121	—	—
多米尼加	1881～	—	—	1881	—	—	121	—	—
危地马拉	1881～	—	—	1881	—	—	121	—	—
巴拿马	1903～	—	—	1903	—	—	143	—	—
尼加拉瓜	1909～	—	—	1909	—	—	149	—	—
洪都拉斯	1919～	—	—	1919	—	—	159	—	—
萨尔瓦多	1939～	—	—	1939	—	—	179	—	—
类型Ⅴ			—						
俄罗斯	1861～1917	1917～	—	1861	1917	—	101	56	—
日本	1868～1945	1945～	—	1868	1945	—	108	77	—
中国	1905～1949	1949～	—	1905	1949	—	145	44	—
伊朗	1906～1925	1925～	—	1906	1925	—	146	19	—
土耳其	1908～1923	1923～	—	1908	1923	—	148	15	—

附表 1-6 世界范围的国家现代化的起步和转型时间(年)的比较 (续表)

国家	现代化领导的稳固	经济与社会转型	社会整合	起步时间	稳固完成	转型完成	起步时间差	稳固时间	转型时间
埃塞俄比亚	1924～	—	—	1924	—	—	164	—	—
泰国	1932～	—	—	1932	—	—	172	—	—
类型Ⅵ									
阿尔及利亚	1847～1962	1962～	—	1847	1962	—	87	115	—
菲律宾	1899～1946	1946～	—	1899	1946	—	139	47	—
韩国	1910～1946	1946～	—	1910	1946	—	150	36	—
南非	1910～1962	1962～	—	1910	1962	—	150	52	—
印度	1919～1947	1947～	—	1919	1947	—	159	28	—
巴基斯坦	1919～1947	1947～	—	1919	1947	—	159	28	—
以色列	1920～1948	1948～	—	1920	1948	—	160	28	—
黎巴嫩	1920～1941	1941～	—	1920	1941	—	160	21	—
叙利亚	1920～1941	1941～	—	1920	1941	—	160	21	—
蒙古	1921～1950	1950～	—	1921	1950	—	161	29	—
埃及	1922～1952	1952～	—	1922	1952	—	162	30	—
印度尼西亚	1922～1949	1949～	—	1922	1949	—	162	27	—
突尼斯	1922～1955	1955～	—	1922	1955	—	162	33	—
缅甸	1923～1948	1948～	—	1923	1948	—	163	25	—
约旦	1923～1946	1946～	—	1923	1946	—	163	23	—
牙买加	1924～1962	1962～	—	1924	1962	—	164	38	—
摩洛哥	1934～1956	1956～	—	1934	1956	—	174	22	—
柬埔寨	1949～	—	—	1949	—	—	189	—	—
老挝	1949～	—	—	1949	—	—	189	—	—
越南	1949～	—	—	1949	—	—	189	—	—
马来西亚	1963～	—	—	1963	—	—	203	—	—
也门	1963～	—	—	1963	—	—	203	—	—
沙特阿拉伯	1964～	—	—	1964	—	—	204	—	—
新加坡	1965～	—	—	1965	—	—	205	—	—
类型Ⅶ									
加纳	1957～	—	—	1957	—	—	197	—	—
几内亚	1958～	—	—	1958	—	—	198	—	—
喀麦隆	1960～	—	—	1960	—	—	200	—	—
中非	1960～	—	—	1960	—	—	200	—	—
乍得	1960～	—	—	1960	—	—	200	—	—
刚果共和国	1960～	—	—	1960	—	—	200	—	—
刚果民主共和国	1960～	—	—	1960	—	—	200	—	—
马里	1960～	—	—	1960	—	—	200	—	—
毛里塔尼亚	1960～	—	—	1960	—	—	200	—	—
尼日尔	1960～	—	—	1960	—	—	200	—	—
尼日利亚	1960～	—	—	1960	—	—	200	—	—
塞内加尔	1960～	—	—	1960	—	—	200	—	—
多哥	1960～	—	—	1960	—	—	200	—	—
坦桑尼亚	1961～	—	—	1961	—	—	201	—	—
布隆迪	1962～	—	—	1962	—	—	202	—	—
卢旺达	1962～	—	—	1962	—	—	202	—	—
乌干达	1962～	—	—	1962	—	—	202	—	—
肯尼亚	1963～	—	—	1963	—	—	203	—	—
马拉维	1964～	—	—	1964	—	—	204	—	—
赞比亚	1965～	—	—	1965	—	—	205	—	—
莱索托	1966～	—	—	1966	—	—	206	—	—
博茨瓦纳	1966～	—	—	1966	—	—	206	—	—

注:(1) 本表的时间是原书(Black, 1966)的时间,表中有些国家的时间可能不准确。例如,中国学者认为,中国现代化起步时间一般为 1840 或 1860 年;表中的时间为 1905 年,两者相差数十年。(2) 本表内容反映原书作者的观点,原书出版时间为 1966 年。1966 年以来世界发生了很大变化,现代化研究取得很多新成果。(3) 起步时间差等于表中"国家现代化领导的稳固的起步时间"与"世界现代化起步时间"(大约为 1760 年)之间的年代差。(4) 稳固时间为现代化领导的稳固所花的时间(年)。(5) 转型时间为经济和社会转型所花的时间(年)。

附表 1-7　2001 年国家生活和结构变量与经济水平的特征关系

国家经济水平	经济欠发达			经济初等发达		经济中等发达		经济发达		相关系数	显著性
国家分组	1	2	3	4	5	6	7	8	9		
人均 GNI	216	416	706	1742	3867	7310	15 524	23 545	34 890		
(1) 整体水平											
第一次现代化指数	43	58	70	86	94	99	100	100	100	0.646	*
第二次现代化指数	17	22	30	37	48	59	73	91	102	0.953	***
人类发展指数	0.438	0.511	0.649	0.73	0.783	0.839	0.901	0.927	0.935	0.773	**
新人类发展指数	11	16	20	27	34	40	51	58	61	0.916	***
(2) 经济											
GDP	50	410	1004	534	796	2366	3224	6130	29 507	0.875	***
GDP 增长率	6.1	3.6	4.2	3.3	3.7	0.2	2.4	1.6	0.9	−0.669	**
人均 GDP	221	472	732	1800	4153	7703	15 800	23 724	34 001	1	***
人均 GDP(PPP)	603	1180	1849	3995	7420	10 683	19 060	22 583	25 877	0.964	***
人均 GDP 增长率	3.2	1.6	3.3	2.2	3	−0.5	1.1	0.9	0.4	−0.618	*
人均国民收入	217	440	715	1769	4025	7651	16 199	24 068	35 126	1	***
农业增加值比例	38	23	20	13	6	5	4	2	2	−0.667	**
工业增加值比例	22	28	37	32	33	35	30	30	30	−0.038	
服务业增加值比例	40	49	43	55	61	61	66	68	68	0.789	***
农业劳动力比例	68	43	41	27	14	8	8	3	4	−0.7	**
工业劳动力比例	9	17	19	21	27	28	27	26	25	0.498	
服务业劳动力比例	23	40	36	52	59	64	65	70	71	0.761	**
失业率	5	7	8	14	12	8	7	6	4	−0.547	
人均公路里程	5	7	8	14	12	8	7	6	4	−0.547	
股票市值比例	6	28	15	25	28	35	60	96	108	0.976	***
通货膨胀率	25	16	8	12	4	3	2	2	1	−0.652	**
国内消费率	95	89	80	82	77	77	78	73	74	−0.678	**
国内储蓄率	5	11	20	18	23	23	22	27	26	0.678	**
国内投资率	19	21	24	22	25	22	22	21	21	−0.139	
家庭消费比例	81	77	67	67	60	59	59	54	56	−0.733	**
(3) 社会											
人口	21	90	103	30	21	31	19	26	86	0.056	
人口自然增长率	2.7	1.9	0.9	1.1	0.6	0.7	1.3	0.7	0.5	−0.504	
老龄人口比例	3	4	6	7	10	10	13	14	15	0.899	***
城市人口比例	25	37	44	58	69	77	78	79	76	0.684	**
平均预期寿命	52	58	63	69	72	75	79	78	79	0.751	**
婴儿死亡率	99	74	53	29	17	14	6	4	5	−0.674	**
医生比例	0.3	0.5	1.6	1.6	2.2	2.3	3.2	2.8	2.7	0.713	**
公共卫生费比例	2	2.2	2.3	3.2	3.9	4.3	5.3	6.1	6.6	0.941	***
公费医疗比例	40	44	46	52	62	61	69	72	70	0.825	***
公共教育费比例	3	4	4	4	5	5	5	5	6	0.83	***
义务教育普及率	26	39	63	74	84	91	108	112	107	0.767	**
大学普及率	5	12	20	27	38	44	54	61	58	0.841	***
人均购买力	735	1431	2235	4927	9005	13 233	23 999	27 815	32 924	0.967	
高度贫困率	13	11	3	2	1	1	—	—	—	−0.666	**
基尼系数	42	42	42	40	42	41	41	32	30	−0.93	***
贫富收入差距	13	17	24	21	24	35	15	8	13	−0.476	
养老保险覆盖率	8	8	27	30	48	55	69	76	91	0.908	***
社保费用比例	3	5	7	7	14	15	20	22	23	0.886	***
每周工作小时	40	46	46	42	40	43	38	38	35	−0.806	***
每年休闲天数	—	95	125	131	126	117	154	171	164	0.845	***
(4) 政治											
民主化程度	1.26	1.43	1.34	1.72	2.58	2.4	2.95	3.11	3.23	0.862	***
政府收入比例	12	16	22	24	27	31	34	35	30	0.689	**
政府消费比例	14	12	13	15	17	17	20	20	18	0.737	**
政府债务比例	84	62	86	55	30	31	77	62	32	−0.351	
国防经费比例	3.2	2	1.8	2.7	2.3	3	3.4	1.8	1.7	−0.341	
军事人员比例	1.3	1	1.2	2.3	1.7	1.6	2.2	1.5	0.8	−0.251	
人均外国援助	30	39	34	26	23	14	14	0.2	—	−0.924	***
外国援助比例	15.2	8.4	4.7	1.6	0.6	0.2	0.1	0	—	−0.571	*

附表 1-7 2001 年国家生活和结构变量与经济水平的特征关系 （续表）

国家经济水平	经济欠发达			经济初等发达		经济中等发达		经济发达		相关系数	显著性
国家分组	1	2	3	4	5	6	7	8	9		
人均 GNI	216	416	706	1742	3867	7310	15 524	23 545	34 890		
(5) 文化											
科技投入比例	0.3	0.2	0.4	0.5	0.7	1.2	1.4	2.3	2.5	0.97	***
科技论文比例	0	0.1	0.2	0.3	1	1.6	4.8	6.8	7.7	0.982	***
发明专利比例	0.2	0.3	0.4	0.3	0.4	3.5	2	2.6	9	0.886	***
信教人口比例	98	96	90	95	91	87	90	85	90	−0.574	*
妇女就业比例	41	30	38	36	45	39	44	47	47	0.699	**
妇女避孕率	21	38	51	58	70	64	68	72	71	0.633	*
成人识字率	57	65	85	85	94	94	95	99	99	0.654	**
电话普及率	1	3	7	14	25	30	44	56	63	0.949	***
电视普及率	14	33	51	78	83	94	97	96	98	0.672	**
互联网普及率	0	1	1	3	12	18	23	38	40	0.96	***
日报发行比例	2	20	57	61	106	120	156	284	422	0.983	***
图书出版比例	1	10	10	19	63	63	64	132	142	0.94	***
出境旅游比例	1	3	6	12	64	31	38	85	68	0.779	***
人均文化贸易	2	4	10	37	142	172	344	1012	737	0.906	***
(6) 个人											
青少年识字率	73	75	96	97	99	99	99	—	—	0.549	
青少女生育率	129	97	66	54	45	38	15	12	15	−0.742	**
童工比例	45	24	19	13	6	12	4	—	—	−0.64	*
劳动力素质	0.4	21	14	15	21	17	25	29	31	0.767	**
总和生育率	5.6	4.4	3.1	2.6	2	2.2	1.8	1.6	1.7	−0.639	*
艾滋病感染率	3.9	3.6	3.1	1.9	2.1	0.3	0.3	0.2	0.3	−0.766	**
离婚率	19	52	25	31	71	34	31	50	42	0.173	
成人吸烟率	38	58	50	54	37	24	31	26	27	−0.683	**
犯罪率	118	195	175	176	185	95	90	96	129	−0.528	
轿车普及率	9	13	45	68	194	337	399	431	436	0.867	***
移动电话普及率	1	2	4	11	29	39	69	71	66	0.88	***
宽带网普及率	0	0	0	0	0.2	2.4	0.6	3.3	3.1	0.84	***
(7) 自然环境											
人均耕地面积	0.28	0.23	0.22	0.31	0.26	0.29	0.48	0.31	0.27	0.269	
森林覆盖率	25	24	32	24	40	31	24	31	35	0.293	
国家保护区比例	6	5	8	8	7	4	7	14	17	0.857	***
人均能源消费	420	455	1064	1270	1949	2961	4144	5166	5085	0.93	***
化石能源消费比例	21	48	65	80	77	83	89	76	74	0.416	
能源消费密度	2	1	1.2	0.7	0.5	0.4	0.3	0.2	0.1	−0.69	**
CO_2 排放密度	0.8	1.8	2.5	2	1.1	0.9	0.8	0.4	0.3	−0.729	**
有机废水排放密度	2.1	1.9	1.6	1	0.8	0.4	0.2	0.1	0.1	−0.783	***
生活废水处理率	—	—	—	20	50	51	61	82	79	0.865	***
废纸循环利用率	—	—	—	44	39	37	45	56	58	0.897	***
安全饮水普及率	55	68	76	89	96	96	100	100	100	0.661	**
空气可吸入颗粒物浓度	70	82	72	53	36	73	45	26	26	−0.777	***
(8) 国际环境											
国际战争频率	15	30	15	36	9	3	14	11	12	−0.371	
国际债务比例	105	83	74	50	50	46	—	—	—	−0.748	**
人均国际贸易	147	343	615	1361	4222	5687	9727	28 838	19 896	0.892	***
国际贸易比例	64	72	84	76	102	72	62	124	59	0.037	
人均外国投资	7	17	24	68	196	188	327	2048	827	0.732	**
外国投资比例	3.1	3.3	3.5	3.5	4.5	2.8	2.1	8.8	2.5	0.211	
国际组织数量	665	964	1152	1378	1840	2161	3404	4763	4503	0.95	***
国际移民比例	2.3	2.6	4.2	4.6	7.4	6.7	19.8	12.4	9.5	0.616	*
人均互联网带宽	0	1	2	12	170	265	346	3862	3918	0.918	***
人均国际通话	7	12	21	62	61	75	206	355	185	0.806	***

注：显著性分类：* 表示相关，** 表示显著相关，*** 表示非常显著相关，其他表示相关不明显。

附表 1-8 1980 年国家生活和结构变量与经济水平的特征关系

国家经济水平	经济欠发达			经济初等发达		经济中等发达		经济发达		相关系数	显著性
国家分组	1	2	3	4	5	6	7	8	9		
人均 GNI	236	415	702	1407	2220	3598	6676	12 325	16 983		
(1) 整体水平											
第一次现代化指数	37	37	48	70	78	97	99	100	100	0.746	**
第二次现代化指数	17	19	23	31	33	38	56	67	68	0.943	***
人类发展指数	0.387	0.410	0.514	0.637	0.685	0.776	0.845	0.861	0.881	0.801	***
新人类发展指数	11	13	19	24	26	33	37	45	46	0.899	***
(2) 经济											
GDP	338	43	177	196	779	395	1930	5802	1013	0.601	*
GDP 增长率	2	3	3	4	5	4	2	2	4	−0.220	
人均 GDP	231	389	732	1385	2300	3749	7063	11 740	16 201	0.999	***
人均 GDP(PPP)	647	802	1692	3227	5148	7941	12 106	15 289	18 124	0.964	***
人均 GDP 增长率	−0.9	0.5	0.7	1.1	2.0	2.4	1.3	1.6	3.5	0.714	**
人均国民收入	238	411	709	1394	2196	3602	6963	12 462	17 283	1.000	***
农业增加值比例	42	35	22	20	12	8	8	5	4	−0.715	**
工业增加值比例	21	21	34	31	40	39	36	36	35	0.428	
服务业增加值比例	37	44	45	49	50	53	56	59	61	0.850	***
农业劳动力比例	69	38	53	32	23	15	12	7	7	−0.736	**
工业劳动力比例	18	21	16	27	23	33	35	33	33	0.723	**
服务业劳动力比例	12	41	31	42	44	52	53	60	60	0.740	**
失业率	5	4	6	13	6	4	8	6	2	−0.372	
人均公路里程	2	3	3	4	6	4	13	18	16	0.921	***
股票市值比例	8	6	13	25	46	31	27	36	43	0.648	*
通货膨胀率	13	17	19	26	28	41	34	8	9	−0.393	
国内消费率	92	100	82	79	78	75	84	76	73	−0.577	*
国内储蓄率	8	−0.3	18	21	22	25	16	24	27	0.577	*
国内投资率	20	20	22	26	30	29	21	25	27	0.298	
家庭消费比例	81	84	66	64	62	62	63	56	53	−0.747	**
(3) 社会											
人口	152	13	27	13	33	12	24	51	6	−0.255	
人口自然增长率	3.1	2.8	2.7	2.7	2.4	1.5	0.8	0.6	0.0	−0.937	***
老龄人口比例	4	3	3	4	5	7	12	12	15	0.955	***
城市人口比例	14	23	35	46	58	78	73	74	70	0.672	*
平均预期寿命	51	50	55	63	64	70	74	74	76	0.803	***
婴儿死亡率	120	119	89	62	57	29	14	10	8	−0.795	***
医生比例	0.2	0.1	0.3	0.4	1.5	1.2	2.1	1.8	2.2	0.820	***
公共卫生费比例	1.8	2.2	2.4	2.9	3.6	3.8	5.5	6.2	6.7	0.944	***
公费医疗比例	—	—	—	—	—	—	—	—	—	—	
公共教育费比例	2	4	4	4	6	3	5	6	7	0.719	**
义务教育普及率	18.6	18.5	30.1	42.5	48.2	47.2	81.3	90.8	91.9	0.912	***
大学普及率	2	1	7	11	13	16	23	33	25	0.858	***
人均购买力	424	546	1070	2067	3318	5130	7954	10 062	12 110	0.967	***
高度贫困率	7	22	9	4	2	1	—	—	—	—	
基尼系数	29	49	44	49	42	44	—	—	—	0.227	
贫富收入差距	6	36	33	33	22	21	—	—	—	−0.068	
养老保险覆盖率	—	—	—	—	—	—	—	—	—	—	
社保费用比例	2	1	2	4	8	9	16	20	21	0.944	***
每周工作小时	48	43	48	45	41	43	39	37	38	−0.829	***
每年休闲天数	91	—	—	104	110	117	132	141	147	0.940	***
(4) 政治											
民主化程度	1	2	1	2	2	3	3	3	4	0.927	***
政府收入比例	13	18	21	22	26	23	35	30	35	0.824	**
政府消费比例	11	17	16	14	16	12	21	20	20	0.689	**
政府债务比例	58	85	109	87	83	57	100	72	13	−0.637	*
国防经费比例	2	3	3	3	4	3	4	2	2	−0.097	
军事人员比例	0	0	1	2	3	2	3	1	1	0.041	
人均外国援助	20	39	33	36	89	3	230	—	—	0.798	***
外国援助比例	8	9	5	3	5	0	4	—	—	−0.523	

附表 1-8　1980 年国家生活和结构变量与经济水平的特征关系　　（续表）

国家经济水平	经济欠发达			经济初等发达		经济中等发达		经济发达		相关系数	显著性
国家分组	1	2	3	4	5	6	7	8	9		
人均 GNI	236	415	702	1407	2220	3598	6676	12 325	16 983		
(5) 文化											
科技投入比例	0.4	0.2	0.4	0.4	1.0	0.4	1.9	1.6	1.8	0.831	***
科技论文比例	0.0	0.0	0.1	0.1	0.4	0.7	4.6	5.6	8.0	0.977	***
发明专利比例	0.0	0.0	0.0	0.3	0.6	0.1	1.8	4.8	3.4	0.912	***
信教人口比例	—	—	—	—	—	—	—	—	—	—	
妇女就业比例	20	30	30	34	32	40	40	43	47	0.845	**
妇女避孕率	28	14	33	47	51	71	70	74	74	0.763	**
成人识字率	36	34	56	67	75	88	94	99	99	0.789	***
电话普及率	0	0	1	3	4	10	24	34	44	0.988	***
电视普及率	1	—	15	55	74	63	72	86	83	0.706	**
互联网普及率	—	—	—	—	—	—	—	—	—	—	
日报发行比例	7	13	27	51	85	182	222	335	461	0.985	***
图书出版比例	6	2	5	23	23	44	65	116	123	0.980	***
出境旅游比例	1	0	3	15	21	32	43	46	96	0.953	***
人均文化贸易	2	0	1	18	18	390	432	667	1020	0.975	***
(6) 个人											
青少年识字率	—	—	—	—	—	—	—	—	—	—	
青少女生育率	—	—	—	—	—	—	—	—	—	—	
童工比例	—	—	—	—	—	—	—	—	—	—	
劳动力素质	—	—	—	15	9	18	19	27	24	0.815	***
总和生育率	6	7	6	5	5	3	2	2	2	−0.864	***
艾滋病感染率	—	—	—	—	—	—	—	—	—	—	
离婚率	—	—	—	5	20	8	20	32	38	0.919	***
成人吸烟率	—	—	—	—	—	—	—	—	—	—	
犯罪率	—	—	—	—	—	52	50	79	43	0.030	
轿车普及率	1	4	7	20	67	91	229	336	335	0.962	***
移动电话普及率	—	—	—	—	—	—	—	—	—	—	
宽带网普及率	—	—	—	—	—	—	—	—	—	—	
(7) 自然环境											
人均耕地面积	0.23	0.46	0.32	0.27	0.33	0.37	0.32	0.74	0.21	0.207	
森林覆盖率	15	22	42	37	17	23	21	34	36	0.329	
国家保护区比例	—	—	—	—	—	—	1	4	2	0.403	
人均能源消费	331	390	491	711	1260	1665	2433	4855	4255	0.956	***
化石能源消费比例	31	21	42	68	84	89	92	90	63	0.435	
能源消费密度	1.4	1.2	0.8	0.4	0.4	0.2	0.2	0.3	0.2	−0.627	*
CO_2 排放密度	—	—	—	—	—	38	31	32	35	−0.297	
有机废水排放密度	1.1	0.7	1.0	0.9	1.3	0.7	0.6	0.7	0.4	−0.689	**
生活废水处理率	2.4	0.9	1.2	0.9	0.7	0.5	0.4	0.3	0.3	−0.635	*
废纸循环利用率	—	—	—	—	19	2	38	57	63	0.915	***
安全饮水普及率	55	52	68	82	90	98	99	100	100	0.700	**
空气可吸入颗粒物浓度	—	—	—	—	—	—	—	—	—	—	
(8) 国际环境											
国际战争频率	—	—	—	—	—	—	—	—	—	—	
国际债务比例	28	47	51	42	38	32	—	—	—	−0.349	
人均国际贸易	98	266	476	1093	1308	1415	4316	7067	11 504	0.993	***
国际贸易比例	41	68	64	73	59	39	63	59	71	0.260	
人均外国投资	1	5	7	27	14	131	65	86	22	0.304	
外国投资比例	0	1	1	2	1	3	1	1	0	−0.358	
国际组织数量	191	203	285	343	513	589	988	1219	1226	0.944	***
国际移民比例	2	3	2	3	6	8	10	7	9	0.739	**
人均互联网带宽	—	—	—	—	—	—	—	—	—	—	
人均国际通话	1	3	4	13	13	21	41	94	243	0.944	***

注：显著性分类：* 表示相关，** 表示显著相关，*** 表示非常显著相关，其他表示相关不明显。

附表 1-9　1960 年国家生活和结构变量与经济水平的特征关系

国家经济水平	经济欠发达			经济初等发达		经济中等发达		经济发达		相关系数	显著性
国家分组	1	2	3	4	5	6	7	8	9		
人均 GNI	71	158	244	360	418	506	798	1247	1956		
(1) 整体水平											
第一次现代化指数	28	35	54	66	46	77	87	94	98	0.846	***
第二次现代化指数	—	—	—	—	—	—	—	—	—	—	
人类发展指数	0.278	0.382	0.474	0.521	0.605	0.687	0.715	0.767	0.810	0.839	***
新人类发展指数	—	—	—	—	—	—	—	—	—	—	
(2) 经济											
GDP	52	13	32	85	34	126	144	223	1017	0.905	***
GDP 增长率	1	4	4	9	5	8	5	6	5	0.126	
人均 GDP	83	166	246	373	461	477	890	1307	2179	0.999	***
人均 GDP(PPP)	731	1413	1991	3044	2889	4227	6590	7336	9955	0.971	***
人均 GDP 增长率	−0.8	1.5	1.0	6.7	2.2	5.5	4.4	4.4	2.9	0.295	
人均国民收入	89	166	251	443	503	560	995	1443	2348	0.999	***
农业增加值比例	52	33	27	27	18	13	13	9	7	−0.753	**
工业增加值比例	13	21	26	24	31	33	39	39	38	0.777	**
服务业增加值比例	36	46	47	50	51	54	49	52	55	0.645	*
农业劳动力比例	85	68	59	60	45	23	32	16	12	−0.836	***
工业劳动力比例	5	12	16	17	24	28	33	41	40	0.886	***
服务业劳动力比例	10	20	24	23	32	50	35	43	48	0.750	**
失业率	—	—	—	—	—	—	—	—	—	—	
人均公路里程	—	—	—	—	—	—	—	—	—	—	
股票市值比例	—	—	—	—	—	—	—	—	—	—	
通货膨胀率	5	3	3	2	2	11	3	4	2	−0.163	
国内消费率	92	88	81	85	74	80	67	76	79	−0.443	
国内储蓄率	8	12	19	15	26	20	33	24	21	0.443	
国内投资率	12	18	20	18	26	21	22	25	21	0.456	
家庭消费比例	80	76	70	79	64	71	55	63	64	−0.611	*
(3) 社会											
人口	53	8	13	20	7	25	17	23	37	0.223	
人口自然增长率	2	2	3	3	2	3	1	1	2	−0.645	*
老龄人口比例	3	3	4	5	5	5	9	10	9	0.886	***
城市人口比例	10	23	35	42	39	73	58	67	70	0.753	**
平均预期寿命	42	45	52	57	61	64	67	71	71	0.824	**
婴儿死亡率	160	141	115	102	66	59	42	25	22	−0.831	**
医生比例	0.1	0.2	0.3	0.2	0.7	0.9	0.9	1.4	1.2	0.840	**
公共卫生费比例	—	—	—	—	—	—	—	—	—	—	
公费医疗比例	—	—	—	—	—	—	—	—	—	—	
公共教育费比例	2	3	2	3	3	3	3	3	3	0.849	***
义务教育普及率	4	9	12	22	30	38	35	60	56	0.892	***
大学普及率	1	2	3	3	4	8	7	9	15	0.962	***
人均购买力	447	879	1641	3588	3103	3102	4330	5907	6822	0.932	***
高度贫困率	—	—	—	—	—	—	—	—	—	—	
基尼系数	—	—	—	—	—	—	—	—	—	—	
贫富收入差距	—	—	—	—	—	—	—	—	—	—	
养老保险覆盖率	—	—	—	—	—	—	—	—	—	—	
社保费用比例	—	—	—	—	—	—	—	—	—	—	
每周工作小时	—	—	49	48	—	47	47	48	43	−0.902	***
每年休闲天数	—	—	92	93	—	98	102	98	121	0.902	***
(4) 政治											
民主化程度	—	—	—	—	—	—	—	—	—	—	
政府收入比例	—	—	—	—	—	—	—	—	—	—	
政府消费比例	13	12	11	7	9	10	13	14	13	0.482	
政府债务比例	—	—	—	—	—	—	—	—	—	—	
国防经费比例	—	—	—	—	—	—	—	—	—	—	
军事人员比例	—	—	—	—	—	—	—	—	—	—	
人均外国援助	1	3	5	4	3	2	−1	50	—	0.773	**
外国援助比例	2	2	2	1	1	1	0	4	—	0.208	

附表 1-9 1960 年国家生活和结构变量与经济水平的特征关系 （续表）

国家经济水平	经济欠发达			经济初等发达		经济中等发达		经济发达		相关系数	显著性
国家分组	1	2	3	4	5	6	7	8	9		
人均 GNI	71	158	244	360	418	506	798	1247	1956		
(5) 文化											
科技投入比例	0.5	0.4	0.3	0.2	0.2	1.1	0.5	1.6	1.5	0.797	***
科技论文比例	—	—	—	—	—	—	—	—	—	—	
发明专利比例	—	—	—	—	—	—	—	—	—	—	
信教人口比例	—	—	—	—	—	—	—	—	—	—	
妇女就业比例	—	—	—	—	—	—	—	—	—	—	
妇女避孕率	4	14	27	50	51	59	62	76	66	0.743	**
成人识字率	20	31	50	53	73	83	88	95	96	0.800	***
电话普及率	0	0	1	2	2	3	5	9	23	0.971	***
电视普及率	1	28	23	14	40	71	69	77	83	0.821	***
互联网普及率	—	—	—	—	—	—	—	—	—	—	
日报发行比例	9	23	41	66	68	249	196	329	351	0.899	***
图书出版比例	—	—	—	—	—	—	—	—	—	—	
出境旅游比例	—	—	—	—	—	—	—	—	—	—	
人均文化贸易	—	—	—	—	—	—	—	—	—	—	
(6) 个人											
青少年识字率	—	—	—	—	—	—	—	—	—	—	
青少女生育率	—	—	—	—	—	—	—	—	—	—	
童工比例	—	—	—	—	—	—	—	—	—	—	
劳动力素质	—	—	—	—	—	—	—	—	—	—	
总和生育率	7	7	7	6	5	4	4	3	3	−0.829	***
艾滋病感染率	—	—	—	—	—	—	—	—	—	—	
离婚率	—	4	1	9	5	9	20	14	19	0.806	***
成人吸烟率	—	—	—	—	—	—	—	—	—	—	
犯罪率	—	—	—	—	—	—	—	—	—	—	
轿车普及率	2	4	9	11	23	23	48	65	205	0.954	***
移动电话普及率	—	—	—	—	—	—	—	—	—	—	
宽带网普及率	—	—	—	—	—	—	—	—	—	—	
(7) 自然环境											
人均耕地面积	0.53	0.42	0.31	0.47	0.31	0.38	0.33	0.28	1.32	0.683	**
森林覆盖率	—	63	31	30	23	69	22	27	37	−0.233	
国家保护区比例	—	0.9	0.1	0.1	—	5.4	3.6	2.0	2.0	0.219	
人均能源消费	—	—	336	460	304	860	1227	2160	3147	0.991	***
化石能源消费比例	—	—	68	68	98	94	90	88	82	0.170	
能源消费密度	—	—	0.1	0.1	0.1	0.1	0.2	0.2	0.3	0.879	***
CO_2 排放密度	—	—	—	—	—	—	—	—	—	—	
有机废水排放密度	1.0	1.1	0.5	0.5	1.0	0.5	0.8	0.7	0.8	−0.147	
生活废水处理率	—	—	—	—	—	—	—	—	—	—	
废纸循环利用率	—	—	3	—	—	16	15	31	52	0.985	***
安全饮水普及率	—	—	—	—	—	—	—	—	—	—	
空气可吸入颗粒物浓度	—	—	—	—	—	—	—	—	—	—	
(8) 国际环境											
国际战争频率	9.00	5.00	4	5	3	6	9	23	3	0.241	
国际债务比例	—	—	—	—	—	—	—	—	—	—	
人均国际贸易	30	95	111	66	213	139	393	720	688	0.932	***
国际贸易比例	37	54	45	18	49	24	45	56	35	0.042	
人均外国投资	1	5	5	40	39	1	8	31	44	0.588	*
外国投资比例	0.8	2.5	1.5	5.9	5.4	0.1	0.4	1.3	1.1	−0.265	
国际组织数量	65	95	195	298	234	319	544	750	569	0.839	***
国际移民比例	3	4	2	2	2	11	3	10	11	0.747	**
人均互联网带宽	—	—	—	—	—	—	—	—	—	—	
人均国际通话	—	—	—	—	—	—	—	—	—	—	

注：显著性分类：* 表示相关，** 表示显著相关，*** 表示非常显著相关，其他表示相关不明显。

附表 1-10　1980～2005 年世界范围的国家现代化指数的年均增长率

国家	编号	FMI		SMI		IMI	
		1980～2005 年均增长率	1990～2005 年均增长率	1980～2005 年均增长率	1990～2005 年均增长率	1980～2005 年均增长率	1990～2005 年均增长率
瑞典	1	0.00	0.00	1.79	2.05	1.16	1.37
美国	2	0.00	0.00	1.60	1.69	1.23	1.23
芬兰	3	0.00	0.00	2.30	2.36	1.96	1.61
澳大利亚	4	0.00	0.00	2.41	2.60	1.82	1.93
瑞士	5	0.00	0.00	1.94	1.43	1.62	0.88
挪威	6	0.00	0.00	2.26	2.36	1.54	1.26
日本	7	0.00	0.00	1.66	1.27	1.57	1.24
丹麦	8	0.00	0.00	2.41	2.60	1.68	1.63
德国	9	0.00	0.00	1.55	1.39	1.36	1.67
荷兰	10	0.00	0.00	1.70	2.02	1.52	1.62
加拿大	11	0.00	0.00	1.91	1.86	1.29	1.47
新加坡	12	0.23	0.40	3.80	3.75	2.55	2.88
英国	13	0.00	0.00	1.80	2.21	1.57	1.75
法国	14	0.00	0.00	2.03	1.85	1.51	1.41
比利时	15	0.00	0.00	1.70	2.32	1.74	1.82
奥地利	16	0.00	0.00	2.61	2.71	1.92	1.89
新西兰	17	0.00	0.00	2.08	2.92	1.58	2.04
韩国	18	0.58	0.18	4.28	3.88	2.87	2.76
以色列	19	0.00	0.00	1.24	2.82	0.99	1.32
意大利	20	0.00	0.00	2.26	1.87	1.44	1.12
爱尔兰	21	0.00	0.00	2.82	2.93	2.14	2.22
西班牙	22	0.00	0.00	2.08	3.01	1.64	1.90
爱沙尼亚	23	—	—	1.51	2.00	0.76	2.05
斯洛文尼亚	24	—	—	2.55	1.82	1.49	1.41
乌拉圭	25	0.01	0.12	1.51	0.01	0.73	0.27
俄罗斯	26	—	—	0.16	-0.38	-0.62	0.31
斯洛伐克	27	—	—	2.55	1.40	1.22	2.61
希腊	28	0.01	0.08	2.00	2.89	1.45	1.69
匈牙利	29	0.21	0.35	1.01	2.90	1.42	2.66
捷克	30	0.17	0.47	0.19	0.78	0.22	0.91
葡萄牙	31	0.61	0.31	3.76	3.76	2.02	1.96
白俄罗斯	32	—	—	—	-0.08	-0.29	-0.01
拉脱维亚	33	0.08	—	0.98	1.99	1.20	2.33
立陶宛	34	—	—	—	1.74	0.38	0.58
格鲁吉亚	35	-0.47	—	0.15	0.71	-0.22	-0.70
乌克兰	36	—	—	—	0.69	-0.42	0.50
保加利亚	37	-0.08	0.60	-0.38	0.47	0.47	1.10
黎巴嫩	38	0.25	—	0.58	3.64	-0.51	2.69
哈萨克斯坦	39	—	—	—	0.15	-0.75	0.16
波兰	40	0.00	0.52	0.55	2.68	0.58	2.08
阿根廷	41	0.07	0.21	1.99	2.08	0.80	0.97
巴拿马	42	0.08	0.20	0.62	0.37	0.62	1.47
克罗地亚	43	—	—	—	1.62	1.27	1.15
沙特阿拉伯	44	1.62	0.52	2.23	3.12	0.76	1.83
哥伦比亚	45	0.74	0.44	1.73	0.43	0.64	0.78
科威特	46	0.37	0.13	0.88	1.51	0.65	1.36
智利	47	0.28	0.92	2.11	2.88	0.84	1.77
马其顿	48	—	—	—	0.65	-0.62	-0.18
阿塞拜疆	49	—	—	—	-1.77	-1.34	-1.33
摩尔多瓦	50	—	—	—	-0.88	-0.37	0.19
罗马尼亚	51	0.19	0.86	0.45	1.88	1.30	2.27
委内瑞拉	52	0.04	0.20	1.94	2.47	1.01	1.44
乌兹别克斯坦	53	—	—	—	-1.61	-1.90	-3.15
多米尼加	54	0.84	0.88	2.53	3.61	2.23	2.61
亚美尼亚	55	—	—	—	-0.71	-0.88	0.22
巴拉圭	56	1.04	1.27	0.49	-0.76	0.17	-0.49
哥斯达黎加	57	0.30	0.31	2.10	2.67	0.75	1.52
巴西	58	0.63	0.60	2.25	1.74	0.85	1.38
墨西哥	59	0.52	0.63	1.87	1.36	0.87	1.77
博茨瓦纳	60	1.77	0.72	2.42	2.08	3.21	1.79
秘鲁	61	0.68	0.88	2.60	1.68	1.60	1.02
牙买加	62	0.57	0.79	2.38	5.07	1.33	5.22
约旦	63	0.36	0.51	1.55	2.21	1.43	2.16
南非	64	0.41	0.53	1.57	1.47	1.06	0.62
土耳其	65	1.86	1.35	2.58	2.80	1.74	1.69
厄瓜多尔	66	0.55	0.58	1.09	2.42	0.61	0.71
伊朗	67	0.79	2.02	1.50	2.64	1.24	0.89
蒙古	68	-0.22	-0.33	—	0.78	-0.11	1.55
摩洛哥	69	1.38	1.01	2.08	2.85	0.86	1.11
马来西亚	70	1.22	1.29	2.45	4.04	2.40	2.76

附表 1-10　1980～2005年世界范围的国家现代化指数的年均增长率　（续表）

国家	编号	FMI 1980～2005 年均增长率	FMI 1990～2005 年均增长率	SMI 1980～2005 年均增长率	SMI 1990～2005 年均增长率	IMI 1980～2005 年均增长率	IMI 1990～2005 年均增长率
萨尔瓦多	71	1.76	0.93	3.17	2.80	1.45	1.46
埃及	72	0.68	0.98	3.14	3.87	1.38	2.09
中国	73	1.89	2.11	2.42	3.53	2.92	2.88
阿尔及利亚	74	0.82	0.66	1.43	1.33	0.67	1.39
土库曼斯坦	75	—	—	—	−3.23	0.53	1.90
突尼斯	76	1.30	1.20	2.65	4.79	2.06	2.84
阿尔巴尼亚	77	1.48	—	1.30	3.19	1.52	3.30
吉尔吉斯斯坦	78	—	—	—	−1.62	−1.00	−1.12
塔吉克斯坦	79	—	—	—	−1.17	−1.52	−2.22
玻利维亚	80	1.38	1.20	1.16	−0.05	0.86	−0.57
缅甸	81	1.66	—	−2.41	−3.01	−0.67	0.98
菲律宾	82	1.56	1.61	1.96	2.53	1.47	1.90
泰国	83	1.06	0.65	2.32	4.33	1.45	1.99
纳米比亚	84	—	0.67	1.68	1.32	0.79	0.94
津巴布韦	85	0.47	−0.01	1.53	0.65	1.07	0.51
洪都拉斯	86	1.56	1.56	1.89	2.53	0.56	0.96
尼加拉瓜	87	0.66	—	2.06	2.99	0.38	1.63
越南	88	—	—	—	3.21	1.11	2.60
肯尼亚	89	0.99	0.69	0.07	0.01	−0.73	−1.01
斯里兰卡	90	1.24	0.49	1.93	0.31	0.96	0.35
刚果共和国	91	0.07	−0.12	−1.03	−0.42	−0.79	−0.50
印度尼西亚	92	2.38	1.96	1.65	1.21	0.65	1.36
赞比亚	93	−0.20	−0.34	0.26	1.36	−0.10	0.99
危地马拉	94	1.05	1.43	2.13	2.75	0.37	1.46
毛里塔尼亚	95	0.66	−0.16	0.41	1.41	0.14	0.69
科特迪瓦	96	−0.07	0.16	0.49	1.77	0.59	2.59
印度	97	1.62	1.61	1.82	2.29	1.25	1.05
巴基斯坦	98	1.31	1.57	1.86	2.69	1.24	1.67
莱索托	99	0.14	−0.35	−0.50	0.02	−0.79	−0.46
柬埔寨	100	—	—	—	—	—	−0.49
喀麦隆	101	0.47	0.27	−0.05	−0.36	0.42	0.61
厄立特里亚	102	—	—	—	—	—	—
叙利亚	103	0.34	0.17	2.61	3.20	1.37	2.54
加纳	104	0.92	0.04	0.44	0.98	0.15	0.02
乍得	105	−0.22	−0.58	—	−1.33	−2.65	−2.80
莫桑比克	106	2.51	1.24	0.39	1.40	1.66	2.07
几内亚	107	1.91	−0.09	0.44	1.81	0.38	0.97
也门共和国	108	3.49	−0.05	—	−0.01	0.63	−0.25
巴布亚新几内亚	109	−0.13	−1.53	0.20	0.54	1.46	1.61
海地	110	1.97	0.36	1.86	5.33	1.26	3.81
尼泊尔	111	2.34	2.64	0.75	0.30	2.35	1.93
塞内加尔	112	0.57	0.78	0.69	1.53	0.34	0.91
塞拉利昂	113	−0.18	−0.84	0.01	−0.51	1.74	1.32
刚果民主共和国	114	−0.60	—	−0.39	0.12	−0.49	0.32
老挝	115	1.30	2.19	0.06	2.77	−0.09	1.85
马拉维	116	1.34	0.46	0.37	1.91	0.10	1.73
多哥	117	0.35	−0.38	0.44	0.56	0.20	−0.78
马达加斯加	118	1.00	0.53	0.36	−0.90	0.02	0.52
马里	119	0.73	0.09	1.69	2.98	1.89	2.12
尼日利亚	120	0.79	0.94	0.96	1.35	0.40	0.49
孟加拉国	121	2.23	1.70	2.23	2.42	1.27	1.70
坦桑尼亚	122	0.22	1.58	−0.49	1.04	−1.85	−0.50
贝宁	123	0.59	−1.12	0.83	1.98	0.45	1.09
尼日尔	124	0.36	−0.38	−0.97	−1.19	0.23	0.31
安哥拉	125	2.03	−1.44	−1.15	0.55	−0.82	0.08
乌干达	126	1.51	1.91	1.05	3.68	0.83	1.88
中非	127	−0.12	−1.12	0.30	−0.08	−0.34	−0.37
布基纳法索	128	0.67	0.96	−0.12	−1.84	−1.10	−1.25
埃塞俄比亚	129	1.28	0.61	−1.01	−0.29	−0.44	0.12
布隆迪	130	1.30	0.78	0.84	2.14	−0.20	2.09
卢旺达	131	1.17	0.70	0.68	1.05	1.26	0.55
高收入国家		0.00	0.00	1.67	1.73	1.72	1.63
中等收入国家		0.37	0.61	2.49	3.00	1.76	1.84
低收入国家		1.12	0.94	1.43	1.96	1.34	1.70
世界平均		0.61	0.93	1.24	1.67	1.04	1.05

注：FMI 为第一次现代化程度，SMI 为第二次现代化指数，IMI 为综合现代化指数。

附表 1-11　21 世纪世界六个领域现代化的前沿水平的情景分析

领域和指标	1980～2005 年年均增长率	年均增长率	2005	2010	2020	2030	2040	2050	2060	2070	2080	2090	2100
(1) 经济													
GDP/千亿	5.81	5.81	350	464	817	1438	2530	4452	7833	13 782	24 250	42 668	75 074
人均 GDP/千美元	5.04	5.04	34.2	44	72	117	191	313	512	837	1370	2240	3664
人均 GDP(PPP)/千国际美元	2.02	2.02	23.9	26	32	39	48	59	72	88	107	131	160
人均国民收入/千美元	4.95	4.95	35.0	45	72	117	190	308	499	809	1312	2127	3449
农业增加值比例	−3.74	−1.00	1.5	1.4	1.3	1.2	1.1	1.0	0.9	0.8	0.7	0.6	0.6
工业增加值比例	−1.38	—	26	25	22	19	16	12	12	12	12	12	12
服务业增加值比例	0.82	0.41	72	74	77	80	83	87	87	87	87	87	87
农业劳动力比例	−3.83	−1.00	3.3	3.1	2.8	2.6	2.3	2.1	1.9	1.7	1.5	1.4	1.3
工业劳动力比例	−1.26	—	25	24	21	18	15	12	12	12	12	13	13
服务业劳动力比例	0.90	0.40	72	73	76	79	83	86	86	86	86	86	86
(2) 社会													
人口	—	—	1024	1060	1133	1207	1282	1358	1433	1509	1584	1659	1734
人口自然增长率	−0.52	−0.52	0.7	0.7	0.7	0.6	0.6	0.6	0.5	0.5	0.5	0.5	0.4
老龄人口比例	1.02	1.02	14.8	16	17	19	21	23	26	29	32	35	39
城市人口比例	0.35	0.35	77	79	82	84	87	91	94	97	100	100	100
平均预期寿命	0.30	0.30	79	80	83	85	88	91	93	96	99	102	105
婴儿死亡率	−3.44	−3.44	5.9	4.9	3.5	2.4	1.7	1.2	0.9	0.6	0.4	0.3	0.2
医生比例	2.09	1.00	2.6	3	3	3	4	4	5	5	5	6	7
公共卫生费比例	—	0.10	7.0	7.0	7.1	7.1	7.2	7.3	7.3	7.4	7.5	7.6	7.6
公共教育费比例	−0.05	0.10	5.4	5.4	5.5	5.5	5.6	5.6	5.7	5.7	5.8	5.9	5.9
大学普及率	2.60	1.00	67	70	77	85	94	100	100	100	100	100	100
人均购买力/千国际美元	5.07	5.07	33	42	69	114	186	306	501	823	1349	2213	3631
每周工作小时	−0.14	−0.14	38	38	37	37	36	36	35	35	34	34	33
(3) 政治													
政府消费比例	0.14	0.14	18	18	18	19	19	19	19	20	20	20	21
政府债务比例	—	−0.50	54	53	50	48	46	43	41	39	37	35	34
(4) 文化													
科技论文比例	—	0.50	5.7	6	6	6	7	7	7	8	8	9	9
发明专利比例	—	0.50	7.6	8	8	9	9	10	10	11	11	12	12
电话普及率	2.20	2.20	53	59	73	91	100	100	100	100	100	100	100
电视普及率	0.75	0.10	98	98	99	100	100	100	100	100	100	100	100
互联网普及率	—	—	56	—	—	—	—	—	—	—	—	—	—
日报发行比例	−0.65	−0.65	263	255	239	224	209	196	184	172	161	151	142
出境旅游比例	—	1.00	52	54	60	66	73	81	89	99	109	120	133
人均文化贸易	—	1.00	475	499	552	609	673	743	821	907	1002	1107	1223
(5) 个人													
劳动力素质	—	0.80	41.1	43	46	50	54	59	64	69	75	81	88
总和生育率	−0.46	−0.46	1.7	1.7	1.6	1.5	1.5	1.4	1.3	1.3	1.2	1.2	1.1
离婚率	2.41	1.00	47	49	54	60	66	73	81	81	81	81	81
轿车普及率	1.34	0.50	467	478	503	529	556	584	614	645	678	713	750
移动电话普及率	51.14	1.00	85.4	90	99	100	100	100	100	100	100	100	100
(6) 自然环境													
人均耕地面积	−0.94	−0.94	0.36	0.35	0.31	0.29	0.26	0.24	0.22	0.20	0.18	0.16	0.15
国家保护区比例	6.01	1.00	13.0	14	15	17	18	20	22	25	27	30	33
人均能源消费	0.72	0.72	5498	5699	6122	6576	7064	7589	8152	8757	9407	10 105	10 856
化石能源消费比例	−0.34	−0.34	83	82	79	77	74	71	69	67	64	62	60
能源消费密度	−1.22	−1.22	0.20	0.18	0.16	0.14	0.13	0.11	0.10	0.09	0.08	0.07	0.06
CO_2 排放密度	−1.52	−1.00	0.48	0.46	0.41	0.37	0.34	0.30	0.28	0.25	0.23	0.20	0.18
有机废水排放密度	−3.98	−1.00	0.13	0.13	0.11	0.10	0.09	0.08	0.08	0.07	0.06	0.06	0.05
生活废水处理率	—	0.50	79	81	85	89	94	99	100	100	100	100	100
空气可吸入颗粒物浓度	—	−0.50	27	26	25	24	23	21	20	19	18	18	17
(7) 国际环境													
人均国际贸易/千美元	6.21	6.21	17.8	24	44	80	146	267	489	892	1630	2976	5436
国际贸易比例	1.11	1.11	52	55	61	69	77	85	95	107	119	133	148
人均外国投资	11.21	4.00	743	905	1339	1982	2934	4343	6428	9516	14 085	20 850	30 863
外国投资比例	5.76	2.00	2.2	2	3	4	4	5	7	8	10	12	15
国际移民比例	2.37	1.00	11	12	13	14	16	18	20	22	24	26	29
人均国际通话	—	1.00	204	214	237	261	289	319	352	389	430	475	524

附表 1-11 21 世纪世界六个领域现代化的前沿水平的情景分析 （续表）

领域和指标	1990～2005 年年均增长率	年均增长率	2005	2010	2020	2030	2040	2050	2060	2070	2080	2090	2100
(1) 经济													
GDP/千亿	4.53	4.53	350	437	680	1060	1650	2570	4003	6233	9708	15 118	23 544
人均 GDP/千美元	3.77	3.77	34.2	41	60	86	125	180	261	378	547	792	1146
人均 GDP(PPP)/千国际美元	1.84	1.84	23.9	26	31	38	45	54	65	78	94	113	135
人均国民收入/千美元	4.01	4.01	35.0	43	63	93	138	205	304	450	666	987	1461
农业增加值比例	−3.90	−1.00	1.5	1.4	1.3	1.2	1.1	1.0	0.9	0.8	0.7	0.6	0.6
工业增加值比例	−1.42	—	26	25	22	19	16	13	12	12	12	12	12
服务业增加值比例	0.73	0.40	72	74	77	80	83	87	87	87	87	87	87
农业劳动力比例	−4.15	−1.00	3.3	3.1	2.8	2.6	2.3	2.1	1.9	1.7	1.5	1.4	1.3
工业劳动力比例	−1.34	—	25	24	21	18	15	12	12	12	12	13	13
服务业劳动力比例	0.82	0.41	72	73	76	80	83	86	86	86	86	86	86
(2) 社会													
人口	—	—	1024	1059	1128	1194	1258	1319	1378	1433	1485	1534	1581
人口自然增长率	−0.93	−0.93	0.7	0.7	0.6	0.6	0.5	0.5	0.4	0.4	0.4	0.3	0.3
老龄人口比例	1.13	1.13	14.8	16	18	20	22	25	27	31	34	39	43
城市人口比例	0.34	0.34	77	79	81	84	87	90	93	96	100	100	100
平均预期寿命	0.29	0.29	79	80	83	85	88	90	93	96	99	102	105
婴儿死亡率	−3.11	−3.11	5.9	5.0	3.7	2.7	1.9	1.4	1.0	0.8	0.5	0.4	0.3
医生比例	2.04	1.00	2.6	3	3	3	4	4	5	5	5	6	7
公共卫生费比例	0.97	0.97	7.0	7	8	9	10	11	12	13	14	16	17
公共教育费比例	0.63	0.63	5.4	6	6	6	7	7	8	8	9	9	10
大学普及率	2.30	2.30	67	75	94	100	100	100	100	100	100	100	100
人均购买力/千国际美元	4.07	4.07	33.0	40	60	89	133	198	295	440	656	977	1456
每周工作小时	0.08	0.08	38	38	38	39	39	39	39	40	40	40	41
(3) 政治													
政府消费比例	0.20	0.20	18	18	19	19	19	20	20	21	21	21	22
政府债务比例	−1.21	−1.21	54	51	45	40	35	31	28	25	22	19	17
(4) 文化													
科技论文比例	1.14	1.14	5.7	6	7	8	8	9	11	12	13	15	17
发明专利比例	1.95	1.95	7.6	8	10	12	15	18	22	27	33	40	48
电话普及率	1.20	1.20	53	56	63	72	81	91	100	100	100	100	100
电视普及率	0.84	0.84	98	100	100	100	100	100	100	100	100	100	100
互联网普及率	42.11	2.00	56	62	75	92	100	100	100	100	100	100	100
日报发行比例	−0.95	−0.95	263	251	228	207	189	171	156	142	129	117	107
出境旅游比例	5.60	5.60	52	68	117	202	348	600	1034	1784	3076	5305	9148
人均文化贸易	2.82	2.82	475	546	721	952	1257	1661	2193	2896	3824	5050	6669
(5) 个人													
劳动力素质	4.34	2.00	41.1	45	55	67	82	100	100	100	100	100	100
总和生育率	−0.40	−0.40	1.7	1.7	1.6	1.5	1.5	1.4	1.4	1.3	1.3	1.2	1.2
离婚率	2.67	1.00	47	49	54	60	66	73	81	81	81	81	81
轿车普及率	1.20	1.20	467	495	558	628	707	797	897	1010	1138	1282	1443
移动电话普及率	33.00	1.00	85.4	90	99	100	100	100	100	100	100	100	100
(6) 自然环境													
人均耕地面积	−1.12	−1.12	0.36	0.34	0.31	0.27	0.24	0.22	0.19	0.17	0.16	0.14	0.12
国家保护区比例	4.19	2.00	13.0	14	17	21	26	32	38	47	57	70	85
人均能源消费	0.85	0.85	5498	5736	6244	6797	7398	8053	8765	9541	10 385	11 304	12 305
化石能源消费比例	−0.06	−0.06	83	83	83	82	82	81	81	80	80	79	79
能源消费密度	−0.80	−0.80	0.20	0.19	0.17	0.16	0.15	0.14	0.13	0.12	0.11	0.10	0.09
CO_2 排放密度	−0.78	−0.78	0.5	0.46	0.43	0.39	0.36	0.34	0.31	0.29	0.27	0.25	0.23
有机废水排放密度	−3.98	−2.00	0.1	0.12	0.10	0.08	0.07	0.05	0.04	0.04	0.03	0.02	0.02
生活废水处理率	2.40	1.00	79	83	91	100	100	100	100	100	100	100	100
空气可吸入颗粒物浓度	−2.12	−2.12	27	24	20	16	13	10	8	7	5	4	4
(7) 国际环境													
人均国际贸易/千美元	5.97	5.97	17.8	24	42	76	135	242	431	770	1375	2455	4383
国际贸易比例	2.12	2.12	52	58	71	88	108	134	165	204	251	310	383
人均外国投资	9.26	3.00	743	862	1158	1557	2092	2812	3778	5078	6824	9171	12 325
外国投资比例	5.26	2.00	2.2	2	3	4	4	5	7	8	10	12	15
国际移民比例	2.26	1.00	11	12	13	14	16	18	20	22	24	26	29
人均国际通话	8.76	4.00	204	248	367	543	804	1190	1762	2608	3861	5715	8460

注：前沿水平的数值为高收入国家的平均值。没有标明单位的指标，其单位见附表 1-1。后同。

附表 1-12　21 世纪世界六个领域现代化的末尾水平的情景分析

领域和指标	1980～2005 年年均增长率	年均增长率	2005	2010	2020	2030	2040	2050	2060	2070	2080	2090	2100
(1) 经济													
GDP/千亿	4.74	4.74	14	18	28	45	72	114	181	288	457	727	1154
人均 GDP/千美元	2.48	2.48	0.6	0.7	0.9	1.1	1.4	1.8	2.3	2.9	3.8	4.8	6.1
人均 GDP(PPP)/千国际美元	2.59	2.59	1.2	1	2	2	3	4	5	7	9	11	14
人均国民收入/千美元	2.40	2.40	0.6	0.7	0.8	1.1	1.3	1.7	2.1	2.7	3.4	4.4	5.5
农业增加值比例	−1.88	−1.88	21.5	19.6	16.2	13.4	11.1	9.2	7.6	6.3	5.2	4.3	3.6
工业增加值比例	0.61	—	28	28	27	26	23	19	20	22	23	24	24
服务业增加值比例	0.80	0.80	50	52	56	61	66	72	72	72	72	72	72
农业劳动力比例	−0.98	−1.00	57.0	54.2	49.0	44.3	40.1	36.3	32.8	29.7	26.8	24.3	21.9
工业劳动力比例	0.89	—	16	18	20	21	22	22	21	19	17	19	20
服务业劳动力比例	2.63	1.00	27	28	31	34	38	42	46	51	56	57	58
(2) 社会													
人口	2.20	—	2376	2591	3020	3461	3906	4349	4783	5205	5611	5997	6362
人口自然增长率	−1.19	−1.19	1.9	1.7	1.5	1.4	1.2	1.1	1.0	0.8	0.8	0.7	0.6
老龄人口比例	0.85	0.85	4.2	4	5	5	6	6	7	7	8	9	9
城市人口比例	1.16	1.16	30	32	36	40	45	50	57	63	71	80	89
平均预期寿命	0.51	0.51	60	61	65	68	72	75	79	84	88	93	97
婴儿死亡率	−1.62	−1.62	75.3	69.3	58.9	50.0	42.4	36.0	30.6	26.0	22.0	18.7	15.9
医生比例	1.52	1.52	0.5	0.5	0.6	0.7	0.8	0.9	1.1	1.3	1.5	1.7	2.0
公共卫生费比例	−1.07	0.10	1.2	1.2	1.2	1.2	1.2	1.2	1.2	1.2	1.3	1.3	1.3
公共教育费比例	0.03	0.50	3.1	3.2	3.4	3.5	3.7	3.9	4.1	4.3	4.6	4.8	5.0
大学普及率	1.61	1.61	9	9	11	13	15	17	20	24	28	33	39
人均购买力/千国际美元	5.61	5.61	2	2	4	7	11	20	34	59	102	176	304
每周工作小时	—	—	—	—	—	—	—	—	—	—	—	—	—
(3) 政治													
政府消费比例	−0.19	−0.19	16	16	15	15	15	15	14	14	14	14	13
政府债务比例	—	0.10	48	48	48	49	49	50	50	51	51	52	52
(4) 文化													
科技论文比例	—	—	0.1	—	—	—	—	—	—	—	—	—	—
发明专利比例	—	—	0.0	—	—	—	—	—	—	—	—	—	—
电话普及率	9.64	4.00	4	4	6	9	14	21	30	45	67	99	100
电视普及率	—	2.00	16	18	22	26	32	39	48	58	71	86	100
互联网普及率	—	—	4	—	—	—	—	—	—	—	—	—	—
日报发行比例	0.25	0.25	19	19	20	20	21	21	22	22	23	23	24
出境旅游比例	—	2.00	0.4	0.4	0.5	0.7	0.8	1.0	1.2	1.5	1.8	2.2	2.6
人均文化贸易	—	—	—	—	—	—	—	—	—	—	—	—	—
(5) 个人													
劳动力素质	—	—	—	—	—	—	—	—	—	—	—	—	—
总和生育率	−1.71	−1.71	3.6	3.3	2.8	2.4	2.0	1.7	1.4	1.2	1.0	0.8	0.7
离婚率	—	—	—	—	—	—	—	—	—	—	—	—	—
轿车普及率	—	2.00	8	9	10	13	15	19	23	28	34	41	51
移动电话普及率	—	—	7.6	—	—	—	—	—	—	—	—	—	—
(6) 自然环境													
人均耕地面积	−1.74	−1.74	0.17	0.15	0.13	0.11	0.09	0.08	0.06	0.05	0.04	0.04	0.03
国家保护区比例	—	2.00	9.9	11	13	16	20	24	30	36	44	53	65
人均能源消费	1.35	1.35	486	520	595	680	778	889	1017	1163	1330	1520	1739
化石能源消费比例	1.72	0.50	55	57	60	63	66	69	73	77	81	85	89
能源消费密度	−1.91	−1.91	0.98	0.89	0.73	0.60	0.50	0.41	0.34	0.28	0.23	0.19	0.16
CO_2 排放密度	0.65	0.65	1.95	2.02	2.15	2.30	2.45	2.62	2.79	2.98	3.18	3.39	3.62
有机废水排放密度	0.66	0.66	1.43	1.48	1.58	1.69	1.81	1.93	2.06	2.20	2.35	2.51	2.69
生活废水处理率	—	—	—	—	—	—	—	—	—	—	—	—	—
空气可吸入颗粒物浓度	—	—	74	—	—	—	—	—	—	—	—	—	—
(7) 国际环境													
人均国际贸易/千美元	5.56	5.56	0.3	0	1	1	2	4	6	11	18	32	54
国际贸易比例	3.00	1.00	53	56	62	68	75	83	92	102	112	124	137
人均外国投资	22.39	5.00	9	11	18	30	48	79	128	209	341	555	905
外国投资比例	22.47	2.00	1.5	2	2	2	3	4	4	5	7	8	10
国际移民比例	−2.19	−2.19	1.1	1.0	0.8	0.7	0.5	0.4	0.3	0.3	0.2	0.2	0.1
人均国际通话	—	1.00	12	12	13	15	16	18	20	22	24	27	30

附表 1-12　21 世纪世界六个领域现代化的末尾水平的情景分析　（续表）

领域和指标	1990～2005 年年均增长率	年均增长率	2005	2010	2020	2030	2040	2050	2060	2070	2080	2090	2100
(1) 经济													
GDP/千亿	6.02	6.02	14	19	34	61	110	198	355	636	1142	2050	3679
人均 GDP/千美元	3.87	3.87	0.6	1	1	2	2	3	5	7	10	15	22
人均 GDP(PPP)/千国际美元	3.04	3.04	1.2	1	2	3	4	5	6	9	12	16	22
人均国民收入/千美元	3.44	3.44	0.6	1	1	1	2	3	4	5	7	10	15
农业增加值比例	−2.45	−2.45	21.5	19.0	14.8	11.6	9.0	7.1	5.5	4.3	3.4	2.6	2.0
工业增加值比例	0.63	—	28	28	27	24	20	22	23	25	26	26	27
服务业增加值比例	1.02	1.02	50	53	58	64	71	71	71	71	71	71	71
农业劳动力比例	−1.02	−2.00	57.0	51.5	42.1	34.4	28.1	23.0	18.8	15.3	12.5	10.2	8.4
工业劳动力比例	1.10	—	16	19	22	22	18	17	18	17	17	15	14
服务业劳动力比例	2.06	2.00	27	30	36	44	54	60	63	68	70	75	78
(2) 社会													
人口	2.07	—	2376	2586	2983	3368	3732	4071	4382	4664	4917	5142	5340
人口自然增长率	−1.66	−1.66	1.9	1.7	1.4	1.2	1.0	0.9	0.7	0.6	0.5	0.4	0.4
老龄人口比例	1.07	1.07	4.2	4	5	6	6	7	8	8	9	10	12
城市人口比例	1.11	1.11	30	32	35	40	44	49	55	62	69	77	86
平均预期寿命	0.38	0.38	60	61	63	66	68	71	74	77	80	83	86
婴儿死亡率	−1.43	−1.43	75.3	70.0	60.6	52.5	45.5	39.4	34.1	29.5	25.5	22.1	19.1
医生比例	—	1.00	0.5	0.5	0.5	0.6	0.7	0.7	0.8	0.9	1.0	1.1	1.2
公共卫生费比例	−1.51	0.10	1.2	1.2	1.2	1.2	1.2	1.2	1.2	1.2	1.3	1.3	1.3
公共教育费比例	−0.19	0.10	3.1	3	3	3	3	3	3	3	3	3	3
大学普及率	1.81	1.81	9	9	11	13	16	19	23	27	33	39	47
人均购买力/千国际美元	5.32	5.32	1.7	2	4	6	10	17	29	49	82	138	232
每周工作小时	—	—	—	—	—	—	—	—	—	—	—	—	—
(3) 政治													
政府消费比例	−0.42	−0.42	16	16	15	14	14	13	13	12	12	11	11
政府债务比例	—	0.10	48	48	48	49	49	50	50	51	51	52	52
(4) 文化													
科技论文比例	0.48	0.48	0.1	0.1	0.1	0.1	0.1	0.1	0.1	0.1	0.1	0.1	0.1
发明专利比例	−10.10	0.10	0.0	0.0	0.0	0.0	0.0	0.0	0.0	0.0	0.0	0.0	0.0
电话普及率	12.47	5.00	4	4	7	12	19	32	52	84	100	100	100
电视普及率	4.89	4.89	16	20	33	53	85	100	100	100	100	100	100
互联网普及率	—	3.00	4	5	7	9	12	16	21	29	39	52	70
日报发行比例	—	0.20	19	19	20	20	20	21	21	22	22	23	23
出境旅游比例	2.17	2.17	0.4	0.4	0.6	0.7	0.9	1.1	1.3	1.6	2.0	2.5	3.1
人均文化贸易	—	—	—	—	—	—	—	—	—	—	—	—	—
(5) 个人													
劳动力素质	—	—	—	—	—	—	—	—	—	—	—	—	—
总和生育率	−1.70	−1.70	3.6	3.3	2.8	2.4	2.0	1.7	1.4	1.2	1.0	0.8	0.7
离婚率	—	—	—	—	—	—	—	—	—	—	—	—	—
轿车普及率	5.99	4.00	8	9	14	21	30	45	67	99	146	216	320
移动电话普及率	109.70	5.00	7.6	10	16	26	42	69	100	100	100	100	100
(6) 自然环境													
人均耕地面积	−1.54	−1.54	0.17	0.15	0.13	0.11	0.10	0.08	0.07	0.06	0.05	0.04	0.04
国家保护区比例	6.14	2.00	9.9	11	13	16	20	24	30	36	44	53	65
人均能源消费	0.89	0.89	486	508	556	607	664	725	793	866	947	1035	1131
化石能源消费比例	0.81	0.10	55	56	56	57	57	58	59	59	60	60	61
能源消费密度	−2.47	−2.47	0.98	0.86	0.67	0.52	0.41	0.32	0.25	0.19	0.15	0.12	0.09
CO_2 排放密度	0.50	0.50	2.0	2.00	2.10	2.21	2.32	2.44	2.57	2.70	2.83	2.98	3.13
有机废水排放密度	−0.27	−0.27	1.4	1.41	1.38	1.34	1.31	1.27	1.24	1.20	1.17	1.14	1.11
生活废水处理率	—	—	—	—	—	—	—	—	—	—	—	—	—
空气可吸入颗粒物浓度	−3.70	−1.00	74	70	64	57	52	47	43	38	35	31	28
(7) 国际环境													
人均国际贸易/千美元	8.23	8.23	0.3	0	1	2	5	11	25	54	120	265	583
国际贸易比例	4.19	1.00	53	56	62	68	75	83	92	102	112	124	137
人均外国投资	13.35	4.00	9	11	16	23	35	51	76	112	166	246	364
外国投资比例	9.28	1.80	1.5	2	2	2	3	3	4	5	6	7	8
国际移民比例	−3.05	−1.00	1.1	1.1	1.0	0.9	0.8	0.7	0.7	0.6	0.5	0.5	0.4
人均国际通话	—	1.00	12	12	13	15	16	18	20	22	24	27	30

注：前沿水平的数值为低收入国家平均值。

附表 1-13　21 世纪世界六个领域现代化的平均水平的情景分析

领域和指标	1980～2005 年年均增长率	年均增长率	2005	2010	2020	2030	2040	2050	2060	2070	2080	2090	2100
(1) 经济													
GDP/千亿	5.80	5.80	450	596	1047	1840	3233	5680	9978	17 529	30 796	54 102	95 047
人均 GDP/千美元	4.21	4.21	7.0	9	13	20	30	45	67	102	154	232	351
人均 GDP(PPP)/千国际美元	1.59	1.59	6.3	7	8	9	11	13	15	18	21	24	28
人均国民收入/千美元	4.12	4.12	7.0	9	13	19	29	43	65	97	145	218	326
农业增加值比例	−2.89	−1.00	3.2	3.0	2.7	2.5	2.2	2.0	1.8	1.6	1.5	1.3	1.2
工业增加值比例	−1.16	—	28	27	24	21	18	15	12	12	13	13	13
服务业增加值比例	0.83	0.40	69	70	73	76	79	83	86	86	86	86	86
农业劳动力比例	−0.89	−1.00	40.0	38.0	34.4	31.1	28.1	25.4	23.0	20.8	18.8	17.0	15.4
工业劳动力比例	0.38	—	22	22	22	21	19	16	13	12	12	13	15
服务业劳动力比例	0.95	0.95	38	40	44	48	53	58	64	67	69	70	70
(2) 社会													
人口	—	—	6462	6835	7529	8184	8793	9353	9865	10 328	10 743	11 115	11 445
人口自然增长率	−1.49	−1.49	1.2	1.1	1.0	0.8	0.7	0.6	0.5	0.5	0.4	0.3	0.3
老龄人口比例	0.91	0.91	7.3	8	8	9	10	11	12	13	14	16	17
城市人口比例	0.89	0.89	49	51	56	61	66	73	79	87	95	100	100
平均预期寿命	0.32	0.32	68	69	71	74	76	78	81	84	86	89	92
婴儿死亡率	−1.77	−1.77	50.6	46.2	38.7	32.3	27.0	22.6	18.9	15.8	13.2	11.1	9.2
医生比例	1.61	1.61	1.4	2	2	2	3	3	3	4	5	6	7
公共卫生费比例	—	0.10	6.0	6.0	6.1	6.2	6.2	6.3	6.3	6.4	6.5	6.5	6.6
公共教育费比例	0.74	0.74	4.6	4.8	5.1	5.5	5.9	6.4	6.9	7.4	8.0	8.6	9.2
大学普及率	2.49	2.49	24	27	35	45	57	73	93	100	100	100	100
人均购买力/千国际美元	4.63	4.63	9	11	17	27	42	66	103	162	255	401	631
每周工作小时	0.41	−0.10	46	46	45	45	44	44	44	43	43	42	42
(3) 政治													
政府消费比例	0.15	0.15	17	18	18	18	18	19	19	19	19	20	20
政府债务比例	—	−0.10	57	57	56	56	55	54	54	53	53	52	52
(4) 文化													
科技论文比例	—	0.50	1.1	1.1	1.2	1.2	1.3	1.4	1.4	1.5	1.6	1.7	1.8
发明专利比例	—	0.50	1.4	1.5	1.5	1.6	1.7	1.8	1.9	2.0	2.1	2.2	2.3
电话普及率	3.92	3.92	20	24	35	51	76	100	100	100	100	100	100
电视普及率	—	0.50	83	85	89	94	99	100	100	100	100	100	100
互联网普及率	—	—	16	—	—	—	—	—	—	—	—	—	—
日报发行比例	0.12	0.12	105	106	107	108	110	111	112	114	115	116	118
出境旅游比例	—	1.00	16	16	18	20	22	24	27	30	33	36	40
人均文化贸易	—	1.00	134	141	155	172	189	209	231	255	282	312	344
(5) 个人													
劳动力素质	—	1.00	10.0	11	12	13	14	16	17	19	21	23	26
总和生育率	−1.43	−1.43	2.6	2.4	2.1	1.8	1.6	1.4	1.2	1.0	0.9	0.8	0.7
离婚率	—	1.00	20	21	23	26	28	31	35	38	42	47	51
轿车普及率	—	1.00	118	124	137	151	167	185	204	225	249	275	304
移动电话普及率	55.78	3.00	34.6	40	54	72	97	100	100	100	100	100	100
(6) 自然环境													
人均耕地面积	−0.82	−0.82	0.22	0.21	0.20	0.18	0.17	0.15	0.14	0.13	0.12	0.11	0.10
国家保护区比例	5.91	2.00	11.6	13	16	19	23	28	35	42	51	63	76
人均能源消费	1.08	1.08	1796	1896	2111	2351	2618	2916	3248	3617	4028	4486	4996
化石能源消费比例	−0.09	−0.09	81	81	80	79	79	78	77	77	76	75	75
能源消费密度	−1.09	−1.09	0.31	0.29	0.26	0.23	0.21	0.19	0.17	0.15	0.13	0.12	0.11
CO_2 排放密度	−0.32	−0.32	0.78	0.76	0.74	0.72	0.69	0.67	0.65	0.63	0.61	0.59	0.57
有机废水排放密度	−0.30	−0.30	0.91	0.90	0.87	0.84	0.82	0.79	0.77	0.75	0.72	0.70	0.68
生活废水处理率	—	1.00	20	21	23	26	28	31	35	38	42	47	51
空气可吸入颗粒物浓度	—	−1.00	53	50	46	41	37	34	30	28	25	23	20
(7) 国际环境													
人均国际贸易/千美元	5.65	5.65	3.8	5	9	15	26	45	78	135	234	406	703
国际贸易比例	1.38	1.38	54	58	67	77	88	101	116	133	152	175	200
人均外国投资	10.86	4.00	162	198	293	433	641	949	1404	2079	3077	4555	6742
外国投资比例	6.11	2.20	2.4	3	3	4	5	6	8	10	12	15	19
国际移民比例	1.10	1.10	3	3	3	4	4	5	5	6	7	7	8
人均国际通话	—	2.00	29	32	40	48	59	72	87	107	130	158	193

附表 1-13　21 世纪世界六个领域现代化的平均水平的情景分析　　（续表）

领域和指标	1990～2005 年年均增长率	年均增长率	2005	2010	2020	2030	2040	2050	2060	2070	2080	2090	2100
(1) 经济													
GDP/千亿	4.94	4.94	450	572	927	1501	2431	3937	6375	10 324	16 719	27 076	43 846
人均 GDP/千美元	3.51	3.51	7.0	8	12	17	23	33	47	66	93	131	185
人均 GDP(PPP)/千国际美元	1.74	1.74	6.3	7	8	10	12	14	16	19	23	27	33
人均国民收入/千美元	3.68	3.68	7.0	8	12	17	25	36	51	74	106	152	218
农业增加值比例	−3.53	−1.00	3.2	3.0	2.7	2.5	2.2	2.0	1.8	1.6	1.5	1.3	1.2
工业增加值比例	−1.15	—	28	27	24	21	18	15	12	12	13	13	13
服务业增加值比例	0.78	0.40	69	70	73	76	79	83	86	86	86	86	86
农业劳动力比例	−0.48	−0.48	40.0	39.1	37.2	35.5	33.8	32.2	30.7	29.3	27.9	26.6	25.4
工业劳动力比例	0.46	—	22	22	23	24	24	25	25	25	26	26	26
服务业劳动力比例	0.27	0.27	38	39	40	41	42	43	44	45	46	48	49
(2) 社会													
人口	—	—	6462	6810	7368	7817	8173	8450	8665	8829	8955	9050	9123
人口自然增长率	−2.83	−2.83	1.2	1.1	0.8	0.6	0.4	0.3	0.3	0.2	0.1	0.1	0.1
老龄人口比例	1.26	1.26	7.3	8	9	10	11	13	15	17	19	21	24
城市人口比例	0.84	0.84	49	51	55	60	65	71	77	84	91	99	100
平均预期寿命	0.25	0.25	68	69	71	72	74	76	78	80	82	84	86
婴儿死亡率	−1.47	−1.47	50.6	47.0	40.5	34.9	30.1	26.0	22.4	19.3	16.7	14.4	12.4
医生比例	0.00	0.00	1.4	1.4	1.4	1.4	1.4	1.4	1.4	1.4	1.4	1.4	1.4
公共卫生费比例	0.73	0.50	6.0	6	6	7	7	8	8	8	9	9	10
公共教育费比例	0.98	0.98	4.6	5	5	6	6	7	8	9	10	10	12
大学普及率	2.79	2.79	24	28	36	48	63	83	100	100	100	100	100
人均购买力/千国际美元	3.96	3.96	8.6	10	15	23	33	49	73	107	158	233	343
每周工作小时	0.69	−0.10	46	46	45	45	44	44	44	43	43	42	42
(3) 政治													
政府消费比例	0.22	0.22	17	18	18	18	19	19	20	20	20	21	21
政府债务比例	−1.62	−1.62	57	52	45	38	32	27	23	20	17	14	12
(4) 文化													
科技论文比例	1.30	1.30	1.1	1	1	2	2	2	2	3	3	3	4
发明专利比例	2.09	2.09	1.4	2	2	2	3	4	4	5	7	8	10
电话普及率	4.69	4.69	20	25	39	62	98	154	244	386	610	965	1525
电视普及率	2.20	1.00	83	87	96	100	100	100	100	100	100	100	100
互联网普及率	46.69	4.00	16	19	28	42	62	92	100	100	100	100	100
日报发行比例	0.09	0.09	105	106	107	108	109	110	110	111	112	113	114
出境旅游比例	4.97	4.97	16	20	32	52	85	138	224	364	591	959	1558
人均文化贸易	3.46	3.46	134	159	223	313	439	617	867	1217	1710	2402	3373
(5) 个人													
劳动力素质	—	1.00	10.0	11	12	13	14	16	17	19	21	23	26
总和生育率	−1.30	−1.30	2.6	2.4	2.1	1.9	1.6	1.4	1.3	1.1	1.0	0.9	0.7
离婚率	—	1.00	20	21	23	26	28	31	35	38	42	47	51
轿车普及率	1.72	1.72	118	129	152	181	214	254	301	357	424	502	596
移动电话普及率	40.40	3.00	34.6	40	54	72	97	100	100	100	100	100	100
(6) 自然环境													
人均耕地面积	−0.50	−0.50	0.22	0.22	0.20	0.19	0.19	0.18	0.17	0.16	0.15	0.14	0.14
国家保护区比例	5.54	2.00	11.6	13	16	19	23	28	35	42	51	63	76
人均能源消费	0.44	0.44	1796	1836	1919	2005	2095	2189	2287	2390	2497	2609	2726
化石能源消费比例	−0.01	−0.01	81	81	81	81	81	81	80	80	80	80	80
能源消费密度	−1.03	−1.03	0.31	0.29	0.26	0.24	0.21	0.19	0.17	0.16	0.14	0.13	0.12
CO_2 排放密度	0.36	0.36	0.8	0.79	0.82	0.85	0.88	0.91	0.94	0.98	1.01	1.05	1.09
有机废水排放密度	−2.20	−2.20	0.9	0.81	0.65	0.52	0.42	0.33	0.27	0.21	0.17	0.14	0.11
生活废水处理率	—	1.00	20	21	23	26	28	31	35	38	42	47	51
空气可吸入颗粒物浓度	−2.72	−2.72	53	46	35	27	20	15	12	9	7	5	4
(7) 国际环境													
人均国际贸易/千美元	5.96	5.96	3.8	5	9	16	29	51	91	163	291	520	928
国际贸易比例	2.37	2.00	54	60	73	89	109	132	161	197	240	293	357
人均外国投资	9.99	3.00	162	188	253	340	457	614	825	1109	1491	2004	2693
外国投资比例	5.99	2.00	2.4	3	3	4	5	6	7	9	10	13	16
国际移民比例	0.00	1.00	3	3	3	4	4	5	5	6	6	7	8
人均国际通话	0.15	0.15	29	30	30	31	31	31	32	32	33	33	34

注：平均水平的数值为世界平均值或世界总量。

附表 1-14　世界范围的国家第一次现代化的时间费用表(年)

国家	编号	起步时间	实际的完成时间	实际花费的时间	预期的完成时间	已经花费的时间	还需的时间	花费的总时间
美国	2	1776	1960	184	—	—	—	184
加拿大	11	1797	1960	163	—	—	—	163
英国	13	1649	1970	321	—	—	—	321
法国	14	1789	1970	181	—	—	—	181
荷兰	10	1795	1970	175	—	—	—	175
比利时	15	1795	1970	175	—	—	—	175
瑞士	5	1798	1970	172	—	—	—	172
澳大利亚	4	1801	1970	169	—	—	—	169
德国	9	1803	1970	167	—	—	—	167
意大利	20	1805	1970	165	—	—	—	165
丹麦	8	1807	1970	163	—	—	—	163
瑞典	1	1809	1970	161	—	—	—	161
挪威	6	1809	1970	161	—	—	—	161
新西兰	17	1826	1970	144	—	—	—	144
奥地利	16	1848	1970	122	—	—	—	122
芬兰	3	1863	1970	107	—	—	—	107
日本	7	1868	1970	102	—	—	—	102
西班牙	22	1812	1980	168	—	—	—	168
爱尔兰	21	1870	1980	110	—	—	—	110
以色列	19	1920	1980	60	—	—	—	60
葡萄牙	31	1822	2000	178	—	—	—	178
阿根廷	41	1853	2000	147	—	—	—	147
希腊	28	1863	2000	137	—	—	—	137
韩国	18	1910	2000	90	—	—	—	90
新加坡	12	1965	2000	35	—	—	—	35
科威特	46	—	2000	—	—	—	—	—
捷克	30	—	2003	—	—	—	—	—
匈牙利	29	1848	2004	156	—	—	—	156
爱沙尼亚	23	—	2004	—	—	—	—	—
斯洛文尼亚	24	—	2004	—	—	—	—	—
波兰	40	1863	2005	142	—	—	—	142
墨西哥	59	1867	2005	138	—	—	—	138
斯洛伐克	27	—	2005	—	—	—	—	—
立陶宛	34	—	2005	—	—	—	—	—
克罗地亚	43	—	2005	—	—	—	—	—
拉脱维亚	33	—	2006	—	—	—	—	—
乌拉圭	25	1828	—	—	2040	182	30	212
中国	73	1840	—	—	2020	170	10	180
巴拉圭	56	1841	—	—	2020	169	10	179
阿尔及利亚	74	1847	—	—	2030	163	20	183
巴西	58	1850	—	—	2020	160	10	170
智利	47	1861	—	—	2010	149	0	149
俄罗斯	26	1861	—	—	2020	149	10	159
哥伦比亚	45	1863	—	—	2020	147	10	157
委内瑞拉	52	1870	—	—	2030	140	20	160
厄瓜多尔	66	1875	—	—	2020	135	10	145
保加利亚	37	1878	—	—	2020	132	10	142
罗马尼亚	51	1878	—	—	2020	132	10	142
海地	110	1879	—	—	2050	131	40	171
玻利维亚	80	1880	—	—	2020	130	10	140
多米尼加	54	1881	—	—	2020	129	10	139
秘鲁	61	1881	—	—	2020	129	10	139
危地马拉	94	1881	—	—	2030	129	20	149
哥斯达黎加	57	1889	—	—	2020	121	10	131
菲律宾	82	1899	—	—	2020	111	10	121
巴拿马	42	1903	—	—	2030	107	20	127
伊朗	67	1906	—	—	2020	104	10	114
土耳其	65	1908	—	—	2010	102	0	102
尼加拉瓜	87	1909	—	—	2040	101	30	131
南非	64	1910	—	—	2040	100	30	130
阿尔巴尼亚	77	1912	—	—	2020	98	10	108
洪都拉斯	86	1919	—	—	2020	91	10	101
印度	97	1919	—	—	2040	91	30	121
巴基斯坦	98	1919	—	—	2040	91	30	121
黎巴嫩	38	1920	—	—	2010	90	0	90
叙利亚	103	1920	—	—	2070	90	60	150
蒙古	68	1921	—	—	2100 年以后	89	90 年以上	—
突尼斯	76	1922	—	—	2020	88	10	98
印度尼西亚	92	1922	—	—	2020	88	10	98
埃及	72	1922	—	—	2030	88	20	108
约旦	63	1923	—	—	2020	87	10	97

附表 1-14 世界范围的国家第一次现代化的时间费用表(年) (续表)

国家	编号	起步时间	实际的完成时间	实际花费的时间	预期的完成时间	已经花费的时间	还需的时间	花费的总时间
缅甸	81	1923	—	—	2100 年以后	87	90 年以上	—
牙买加	62	1924	—	—	2020	86	10	96
埃塞俄比亚	129	1924	—	—	2090	86	80	166
泰国	83	1932	—	—	2030	78	20	98
摩洛哥	69	1934	—	—	2030	76	20	96
萨尔瓦多	71	1939	—	—	2010	71	0	71
老挝	115	1949	—	—	2050	61	40	101
越南	88	1949	—	—	2080	61	70	131
柬埔寨	100	1949	—	—	2100 年以后	61	90 年以上	—
加纳	104	1957	—	—	2100 年以后	53	90 年以上	—
几内亚	107	1958	—	—	2050	52	40	92
尼日利亚	120	1960	—	—	2070	50	60	110
塞内加尔	112	1960	—	—	2090	50	80	130
刚果共和国	91	1960	—	—	2100 年以后	50	90 年以上	—
毛里塔尼亚	95	1960	—	—	2100 年以后	50	90 年以上	—
喀麦隆	101	1960	—	—	2100 年以后	50	90 年以上	—
乍得	105	1960	—	—	2100 年以后	50	90 年以上	—
刚果民主共和国	114	1960	—	—	2100 年以后	50	90 年以上	—
多哥	117	1960	—	—	2100 年以后	50	90 年以上	—
马里	119	1960	—	—	2100 年以后	50	90 年以上	—
尼日尔	124	1960	—	—	2100 年以后	50	90 年以上	—
中非	127	1960	—	—	2100 年以后	50	90 年以上	—
坦桑尼亚	122	1961	—	—	2070	49	60	109
乌干达	126	1962	—	—	2050	48	40	88
布隆迪	130	1962	—	—	2080	48	70	118
卢旺达	131	1962	—	—	2090	48	80	128
马来西亚	70	1963	—	—	2020	47	10	57
肯尼亚	89	1963	—	—	2070	47	60	107
也门共和国	108	1963	—	—	2100 年以后	47	90 年以上	—
沙特阿拉伯	44	1964	—	—	2010	46	0	46
马拉维	116	1964	—	—	2100 年以后	46	90 年以上	—
赞比亚	93	1965	—	—	2100 年以后	45	90 年以上	—
博茨瓦纳	60	1966	—	—	2030	44	20	64
莱索托	99	1966	—	—	2100 年以后	44	90 年以上	—
白俄罗斯	32	—	—	—	2020	—	10	—
马其顿	48	—	—	—	2020	—	10	—
乌克兰	36	—	—	—	2030	—	20	—
哈萨克斯坦	39	—	—	—	2040	—	30	—
摩尔多瓦	50	—	—	—	2040	—	30	—
斯里兰卡	90	—	—	—	2040	—	30	—
莫桑比克	106	—	—	—	2040	—	30	—
尼泊尔	111	—	—	—	2040	—	30	—
孟加拉国	121	—	—	—	2040	—	30	—
格鲁吉亚	35	—	—	—	2050	—	40	—
亚美尼亚	55	—	—	—	2050	—	40	—
阿塞拜疆	49	—	—	—	2060	—	50	—
乌兹别克斯坦	53	—	—	—	2060	—	50	—
纳米比亚	84	—	—	—	2060	—	50	—
土库曼斯坦	75	—	—	—	2070	—	60	—
吉尔吉斯斯坦	78	—	—	—	2070	—	60	—
塔吉克斯坦	79	—	—	—	2080	—	70	—
津巴布韦	85	—	—	—	2100 年以后	—	90 年以上	—
科特迪瓦	96	—	—	—	2100 年以后	—	90 年以上	—
厄立特里亚	102	—	—	—	2100 年以后	—	90 年以上	—
巴布亚新几内亚	109	—	—	—	2100 年以后	—	90 年以上	—
塞拉利昂	113	—	—	—	2100 年以后	—	90 年以上	—
马达加斯加	118	—	—	—	2100 年以后	—	90 年以上	—
贝宁	123	—	—	—	2100 年以后	—	90 年以上	—
安哥拉	125	—	—	—	2100 年以后	—	90 年以上	—
布基纳法索	128	—	—	—	2100 年以后	—	90 年以上	—

注:完成时间指第一次现代化程度达到"1960 年高收入国家平均水平"的时间。已经花费的时间指从起步时间到 2010 年之间的时间差。还需的时间指从 2010 年到预期完成时间之间的时间差。花费的总时间指完成第一次现代化所需要的实际时间或预期时间。阿根廷第一次现代化程度在 2000 和 2001 年都为 100%,2002 至 2006 年分别为 96%、96%、95%、96%和 97%。阿根廷完成第一次现代化的时间为 2000 年,但 2005 年完成第一次现代化的国家不包括阿根廷。截止 2005 年,已经完成第一次现代化的 28 个国家,完成第一次现代化的平均费时约 150 年。如果不包括以色列和新加坡,20 个发达国家完成第一次现代化平均费时约 160 年。

附表 1-15　21 世纪发达国家六个领域现代化的情景分析(美国为例)

领域和指标	1980～2005 年年均增长率	年均增长率	2005	2010	2020	2030	2040	2050	2060	2070	2080	2090	2100
(1) 经济													
GDP/千亿	6.18	6.18	124	167	305	555	1011	1842	3355	6110	11 130	20 272	36 925
人均 GDP/千美元	5.06	5.06	41.8	54	88	143	235	385	630	1032	1689	2766	4530
人均 GDP(PPP)/千国际美元	2.02	2.02	30.4	34	41	50	61	75	91	111	136	166	202
人均国民收入/千美元	4.93	4.93	43.2	55	89	144	233	376	609	985	1594	2579	4172
农业增加值比例	−3.50	−2.00	1.2	1.1	0.9	0.7	0.6	0.5	0.4	0.3	0.3	0.2	0.2
工业增加值比例	−1.52	—	23	22	21	19	18	16	15	15	15	15	15
服务业增加值比例	0.71	0.20	76	77	78	80	81	83	85	85	85	85	85
农业劳动力比例	−3.19	−2.00	1.6	1.4	1.2	1.0	0.8	0.6	0.5	0.4	0.4	0.3	0.2
工业劳动力比例	−1.60	—	21	20	19	17	16	15	15	15	15	15	15
服务业劳动力比例	0.68	0.20	78	79	80	82	83	84	84	85	85	85	85
(2) 社会													
人口	1.07	—	297	311	343	378	418	461	509	563	623	689	763
人口自然增长率	0.05	0.05	1.0	1.0	1.0	1.0	1.0	1.0	1.0	1.0	1.0	1.0	1.0
老龄人口比例	0.36	0.36	12.3	12	13	13	14	14	15	15	16	17	17
城市人口比例	0.37	0.37	81	82	85	89	92	95	99	100	100	100	100
平均预期寿命	0.21	0.21	78	79	80	82	84	86	87	89	91	93	95
婴儿死亡率	−2.56	−2.56	6.6	5.8	4.5	3.4	2.7	2.0	1.6	1.2	0.9	0.7	0.6
医生比例	1.72	1.72	2.3	3	3	4	4	5	6	7	8	10	12
公共卫生费比例	0.89	0.89	7.2	7.5	8.2	9.0	9.8	10.8	11.7	12.8	14.0	15.3	16.7
公共教育费比例	−0.66	0.10	5.6	5.6	5.7	5.7	5.8	5.9	5.9	6.0	6.0	6.1	6.2
大学普及率	1.59	1.59	82	89	100	100	100	100	100	100	100	100	100
人均购买力/千国际美元	5.05	5.05	42	53	87	143	234	383	628	1028	1683	2755	4511
每周工作小时	−0.13	−0.13	34	34	34	33	33	32	32	31	31	31	30
(3) 政治													
政府消费比例	−0.19	−0.19	16	16	15	15	15	15	14	14	14	14	13
政府债务比例	—	0.10	48	48	48	49	49	50	50	51	51	52	52
(4) 文化													
科技论文比例	—	0.10	6.9	7.0	7.0	7.1	7.2	7.2	7.3	7.4	7.5	7.5	7.6
发明专利比例	—	0.10	6.8	6.9	6.9	7.0	7.1	7.2	7.2	7.3	7.4	7.4	7.5
电话普及率	1.42	1.42	59	63	73	84	97	100	100	100	100	100	100
电视普及率	0.09	0.09	99	99	100	100	100	100	100	100	100	100	100
互联网普及率	—	—	67	—	—	—	—	—	—	—	—	—	—
日报发行比例	−1.37	−1.37	194	181	158	138	120	105	91	79	69	60	53
出境旅游比例	—	—	21	—	—	—	—	—	—	—	—	—	—
人均文化贸易	—	—	434	—	—	—	—	—	—	—	—	—	—
(5) 个人													
劳动力素质	—	0.50	59.9	61	65	68	71	75	79	83	87	92	96
总和生育率	0.44	0.44	2.1	2.1	2.2	2.3	2.4	2.5	2.6	2.7	2.9	3.0	3.1
离婚率	0.02	0.02	50	50	50	50	50	50	51	51	51	51	51
轿车普及率	−0.60	0.10	461	463	468	473	477	482	487	492	497	502	507
移动电话普及率	—	—	71.9	—	—	—	—	—	—	—	—	—	—
(6) 自然环境													
人均耕地面积	−1.37	−1.37	0.59	0.55	0.48	0.42	0.36	0.32	0.28	0.24	0.21	0.18	0.16
国家保护区比例	4.69	1.00	16.3	17	19	21	23	25	28	31	34	38	42
人均能源消费	−0.04	−0.04	7893	7877	7845	7814	7782	7751	7720	7689	7658	7627	7596
化石能源消费比例	−0.24	−0.24	86	85	83	81	79	78	76	74	72	71	69
能源消费密度	−2.01	−2.01	0.21	0.19	0.16	0.13	0.10	0.09	0.07	0.06	0.05	0.04	0.03
CO_2 排放密度	−1.84	−1.84	0.57	0.52	0.43	0.36	0.30	0.25	0.20	0.17	0.14	0.12	0.10
有机废水排放密度	−4.25	−1.00	0.07	0.06	0.06	0.05	0.05	0.04	0.04	0.03	0.03	0.03	0.03
生活废水处理率	—	0.28	75	76	78	80	83	85	87	90	92	95	97
空气可吸入颗粒物浓度	—	—	22	—	—	—	—	—	—	—	—	—	—
(7) 国际环境													
人均国际贸易/千美元	6.14	6.14	11.2	15	27	50	90	163	296	538	975	1769	3210
国际贸易比例	1.03	1.03	27	28	31	35	38	42	47	52	58	64	71
人均外国投资	6.59	4.00	368	447	662	980	1451	2147	3178	4705	6964	10 309	15 260
外国投资比例	1.46	1.46	0.9	0.9	1.1	1.3	1.5	1.7	2.0	2.3	2.6	3.0	3.5
国际移民比例	2.94	1.00	13	14	15	17	18	20	22	25	27	30	33
人均国际通话	—	2.00	3307	3651	4450	5425	6613	8061	9826	11 978	14 601	17 799	21 697

附表 1-15 21 世纪发达国家六个领域现代化的情景分析(美国为例) （续表）

领域和指标	1990～2005 年年均增长率	年均增长率	2005	2010	2020	2030	2040	2050	2060	2070	2080	2090	2100
(1) 经济													
GDP/千亿	5.25	5.25	124	160	267	445	742	1238	2065	3443	5742	9575	15 968
人均 GDP/千美元	4.05	4.05	41.8	51	76	113	168	249	370	551	819	1217	1810
人均 GDP(PPP)/千国际美元	1.85	1.85	30.4	33	40	48	58	69	83	100	120	144	173
人均国民收入/千美元	4.19	4.19	43.2	53	80	121	182	275	414	624	942	1420	2142
农业增加值比例	−3.61	−2.00	1.2	1.1	0.9	0.7	0.6	0.5	0.4	0.3	0.3	0.2	0.2
工业增加值比例	−1.31	—	23	21	17	12	12	13	13	13	13	13	13
服务业增加值比例	0.54	0.54	76	78	82	87	87	87	87	87	87	87	87
农业劳动力比例	−3.89	−2.00	1.6	1.4	1.2	1.0	0.8	0.6	0.5	0.4	0.4	0.3	0.2
工业劳动力比例	−1.64	—	21	18	13	13	13	13	13	14	14	14	14
服务业劳动力比例	0.64	0.64	78	80	86	86	86	86	86	86	86	86	86
(2) 社会													
人口	1.15	—	297	310	337	364	390	414	438	461	483	503	522
人口自然增长率	−1.00	−1.00	1.0	0.9	0.8	0.8	0.7	0.6	0.6	0.5	0.5	0.4	0.4
老龄人口比例	0.02	0.02	12.3	12	12	12	12	12	12	12	12	12	13
城市人口比例	0.47	0.47	81	83	87	91	95	100	100	100	100	100	100
平均预期寿命	0.22	0.22	78	79	80	82	84	86	88	90	91	93	96
婴儿死亡率	−2.35	−2.35	6.6	5.8	4.6	3.6	2.9	2.3	1.8	1.4	1.1	0.9	0.7
医生比例	1.65	1.65	2.3	2	3	3	4	5	6	7	8	9	11
公共卫生费比例	1.52	1.00	7.2	8	8	9	10	11	12	14	15	17	190
公共教育费比例	0.64	0.64	5.6	6	6	7	7	7	8	8	9	10	10
大学普及率	0.60	0.60	82	85	90	95	100	100	100	100	100	100	100
人均购买力/千国际美元	4.06	4.06	41.7	51	76	113	168	250	372	554	825	1229	1830
每周工作小时	−0.23	−0.23	34	34	33	32	32	31	30	29	29	28	27
(3) 政治													
政府消费比例	−0.42	−0.42	16	16	15	14	14	13	13	12	12	11	11
政府债务比例	—	0.10	48	48	48	49	49	50	50	51	51	52	52
(4) 文化													
科技论文比例	−0.68	−0.68	6.9	7	6	6	5	5	5	4	4	4	4
发明专利比例	4.31	4.31	6.8	8	13	20	30	46	70	106	162	247	377
电话普及率	0.54	0.54	59	61	64	68	71	75	79	84	88	93	98
电视普及率	−0.14	0.10	99	99	100	100	100	100	100	100	100	100	100
互联网普及率	34.29	2.00	67	74	90	100	100	100	100	100	100	100	100
日报发行比例	−1.67	−1.67	194	178	151	127	108	91	77	65	55	46	39
出境旅游比例	0.71	0.71	21	22	24	26	27	29	32	34	36	39	42
人均文化贸易	3.60	3.60	434	517	737	1049	1493	2126	3027	4310	6136	8737	12 439
(5) 个人													
劳动力素质	—	0.50	59.9	61	65	68	71	75	79	83	87	92	96
总和生育率	−0.09	−0.09	2.1	2.0	2.0	2.0	2.0	2.0	2.0	1.9	1.9	1.9	1.9
离婚率	0.22	0.22	50	51	52	53	54	55	56	58	59	60	62
轿车普及率	−1.44	0.10	461	463	468	473	477	482	487	492	497	502	507
移动电话普及率	26.50	2.00	71.9	79	97	100	100	100	100	100	100	100	100
(6) 自然环境													
人均耕地面积	−1.55	−1.55	0.59	0.54	0.47	0.40	0.34	0.29	0.25	0.21	0.18	0.16	0.13
国家保护区比例	4.34	1.00	16.3	17	19	21	23	25	28	31	34	38	42
人均能源消费	0.15	0.15	7893	7951	8068	8187	8308	8430	8555	8681	8809	8939	9070
化石能源消费比例	−0.02	−0.02	86	86	86	86	86	85	85	85	85	85	84
能源消费密度	−1.65	−1.65	0.21	0.20	0.17	0.14	0.12	0.10	0.09	0.07	0.06	0.05	0.04
CO_2 排放密度	−1.23	−1.23	0.6	0.53	0.47	0.42	0.37	0.33	0.29	0.25	0.22	0.20	0.18
有机废水排放密度	−4.56	−1.00	0.1	0.06	0.06	0.05	0.05	0.04	0.04	0.03	0.03	0.03	0.03
生活废水处理率	—	0.31	75	76	79	81	84	86	89	92	95	98	101
空气可吸入颗粒物浓度	−2.08	−2.08	22	20	16	13	11	9	7	6	5	4	3
(7) 国际环境													
人均国际贸易/千美元	5.91	5.91	11.2	15	27	47	84	148	263	467	830	1473	2615
国际贸易比例	1.79	1.79	27	29	35	42	50	60	71	85	101	121	144
人均外国投资	4.34	4.34	368	455	696	1064	1628	2491	3812	5832	8922	13 650	20 884
外国投资比例	0.29	0.29	0.9	0.9	0.9	0.9	1.0	1.0	1.0	1.1	1.1	1.1	1.2
国际移民比例	2.21	1.00	13	14	15	17	18	20	22	25	27	30	33
人均国际通话	—	2.00	3307	3651	4450	5425	6613	8061	9826	11 978	14 601	17 799	21 697

附表 1-16　21 世纪发展中国家六个领域现代化的情景分析(印度为例)

领域和指标	1980～2005 年年均增长率	年均增长率	2005	2010	2020	2030	2040	2050	2060	2070	2080	2090	2100
(1) 经济													
GDP/千亿	6.09	6.09	8	11	20	35	64	115	208	376	679	1226	2214
人均 GDP/千美元	4.13	4.13	0.7	1	1	2	3	5	7	10	15	23	35
人均 GDP(PPP)/千国际美元	3.85	3.85	1.6	2	3	4	6	9	13	19	27	40	59
人均国民收入/千美元	4.06	4.06	0.7	1	1	2	3	4	7	10	14	21	32
农业增加值比例	−2.64	−2.64	18.3	16.0	12.3	9.4	7.2	5.5	4.2	3.2	2.5	1.9	1.4
工业增加值比例	0.45		28	27	25	25	24	26	27	28	29	29	30
服务业增加值比例	1.25	1.00	54	57	63	66	69	69	69	69	69	69	69
农业劳动力比例	−0.34	−1.00	64.3	61.1	55.3	50.0	45.2	40.9	37.0	33.5	30.3	27.4	24.7
工业劳动力比例	0.68		15	18	21	24	26	28	29	29	28	27	25
服务业劳动力比例	0.96	0.96	20	21	23	26	28	31	34	38	41	46	50
(2) 社会													
人口	1.88	—	1095	1164	1287	1398	1496	1582	1655	1718	1771	1816	1854
人口自然增长率	−1.98	−1.98	1.4	1.2	1.0	0.8	0.7	0.6	0.5	0.4	0.3	0.3	0.2
老龄人口比例	1.33	1.33	5.0	5	6	7	8	9	10	12	13	15	17
城市人口比例	0.87	0.87	29	30	33	36	39	42	46	50	55	60	65
平均预期寿命	0.68	0.68	64	66	71	76	81	87	93	100	107	114	122
婴儿死亡率	−2.59	−2.59	58.7	51.5	39.6	30.5	23.5	18.1	13.9	10.7	8.2	6.3	4.9
医生比例	1.94	1.94	0.6	0.7	0.8	1.0	1.2	1.4	1.7	2.1	2.5	3.1	3.7
公共卫生费比例	−1.48	1.00	1.0	1.0	1.1	1.2	1.3	1.5	1.6	1.8	2.0	2.2	2.4
公共教育费比例	1.14	1.14	3.8	4.0	4.4	5.0	5.6	6.2	7.0	7.8	8.8	9.8	11.0
大学普及率	3.03	3.03	11	13	17	23	31	42	57	77	100	100	100
人均购买力/千国际美元	6.87	6.87	2	3	6	12	23	44	85	166	322	626	1215
每周工作小时	0.04	0.04	47	47	47	47	47	48	48	48	48	48	49
(3) 政治													
政府消费比例	0.51	0.51	11	12	12	13	14	14	15	16	17	17	18
政府债务比例	—	0.10	62	62	62	63	64	64	65	66	66	67	68
(4) 文化													
科技论文比例	—	1.00	0.1	0.1	0.2	0.2	0.2	0.2	0.2	0.3	0.3	0.3	0.3
发明专利比例	—	1.00	0.1	0.1	0.1	0.1	0.1	0.1	0.1	0.1	0.1	0.1	0.2
电话普及率	11.34	5.00	5	6	10	16	25	41	67	100	100	100	100
电视普及率	13.65	3.00	32	37	50	67	90	100	100	100	100	100	100
互联网普及率	—	—	5	—	—	—	—	—	—	—	—	—	—
日报发行比例	5.08	2.00	73	80	98	120	146	178	217	264	322	392	478
出境旅游比例	—	—	—	—	—	—	—	—	—	—	—	—	—
人均文化贸易	—	—	9	—	—	—	—	—	—	—	—	—	—
(5) 个人													
劳动力素质	—	—	—	—	—	—	—	—	—	—	—	—	—
总和生育率	−2.53	−2.53	2.6	2.3	1.8	1.4	1.1	0.8	0.6	0.5	0.4	0.3	0.2
离婚率	—	—	—	—	—	—	—	—	—	—	—	—	—
轿车普及率	—	2.00	8	9	11	13	16	20	24	29	35	43	52
移动电话普及率	—	—	8.2	—	—	—	—	—	—	—	—	—	—
(6) 自然环境													
人均耕地面积	−1.92	−1.92	0.15	0.13	0.11	0.09	0.07	0.06	0.05	0.04	0.03	0.03	0.02
国家保护区比例	—	1.00	5.3	6	6	7	7	8	9	10	11	12	14
人均能源消费	1.94	1.94	491	540	655	794	962	1166	1413	1713	2076	2516	3049
化石能源消费比例	1.96	0.10	68	68	69	70	70	71	72	73	73	74	75
能源消费密度	−2.49	−2.49	0.83	0.74	0.57	0.44	0.35	0.27	0.21	0.16	0.13	0.10	0.08
CO_2 排放密度	0.13	0.13	2.28	2.29	2.32	2.35	2.38	2.41	2.44	2.47	2.51	2.54	2.57
有机废水排放密度	−4.28	−1.00	1.10	1.05	0.95	0.86	0.78	0.70	0.64	0.57	0.52	0.47	0.43
生活废水处理率	—	—	—	—	—	—	—	—	—	—	—	—	—
空气可吸入颗粒物浓度	—	—	68	—	—	—	—	—	—	—	—	—	—
(7) 国际环境													
人均国际贸易/千美元	8.52	5.00	0.3	0	1	1	2	3	5	8	12	20	33
国际贸易比例	−0.15	0.10	35	35	36	36	37	37	37	38	38	38	39
人均外国投资	17.21	5.00	6	8	13	21	34	55	89	145	237	386	628
外国投资比例	12.56	3.00	0.8	1	1	2	2	3	4	6	8	10	14
国际移民比例	−3.55	0.10	0.5	0.5	0.5	0.5	0.5	0.5	0.6	0.6	0.6	0.6	0.6
人均国际通话	—	—	18	—	—	—	—	—	—	—	—	—	—

附表 1-16　21 世纪发展中国家六个领域现代化的情景分析(印度为例)　（续表）

领域和指标	1990～2005 年年均增长率	年均增长率	2005	2010	2020	2030	2040	2050	2060	2070	2080	2090	2100
(1) 经济													
GDP/千亿	6.41	6.41	8	11	20	38	71	132	245	456	848	1579	2937
人均 GDP/千美元	4.62	4.62	0.7	1	1	2	4	6	9	14	22	34	54
人均 GDP(PPP)/千国际美元	4.20	4.20	1.6	2	3	5	7	10	16	23	35	53	80
人均国民收入/千美元	4.27	4.27	0.7	1	1	2	3	5	7	11	17	25	39
农业增加值比例	−3.08	−1.00	18.3	17.4	15.7	14.2	12.9	11.6	10.5	9.5	8.6	7.8	7.0
工业增加值比例	0.18	—	28	26	21	22	21	19	20	21	22	23	24
服务业增加值比例	1.41	1.00	54	57	63	64	66	69	69	69	69	69	69
农业劳动力比例	−0.48	−1.00	64.3	61.1	55.3	50.0	45.2	40.9	37.0	33.5	30.3	27.4	24.7
工业劳动力比例	0.83	—	15	17	21	23	25	26	27	26	25	22	19
服务业劳动力比例	1.07	1.07	20	21	24	27	29	33	36	41	45	50	56
(2) 社会													
人口	1.70	—	1095	1162	1274	1368	1445	1508	1558	1598	1629	1653	1673
人口自然增长率	−2.57	−2.57	1.4	1.2	0.9	0.7	0.6	0.4	0.3	0.3	0.2	0.2	0.1
老龄人口比例	1.57	1.57	5.0	5	6	7	9	10	12	14	16	19	22
城市人口比例	0.79	0.79	29	30	32	35	38	41	44	48	52	56	61
平均预期寿命	0.55	0.55	64	66	70	74	78	82	87	92	97	102	108
婴儿死亡率	−2.04	−2.04	58.7	52.9	43.1	35.0	28.5	23.2	18.9	15.3	12.5	10.2	8.3
医生比例	—	1.00	0.6	0.6	0.7	0.8	0.8	0.9	1.0	1.1	1.3	1.4	1.5
公共卫生费比例	−2.29	0.10	1.0	1.0	1.0	1.0	1.0	1.0	1.0	1.0	1.0	1.0	1.0
公共教育费比例	0.19	0.19	3.8	4	4	4	4	4	4	4	4	4	4
大学普及率	4.07	4.07	11	13	20	30	45	67	99	100	100	100	100
人均购买力/千国际美元	6.49	6.49	2.2	3	6	11	20	38	70	132	248	465	872
每周工作小时	0.07	0.07	47	47	47	48	48	48	49	49	49	50	50
(3) 政治													
政府消费比例	−0.19	0.10	11	11	12	12	12	12	12	12	12	12	12
政府债务比例	1.21	0.10	62	62	62	63	64	64	65	66	66	67	68
(4) 文化													
科技论文比例	1.40	1.40	0.1	0.1	0.2	0.2	0.2	0.2	0.3	0.3	0.4	0.4	0.5
发明专利比例	10.81	5.00	0.1	0.1	0.1	0.2	0.3	0.6	0.9	1.5	2.4	4.0	6.5
电话普及率	14.55	5.00	5	6	10	16	25	41	67	100	100	100	100
电视普及率	10.22	2.00	32	35	43	52	64	78	95	100	100	100	100
互联网普及率	—	3.00	5	6	9	11	15	21	28	37	50	68	91
日报发行比例	—	1.00	73	77	85	93	103	114	126	139	154	170	188
出境旅游比例	—	—	—	—	—	—	—	—	—	—	—	—	—
人均文化贸易	7.34	7.34	9	13	26	53	107	217	440	894	1816	3689	7491
(5) 个人													
劳动力素质	—	—	—	—	—	—	—	—	—	—	—	—	—
总和生育率	−2.48	−2.48	2.6	2.3	1.8	1.4	1.1	0.8	0.7	0.5	0.4	0.3	0.2
离婚率	—	—	—	—	—	—	—	—	—	—	—	—	—
轿车普及率	8.30	4.00	8	10	14	21	32	47	69	102	152	224	332
移动电话普及率	—	2.00	8.2	9	11	14	16	20	24	30	36	44	54
(6) 自然环境													
人均耕地面积	−1.80	−1.80	0.15	0.13	0.11	0.09	0.08	0.06	0.05	0.04	0.04	0.03	0.03
国家保护区比例	18.73	1.00	5.3	6	6	7	7	8	9	10	11	12	14
人均能源消费	1.78	1.78	491	536	640	764	911	1087	1298	1549	1848	2205	2631
化石能源消费比例	1.33	0.10	68	68	69	70	70	71	72	73	73	74	75
能源消费密度	−3.12	−3.12	0.83	0.71	0.52	0.38	0.28	0.20	0.15	0.11	0.08	0.06	0.04
CO_2 排放密度	−0.68	−0.68	2.3	2.20	2.05	1.92	1.79	1.68	1.57	1.46	1.37	1.28	1.19
有机废水排放密度	−3.56	−1.00	1.1	1.05	0.95	0.86	0.78	0.70	0.64	0.57	0.52	0.47	0.43
生活废水处理率	—	—	—	—	—	—	—	—	—	—	—	—	—
空气可吸入颗粒物浓度	−3.21	−1.00	68	65	59	53	48	43	39	36	32	29	26
(7) 国际环境													
人均国际贸易/千美元	12.01	5.00	0.3	0	1	1	2	3	5	8	12	20	33
国际贸易比例	−0.66	0.10	35	35	36	36	37	37	37	38	38	38	39
人均外国投资	22.84	5.00	6	8	13	21	34	55	89	145	237	386	628
外国投资比例	17.42	3.00	0.8	1	1	2	2	3	4	6	8	10	14
国际移民比例	−3.45	0.10	0.5	0.5	0.5	0.5	0.5	0.5	0.6	0.6	0.6	0.6	0.6
人均国际通话	—	2.00	18	20	25	30	37	45	54	66	81	98	120

附表 1-17 21 世纪高收入与低收入国家六个领域现代化的国际差距

领域和指标	1980～2005 年均增长率	2005	2010	2020	2030	2040	2050	2060	2070	2080	2090	2100	2100/2005
(1) 经济													
GDP/千亿	1.1	336	447	789	1393	2458	4338	7652	13 494	23 792	41 941	73 920	220
人均 GDP/千美元	2.6	34	43	71	116	190	311	510	835	1366	2236	3658	109
人均 GDP(PPP)/千国际美元	−0.6	23	25	30	37	45	55	67	81	99	120	146	6.4
人均国民收入/千美元	2.6	34	44	71	116	189	306	497	807	1309	2123	3443	100
农业增加值比例	0.9	−20	−18	−15	−12	−10	−8	−7	−5	−4	−4	−3	0.1
工业增加值比例		−2	−4	−6	−7	−7	−7	−8	−10	−11	−11	−12	5.3
服务业增加值比例	−0.4	22	22	21	19	17	15	15	15	15	15	15	0.7
农业劳动力比例	0.0	−54	−51	−46	−42	−38	−34	−31	−28	−25	−23	−21	0.4
工业劳动力比例	—	8	6	1	−3	−7	−10	−9	−7	−4	−6	−7	−1
服务业劳动力比例	−0.6	45	45	45	45	45	44	40	35	30	29	28	0.6
(2) 社会													
人口	—	−1353	−1530	−1887	−2254	−2624	−2991	−3350	−3696	−4026	−4337	−4628	3.4
人口自然增长率	0.7	−1.1	−1.0	−0.9	−0.7	−0.6	−0.5	−0.4	−0.3	−0.3	−0.2	−0.2	0.1
老龄人口比例	0.2	11	11	12	14	15	17	19	21	24	26	30	2.8
城市人口比例	−0.8	47	47	46	44	43	40	37	34	29	20	11	0.2
平均预期寿命	−0.2	19	19	18	17	16	15	14	13	11	9	8	0.4
婴儿死亡率	−1.8	−69	−64	−55	−48	−41	−35	−30	−25	−22	−18	−16	0.2
医生比例	−0.5	2	2	2	3	3	3	3	4	4	4	5	2.2
公共卫生费比例	0.0	6	6	6	6	6	6	6	6	6	6	6	1.1
公共教育费比例	−0.4	2.3	2.2	2.1	2.0	1.9	1.7	1.6	1.4	1.3	1.1	0.9	0.4
大学普及率	−0.6	58	61	67	73	80	83	80	76	72	67	61	1.1
人均购买力/千国际美元	−0.5	31	40	65	107	175	286	467	764	1248	2038	3327	106
每周工作小时	—	—	—	—	—	—	—	—	—	—	—	—	
(3) 政治													
政府消费比例	0.3	2	2	3	4	4	5	5	6	6	7	7	3.5
政府债务比例	−0.6	7	5	2	−1	−4	−7	−9	−12	−14	−17	−19	−2.9
(4) 文化													
科技论文比例	—	6	—	—	—	—	—	—	—	—	—	—	
发明专利比例	—	8	—	—	—	—	—	—	—	—	—	—	
电话普及率	−1.8	49	55	67	82	86	79	70	55	33	1	0	0.0
电视普及率	−1.9	82	81	78	74	68	61	52	42	29	14	0	0.0
互联网普及率	—	52	—	—	—	—	—	—	—	—	—	—	
日报发行比例	−0.9	244	235	219	203	189	175	162	150	139	128	118	0.5
出境旅游比例	−1.0	51	54	59	66	72	80	88	97	107	118	130	2.5
人均文化贸易	—	—	—	—	—	—	—	—	—	—	—	—	
(5) 个人													
劳动力素质	—	—	—	—	—	—	—	—	—	—	—	—	
总和生育率	1.2	−1.9	−1.7	−1.2	−0.8	−0.5	−0.3	−0.1	0.1	0.2	0.3	0.4	−0.2
离婚率	—	—	—	—	—	—	—	—	—	—	—	—	
轿车普及率	−1.5	459	470	493	516	540	565	591	617	644	672	699	1.5
移动电话普及率	—	78	—	—	—	—	—	—	—	—	—	—	
(6) 自然环境													
人均耕地面积	0.8	0.2	0.2	0.2	0.2	0.2	0.2	0.2	0.1	0.1	0.1	0.1	0.6
国家保护区比例	−1.0	3	3	2	0	−2	−4	−7	−11	−17	−23	−32	−11
人均能源消费	−0.6	5012	5179	5527	5896	6287	6700	7135	7594	8078	8585	9117	1.8
化石能源消费比例	−0.8	28	25	19	14	8	2	−4	−10	−16	−23	−29	−1.0
能源消费密度	0.7	−0.8	−0.7	−0.6	−0.5	−0.4	−0.3	−0.2	−0.2	−0.2	−0.1	−0.1	0.1
CO_2 排放密度	−1.7	−1.5	−1.6	−1.7	−1.9	−2.1	−2.3	−2.5	−2.7	−3.0	−3.2	−3.4	2.3
有机废水排放密度	−1.7	−1.3	−1.4	−1.5	−1.6	−1.7	−1.8	−2.0	−2.1	−2.3	−2.5	−2.6	2.0
生活废水处理率	—	—	—	—	—	—	—	—	—	—	—	—	
空气可吸入颗粒物浓度	—	−47	—	—	—	—	—	—	—	—	—	—	
(7) 国际环境													
人均国际贸易/千美元	0.6	17	24	43	79	144	264	482	881	1611	2945	5382	308
国际贸易比例	0.1	−1	−1	0	0	1	2	3	5	7	9	11	−9
人均外国投资	−1.0	735	893	1321	1952	2885	4264	6300	9306	13 744	20 294	29 958	41
外国投资比例	0.0	0.7	0.8	1.0	1.2	1.4	1.8	2.1	2.6	3.2	3.9	4.7	6.6
国际移民比例	3.2	10	11	12	14	15	17	19	21	24	26	29	2.8
人均国际通话	0.0	192	202	223	246	272	301	332	367	405	448	495	2.6

附表 1-17　21 世纪高收入与低收入国家六个领域现代化的国际差距　（续表）

领域和指标	1990～2005 年均增长率	2005	2010	2020	2030	2040	2050	2060	2070	2080	2090	2100	2100/2005
(1) 经济													
GDP/千亿	−1.5	336	418	646	998	1540	2373	3648	5597	8565	13 068	19 864	59
人均 GDP/千美元	−0.1	34	40	58	85	122	177	256	371	537	777	1124	33
人均 GDP(PPP)/千国际美元	−1.2	23	25	30	35	42	50	59	69	82	97	114	5.0
人均国民收入/千美元	0.6	34	42	62	92	137	202	300	444	659	976	1447	42
农业增加值比例	1.5	−20	−18	−14	−10	−8	−6	−5	−4	−3	−2	−1	0.1
工业增加值比例	—	−2	−4	−5	−5	−4	−9	−11	−12	−13	−14	−15	6.5
服务业增加值比例	−0.6	22	21	19	15	12	16	16	16	16	16	16	0.7
农业劳动力比例	1.0	−54	−48	−39	−32	−26	421	−17	−14	−11	−9	−7	0.1
工业劳动力比例	—	8	5	−1	−4	−4	−5	−6	−4	−5	−2	−1	−0.1
服务业劳动力比例	−1.6	45	44	40	36	29	26	23	18	16	11	8	0.2
(2) 社会													
人口	—	−1353	−1526	−1855	−2173	−2474	−2752	−3005	−3232	−3432	−3608	−3760	2.8
人口自然增长率	0.7	−1.1	−1.0	−0.8	−0.6	−0.5	−0.4	−0.3	−0.2	−0.2	−0.1	−0.1	0.1
老龄人口比例	0.1	11	11	13	14	16	18	20	22	25	28	32	3.0
城市人口比例	−0.8	47	47	46	45	43	41	38	35	31	23	14	0.3
平均预期寿命	−0.1	19	19	19	19	19	19	19	19	19	19	19	1.0
婴儿死亡率	−1.7	−69	−65	−57	−50	−44	−38	−33	−29	−25	−22	−19	0.3
医生比例	0.0	2	2	2	3	3	3	4	4	5	5	5	2.6
公共卫生费比例	0.9	6	6	7	8	9	10	11	12	13	15	16	2.8
公共教育费比例	0.5	2	2	3	3	3	4	4	5	5	6	6	2.8
大学普及率	0.5	58	65	83	87	84	81	77	73	67	61	53	0.9
人均购买力/千国际美元	−1.2	31	38	56	83	123	181	266	391	573	839	1224	39
每周工作小时	—	—	—	—	—	—	—	—	—	—	—	—	
(3) 政治													
政府消费比例	0.6	2	3	4	5	6	7	8	8	9	10	11	5.3
政府债务比例	−1.3	7	3	−3	−9	−14	−19	−23	−26	−30	−33	−35	−5.4
(4) 文化													
科技论文比例	0.7	6	6	7	7	8	9	10	12	13	15	17	3.0
发明专利比例	1.9	8	8	10	12	15	18	22	27	33	40	48	6.3
电话普及率	−3.8	49	52	56	60	61	59	48	16	0	0	0	0.0
电视普及率	−4.0	82	80	67	47	15	0	0	0	0	0	0	0.0
互联网普及率	−1.0	52	57	69	83	88	84	79	71	61	48	30	0.6
日报发行比例	−1.1	244	232	209	187	168	151	135	120	107	95	84	0.3
出境旅游比例	3.4	51	67	116	201	347	599	1033	1782	3074	5302	9145	179
人均文化贸易	—	—	—	—	—	—	—	—	—	—	—	—	
(5) 个人													
劳动力素质	—	—	—	—	—	—	—	—	—	—	—	—	
总和生育率	1.3	−1.9	−1.7	−1.2	−0.8	−0.5	−0.3	0.0	0.1	0.3	0.4	0.4	−0.2
离婚率	—	—	—	—	—	—	—	—	—	—	—	—	
轿车普及率	−2.8	459	486	544	608	677	752	831	912	992	1065	1123	2.4
移动电话普及率	−4.0	78	80	83	74	58	31	0.0	0.0	0.0	0.0	0.0	0.0
(6) 自然环境													
人均耕地面积	0.4	0.19	0.19	0.17	0.16	0.15	0.14	0.12	0.11	0.10	0.09	0.09	0.4
国家保护区比例	0.0	3	3	4	5	6	7	9	11	13	16	20	6.6
人均能源消费	0.0	5012	5228	5688	6189	6734	7327	7973	8675	9439	10 270	11 174	2.2
化石能源消费比例	−0.2	28	27	26	25	24	23	22	21	20	19	18	0.6
能源消费密度	1.7	−0.8	−0.7	−0.5	−0.4	−0.3	−0.2	−0.1	−0.1	0.0	0.0	0.0	0.0
CO_2 排放密度	−1.3	−1.5	−1.5	−1.7	−1.8	−2.0	−2.1	−2.3	−2.4	−2.6	−2.7	−2.9	2.0
有机废水排放密度	−1.7	−1.3	−1.3	−1.3	−1.3	−1.2	−1.2	−1.2	−1.2	−1.1	−1.1	−1.1	0.8
生活废水处理率	—	—	—	—	—	—	—	—	—	—	—	—	
空气可吸入颗粒物浓度	−1.1	−47	−46	−44	−42	−39	−37	−34	−32	−29	−27	−25	0.5
(7) 国际环境													
人均国际贸易/千美元	−2.3	17	23	41	73	130	230	407	716	1255	2190	3800	218
国际贸易比例	1.1	−1	2	9	20	33	50	73	102	139	186	246	−195
人均外国投资	−1.0	735	851	1142	1533	2057	2760	3703	4966	6658	8925	11 961	16
外国投资比例	0.2	0.7	0.8	1.0	1.3	1.6	2.1	2.6	3.3	4.1	5.1	6.4	8.9
国际移民比例	2.0	10	11	12	14	15	17	19	21	23	26	29	2.8
人均国际通话	3.0	192	236	354	528	788	1172	1742	2586	3837	5688	8430	44

附表 1-18　1700～2005 年中国现代化指标和水平的国际比较

指标	国家	1700	1820	1870	1913	1950	1960	1970	1980	1990	2000	2001	2005
人均 GDP(PPP)(1990 年价格)	中国	600	600	530	552	439	673	783	380	798	1935	2081	2968
	美国	527	1257	2445	5301	9561	11 328	15 030	18 425	23 064	28 234	28 155	30 356
	英国	1250	1707	3191	4921	6907	8645	10 767	13 083	16 566	20 276	20 842	22 775
	德国	894	1058	1821	3648	3881	7685	10 849	14 509	17 996	21 409	21 647	22 103
	日本	570	669	737	1387	1926	3988	9715	13 500	18 776	20 699	20 697	21 991
	印度	550	533	533	673	619	753	868	627	870	1238	1282	1613
人均 GNI	中国	—	—	—	—	—	70	120	220	320	930	1000	1740
	美国	—	—	—	—	—	3110	5000	12 980	23 330	34 400	34 810	43 210
	英国	—	—	—	—	—	—	—	8410	16 210	24 970	25 110	38 140
	德国	—	—	—	—	—	—	—	12 600	20 630	25 510	24 020	34 780
	日本	—	—	—	—	—	610	1920	10 310	26 660	34 620	35 120	38 930
	印度	—	—	—	—	—	80	110	270	390	450	460	730
工业增加值比例	中国	—	—	—	14	21	45	40	49	42	46	45	48
	美国	—	—	21	27	38	38	35	34	28	24	23	23
	英国	—	32	40	38	47	43	44	42	35	28	27	24
	德国	—	—	32	42	51	53	49	41	37	30	30	29
	日本	—	—	—	17	32	45	47	41	40	32	31	30
	印度	—	—	—	—	16	19	21	25	27	26	25	28
互联网普及率	中国	—	—	—	—	—	—	—	—	—	2	3	9
	美国	—	—	—	—	—	—	—	—	—	44	50	67
	英国	—	—	—	—	—	—	—	—	—	26	33	53
	德国	—	—	—	—	—	—	—	—	—	30	32	43
	日本	—	—	—	—	—	—	—	—	—	30	38	67
	印度	—	—	—	—	—	—	—	—	—	1	1	5
城市人口比例	中国	—	4	—	4	13	16	17	20	27	36	37	40
	美国	—	15	26	40	64	70	74	74	75	79	79	81
	英国	13	40	56	69	84	78	77	88	89	89	89	90
	德国	5	15	29	49	72	70	73	73	73	75	75	75
	日本	—	20	16	16	50	43	53	60	63	65	65	66
	印度	—	—	—	—	17	18	20	23	26	28	28	29
平均预期寿命	中国	—	23	—	24	41	36	62	67	69	70	70	72
	美国	—	39	40	47	68	70	71	74	75	77	77	78
	英国	35	40	44	50	69	71	72	74	76	78	78	79
	德国	—	41	37	47	67	70	70	73	75	78	78	79
	日本	32	34		44	61	68	72	76	79	81	81	82
	印度		21	25	24	32	44	49	54	59	63	63	64
成人识字率	中国	—	—	—		36	43	53	67	78	91	91	91
	美国	—	—	80	89	99	98	99	98	99	99	99	99
	英国	—	—	76	98	99	96	97	97	97	97	97	97
	德国	—	—	96	99	99	96	99	96	99	99	99	99
	日本	—	—	—	—	—	98	99	99	99	99	99	99
	印度	—	—	—	—	18	28	33	41	49	57	61	61
大学普及率	中国	—	—	—	—	0.3	0.2	0.1	2	3	8	10	22
	美国	—	—	1.4	3.3	18	32	47	56	75	69	70	82
	英国	—	—	—		2	9	14	19	30	58	59	59
	德国	—	—	0.6	0.9	3	6	—	—	34	49	—	—
	日本	—	—	—	0.6	6	10	18	31	30	47	49	55
	印度	—	—	—	0.1	1	3	5	5	6	10	10	11
第一次现代化程度	中国	—	—	—	—	26	37	40	54	63	76	78	86
	美国	—	—	—	—	100	100	100	100	100	100	100	100
	英国	—	—	—	—	84	96	100	100	100	100	100	100
	德国	—	—	—	—	75	92	100	100	100	100	100	100
	日本	—	—	—	—	63	88	100	100	100	100	100	100
	印度	—	—	—	—	30	33	39	44	51	59	60	65
第二次现代化指数	中国	—	—	—	—	—	—	21	25	26	31	31	40
	美国	—	—	—	—	—	—	71	79	97	108	106	109
	英国	—	—	—	—	—	—	54	64	75	92	92	91
	德国	—	—	—	—	—	—	56	62	80	97	95	93
	日本	—	—	—	—	—	—	58	72	88	103	102	102
	印度	—	—	—	—	—	—	17	19	24	21	23	26
人类发展指数	中国	—	—	—	0.160	0.284	0.322	0.525	0.558	0.627	0.73	0.721	0.777
	美国	—	—	—	0.592	0.797	0.827	0.841	0.861	0.901	0.94	0.937	0.951
	英国	—	—	—	0.624	0.768	0.793	0.845	0.854	0.883	0.948	0.93	0.946
	德国	—	—	—	0.586	0.718	0.763	0.867	0.879	0.908	0.939	0.921	0.935
	日本	—	—	—	0.498	0.654	0.740	0.874	0.882	0.898	0.932	0.932	0.953
	印度	—	—	—	0.323	0.186	0.313	0.412	0.438	0.513	0.577	0.59	0.619
新人类发展指数	中国	—	—	—	—	—	—	—	18	21	20	—	29
	美国	—	—	—	—	—	—	—	55	65	64	—	77
	英国	—	—	—	—	—	—	—	47	55	60	—	68
	德国	—	—	—	—	—	—	—	50	56	58	—	71
	日本	—	—	—	—	—	—	—	38	48	54	—	72
	印度	—	—	—	—	—	—	—	15	17	16	—	16

注：人均 GDP(PPP)的 1700～1970 年的数据来自麦迪森(Madisson，1996，2001)，1980～2006 年数据来自世界银行(World Bank，2008)

附表 1-19　1700～2006 年中国经济指标的世界排名和国际比较

指标和国家	1700	1820	1870	1900	1913	1950	1960	1970	1980	1990	2000	2005	2006
人均 GDP(1990 年 PPP)													
中国	18	48	73	71	104	99	92	92	97	101	79	74	71
美国	51	6	4	4	1	2	3	3	5	3	2	3	3
英国	2	2	1	1	5	9	10	12	18	17	17	14	13
德国	12	13	12	8	10	18	12	11	15	11	13	17	15
日本	19	23	27	30	46	41	25	17	17	7	16	18	17
印度	50	73	72	72	72	89	86	90	87	100	92	88	86
人均 GDP(PPP)													
中国	—	—	—	—	—	—	—	—	97	101	79	74	71
美国	—	—	—	—	—	—	—	—	5	3	2	3	3
英国	—	—	—	—	—	—	—	—	18	17	17	14	13
德国	—	—	—	—	—	—	—	—	15	11	13	17	15
日本	—	—	—	—	—	—	—	—	17	7	16	18	17
印度	—	—	—	—	—	—	—	—	87	100	92	88	86
人均 GDP(2000 价格)													
中国	—	—	—	—	—	—	81	90	97	100	77	71	69
美国	—	—	—	—	—	—	2	2	3	3	3	3	3
英国	—	—	—	—	—	—	6	7	16	8	10	8	9
德国	—	—	—	—	—	—	—	—	13	11	13	15	14
日本	—	—	—	—	—	—	15	3	2	1	2	2	2
印度	—	—	—	—	—	—	77	84	95	105	96	90	88
人均 GDP													
中国	—	—	—	—	—	—	68	80	94	112	77	72	74
美国	—	—	—	—	—	—	1	1	10	7	3	5	5
英国	—	—	—	—	—	—	8	14	16	16	10	9	9
德国	—	—	—	—	—	—	—	—	11	9	13	16	15
日本	—	—	—	—	—	—	22	17	17	6	2	12	16
印度	—	—	—	—	—	—	69	81	87	104	96	93	94
人均 GNI													
中国	—	—	—	—	—	—	65	73	87	91	75	70	69
美国	—	—	—	—	—	—	1	1	9	7	4	4	5
英国	—	—	—	—	—	—	—	—	17	16	12	10	9
德国	—	—	—	—	—	—	—	—	11	8	9	14	13
日本	—	—	—	—	—	—	17	14	16	2	3	8	11
印度	—	—	—	—	—	—	61	74	83	83	96	92	89
GDP(1990 年 PPP)													
中国	2	1	1	2	2	5	5	5	12	8	3	2	2
美国	18	10	4	1	1	1	1	1	1	1	1	1	1
英国	8	5	3	3	5	3	4	6	6	7	7	6	6
德国	7	6	7	7	3	4	3	4	3	3	4	4	5
日本	5	8	9	9	9	9	6	3	2	2	2	3	3
印度	1	2	2	5	6	6	8	9	9	10	5	5	4
GDP(PPP)													
中国	—	—	—	—	—	—	—	—	12	8	3	2	2
美国	—	—	—	—	—	—	—	—	1	1	1	1	1
英国	—	—	—	—	—	—	—	—	6	7	7	6	6
德国	—	—	—	—	—	—	—	—	3	3	4	4	5
日本	—	—	—	—	—	—	—	—	2	2	2	3	3
印度	—	—	—	—	—	—	—	—	9	10	5	5	4
GDP(2000 年价格)													
中国	—	—	—	—	—	—	16	17	14	9	6	4	3
美国	—	—	—	—	—	—	1	1	1	1	1	1	1
英国	—	—	—	—	—	—	3	3	4	4	4	5	5
德国	—	—	—	—	—	—	—	—	3	3	3	3	4
日本	—	—	—	—	—	—	2	2	2	2	2	2	2
印度	—	—	—	—	—	—	15	15	17	16	13	11	11
GDP													
中国	—	—	—	—	—	—	4	6	11	11	6	4	4
美国	—	—	—	—	—	—	1	1	1	1	1	1	1
英国	—	—	—	—	—	—	2	4	5	6	4	5	5
德国	—	—	—	—	—	—	—	—	3	3	3	3	3
日本	—	—	—	—	—	—	5	2	2	2	2	2	2
印度	—	—	—	—	—	—	8	8	12	13	13	11	12
GNI													
中国	—	—	—	—	—	—	3	5	10	11	6	5	4
美国	—	—	—	—	—	—	1	1	1	1	1	1	1
英国	—	—	—	—	—	—	—	—	5	6	4	4	5
德国	—	—	—	—	—	—	—	—	3	3	3	3	3
日本	—	—	—	—	—	—	4	2	2	2	2	2	2
印度	—	—	—	—	—	—	7	7	12	12	13	11	12

注：如果爱尔兰和希腊不参加排名，1700 年中国人均 GDP(PPP)的世界排名为第 16 位。

附表 1-20　中国六个领域现代化的发展趋势

领域和指标	1820	1870	1900	1913	1950	1960	1970	1980	1990	2000	2005	2006	特征
(1) 经济													
GDP	—	—	—	—	276	614	915	1882	3546	11 985	22 439	26 447	上升
GDP 增长率	—	—	—	—	—	−0.3	19.4	7.8	3.8	8.4	10.4	10.7	波动
人均 GDP	—	—	—	—	48	89	112	192	312	949	1720	2016	上升
人均 GDP(PPP)	600	530	652	552	439	673	783	380	798	1935	2968	3257	上升
人均 GDP 增长率	—	—	—	—	—	−0.5	16.1	6.5	2.3	7.6	9.7	10.1	波动
人均国民收入	—	—	—	—	48	89	120	220	320	930	1740	2000	上升
农业增加值比例	—	—	—	68	50	22	35	30	27	15	13	12	转折
工业增加值比例	—	—	—	13	21	45	40	49	42	46	48	48	转折
服务业增加值比例	—	—	—	19	29	33	24	21	31	39	40	40	转折
农业劳动力比例	—	—	—	—	84	82	81	69	60	50	45	43	下降
工业劳动力比例	—	—	—	—	7	8	10	18	21	23	24	25	上升
服务业劳动力比例	—	—	—	—	9	10	9	13	19	28	31	32	上升
失业率	—	—	—	—	—	—	—	4.9	2.5	3.1	4.2	4.1	波动
人均公路里程	—	—	—	—	—	—	—	—	1.0	1.1	1.5	2.6	上升
股票市值比例	—	—	—	—	—	—	—	—	—	48	35	92	上升
通货膨胀率	—	—	—	—	—	12.0	−2.6	3.8	5.7	2.1	4.2	3.6	波动
国内消费率	—	—	—	—	—	—	71	65	60	62	51	47	波动
国内储蓄率	—	—	—	—	—	—	29	35	40	38	49	53	波动
国内投资率	—	—	—	—	—	36	29	35	36	35	44	45	波动
家庭消费比例	—	—	—	—	—	—	63	50	46	47	36	33	波动
(2) 社会													
人口	381	358	400	437	552	667	818	981	1135	1263	1305	1312	上升
人口自然增长率	—	—	—	—	1.9	1.8	2.8	1.3	1.5	0.7	0.6	0.6	下降
老龄人口比例	—	—	—	—	4.4	4.8	4.3	4.7	5.4	6.8	7.7	7.8	上升
城市化率	3.8	3.8	4.4	—	13	16	17	20	27	36	40	41	上升
平均预期寿命	23	—	24	—	41	36	62	67	69	70	72	72	上升
婴儿死亡率	—	—	—	—	138	132	69	42	38	32	21	20	下降
医生比例	—	—	—		0.7	0.9	0.9	1.2	1.6	1.6	1.5	1.5	上升
公共卫生费比例	—	—	—	—	—	—	—	1.9	1.9	1.9	2.3	2.4	上升
公费医疗比例	—	—	—	—	—	—	—	—	—	—	39	—	上升
公共教育费比例	—	—	—	—	—	—	1.3	2.5	2.3	2.6	2.8	3.0	上升
义务教育普及率	—	—	—	—	0.2	21	24	46	49	63	73	76	上升
大学普及率	—	—	—	—	—	—	0	2	3	8	21	22	上升
人均购买力	—	—	—	—	—	—	230	250	800	2340	4110	4660	上升
高度贫困率	—	—	—	—	—	—	—	—	—	2.1	2.1	—	转折
基尼系数	—	—	—	—	—	—	—	—	—	29	47	—	上升
贫富收入差距	—	—	—	—	—	—	—	—	—	9	22	—	上升
养老保险覆盖率	—	—	—	—	—	—	—	—	8	14	17	18	上升
社保费用比例	—	—	—	—	—	—	—	—	1	3	3.8	4	上升
每周工作小时	—	—	—	—	—	—	—	—	—	8	8	8	下降
每年休闲天数	—	—	—	—	—	—	—	—	—	125	125	125	上升
(3) 政治													
民主化程度	—	—	—	—	—	—	—	—	0.64	0.42	0.34	—	上升
政府收入比例	—	—	—	—	—	—	—	—	6	7	10	—	上升
政府消费比例	—	—	—	—	—	7	8	15	14	16	14	14	上升
政府债务比例	—	—	—	—	—	—			7	12		—	下降
国防经费比例	—	—	—	—	—	—	—	—	2.7	1.8	2.0	1.9	下降
军事人员比例	—	—	—	—	—	—	—	0.7	0.5	0.5	0.5	0.5	下降
人均外国援助	—	—	—	—	—			0	2	1	1	1	上升
外国援助比例	—	—	—	—	—			0.0	0.6	0.1	0.1	0.0	下降
(4) 文化													
科技投入比例	—	—	—	—	—	—	—	—	0.5	0.9	1.3	—	波动
科技论文比例	—	—	—	—	—	—	—	—	0.1	0.1	0.3	—	上升
发明专利比例	—	—	—	—	—	—	—	—	—	0.2	0.7	—	上升

附表 1-20 中国六个领域现代化的发展趋势 （续表）

领域和指标	1820	1870	1900	1913	1950	1960	1970	1980	1990	2000	2005	2006	特征
信教人口比例	—	—	—	—	—	—	—	—	—	—	50.2	—	转折
妇女就业比例	—	—	—	—	—	—	—	—	38	40	41	—	上升
妇女避孕率	—	—	—	—	—	—		74	91	83	87	—	上升
成人识字率	—	—	—	—	—	43	53	67	78	91	—	91	上升
电话普及率	—	—	—	—	—	—	—	0.2	0.6	11.5	26.9	28	上升
电视普及率	—	—	—	—	—	—	—	2	54	86	89	—	上升
互联网普及率	—	—	—	—	—	—	—	—	0	2	9	10	上升
日报发行比例	—	—	—	—	—	—	—	—	42	59	74	—	上升
图书出版比例	—	—	—	—	—	—	—	3.2	7.79	11.3	—	—	上升
出境旅游比例	—	—	—	—	—	—	—	—	0	1	2	3	上升
人均文化贸易	—	—	—	—	—	—	—	—	17	25	51	—	上升
(5) 个人													
青少年识字率	—	—	—	—	—	—	—	—	94	99	—	—	上升
青少女生育率	—	—	—	—	—	—	—	—	—	4	6	7	—
童工比例	—	—	—	—	—	—	—	—	—	—	—	—	—
劳动力素质	—	—	—	—	—	—	—	—	—	—	—	—	—
总和生育率	—	—	—	—	—	3.4	5.8	2.5	2.1	1.9	1.8	1.8	下降
艾滋病感染率	—	—	—	—	—	—	—	—	—	—	0.1	—	—
离婚率	—	—	—	—	—	—	—	—	—	—	—	—	—
成人吸烟率	—	—	—	—	—	—	—	—	—	67	67	—	转折
犯罪率	—	—	—	—	—	—	—	—	—	—	—	—	—
轿车普及率	—	—	—	—	—	—	—	—	1	7	15	—	上升
移动电话普及率	—	—	—	—	—	—	—	0	0	0	42	63	上升
宽带网普及率	—	—	—	—	—	—	—	—	—	0	3	4	上升
(6) 自然环境													
人均耕地面积	—	—	—	—	—	—	0.1	0.1	0.1	0.1	0.1	—	下降
森林覆盖率	—	—	—	—	—	—	—	12	17	19	21	—	转折
国家保护区比例	—	—	—	—	—	—	—	—	—	5.5	12	—	上升
人均能源消费	—	—	—	—	—	—	—	610	760	875	1316	—	上升
化石能源消费比例	—	—	—	—	—	—	—	69	76	79	84	—	下降
能源消费密度	—	—	—	—	—	—		3.27	1.95	0.94	0.91	—	下降
CO_2 排放密度	—	—	—	—	—	11.1	7.7	8.1	5.4	2.8	2.9	—	下降
有机废水排放密度	—	—	—	—	—	—	—	6.74	5.78	1.90	1.71	—	转折
生活废水处理率	—	—	—	—	—	—	—	—	—	15	37	44	上升
废纸循环利用率	—	—	—	—	—	—	—	—	—	—	—	—	—
安全饮水普及率	—	—	—	—	—	—	—	—	70	76	77	—	上升
空气可吸入颗粒物浓度	—	—	—	—	—	—	—	—	114	85	75	—	下降
(7) 国际环境													
国际战争频率	—	—	—	—	—	—	—	—	—	—	—	—	—
国际债务比例	—	—	—	—	—	—	—	—	16	12	12	12	转折
人均国际贸易	—	—	—	—	—	—	6	42	109	420	1187	1459	上升
国际贸易比例	—	—	—	—	—	—	5	22	35	44	69	72	上升
人均外国投资	—	—	—	—	—	—	—	0	3	30	61	60	上升
外国投资比例	—	—	—	—	—	—	—	0.0	1.0	3.2	3.5	3.0	上升
国际组织数量	—	—	—	—	—	32	92	832	1062	1325	6297	—	上升
国际移民比例	—	—	—	—	—	0	0.03	0.03	0.03	0.04	0.05	—	上升
人均互联网带宽	—	—	—	—	—	—	—	—	—	2	104	196	上升
人均国际通话	—	—	—	—	—	—	—	—	—	4	7	—	波动

附表 1-21 中国六个领域现代化指标的国际差距

领域和指标	年	中国	高收入国家	中收入国家	低收入国家	世界	高收入国家/中国	中收入国家/中国	低收入国家/中国	世界/中国
(1) 经济										
GDP	2006	26 447	367 950	100 590	16 187	484 620	13.9	3.8	0.6	18.3
GDP 增长率	2006	10.7	2.9	7.2	8.0	3.8	0.3	0.7	0.8	0.4
人均 GDP	2006	2016	35 699	3258	669	7412	17.7	1.6	0.3	3.7
人均 GDP(PPP)	2006	3257	24 419	4596	1321	6491	7.5	1.4	0.4	2.0
人均 GDP 增长率	2006	10.1	2.2	6.3	6.1	2.6	0.2	0.6	0.6	0.3
人均国民收入	2006	2000	36 608	3053	649	7448	18.3	1.5	0.3	3.7
农业增加值比例	2006	12	2	8	20	3	0.1	0.7	1.7	0.3
工业增加值比例	2006	48	26	37	28	28	0.5	0.8	0.6	0.6
服务业增加值比例	2006	40	72	54	52	69	1.8	1.4	1.3	1.7
农业劳动力比例	2005	45	3	35	57	40	0.1	0.8	1.3	0.9
工业劳动力比例	2005	24	25	32	16	22	1.0	1.3	0.7	0.9
服务业劳动力比例	2005	31	72	33	27	38	2.3	1.0	0.9	1.2
失业率	2005	4.2	6.2	6.4	—	6.3	1.5	1.5	—	1.5
人均公路里程	2005	1.5	17.2	2.2	1.4	5.5	11.6	1.5	0.9	3.7
股票市值比例	2006	92	126	74	67	114	1.4	0.8	0.7	1.2
通货膨胀率	2006	3.6	2.3	6.0	7.3	5.7	0.6	1.7	2.0	1.6
国内消费率	2006	47	73	78	79	81	1.5	1.6	1.7	1.7
国内储蓄率	2006	53	20	30	26	21	0.4	0.6	0.5	0.4
国内投资率	2006	45	20	27	30	21	0.5	0.6	0.7	0.5
家庭消费比例	2006	33	62	55	64	61	1.9	1.7	1.9	1.8
(2) 社会										
人口	2006	1312	1031	3088	2420	6538	0.8	2.4	1.8	5.0
人口自然增长率	2006	0.6	0.7	0.8	1.8	1.2	1.2	1.5	3.3	2.1
老龄人口比例	2006	7.8	14.9	7.4	4.3	7.4	1.9	1.0	0.5	1.0
城市化率	2006	41	78	55	30	49	1.9	1.3	0.7	1.2
平均预期寿命	2006	72	79	71	60	68	1.1	1.0	0.8	0.9
婴儿死亡率	2006	20	6	26	74	50	0.3	1.3	3.7	2.5
医生比例	2005	1.5	2.6	1.6	0.5	1.4	1.7	1.1	0.3	1.0
公共卫生费比例	2005	1.8	7.0	2.9	1.2	6.0	3.8	1.6	0.6	3.3
公费医疗比例	2005	39	61	51	25	59	1.6	1.3	0.6	1.5
公共教育费比例	2005	2.8	5.4	4.3	3.1	4.6	1.9	1.5	1.1	1.6
义务教育普及率	2006	76	101	78	45	65	1.3	1.0	0.6	0.9
大学普及率	2005	21	67	27	9	24	3.2	1.3	0.4	1.1
人均购买力	2006	4660	34 933	6451	1860	9209	7.5	1.4	0.4	2.0
高度贫困率	2004	2.1	—	—	—	4.9	—	—	—	2.3
基尼系数	2005	47	32	—	—	40.2	0.7	—	—	0.9
贫富收入差距	2005	22	13	—	—	20.3	0.6	—	—	0.9
养老保险覆盖率	2005	21	86	—	—	43.4	4.2	—	—	2.1
社保费用比例	2001	4	22.3	—	—	12.5	6.2	—	—	3.5
每周工作小时	2001	8	38	—	—	46	4.7	—	—	5.8
每年休闲天数	2002	125	—	—	—	—	—	—	—	—
(3) 政治										
民主化程度	2005	2.46	3.06	2.92	2.88	2.93	1.2	1.2	1.2	1.2
政府收入比例	2005	10	26	18	13	25	2.7	1.8	1.3	2.6
政府消费比例	2005	14	18	15	11	17	1.2	1.0	0.8	1.2
政府债务比例	2005	12	54	—	—	57	4.7	—	—	4.9
国防经费比例	2006	1.9	2.6	2.0	2.4	2.5	1.3	1.0	1.2	1.3
军事人员比例	2006	0.5	1.1	0.9	0.9	0.9	2.3	2.0	1.9	2.0
人均外国援助	2006	1	0	11	20	16	0.0	11.8	21.0	17.0
外国援助比例	2006	0.0	0.0	0.3	3.0	0.2	0.0	7.4	64.5	4.6
(4) 文化										
科技投入比例	2005	1.3	2.4	0.9	0.6	2.1	1.8	0.6	0.4	1.6
科技论文比例	2005	0.3	5.7	0.4	0.1	1.1	17.7	1.2	0.2	3.4
发明专利比例	2005	0.7	7.6	0.4	0.0	1.4	10.7	0.6	0.0	2.0

附表 1-21　中国六个领域现代化指标的国际差距　（续表）

领域和指标	年	中国	高收入国家	中收入国家	低收入国家	世界	高收入国家/中国	中收入国家/中国	低收入国家/中国	世界/中国
信教人口比例	2006	50.2	87	91	99	93	1.7	1.8	2.0	1.8
妇女就业比例	2005	41	46	41	24	38	1.1	1.0	0.6	0.9
妇女避孕率	2005	87	73	76	40	60	0.8	0.9	0.5	0.7
成人识字率	2006	91	99	90	61	82	1.1	1.0	0.7	0.9
电话普及率	2006	28	53	22	3	20	1.9	0.8	0.1	0.7
电视普及率	2005	89	98	89	16	83	1.1	1.0	0.2	0.9
互联网普及率	2006	10	59	14	4	21	5.7	1.4	0.4	2.1
日报发行比例	2004	74	263	71	18	105	3.6	1.0	0.2	1.4
图书出版比例	1999	11.3	56	7	4	18	5.0	0.6	0.4	1.6
出境旅游比例	2006	3	52	11	0.4	16	19.7	4.2	0.2	6.0
人均文化贸易	2005	51	475	64	0	134	9.2	1.2	0.0	2.6
(5) 个人										
青少年识字率	2005	99	99	97	73	88	1.0	1.0	0.7	0.9
青少女生育率	2006	7	22	32	82	52	3.1	4.7	11.8	7.5
童工比例	2005	—	0	—	45	32	—	—	—	—
劳动力素质	2005	7	41	22	—	—	5.6	3.0	—	—
总和生育率	2006	1.8	1.7	2.1	3.5	2.5	1.0	1.2	2.0	1.4
艾滋病感染率	2005	0.1	0.4	0.7	1.7	1.0	4.4	8.1	21.0	12.2
离婚率	2002	15	47	—	—	—	3.1	—	—	—
成人吸烟率	2005	67	29	—	31	35	0.4	—	0.5	0.5
犯罪率	2000	50.7	107	—	154	141	2.1	—	3.0	2.8
轿车普及率	2005	15	467	50	8	118	31.1	3.4	0.5	7.9
移动电话普及率	2006	35	90	44	14	40	2.6	1.3	0.4	1.1
宽带网普及率	2006	4	19	3	0	5	4.9	0.9	0.0	1.4
(6) 自然环境										
人均耕地面积	2005	0.11	0.36	0.22	0.17	0.22	3.3	2.0	1.5	2.0
森林覆盖率	2005	21	29	34	24	31	1.4	1.6	1.1	1.4
国家保护区比例	2004	12	13	12	10	12	1.1	1.0	0.8	1.0
人均能源消费	2005	1316	5498	1486	486	1796	4.2	1.1	0.4	1.4
化石能源消费比例	2005	84	83	84	55	81	1.0	1.0	0.7	1.0
能源消费密度	2005	0.91	0.20	0.68	0.98	0.31	0.2	0.8	1.1	0.3
CO_2 排放密度	2004	2.9	0.5	1.9	2.0	0.8	0.2	0.7	0.7	0.3
有机废水排放密度	2004	1.71	0.13	1.14	1.43	0.91	0.1	0.7	0.8	0.5
生活废水处理率	2006	44	84	—	—	—	1.9	—	—	—
废纸循环利用率	2002	—	56	—	—	—	—	—	—	—
安全饮水普及率	2004	77	99	84	75	83	1.3	1.1	1.0	1.1
空气可吸入颗粒物浓度	2005	75	27	56	74	53	0.4	0.7	1.0	0.7
(7) 国际环境										
国际战争频率	—	—	—	—	—	—	—	—	—	—
国际债务比例	2005	12	—	29	27	28	—	2.3	2.2	2.2
人均国际贸易	2005	1187	17 783	1881	319	3783	15.0	1.6	0.3	3.2
国际贸易比例	2005	69	52	67	53	54	0.8	1.0	0.8	0.8
人均外国投资	2006	60	956	106	17	207	16.1	1.8	0.3	3.5
外国投资比例	2006	3.0	2.7	3.3	2.6	2.8	0.9	1.1	0.9	1.0
国际组织数量	2004	6297	—	—	—	11 430	—	—	—	1.8
国际移民比例	2005	0.0	11	2	1	3	247.3	35.6	25.0	64.6
人均互联网带宽	2005	104	4346	144	12	529	41.7	1.4	0.1	5.1
人均国际通话	2005	7	204	31	5	29	27.9	4.2	0.6	4.0

附表 1-22 中国六个领域现代化指标的国际比较

领域和指标	年	中国	美国	英国	德国	日本	印度	美国/中国	英国/中国	德国/中国	日本/中国	印度/中国
(1) 经济												
GDP	2006	26 447	131 640	23 770	28 969	43 684	9118	5.0	0.9	1.1	1.7	0.3
GDP 增长率	2006	10.7	2.9	2.8	2.8	2.2	9.2	0.3	0.3	0.3	0.2	0.9
人均 GDP	2006	2016	43 968	39 257	35 167	34 192	822	21.8	19.5	17.4	17.0	0.4
人均 GDP(PPP)	2006	3257	30 840	23 208	22 672	22 408	1732	9.5	7.1	7.0	6.9	0.5
人均 GDP 增长率	2006	10.1	1.9	2.2	2.9	2.2	7.7	0.2	0.2	0.3	0.2	0.8
人均国民收入	2006	2000	44 710	40 560	36 810	38 630	820	22.4	20.3	18.4	19.3	0.4
农业增加值比例	2006	12	1	1	1	2	18	0.1	0.1	0.1	0.1	1.5
工业增加值比例	2006	48	23	24	30	30	28	0.5	0.5	0.6	0.6	0.6
服务业增加值比例	2006	40	76	75	69	69	55	1.9	1.9	1.7	1.7	1.4
农业劳动力比例	2005	45	2	1	2	4	69	0.0	0.0	0.1	0.1	1.5
工业劳动力比例	2005	24	21	22	30	28	14	0.9	0.9	1.2	1.2	0.6
服务业劳动力比例	2005	31	78	76	68	66	17	2.5	2.4	2.2	2.1	0.6
失业率	2005	4.2	5.1	4.6	11.1	4.4	4.3	1.2	1.1	2.6	1.0	1.0
人均公路里程	2005	1.5	22.1	6.4	—	9.2	3.2	14.9	4.4	—	6.2	2.2
股票市值比例	2006	92	148	160	57	108	90	1.6	1.7	0.6	1.2	1.0
通货膨胀率	2006	3.6	3.2	2.4	0.3	−0.9	5.9	0.9	0.7	0.1	−0.2	1.6
国内消费率	2006	47	86	86	77	75	69	1.8	1.8	1.6	1.6	1.5
国内储蓄率	2006	53	14	14	23	25	31	0.3	0.3	0.4	0.5	0.6
国内投资率	2006	45	19	18	18	23	34	0.4	0.4	0.4	0.5	0.8
家庭消费比例	2006	33	71	64	58	57	58	2.1	1.9	1.8	1.7	1.7
(2) 社会												
人口	2006	1312	299	61	82	128	1110	0.2	0.0	0.1	0.1	0.8
人口自然增长率	2006	0.6	1.0	0.5	−0.1	0.0	1.4	1.7	1.0	−0.2	0.0	2.5
老龄人口比例	2006	7.8	12.3	16.1	19.2	20.3	5.0	1.6	2.1	2.5	2.6	0.6
城市化率	2006	41	81	90	75	66	29	2.0	2.2	1.8	1.6	0.7
平均预期寿命	2006	72	78	79	79	82	64	1.1	1.1	1.1	1.1	0.9
婴儿死亡率	2006	20	6	5	4	3	57	0.3	0.2	0.2	0.1	2.9
医生比例	2005	1.5	2.3	2.2	3.4	2.1	0.6	1.5	1.5	2.3	1.4	0.4
公共卫生费比例	2005	1.8	7.2	7.1	8.2	6.7	1.0	4.0	3.9	4.5	3.7	0.5
公费医疗比例	2005	39	45	87	77	82	19	1.2	2.2	2.0	2.1	0.5
公共教育费比例	2005	2.8	5.6	5.4	4.6	3.7	3.8	2.0	1.9	1.6	1.3	1.3
义务教育普及率	2006	76	94	105	100	102	54	1.2	1.4	1.3	1.3	0.7
大学普及率	2005	21	82	59	—	55	11	3.9	2.8	—	2.6	0.5
人均购买力	2006	4660	44 070	33 650	32 680	32 840	2460	9.5	7.2	7.0	7.0	0.5
高度贫困率	2004	2.1	—	—	—	—	7.9	—	—	—	—	3.8
基尼系数	2005	47	41	36	28	36	37	0.9	0.8	0.6	0.8	0.8
贫富收入差距	2005	22	16	14	7	5	9	0.7	0.6	0.3	0.2	0.4
养老保险覆盖率	2005	21	91	94	88	94	9	4.4	4.6	4.3	4.6	0.4
社保费用比例	2001	4	15	22	29	17	3	4.2	6.2	8.0	4.9	0.7
每周工作小时	2001	8	34	40	38	36	47	4.3	5.0	4.8	4.4	5.8
每年休闲天数	2002	125	142	107	118	135	94	1.1	0.9	0.9	1.1	0.8
(3) 政治												
民主化程度	2005	2.46	2.95	2.59	2.60	2.38	2.59	1.2	1.1	1.1	1.0	1.1
政府收入比例	2005	10	18	37	29		13	1.9	3.9	3.0	0.0	1.3
政府消费比例	2005	14	16	22	19	18	11	1.1	1.5	1.3	1.2	0.8
政府债务比例	2005	12	48	50	44		62	4.1	4.3	3.8	0.0	5.3
国防经费比例	2006	1.9	4.1	2.6	1.3	0.9	2.7	2.1	1.3	0.7	0.5	1.4
军事人员比例	2006	0.5	1.0	0.6	0.6	0.4	0.6	2.1	1.3	1.3	0.8	1.3
人均外国援助	2006	1	—	—	—	—	1	—	—	—	—	1.3

附表 1-22　中国六个领域现代化指标的国际比较　（续表）

领域和指标	年	中国	美国	英国	德国	日本	印度	美国/中国	英国/中国	德国/中国	日本/中国	印度/中国
外国援助比例	2006	0.0	—	—	—	—	0.2	—	—	—	—	3.2
(4) 文化												
科技投入比例	2005	1.3	2.7	1.7	2.5	3.2	0.6	2.0	1.3	1.9	2.4	0.5
科技论文比例	2005	0.3	6.9	7.6	5.4	4.3	0.1	21.7	23.7	16.8	13.6	0.4
发明专利比例	2005	0.7	6.8	2.9	5.8	28.1	0.1	9.6	4.1	8.1	39.4	0.1
信教人口比例	2006	50.2	88.7	86.5	76.9	87.0	98.6	1.8	1.7	1.5	1.7	2.0
妇女就业比例	2005	41	48	49	47	41	18	1.2	1.2	1.1	1.0	0.4
妇女避孕率	2005	87	64	84	75	—	—	0.7	1.0	0.9	—	—
成人识字率	2006	91	99	97	99	99	61	1.1	1.1	1.1	1.1	0.7
电话普及率	2006	28	57	55	66	43	4	2.0	2.0	2.3	1.5	0.1
电视普及率	2005	89	99	98	98	99	32	1.1	1.1	1.1	1.1	0.4
互联网普及率	2006	10	69	55	47	69	5	6.7	5.3	4.5	6.6	0.5
日报发行比例	2004	74	194	292	267	551	73	2.6	4.0	3.6	7.4	1.0
图书出版比例	1999	11.3	25	189	95	45	1.4	2.2	16.8	8.4	4.0	0.1
出境旅游比例	2006	3	21	115	86	14	1	8.1	43.6	32.8	5.2	0.3
人均文化贸易	2005	51	434	868	1098	198	9	8.4	16.9	21.3	3.9	0.2
(5) 个人												
青少年识字率	2005	99	—	—	—	—	76	—	—	—	—	0.8
青少女生育率	2006	7	43	24	10	3	63	6.1	3.5	1.4	0.5	9.1
童工比例	2005	—	—	—	—	—	5	—	—	—	—	—
劳动力素质	2005	7	60	30	25	40	—	8.2	4.1	3.4	5.4	—
总和生育率	2006	1.8	2.1	1.9	1.3	1.3	2.5	1.2	1.0	0.8	0.7	1.4
艾滋病感染率	2005	0.1	0.6	0.2	0.1	0.1	0.9	7.4	2.5	1.5	1.2	11.3
离婚率	2002	15	48	55	51	38	—	3.2	3.7	3.4	2.6	—
成人吸烟率	2005	67	24	27	37	47	47	0.4	0.4	0.6	0.7	0.7
犯罪率	2000	50.7	468	90	65	39	—	9.2	1.8	1.3	0.8	—
轿车普及率	2005	15	461	457	550	441	8	30.7	30.5	36.7	29.4	0.5
移动电话普及率	2006	35	78	115	102	80	15	2.2	3.3	2.9	2.3	0.4
宽带网普及率	2006	4	19	21	17	20	0	5.0	5.5	4.4	5.2	0.1
(6) 自然环境												
人均耕地面积	2005	0.11	0.59	0.10	0.14	0.03	0.15	5.4	0.9	1.3	0.3	1.3
森林覆盖率	2005	21	33	12	32	68	23	1.6	0.6	1.5	3.2	1.1
国家保护区比例	2004	12	16	25	32	14	5	1.4	2.1	2.7	1.2	0.4
人均能源消费	2005	1316	7893	3884	4180	4152	491	6.0	3.0	3.2	3.2	0.4
化石能源消费比例	2005	84	86	89	83	82	68	1.0	1.1	1.0	1.0	0.8
能源消费密度	2005	0.91	0.21	0.14	0.18	0.11	0.83	0.2	0.2	0.2	0.1	0.9
CO_2 排放密度	2004	2.9	0.6	0.4	0.4	0.3	2.3	0.2	0.1	0.1	0.1	0.8
有机废水排放密度	2004	1.71	0.07	0.08	0.18	0.09	1.10	0.0	0.0	0.1	0.1	0.6
生活废水处理率	2006	44	71	97	93	69	—	1.6	2.2	2.1	1.6	—
废纸循环利用率	2002	—	45	48	72	65	—	—	—	—	—	—
安全饮水普及率	2004	77	100	100	100	100	86	1.3	1.3	1.3	1.3	1.1
空气可吸入颗粒物浓度	2005	75	22	16	19	31	68	0.3	0.2	0.3	0.4	0.9
(7) 国际环境												
国际战争频率	—	—	—	—	—	—	—	—	—	—	—	—
国际债务比例	2005	12	—	—	—	—	15	—	—	—	—	1.2
人均国际贸易	2005	1187	11 207	21 049	25 765	9719	321	9.4	17.7	21.7	8.2	0.3
国际贸易比例	2005	69	27	57	76	27	44	0.4	0.8	1.1	0.4	0.6
人均外国投资	2006	60	603	2308	527	−53	16	10.1	38.8	8.9	−0.9	0.3
外国投资比例	2006	3.0	1.4	5.9	1.5	−0.2	1.9	0.5	2.0	0.5	−0.1	0.6
国际组织数量	2004	6297	6278	7865	6265	3733	3191	1.0	1.2	1.0	0.6	0.5
国际移民比例	2005	0.0	13	9	12	2	1	283.3	196.7	269.4	35.1	11.4
人均互联网带宽	2005	104	3307	13 062	6864	1038	18	31.7	125.2	65.8	9.9	0.2
人均国际通话	2005	7	279	262		43	3	38.2	35.8	0.0	5.9	0.4

附表 1-23　21 世纪中国六个领域现代化的情景分析

领域和指标	1980～2005 年年均增长率	年均增长率	2005	2010	2020	2030	2040	2050	2060	2070	2080	2090	2100	备注
(1) 经济														
GDP/千亿	10.42	10.42	22	37	99	223	456	849	1440	2328	3764	6381	10 818	有调整
人均 GDP/千美元	9.17	9.17	2	3	6	14	28	51	85	140	232	384	636	有调整
人均 GDP(PPP)/千国际美元	8.57	8.57	3	4	10	21	40	69	107	152	216	307	435	有调整
人均国民收入/千美元	8.62	8.62	2	3	6	13	24	41	71	123	213	367	635	有调整
农业增加值比例	−3.44	−3.44	13	11	7.4	5.2	3.7	2.6	2.2	1.9	1.7	1.6	1.5	有调整
工业增加值比例	−0.08	—	48	44	34	27	25	22	18	17	16	15	15	
服务业增加值比例	2.53	2.53	40	45	58	68	71	75	80	81	82	83	83	有调整
农业劳动力比例	−1.70	−4.00	45	37	24	16	11	7	5	3	2	2	2	有调整
工业劳动力比例	1.08	—	24	26	23	24	24	24	22	21	18	16	15	
服务业劳动力比例	3.56	3.56	31	37	53	60	65	69	73	76	80	82	83	有调整
(2) 社会														
人口	1.15	—	1305	1342	1400	1447	1484	1512	1535	1552	1565	1576	1584	
人口自然增长率	−2.65	−2.65	0.6	0.56	0.43	0.33	0.25	0.19	0.15	0.11	0.09	0.07	0.05	
老龄人口比例	1.93	1.93	7.7	8	10	12	15	18	22	26	32	39	47	
城市人口比例	2.94	2.00	40	45	54	66	81	90	90	90	90	90	90	有调整
平均预期寿命	0.29	0.29	72	73	75	77	79	82	84	87	89	92	94	
婴儿死亡率	−2.66	−2.66	21	19	14	11	8	6	5	4	3	2	2	
医生比例	0.99	0.99	1.5	2	2	2	2	2	3	3	3	3	4	
公共卫生费比例	−0.10	3.00	1.8	2.1	2.8	3.8	5.1	6.9	8.4	10.2	12.5	15.2	18.6	有调整
公共教育费比例	0.46	2.00	2.8	3.1	3.8	4.6	5.6	6.9	7.6	8.4	9.3	10.2	11.3	有调整
大学普及率	10.57	5.00	21.0	27	44	65	79	87	96	100	100	100	100	有调整
人均购买力/千国际美元	11.85	9.00	4	6	15	29	53	86	140	228	371	605	985	有调整
每周工作小时	—	−0.20	8.0	7.9	7.8	7.6	7.5	7.3	7.2	7.0	6.9	6.7	6.6	
(3) 政治														
政府消费比例	−0.14	−0.14	14	14	14	14	14	14	13	13	13	13	13	
政府债务比例	—	—	—	—	—	—	—	—	—	—	—	—	—	
(4) 文化														
科技论文比例	—	—	0.3	—	—	—	—	—	—	—	—	—	—	
发明专利比例	—	—	0.7	—	—	—	—	—	—	—	—	—	—	
电话普及率	21.23	5.00	27	34	56	91	100	100	100	100	100	100	100	有调整
电视普及率	16.62	2.00	89	98	100	100	100	100	100	100	100	100	100	有调整
互联网普及率	—	—	9	—	—	—	—	—	—	—	—	—	—	
日报发行比例	—	—	74	—	—	—	—	—	—	—	—	—	—	
出境旅游比例	—	—	2	—	—	—	—	—	—	—	—	—	—	
人均文化贸易	—	—	51	—	—	—	—	—	—	—	—	—	—	
(5) 个人														
劳动力素质	8.30	5.00	7	9	15	25	40	59	66	73	80	89	98	有调整
总和生育率	−1.34	−1.34	1.8	1.7	1.5	1.3	1.1	1.0	0.9	0.8	0.7	0.6	0.5	
离婚率	—	—	22	—	—	—	—	—	—	—	—	—	—	
轿车普及率	—	—	15	—	—	—	—	—	—	—	—	—	—	
移动电话普及率	—	—	42	—	—	—	—	—	—	—	—	—	—	
(6) 自然环境														
人均耕地面积	0.43	0.10	0.11	0.11	0.11	0.11	0.11	0.11	0.12	0.12	0.12	0.12	0.12	
国家保护区比例	—	—	12	—	—	—	—	—	—	—	—	—	—	
人均能源消费	3.12	3.12	1316	1535	2088	2841	3864	5256	7150	9726	13 229	17 995	24 479	
化石能源消费比例	0.79	0.10	84	85	85	86	87	88	89	90	91	92	93	
能源消费密度	−5.00	−5.00	0.91	0.70	0.42	0.25	0.15	0.09	0.05	0.03	0.02	0.01	0.01	
CO_2 排放密度	−3.99	−3.99	2.92	2.38	1.59	1.06	0.70	0.47	0.31	0.21	0.14	0.09	0.06	
有机废水排放密度	−5.33	−5.33	1.71	1.30	0.75	0.44	0.25	0.15	0.08	0.05	0.03	0.02	0.01	
生活废水处理率	—	—	37	—	—	—	—	—	—	—	—	—	—	
空气可吸入颗粒物浓度	—	—	75	—	—	—	—	—	—	—	—	—	—	
(7) 国际环境														
人均国际贸易/千美元	14.32	10.00	1	2	5	13	33	87	224	582	1510	3917	10 160	
国际贸易比例	4.72	1.00	69	73	80	89	98	108	119	132	146	161	178	
人均外国投资	32.05	10.00	61	98	253	657	1705	4421	11 468	29 744	77 149	200 105	519 022	
外国投资比例	20.96	3.00	3.5	4	5	7	10	13	18	24	32	44	58	
国际移民比例	1.43	1.43	0.05	0.05	0.06	0.07	0.07	0.09	0.10	0.11	0.13	0.15	0.18	
人均国际通话	—	—	7	—	—	—	—	—	—	—	—	—	—	

附表 1-23　21 世纪中国六个领域现代化的情景分析　　（续表）

领域和指标	1990～2005 年年均增长率	年均增长率	2005	2010	2020	2030	2040	2050	2060	2070	2080	2090	2100	备注
(1) 经济														
GDP/千亿	13.09	13.09	22	42	99	216	428	772	1268	2083	3421	5619	9229	有调整
人均 GDP/千美元	12.04	12.04	2	3	7	16	31	56	91	149	243	398	651	有调整
人均 GDP(PPP)/千国际美元	9.15	9.15	3	5	10	20	36	60	90	136	204	306	459	有调整
人均国民收入/千美元	11.95	11.95	2	3	7	15	30	54	88	142	230	374	606	有调整
农业增加值比例	−4.99	−4.99	13	10	5.8	3.5	2.1	1.5	1.4	1.3	1.1	1.0	0.9	有调整
工业增加值比例	0.89		48	47	43	37	28	24	19	18	17	16	16	
服务业增加值比例	1.63	1.63	40	43	51	60	70	75	80	81	82	83	83	有调整
农业劳动力比例	−1.94	−5.00	45	35	21	12	7	4	3	2	2	2	2	有调整
工业劳动力比例	0.71		24	28	26	25	26	25	23	19	14	14	13	
服务业劳动力比例	3.59	3.59	31	37	53	62	66	70	74	79	84	84	85	有调整
(2) 社会														
人口	0.93	0.93	1305	1337	1375	1397	1410	1418	1422	1424	1426	1427	1427	
人口自然增长率	−5.37	−5.37	0.6	0.49	0.28	0.16	0.09	0.05	0.03	0.02	0.01	0.01	0.00	
老龄人口比例	2.30	2.00	7.7	8	10	13	15	19	23	28	34	41	50	
城市人口比例	2.62	2.62	40	46	60	77	90	90	90	90	90	90	90	有调整
平均预期寿命	0.28	0.28	72	73	75	77	79	81	84	86	89	91	94	
婴儿死亡率	−3.76	−3.76	21	18	12	8	6	4	3	2	1	1	1	
医生比例	−0.17	0.50	1.5	1.5	1.6	1.7	1.8	1.9	2.0	2.1	2.2	2.3	2.4	
公共卫生费比例	−0.40	2.00	1.8	2.0	2.5	3.0	3.6	4.4	5.4	6.6	8.1	9.8	12.0	
公共教育费比例	1.24	1.24	2.8	3.0	3.4	3.8	4.3	4.9	5.6	6.3	7.1	8.1	9.1	
大学普及率	13.92	4.00	21	26	38	51	68	83	92	97	100	100	100	有调整
人均购买力/千国际美元	11.53	11.53	4	7	15	28	47	74	115	178	278	432	673	有调整
每周工作小时	—	−0.10	8.0	8.0	7.9	7.8	7.7	7.6	7.6	7.5	7.4	7.3	7.3	
(3) 政治														
政府消费比例	0.11	0.11	14	15	15	15	15	15	15	16	16	16	16	
政府债务比例	—	—	—	—	—	—	—	—	—	—	—	—	—	
(4) 文化														
科技论文比例	12.38	12.38	0.3	0.6	1.1	2.0	3.0	4.6	5.9	7.4	7.7	8.0	8.3	有调整
发明专利比例	—	3.00	0.7	1	1	1	2	3	4	5	7	9	12	
电话普及率	28.80	4.00	27	33	48	72	100	100	100	100	100	100	100	有调整
电视普及率	3.41	2.00	89	98	100	100	100	100	100	100	100	100	100	有调整
互联网普及率	—	10.00	9	14	32	70	85	94	100	100	100	100	100	有调整
日报发行比例	3.80	3.80	74	89	129	188	272	395	574	832	1208	1754	2545	
出境旅游比例	13.10	13.10	2	4	12	25	41	56	69	77	86	96	97	有调整
人均文化贸易	7.64	7.64	51	74	155	324	677	1414	2952	6165	12 875	26 886	56 145	
(5) 个人														
劳动力素质	9.45	4.00	7	9	13	19	29	43	63	70	77	85	94	有调整
总和生育率	−0.97	−0.97	1.8	1.7	1.6	1.4	1.3	1.2	1.1	1.0	0.9	0.8	0.7	
离婚率	6.53	6.53	22	30	38	45	47	49	52	55	58	61	65	有调整
轿车普及率	16.96	10.00	15	24	57	123	243	435	530	586	616	647	680	有调整
移动电话普及率	94.97	5.00	42	53	79	106	129	142	149	157	165	174	182	有调整
(6) 自然环境														
人均耕地面积	0.05	−0.10	0.11	0.11	0.11	0.11	0.11	0.11	0.10	0.10	0.10	0.10	0.10	
国家保护区比例	—	0.50	12	12	13	13	14	15	16	16	17	18	19	
人均能源消费	3.73	3.73	1316	1580	2279	3285	4736	6827	9843	14 190	20 458	29 494	42 520	
化石能源消费比例	0.73	0.05	84	84	85	85	86	86	87	87	87	88	88	
能源消费密度	−4.97	−2.50	0.91	0.80	0.62	0.48	0.37	0.29	0.23	0.17	0.14	0.11	0.08	
CO_2 排放密度	−4.01	−2.00	2.92	2.64	2.16	1.76	1.44	1.18	0.96	0.79	0.64	0.52	0.43	
有机废水排放密度	−7.79	−3.00	1.71	1.47	1.08	0.80	0.59	0.43	0.32	0.24	0.17	0.13	0.09	
生活废水处理率	—	2.00	37	41	50	61	75	91	100	100	100	100	100	有调整
空气可吸入颗粒物浓度	−2.76	−2.76	75	65	49	37	28	21	16	12	9	7	5	
(7) 国际环境														
人均国际贸易/千美元	17.27	10.00	1	2	5	10	19	34	56	83	123	182	269	有调整
国际贸易比例	4.67	1.50	69	74	86	100	116	135	157	182	211	245	284	
人均外国投资	22.00	5.00	61	77	126	205	335	545	888	1446	2355	3837	6250	
外国投资比例	8.89	2.00	3.5	4	5	6	7	9	10	13	16	19	23	
国际移民比例	2.09	2.09	0.05	0.05	0.06	0.08	0.09	0.12	0.14	0.18	0.22	0.27	0.33	
人均国际通话	—	5.00	7	9	15	25	40	66	107	174	284	463	754	

注：人均 GDP(PPP)单位为 1990 年价格国际美元。有调整指年均增长率根据历史数据、国际经验和发展趋势进行了调整。GDP、人均 GDP、人均国民收入和人均购买力的调整方案为：按 1980～2005 年的年均增长率计算，从 2020 年后开始调整；按 1990～1005 年的年均增长率计算，从 2010 年后开始调整；调整方法为：年均增长率调整为 7%～9%，然后每 10 年年均增长率下调 1 个百分点，直至 4%～5%。

附表 1-24 1970～2005 年世界第二次现代化指数和排名(以 2005 年为基准值)

国家	编号	指数					排名				
		1970	1980	1990	2000	2005	1970	1980	1990	2000	2005
瑞典	1	55	72	82	98	112	2	2	3	2	1
美国	2	67	75	87	101	111	1	1	1	1	2
芬兰	3	44	60	75	94	106	19	14	8	4	5
澳大利亚	4	50	57	70	88	103	11	17	13	9	6
瑞士	5	50	62	81	89	100	12	10	4	6	9
挪威	6	48	61	75	91	106	13	12	6	5	4
日本	7	55	68	85	94	102	3	5	2	3	7
丹麦	8	53	59	73	88	107	7	15	10	8	3
德国	9	52	61	73	88	89	8	11	11	7	19
荷兰	10	53	63	71	85	96	5	9	12	11	13
加拿大	11	54	63	77	85	101	4	8	5	12	8
新加坡	12	33	38	56	81	97	27	32	24	16	11
英国	13	51	60	68	82	94	9	13	15	14	16
法国	14	47	58	73	83	97	16	16	9	13	12
比利时	15	48	64	69	85	97	14	6	14	10	10
奥地利	16	37	50	64	79	95	23	26	17	17	15
新西兰	17	43	56	61	77	93	20	18	19	19	18
韩国	18	24	33	53	82	94	44	37	32	15	17
以色列	19	46	70	63	78	95	18	3	18	18	14
意大利	20	32	45	60	70	79	30	28	20	20	22
爱尔兰	21	35	42	55	69	85	26	30	25	22	20
西班牙	22	28	50	54	69	84	35	25	27	21	21
爱沙尼亚	23	—	—	57	60	77	—	—	22	28	24
斯洛文尼亚	24	—	—	58	65	77	—	—	21	23	25
乌拉圭	25	32	37	54	52	54	32	34	26	39	43
俄罗斯	26	—	—	75	61	71	—	—	7	27	28
斯洛伐克	27	—	—	53	55	66	—	—	29	35	33
希腊	28	27	47	51	62	78	37	27	35	25	23
匈牙利	29	50	53	45	55	68	10	21	43	34	30
捷克	30	—	70	65	60	73	—	4	16	30	26
葡萄牙	31	24	29	42	62	73	46	44	48	26	27
白俄罗斯	32	—	—	57	51	57	—	—	23	40	41
拉脱维亚	33	—	54	51	54	68	—	20	34	36	31
立陶宛	34	—	—	53	56	69	—	—	30	33	29
格鲁吉亚	35	—	50	47	38	52	—	24	39	66	46
乌克兰	36	35	—	53	51	59	24	—	31	41	38
保加利亚	37	46	63	53	49	57	17	7	28	42	40
黎巴嫩	38	47	53	36	58	62	15	22	58	31	37
哈萨克斯坦	39	—	—	46	39	47	—	—	40	61	55
波兰	40	53	54	42	53	62	6	19	49	37	36
阿根廷	41	40	35	42	57	58	22	35	46	32	39
巴拿马	42	33	38	42	43	44	29	33	47	50	61
克罗地亚	43	—	—	50	53	63	—	—	37	38	35
沙特阿拉伯	44	22	39	43	63	68	53	31	45	24	32
哥伦比亚	45	20	26	37	39	39	59	53	54	62	70
科威特	46	41	52	52	60	65	21	23	33	29	34
智利	47	32	32	36	47	55	31	38	59	43	42
马其顿	48	—	—	41	40	45	—	—	50	56	59
阿塞拜疆	49	—	—	51	46	39	—	—	36	46	73
摩尔多瓦	50	—	—	44	39	39	—	—	44	64	74
罗马尼亚	51	35	43	36	40	48	25	29	57	59	51
委内瑞拉	52	27	30	34	43	49	38	41	62	51	49
乌兹别克斯坦	53	—	—	49	36	39	—	—	38	69	75
多米尼加	54	27	28	31	47	52	40	46	68	44	45
亚美尼亚	55	—	—	45	40	40	—	—	42	58	68
巴拉圭	56	21	28	35	42	32	58	47	60	53	85
哥斯达黎加	57	27	27	31	40	46	39	50	67	60	57
巴西	58	28	27	37	44	47	36	51	56	48	52
墨西哥	59	24	30	38	42	47	45	43	52	52	54
博茨瓦纳	60	13	19	25	32	34	99	83	82	79	82
秘鲁	61	23	23	33	39	43	52	63	64	63	63
牙买加	62	23	30	26	35	54	50	42	80	73	44
约旦	63	32	35	37	46	51	33	36	55	45	47
南非	64	33	28	33	40	41	28	48	65	57	67
土耳其	65	20	23	29	39	43	60	60	71	65	62
厄瓜多尔	66	20	32	29	36	41	64	40	70	70	66
伊朗	67	19	29	28	35	42	71	45	73	71	65
蒙古	68	47	—	38	35	42	—	—	53	72	64
摩洛哥	69	20	23	26	29	39	66	59	81	83	71
马来西亚	70	24	26	27	41	48	47	52	77	54	50

附表 1-24 1970～2005 年世界第二次现代化指数和排名(以 2005 年为基准值) （续表）

国家	编号	指数					排名				
		1970	1980	1990	2000	2005	1970	1980	1990	2000	2005
萨尔瓦多	71	21	22	31	43	47	57	69	66	49	53
埃及	72	22	23	28	36	49	54	62	75	68	48
中国	73	20	22	24	32	40	61	68	88	78	69
阿尔及利亚	74	17	25	29	33	36	79	55	69	75	79
土库曼斯坦	75	—	—	45	45	28	—	—	41	47	90
突尼斯	76	20	24	23	36	47	63	56	89	67	56
阿尔巴尼亚	77	30	32	28	41	45	34	39	74	55	60
吉尔吉斯斯坦	78	—	—	41	32	32	—	—	51	76	84
塔吉克斯坦	79	—	—	34	29	28	—	—	63	84	88
玻利维亚	80	23	25	34	32	34	51	54	61	77	81
缅甸	81	25	22	19	25	12	41	65	98	91	130
菲律宾	82	25	21	24	31	34	43	71	87	81	80
泰国	83	19	22	21	33	39	70	66	93	74	72
纳米比亚	84	22	21	27	31	32	56	70	78	80	83
津巴布韦	85	18	19	25	25	27	74	82	84	88	92
洪都拉斯	86	19	24	26	28	38	67	58	79	85	76
尼加拉瓜	87	24	22	24	27	37	48	64	86	86	77
越南	88	—	—	18	25	29	—	—	103	90	86
肯尼亚	89	16	21	21	24	21	85	73	92	93	106
斯里兰卡	90	23	18	27	27	29	49	89	76	87	87
刚果共和国	91	22	28	23	20	21	55	49	91	106	107
印度尼西亚	92	16	18	23	24	28	86	86	90	92	91
赞比亚	93	14	18	16	19	20	97	84	113	109	111
危地马拉	94	17	21	24	25	36	81	72	85	89	78
毛里塔尼亚	95	14	21	19	22	23	96	74	99	99	100
科特迪瓦	96	16	21	18	22	23	84	75	104	98	99
印度	97	17	18	20	23	28	78	90	95	96	89
巴基斯坦	98	14	15	16	20	23	89	100	115	105	98
莱索托	99	14	20	17	18	17	91	79	106	111	114
柬埔寨	100	—	—	—	21	18	—	—	—	102	113
喀麦隆	101	16	19	20	23	19	87	80	94	94	112
厄立特里亚	102	—	—	—	20	21	—	—	—	104	108
叙利亚	103	25	24	28	30	46	42	57	72	82	58
加纳	104	18	20	20	21	23	73	78	96	100	102
乍得	105	14		18	16	15	95	—	102	120	125
莫桑比克	106	17	14	13	15	16	80	103	125	122	121
几内亚	107	18	18	16	18	20	77	85	116	110	109
也门共和国	108	8	—	25	23	25	108	—	83	95	94
巴布亚新几内亚	109	14	16	16	17	17	90	94	114	114	115
海地	110	12	15	11	20	24	102	98	129	103	97
尼泊尔	111	14	14	16	19	17	92	105	111	107	116
塞内加尔	112	19	20	19	16	24	72	77	97	115	96
塞拉利昂	113	14	16	17	15	16	93	95	108	123	123
刚果民主共和国	114	15	16	15	14	15	88	93	120	126	126
老挝	115	18	23	15	21	23	76	61	118	101	101
马拉维	116	12	15	12	15	16	101	99	127	121	120
多哥	117	20	18	19	18	20	62	87	101	112	110
马达加斯加	118	17	15	19	15	16	82	96	100	124	119
马里	119	12	14	14	17	22	100	102	121	113	104
尼日利亚	120	14	17	18	16	22	94	91	105	119	105
孟加拉国	121	12	14	17	22	24	103	104	107	97	95
坦桑尼亚	122	20	19	14	16	16	65	81	122	118	117
贝宁	123	16	18	16	19	22	83	88	110	108	103
尼日尔	124	12	15	14	15	12	105	97	123	125	131
安哥拉	125	19	22	15	16	16	69	67	119	117	118
乌干达	126	19	21	15	16	27	68	76	117	116	93
中非	127	13	15	16	12	16	98	101	112	129	122
布基纳法索	128	11	13	17	12	13	106	106	109	127	129
埃塞俄比亚	129	18	17	13	10	13	75	92	124	131	128
布隆迪	130	11	12	11	12	15	107	107	128	128	124
卢旺达	131	12	12	12	10	14	104	108	126	130	127
高收入国家		56	66	77	92	100					
中等收入国家		19	23	27	36	42					
低收入国家		13	16	17	20	22					
世界平均		32	36	38	45	49					

附表 1-25　1970～2005 年世界综合现代化指数和排名(以 2005 年为参考值)

国家	编号	指数					排名				
		1970	1980	1990	2000	2005	1970	1980	1990	2000	2005
瑞典	1	58	75	81	91	100	5	1	3	2	1
美国	2	64	72	82	94	98	2	3	2	1	3
芬兰	3	45	58	74	84	94	23	25	8	9	8
澳大利亚	4	55	60	71	82	95	9	19	15	10	6
瑞士	5	53	64	84	86	96	13	13	1	6	4
挪威	6	53	65	79	86	95	12	9	4	7	5
日本	7	52	64	78	86	94	15	14	5	5	9
丹麦	8	61	66	78	88	99	3	7	6	3	2
德国	9	66	67	74	87	94	1	5	9	4	7
荷兰	10	54	64	73	85	93	10	11	11	8	13
加拿大	11	59	66	73	78	91	4	6	10	15	15
新加坡	12	42	47	57	74	88	26	47	27	19	16
英国	13	58	63	72	81	94	6	15	12	12	11
法国	14	52	65	76	81	94	14	10	7	13	10
比利时	15	52	60	71	80	93	16	18	14	14	14
奥地利	16	46	58	71	82	94	20	23	16	11	12
新西兰	17	57	58	64	74	86	7	24	19	18	17
韩国	18	35	41	55	75	83	38	58	30	17	22
以色列	19	54	65	69	77	84	11	8	17	16	21
意大利	20	46	59	71	73	84	19	21	13	20	20
爱尔兰	21	43	50	61	70	85	24	41	20	21	18
西班牙	22	45	56	64	70	84	22	27	18	22	19
爱沙尼亚	23	—	60	53	57	72	—	20	32	28	25
斯洛文尼亚	24	—	52	61	61	75	—	36	21	26	24
乌拉圭	25	41	51	59	59	61	29	39	26	27	36
俄罗斯	26	—	73	60	53	63	—	2	22	35	33
斯洛伐克	27	30	45	41	49	61	45	52	58	43	37
希腊	28	42	54	60	64	77	27	29	23	24	23
匈牙利	29	47	47	45	53	67	18	46	45	33	29
捷克	30	—	64	59	55	68	—	12	25	31	27
葡萄牙	31	36	44	54	62	72	35	54	31	25	26
白俄罗斯	32	39	61	57	42	56	31	17	28	56	40
拉脱维亚	33	—	50	48	54	68	—	40	39	32	28
立陶宛	34	—	59	59	51	65	—	22	24	38	31
格鲁吉亚	35	—	48	50	41	45	—	44	37	59	65
乌克兰	36	—	63	52	42	56	—	16	34	57	41
保加利亚	37	43	49	47	46	55	25	43	40	50	46
黎巴嫩	38	57	70	42	55	62	8	4	56	30	35
哈萨克斯坦	39	—	57	46	40	47	—	26	44	60	62
波兰	40	50	52	44	52	61	17	33	47	37	38
阿根廷	41	46	53	56	64	65	21	30	29	23	30
巴拿马	42	35	47	45	53	55	39	45	46	34	44
克罗地亚	43	—	46	53	52	63	—	51	33	36	32
沙特阿拉伯	44	24	44	41	47	53	63	53	59	49	50
哥伦比亚	45	31	40	41	45	47	44	60	57	52	64
科威特	46	41	53	51	55	62	28	32	36	29	34
智利	47	37	46	44	51	57	33	48	49	40	39
马其顿	48	—	55	49	42	47	—	28	38	55	59
阿塞拜疆	49	—	53	46	37	38	—	31	41	71	76
摩尔多瓦	50	—	52	46	38	47	—	34	42	66	60
罗马尼亚	51	36	35	34	38	48	34	65	73	69	57
委内瑞拉	52	39	42	44	47	55	30	56	50	48	48
乌兹别克斯坦	53	—	51	51	30	32	—	37	35	87	86
多米尼加	54	33	32	38	49	56	40	73	69	44	43
亚美尼亚	55	—	52	40	38	42	—	35	61	68	69
巴拉圭	56	30	34	39	37	36	46	66	65	70	81
哥斯达黎加	57	31	46	44	48	55	43	50	48	45	45
巴西	58	31	42	42	48	52	42	57	53	46	52
墨西哥	59	39	44	42	51	54	32	55	55	39	49
博茨瓦纳	60	17	18	30	33	39	92	118	80	78	74
秘鲁	61	32	36	46	47	53	41	63	43	47	51
牙买加	62	25	35	23	38	49	60	64	96	67	54
约旦	63	35	39	40	50	55	37	62	62	42	47
南非	64	36	32	38	39	42	36	72	66	63	68
土耳其	65	26	32	38	42	49	54	75	67	54	56
厄瓜多尔	66	28	39	41	39	45	50	61	60	65	66
伊朗	67	25	30	36	33	41	59	79	70	77	71
蒙古	68	—	51	40	45	50	—	38	63	51	53
摩洛哥	69	23	33	35	35	41	67	68	71	73	70
马来西亚	70	24	27	33	44	49	65	87	74	53	55

附表 1-25 1970～2005 年世界综合现代化指数和排名(以 2005 年为参考值) (续表)

国家	编号	指数					排名				
		1970	1980	1990	2000	2005	1970	1980	1990	2000	2005
萨尔瓦多	71	26	33	38	51	47	53	70	68	41	61
埃及	72	29	33	34	39	47	47	69	72	62	63
中国	73	16	18	24	30	37	93	117	91	88	79
阿尔及利亚	74	25	32	31	35	38	56	74	77	74	77
土库曼斯坦	75	—	49	42	42	56	—	42	54	58	42
突尼斯	76	23	29	31	39	48	68	82	75	64	58
阿尔巴尼亚	77	28	26	23	33	38	48	88	93	81	75
吉尔吉斯斯坦	78	—	46	43	34	36	—	49	52	76	80
塔吉克斯坦	79	—	41	39	25	28	—	59	64	95	92
玻利维亚	80	27	32	44	40	40	52	71	51	61	73
缅甸	81	25	30	22	25	25	58	81	103	93	99
菲律宾	82	26	28	31	36	41	55	84	76	72	72
泰国	83	21	25	26	31	36	71	90	85	85	82
纳米比亚	84	—	27	29	33	33	—	85	81	82	83
津巴布韦	85	21	20	24	24	26	73	107	89	100	96
洪都拉斯	86	22	29	29	33	33	70	83	82	80	84
尼加拉瓜	87	28	30	26	32	33	49	80	86	83	85
越南	88	—	20	18	22	26	—	108	116	104	95
肯尼亚	89	20	24	24	19	20	77	92	92	114	112
斯里兰卡	90	22	22	27	29	28	69	99	83	89	91
刚果共和国	91	25	30	27	24	25	57	78	84	98	101
印度尼西亚	92	17	24	23	26	29	89	93	94	90	90
赞比亚	93	18	19	16	18	18	82	115	122	116	120
危地马拉	94	24	34	30	34	37	61	67	79	75	78
毛里塔尼亚	95	14	23	22	23	24	99	95	100	101	103
科特迪瓦	96	20	27	22	32	32	81	86	102	84	87
印度	97	18	21	25	26	29	86	102	88	92	89
巴基斯坦	98	20	22	23	25	29	76	100	97	94	88
莱索托	99	14	21	19	17	17	98	101	110	124	123
柬埔寨	100	—	—	22	19	20	—	—	101	113	113
喀麦隆	101	21	22	23	26	25	72	98	98	91	100
厄立特里亚	102	—	—	—	21	21	—	—	—	108	111
叙利亚	103	27	31	30	31	44	51	76	78	86	67
加纳	104	23	20	21	19	21	66	105	106	112	110
乍得	105	17	31	24	18	16	90	77	90	115	130
莫桑比克	106	13	13	15	18	20	101	127	128	120	115
几内亚	107	11	19	19	21	21	103	110	111	107	109
也门共和国	108	—	20	25	23	24	—	106	87	102	104
巴布亚新几内亚	109	14	16	18	25	23	97	125	113	96	105
海地	110	20	19	15	33	26	79	113	126	79	97
尼泊尔	111	15	11	15	20	20	95	129	127	111	116
塞内加尔	112	24	24	23	24	27	64	91	95	97	93
塞拉利昂	113	14	16	21	14	25	96	124	108	131	98
刚果民主共和国	114	17	19	16	20	17	88	112	121	110	125
老挝	115	16	21	15	18	20	94	104	123	119	114
马拉维	116	12	16	13	16	17	102	123	129	128	126
多哥	117	24	19	22	22	19	62	116	99	103	117
马达加斯加	118	20	23	21	21	23	74	96	105	105	107
马里	119	11	14	17	18	23	105	126	120	117	108
尼日利亚	120	20	17	18	17	19	75	119	117	125	118
孟加拉国	121	18	19	21	24	27	83	111	107	99	94
坦桑尼亚	122	20	26	17	17	16	78	89	118	123	129
贝宁	123	20	21	20	21	23	80	103	109	106	106
尼日尔	124	11	17	17	17	18	104	122	119	122	122
安哥拉	125	18	23	18	16	18	84	97	115	126	119
乌干达	126	18	20	18	20	24	85	109	112	109	102
中非	127	17	19	18	18	17	87	114	114	121	124
布基纳法索	128	14	24	22	18	18	100	94	104	118	121
埃塞俄比亚	129	17	17	15	14	15	91	120	124	130	131
布隆迪	130	10	17	12	16	16	107	121	130	127	127
卢旺达	131	11	12	15	14	16	106	128	125	129	128
高收入国家		56	65	78	90	100					
中等收入国家		26	28	32	37	43					
低收入国家		18	19	21	24	27					
世界平均		37	41	46	49	53					

附表 1-26　21 世纪中国经济现代化的路径图的监测指标

指标	单位	2002	2010	2020	2030	2040	2050
经济效率							
人均 GNI	美元	960	1913	3412	6711	13 202	25 970
人均购买力	国际美元	4520	7766	13 344	17 933	24 100	32 389
全员劳动生产率	美元	1646	3279	6070	12 628	26 269	54 647
农业生产率	美元	506	870	1610	3811	9023	21 361
工业生产率	美元	5143	9519	15 173	22 895	34 547	52 130
服务业生产率	美元	2044	3257	5597	12 083	26 086	56 317
经济进步							
工业化	人均制造业，美元	350	648	1032	1619	2538	3979
市场化	经济自由度指数	3.6	3.2	2.9	2.5	2.3	2
知识化	知识资本投入，%	5.3	6.2	7.8	9.5	11.6	14.2
信息化	互联网普及率，%	46	85	158	233	345	511
绿色化	能源使用效率，美元/千克油	1	1.6	2.3	3	4.1	5.5
全球化	人均国际贸易，美元	542	1161	2149	3848	6891	12 341
经济基础设施							
人均公路里程	米	1.1	1.9	3.2	5.4	9.1	15.5
人均铁路里程	米	0.05	0.07	0.11	0.16	0.24	0.37
人均能源消费	千克标准油	905	1277	1803	2544	3590	5067
电话普及率	%	14	18	25	33	44	59
科技经费投入	%	1	1.2	1.5	1.8	2.2	2.6
教育经费投入	%	2.8	3.3	3.8	4.4	5	5.8
经济结构转型							
农业劳动力比例	%	50	33	22	13	8	4
服务业劳动力比例	%	27	34	40	49	60	73
物质业劳动力比例	%	73	66	60	51	40	27
农业增加值比例	%	15	11	8	5	3	2
服务业增加值比例	%	34	39	46	53	62	72
物质业增加值比例	%	66	61	54	47	38	28
流通和分配结构							
人均出口值	美元	285	529	981	1818	3371	6249
股市相对规模	%	45	53	62	73	86	101
基尼系数	%	40.3	38	36	34	32	30
低收入者收入比例	%	2.4	2.5	2.6	2.7	2.8	2.9
家庭消费比例	%	47	49	50	52	54	56
转移支付比例	%	7.4	9	11	13	16	19
经济协调发展							
地区经济差距	28 个地区人均 GDP 的相对差距	5	4.2	3.5	2.9	2.4	2
城乡收入差距	城乡人均收入之比	5	3.9	3.1	2.4	1.9	1.5
工业与农业相对差	农业和工业生产率之比	10.2	7.4	5.3	3.8	2.8	2
就业与产业相对差	农业劳动力和增加值比例之比	3.3	3	2.7	2.4	2.2	2
水资源使用效率	工业水资源效率	5.8	9	14	21	33	51
能源资源消耗系数	能源资源消耗/GNI	2.8	2.2	1.72	1.35	1.06	0.83
参考值							
人均 GNI	按 1980～2005 年增长率计算	—	2631	6018	12 546	23 826	41 178
人均购买力	按 1980～2005 年增长率计算	—	6324	14 971	29 449	52 739	85 907
人均 GNI	按 1990～2005 年增长率计算	—	3060	7211	15 496	30 344	54 088
人均购买力	按 1990～2005 年增长率计算	—	7092	14 654	27 581	47 236	73 552

资料来源：中国现代化战略研究课题组等，2005。

附表 1-27　21 世纪中国社会现代化的路径图的监测指标

指标	单位	2002	2010	2020	2030	2040	2050
生活质量							
预期寿命	岁	71	72	74	76	79	81
婴儿死亡率	‰	31	27	22	13	8	5
恩格尔系数	%	43	34	25	18	14	10
平均受教育年数	年	8	9	10	11	12	13
人均信息费	美元	49	97	210	432	890	1835
出国旅游率	%	2	4	8	17	31	50
生活条件							
社会生产力	人均 GDP(PPP),国际美元	4552	8426	16 575	22 275	29 936	40 231
医生比例	医生数/千人	1.6	1.7	2	2.4	2.9	3.6
护士比例	护士数/千人	1	1.5	2.5	4.2	7.1	12
人均公共教育费	美元	29	88	207	408	802	1578
信息费用/GDP	%	2	2.5	3.4	4.6	6.1	8.3
大学男女生比例	比例	0.7	0.77	0.86	0.96	1.07	1.2
生活方式							
汽车普及率	‰	5	21	54	109	218	437
电视普及率	‰	350	479	644	677	712	748
电脑普及率	‰	28	45	81	145	261	470
预期受教育年数	年	12	13	14	15	16	18
大学毕业劳动力比例	%	5	7	11	17	26	40
知识性职业比例	%	10	13	18	25	35	48
社会转型							
城市化	%	38	48	58	65	72	81
义务教育普及率	%	67	82	100	—	—	—
人均电力消费	千瓦时	987	1696	2511	3716	5501	8143
老龄化	%	7	8	9	11	13	15
大学普及率	%	13	29	47	57	70	80
移动通信普及率	%	161	345	463	538	624	724
社会保障							
社会保障费用/GDP	%	4.2	7	13	24	25	26
养老保险覆盖率	%	15	28	60	100	—	—
医疗保险覆盖率	%	9	20	60	100	—	—
失业保险覆盖率	%	14	28	60	100	—	—
养老金支付率	%	25	41	64	100	—	—
公共卫生费用/GDP	%	2.3	2.6	3.5	4.3	5.3	6.4
社会和谐							
国际高度贫困率	%	16.6	9	1.7	0.2	0	—
国际中度贫困率	%	46.7	24	4.7	0.3	0	—
贫富之比	比值	18.4	16	13	11	10	8
儿童死亡率	‰	40	29	20	13	9	6
儿童工作率	%	6.3	3.2	0.6	0.1	0	—
最低月工资	美元	23	45	104	242	561	1300

资料来源:中国现代化战略研究课题组等,2006。

附表 1-28　21 世纪中国文化现代化的路径图的监测指标

指标	单位	2005	2010	2020	2030	2040	2050
文化生产							
文化产业比例	%	1.1	1.4	2.3	3.7	6.1	9.9
文化就业比例	%	0.6	0.8	1.6	3.1	6.1	12
日报发行比例	日报/千人	59	70	99	177	316	567
图书出版比例	种类/10 万人	11.3	14	21	45	98	211
电影生产比例	电影/百万人	0.1	0.2	0.3	0.7	1.7	4.4
文化消费							
人均文化消费	美元	38	61	158	410	1062	2755
家庭文化消费比例	%	5.9	6.6	8	9.7	11.9	14.5
人均看电影次数	次/年	0.1	0.2	0.4	0.9	2	4.8
出境旅游人次比例	人次/百人	2.4	3.9	10	18	32.2	57.6
人均文化商品进口	美元	3	4.8	13	51	205	830
文化设施							
电视普及率	%	89	94	98	99	100	100
宽带网普及率	%	29	47	121	227	427	801
移动电话普及率	‰	302	486	792	966	1177	1435
博物馆参观比例	%	7	10	17	31	56	100
入境旅游人次比例	%	4	5	11	25	53	100
文化资源							
世界文化遗产份额	%	4.2	4.2	4.3	4.4	4.5	4.6
电影产量份额	%	4.1	4.3	5.3	6	8	10
人均互联网带宽	比特	104	200	742	2520	8554	29 038
人均入境旅游支出	美元	680	827	1225	1813	2683	3972
国民文化素质	大学普及率,%	19	23	34	46	62	83
文化产业							
人均文化增加值	美元	17	27	71	202	573	1626
政府文化支出比例	%	0.4	0.5	0.8	1.3	2.2	3.5
国际旅游收支比例	%	3	3	3	4	5	6
国际旅游人次比例	%	6	9	19	39	81	167
人均入境旅游收入	美元	24	39	100	285	808	2295
文化贸易							
文化贸易比例	%	3	3.3	4	4.9	6	7.3
人均文化贸易	美元	51	82	213	504	1194	2827
人均文化出口	美元	48	71	152	329	710	1532
人均文化商品出口	美元	47	66	130	255	502	987
人均文化服务出口	美元	1	1.6	6.5	26	107	431

资料来源:中国现代化战略研究课题组等,2009。

附表 1-29　21世纪中国生态现代化的路径图的监测指标

指标	单位	2004	2010	2020	2030	2040	2050
环境质量							
人均 CO_2 排放	吨	2.7	3.2	4	3.9	3.7	3.5
人均 SO_2 排放	千克	15	16	17	15	14	13
全国颗粒物浓度	微克/立方米	80	68	56	41	30	22
工业有机废水密度	千克/万美元	37.3	24.7	16.5	10.9	7.3	4.8
工业固体废物密度	千克/万美元	13.4	12.6	10.3	5.6	3	1.6
生物多样性损失	%	16	15	14	12	11	9
土地质量							
森林覆盖率	%	18	21	25	28	31	35
国家保护区比例	%	8	12	16	17	19	21
水土流失面积比例	%	37	33	30	26	23	21
荒漠化面积比例	%	27.5	26	23	21	18	16
农业用地比例	%	59	56	50	45	40	36
建设用地比例	%	3.3	3.7	4.5	5.8	7.4	9.5
生态效率							
土地生产率	美元/公顷农地	352	445	599	730	889	1084
淡水生产率	美元/立方米	3	4	9	15	25	40
农业化肥密度	千克/公顷	278	257	210	171	140	114
工业能源密度	千克油/美元	0	0	0	0	0	0
经济物质密度	千克/万美元	2390	1953	1596	859	463	249
物质生产效率	美元/物质劳动力	1522	2782	6007	12 496	25 995	54 079
生态结构							
有机农业比例	%	0.1	0.1	0.4	1.1	3.5	11
循环经济	铝的循环利用率,%	21	25	34	45	61	82
绿色旅游收入	美元/人	21	33	72	142	278	548
资源消耗比例	%	3.2	2.9	2.5	2.1	1.7	1.4
环境损失比例	%	2.84	3.01	3.17	1.9	1.14	0.68
环保投入比例	%	1.2	1.3	1.3	1.4	1.4	1.4
绿色家园							
安全饮水普及率	%	77	80	90	94	98	100
卫生设施普及率	%	44	59	72	81	91	100
生活废水处理率	%	14	22	42	56	74	97
城市废物处理率	%	51	57	70	79	89	100
城市空气质量	颗粒物浓度,微克/立方米	55	50	41	31	24	18
农村人口密度	人/公顷耕地	559	476	389	317	259	212
绿色生活							
绿色能源	%	1.7	1.9	2.3	3.8	6.2	10
绿色交通	千克/辆	200	188	154	132	114	98
服务收入比值	%	0.69	0.79	0.97	1.34	1.85	2.57
人均服务消费	美元	125	268	695	1473	3121	6615
自然灾害死亡率	百万分之	2.6	2.5	2.4	2.2	2.1	2
自然灾害受灾率	万分之	1095	990	730	317	138	60

资料来源:中国现代化战略研究课题组等,2007。

附表 1-30 21 世纪中国与美国六个领域现代化的比较(美国数值减中国数值)

领域和指标	年均增长率	2005	2010	2020	2030	2040	2050	2060	2070	2080	2090	2100	2100/2005
(1) 经济													
GDP/千亿	−4.24	102	130	206	332	555	992	1915	3782	7366	13 892	26 107	257
人均 GDP/千美元	−4.11	40	51	81	129	207	334	545	891	1457	2382	3894	97
人均 GDP(PPP)/千国际美元	−6.55	27	29	31	29	21	6	−16	−41	−80	−141	−233	−9
人均国民收入/千美元	−3.70	41	52	83	131	209	335	538	862	1382	2212	3537	85
农业增加值比例	1.44	−11	−9	−7	−5	−3	−2	−2	−2	−1	−1	−1	0.1
工业增加值比例	—	−25	−22	−14	−8	−7	−6	−3	−2	−2	−1	−1	0.0
服务业增加值比例	−2.33	36	31	20	12	10	8	5	4	3	2	2	0.1
农业劳动力比例	2.00	−43	−35	−23	−15	−10	−6	−4	−3	−2	−2	−2	0.0
工业劳动力比例	—	−3	−6	−4	−6	−8	−8	−7	−6	−3	−2	0	0.1
服务业劳动力比例	−3.36	46	41	27	22	18	15	11	9	5	3	2	0.0
(2) 社会													
人口	—	−1008	−1030	−1057	−1068	−1066	−1051	−1025	−989	−943	−887	−821	0.8
人口自然增长率	2.70	0.3	0.4	0.6	0.7	0.7	0.8	0.9	0.9	0.9	1.0	1.0	2.9
老龄人口比例	−1.57	5	4	3	1	−1	−4	−7	−11	−16	−22	−30	−6
城市人口比例	−1.63	40	38	31	22	11	5	9	10	10	10	10	0.2
平均预期寿命	−0.07	6	6	5	5	4	4	3	3	2	1	1	0.1
婴儿死亡率	0.10	−15	−13	−10	−7	−6	−4	−3	−2	−2	−1	−1	0.1
医生比例	0.73	0.8	0.9	1.2	1.6	2.1	2.6	3.3	4.1	5.1	6.3	7.8	9.9
公共卫生费比例	−2.11	5.4	5.4	5.4	5.2	4.7	3.9	3.3	2.6	1.5	0.1	−1.8	−0.3
公共教育费比例	−1.90	2.8	2.5	1.9	1.1	0.2	−1.0	−1.7	−2.4	−3.2	−4.1	−5.1	−1.8
大学普及率	−3.41	61	62	56	35	21	13	4	0	0	0	0	0.0
人均购买力/千国际美元	−3.95	38	47	72	114	181	297	488	800	1311	2150	3526	94
每周工作小时	—	—	—	—	—	—	—	—	—	—	—	—	—
(3) 政治													
政府消费比例	−0.06	1.5	1.4	1.3	1.2	1.1	1.0	0.9	0.8	0.7	0.7	0.6	0.4
政府债务比例	—	48	—	—	—	—	—	—	—	—	—	—	—
(4) 文化													
科技论文比例	—	7	—	—	—	—	—	—	—	—	—	—	—
发明专利比例	—	6	—	—	—	—	—	—	—	—	—	—	—
电话普及率	−3.58	32	29	17	−7	−3	0	0	0	0	0	0	0.0
电视普及率	−1.91	10	1	0	0	0	0	0	0	0	0	0	0.0
互联网普及率	—	58	—	—	—	—	—	—	—	—	—	—	—
日报发行比例	—	120	—	—	—	—	—	—	—	—	—	—	—
出境旅游比例	—	19	—	—	—	—	—	—	—	—	—	—	—
人均文化贸易	—	—	—	—	—	—	—	—	—	—	—	—	—
(5) 个人													
劳动力素质	−4.50	53	52	49	43	31	15	13	10	7	3	−2	0.0
总和生育率	1.78	0.24	0.40	0.71	1.00	1.27	1.52	1.75	1.98	2.20	2.41	2.62	10.88
离婚率	—	—	—	—	—	—	—	—	—	—	—	—	—
轿车普及率	—	446	—	—	—	—	—	—	—	—	—	—	—
移动电话普及率	—	30	—	—	—	—	—	—	—	—	—	—	—
(6) 自然环境													
人均耕地面积	−1.47	0.48	0.44	0.37	0.30	0.25	0.20	0.16	0.12	0.09	0.06	0.04	0.08
国家保护区比例	—	4	—	—	—	—	—	—	—	—	—	—	—
人均能源消费	−3.16	6577	6342	5757	4973	3918	2495	570	−2037	−5572	−10 369	−16 882	−3
化石能源消费比例	−0.34	2	1	−2	−5	−8	−11	−13	−16	−19	−21	−24	−11.8
能源消费密度	3.00	−0.7	−0.5	−0.3	−0.1	0.0	0.0	0.0	0.0	0.0	0.0	0.0	0.0
CO_2 排放密度	2.15	−2.4	−1.9	−1.2	−0.7	−0.4	−0.2	−0.1	0.0	0.0	0.0	0.0	0.0
有机废水排放密度	4.33	−1.6	−1.2	−0.7	−0.4	−0.2	−0.1	0.0	0.0	0.0	0.0	0.0	0.0
生活废水处理率	—	—	—	—	—	—	—	—	—	—	—	—	—
空气可吸入颗粒物浓度	—	−53	—	—	—	—	—	—	—	—	—	—	—
(7) 国际环境													
人均国际贸易/千美元	−3.86	10	13	22	37	57	77	72	−45	−535	−2148	−6951	−694
国际贸易比例	0.03	−42	−44	−49	−54	−59	−66	−72	−80	−88	−97	−107	3
人均外国投资	−6.00	307	350	409	323	−254	−2274	−8289	−25 039	−70 185	−189 796	−503 762	−1641
外国投资比例	−1.54	−3	−3	−4	−6	−8	−12	−16	−22	−30	−40	−55	21
国际移民比例	−0.43	13	14	15	17	18	20	22	25	27	30	33	3
人均国际通话	—	3299	—	—	—	—	—	—	—	—	—	—	—

注:年均增长率为 1980～2005 年的平均增长率的美国值减中国值。

附表 1-30　21 世纪中国与美国六个领域现代化的比较(美国数值减中国数值)　　(续表)

领域和指标	年均增长率	2005	2010	2020	2030	2040	2050	2060	2070	2080	2090	2100	2100/2005
(1) 经济													
GDP/千亿	−7.84	102	119	168	230	315	466	797	1361	2321	3957	6739	66
人均 GDP/千美元	−8.00	40	48	69	97	137	194	279	402	576	819	1159	29
人均 GDP(PPP)/千国际美元	−7.30	27	29	30	28	21	9	−7	−36	−84	−162	−286	−10
人均国民收入/千美元	−7.76	41	50	73	105	152	220	326	482	711	1047	1536	37
农业增加值比例	2.99	−11	−9	−5	−3	−2	−1	−1	−1	−1	−1	−1	0.1
工业增加值比例	—	−25	−26	−27	−24	−15	−11	−6	−5	−4	−3	−3	0.1
服务业增加值比例	−1.09	36	35	31	27	17	12	7	6	5	4	4	0.1
农业劳动力比例	3.00	−43	−33	−20	−11	−7	−4	−2	−1	−2	−2	−2	0.0
工业劳动力比例	—	−3	−10	−13	−12	−13	−12	−9	−6	−1	0	1	−0.3
服务业劳动力比例	−2.95	46	43	32	24	20	16	12	7	2	2	1	0.0
(2) 社会													
人口	—	−1008	−1026	−1037	−1033	−1020	−1003	−984	−963	−943	−924	−905	1
人口自然增长率	4.37	0.3	0.4	0.6	0.6	0.6	0.6	0.5	0.5	0.4	0.4	0.4	1.1
老龄人口比例	−1.98	5	4	2	0	−3	−6	−10	−15	−21	−29	−38	−8
城市人口比例	−2.15	40	37	27	14	5	10	10	10	10	10	10	0.2
平均预期寿命	−0.06	6	6	5	5	5	4	4	3	3	2	2	0.3
婴儿死亡率	1.41	−15	−12	−7	−5	−3	−2	−1	0	0	0	0	0.0
医生比例	1.15	1	1	1	2	2	3	4	5	6	7	8	11
公共卫生费比例	−1.00	5	6	6	6	7	7	7	7	7	7	7	1
公共教育费比例	−0.61	3	3	3	3	3	3	2	2	2	2	1	0.4
大学普及率	−3.40	61	59	52	45	32	17	8	3	0	0	0	0.0
人均购买力/千国际美元	−7.47	38	44	61	85	121	176	258	376	548	796	1156	31
每周工作小时	—	—	—	—	—	—	—	—	—	—	—	—	—
(3) 政治													
政府消费比例	−0.53	1	1	0	−1	−1	−2	−3	−3	−4	−5	−5	−4
政府债务比例	—	48	—	—	—	—	—	—	—	—	—	—	—
(4) 文化													
科技论文比例	−13.06	7	6	5	4	2	0	−1	−3	−4	−4	−5	−1
发明专利比例	1.31	6	8	12	18	28	43	66	101	155	238	365	60
电话普及率	−3.46	32	28	16	−4	−29	−25	−21	−16	−12	−7	−2	−0.1
电视普及率	−1.90	10	1	0	0	0	0	0	0	0	0	0	0.0
互联网普及率	−8.00	58	60	57	30	15	6	0	0	0	0	0	0.0
日报发行比例	−5.46	120	89	22	−60	−165	−304	−497	−767	−1153	−1707	−2506	−20.8
出境旅游比例	−12.39	19	18	12	0	−14	−27	−37	−43	−50	−57	−55	−3
人均文化贸易	—	—	—	—	—	—	—	—	—	—	—	—	—
(5) 个人													
劳动力素质	−3.50	53	53	51	48	43	32	16	13	10	7	2	0.0
总和生育率	0.89	0.2	0.3	0.5	0.6	0.7	0.8	0.9	1.0	1.1	1.1	1.2	4.9
离婚率	−6.31	28	21	13	8	7	6	4	3	1	−1	−3	−0.1
轿车普及率	−9.90	446	439	411	349	235	47	−43	−94	−119	−145	−173	−0.4
移动电话普及率	−3.00	30	26	18	−6	−29	−42	−49	−57	−65	−74	−82	−2.7
(6) 自然环境													
人均耕地面积	−1.45	0.48	0.43	0.36	0.29	0.23	0.19	0.15	0.11	0.08	0.05	0.03	0.07
国家保护区比例	0.50	4	5	6	7	9	11	13	15	17	20	23	5
人均能源消费	−3.58	6577	6370	5790	4902	3572	1603	−1288	−5510	−11 649	−20 555	−33 450	−5
化石能源消费比例	−0.07	2	2	1	0	0	−1	−1	−2	−3	−3	−4	−2.0
能源消费密度	0.85	−0.69	−0.60	−0.45	−0.34	−0.26	−0.19	−0.14	−0.10	−0.07	−0.05	−0.04	0.1
CO_2 排放密度	0.77	−2.4	−2.1	−1.7	−1.3	−1.1	−0.9	−0.7	−0.5	−0.4	−0.3	−0.3	0.1
有机废水排放密度	2.00	−1.6	−1.4	−1.0	−0.7	−0.5	−0.4	−0.3	−0.2	−0.1	−0.1	−0.1	0.0
生活废水处理率	−1.69	37.6	34.9	28.2	19.7	8.8	−5.0	−11.1	−8.3	−5.4	−2.4	0.6	0.0
空气可吸入颗粒物浓度	0.68	−53	−45	−33	−24	−18	−13	−9	−7	−5	−3	−2	0.0
(7) 国际环境													
人均国际贸易/千美元	−4.09	10	13	22	37	64	114	207	384	707	1291	2345	234
国际贸易比例	0.29	−42	−45	−51	−58	−66	−75	−85	−97	−110	−124	−140	3
人均外国投资	−0.66	307	377	570	859	1294	1946	2924	4385	6566	9813	14 634	48
外国投资比例	−1.71	−3	−3	−4	−5	−6	−8	−9	−12	−14	−18	−22	8
国际移民比例	−1.09	13	14	15	17	18	20	22	25	27	30	33	3
人均国际通话	−3.00	3299	3641	4435	5400	6572	7995	9719	11 804	14 317	17 336	20 943	6

注：年均增长率为 1990～2005 年的平均增长率的美国值减中国值。

附表 1-31 1960～2005 年中国经济速度的国际比较(之一)

指标和国家	年均增长率					年均增长量					
	2000～2005 年	1990～2005 年	1980～2005 年	1970～2005 年	1960～2005 年	2000～2005 年	1990～2005 年	1980～2005 年	1970～2005 年	1960～2005 年	增长量的单位
GDP											
中国	13.36	13.09	10.42	9.57	8.33	2091	1260	822	615	485	亿美元
美国	4.89	5.25	6.18	7.38	7.30	5266	4427	3852	3249	2639	亿美元
英国	9.12	5.56	5.87	8.62	7.92	1579	827	678	602	480	亿美元
德国	7.96	3.29	4.53	—	—	1774	715	747	—	—	亿美元
日本	−0.51	2.77	6.02	9.29	10.84	−237	1021	1398	1242	1001	亿美元
印度	11.85	6.41	6.09	7.64	7.11	691	326	249	213	171	亿美元
GDP(2000 年价格)											
中国	9.58	10.14	9.80	8.76	7.59	1390	966	684	512	405	亿美元
美国	2.40	3.00	3.10	3.14	3.30	2462	2627	2347	2078	1878	亿美元
英国	2.45	2.43	2.51	2.34	2.45	372	328	300	258	240	亿美元
德国	0.64	1.61	1.90	—	—	123	279	294	—	—	亿美元
日本	1.30	1.27	2.33	2.93	4.56	622	571	871	905	957	亿美元
印度	6.96	5.96	5.79	4.99	4.78	368	249	195	151	126	亿美元
GNI											
中国	13.75	13.10	10.44	9.59	8.34	2141	1266	827	618	487	亿美元
美国	4.47	5.26	6.18	7.38	7.29	4856	4422	3839	3239	2631	亿美元
英国	9.57	5.81	6.02	—	—	1673	869	700	—	—	亿美元
德国	8.23	3.23	4.53	—	—	1827	708	749	—	—	亿美元
日本	−0.30	2.92	6.14	9.38	10.91	−141	1088	1442	1273	1025	亿美元
印度	11.94	6.45	6.05	7.64	7.42	690	325	246	211	171	亿美元
GDP(PPP)											
中国	12.24	12.54	13.08	—	—	4678	2951	2035	—	—	亿国际美元
美国	4.89	5.25	6.18	—	—	5266	4427	3852	—	—	亿国际美元
英国	4.94	4.66	5.57	—	—	810	624	561	—	—	亿国际美元
德国	3.08	3.83	4.94	—	—	708	721	704	—	—	亿国际美元
日本	3.76	3.47	5.39	—	—	1304	1034	1131	—	—	亿国际美元
印度	9.55	8.26	8.96	—	—	1782	1129	859	—	—	亿国际美元
人均 GDP											
中国	12.63	12.04	9.17	8.12	6.72	154	94	61	46	36	美元
美国	3.86	4.05	5.06	6.26	6.12	1443	1250	1185	1052	865	美元
英国	8.95	5.24	5.59	8.37	7.59	2583	1323	1101	995	793	美元
德国	7.89	3.03	4.32	—	—	2136	814	882	—	—	美元
日本	−0.65	2.54	5.64	8.66	10.09	−237	745	1063	962	781	美元
印度	10.20	4.62	4.13	5.53	4.94	57	24	19	18	14	美元
人均 GDP(2000 年价格)											
中国	8.86	9.13	8.56	7.32	6.00	100	71	51	38	30	美元
美国	1.40	1.83	2.01	2.06	2.17	497	588	581	541	511	美元
英国	2.29	2.12	2.23	2.11	2.13	578	487	459	400	368	美元
德国	0.58	1.36	1.69	—	—	135	291	325	—	—	美元
日本	1.15	1.04	1.96	2.34	3.85	435	373	599	618	708	美元
印度	5.37	4.18	3.84	2.93	2.66	27	18	14	11	9	美元
人均 GNI											
中国	13.01	12.06	9.19	8.14	6.73	158	94	61	46	36	美元
美国	3.44	4.06	5.05	6.25	6.12	1299	1250	1181	1048	862	美元
英国	9.40	5.50	5.74	—	—	2739	1393	1139	—	—	美元
德国	8.17	2.98	4.31	—	—	2201	804	884	—	—	美元
日本	−0.44	2.69	5.76	8.75	10.16	−163	797	1098	986	799	美元
印度	10.28	4.67	4.09	5.53	5.24	57	24	19	18	15	美元
人均 GDP(PPP)											
中国	11.51	11.50	11.80	—	—	343	219	153	—	—	国际美元
美国	3.86	4.05	5.06	—	—	1443	1250	1185	—	—	国际美元
英国	4.77	4.35	5.29	—	—	1305	987	909	—	—	国际美元
德国	3.02	3.57	4.73	—	—	842	830	834	—	—	国际美元
日本	3.61	3.24	5.01	—	—	985	768	854	—	—	国际美元
印度	7.93	6.45	6.95	—	—	141	90	72	—	—	国际美元

附表 1-32　1960～2005 年中国经济速度的国际比较(之二)

指标和国家	年均增长率					年均增长量					
	2000～2005 年	1990～2000 年	1980～1990 年	1970～1980 年	1960～1970 年	2000～2005 年	1990～2000 年	1980～1990 年	1970～1980 年	1960～1970 年	增长量的单位
GDP											
中国	13.36	12.95	6.54	7.48	4.07	2091	844	166	97	30	亿美元
美国	4.89	5.43	7.59	10.45	7.01	5266	4008	2988	1744	504	亿美元
英国	9.12	3.82	6.33	15.80	5.52	1579	451	455	413	51	亿美元
德国	7.96	1.03	6.43	—	—	1774	186	795	—	—	亿美元
日本	−0.51	4.46	11.08	17.92	16.44	−237	1649	1963	852	159	亿美元
印度	11.85	3.78	5.62	11.63	5.27	691	143	134	123	25	亿美元
GDP(2000 年价格)											
中国	9.58	10.42	9.29	6.22	3.59	1390	754	262	83	30	亿美元
美国	2.40	3.30	3.24	3.26	3.87	2462	2710	1927	1406	1176	亿美元
英国	2.45	2.42	2.62	1.92	2.84	372	307	258	152	177	亿美元
德国	0.64	2.10	2.33	—	—	123	357	317	—	—	亿美元
日本	1.30	1.25	3.94	4.46	10.45	622	545	1322	991	1140	亿美元
印度	6.96	5.46	5.55	3.00	4.07	368	190	113	40	39	亿美元
GNI											
中国	13.75	12.78	6.58	7.47	4.07	2141	828	168	97	30	亿美元
美国	4.47	5.66	7.56	10.43	7.01	4856	4205	2964	1738	504	亿美元
英国	9.57	3.98	6.33	—	—	1673	467	448	—	—	亿美元
德国	8.23	0.82	6.50	—	—	1827	148	810	—	—	亿美元
日本	−0.30	4.57	11.15	17.94	16.42	−141	1702	1974	849	158	亿美元
印度	11.94	3.81	5.45	11.72	6.67	690	142	129	123	29	亿美元
GDP(PPP)											
中国	12.24	12.69	13.89	—	—	4678	2088	660	—	—	亿国际美元
美国	4.89	5.43	7.59	—	—	5266	4008	2988	—	—	亿国际美元
英国	4.94	4.53	6.94	—	—	810	531	466	—	—	亿国际美元
德国	3.08	4.20	6.64	—	—	708	728	678	—	—	亿国际美元
日本	3.76	3.33	8.32	—	—	1304	899	1277	—	—	亿国际美元
印度	9.55	7.62	10.00	—	—	1782	802	454	—	—	亿国际美元
人均 GDP											
中国	12.63	11.75	5.00	5.55	1.97	154	64	12	8	2	美元
美国	3.86	4.14	6.59	9.32	5.66	1443	1154	1088	719	212	美元
英国	8.95	3.44	6.10	15.66	4.88	2583	692	770	730	84	美元
德国	7.89	0.69	6.28	—	—	2136	153	984	—	—	美元
日本	−0.65	4.18	10.46	16.60	15.24	−237	1236	1540	709	147	美元
印度	10.20	1.94	3.40	9.12	2.87	57	8	11	16	3	美元
人均 GDP(2000 年价格)											
中国	8.86	9.26	7.71	4.31	1.49	100	56	21	6	2	美元
美国	1.40	2.04	2.28	2.20	2.56	497	634	570	442	406	美元
英国	2.29	2.04	2.39	1.79	2.22	578	442	415	253	257	美元
德国	0.58	1.75	2.18	—	—	135	369	377	—	—	美元
日本	1.15	0.98	3.36	3.29	9.32	435	342	939	664	1023	美元
印度	5.37	3.59	3.34	0.69	1.70	27	13	9	2	3	美元
人均 GNI											
中国	13.01	11.58	5.03	5.54	1.97	158	62	12	8	2	美元
美国	3.44	4.37	6.56	9.30	5.67	1299	1225	1078	716	212	美元
英国	9.40	3.60	6.10	—	—	2739	719	758	—	—	美元
德国	8.17	0.48	6.35	—	—	2201	106	1003	—	—	美元
日本	−0.44	4.29	10.53	16.62	15.22	−163	1277	1549	706	146	美元
印度	10.28	1.97	3.24	9.21	4.24	57	8	10	16	4	美元
人均 GDP(PPP)											
中国	11.51	11.50	12.25	—	—	343	157	55	—	—	国际美元
美国	3.86	4.14	6.59	—	—	1443	1154	1088	—	—	国际美元
英国	4.77	4.14	6.71	—	—	1305	828	791	—	—	国际美元
德国	3.02	3.84	6.49	—	—	842	824	840	—	—	国际美元
日本	3.61	3.05	7.72	—	—	985	659	985	—	—	国际美元
印度	7.93	5.72	7.70	—	—	141	65	46	—	—	国际美元

附表 1-33 21世纪中国经济规模的情景分析和国际比较

指标和国家	实际值	估算值	2005	2010	2020	2030	2040	2050	2080	2100
GDP /万亿美元	1960～2005年年均增长率	年均增长率								
中国	8.33	8.33	2	3	7	17	37	82	904	4474
美国	7.30	7.30	12	18	36	72	146	295	2445	10 004
英国	7.92	7.92	2	3	7	15	32	69	678	3115
德国	—	8.69	3	4	10	22	51	118	1440	7620
日本	10.84	10.84	5	8	21	60	167	467	10 241	80 228
印度	7.11	7.11	1	1	2	4	9	18	139	550
GDP /万亿美元	1970～2005年年均增长率	年均增长率								
中国	9.57	9.57	2	4	9	22	55	137	2131	13 263
美国	7.38	7.38	12	18	36	74	150	306	2590	10 762
英国	8.62	8.62	2	3	8	18	40	92	1099	5743
德国	—	8.43	3	4	9	21	47	106	1206	6088
日本	9.29	9.29	5	7	17	42	102	248	3563	21 064
印度	7.64	7.64	1	1	2	5	11	22	202	881
GDP /万亿美元	1980～2005年年均增长率	年均增长率								
中国	10.42	10.42	2	4	10	27	72	194	3801	27 600
美国	6.18	6.18	12	17	30	56	101	184	1113	3692
英国	5.87	5.87	2	3	5	9	16	29	161	503
德国	4.53	4.53	3	3	5	8	13	21	78	188
日本	6.02	6.02	5	6	11	20	35	63	364	1173
印度	6.09	6.09	1	1	2	4	6	12	68	221
GDP /万亿美元	1990～2005年年均增长率	年均增长率								
中国	13.09	13.09	2	4	14	49	166	568	22 755	266 299
美国	5.25	5.25	12	16	27	45	74	124	574	1597
英国	5.56	5.56	2	3	5	9	15	25	129	382
德国	3.29	3.29	3	3	5	6	9	12	32	60
日本	2.77	2.77	5	5	7	9	12	16	35	61
印度	6.41	6.41	1	1	2	4	7	13	85	294
GDP /万亿美元	1990～2005年年均增长率	年均增长率								
中国[a]	13.09	13.09	2	4	13	37	97	232	1808	5895
美国	5.25	5.25	12	16	27	45	74	124	574	1597
英国	5.56	5.56	2	3	5	9	15	25	129	382
德国	3.29	3.29	3	3	5	6	9	12	32	60
日本	2.77	2.77	5	5	7	9	12	16	35	61
印度	6.41	6.41	1	1	2	4	7	13	85	294
GDP(2000年价格万亿美元)	1960～2005年年均增长率	年均增长率								
中国	7.59	7.59	2	3	6	12	25	51	458	1977
美国	3.30	3.30	11	13	18	25	34	47	126	241
英国	2.45	2.45	2	2	2	3	4	5	10	16
德国	—	3.44	2	2	3	5	6	9	25	49
日本	4.56	4.56	5	6	10	15	24	37	141	344
印度	4.78	4.78	1	1	1	2	3	5	21	55

附表 1-33 21 世纪中国经济规模的情景分析和国际比较 （续表）

指标和国家	实际值	估算值	2005	2010	2020	2030	2040	2050	2080	2100
GDP(2000 年价格万亿美元)	1970～2005 年年均增长率	年均增长率								
中国	8.76	8.76	2	3	7	15	36	83	1032	5536
美国	3.14	3.14	11	13	17	24	32	44	112	208
英国	2.34	2.34	2	2	2	3	4	5	9	15
德国	—	2.80	2	2	3	4	5	7	16	27
日本	2.93	2.93	5	6	8	10	14	18	44	78
印度	4.99	4.99	1	1	1	2	4	6	25	66
GDP(2000 年价格万亿美元)	1980～2005 年年均增长率	年均增长率								
中国	9.80	9.80	2	3	8	20	50	127	2099	13 614
美国	3.10	3.10	11	13	17	24	32	43	108	200
英国	2.51	2.51	2	2	2	3	4	5	10	17
德国	1.90	1.90	2	2	3	3	4	5	8	12
日本	2.33	2.33	5	6	7	9	11	14	28	44
印度	5.79	5.79	1	1	1	3	5	8	44	136
GDP(2000 年价格万亿美元)	1990～2005 年年均增长率	年均增长率								
中国	10.14	10.14	2	3	8	21	56	146	2652	18 308
美国	3.00	3.00	11	13	17	23	31	42	101	183
英国	2.43	2.43	2	2	2	3	4	5	10	16
德国	1.61	1.61	2	2	2	3	3	4	7	9
日本	1.27	1.27	5	5	6	7	8	9	13	16
印度	5.96	5.96	1	1	2	3	5	9	49	157
GDP /万亿国际美元	1980～2005 年年均增长率	年均增长率								
中国	13.08	13.08	5	10	34	115	394	1347	53 830	62 9164
美国	6.18	6.18	12	17	30	56	101	184	1113	3692
英国	5.57	5.57	2	2	4	7	13	22	110	325
德国	4.94	4.94	3	3	5	8	14	22	94	246
日本	5.39	5.39	4	5	9	14	24	41	198	565
印度	8.96	8.96	2	4	9	21	49	115	1513	8408
GDP /万亿国际美元	1990～2005 年年均增长率	年均增长率								
中国	12.54	10.00	5	9	22	58	150	389	6783	45 634
美国	5.25	5.25	12	16	27	45	74	124	574	1597
英国	4.66	4.66	2	2	4	6	9	15	58	144
德国	3.83	3.83	3	3	4	6	9	14	42	89
日本	3.47	3.47	4	5	6	9	13	18	50	99
印度	8.26	8.26	2	4	8	18	39	87	938	4590

注：a. 年均增长率每 10 年递减一个百分点，直至降到 6％的年均增长率，然后保持 6％的年均增长率。

附表 1-34　21 世纪中国经济效率的情景分析和国际比较

指标和国家	实际值	估算值	2005	2010	2020	2030	2040	2050	2080	2100
人均 GDP	1960～2005 年年均增长率	年均增长率								
中国	6.72	6.72	1720	2382	4565	8751	16 775	32 157	226 511	832 334
美国	6.12	6.12	41 813	56 285	101 991	184 812	334 886	606 827	3 610 493	11 854 986
英国	7.59	7.59	37 058	53 414	110 968	230 537	478 943	995 007	8 921 847	38 507 068
德国	—	7.93	33 795	49 502	106 214	227 897	488 984	1 049 184	10 363 867	47 712 847
日本	10.09	10.09	35 604	57 574	150 555	393 696	1 029 500	2 692 105	48 138 099	329 169 982
印度	4.94	4.94	736	937	1517	2455	3976	6437	27 321	71 621
人均 GDP	1970～2005 年年均增长率	年均增长率								
中国	8.12	8.12	1720	2542	5550	12 118	26 460	57 776	601 453	2 867 518
美国	6.26	6.26	41 813	56 636	103 908	190 636	349 752	641 678	3 962 662	13 338 293
英国	8.37	8.37	37 058	55 393	123 767	276 535	617 871	1 380 525	15 398 735	76 873 878
德国	—	7.76	33 795	49 113	103 726	219 069	462 673	977 166	9 205 547	41 061 720
日本	8.66	8.66	35 604	53 934	123 763	284 003	651 709	1 495 493	18 070 754	95 156 297
印度	5.53	5.53	736	964	1651	2829	4848	8308	41 804	122 751
人均 GDP	1980～2005 年年均增长率	年均增长率								
中国	9.17	9.17	1720	2667	6414	15 423	37 088	89 183	1 240 017	7 170 110
美国	5.06	5.06	41 813	53 506	87 618	143 477	234 948	384 733	1 689 368	4 530 028
英国	5.59	5.59	37 058	48 631	83 749	144 226	248 374	427 730	2 184 539	6 478 685
德国	4.32	4.32	33 795	41 749	63 718	97 245	148 414	226 508	805 210	1 875 538
日本	5.64	5.64	35 604	46 838	81 057	140 277	242 762	420 124	2 177 529	6 521 616
印度	4.13	4.13	736	901	1351	2026	3038	4555	15 353	34 514
人均 GDP	1990～2005 年年均增长率	年均增长率								
中国	12.04	12.04	1720	3037	9466	29 504	91 964	286 648	8 680 444	84 334 239
美国	4.05	4.05	41 813	50 985	75 804	112 706	167 571	249 146	818 868	1 810 178
英国	5.24	5.24	37 058	47 847	79 763	132 967	221 660	369 515	1 711 847	4 757 219
德国	3.03	3.03	33 795	39 242	52 912	71 345	96 199	129 711	317 976	578 106
日本	2.54	2.54	35 604	40 366	51 885	66 691	85 722	110 185	233 994	386 599
印度	4.62	4.62	736	923	1450	2278	3580	5625	21 825	53 889
人均 GDP	1990～2005 年年均增长率	年均增长率								
中国[a]	12.04	12.04	1720	3037	8659	22 550	53 601	116 195	742 274	2 400 531
美国	4.05	4.05	41 813	50 985	75 804	112 706	167 571	249 146	818 868	1 810 178
英国	5.24	5.24	37 058	47 847	79 763	132 967	221 660	369 515	1 711 847	4 757 219
德国	3.03	3.03	33 795	39 242	52 912	71 345	96 199	129 711	317 976	578 106
日本	2.54	2.54	35 604	40 366	51 885	66 691	85 722	110 185	233 994	386 599
印度	4.62	4.62	736	923	1450	2278	3580	5625	21 825	53 889
人均 GDP（2000 年价格美元）	1960～2005 年年均增长率	年均增长率								
中国	6.00	6.00	1451	1942	3478	6229	11 154	19 975	114 715	367 882
美国	2.17	2.17	37 084	41 293	51 200	63 483	78 712	97 596	186 035	286 003
英国	2.13	2.13	27 033	30 039	37 090	45 796	56 545	69 818	131 426	200 366
德国	—	2.72	23 788	27 202	35 569	46 509	60 815	79 522	177 789	303 985
日本	3.85	3.85	38 962	47 062	68 666	100 186	146 174	213 273	662 420	1 410 149
印度	2.66	2.66	588	671	872	1133	1473	1915	4204	7103

附表 1-34　21 世纪中国经济效率的情景分析和国际比较　　（续表）

指标和国家	实际值	估算值	2005	2010	2020	2030	2040	2050	2080	2100
人均 GDP (2000 年价格美元)	1970～2005 年 年均增长率	年均 增长率								
中国	7.32	7.32	1451	2067	4190	8496	17 226	34 926	291 115	1 196 755
美国	2.06	2.06	37 084	41 069	50 371	61 778	75 770	92 930	171 450	257 903
英国	2.11	2.11	27 033	30 002	36 953	45 514	56 059	69 047	129 016	195 724
德国	—	2.17	23 788	26 482	32 821	40 677	50 413	62 480	118 940	182 693
日本	2.34	2.34	38 962	43 737	55 115	69 453	87 520	110 288	220 691	350 447
印度	2.93	2.93	588	680	908	1212	1618	2160	5141	9163
人均 GDP (2000 年价格美元)	1980～2005 年 年均增长率	年均 增长率								
中国	8.56	8.56	1451	2188	4972	11 299	25 676	58 349	684 749	3 536 141
美国	2.01	2.01	37 084	40 957	49 958	60 937	74 329	90 664	164 538	244 806
英国	2.23	2.23	27 033	30 187	37 641	46 935	58 525	72 977	141 485	219 986
德国	1.69	1.69	23 788	25 864	30 575	36 144	42 727	50 510	83 443	116 609
日本	1.96	1.96	38 962	42 933	52 132	63 302	76 864	93 333	167 095	246 367
印度	3.84	3.84	588	711	1036	1510	2202	3211	9952	21 156
人均 GDP (2000 年价格美元)	1990～2005 年 年均增长率	年均 增长率								
中国	9.13	9.13	1451	2246	5379	12 881	30 846	73 868	1 014 453	5 817 692
美国	1.83	1.83	37 084	40 598	48 658	58 318	69 895	83 771	144 221	207 166
英国	2.12	2.12	27 033	30 028	37 050	45 715	56 406	69 597	130 735	199 032
德国	1.36	1.36	23 788	25 449	29 126	33 336	38 153	43 666	65 465	85 753
日本	1.04	1.04	38 962	41 027	45 492	50 443	55 933	62 021	84 553	103 959
印度	4.18	4.18	588	722	1088	1638	2467	3715	12 688	28 777
人均 GDP (PPP)	1980～2005 年 年均增长率	年均 增长率								
中国	11.80	11.80	4088	7141	21 784	66 458	202 745	618 517	17 561 316	163 440 948
美国	5.06	5.06	41 813	53 506	87 616	143 470	234 932	384 699	1 689 125	4 529 204
英国	5.29	5.29	31 371	40 588	67 944	113 735	190 389	318 705	1 494 956	4 189 110
德国	4.73	4.73	30 445	38 353	60 867	96 595	153 296	243 280	972 375	2 448 981
日本	5.01	5.01	30 290	38 673	63 039	102 759	167 505	273 047	1 182 665	3 142 521
印度	6.95	6.95	2222	3108	6084	11 908	23 308	45 622	342 112	1 310 680
人均 GDP (PPP)	1990～2005 年 年均增长率	年均 增长率								
中国	11.50	10.00	4088	6584	17 078	44 296	114 891	297 998	5 199 890	34 982 259
美国	4.05	4.05	41 813	50 984	75 803	112 704	167 568	249 139	818 832	1 810 077
英国	4.35	4.35	31 371	38 812	59 407	90 931	139 183	213 040	763 980	1 789 903
德国	3.57	3.57	30 445	36 277	51 506	73 128	103 827	147 413	421 906	850 490
日本	3.24	3.24	30 290	35 525	48 865	67 214	92 454	127 171	330 964	626 193
印度	6.45	6.45	2222	3037	5673	10 599	19 801	36 993	241 222	841 934

注：a. 年均增长率每 10 年递减一个百分点，直至降到 6％的年均增长率，然后保持 6％的年均增长率。

附录二 新人类发展指数评价的数据集[a]

注：a. 世界银行的原版数据，不同指标的小数点后的位数不同。本报告采用 Excel 软件处理数据。在计算过程中，不做小数点后位数的变动。在本数据集中，一般显示整数或保留小数点后 1～3 位数。请注意两者的差别和影响。

附表 2-1-1　2007 年世界新人类发展指数

国家	编号	预期寿命指数	知识普及指数	信息共享指数	环境质量指数	购买力指数	新人类发展指数	国家排名	国家分组
瑞典	1	85	75	80	86	62	78	5	1
美国	2	80	82	74	71	76	77	6	1
芬兰	3	82	94	79	81	58	79	2	1
澳大利亚	4	86	75	53	—	56	67	16	1
瑞士	5	86	47	72	97	74	75	8	1
挪威	6	84	76	85	77	89	82	1	1
日本	7	88	58	69	69	58	68	15	1
丹麦	8	81	80	81	88	61	78	4	1
德国	9	83	47	72	93	58	71	11	1
荷兰	10	84	60	84	99	66	79	3	1
加拿大	11	84	62	73	72	59	70	13	1
新加坡	12	84	44	68	60	78	67	17	1
英国	13	82	59	72	97	59	74	9	1
法国	14	85	56	51	80	56	66	19	1
比利时	15	84	63	66	55	59	65	21	1
奥地利	16	83	51	67	89	61	70	12	1
新西兰	17	84	80	69	80	42	71	10	1
韩国	18	82	95	76	83	45	76	7	1
以色列	19	84	60	28	55	44	54	30	2
意大利	20	86	68	54	69	50	65	20	1
爱尔兰	21	82	61	56	70	63	66	18	1
西班牙	22	85	69	51	92	51	70	14	1
爱沙尼亚	23	72	65	64	42	31	55	29	2
斯洛文尼亚	24	80	86	53	30	44	58	24	2
乌拉圭	25	77	64	29	55	19	49	35	2
俄罗斯	26	63	75	21	44	24	45	39	2
斯洛伐克	27	74	51	43	56	32	51	33	2
希腊	28	83	91	33	56	46	62	22	2
匈牙利	29	72	69	52	60	29	56	25	2
捷克	30	78	55	48	74	37	58	23	2
葡萄牙	31	81	56	40	65	36	56	27	2
白俄罗斯	32	67	69	29	44	18	45	40	2
拉脱维亚	33	69	71	55	41	28	53	31	2
立陶宛	34	68	76	49	40	28	52	32	2
格鲁吉亚	35	68	37	8	32	7	31	69	3
乌克兰	36	64	76	22	41	11	43	44	2
保加利亚	37	71	50	31	42	18	42	45	2
黎巴嫩	38	70	52	38	52	18	46	38	2
哈萨克斯坦	39	61	51	12	34	16	35	59	2
波兰	40	75	67	44	61	26	55	28	2
阿根廷	41	75	67	26	55	21	49	34	2
巴拿马	42	76	45	22	43	17	41	47	2
克罗地亚	43	76	46	45	34	29	46	37	2
沙特阿拉伯	44	72	30	26	49	38	43	43	2
哥伦比亚	45	71	32	28	44	13	38	53	2
科威特	46	80	18	34	59	88	56	26	2
智利	47	81	52	31	53	20	47	36	2
马其顿	48	74	36	27	40	15	38	51	2
阿塞拜疆	49	62	15	11	31	11	26	80	3
摩尔多瓦	50	64	41	19	25	5	31	68	3
罗马尼亚	51	71	58	24	32	20	41	46	2
委内瑞拉	52	73	52	21	56	20	44	42	2
乌兹别克斯坦	53	62	10	8	22	4	21	87	4
多米尼加	54	71	35	17	41	12	35	58	2
亚美尼亚	55	72	34	6	38	9	32	65	2
巴拉圭	56	70	26	9	35	7	29	75	3
哥斯达黎加	57	81	25	34	37	17	39	49	2
巴西	58	71	30	36	51	16	40	48	2
墨西哥	59	75	27	21	36	23	36	56	2
博茨瓦纳	60	34	5	5	35	21	20	88	4
秘鲁	61	72	35	27	43	11	38	54	2
牙买加	62	71	19	56	32	12	38	52	2
约旦	63	71	40	20	47	9	37	55	2
南非	64	34	15	8	36	15	22	85	3
土耳其	65	70	36	29	36	21	38	50	2
厄瓜多尔	66	75	35	9	39	12	34	61	2
伊朗	67	68	31	18	40	18	35	57	2
蒙古	68	61	48	12	34	5	32	64	2
摩洛哥	69	69	11	21	33	6	28	77	3
马来西亚	70	74	30	56	41	22	45	41	2

附表 2-1-1　2007 年世界新人类发展指数　（续表）

国家	编号	预期寿命指数	知识普及指数	信息共享指数	环境质量指数	购买力指数	新人类发展指数	国家排名	国家分组
萨尔瓦多	71	69	22	13	36	10	30	71	3
埃及	72	67	35	13	26	8	30	72	3
中国	73	72	23	16	44	9	33	63	2
阿尔及利亚	74	71	24	10	38	12	31	66	3
土库曼斯坦	75	55	22	1	29	9	23	84	3
突尼斯	76	74	31	17	39	12	34	60	2
阿尔巴尼亚	77	78	19	15	27	12	30	70	3
吉尔吉斯斯坦	78	63	43	14	22	3	29	76	3
塔吉克斯坦	79	61	20	7	16	3	21	86	4
玻利维亚	80	59	41	11	39	6	31	67	3
缅甸	81	54	12	0	19	2	17	99	4
菲律宾	82	70	29	6	38	6	30	73	3
泰国	83	65	50	20	20	10	33	62	2
纳米比亚	84	38	6	5	21	10	16	104	4
津巴布韦	85	23	4	11	22	—	15	108	4
洪都拉斯	86	67	17	6	28	6	25	83	3
尼加拉瓜	87	72	18	3	34	4	26	81	3
越南	88	74	10	21	16	4	25	82	3
肯尼亚	89	40	4	8	13	2	13	113	4
斯里兰卡	90	71	5	4	9	7	19	91	4
刚果共和国	91	39	4	3	36	4	17	98	4
印度尼西亚	92	68	18	11	30	6	26	78	3
赞比亚	93	25	2	5	21	2	11	120	4
危地马拉	94	67	18	10	29	7	26	79	3
毛里塔尼亚	95	57	4	1	24	3	18	95	4
科特迪瓦	96	46	8	2	29	2	17	97	4
印度	97	58	12	7	17	4	20	90	4
巴基斯坦	98	59	5	11	21	4	20	89	4
莱索托	99	21	4	4	14	3	9	128	4
柬埔寨	100	49	5	1	12	3	14	112	4
喀麦隆	101	34	7	3	33	3	16	105	4
厄立特里亚	102	47	1	3	12	1	13	115	4
叙利亚	103	74	18	17	32	7	29	74	3
加纳	104	44	6	4	29	2	17	102	4
乍得	105	34	1	1	15	2	11	123	4
莫桑比克	106	20	2	1	21	1	9	129	4
几内亚	107	46	5	1	20	2	15	109	4
也门共和国	108	55	9	1	18	4	17	96	4
巴布亚新几内亚	109	46	3	2	8	3	12	117	4
海地	110	52	1	10	26	1	18	93	4
尼泊尔	111	56	11	1	10	1	16	106	4
塞内加尔	112	42	7	7	25	3	17	103	4
塞拉利昂	113	29	2	0	22	1	11	121	4
刚果民主共和国	114	27	4	0	20	0	10	125	4
老挝	115	58	12	2	17	3	18	92	4
马拉维	116	31	1	1	11	1	9	130	4
多哥	117	54	5	5	24	1	18	94	4
马达加斯加	118	50	3	1	17	1	15	111	4
马里	119	41	4	1	19	2	13	114	4
尼日利亚	120	28	10	7	28	3	15	107	4
孟加拉国	121	60	7	0	16	2	17	101	4
坦桑尼亚	122	42	2	1	15	2	12	116	4
贝宁	123	52	5	2	24	2	17	100	4
尼日尔	124	45	1	0	10	1	11	118	4
安哥拉	125	28	3	3	33	7	15	110	4
乌干达	126	37	4	4	8	1	11	122	4
中非	127	25	1	0	23	1	10	126	4
布基纳法索	128	37	3	1	11	2	11	124	4
埃塞俄比亚	129	42	3	0	10	1	11	119	4
布隆迪	130	34	2	1	6	0	8	131	4
卢旺达	131	33	3	2	11	1	10	127	4
高收入国家		82	67	65	84	60	72		
中等收入国家		64	23	15	28	9	28		
低收入国家		48	7	4	17	2	15		
世界平均		65	26	21	29	16	31		

注：国家分组，1 代表发达水平，2 代表中等发达水平，3 代表初等发达水平，4 代表欠发达水平。

附表 2-1-2 1980～2007 年世界预期寿命指数

国家	编号	预期寿命						预期寿命指数					
		1980	1990	2000	2005	2006	2007	1980	1990	2000	2005	2006	2007
瑞典	1	76	78	80	81	81	81	76	79	83	84	85	85
美国	2	74	75	77	78	78	78	73	75	78	80	80	80
芬兰	3	73	75	78	79	79	79	72	75	79	81	82	82
澳大利亚	4	74	77	79	81	81	81	74	78	82	85	85	86
瑞士	5	76	77	80	81	82	82	76	79	83	85	86	86
挪威	6	76	77	79	80	80	80	76	78	81	83	84	84
日本	7	76	79	81	82	82	83	77	81	85	87	87	88
丹麦	8	74	75	77	78	78	78	74	75	78	80	80	81
德国	9	73	75	78	79	79	80	71	75	80	82	82	83
荷兰	10	76	77	78	79	80	80	76	78	80	82	83	84
加拿大	11	75	77	79	80	80	81	75	79	82	84	84	84
新加坡	12	72	74	78	80	80	81	69	74	80	83	84	84
英国	13	74	76	78	79	79	79	73	77	80	82	82	82
法国	14	74	77	79	80	81	81	74	78	82	84	84	85
比利时	15	73	76	78	80	80	80	72	77	79	83	83	84
奥地利	16	72	76	78	79	80	80	71	76	80	82	83	83
新西兰	17	73	75	79	80	80	80	71	76	81	83	83	84
韩国	18	66	71	76	78	79	79	60	69	77	81	82	82
以色列	19	74	77	79	80	80	81	73	78	82	84	84	84
意大利	20	74	77	80	80	81	81	73	78	83	84	85	86
爱尔兰	21	73	75	76	79	79	79	71	74	77	82	82	82
西班牙	22	75	77	79	81	81	81	76	78	82	84	85	85
爱沙尼亚	23	69	70	71	73	73	73	65	66	68	71	71	72
斯洛文尼亚	24	70	73	76	78	78	78	67	72	77	79	80	80
乌拉圭	25	70	73	75	76	76	76	67	71	75	76	76	77
俄罗斯	26	67	69	65	66	67	68	62	65	59	59	61	63
斯洛伐克	27	70	71	73	74	74	74	67	68	72	73	74	74
希腊	28	74	77	78	79	79	80	74	78	80	82	82	83
匈牙利	29	69	69	71	73	73	73	65	66	69	71	72	72
捷克	30	70	71	75	76	77	77	67	69	75	77	78	78
葡萄牙	31	71	74	77	78	78	78	69	73	78	80	81	81
白俄罗斯	32	71	71	69	69	69	70	68	68	65	65	66	67
拉脱维亚	33	69	69	70	71	71	71	65	66	67	69	68	69
立陶宛	34	71	71	72	71	71	71	68	69	70	69	68	68
格鲁吉亚	35	69	70	70	71	71	71	66	67	67	68	68	68
乌克兰	36	69	70	68	68	68	68	65	67	63	63	64	64
保加利亚	37	71	72	72	73	73	73	69	69	70	71	71	71
黎巴嫩	38	67	69	71	72	72	72	61	65	68	69	70	70
哈萨克斯坦	39	67	68	66	66	66	66	61	64	59	60	60	61
波兰	40	70	71	74	75	75	75	67	68	73	75	75	75
阿根廷	41	70	72	74	75	75	75	66	70	73	75	75	75
巴拿马	42	70	73	74	75	75	76	67	71	74	75	76	76
克罗地亚	43	70	72	73	75	76	76	67	70	71	75	77	76
沙特阿拉伯	44	61	68	71	73	73	73	52	63	69	71	71	72
哥伦比亚	45	66	68	71	72	73	73	60	64	69	71	71	71
科威特	46	71	75	77	78	78	78	68	75	78	79	79	80
智利	47	69	74	77	78	78	78	66	73	78	80	81	81
马其顿	48	70	71	73	74	74	74	66	69	72	73	73	74
阿塞拜疆	49	68	66	67	67	67	67	63	60	61	62	62	62
摩尔多瓦	50	65	67	67	68	68	68	58	62	62	63	64	64
罗马尼亚	51	69	70	71	72	72	73	65	66	69	70	70	71
委内瑞拉	52	68	71	73	73	73	74	64	69	72	72	72	73
乌兹别克斯坦	53	67	69	66	67	67	67	62	65	61	62	62	62
多米尼加	54	63	68	71	72	72	72	55	63	68	70	70	71
亚美尼亚	55	71	68	71	73	73	73	68	63	69	72	72	72
巴拉圭	56	67	68	70	71	71	72	61	64	67	69	69	70
哥斯达黎加	57	73	76	78	79	79	79	71	76	80	81	81	81
巴西	58	63	67	70	72	72	72	55	61	67	70	70	71
墨西哥	59	67	71	74	74	75	75	61	68	73	74	74	75
博茨瓦纳	60	61	63	49	49	50	51	51	55	32	32	33	34
秘鲁	61	60	66	71	73	73	73	51	60	68	71	71	72
牙买加	62	71	72	72	72	72	73	68	69	70	71	71	71
约旦	63	63	67	71	72	72	73	55	62	68	70	70	71
南非	64	57	62	56	51	51	51	45	53	44	36	35	34
土耳其	65	60	65	70	71	72	72	51	58	67	69	69	70
厄瓜多尔	66	63	69	73	75	75	75	56	65	72	75	75	75
伊朗	67	59	65	69	70	71	71	48	58	65	67	68	68
蒙古	68	57	61	65	66	66	67	45	51	58	60	60	61
摩洛哥	69	58	64	69	71	71	71	47	57	65	68	68	69
马来西亚	70	67	70	73	74	74	74	62	67	71	73	73	74

附表 2-1-2　1980～2007 年世界预期寿命指数

国家	编号	预期寿命						预期寿命指数					
		1980	1990	2000	2005	2006	2007	1980	1990	2000	2005	2006	2007
萨尔瓦多	71	57	66	70	71	71	71	46	60	66	68	68	69
埃及	72	57	63	68	70	70	70	45	55	64	66	66	67
中国	73	66	68	71	73	73	73	59	64	69	71	71	72
阿尔及利亚	74	60	67	70	72	72	72	50	62	67	70	70	71
土库曼斯坦	75	61	63	63	63	63	63	52	55	54	55	55	55
突尼斯	76	62	70	73	74	74	74	54	67	71	73	73	74
阿尔巴尼亚	77	70	72	75	76	76	77	66	70	74	77	77	78
吉尔吉斯斯坦	78	66	68	69	68	68	68	59	64	64	63	63	63
塔吉克斯坦	79	62	63	64	66	66	67	54	55	57	60	61	61
玻利维亚	80	52	59	63	65	65	66	37	48	55	58	59	59
缅甸	81	57	59	60	61	62	62	46	48	50	52	53	54
菲律宾	82	61	66	70	71	71	72	52	59	66	69	69	70
泰国	83	66	69	68	69	69	69	60	65	64	64	65	65
纳米比亚	84	58	62	54	52	53	53	47	53	41	37	38	38
津巴布韦	85	59	60	44	43	43	44	49	49	23	21	22	23
洪都拉斯	86	60	66	68	70	70	70	50	60	64	66	67	67
尼加拉瓜	87	59	65	70	72	73	73	48	58	67	70	71	72
越南	88	58	66	72	74	74	74	46	60	70	73	73	74
肯尼亚	89	58	59	52	53	53	54	46	49	37	38	39	40
斯里兰卡	90	68	70	71	72	72	72	63	67	68	70	70	71
刚果共和国	91	60	59	54	53	54	54	49	48	40	39	39	39
印度尼西亚	92	55	62	68	70	70	71	41	53	63	66	66	68
赞比亚	93	52	51	43	44	44	45	36	34	21	23	24	25
危地马拉	94	57	63	68	70	70	70	46	54	63	66	67	67
毛里塔尼亚	95	53	58	62	63	64	64	38	46	53	56	56	57
科特迪瓦	96	56	57	56	57	57	57	43	46	43	44	45	46
印度	97	56	60	63	64	64	65	43	50	54	57	57	58
巴基斯坦	98	55	60	63	65	65	66	42	50	55	58	58	59
莱索托	99	54	59	49	43	43	43	40	48	31	22	22	21
柬埔寨	100	43	55	57	58	59	60	22	42	44	47	48	49
喀麦隆	101	52	55	51	50	50	50	36	41	35	34	34	34
厄立特里亚	102	44	49	54	57	57	58	24	31	41	45	46	47
叙利亚	103	63	68	72	74	74	74	56	64	71	73	73	74
加纳	104	53	58	58	57	57	57	39	46	46	45	44	44
乍得	105	49	51	51	51	51	51	31	36	35	34	34	34
莫桑比克	106	43	44	45	43	43	42	21	23	25	21	21	20
几内亚	107	44	49	54	56	57	58	23	31	39	44	45	46
也门共和国	108	47	55	59	62	62	63	29	41	49	53	54	55
巴布亚新几内亚	109	52	55	57	57	57	57	36	42	45	45	46	46
海地	110	51	55	58	60	60	61	35	41	46	50	51	52
尼泊尔	111	48	55	61	63	63	64	31	41	51	55	55	56
塞内加尔	112	48	52	54	55	55	55	30	37	40	42	42	42
塞拉利昂	113	42	40	43	46	47	47	19	16	21	27	28	29
刚果民主共和国	114	48	46	44	46	46	46	30	27	23	26	27	27
老挝	115	49	55	61	64	64	65	32	41	52	56	57	58
马拉维	116	45	49	46	47	48	48	25	31	27	28	29	31
多哥	117	55	58	60	62	62	62	42	46	50	53	53	54
马达加斯加	118	48	51	57	59	60	60	31	36	45	49	49	50
马里	119	43	48	51	53	54	54	22	29	35	39	40	41
尼日利亚	120	45	47	47	47	47	47	26	29	28	28	28	28
孟加拉国	121	48	54	62	65	65	66	30	41	53	58	59	60
坦桑尼亚	122	50	51	51	54	55	55	34	35	35	40	41	42
贝宁	123	51	54	58	60	61	61	34	40	47	51	51	52
尼日尔	124	42	47	53	56	56	57	21	28	39	43	44	45
安哥拉	125	41	42	44	46	46	47	18	20	23	26	27	28
乌干达	126	50	48	47	51	52	52	33	29	28	34	36	37
中非	127	48	50	44	44	44	45	30	33	24	24	24	25
布基纳法索	128	47	50	50	52	52	52	29	33	34	36	37	37
埃塞俄比亚	129	44	47	52	54	55	55	23	29	36	40	41	42
布隆迪	130	47	46	47	49	50	50	28	27	29	32	33	34
卢旺达	131	46	32	43	48	49	50	26	3	22	31	32	33
高收入国家		73	76	78	79	79	79	72	76	80	82	82	82
中等收入国家		61	65	67	68	68	69	52	58	62	64	64	64
低收入国家		51	54	56	58	56	59	35	41	44	46	44	48
世界平均		63	65	67	68	68	69	54	59	62	64	64	65

附表 2-1-3 1980～2007 年世界知识普及指数

国家	编号	大学普及率						知识普及指数					
		1980	1990	2000	2005	2006	2007	1980	1990	2000	2005	2006	2007
瑞典	1	31	32	67	82	79	75	31	32	67	82	79	75
美国	2	56	75	69	82	82	82	56	75	69	82	82	82
芬兰	3	32	49	83	92	93	94	32	49	83	92	93	94
澳大利亚	4	25	35	66	73	73	75	25	35	66	73	73	75
瑞士	5	18	26	37	45	46	47	18	26	37	45	46	47
挪威	6	25	42	69	79	78	76	25	42	69	79	78	76
日本	7	31	30	47	55	57	58	31	30	47	55	57	58
丹麦	8	28	36	58	81	80	80	28	36	58	81	80	80
德国	9	34	34	45	50	48	47	34	34	45	50	48	47
荷兰	10	29	40	52	59	60	60	29	40	52	59	60	60
加拿大	11	57	58	59	62	62	62	57	58	59	62	62	62
新加坡	12	8	19	44	44	44	44	8	19	44	44	44	44
英国	13	19	30	58	59	59	59	19	30	58	59	59	59
法国	14	25	40	53	56	56	56	25	40	53	56	56	56
比利时	15	26	40	58	62	63	63	26	40	58	62	63	63
奥地利	16	22	35	56	49	50	51	22	35	56	49	50	51
新西兰	17	27	40	66	82	80	80	27	40	66	82	80	80
韩国	18	15	39	78	91	93	95	15	39	78	91	93	95
以色列	19	29	34	50	58	58	60	29	34	50	58	58	60
意大利	20	27	32	49	65	67	68	27	32	49	65	67	68
爱尔兰	21	18	29	49	58	59	61	18	29	49	58	59	61
西班牙	22	23	37	59	66	67	69	23	37	59	66	67	69
爱沙尼亚	23	25	26	56	66	66	65	25	26	56	66	66	65
斯洛文尼亚	24	20	24	56	80	83	86	20	24	56	80	83	86
乌拉圭	25	17	30	37	42	42	64	17	30	37	42	42	64
俄罗斯	26	46	52	65	71	72	75	46	52	65	71	72	75
斯洛伐克	27	19	19	29	41	45	51	19	19	29	41	45	51
希腊	28	17	36	51	90	95	91	17	36	51	90	95	91
匈牙利	29	14	14	37	65	69	69	14	14	37	65	69	69
捷克	30	17	16	29	48	50	55	17	16	29	48	50	55
葡萄牙	31	11	23	48	55	55	56	11	23	48	55	55	56
白俄罗斯	32	39	48	53	64	66	69	39	48	53	64	66	69
拉脱维亚	33	24	25	56	75	74	71	24	25	56	75	74	71
立陶宛	34	35	34	50	77	76	76	35	34	50	77	76	76
格鲁吉亚	35	30	37	38	46	38	37	30	37	38	46	38	37
乌克兰	36	42	47	49	69	73	76	42	47	49	69	73	76
保加利亚	37	16	31	44	44	46	50	16	31	44	44	46	50
黎巴嫩	38	30	29	34	46	48	52	30	29	34	46	48	52
哈萨克斯坦	39	34	40	28	52	53	51	34	40	28	52	53	51
波兰	40	18	22	50	64	66	67	18	22	50	64	66	67
阿根廷	41	22	39	53	64	67	67	22	39	53	64	67	67
巴拿马	42	21	21	44	44	45	45	21	21	44	44	45	45
克罗地亚	43	19	24	31	43	44	46	19	24	31	43	44	46
沙特阿拉伯	44	7	12	22	29	30	30	7	12	22	29	30	30
哥伦比亚	45	9	13	23	29	31	32	9	13	23	29	31	32
科威特	46	11	11	22	19	18	18	11	11	22	19	18	18
智利	47	12	21	37	48	47	52	12	21	37	48	47	52
马其顿	48	28	17	23	30	30	36	28	17	23	30	30	36
阿塞拜疆	49	24	24	17	15	15	15	24	24	17	15	15	15
摩尔多瓦	50	30	36	33	36	39	41	30	36	33	36	39	41
罗马尼亚	51	12	10	24	45	52	58	12	10	24	45	52	58
委内瑞拉	52	21	29	28	41	52	52	21	29	28	41	52	52
乌兹别克斯坦	53	28	30	13	10	10	10	28	30	13	10	10	10
多米尼加	54	13	20	34	35	35	35	13	20	34	35	35	35
亚美尼亚	55	20	20	24	28	32	34	20	20	24	28	32	34
巴拉圭	56	9	8	16	26	26	26	9	8	16	26	26	26
哥斯达黎加	57	21	27	16	25	25	25	21	27	16	25	25	25
巴西	58	11	11	16	26	26	30	11	11	16	26	26	30
墨西哥	59	14	15	20	25	26	27	14	15	20	25	26	27
博茨瓦纳	60	1	3	3	5	5	5	1	3	3	5	5	5
秘鲁	61	17	30	32	34	35	35	17	30	32	34	35	35
牙买加	62	7	7	15	19	19	19	7	7	15	19	19	19
约旦	63	13	16	30	40	39	40	13	16	30	40	39	40
南非	64	9	13	14	15	15	15	9	13	14	15	15	15
土耳其	65	5	13	23	31	35	36	5	13	23	31	35	36
厄瓜多尔	66	35	20	20	35	35	35	35	20	20	35	35	35
伊朗	67	6	10	19	24	27	31	6	10	19	24	27	31
蒙古	68	22	14	29	43	47	48	22	14	29	43	47	48
摩洛哥	69	6	11	9	11	12	11	6	11	9	11	12	11
马来西亚	70	4	7	26	29	30	30	4	7	26	29	30	30

附表 2-1-3　1980～2007 年世界知识普及指数　　（续表）

国家	编号	大学普及率						知识普及指数					
		1980	1990	2000	2005	2006	2007	1980	1990	2000	2005	2006	2007
萨尔瓦多	71	9	16	17	20	21	22	9	16	17	20	21	22
埃及	72	16	16	29	35	35	35	16	16	29	35	35	35
中国	73	2	3	8	20	22	23	2	3	8	20	22	23
阿尔及利亚	74	6	11	16	21	22	24	6	11	16	21	22	24
土库曼斯坦	75	22	22	22	22	22	22	22	22	22	22	22	22
突尼斯	76	5	9	19	30	31	31	5	9	19	30	31	31
阿尔巴尼亚	77	5	7	15	19	19	19	5	7	15	19	19	19
吉尔吉斯斯坦	78	16	14	35	41	43	43	16	14	35	41	43	43
塔吉克斯坦	79	24	22	14	17	19	20	24	22	14	17	19	20
玻利维亚	80	15	21	36	41	41	41	15	21	36	41	41	41
缅甸	81	5	4	12	12	12	12	5	4	12	12	12	12
菲律宾	82	24	28	31	28	29	29	24	28	31	28	29	29
泰国	83	15	17	35	46	46	50	15	17	35	46	46	50
纳米比亚	84	7	7	7	7	6	6	7	7	7	7	6	6
津巴布韦	85	1	5	4	4	4	4	1	5	4	4	4	4
洪都拉斯	86	7	9	15	17	17	17	7	9	15	17	17	17
尼加拉瓜	87	12	8	17	18	18	18	12	8	17	18	18	18
越南	88	2	2	10	10	10	10	2	2	10	10	10	10
肯尼亚	89	1	2	3	3	3	4	1	2	3	3	3	4
斯里兰卡	90	3	5	5	5	5	5	3	5	5	5	5	5
刚果共和国	91	5	5	5	4	4	4	5	5	5	4	4	4
印度尼西亚	92	4	9	14	17	17	18	4	9	14	17	17	18
赞比亚	93	1	2	2	2	2	2	1	2	2	2	2	2
危地马拉	94	8	8	10	10	9	18	8	8	10	10	9	18
毛里塔尼亚	95	3	3	4	3	4	4	3	3	4	3	4	4
科特迪瓦	96	3	3	7	8	8	8	3	3	7	8	8	8
印度	97	5	6	10	11	12	12	5	6	10	11	12	12
巴基斯坦	98	2	3	3	5	5	5	2	3	3	5	5	5
莱索托	99	1	1	2	3	4	4	1	1	2	3	4	4
柬埔寨	100	0	1	2	4	5	5	0	1	2	4	5	5
喀麦隆	101	2	3	4	6	7	7	2	3	4	6	7	7
厄立特里亚	102	1	1	1	1	1	1	1	1	1	1	1	1
叙利亚	103	17	18	18	18	18	18	17	18	18	18	18	18
加纳	104	2	1	3	5	5	6	2	1	3	5	5	6
乍得	105	1	1	1	1	1	1	1	1	1	1	1	1
莫桑比克	106	0	0	1	2	2	2	0	0	1	2	2	2
几内亚	107	5	1	2	3	5	5	5	1	2	3	5	5
也门共和国	108	4	4	10	9	9	9	4	4	10	9	9	9
巴布亚新几内亚	109	2	3	3	3	3	3	2	3	3	3	3	3
海地	110	1	1	1	1	1	1	1	1	1	1	1	1
尼泊尔	111	3	5	4	6	6	11	3	5	4	6	6	11
塞内加尔	112	3	3	5	6	6	7	3	3	5	6	6	7
塞拉利昂	113	1	1	2	2	2	2	1	1	2	2	2	2
刚果民主共和国	114	1	2	2	4	4	4	1	2	2	4	4	4
老挝	115	0	1	3	8	9	12	0	1	3	8	9	12
马拉维	116	0	1	0	1	1	1	0	1	0	1	1	1
多哥	117	2	3	3	5	5	5	2	3	3	5	5	5
马达加斯加	118	3	3	2	3	3	3	3	3	2	3	3	3
马里	119	1	1	2	3	4	4	1	1	2	3	4	4
尼日利亚	120	3	4	10	10	10	10	3	4	10	10	10	10
孟加拉国	121	3	4	5	6	7	7	3	4	5	6	7	7
坦桑尼亚	122	0	0	1	1	1	2	0	0	1	1	1	2
贝宁	123	1	3	4	5	5	5	1	3	4	5	5	5
尼日尔	124	0	1	1	1	1	1	0	1	1	1	1	1
安哥拉	125	0	1	1	3	3	3	0	1	1	3	3	3
乌干达	126	1	1	3	4	4	4	1	1	3	4	4	4
中非	127	1	2	2	2	1	1	1	2	2	2	1	1
布基纳法索	128	0	1	1	2	2	3	0	1	1	2	2	3
埃塞俄比亚	129	0	1	1	3	2	3	0	1	1	3	2	3
布隆迪	130	0	1	1	2	2	2	0	1	1	2	2	2
卢旺达	131	0	1	2	3	3	3	0	1	2	3	3	3
高收入国家		35	47	57	66	67	67	35	47	57	66	67	67
中等收入国家		10	12	15	21	22	23	10	12	15	21	22	23
低收入国家		6	6	5	6	6	7	6	6	5	6	6	7
世界平均		13	16	19	24	25	26	13	16	19	24	25	26

附表 2-1-4 1980～2007 年世界信息共享指数

国家	编号	互联网普及率						信息共享指数					
		1980	1990	2000	2005	2006	2007	1980	1990	2000	2005	2006	2007
瑞典	1	—	—	46	81	86	80	—	—	46	81	86	80
美国	2	—	—	44	70	71	74	—	—	44	70	71	74
芬兰	3	—	—	37	73	77	79	—	—	37	73	77	79
澳大利亚	4	—	—	47	62	51	53	—	—	47	62	51	53
瑞士	5	—	—	48	68	71	72	—	—	48	68	71	72
挪威	6	—	—	27	80	81	85	—	—	27	80	81	85
日本	7	—	—	30	67	69	69	—	—	30	67	69	69
丹麦	8	—	—	39	77	83	81	—	—	39	77	83	81
德国	9	—	—	30	65	69	72	—	—	30	65	69	72
荷兰	10	—	—	44	79	81	84	—	—	44	79	81	84
加拿大	11	—	—	42	68	70	73	—	—	42	68	70	73
新加坡	12	—	—	32	62	59	68	—	—	32	62	59	68
英国	13	—	—	27	65	65	72	—	—	27	65	65	72
法国	14	—	—	14	43	49	51	—	—	14	43	49	51
比利时	15	—	—	29	58	61	66	—	—	29	58	61	66
奥地利	16	—	—	34	55	60	67	—	—	34	55	60	67
新西兰	17	—	—	48	62	67	69	—	—	48	62	67	69
韩国	18	—	—	41	72	74	76	—	—	41	72	74	76
以色列	19	—	—	20	24	27	28	—	—	20	24	27	28
意大利	20	—	—	23	48	52	54	—	—	23	48	52	54
爱尔兰	21	—	—	18	37	50	56	—	—	18	37	50	56
西班牙	22	—	—	14	44	47	51	—	—	14	44	47	51
爱沙尼亚	23	—	—	29	58	60	64	—	—	29	58	60	64
斯洛文尼亚	24	—	—	15	46	50	53	—	—	15	46	50	53
乌拉圭	25	—	—	11	20	26	29	—	—	11	20	26	29
俄罗斯	26	—	—	2	15	18	21	—	—	2	15	18	21
斯洛伐克	27	—	—	9	50	36	43	—	—	9	50	36	43
希腊	28	—	—	9	22	29	33	—	—	9	22	29	33
匈牙利	29	—	—	7	37	45	52	—	—	7	37	45	52
捷克	30	—	—	10	32	44	48	—	—	10	32	44	48
葡萄牙	31	—	—	16	32	36	40	—	—	16	32	36	40
白俄罗斯	32	—	—	2	16	25	29	—	—	2	16	25	29
拉脱维亚	33	—	—	6	42	50	55	—	—	6	42	50	55
立陶宛	34	—	—	6	34	42	49	—	—	6	34	42	49
格鲁吉亚	35	—	—	1	6	8	8	—	—	1	6	8	8
乌克兰	36	—	—	1	17	19	22	—	—	1	17	19	22
保加利亚	37	—	—	5	20	24	31	—	—	5	20	24	31
黎巴嫩	38	—	—	8	18	23	38	—	—	8	18	23	38
哈萨克斯坦	39	—	—	1	4	8	12	—	—	1	4	8	12
波兰	40	—	—	7	35	40	44	—	—	7	35	40	44
阿根廷	41	—	—	7	18	21	26	—	—	7	18	21	26
巴拿马	42	—	—	7	12	17	22	—	—	7	12	17	22
克罗地亚	43	—	—	7	33	38	45	—	—	7	33	38	45
沙特阿拉伯	44	—	—	2	13	20	26	—	—	2	13	20	26
哥伦比亚	45	—	—	2	11	15	28	—	—	2	11	15	28
科威特	46	—	—	7	28	31	34	—	—	7	28	31	34
智利	47	—	—	17	22	26	31	—	—	17	22	26	31
马其顿	48	—	—	3	23	25	27	—	—	3	23	25	27
阿塞拜疆	49	—	—	0	8	10	11	—	—	0	8	10	11
摩尔多瓦	50	—	—	1	15	20	19	—	—	1	15	20	19
罗马尼亚	51	—	—	4	17	21	24	—	—	4	17	21	24
委内瑞拉	52	—	—	3	13	15	21	—	—	3	13	15	21
乌兹别克斯坦	53	—	—	1	3	7	8	—	—	1	3	7	8
多米尼加	54	—	—	4	12	15	17	—	—	4	12	15	17
亚美尼亚	55	—	—	1	5	6	6	—	—	1	5	6	6
巴拉圭	56	—	—	1	6	6	9	—	—	1	6	6	9
哥斯达黎加	57	—	—	6	21	28	34	—	—	6	21	28	34
巴西	58	—	—	3	21	31	36	—	—	3	21	31	36
墨西哥	59	—	—	5	19	20	21	—	—	5	19	20	21
博茨瓦纳	60	—	—	3	3	4	5	—	—	3	3	4	5
秘鲁	61	—	—	3	17	23	27	—	—	3	17	23	27
牙买加	62	—	—	3	47	49	56	—	—	3	47	49	56
约旦	63	—	—	3	13	14	20	—	—	3	13	14	20
南非	64	—	—	6	8	8	8	—	—	6	8	8	8
土耳其	65	—	—	4	14	18	29	—	—	4	14	18	29
厄瓜多尔	66	—	—	2	7	6	9	—	—	2	7	6	9
伊朗	67	—	—	1	18	16	18	—	—	1	18	16	18
蒙古	68	—	—	1	11	12	12	—	—	1	11	12	12
摩洛哥	69	—	—	1	15	20	21	—	—	1	15	20	21
马来西亚	70	—	—	21	49	52	56	—	—	21	49	52	56

附表 2-1-4　1980～2007 年世界信息共享指数　　（续表）

国家	编号	互联网普及率						信息共享指数					
		1980	1990	2000	2005	2006	2007	1980	1990	2000	2005	2006	2007
萨尔瓦多	71	—	—	1	11	12	13	—	—	1	11	12	13
埃及	72	—	—	1	12	13	13	—	—	1	12	13	13
中国	73	—	—	2	9	11	16	—	—	2	9	11	16
阿尔及利亚	74	—	—	1	6	7	10	—	—	1	6	7	10
土库曼斯坦	75	—	—	0	1	1	1	—	—	0	1	1	1
突尼斯	76	—	—	3	10	13	17	—	—	3	10	13	17
阿尔巴尼亚	77	—	—	0	6	15	15	—	—	0	6	15	15
吉尔吉斯斯坦	78	—	—	1	11	13	14	—	—	1	11	13	14
塔吉克斯坦	79	—	—	0	0	4	7	—	—	0	0	4	7
玻利维亚	80	—	—	1	5	6	11	—	—	1	5	6	11
缅甸	81	—	—	—	0	0	0	—	—	—	0	0	0
菲律宾	82	—	—	2	5	6	6	—	—	2	5	6	6
泰国	83	—	—	4	15	17	20	—	—	4	15	17	20
纳米比亚	84	—	—	2	4	4	5	—	—	2	4	4	5
津巴布韦	85	—	—	0	8	10	11	—	—	0	8	10	11
洪都拉斯	86	—	—	1	4	5	6	—	—	1	4	5	6
尼加拉瓜	87	—	—	1	3	3	3	—	—	1	3	3	3
越南	88	—	—	0	13	18	21	—	—	0	13	18	21
肯尼亚	89	—	—	0	3	8	8	—	—	0	3	8	8
斯里兰卡	90	—	—	1	2	3	4	—	—	1	2	3	4
刚果共和国	91	—	—	0	2	2	3	—	—	0	2	2	3
印度尼西亚	92	—	—	1	4	9	11	—	—	1	4	9	11
赞比亚	93	—	—	0	3	4	5	—	—	0	3	4	5
危地马拉	94	—	—	1	8	10	10	—	—	1	8	10	10
毛里塔尼亚	95	—	—	0	1	1	1	—	—	0	1	1	1
科特迪瓦	96	—	—	0	1	2	2	—	—	0	1	2	2
印度	97	—	—	1	4	7	7	—	—	1	4	7	7
巴基斯坦	98	—	—	—	7	8	11	—	—	—	7	8	11
莱索托	99	—	—	0	3	3	4	—	—	0	3	3	4
柬埔寨	100	—	—	0	0	1	1	—	—	0	0	1	1
喀麦隆	101	—	—	0	1	2	3	—	—	0	1	2	3
厄立特里亚	102	—	—	0	2	2	3	—	—	0	2	2	3
叙利亚	103	—	—	0	6	8	17	—	—	0	6	8	17
加纳	104	—	—	0	2	3	4	—	—	0	2	3	4
乍得	105	—	—	0	0	1	1	—	—	0	0	1	1
莫桑比克	106	—	—	0	1	1	1	—	—	0	1	1	1
几内亚	107	—	—	0	1	1	1	—	—	0	1	1	1
也门共和国	108	—	—	0	1	1	1	—	—	0	1	1	1
巴布亚新几内亚	109	—	—	1	2	2	2	—	—	1	2	2	2
海地	110	—	—	0	7	7	10	—	—	0	7	7	10
尼泊尔	111	—	—	0	1	1	1	—	—	0	1	1	1
塞内加尔	112	—	—	0	5	6	7	—	—	0	5	6	7
塞拉利昂	113	—	—	0	0	0	0	—	—	0	0	0	0
刚果民主共和国	114	—	—	0	0	0	0	—	—	0	0	0	0
老挝	115	—	—	0	1	1	2	—	—	0	1	1	2
马拉维	116	—	—	0	0	0	1	—	—	0	0	0	1
多哥	117	—	—	2	5	5	5	—	—	2	5	5	5
马达加斯加	118	—	—	0	1	1	1	—	—	0	1	1	1
马里	119	—	—	0	1	1	1	—	—	0	1	1	1
尼日利亚	120	—	—	0	4	6	7	—	—	0	4	6	7
孟加拉国	121	—	—	0	0	0	0	—	—	0	0	0	0
坦桑尼亚	122	—	—	0	1	1	1	—	—	0	1	1	1
贝宁	123	—	—	0	1	2	2	—	—	0	1	2	2
尼日尔	124	—	—	0	0	0	0	—	—	0	0	0	0
安哥拉	125	—	—	0	1	2	3	—	—	0	1	2	3
乌干达	126	—	—	0	2	3	4	—	—	0	2	3	4
中非	127	—	—	0	0	0	0	—	—	0	0	0	0
布基纳法索	128	—	—	0	1	1	1	—	—	0	1	1	1
埃塞俄比亚	129	—	—	0	0	0	0	—	—	0	0	0	0
布隆迪	130	—	—	0	1	1	1	—	—	0	1	1	1
卢旺达	131	—	—	0	1	1	2	—	—	0	1	1	2
高收入国家		—	—	32	60	62	65	—	—	32	60	62	65
中等收入国家		—	—	2	9	12	15	—	—	2	9	12	15
低收入国家		—	—	0	2	3	4	—	—	0	2	3	4
世界平均		—	—	7	16	19	21	—	—	7	16	19	21

注：1980 和 1990 年没有信息共享指数的数据，它们对评价结果的历史可比性有一定影响。

附表 2-1-5 1980～2007 年世界环境质量指数

2005	编号	废水处理率						环境质量指数						备注
		1980	1990	2000	2002	2006	2007	1980	1990	2000	2005	2006	2007	
瑞典	1	82	95	86	86	86	—	82	95	86	86	86	86	废水处理率
美国	2	70	72	71	71	71	—	70	72	71	71	71	71	废水处理率
芬兰	3	65	77	80	81	81	—	65	77	80	81	81	81	废水处理率
澳大利亚	4	—	—	—	—	—	—	—	—	—	—	—	—	废水处理率
瑞士	5	73	91	96	96	97	—	73	91	96	96	97	97	废水处理率
挪威	6	34	57	73	73	77	—	34	57	73	73	77	77	废水处理率
日本	7	30	50	62	64	69	—	30	50	62	64	69	69	废水处理率
丹麦	8	71	98	88	89	88	—	71	98	88	89	88	88	废水处理率
德国	9	80	86	91	92	93	—	80	86	91	92	93	93	废水处理率
荷兰	10	73	93	98	98	99	—	73	93	98	98	99	99	废水处理率
加拿大	11	64	63	72	72	72	—	64	63	72	72	72	72	废水处理率
新加坡	12	60	60	60	60	60	—	60	60	60	60	60	60	城市化折算
英国	13	82	87	95	95	97	—	82	87	95	95	97	97	废水处理率
法国	14	62	68	77	79	80	—	62	68	77	79	80	80	废水处理率
比利时	15	23	—	41	38	55	—	23	0	41	38	55	55	废水处理率
奥地利	16	38	72	85	86	89	—	38	72	85	86	89	89	废水处理率
新西兰	17	59	—	80	80	80	—	59	0	80	80	80	80	废水处理率
韩国	18	—	43	70	78	83	—	0	43	70	78	83	83	废水处理率
以色列	19	53	54	55	55	55	—	53	54	55	55	55	55	城市化折算
意大利	20	30	61	69	69	69	—	30	61	69	69	69	69	废水处理率
爱尔兰	21	—	—	66	73	70	—	0	0	66	73	70	70	废水处理率
西班牙	22	18	59	88	55	92	—	18	59	88	55	92	92	废水处理率
爱沙尼亚	23	42	43	42	42	42	—	42	43	42	42	42	42	城市化折算
斯洛文尼亚	24	29	30	30	30	30	—	29	30	30	30	30	30	城市化折算
乌拉圭	25	51	53	55	55	55	—	51	53	55	55	55	55	城市化折算
俄罗斯	26	42	44	44	44	44	—	42	44	44	44	44	44	城市化折算
斯洛伐克	27	27	42	51	53	56	—	27	42	51	53	56	56	废水处理率
希腊	28	1	11	56	56	56	—	1	11	56	56	56	56	废水处理率
匈牙利	29	19	31	46	32	60	—	19	31	46	32	60	60	废水处理率
捷克	30	—	51	64	70	74	—	—	51	64	70	74	74	废水处理率
葡萄牙	31	2	21	41	46	65	—	2	21	41	46	65	65	废水处理率
白俄罗斯	32	34	40	42	43	44	—	34	40	42	43	44	44	城市化折算
拉脱维亚	33	40	42	41	41	41	—	40	42	41	41	41	41	城市化折算
立陶宛	34	37	41	40	40	40	—	37	41	40	40	40	40	城市化折算
格鲁吉亚	35	31	33	32	32	32	—	31	33	32	32	32	32	城市化折算
乌克兰	36	37	40	40	41	41	—	37	40	40	41	41	41	城市化折算
保加利亚	37	37	40	41	42	42	—	37	40	41	42	42	42	城市化折算
黎巴嫩	38	44	50	52	52	52	—	44	50	52	52	52	52	城市化折算
哈萨克斯坦	39	32	34	34	34	34	—	32	34	34	34	34	34	城市化折算
波兰	40	—	37	54	55	61	—	0	37	54	55	61	61	废水处理率
阿根廷	41	50	52	54	55	55	—	50	52	54	55	55	55	城市化折算
巴拿马	42	30	32	39	42	43	—	30	32	39	42	43	43	城市化折算
克罗地亚	43	30	32	33	34	34	—	30	32	33	34	34	34	城市化折算
沙特阿拉伯	44	40	46	48	49	49	—	40	46	48	49	49	49	城市化折算
哥伦比亚	45	37	41	43	44	44	—	37	41	43	44	44	44	城市化折算
科威特	46	57	59	59	59	59	—	57	59	59	59	59	59	城市化折算
智利	47	49	50	52	53	53	—	49	50	52	53	53	53	城市化折算
马其顿	48	32	35	38	39	40	—	32	35	38	39	40	40	城市化折算
阿塞拜疆	49	32	32	31	31	31	—	32	32	31	31	31	31	城市化折算
摩尔多瓦	50	24	28	27	26	25	—	24	28	27	26	25	25	城市化折算
罗马尼亚	51	28	32	32	32	32	—	28	32	32	32	32	32	城市化折算
委内瑞拉	52	48	51	54	55	56	—	48	51	54	55	56	56	城市化折算
乌兹别克斯坦	53	24	24	22	22	22	—	24	24	22	22	22	22	城市化折算
多米尼加	54	31	33	37	40	41	—	31	33	37	40	41	41	城市化折算
亚美尼亚	55	40	41	39	38	38	—	40	41	39	38	38	38	城市化折算
巴拉圭	56	25	29	33	35	35	—	25	29	33	35	35	35	城市化折算
哥斯达黎加	57	26	30	35	37	37	—	26	30	35	37	37	37	城市化折算
巴西	58	40	45	49	51	51	—	40	45	49	51	51	51	城市化折算
墨西哥	59	—	22	25	25	36	—	—	22	25	25	36	36	废水处理率
博茨瓦纳	60	10	25	32	34	35	—	10	25	32	34	35	35	城市化折算
秘鲁	61	39	41	42	43	43	—	39	41	42	43	43	43	城市化折算
牙买加	62	28	30	31	32	32	—	28	30	31	32	32	32	城市化折算
约旦	63	36	43	47	47	47	—	36	43	47	47	47	47	城市化折算
南非	64	29	31	34	36	36	—	29	31	34	36	36	36	城市化折算
土耳其	65	0	6	17	17	36	—	0	6	17	17	36	36	废水处理率
厄瓜多尔	66	28	33	36	38	39	—	28	33	36	38	39	39	城市化折算
伊朗	67	30	34	39	40	40	—	30	34	39	40	40	40	城市化折算
蒙古	68	31	34	34	34	34	—	31	34	34	34	34	34	城市化折算
摩洛哥	69	25	29	32	33	33	—	25	29	32	33	33	33	城市化折算
马来西亚	70	25	30	37	41	41	—	25	30	37	41	41	41	城市化折算

附表 2-1-5　1980～2007 年世界环境质量指数　　（续表）

2005	编号	废水处理率						环境质量指数						备注
		1980	1990	2000	2002	2006	2007	1980	1990	2000	2005	2006	2007	
萨尔瓦多	71	26	30	35	36	36	—	26	30	35	36	36	36	城市化折算
埃及	72	26	26	26	26	26	—	26	26	26	26	26	26	城市化折算
中国	73	10	15	19	37	44	—	10	15	19	37	44	44	废水处理率
阿尔及利亚	74	26	31	36	38	38	—	26	31	36	38	38	38	城市化折算
土库曼斯坦	75	28	27	27	28	29	—	28	27	27	28	29	29	城市化折算
突尼斯	76	30	35	38	39	39	—	30	35	38	39	39	39	城市化折算
阿尔巴尼亚	77	20	22	25	27	27	—	20	22	25	27	27	27	城市化折算
吉尔吉斯斯坦	78	23	23	21	21	22	—	23	23	21	21	22	22	城市化折算
塔吉克斯坦	79	21	19	16	16	16	—	21	19	16	16	16	16	城市化折算
玻利维亚	80	27	33	37	39	39	—	27	33	37	39	39	39	城市化折算
缅甸	81	14	15	17	18	19	—	14	15	17	18	19	19	城市化折算
菲律宾	82	23	29	35	38	38	—	23	29	35	38	38	38	城市化折算
泰国	83	16	18	19	19	20	—	16	18	19	19	20	20	城市化折算
纳米比亚	84	15	17	19	21	21	—	15	17	19	21	21	21	城市化折算
津巴布韦	85	13	17	20	22	22	—	13	17	20	22	22	22	城市化折算
洪都拉斯	86	21	24	27	28	28	—	21	24	27	28	28	28	城市化折算
尼加拉瓜	87	30	31	33	34	34	—	30	31	33	34	34	34	城市化折算
越南	88	12	12	15	16	16	—	12	12	15	16	16	16	城市化折算
肯尼亚	89	9	11	12	12	13	—	9	11	12	12	13	13	城市化折算
斯里兰卡	90	11	10	9	9	9	—	11	10	9	9	9	9	城市化折算
刚果共和国	91	29	33	35	36	36	—	29	33	35	36	36	36	城市化折算
印度尼西亚	92	13	18	25	29	30	—	13	18	25	29	30	30	城市化折算
赞比亚	93	24	24	21	21	21	—	24	24	21	21	21	21	城市化折算
危地马拉	94	22	25	27	28	29	—	22	25	27	28	29	29	城市化折算
毛里塔尼亚	95	16	24	24	24	24	—	16	24	24	24	24	24	城市化折算
科特迪瓦	96	22	24	26	28	29	—	22	24	26	28	29	29	城市化折算
印度	97	14	15	17	17	17	—	14	15	17	17	17	17	城市化折算
巴基斯坦	98	17	18	20	21	21	—	17	18	20	21	21	21	城市化折算
莱索托	99	7	8	12	14	14	—	7	8	12	14	14	14	城市化折算
柬埔寨	100	5	8	10	12	12	—	5	8	10	12	12	12	城市化折算
喀麦隆	101	19	24	30	33	33	—	19	24	30	33	33	33	城市化折算
厄立特里亚	102	9	9	11	12	12	—	9	9	11	12	12	12	城市化折算
叙利亚	103	28	29	31	32	32	—	28	29	31	32	32	32	城市化折算
加纳	104	19	22	26	29	29	—	19	22	26	29	29	29	城市化折算
乍得	105	11	12	14	15	15	—	11	12	14	15	15	15	城市化折算
莫桑比克	106	8	13	18	21	21	—	8	13	18	21	21	21	城市化折算
几内亚	107	14	17	19	20	20	—	14	17	19	20	20	20	城市化折算
也门共和国	108	10	13	16	17	18	—	10	13	16	17	18	18	城市化折算
巴布亚新几内亚	109	8	9	8	8	8	—	8	9	8	8	8	8	城市化折算
海地	110	12	17	21	26	26	—	12	17	21	26	26	26	城市化折算
尼泊尔	111	4	5	8	9	10	—	4	5	8	9	10	10	城市化折算
塞内加尔	112	21	23	24	25	25	—	21	23	24	25	25	25	城市化折算
塞拉利昂	113	17	20	21	22	22	—	17	20	21	22	22	22	城市化折算
刚果民主共和国	114	17	17	18	19	20	—	17	17	18	19	20	20	城市化折算
老挝	115	7	9	13	16	17	—	7	9	13	16	17	17	城市化折算
马拉维	116	5	7	9	10	11	—	5	7	9	10	11	11	城市化折算
多哥	117	15	18	22	24	24	—	15	18	22	24	24	24	城市化折算
马达加斯加	118	11	14	16	17	17	—	11	14	16	17	17	17	城市化折算
马里	119	11	14	17	18	19	—	11	14	17	18	19	19	城市化折算
尼日利亚	120	17	21	26	28	28	—	17	21	26	28	28	28	城市化折算
孟加拉国	121	9	12	14	15	16	—	9	12	14	15	16	16	城市化折算
坦桑尼亚	122	9	11	13	15	15	—	9	11	13	15	15	15	城市化折算
贝宁	123	16	21	23	24	24	—	16	21	23	24	24	24	城市化折算
尼日尔	124	8	9	10	10	10	—	8	9	10	10	10	10	城市化折算
安哥拉	125	15	22	29	32	33	—	15	22	29	32	33	33	城市化折算
乌干达	126	5	7	7	8	8	—	5	7	7	8	8	8	城市化折算
中非	127	20	22	23	23	23	—	20	22	23	23	23	23	城市化折算
布基纳法索	128	5	8	10	11	11	—	5	8	10	11	11	11	城市化折算
埃塞俄比亚	129	6	8	9	10	10	—	6	8	9	10	10	10	城市化折算
布隆迪	130	3	4	5	6	6	—	3	4	5	6	6	6	城市化折算
卢旺达	131	3	3	8	11	11	—	3	3	8	11	11	11	城市化折算
高收入国家		55	75	81	79	84	—	55	75	81	79	84	84	OECD 平均
中等收入国家		20	23	26	28	28	—	20	23	26	28	28	28	城市化折算
低收入国家		12	14	15	17	17	—	12	14	15	17	17	17	城市化折算
世界平均		23	26	28	29	29	—	23	26	28	29	29	29	城市化折算

注：部分国家没有生活废水处理率数据，采用城市化折算数据来代替。城市化折算的数值等于城市人口比例的60%。2005 年指数是根据 2002 年数据的评价结果，2007 年指数为 2006 年的评价结果。

附表 2-1-6 1980～2007 年世界购买力指数

国家	编号	人均购买力						购买力指数					
		1980	1990	2000	2002	2006	2007	1980	1990	2000	2005	2006	2007
瑞典	1	10 690	19 120	27 500	32 270	35 030	37 490	18	32	46	54	58	62
美国	2	12 150	22 940	35 190	42 090	44 270	45 890	20	38	59	70	74	76
芬兰	3	8960	17 220	25 470	30 860	32 920	34 760	15	28	42	51	55	58
澳大利亚	4	8990	16 310	24 920	30 520	31 900	33 400	15	27	41	51	53	56
瑞士	5	14 320	25 440	34 020	39 140	41 910	44 410	24	42	57	65	70	74
挪威	6	9300	17 420	35 600	47 630	52 040	53 650	15	29	59	79	87	89
日本	7	8920	18 870	25 910	31 030	32 950	34 750	15	31	43	52	55	58
丹麦	8	9960	18 030	28 180	33 740	35 800	36 800	16	30	47	56	60	61
德国	9	9870	18 630	25 670	31 680	33 150	34 740	16	31	43	53	55	58
荷兰	10	9890	17 530	30 000	35 020	37 340	39 470	16	29	50	58	62	66
加拿大	11	10 770	18 830	27 630	34 440	36 490	35 500	18	31	46	57	61	59
新加坡	12	6740	17 690	32 880	41 710	45 690	46 820	11	29	55	69	76	78
英国	13	8210	15 860	25 590	32 850	34 050	35 540	13	26	42	55	57	59
法国	14	9810	17 800	26 380	30 910	32 210	33 850	16	29	44	51	54	56
比利时	15	10 250	18 720	28 150	32 210	33 830	35 320	17	31	47	54	56	59
奥地利	16	10 370	19 290	28 570	33 270	34 890	36 750	17	32	47	55	58	61
新西兰	17	8500	13 490	19 430	22 940	24 080	25 380	14	22	32	38	40	42
韩国	18	2600	8200	17 050	22 760	24 770	26 880	4	13	28	38	41	45
以色列	19	6930	12 580	21 480	22 930	24 770	26 310	11	21	36	38	41	44
意大利	20	9260	17 360	25 370	28 030	29 310	30 190	15	29	42	47	49	50
爱尔兰	21	6200	11 950	24 590	32 730	35 420	37 700	10	20	41	54	59	63
西班牙	22	6800	13 240	21 120	26 980	28 950	30 750	11	22	35	45	48	51
爱沙尼亚	23	—	—	9430	15 730	17 560	18 830	—	—	15	26	29	31
斯洛文尼亚	24	—	—	17 460	23 260	24 580	26 230	—	—	29	39	41	44
乌拉圭	25	3590	5090	8170	9400	10 200	11 300	6	8	13	15	17	19
俄罗斯	26	—	9100	7430	11 570	12 810	14 330	—	15	12	19	21	24
斯洛伐克	27	—	7730	10 800	15 510	17 340	19 220	—	13	18	26	29	32
希腊	28	8580	13 080	18 440	24 550	26 310	27 830	14	22	31	41	44	46
匈牙利	29	4940	8390	11 730	16 060	16 980	17 470	8	14	19	27	28	29
捷克	30	—	—	14 640	19 380	20 730	22 160	—	—	24	32	34	37
葡萄牙	31	5110	10 700	16 650	20 250	20 830	21 790	8	18	28	34	34	36
白俄罗斯	32	—	4650	5120	8560	9700	10 790	—	7	8	14	16	18
拉脱维亚	33	4190	7810	8010	12 880	14 460	16 770	7	13	13	21	24	28
立陶宛	34	—	9000	8460	13 860	15 320	17 090	—	15	14	23	25	28
格鲁吉亚	35	2890	3900	2150	3550	4090	4680	4	6	3	6	7	7
乌克兰	36	—	5950	3170	5520	6120	6830	—	10	5	9	10	11
保加利亚	37	2740	5000	6000	9260	10 080	10 790	4	8	10	15	17	18
黎巴嫩	38	—	4640	7510	9480	9780	10 910	—	7	12	16	16	18
哈萨克斯坦	39	—	5120	4460	7830	8680	9510	—	8	7	13	14	16
波兰	40	—	5160	1 0410	13 480	14 430	15 600	—	8	17	22	24	26
阿根廷	41	4780	5160	8860	10 420	11 670	12 970	8	8	14	17	19	21
巴拿马	42	2800	4180	6830	8520	9340	10 610	4	7	11	14	15	17
克罗地亚	43	—	9530	10 580	14 790	16 060	17 840	—	16	17	24	27	29
沙特阿拉伯	44	16 580	14 670	17 490	21 580	22 370	22 950	27	24	29	36	37	38
哥伦比亚	45	2450	4120	5550	6960	7590	8260	4	7	9	11	12	13
科威特	46	22 110	28 560	35 010	48 330	52 610	52 610	37	47	58	80	88	88
智利	47	2470	4490	8910	11 100	11 390	12 280	4	7	15	18	19	20
马其顿	48	—	5500	5830	7510	8310	9050	—	9	9	12	14	15
阿塞拜疆	49	—	—	2080	3940	5380	6630	—	—	3	6	9	11
摩尔多瓦	50	—	2800	1320	2530	2770	2900	—	4	2	4	4	5
罗马尼亚	51	—	5180	5610	9280	10 620	12 350	—	8	9	15	17	20
委内瑞拉	52	5550	6800	8360	9770	11 040	12 290	9	11	14	16	18	20
乌兹别克斯坦	53	—	—	1420	2000	2190	2430	—	—	2	3	3	4
多米尼加	54	1700	2610	4810	5890	6660	7340	3	4	8	10	11	12
亚美尼亚	55	—	2040	2090	4210	4940	5740	—	3	3	7	8	9
巴拉圭	56	2000	2970	3370	3910	4340	4520	3	5	5	6	7	7
哥斯达黎加	57	2910	4340	6620	8650	9610	10 510	5	7	11	14	16	17
巴西	58	3330	5050	6810	8300	8830	9510	5	8	11	14	14	16
墨西哥	59	3830	5990	8950	12 360	13 240	13 910	6	10	15	20	22	23
博茨瓦纳	60	1570	4860	8310	11 110	11 790	12 760	2	8	14	18	19	21
秘鲁	61	2760	3120	4750	5920	6370	7070	4	5	8	10	10	11
牙买加	62	2230	3880	5560	6600	7030	7170	3	6	9	11	11	12
约旦	63	1920	2280	3260	4480	4960	5300	3	3	5	7	8	9
南非	64	3940	5440	6470	8330	8960	9460	6	9	10	14	15	15
土耳其	65	2040	4210	8720	10 850	12 070	12 970	3	7	14	18	20	21
厄瓜多尔	66	2670	3510	4430	6390	6810	7100	4	6	7	10	11	12
伊朗	67	3400	4510	6790	9140	9870	10 840	5	7	11	15	16	18
蒙古	68	—	1500	1790	2550	2810	3170	—	2	3	4	4	5
摩洛哥	69	1110	1930	2570	3540	3890	4050	2	3	4	6	6	6
马来西亚	70	2250	4590	8350	11 210	12 210	13 230	3	7	14	18	20	22

附表 2-1-6　1980～2007 年世界购买力指数　　（续表）

国家	编号	人均购买力						购买力指数					
		1980	1990	2000	2002	2006	2007	1980	1990	2000	2005	2006	2007
萨尔瓦多	71	2040	2600	4500	5500	5920	6330	3	4	7	9	10	10
埃及	72	1090	2240	3570	4310	4700	5090	1	3	6	7	8	8
中国	73	250	800	2330	4100	4690	5430	0	1	4	7	8	9
阿尔及利亚	74	2950	4340	5120	6820	7150	7650	5	7	8	11	12	12
土库曼斯坦	75	—	2710	1930	4350	4980	5650	—	4	3	7	8	9
突尼斯	76	1670	2810	4590	6080	6640	7140	2	4	7	10	11	12
阿尔巴尼亚	77	—	2820	4370	6280	6890	7350	—	4	7	10	11	12
吉尔吉斯斯坦	78	—	1810	1250	1670	1790	1980	—	3	2	2	3	3
塔吉克斯坦	79	—	2210	800	1430	1550	1700	—	3	1	2	2	3
玻利维亚	80	1720	2010	2930	4320	4300	3960	3	3	5	7	7	6
缅甸	81	—	—	—	1030	1180	1290	—	—	—	1	2	2
菲律宾	82	1240	1710	2430	3170	3380	3660	2	3	4	5	5	6
泰国	83	1010	2690	4610	6420	6200	6110	1	4	7	10	10	10
纳米比亚	84	2010	2920	4040	5280	5820	6070	3	5	6	8	9	10
津巴布韦	85	—	—	—	—	—	—	—	—	—	—	—	—
洪都拉斯	86	1270	1760	2510	3140	3370	3610	2	3	4	5	5	6
尼加拉瓜	87	1230	1320	1780	2250	2380	2510	2	2	3	3	4	4
越南	88	—	610	1390	2100	2310	2530	—	1	2	3	4	4
肯尼亚	89	640	990	1130	1350	1440	1550	1	1	2	2	2	2
斯里兰卡	90	740	1450	2660	3500	3840	4200	1	2	4	6	6	7
刚果共和国	91	1250	2060	1990	2590	2900	2700	2	3	3	4	5	4
印度尼西亚	92	620	1430	2240	3040	3290	3560	1	2	3	5	5	6
赞比亚	93	680	820	840	1060	1070	1130	1	1	1	1	1	2
危地马拉	94	1850	2360	3470	4010	4260	4550	3	4	5	6	7	7
毛里塔尼亚	95	790	1210	1430	1740	1960	2000	1	2	2	3	3	3
科特迪瓦	96	1200	1170	1430	1490	1510	1550	2	2	2	2	2	2
印度	97	420	860	1500	2220	2470	2740	0	1	2	3	4	4
巴基斯坦	98	610	1260	1690	2230	2390	2540	1	2	2	3	4	4
莱索托	99	630	1110	1330	1550	1750	1880	1	2	2	2	3	3
柬埔寨	100	—	—	860	1390	1560	1720	—	—	1	2	2	3
喀麦隆	101	800	1430	1520	1900	2010	2120	1	2	2	3	3	3
厄立特里亚	102	—	—	600	620	620	620	—	—	1	1	1	1
叙利亚	103	1670	2070	3150	3830	4030	4200	2	3	5	6	6	7
加纳	104	470	630	900	1170	1270	1350	0	1	1	2	2	2
乍得	105	370	690	770	1210	1200	1220	0	1	1	2	2	2
莫桑比克	106	210	270	420	630	670	730	0	0	0	1	1	1
几内亚	107	—	620	850	1040	1110	1100	—	1	1	1	2	2
也门共和国	108	—	1270	1710	1990	2120	2440	—	2	3	3	3	4
巴布亚新几内亚	109	910	1190	1630	1740	1730	1870	1	2	2	3	3	3
海地	110	1010	1170	1060	1090	1110	1060	1	2	1	1	2	1
尼泊尔	111	270	510	800	960	1010	1060	0	1	1	1	1	1
塞内加尔	112	—	—	—	—	1640	1720	—	—	—	—	2	3
塞拉利昂	113	360	430	350	610	660	720	0	0	0	1	1	1
刚果民主共和国	114	350	400	210	260	270	290	0	0	0	0	0	0
老挝	115	—	680	1130	1580	1720	1920	—	1	2	2	3	3
马拉维	116	330	440	610	640	700	760	0	0	1	1	1	1
多哥	117	500	600	690	760	790	810	1	1	1	1	1	1
马达加斯加	118	610	720	790	870	920	980	1	1	1	1	1	1
马里	119	420	540	750	960	1000	1180	0	1	1	1	1	2
尼日利亚	120	800	950	1130	1520	1780	1850	1	1	2	2	3	3
孟加拉国	121	280	500	820	1120	1230	1340	0	1	1	2	2	2
坦桑尼亚	122	—	590	750	1020	1090	1130	—	1	1	1	1	2
贝宁	123	550	790	1130	1300	1360	1410	1	1	2	2	2	2
尼日尔	124	440	480	500	600	620	630	0	0	1	1	1	1
安哥拉	125	—	1840	1850	3140	3770	4400	—	3	3	5	6	7
乌干达	126	—	400	680	880	970	1050	—	0	1	1	1	1
中非	127	450	570	640	640	680	710	0	1	1	1	1	1
布基纳法索	128	310	520	790	1020	1080	1120	0	1	1	1	1	2
埃塞俄比亚	129	—	390	460	630	700	780	—	0	0	1	1	1
布隆迪	130	210	340	310	330	350	370	0	0	0	0	0	0
卢旺达	131	380	510	580	780	850	920	0	1	1	1	1	1
高收入国家		9419	17 890	27 115	32 958	34 799	36 349	15	30	45	55	58	60
中等收入国家		1236	2208	3283	4705	5185	5719	2	3	5	8	8	9
低收入国家		—	612	834	1134	1229	1332	—	1	1	2	2	2
世界平均		2756	4792	6886	8730	9345	9950	4	8	11	14	15	16

注：有些国家没有 1980、1990、2000 和 2005 年的人均购买力指数的数据，这些对评价结果的历史可比性和国际可比性有一定影响。

附表 2-1-7 1980～2007 年世界新人类发展指数和排名

国家	编号	新人类发展指数						国家排名					
		1980	1990	2000	2005	2006	2007	1980	1990	2000	2005	2006	2007
瑞典	1	52	59	65	77	79	78	3	4	1	2	2	5
美国	2	55	65	64	74	75	77	1	1	4	6	6	6
芬兰	3	46	57	64	76	78	79	13	7	3	4	4	2
澳大利亚	4	38	47	59	68	65	67	29	18	12	13	16	16
瑞士	5	48	59	64	72	74	75	8	5	5	7	8	8
挪威	6	38	51	62	79	81	82	32	12	7	1	1	1
日本	7	38	48	54	65	67	68	30	17	18	15	15	15
丹麦	8	47	60	62	77	78	78	9	3	6	3	3	4
德国	9	50	56	58	68	70	71	4	8	14	12	12	11
荷兰	10	49	60	65	75	77	79	6	2	2	5	5	3
加拿大	11	53	58	60	69	70	70	2	6	11	11	11	13
新加坡	12	37	45	54	64	65	67	34	21	16	16	18	17
英国	13	47	55	60	71	72	74	10	9	10	9	9	9
法国	14	44	54	54	63	65	66	15	10	17	17	17	19
比利时	15	34	49	51	59	63	65	41	14	20	20	21	21
奥地利	16	37	54	60	65	68	70	35	11	9	14	13	12
新西兰	17	43	46	61	69	70	71	18	20	8	10	10	10
韩国	18	26	41	59	72	75	76	65	28	13	8	7	7
以色列	19	42	47	48	52	53	54	24	19	22	26	30	30
意大利	20	36	50	53	62	64	65	36	13	19	18	19	20
爱尔兰	21	33	41	50	61	64	66	44	27	21	19	20	18
西班牙	22	32	49	56	59	68	70	50	15	15	21	14	14
爱沙尼亚	23	44	45	42	53	53	55	16	23	26	25	28	29
斯洛文尼亚	24	39	42	41	55	57	58	26	25	27	23	23	24
乌拉圭	25	35	41	38	42	43	49	38	31	32	38	40	35
俄罗斯	26	50	44	36	42	43	45	5	24	34	39	38	39
斯洛伐克	27	38	35	36	49	48	51	31	45	36	31	33	33
希腊	28	26	37	45	58	61	62	64	39	23	22	22	22
匈牙利	29	27	31	36	46	55	56	62	57	37	33	26	25
捷克	30	42	45	40	52	56	58	22	22	28	27	24	23
葡萄牙	31	23	34	42	49	54	56	74	49	25	30	27	27
白俄罗斯	32	47	41	34	40	43	45	11	30	41	40	39	40
拉脱维亚	33	34	36	37	50	51	53	43	42	33	29	31	31
立陶宛	34	46	39	36	48	50	52	12	34	35	32	32	32
格鲁吉亚	35	33	36	28	31	30	31	46	43	54	61	67	69
乌克兰	36	48	41	32	40	41	43	7	29	46	42	44	44
保加利亚	37	32	37	34	38	40	42	51	38	42	45	45	45
黎巴嫩	38	45	38	35	40	42	46	14	36	39	41	42	38
哈萨克斯坦	39	43	36	26	33	34	35	19	40	64	59	58	59
波兰	40	42	34	40	50	53	55	20	48	30	28	29	28
阿根廷	41	36	42	40	46	47	49	37	26	29	34	34	34
巴拿马	42	31	33	35	37	39	41	55	50	38	46	46	47
克罗地亚	43	39	36	32	42	44	46	27	44	45	36	36	37
沙特阿拉伯	44	32	36	34	40	41	43	52	41	43	43	43	43
哥伦比亚	45	27	31	29	33	35	38	59	55	51	54	56	53
科威特	46	43	48	45	53	55	56	17	16	24	24	25	26
智利	47	33	38	40	44	45	47	48	37	31	35	35	36
马其顿	48	42	32	29	35	36	38	23	52	53	52	52	51
阿塞拜疆	49	40	39	22	24	25	26	25	35	78	79	80	80
摩尔多瓦	50	37	32	25	29	30	31	33	51	73	71	66	68
罗马尼亚	51	35	29	27	36	39	41	40	61	58	48	47	46
委内瑞拉	52	35	40	34	39	43	44	39	33	40	44	41	42
乌兹别克斯坦	53	38	40	20	20	21	21	28	32	87	86	86	87
多米尼加	54	25	30	30	33	34	35	67	59	49	56	57	58
亚美尼亚	55	42	32	27	30	31	32	21	53	60	64	64	65
巴拉圭	56	24	26	24	28	29	29	69	73	75	73	74	75
哥斯达黎加	57	31	35	30	36	37	39	54	46	50	49	49	49
巴西	58	28	31	29	36	38	40	57	54	52	47	48	48
墨西哥	59	27	29	28	33	36	36	60	64	56	58	55	56
博茨瓦纳	60	16	23	17	19	19	20	93	84	92	90	88	88
秘鲁	61	28	34	31	35	37	38	58	47	47	53	50	54
牙买加	62	27	28	26	36	36	38	63	65	66	50	51	52
约旦	63	27	31	30	36	36	37	61	56	48	51	53	55
南非	64	22	26	22	22	22	22	76	71	81	85	85	85
土耳其	65	15	21	25	30	36	38	98	89	71	66	54	50
厄瓜多尔	66	31	31	27	33	33	34	53	58	59	55	61	61
伊朗	67	22	27	27	33	33	35	75	69	61	57	60	57
蒙古	68	33	25	25	30	32	32	49	77	72	63	62	64
摩洛哥	69	20	25	22	27	28	28	87	79	79	77	76	77
马来西亚	70	24	28	34	42	43	45	70	66	44	37	37	41

附表 2-1-7　1980～2007 年世界新人类发展指数和排名　（续表）

国家	编号	新人类发展指数						国家排名					
		1980	1990	2000	2005	2006	2007	1980	1990	2000	2005	2006	2007
萨尔瓦多	71	21	27	25	29	29	30	81	68	68	70	73	71
埃及	72	22	25	25	29	29	30	77	78	70	68	71	72
中国	73	18	21	20	29	31	33	91	92	85	72	65	63
阿尔及利亚	74	22	28	26	29	30	31	78	67	67	67	70	66
土库曼斯坦	75	34	27	21	23	23	23	42	70	82	84	84	84
突尼斯	76	23	29	28	32	33	34	73	62	55	60	59	60
阿尔巴尼亚	77	31	26	24	28	30	30	56	76	76	75	69	70
吉尔吉斯斯坦	78	33	26	25	28	28	29	45	74	74	74	75	76
塔吉克斯坦	79	33	25	18	19	20	21	47	80	90	88	87	86
玻利维亚	80	21	26	27	30	30	31	83	72	62	65	68	67
缅甸	81	22	22	26	17	17	17	79	86	63	98	98	99
菲律宾	82	25	30	27	29	29	30	68	60	57	69	72	73
泰国	83	23	26	26	31	31	33	71	75	65	62	63	62
纳米比亚	84	18	20	15	15	16	16	89	93	101	104	104	104
津巴布韦	85	21	24	12	14	14	15	82	82	110	110	109	108
洪都拉斯	86	20	24	22	24	24	25	85	83	80	81	81	83
尼加拉瓜	87	23	25	24	26	26	26	72	81	77	78	78	81
越南	88	20	19	19	23	24	25	84	94	88	83	83	82
肯尼亚	89	14	16	11	12	13	13	103	104	115	117	114	113
斯里兰卡	90	20	21	17	18	18	19	88	90	91	92	91	91
刚果共和国	91	21	22	16	17	17	17	80	87	94	96	96	98
印度尼西亚	92	15	21	21	24	25	26	99	91	83	80	79	78
赞比亚	93	16	15	9	10	11	11	94	105	124	123	122	120
危地马拉	94	20	23	21	24	24	26	86	85	84	82	82	79
毛里塔尼亚	95	14	19	16	17	18	18	101	96	95	94	93	95
科特迪瓦	96	17	19	16	17	17	17	92	95	96	100	99	97
印度	97	16	18	17	18	19	20	95	98	93	91	89	90
巴基斯坦	98	16	18	20	19	19	20	96	97	86	89	90	89
莱索托	99	12	15	10	9	9	9	113	108	121	129	129	128
柬埔寨	100	9	17	12	13	14	14	124	102	112	112	112	112
喀麦隆	101	14	18	14	15	16	16	102	99	103	105	105	105
厄立特里亚	102	11	14	11	12	12	13	117	111	116	115	115	115
叙利亚	103	26	29	25	27	28	29	66	63	69	76	77	74
加纳	104	15	17	15	16	17	17	97	100	99	102	102	102
乍得	105	11	12	10	11	11	11	118	117	117	120	121	123
莫桑比克	106	7	9	9	9	9	9	131	129	126	128	128	129
几内亚	107	14	12	12	14	15	15	106	118	109	109	108	109
也门共和国	108	14	15	16	17	17	17	105	107	97	99	97	96
巴布亚新几内亚	109	12	14	12	12	12	12	114	113	111	114	116	117
海地	110	12	15	14	17	17	18	111	106	104	95	95	93
尼泊尔	111	9	13	13	14	15	16	123	116	107	106	107	106
塞内加尔	112	18	21	18	19	16	17	90	88	89	87	103	103
塞拉利昂	113	9	9	9	10	11	11	122	126	125	121	120	121
刚果民主共和国	114	12	12	9	10	10	10	112	120	127	124	124	125
老挝	115	13	13	14	17	17	18	107	115	105	97	94	92
马拉维	116	8	10	7	8	8	9	128	124	129	131	131	130
多哥	117	15	17	16	17	18	18	100	101	98	93	92	94
马达加斯加	118	11	13	13	14	14	15	116	114	108	108	110	111
马里	119	9	11	11	12	13	13	126	122	114	113	113	114
尼日利亚	120	12	14	13	14	15	15	115	112	106	107	106	107
孟加拉国	121	11	14	15	16	17	17	120	110	102	103	101	101
坦桑尼亚	122	14	12	10	12	12	12	104	119	118	116	117	116
贝宁	123	13	16	15	17	17	17	108	103	100	101	100	100
尼日尔	124	7	9	10	11	11	11	130	125	119	118	118	118
安哥拉	125	11	11	11	14	14	15	119	121	113	111	111	110
乌干达	126	13	9	8	10	10	11	109	127	128	126	125	122
中非	127	13	14	10	10	10	10	110	109	120	125	126	126
布基纳法索	128	9	11	9	10	10	11	125	123	123	122	123	124
埃塞俄比亚	129	10	9	9	11	11	11	121	128	122	119	119	119
布隆迪	130	8	8	7	8	8	8	127	130	130	130	130	131
卢旺达	131	7	2	6	9	9	10	129	131	131	127	127	127
高收入国家		44	57	59	68	71	72						
中等收入国家		21	24	22	26	27	28						
低收入国家		18	15	13	15	14	15						
世界平均		24	27	25	30	30	31						

附表 2-2-1 2007 年中国地区新人类发展指数

地区	编号	预期寿命指数	知识普及指数	信息共享指数	环境质量指数	购买力指数	新人类发展指数	地区排名	地区分组
北京	1	84	82	45	89	29	66	1	1
天津	2	76	60	26	74	23	52	3	2
河北	3	72	16	11	50	10	32	10	2
山西	4	70	19	16	41	8	31	14	3
内蒙古	5	67	16	13	47	12	31	12	3
辽宁	6	73	29	18	51	13	37	8	2
吉林	7	73	24	16	16	9	28	23	3
黑龙江	8	72	25	12	28	9	29	18	3
上海	9	84	65	45	77	33	61	2	2
江苏	10	74	27	23	52	17	39	5	2
浙江	11	76	29	30	58	18	42	4	2
安徽	12	71	14	10	33	6	27	25	3
福建	13	72	17	24	41	13	33	9	2
江西	14	66	22	12	16	6	24	27	3
山东	15	74	19	13	65	14	37	7	2
河南	16	70	12	10	36	8	27	24	3
湖北	17	69	22	12	36	8	30	16	3
湖南	18	69	16	11	19	7	24	26	3
广东	19	73	19	35	43	16	37	6	2
广西	20	70	11	12	9	6	21	30	4
海南	21	73	17	17	36	7	30	15	3
重庆	22	71	20	13	47	7	31	11	3
四川	23	70	15	10	38	6	28	22	3
贵州	24	61	8	6	11	3	18	31	4
云南	25	60	10	7	59	5	28	21	3
西藏	26	58	11	13	33	6	24	28	3
陕西	27	68	24	14	33	7	29	19	3
甘肃	28	63	14	8	21	5	22	29	3
青海	29	61	10	11	67	7	31	13	3
宁夏	30	68	13	10	44	7	28	20	3
新疆	31	63	13	17	44	8	29	17	3
香港	32	87	33	67	—	73	65		1
澳门	33	86	57	46	—	87	69		1
台湾	34	79	85	26	—	46	59		2
中国		72	23	16	44	9	33		
高收入国家		82	67	65	84	60	72		
中等收入国家		64	23	15	28	9	28		
低收入国家		48	7	4	17	2	15		
世界平均		65	26	21	29	16	31		

注:地区分组,1 代表发达水平,2 代表中等发达水平,3 代表初等发达水平,4 代表欠发达水平。

附表 2-2-2　1990～2007 年中国地区预期寿命指数

地区	编号	预期寿命					预期寿命指数				
		1990	2000	2005	2006	2007	1990	2000	2005	2006	2007
北京	1	74	76	80	80	—	74	77	83	84	84
天津	2	73	75	75	76	—	72	75	75	76	76
河北	3	72	73	73	73	—	71	71	71	72	72
山西	4	70	72	72	72	—	67	69	69	70	70
内蒙古	5	68	70	70	70	—	64	66	66	67	67
辽宁	6	72	73	73	74	—	69	72	72	73	73
吉林	7	69	73	73	74	—	65	72	72	73	73
黑龙江	8	69	72	72	73	—	66	71	71	72	72
上海	9	76	78	80	80	—	76	80	83	84	84
江苏	10	73	74	74	75	—	71	73	73	74	74
浙江	11	73	75	75	75	—	71	75	75	76	76
安徽	12	71	72	72	72	—	68	70	70	71	71
福建	13	71	73	73	73	—	68	71	71	72	72
江西	14	68	69	69	70	—	63	65	65	66	66
山东	15	72	74	74	75	—	70	73	73	74	74
河南	16	71	72	72	72	—	68	69	69	70	70
湖北	17	68	71	71	72	—	64	68	68	69	69
湖南	18	68	71	71	71	—	63	68	68	69	69
广东	19	73	73	73	74	—	72	72	72	73	73
广西	20	70	71	71	72	—	67	69	69	70	70
海南	21	73	73	73	74	—	71	72	72	73	73
重庆	22	*n*	72	72	72	—	—	70	70	71	71
四川	23	68	71	71	72	—	63	69	69	70	70
贵州	24	66	66	66	67	—	60	60	60	61	61
云南	25	65	65	65	66	—	58	59	59	60	60
西藏	26	61	64	64	65	—	51	57	57	58	58
陕西	27	69	70	70	71	—	65	67	67	68	68
甘肃	28	68	67	67	68	—	64	62	62	63	63
青海	29	64	66	66	67	—	56	60	60	61	61
宁夏	30	69	70	70	71	—	65	67	67	68	68
新疆	31	67	67	67	68	—	61	62	62	63	63
香港	32	77	82	82	82	—	78	86	86	87	87
澳门	33	72	78	80	82	—	70	80	83	86	86
台湾	34	74	76	77	78	—	73	76	78	79	79
中国		68	71	73	73	73	64	69	71	71	72
高收入国家		76	78	79	79	79	76	80	82	82	82
中等收入国家		65	67	68	68	69	58	62	64	64	64
低收入国家		54	56	58	56	59	41	44	46	44	48
世界平均		65	67	68	68	69	59	62	64	64	65

附表 2-2-3　1990～2007 年中国地区知识普及指数

地区	编号	大学普及率					知识普及指数				
		1990	2000	2005	2006	2007	1990	2000	2005	2006	2007
北京	1	16	28	60	73	82	16	28	60	73	82
天津	2	8	19	48	56	60	8	19	48	56	60
河北	3	2	6	14	15	16	2	6	14	15	16
山西	4	2	7	18	18	19	2	7	18	18	19
内蒙古	5	2	5	14	15	16	2	5	14	15	16
辽宁	6	4	13	27	28	29	4	13	27	28	29
吉林	7	3	11	23	23	24	3	11	23	23	24
黑龙江	8	2	9	23	23	25	2	9	23	23	25
上海	9	15	21	46	57	65	15	21	46	57	65
江苏	10	2	11	26	26	27	2	11	26	26	27
浙江	11	2	7	24	27	29	2	7	24	27	29
安徽	12	1	6	15	14	14	1	6	15	14	14
福建	13	2	6	15	16	17	2	6	15	16	17
江西	14	2	5	23	23	22	2	5	23	23	22
山东	15	1	6	18	18	19	1	6	18	18	19
河南	16	1	5	13	12	12	1	5	13	12	12
湖北	17	3	10	23	22	22	3	10	23	22	22
湖南	18	2	7	16	16	16	2	7	16	16	16
广东	19	2	4	13	16	19	2	4	13	16	19
广西	20	1	4	9	10	11	1	4	9	10	11
海南	21	1	4	11	14	17	1	4	11	14	17
重庆	22	—	9	21	20	20	—	9	21	20	20
四川	23	1	6	17	15	15	1	6	17	15	15
贵州	24	1	4	8	8	8	1	4	8	8	8
云南	25	1	3	9	9	10	1	3	9	9	10
西藏	26	1	3	8	10	11	1	3	8	10	11
陕西	27	3	12	25	24	24	3	12	25	24	24
甘肃	28	1	6	13	13	14	1	6	13	13	14
青海	29	1	4	10	10	10	1	4	10	10	10
宁夏	30	2	4	12	12	13	2	4	12	12	13
新疆	31	2	6	13	13	13	2	6	13	13	13
香港	32	—	26	31	33	33	—	26	31	33	33
澳门	33	25	32	61	57	57	25	32	61	57	57
台湾	34	34	68	82	84	85	34	68	82	84	85
中国		3	8	20	22	23	3	8	20	22	23
高收入国家		47	57	66	67	67	47	57	66	67	67
中等收入国家		12	15	21	22	23	12	15	21	22	23
低收入国家		6	5	6	6	7	6	5	6	6	7
世界平均		16	19	24	25	26	16	19	24	25	26

附表 2-2-4　1990～2007 年中国地区信息共享指数

地区	编号	互联网普及率					信息共享指数				
		1990	2000	2005	2006	2007	1990	2000	2005	2006	2007
北京	1	—	20	28	30	45	—	20	28	30	45
天津	2	—	6	22	24	26	—	6	22	24	26
河北	3	—	1	7	9	11	—	1	7	9	11
山西	4	—	1	8	11	16	—	1	8	11	16
内蒙古	5	—	1	5	7	13	—	1	5	7	13
辽宁	6	—	2	9	11	18	—	2	9	11	18
吉林	7	—	2	7	10	16	—	2	7	10	16
黑龙江	8	—	2	8	10	12	—	2	8	10	12
上海	9	—	12	26	28	45	—	12	26	28	45
江苏	10	—	2	11	14	23	—	2	11	14	23
浙江	11	—	3	14	20	30	—	3	14	20	30
安徽	12	—	1	5	6	10	—	1	5	6	10
福建	13	—	2	11	15	24	—	2	11	15	24
江西	14	—	1	4	7	12	—	1	4	7	12
山东	15	—	1	11	12	13	—	1	11	12	13
河南	16	—	1	4	6	10	—	1	4	6	10
湖北	17	—	1	8	9	12	—	1	8	9	12
湖南	18	—	1	6	6	11	—	1	6	6	11
广东	19	—	3	16	20	35	—	3	16	20	35
广西	20	—	1	7	8	12	—	1	7	8	12
海南	21	—	1	8	14	17	—	1	8	14	17
重庆	22	—	1	7	8	13	—	1	7	8	13
四川	23	—	1	7	8	10	—	1	7	8	10
贵州	24	—	1	3	4	6	—	1	3	4	6
云南	25	—	1	5	6	7	—	1	5	6	7
西藏	26	—	0	3	6	13	—	0	3	6	13
陕西	27	—	1	8	11	14	—	1	8	11	14
甘肃	28	—	1	5	6	8	—	1	5	6	8
青海	29	—	1	5	7	11	—	1	5	7	11
宁夏	30	—	2	5	7	10	—	2	5	7	10
新疆	31	—	2	6	8	17	—	2	6	8	17
香港	32	—	41	51	55	67	—	41	51	55	67
澳门	33	—	6	37	42	46	—	6	37	42	46
台湾	34	—	21	32	31	26	—	21	32	31	26
中国		—	2	9	10	16	—	2	9	10	16
高收入国家		—	32	60	62	65	—	32	60	62	65
中等收入国家		—	2	9	12	15	—	2	9	12	15
低收入国家		—	0	2	3	4	—	0	2	3	4
世界平均		—	7	16	19	21	—	7	16	19	21

附表 2-2-5 1990～2007 年中国地区环境质量指数

地区	编号	城镇废水处理					环境质量指数				
		1990	2000	2005	2006	2007	1990	2000	2005	2006	2007
北京	1	42	53	60	89	—	42	53	60	89	89
天津	2	53	67	56	74	—	53	67	56	74	74
河北	3	15	19	28	50	—	15	19	28	50	50
山西	4	13	17	19	41	—	13	17	19	41	41
内蒙古	5	27	34	40	47	—	27	34	40	47	47
辽宁	6	25	32	34	51	—	25	32	34	51	51
吉林	7	22	27	23	16	—	22	27	23	16	16
黑龙江	8	9	12	15	28	—	9	12	15	28	28
上海	9	15	19	63	77	—	15	19	63	77	77
江苏	10	23	29	41	52	—	23	29	41	52	52
浙江	11	29	36	49	58	—	29	36	49	58	58
安徽	12	13	16	26	33	—	13	16	26	33	33
福建	13	22	27	36	41	—	22	27	36	41	41
江西	14	3	4	5	16	—	3	4	5	16	16
山东	15	30	38	49	65	—	30	38	49	65	65
河南	16	16	20	28	36	—	16	20	28	36	36
湖北	17	7	8	19	36	—	7	8	19	36	36
湖南	18	6	8	14	19	—	6	8	14	19	19
广东	19	17	21	36	43	—	17	21	36	43	43
广西	20	8	10	11	9	—	8	10	11	9	9
海南	21	27	34	32	36	—	27	34	32	36	36
重庆	22	5	6	18	47	—	5	6	18	47	47
四川	23	12	15	19	38	—	12	15	19	38	38
贵州	24	4	5	6	11	—	4	5	6	11	11
云南	25	35	44	51	59	—	35	44	51	59	59
西藏	26	—	—	—	33	—	—	—	—	33	33
陕西	27	9	12	22	33	—	9	12	22	33	33
甘肃	28	25	31	25	21	—	25	31	25	21	21
青海	29	4	4	15	67	—	4	4	15	67	67
宁夏	30	20	25	48	44	—	20	25	48	44	44
新疆	31	33	42	36	44	—	33	42	36	44	44
香港	32	—	—	—	—	—	—	—	—	—	—
澳门	33	—	—	—	—	—	—	—	—	—	—
台湾	34	—	—	—	—	—	—	—	—	—	—
中国		15	19	37	44	—	15	19	37	44	44
高收入国家		75	81	79	84	—	75	81	79	84	84
中等收入国家		23	26	28	28	—	23	26	28	28	28
低收入国家		14	15	17	17	—	14	15	17	17	17
世界平均		26	28	29	29	—	26	28	29	29	29

附表 2-2-6 1990～2007 年中国地区购买力指数

地区	编号	人均购买力					购买力指数				
		1990	2000	2005	2006	2007	1990	2000	2005	2006	2007
北京	1	4271	6777	13 180	14 582	17 311	7	11	22	24	29
天津	2	3170	5429	10 378	11 893	13 690	5	9	17	20	23
河北	3	1283	2312	4287	4901	5968	2	4	7	8	10
山西	4	1338	1550	3624	4081	5107	2	2	6	6	8
内蒙古	5	1294	1772	4736	5794	7655	2	3	8	9	12
辽宁	6	2362	3388	5506	6295	7752	4	5	9	10	13
吉林	7	1529	2066	3871	4542	5851	2	3	6	7	9
黑龙江	8	1776	2583	4186	4679	5584	3	4	7	7	9
上海	9	5174	10 425	14 929	16 670	19 827	8	17	25	28	33
江苏	10	1841	3552	7123	8325	10 203	3	6	12	14	17
浙江	11	1858	4062	8034	9209	11 218	3	6	13	15	18
安徽	12	1035	1469	2516	2905	3638	1	2	4	5	6
福建	13	1544	3501	5408	6204	7806	2	6	9	10	13
江西	14	993	1464	2738	3120	3806	1	2	4	5	6
山东	15	1589	2883	5828	6875	8378	2	4	9	11	14
河南	16	955	1643	3291	3847	4848	1	2	5	6	8
湖北	17	1362	2169	3315	3842	4895	2	3	5	6	8
湖南	18	1128	1702	3024	3453	4375	2	3	5	5	7
广东	19	2221	3888	7087	8186	9943	3	6	12	13	16
广西	20	933	1303	2549	2975	3775	1	2	4	5	6
海南	21	1391	2080	3153	3656	4375	2	3	5	6	7
重庆	22	896	1556	3185	3599	4425	1	2	5	6	7
四川	23	993	1444	2628	3047	3907	1	2	4	5	6
贵州	24	709	803	1465	1672	2203	1	1	2	2	3
云南	25	1072	1399	2272	2592	3175	1	2	3	4	5
西藏	26	1117	1376	2643	3014	3642	2	2	4	5	6
陕西	27	1087	1373	2871	3507	4408	1	2	4	6	7
甘肃	28	962	1158	2168	2530	3121	1	2	3	4	5
青海	29	1364	1535	2913	3398	4290	2	2	5	5	7
宁夏	30	1220	1460	2970	3423	4406	2	2	5	5	7
新疆	31	1575	2254	3802	4334	5083	2	3	6	7	8
香港	32	16 182	26 530	35 720	39 870	43 960	27	44	59	66	73
澳门	33	14 594	20 250	33 460	37 450	52 260	24	34	56	62	87
台湾	34	9673	18 070	25 463	26 754	27 948	16	30	42	44	46
中国		800	2330	4100	4690	5430	1	4	7	8	9
高收入国家		17 890	27 115	32 958	34 799	36 349	30	45	55	58	60
中等收入国家		2208	3283	4705	5185	5719	3	5	8	8	9
低收入国家		612	834	1134	1229	1332	1	1	2	2	2
世界平均		4792	6886	8730	9345	9950	8	11	14	15	16

附表 2-2-7　1990～2007 年中国地区新人类发展指数和排名

地区	编号	新人类发展指数					地区排名				
		1990	2000	2005	2006	2007	1990	2000	2005	2006	2007
北京	1	35	38	50	60	66	1	1	1	1	1
天津	2	35	35	44	50	52	2	2	3	3	3
河北	3	22	20	26	31	32	16	16	15	10	10
山西	4	21	19	24	29	31	19	20	20	13	14
内蒙古	5	24	22	26	29	31	11	13	11	14	12
辽宁	6	26	25	30	35	37	6	5	7	7	8
吉林	7	23	23	26	26	28	14	9	12	24	23
黑龙江	8	20	19	25	28	29	21	19	17	18	18
上海	9	29	30	48	55	61	3	3	2	2	2
江苏	10	25	24	32	36	39	8	7	5	6	5
浙江	11	26	25	35	39	42	4	4	4	4	4
安徽	12	21	19	24	26	27	20	21	23	25	25
福建	13	23	22	28	31	33	13	11	9	9	9
江西	14	17	15	20	23	24	27	28	27	26	27
山东	15	26	25	32	36	37	5	6	6	5	7
河南	16	22	20	24	26	27	18	18	22	23	24
湖北	17	19	18	25	29	30	25	24	18	15	16
湖南	18	18	17	22	23	24	26	26	26	27	26
广东	19	24	21	30	33	37	12	14	8	8	6
广西	20	19	17	20	20	21	24	27	28	30	30
海南	21	25	23	26	28	30	7	10	13	16	15
重庆	22	—	18	24	30	31	—	25	21	11	11
四川	23	19	19	23	27	28	23	23	24	21	22
贵州	24	16	14	16	17	18	28	30	30	31	31
云南	25	24	22	26	28	28	10	12	14	19	21
西藏	26	13	12	15	22	24	30	31	31	28	28
陕西	27	20	19	25	28	29	22	22	16	17	19
甘肃	28	23	20	22	21	22	15	15	25	29	29
青海	29	16	14	19	30	31	29	29	29	12	13
宁夏	30	22	20	27	27	28	17	17	10	20	20
新疆	31	25	23	25	27	29	9	8	19	22	17
香港	32	53	49	57	60	65					
澳门	33	40	38	59	62	69					
台湾	34	41	49	59	60	59					
中国		21	20	29	31	33					
高收入国家		57	59	68	71	72					
中等收入国家		24	22	26	27	28					
低收入国家		15	13	15	14	15					
世界平均		27	25	30	30	31					

附表 2-3-1 2007 年中国地区人类发展指数

地区	编号	寿命指数	教育指数	GDP 指数	人类发展指数	地区排名	地区分组
北京	1	0.921	0.978	0.860	0.920	1	1
天津	2	0.842	0.949	0.821	0.871	3	1
河北	3	0.802	0.871	0.682	0.785	12	2
山西	4	0.788	0.927	0.656	0.790	11	2
内蒙古	5	0.758	0.859	0.724	0.780	15	2
辽宁	6	0.816	0.912	0.726	0.818	7	2
吉林	7	0.812	0.881	0.679	0.791	10	2
黑龙江	8	0.800	0.884	0.671	0.785	13	2
上海	9	0.925	0.938	0.883	0.915	2	1
江苏	10	0.826	0.881	0.772	0.826	6	2
浙江	11	0.839	0.908	0.788	0.845	4	2
安徽	12	0.791	0.821	0.600	0.737	26	3
福建	13	0.803	0.844	0.727	0.791	9	2
江西	14	0.742	0.890	0.607	0.747	25	3
山东	15	0.826	0.870	0.739	0.811	8	2
河南	16	0.786	0.903	0.648	0.779	16	2
湖北	17	0.778	0.852	0.649	0.760	20	2
湖南	18	0.771	0.866	0.631	0.756	21	3
广东	19	0.815	0.948	0.768	0.844	5	2
广西	20	0.781	0.879	0.606	0.756	22	3
海南	21	0.809	0.907	0.631	0.782	14	2
重庆	22	0.789	0.877	0.633	0.766	17	2
四川	23	0.780	0.857	0.612	0.750	24	3
贵州	24	0.692	0.820	0.516	0.676	30	3
云南	25	0.684	0.810	0.577	0.690	29	3
西藏	26	0.665	0.658	0.600	0.641	31	3
陕西	27	0.761	0.890	0.632	0.761	19	2
甘肃	28	0.717	0.817	0.574	0.703	28	3
青海	29	0.693	0.802	0.627	0.708	27	3
宁夏	30	0.763	0.858	0.632	0.751	23	3
新疆	31	0.716	0.914	0.656	0.762	18	2
香港	32	0.957	0.940	1.000	0.966		
澳门	33	0.942	0.910	1.000	0.951		
台湾	34	0.878	0.976	0.940	0.931		
中国		0.793	0.879	0.667	0.780		
高收入国家		0.907	0.965	0.984	0.952		
中等收入国家		0.718	0.810	0.675	0.735		
低收入国家		0.523	0.606	0.432	0.521		
世界平均		0.723	0.783	0.768	0.758		

注：地区分组，1 代表发达水平，2 代表中等发达水平，3 代表初等发达水平，4 代表欠发达水平。

香港、澳门和台湾地区没有综合入学率的数据，可能影响评价结果的客观性。

附表 2-3-2　1990～2007 年中国地区预期寿命指数

地区	编号	预期寿命					寿命指数				
		1990	2000	2005	2006	2007	1990	2000	2005	2006	2007
北京	1	74	76	80	80	—	0.823	0.852	0.910	0.921	0.921
天津	2	73	75	75	76	—	0.807	0.832	0.832	0.842	0.842
河北	3	72	73	73	73	—	0.790	0.792	0.792	0.802	0.802
山西	4	70	72	72	72	—	0.753	0.778	0.778	0.788	0.788
内蒙古	5	68	70	70	70	—	0.723	0.748	0.748	0.758	0.758
辽宁	6	72	73	73	74	—	0.777	0.806	0.806	0.816	0.816
吉林	7	69	73	73	74	—	0.732	0.802	0.802	0.812	0.812
黑龙江	8	69	72	72	73	—	0.740	0.790	0.790	0.800	0.800
上海	9	76	78	80	80	—	0.842	0.886	0.913	0.925	0.925
江苏	10	73	74	74	75	—	0.795	0.815	0.815	0.826	0.826
浙江	11	73	75	75	75	—	0.793	0.828	0.828	0.839	0.839
安徽	12	71	72	72	72	—	0.762	0.781	0.781	0.791	0.791
福建	13	71	73	73	73	—	0.762	0.793	0.793	0.803	0.803
江西	14	68	69	69	70	—	0.715	0.733	0.733	0.742	0.742
山东	15	72	74	74	75	—	0.782	0.815	0.815	0.826	0.826
河南	16	71	72	72	72	—	0.767	0.776	0.776	0.786	0.786
湖北	17	68	71	71	72	—	0.723	0.768	0.768	0.778	0.778
湖南	18	68	71	71	71	—	0.717	0.761	0.761	0.771	0.771
广东	19	73	73	73	74	—	0.805	0.805	0.805	0.815	0.815
广西	20	70	71	71	72	—	0.752	0.772	0.772	0.781	0.781
海南	21	73	73	73	74	—	0.792	0.799	0.799	0.809	0.809
重庆	22	n	72	72	72	—	—	0.779	0.779	0.789	0.789
四川	23	68	71	71	72	—	0.715	0.770	0.770	0.780	0.780
贵州	24	66	66	66	67	—	0.683	0.683	0.683	0.692	0.692
云南	25	65	65	65	66	—	0.663	0.675	0.675	0.684	0.684
西藏	26	61	64	64	65	—	0.597	0.656	0.656	0.665	0.665
陕西	27	69	70	70	71	—	0.733	0.751	0.751	0.761	0.761
甘肃	28	68	67	67	68	—	0.720	0.708	0.708	0.717	0.717
青海	29	64	66	66	67	—	0.643	0.684	0.684	0.693	0.693
宁夏	30	69	70	70	71	—	0.737	0.753	0.753	0.763	0.763
新疆	31	67	67	67	68	—	0.695	0.707	0.707	0.716	0.716
香港	32	77	82	82	82	—	0.867	0.942	0.943	0.957	0.957
澳门	33	72	78	80	82	—	0.783	0.882	0.913	0.942	0.942
台湾	34	74	76	77	78	—	0.817	0.842	0.865	0.878	0.878
中国		68	71	73	73	73	0.722	0.773	0.793	0.793	0.800
高收入国家		76	78	79	79	79	0.843	0.882	0.898	0.907	0.907
中等收入国家		65	67	68	68	69	0.662	0.702	0.718	0.718	0.727
低收入国家		54	56	58	56	59	0.490	0.522	0.545	0.523	0.562
世界平均		65	67	68	68	69	0.673	0.707	0.723	0.723	0.732

附表 2-3-3　1990～2007 年中国地区教育指数

地区	编号	1990	2000	2005	2006	2007
北京	1	0.750	0.833	0.896	0.901	0.978
天津	2	0.801	0.840	0.893	0.909	0.949
河北	3	0.699	0.853	0.840	0.844	0.871
山西	4	0.732	0.855	0.882	0.894	0.927
内蒙古	5	0.691	0.784	0.803	0.821	0.859
辽宁	6	0.781	0.852	0.875	0.882	0.912
吉林	7	0.756	0.842	0.843	0.851	0.881
黑龙江	8	0.742	0.841	0.846	0.855	0.884
上海	9	0.819	0.823	0.884	0.895	0.938
江苏	10	0.684	0.849	0.845	0.852	0.881
浙江	11	0.673	0.822	0.849	0.868	0.908
安徽	12	0.592	0.802	0.779	0.801	0.821
福建	13	0.613	0.815	0.802	0.820	0.844
江西	14	0.671	0.833	0.830	0.845	0.890
山东	15	0.681	0.820	0.808	0.835	0.870
河南	16	0.678	0.854	0.852	0.866	0.903
湖北	17	0.696	0.826	0.806	0.824	0.852
湖南	18	0.724	0.851	0.818	0.833	0.866
广东	19	0.738	0.825	0.884	0.903	0.948
广西	20	0.723	0.849	0.821	0.850	0.879
海南	21	0.711	0.825	0.855	0.869	0.907
重庆	22	—	0.843	0.824	0.840	0.877
四川	23	0.621	0.826	0.784	0.819	0.857
贵州	24	0.575	0.767	0.758	0.777	0.820
云南	25	0.564	0.762	0.742	0.773	0.810
西藏	26	0.298	0.769	0.803	0.825	0.658
陕西	27	0.669	0.610	0.621	0.622	0.890
甘肃	28	0.513	0.833	0.845	0.859	0.817
青海	29	0.539	0.752	0.756	0.787	0.802
宁夏	30	0.640	0.748	0.768	0.766	0.858
新疆	31	0.716	0.731	0.749	0.784	0.914
香港	32	—	—	0.940	0.940	0.940
澳门	33	—	0.940	0.913	0.913	0.910
台湾	34	0.920	0.958	0.973	0.975	0.976
中国		0.680	0.828	0.840	0.846	0.879
高收入国家		0.907	0.947	0.965	0.962	0.965
中等收入国家		0.722	0.833	0.845	0.844	0.810
低收入国家		0.448	0.557	0.594	0.589	0.606
世界平均		0.666	0.740	0.775	0.771	0.783

注:香港、澳门和台湾地区没有综合入学率的数据,教育指数的评价结果会受到影响。

附表 2-3-4 1990～2007 年中国地区成人识字率指数

地区	编号	成人识字率					成人识字率指数				
		1990	2000	2005	2006	2007	1990	2000	2005	2006	2007
北京	1	89	95	96	96	97	0.890	0.951	0.961	0.955	0.967
天津	2	88	94	95	96	96	0.883	0.935	0.952	0.959	0.962
河北	3	78	91	93	94	94	0.781	0.914	0.928	0.936	0.938
山西	4	84	94	94	96	96	0.835	0.943	0.944	0.956	0.957
内蒙古	5	78	88	89	91	92	0.781	0.884	0.888	0.906	0.918
辽宁	6	88	94	95	96	96	0.884	0.942	0.952	0.959	0.962
吉林	7	86	94	94	95	95	0.857	0.943	0.942	0.948	0.955
黑龙江	8	85	94	94	95	96	0.850	0.937	0.938	0.950	0.956
上海	9	87	94	95	95	96	0.866	0.938	0.948	0.951	0.960
江苏	10	77	92	90	91	92	0.774	0.921	0.900	0.906	0.918
浙江	11	77	91	88	90	90	0.768	0.915	0.881	0.898	0.899
安徽	12	66	87	81	84	83	0.656	0.866	0.808	0.837	0.832
福建	13	77	90	87	89	89	0.772	0.903	0.871	0.887	0.888
江西	14	76	93	89	91	93	0.762	0.930	0.895	0.908	0.928
山东	15	77	89	88	91	92	0.769	0.893	0.876	0.909	0.918
河南	16	77	92	90	91	92	0.771	0.921	0.902	0.914	0.921
湖北	17	78	91	88	90	91	0.779	0.907	0.879	0.902	0.913
湖南	18	83	94	91	93	95	0.829	0.940	0.914	0.935	0.947
广东	19	85	95	94	95	96	0.848	0.948	0.940	0.949	0.959
广西	20	84	95	91	94	94	0.835	0.947	0.914	0.940	0.942
海南	21	79	90	90	91	91	0.787	0.903	0.902	0.905	0.915
重庆	22	—	91	88	90	92	—	0.911	0.884	0.903	0.920
四川	23	79	90	83	87	89	0.786	0.901	0.834	0.874	0.894
贵州	24	64	80	79	81	83	0.636	0.802	0.786	0.812	0.834
云南	25	62	85	80	84	84	0.625	0.846	0.799	0.835	0.839
西藏	26	32	92	92	93	63	0.324	0.923	0.917	0.933	0.632
陕西	27	75	53	55	54	91	0.747	0.528	0.552	0.544	0.911
甘肃	28	60	90	90	91	81	0.602	0.902	0.897	0.907	0.807
青海	29	59	84	81	85	82	0.595	0.843	0.813	0.846	0.816
宁夏	30	68	80	79	78	86	0.678	0.803	0.792	0.777	0.862
新疆	31	81	75	76	81	96	0.807	0.746	0.759	0.807	0.957
香港	32	—	—	94	94	94	—	—	0.940	0.940	0.940
澳门	33	—	94	91	91	91	—	0.940	0.913	0.913	0.910
台湾	34	92	96	97	97	98	0.920	0.958	0.973	0.975	0.976
中国		78	91	91	91	92	0.783	0.909	0.909	0.909	0.916
高收入国家		96	96	99	99	99	0.960	0.960	0.987	0.985	0.990
中等收入国家		81	90	90	90	85	0.813	0.899	0.900	0.899	0.849
低收入国家		50	58	61	61	64	0.501	0.580	0.609	0.609	0.635
世界平均		71	79	82	82	84	0.709	0.791	0.824	0.822	0.839

附表 2-3-5　1990～2007 年中国地区综合入学率指数

地区	编号	综合入学率					综合入学率指数				
		1990	2000	2005	2006	2007	1990	2000	2005	2006	2007
北京	1	47	60	77	79	105	0.470	0.596	0.767	0.792	1.000
天津	2	64	65	77	81	92	0.637	0.648	0.774	0.808	0.924
河北	3	54	73	66	66	74	0.537	0.731	0.663	0.662	0.737
山西	4	53	68	76	77	87	0.527	0.678	0.758	0.769	0.865
内蒙古	5	51	58	63	65	74	0.512	0.583	0.633	0.652	0.741
辽宁	6	57	67	72	73	81	0.575	0.672	0.719	0.728	0.811
吉林	7	55	64	65	66	73	0.553	0.642	0.645	0.659	0.735
黑龙江	8	53	65	66	67	74	0.527	0.650	0.663	0.665	0.739
上海	9	72	59	76	78	90	0.724	0.594	0.758	0.784	0.896
江苏	10	50	70	74	74	81	0.504	0.703	0.737	0.743	0.808
浙江	11	48	64	79	81	93	0.483	0.637	0.785	0.808	0.926
安徽	12	46	67	72	73	80	0.465	0.673	0.723	0.728	0.798
福建	13	30	64	66	69	75	0.296	0.638	0.663	0.687	0.755
江西	14	49	64	70	72	81	0.491	0.640	0.700	0.719	0.814
山东	15	50	68	67	69	77	0.505	0.676	0.672	0.686	0.773
河南	16	49	72	75	77	87	0.491	0.719	0.750	0.771	0.867
湖北	17	53	66	66	67	73	0.530	0.663	0.659	0.669	0.731
湖南	18	51	67	63	63	71	0.515	0.674	0.625	0.629	0.706
广东	19	52	58	77	81	93	0.518	0.579	0.773	0.811	0.927
广西	20	50	65	64	67	75	0.497	0.652	0.636	0.669	0.755
海南	21	56	67	76	80	89	0.559	0.670	0.759	0.796	0.891
重庆	22	—	71	70	71	79	—	0.708	0.705	0.713	0.790
四川	23	29	68	68	71	78	0.291	0.676	0.683	0.710	0.783
贵州	24	45	70	70	71	79	0.453	0.698	0.702	0.706	0.791
云南	25	44	59	63	65	75	0.441	0.595	0.628	0.650	0.752
西藏	26	25	46	58	61	71	0.246	0.462	0.575	0.608	0.709
陕西	27	51	77	76	78	85	0.514	0.774	0.760	0.778	0.847
甘肃	28	33	69	74	76	84	0.335	0.695	0.740	0.765	0.837
青海	29	43	57	64	67	78	0.427	0.571	0.643	0.669	0.775
宁夏	30	56	64	72	74	85	0.564	0.637	0.722	0.743	0.849
新疆	31	54	70	73	74	83	0.535	0.702	0.729	0.737	0.827
香港	32	—	—	—	—	—	—	—	—	—	—
澳门	39	—	—	—	—	—	—	—	—	—	—
台湾	40	—	—	—	—	—	—	—	—	—	—
中国		47	67	70	72	80	0.474	0.667	0.702	0.718	0.804
高收入国家		80	92	92	92	92	0.800	0.920	0.923	0.916	0.916
中等收入国家		54	70	73	73	73	0.540	0.700	0.733	0.732	0.732
低收入国家		34	51	56	55	55	0.340	0.510	0.563	0.549	0.549
世界平均		58	64	68	67	67	0.580	0.640	0.678	0.670	0.670

附表 2-3-6 1990～2007 年中国地区 GDP 指数

地区	编号	人均 GDP(PPP)					GDP 指数				
		1990	2000	2005	2006	2007	1990	2000	2005	2006	2007
北京	1	4271	6777	13 180	14 582	17 311	0.627	0.704	0.815	0.832	0.860
天津	2	3170	5429	10 378	11 893	13 690	0.577	0.667	0.775	0.798	0.821
河北	3	1283	2312	4287	4901	5968	0.426	0.524	0.627	0.650	0.682
山西	4	1338	1550	3624	4081	5107	0.433	0.457	0.599	0.619	0.656
内蒙古	5	1294	1772	4736	5794	7655	0.427	0.480	0.644	0.678	0.724
辽宁	6	2362	3388	5506	6295	7752	0.528	0.588	0.669	0.691	0.726
吉林	7	1529	2066	3871	4542	5851	0.455	0.505	0.610	0.637	0.679
黑龙江	8	1776	2583	4186	4679	5584	0.480	0.543	0.623	0.642	0.671
上海	9	5174	10 425	14 929	16 670	19 827	0.659	0.776	0.836	0.854	0.883
江苏	10	1841	3552	7123	8325	10 203	0.486	0.596	0.712	0.738	0.772
浙江	11	1858	4062	8034	9209	11 218	0.488	0.618	0.732	0.755	0.788
安徽	12	1035	1469	2516	2905	3638	0.390	0.448	0.538	0.562	0.600
福建	13	1544	3501	5408	6204	7806	0.457	0.593	0.666	0.689	0.727
江西	14	993	1464	2738	3120	3806	0.383	0.448	0.552	0.574	0.607
山东	15	1589	2883	5828	6875	8378	0.462	0.561	0.679	0.706	0.739
河南	16	955	1643	3291	3847	4848	0.377	0.467	0.583	0.609	0.648
湖北	17	1362	2169	3315	3842	4895	0.436	0.514	0.584	0.609	0.649
湖南	18	1128	1702	3024	3453	4375	0.404	0.473	0.569	0.591	0.631
广东	19	2221	3888	7087	8186	9943	0.518	0.611	0.711	0.735	0.768
广西	20	933	1303	2549	2975	3775	0.373	0.429	0.540	0.566	0.606
海南	21	1391	2080	3153	3656	4375	0.439	0.507	0.576	0.601	0.631
重庆	22	896	1556	3185	3599	4425	0.366	0.458	0.578	0.598	0.633
四川	23	993	1444	2628	3047	3907	0.383	0.446	0.546	0.570	0.612
贵州	24	709	803	1465	1672	2203	0.327	0.348	0.448	0.470	0.516
云南	25	1072	1399	2272	2592	3175	0.396	0.440	0.521	0.543	0.577
西藏	26	1117	1376	2643	3014	3642	0.403	0.438	0.547	0.568	0.600
陕西	27	1087	1373	2871	3507	4408	0.398	0.437	0.560	0.594	0.632
甘肃	28	962	1158	2168	2530	3121	0.378	0.409	0.514	0.539	0.574
青海	29	1364	1535	2913	3398	4290	0.436	0.456	0.563	0.589	0.627
宁夏	30	1220	1460	2970	3423	4406	0.417	0.448	0.566	0.590	0.632
新疆	31	1575	2254	3802	4334	5083	0.460	0.520	0.607	0.629	0.656
香港	32	16 182	26 530	35 720	39 870	43 960	0.849	0.931	0.981	0.999	1.016
澳门	33	14 594	20 250	33 460	37 450	52 260	0.832	0.886	0.970	0.989	1.045
台湾	34	9673	18 070	25 463	26 754	27 948	0.763	0.867	0.925	0.933	0.940
中国		800	2330	4100	4690	5430	0.347	0.526	0.620	0.642	0.667
高收入国家		17 890	27 115	32 958	34 799	36 349	0.866	0.935	0.968	0.977	0.984
中等收入国家		2208	3283	4705	5185	5719	0.517	0.583	0.643	0.659	0.675
低收入国家		612	834	1134	1229	1332	0.302	0.354	0.405	0.419	0.432
世界平均		4792	6886	8730	9345	9950	0.646	0.706	0.746	0.757	0.768

注：中国地区的人均 GDP(PPP)为按购买力平价计算的地区人均居民生产总值。

附表 2-3-7　1990～2007 年中国地区人类发展指数和排名

地区	编号	人类发展指数					地区排名				
		1990	2000	2005	2006	2007	1990	2000	2005	2006	2007
北京	1	0.733	0.796	0.874	0.885	0.920	2	2	2	2	1
天津	2	0.728	0.779	0.833	0.850	0.871	3	3	3	3	3
河北	3	0.638	0.723	0.753	0.766	0.785	13	11	10	13	12
山西	4	0.640	0.697	0.753	0.767	0.790	12	16	12	11	11
内蒙古	5	0.614	0.670	0.731	0.752	0.780	18	23	16	16	15
辽宁	6	0.695	0.749	0.783	0.796	0.818	4	6	7	7	7
吉林	7	0.648	0.717	0.752	0.767	0.791	9	12	13	10	10
黑龙江	8	0.654	0.724	0.753	0.766	0.785	7	10	11	12	13
上海	9	0.773	0.828	0.878	0.891	0.915	1	1	1	1	2
江苏	10	0.655	0.753	0.791	0.805	0.826	6	5	6	6	6
浙江	11	0.651	0.756	0.803	0.821	0.845	8	4	4	4	4
安徽	12	0.581	0.677	0.699	0.718	0.737	24	21	23	23	26
福建	13	0.611	0.734	0.753	0.771	0.791	19	8	9	9	9
江西	14	0.590	0.671	0.705	0.720	0.747	23	22	21	22	25
山东	15	0.641	0.732	0.767	0.789	0.811	11	9	8	8	8
河南	16	0.607	0.699	0.737	0.754	0.779	20	15	15	15	16
湖北	17	0.618	0.702	0.719	0.737	0.760	15	14	18	18	20
湖南	18	0.615	0.695	0.716	0.732	0.756	17	17	19	20	21
广东	19	0.687	0.747	0.800	0.818	0.844	5	7	5	5	5
广西	20	0.616	0.683	0.711	0.732	0.756	16	19	20	19	22
海南	21	0.647	0.710	0.743	0.759	0.782	10	13	14	14	14
重庆	22	—	0.693	0.727	0.742	0.766	—	18	17	17	17
四川	23	0.573	0.681	0.700	0.723	0.750	25	20	22	21	24
贵州	24	0.528	0.599	0.630	0.646	0.676	29	31	31	31	30
云南	25	0.541	0.626	0.646	0.667	0.690	26	28	29	29	29
西藏	26	0.433	0.621	0.669	0.686	0.641	30	29	27	28	31
陕西	27	0.600	0.599	0.644	0.659	0.761	21	30	30	30	19
甘肃	28	0.537	0.650	0.689	0.705	0.703	28	25	25	26	28
青海	29	0.539	0.631	0.668	0.689	0.708	27	27	28	27	27
宁夏	30	0.598	0.649	0.696	0.706	0.751	22	26	24	25	23
新疆	31	0.624	0.653	0.688	0.710	0.762	14	24	26	24	18
香港	32	—	—	0.955	0.965	0.966					
澳门	33	—	0.903	0.932	0.948	0.951					
台湾	34	0.833	0.889	0.921	0.929	0.931					
中国		0.583	0.709	0.751	0.760	0.780					
高收入国家		0.872	0.921	0.944	0.949	0.952					
中等收入国家		0.633	0.706	0.735	0.740	0.735					
低收入国家		0.413	0.477	0.515	0.510	0.521					
世界平均		0.662	0.718	0.748	0.751	0.758					

注:香港、澳门和台湾地区没有综合入学率的数据,可能影响评价结果的客观性。

附录三　世界现代化水平评价的数据集[a]

注：a. 世界银行的原版数据，不同指标的小数点后的位数不同。本报告采用 Excel 软件处理数据。在计算过程中，不做小数点后位数的变动。在本数据集中，一般显示整数或保留小数点后 1～3 位数。请注意两者的差别和影响。

附表 3-1-1 2007 年世界现代化水平

国家	编号	人口	第一次现代化			第二次现代化			综合现代化		国家	国家
		/100 万	程度	排名[a]	阶段[b]	指数	排名	阶段[c]	指数	排名	阶段[d]	分组[e]
瑞典	1	9	100	1	F4	105	2	S2	94	4	6	1
美国	2	304	100	1	F4	109	1	S2	97	1	6	1
芬兰	3	5	100	1	F4	103	4	S1	92	6	5	1
澳大利亚	4	21	100	1	F4	94	11	S1	87	14	5	1
瑞士	5	8	100	1	F4	95	8	S2	91	7	6	1
挪威	6	5	100	1	F4	99	6	S1	89	12	5	1
日本	7	128	100	1	F4	101	5	S1	95	2	5	1
丹麦	8	5	100	1	F4	103	3	S2	95	3	6	1
德国	9	82	100	1	F4	95	9	S1	94	5	5	1
荷兰	10	16	100	1	F4	93	12	S2	90	10	6	1
加拿大	11	33	100	1	F4	93	13	S1	85	17	5	1
新加坡	12	5	100	1	F4	92	16	S2	83	20	6	1
英国	13	61	100	1	F4	93	14	S2	90	9	6	1
法国	14	62	100	1	F4	93	15	S2	89	11	6	1
比利时	15	11	100	1	F4	94	10	S2	89	13	6	1
奥地利	16	8	100	1	F4	92	17	S1	90	8	5	1
新西兰	17	4	100	1	F4	91	18	S1	85	16	5	1
韩国	18	49	100	1	F4	97	7	S1	86	15	5	1
以色列	19	7	100	1	F4	80	21	S1	79	22	5	1
意大利	20	60	100	1	F4	79	22	S1	83	19	5	2
爱尔兰	21	4	100	1	F4	85	19	S1	84	18	5	1
西班牙	22	46	100	1	F4	81	20	S1	82	21	5	1
爱沙尼亚	23	1	100	1	F4	74	24	S1	71	25	5	2
斯洛文尼亚	24	2	100	1	F4	77	23	S1	75	23	5	2
乌拉圭	25	3	99	39	F3	55	42	—	65	34	3	2
俄罗斯	26	142	100	1	F4	67	30	—	61	37	4	2
斯洛伐克	27	5	100	1	F4	63	34	S1	61	38	5	2
希腊	28	11	100	1	F4	74	25	S1	75	24	5	2
匈牙利	29	10	100	1	F4	69	28	S1	70	28	5	2
捷克	30	10	100	1	F4	73	26	—	69	29	4	2
葡萄牙	31	11	100	1	F4	69	27	S1	71	26	5	2
白俄罗斯	32	10	96	49	F3	58	38	—	54	47	3	2
拉脱维亚	33	2	100	1	F4	68	29	S1	70	27	5	2
立陶宛	34	3	100	1	F4	67	31	—	66	33	4	2
格鲁吉亚	35	4	87	71	F2	47	55	—	45	62	2	3
乌克兰	36	46	93	62	F3	58	37	—	55	45	3	2
保加利亚	37	8	96	48	F4	57	40	—	55	44	4	2
黎巴嫩	38	4	98	42	F3	64	33	—	68	30	3	2
哈萨克斯坦	39	16	95	51	F3	50	45	—	49	57	3	2
波兰	40	38	100	1	F4	62	36	—	62	35	4	2
阿根廷	41	40	98	44	F4	58	39	—	61	36	4	2
巴拿马	42	3	97	46	F3	47	52	—	58	39	3	3
克罗地亚	43	4	100	1	F3	62	35	—	66	32	3	2
沙特阿拉伯	44	25	97	47	F4	54	44	—	54	48	4	2
哥伦比亚	45	45	95	50	阶段[b]	42	61	—	53	52	3	分组[e]
科威特	46	3	100	1	F4	67	32	—	68	31	4	2
智利	47	17	100	1	F4	54	43	—	57	40	4	2
马其顿	48	2	94	54	F3	47	54	—	51	54	3	3
阿塞拜疆	49	9	85	73	F3	41	64	—	39	77	3	3
摩尔多瓦	50	4	89	68	F2	45	57	—	47	61	2	3
罗马尼亚	51	22	98	41	F3	49	47	—	52	53	3	3
委内瑞拉	52	28	98	40	F4	48	49	—	53	50	4	3
乌兹别克斯坦	53	27	78	86	F2	35	77	—	33	85	2	3
多米尼加	54	10	95	52	F3	40	67	—	53	51	3	3
亚美尼亚	55	3	85	75	F2	43	59	—	44	64	2	3
巴拉圭	56	6	89	67	F2	34	78	—	40	73	2	3
哥斯达黎加	57	5	97	45	F3	46	56	—	53	49	3	3
巴西	58	192	98	43	F3	50	46	—	56	42	3	2
墨西哥	59	106	100	1	F4	47	53	—	55	46	4	3
博茨瓦纳	60	2	82	78	F3	29	87	—	39	76	3	4
秘鲁	61	29	94	55	F4	40	70	—	50	55	4	3
牙买加	62	3	94	60	F3	43	60	—	47	60	3	3
约旦	63	6	94	59	F4	56	41	—	56	43	4	2
南非	64	49	89	66	F4	40	68	—	41	69	4	3
土耳其	65	74	100	1	F3	48	51	—	57	41	3	3
厄瓜多尔	66	13	94	57	F4	40	66	—	47	59	4	3
伊朗	67	72	94	61	F3	42	62	—	42	67	3	3
蒙古	68	3	82	79	F2	41	65	—	42	65	2	3
摩洛哥	69	31	79	85	F2	34	79	—	40	71	2	3
马来西亚	70	27	95	53	F3	48	50	—	50	56	3	3

附表 3-1-1 2007 年世界现代化水平 （续表）

国家	编号	人口	第一次现代化			第二次现代化			综合现代化		国家	国家
		/100 万	程度	排名[a]	阶段[b]	指数	排名	阶段[c]	指数	排名	阶段[d]	分组[e]
萨尔瓦多	71	6	94	56	F3	36	73	—	44	63	3	3
埃及	72	82	88	69	F3	39	71	—	41	68	3	3
中国	73	1326	87	70	F3	42	63	—	38	78	3	3
阿尔及利亚	74	34	90	64	F3	36	74	—	39	75	3	3
土库曼斯坦	75	5	81	80	F2	49	48	—	34	81	2	3
突尼斯	76	10	94	58	F3	45	58	—	47	58	3	3
阿尔巴尼亚	77	3	86	72	F2	35	75	—	41	70	2	3
吉尔吉斯斯坦	78	5	79	82	F2	38	72	—	40	74	2	3
塔吉克斯坦	79	7	73	89	F2	31	82	—	31	87	2	3
玻利维亚	80	10	85	76	F2	35	76	—	42	66	2	3
缅甸	81	49	63	94	F1	20	106	—	26	100	1	4
菲律宾	82	90	90	63	F2	34	80	—	40	72	2	3
泰国	83	67	81	81	F2	40	69	—	36	80	2	3
纳米比亚	84	2	74	88	F3	24	95	—	34	82	3	4
津巴布韦	85	12	61	97	F2	21	103	—	27	96	2	4
洪都拉斯	86	7	85	74	F3	29	83	—	33	84	3	4
尼加拉瓜	87	6	83	77	F3	29	86	—	32	86	3	4
越南	88	86	70	90	F2	29	85	—	27	99	2	4
肯尼亚	89	39	55	107	F2	20	104	—	26	101	2	4
斯里兰卡	90	20	74	87	F3	26	90	—	30	91	3	4
刚果共和国	91	4	62	96	F3	18	114	—	28	93	3	4
印度尼西亚	92	228	79	84	F2	28	88	—	30	88	2	4
赞比亚	93	13	49	113	F2	15	120	—	18	121	2	4
危地马拉	94	14	90	65	F3	29	84	—	37	79	3	4
毛里塔尼亚	95	3	58	100	F2	23	97	—	24	107	2	4
科特迪瓦	96	21	56	104	F2	18	112	—	26	102	2	4
印度	97	1140	67	91	F2	25	92	—	28	94	2	4
巴基斯坦	98	166	64	92	F2	24	94	—	30	89	2	4
莱索托	99	2	57	102	F3	16	118	—	20	115	3	4
柬埔寨	100	15	54	108	F2	18	113	—	18	120	2	4
喀麦隆	101	19	60	99	F2	18	111	—	27	97	2	4
厄立特里亚	102	5	46	117	0	19	108	—	20	114	0	4
叙利亚	103	21	79	83	F3	33	81	—	33	83	3	3
加纳	104	23	56	105	F1	19	107	—	24	105	1	4
乍得	105	11	38	129	0	16	119	—	17	127	0	4
莫桑比克	106	22	42	122	0	15	122	—	19	118	0	4
几内亚	107	10	48	114	0	17	116	—	21	113	0	4
也门共和国	108	23	64	93	F2	27	89	—	27	98	2	4
巴布亚新几内亚	109	6	39	124	F1	18	110	—	16	129	1	4
海地	110	10	54	109	F2	26	91	—	29	92	2	4
尼泊尔	111	29	56	106	F1	22	99	—	24	106	1	4
塞内加尔	112	12	62	95	F3	22	98	—	30	90	3	4
塞拉利昂	113	6	37	130	F1	15	123	—	19	117	1	4
刚果民主共和国	114	64	43	119	F1	18	115	—	17	125	1	4
老挝	115	6	56	103	F1	25	93	—	24	108	1	4
马拉维	116	14	42	121	0	13	126	—	15	131	0	4
多哥	117	6	48	115	F1	21	102	—	22	112	1	4
马达加斯加	118	19	53	110	0	19	109	—	24	110	0	4
马里	119	13	45	118	F2	23	96	—	24	109	2	4
尼日利亚	120	151	57	101	F1	20	105	—	25	103	1	4
孟加拉国	121	160	60	98	F2	21	101	—	28	95	2	4
坦桑尼亚	122	42	43	120	F1	12	130	—	17	128	1	4
贝宁	123	9	49	112	F1	17	117	—	23	111	1	4
尼日尔	124	15	36	131	0	12	131	—	18	124	0	4
安哥拉	125	18	52	111	F3	21	100	—	24	104	3	4
乌干达	126	32	47	116	F1	15	121	—	20	116	1	4
中非	127	4	39	125	0	12	129	—	18	123	0	4
布基纳法索	128	15	38	128	0	14	124	—	19	119	0	4
埃塞俄比亚	129	81	38	127	0	14	125	—	16	130	0	4
布隆迪	130	8	38	126	0	13	127	—	17	126	0	4
卢旺达	131	10	41	123	0	12	128	—	18	122	0	4
高收入国家		1069	100	—	F4	100	—	S2	100	—	6	—
中等收入国家		4651	89	—	F3	38	—	—	40	—	3	—
低收入国家		973	57	—	F2	20	—	—	24	—	2	—
世界平均		6692	94	—	F3	50	—	—	54	—	3	—

注：a. 第一次现代化程度达到 100%时，排名不分先后。b. 0 代表传统农业社会，F1 代表第一次现代化的起步期，F2 代表发展期，F3 代表成熟期，F4 代表过渡期。c. S1 代表第二次现代化的起步期，S2 代表发展期。d. 国家阶段划分：0 代表传统农业社会；1 代表第一次现代化起步期；2 代表第一次现代化发展期；3 代表第一次现代化成熟期；4 代表第一次现代化过渡期；5 代表第二次现代化起步期；6 代表第二次现代化发展期；7 代表第二次现代化成熟期；8 代表第二次现代化过渡期。e. 国家分组为根据第二次现代化指数的分组：1 代表发达国家；2 代表中等发达国家；3 代表初等发达国家；4 代表欠发达国家。“—”表示没有数据，后同。

附表 3-1-2　2007 年根据第二次现代化指数的国家分组

分组	国家	编号	第二次现代化指数	第一次现代化程度	综合现代化指数	人均 GNI	人类发展指数	国家	编号	第二次现代化指数	第一次现代化程度	综合现代化指数	人均 GNI	人类发展指数
发达国家 21 个	美国	2	109	100	97	46 090	0.956	荷兰	10	93	100	90	45 650	0.964
	瑞典	1	105	100	94	47 870	0.963	加拿大	11	93	100	85	39 650	0.966
	丹麦	8	103	100	95	55 450	0.955	英国	13	93	100	90	43 430	0.947
	芬兰	3	103	100	92	44 310	0.959	法国	14	93	100	89	38 790	0.961
	日本	7	101	100	95	37 800	0.960	新加坡	12	92	100	83	31 890	0.944
	挪威	6	99	100	89	77 370	0.971	奥地利	16	92	100	90	41 970	0.955
	韩国	18	97	100	86	21 210	0.937	新西兰	17	91	100	85	27 090	0.950
	瑞士	5	95	100	91	60 820	0.960	爱尔兰	21	85	100	84	47 610	0.965
	德国	9	95	100	94	38 990	0.947	西班牙	22	81	100	82	29 290	0.955
	比利时	15	94	100	89	41 120	0.953	以色列	19	80	100	79	22 170	0.935
	澳大利亚	4	94	100	87	35 760	0.970							
中等发达国家 25 个	意大利	20	79	100	83	33 490	0.951	克罗地亚	43	62	100	66	12 000	0.871
	斯洛文尼亚	24	77	100	75	21 510	0.929	波兰	40	62	100	62	9870	0.880
	爱沙尼亚	23	74	100	71	12 840	0.883	乌克兰	36	58	93	55	2570	0.796
	希腊	28	74	100	75	25 740	0.942	白俄罗斯	32	58	96	54	4240	0.826
	捷克	30	73	100	69	14 240	0.903	阿根廷	41	58	98	61	6040	0.866
	葡萄牙	31	69	100	71	18 960	0.909	保加利亚	37	57	96	55	4460	0.840
	匈牙利	29	69	100	70	11 670	0.879	约旦	63	56	94	56	2960	0.770
	拉脱维亚	33	68	100	70	10 090	0.866	乌拉圭	25	55	99	65	6620	0.865
	俄罗斯	26	67	100	61	7530	0.817	智利	47	54	100	57	8160	0.878
	立陶宛	34	67	100	66	9910	0.870	沙特阿拉伯	44	54	97	54	15 500	0.843
	科威特	46	67	100	68	38 421	0.916	哈萨克斯坦	39	50	95	49	4970	0.804
	黎巴嫩	38	64	98	68	6190	0.803	巴西	58	50	98	56	6060	0.813
	斯洛伐克	27	63	100	61	11 720	0.880							
初等发达国家 36 个	罗马尼亚	51	49	98	52	6390	0.837	蒙古	68	41	82	42	1290	0.727
	土库曼斯坦	75	49	81	34	2230	0.739	厄瓜多尔	66	40	94	47	3150	0.806
	委内瑞拉	52	48	98	53	7550	0.844	多米尼加	54	40	95	53	4070	0.777
	马来西亚	70	48	95	50	6420	0.829	南非	64	40	89	41	5730	0.683
	土耳其	65	48	100	57	8120	0.806	泰国	83	40	81	36	2660	0.783
	巴拿马	42	47	97	58	5500	0.840	秘鲁	61	40	94	50	3340	0.806
	墨西哥	59	47	100	55	9400	0.854	埃及	72	39	88	41	1500	0.703
	马其顿	48	47	94	51	3410	0.817	吉尔吉斯斯坦	78	38	79	40	610	0.710
	格鲁吉亚	35	47	87	45	2090	0.778	萨尔瓦多	71	36	94	44	3200	0.747
	哥斯达黎加	57	46	97	53	5520	0.854	阿尔及利亚	74	36	90	39	3610	0.754
	摩尔多瓦	50	45	89	47	1130	0.720	阿尔巴尼亚	77	35	86	41	3360	0.818
	突尼斯	76	45	94	47	3210	0.769	玻利维亚	80	35	85	42	1220	0.729
	亚美尼亚	55	43	85	44	2580	0.798	乌兹别克斯坦	53	35	78	33	730	0.710
	牙买加	62	43	94	47	4420	0.766	巴拉圭	56	34	89	40	1710	0.761
	哥伦比亚	45	42	95	53	4100	0.807	摩洛哥	69	34	79	40	2290	0.654
	伊朗	67	42	94	42	3540	0.782	菲律宾	82	34	90	40	1600	0.751
	中国	73	42	87	38	2360	0.772	叙利亚	103	33	79	33	1740	0.742
	阿塞拜疆	49	41	85	39	2710	0.787	塔吉克斯坦	79	31	73	31	460	0.688
欠达到国家 49 个	洪都拉斯	86	29	85	33	1590	0.732	厄立特里亚	102	19	46	20	270	0.472
	危地马拉	94	29	90	37	2470	0.704	马达加斯加	118	19	53	24	340	0.543
	越南	88	29	70	27	770	0.725	巴布亚新几内亚	109	18	39	16	850	0.541
	尼加拉瓜	87	29	83	32	990	0.699	喀麦隆	101	18	60	27	1050	0.523
	博茨瓦纳	60	29	82	39	6100	0.694	科特迪瓦	96	18	56	26	880	0.484
	印度尼西亚	92	28	79	30	1650	0.734	柬埔寨	100	18	54	18	550	0.593
	也门共和国	108	27	64	27	950	0.575	刚果共和国	91	18	62	28	1510	0.389
	斯里兰卡	90	26	74	30	1540	0.759	刚果民主共和国	114	18	43	17	140	0.601
	海地	110	26	54	29	520	0.532	几内亚	107	17	48	21	390	0.435
	印度	97	25	67	28	950	0.612	贝宁	123	17	49	23	610	0.492
	老挝	115	25	56	24	610	0.619	莱索托	99	16	57	20	1040	0.514
	巴基斯坦	98	24	64	30	860	0.572	乍得	105	16	38	17	510	0.392
	纳米比亚	84	24	74	34	4100	0.686	赞比亚	93	15	49	18	740	0.481
	马里	119	23	45	24	560	0.371	乌干达	126	15	47	20	370	0.514
	毛里塔尼亚	95	23	58	24	840	0.520	莫桑比克	106	15	42	19	340	0.402
	塞内加尔	112	22	62	30	870	0.464	塞拉利昂	113	15	37	19	280	0.365
	尼泊尔	111	22	56	24	350	0.553	布基纳法索	128	14	38	19	430	0.389
	安哥拉	125	21	52	24	2590	0.564	埃塞俄比亚	129	14	38	16	220	0.414
	孟加拉国	121	21	60	28	480	0.543	马拉维	116	13	42	15	250	0.493
	多哥	117	21	48	22	370	0.499	布隆迪	130	13	38	17	120	0.394
	津巴布韦	85	21	61	27	340	—	卢旺达	131	12	41	18	330	0.460
	肯尼亚	89	20	55	26	660	0.541	中非	127	12	39	18	370	0.369
	尼日利亚	120	20	57	25	970	0.511	坦桑尼亚	122	12	43	17	400	0.530
	缅甸	81	20	63	26	—	0.586	尼日尔	124	12	36	18	280	0.340
	加纳	104	19	56	24	600	0.526							
	高收入国家		100	100	100	37 460	—							
	中等收入国家		38	89	40	2748	—							
	低收入国家		20	57	24	461	—							
	世界平均		50	94	54	7980	—							

附表 3-1-3 2007 年根据综合现代化指数的国家分组

	国家	编号	2007	2006	2005	2004	2003	2000	1990	1980	国家	编号	2007	2006	2005	2004	2003	2000	1990	1980
发达国家21个	美国	2	97	97	96	96	97	95	91	92	挪威	6	89	89	90	86	87	90	91	91
	日本	7	95	94	94	94	92	94	93	94	比利时	15	89	88	89	90	90	86	94	91
	丹麦	8	95	95	95	98	98	95	98	93	澳大利亚	4	87	93	92	91	86	86	88	91
	瑞典	1	94	94	95	99	97	98	98	98	韩国	18	86	84	83	83	80	79	63	47
	德国	9	94	92	93	95	94	95	94	93	新西兰	17	85	85	85	84	77	74	78	87
	芬兰	3	92	91	92	93	89	89	92	87	加拿大	11	85	86	84	84	81	82	85	93
	瑞士	5	91	91	91	95	95	96	92	89	爱尔兰	21	84	81	81	80	78	75	71	68
	奥地利	16	90	88	89	89	88	87	92	87	意大利	20	83	83	83	82	80	78	85	75
	英国	13	90	89	90	93	90	88	89	88	新加坡	12	83	78	80	79	77	88	64	60
	荷兰	10	90	90	90	91	90	90	96	91	西班牙	22	82	80	80	79	75	74	83	73
	法国	14	89	90	90	90	89	86	90	89										
中等发达国家27个	以色列	19	79	80	83	84	82	84	81	82	阿根廷	41	61	60	60	58	55	64	55	67
	斯洛文尼亚	24	75	74	74	72	69	65	71	—	俄罗斯	26	61	59	58	57	56	54	56	85
	希腊	28	75	74	71	71	70	60	67	69	斯洛伐克	27	61	59	59	58	56	53	69	—
	爱沙尼亚	23	71	69	67	66	63	62	56	76	巴拿马	42	58	56	55	53	51	51	49	56
	葡萄牙	31	71	69	69	69	67	69	61	53	智利	47	57	56	58	54	55	54	48	59
	拉脱维亚	33	70	67	65	62	61	56	57	75	土耳其	65	57	50	50	48	43	42	45	42
	匈牙利	29	70	67	66	64	61	58	58	63	巴西	58	56	56	52	50	50	48	56	51
	捷克	30	69	66	63	65	62	57	59	73	约旦	63	56	55	53	53	51	49	56	49
	黎巴嫩	38	68	63	64	56	54	57	54	72	保加利亚	37	55	53	52	53	50	48	52	63
	科威特	46	68	65	61	56	55	54	62	74	乌克兰	36	55	53	53	51	46	46	51	91
	克罗地亚	43	66	62	61	60	57	49	62	—	墨西哥	59	55	53	53	52	52	51	53	57
	立陶宛	34	66	62	62	60	59	54	57	—	白俄罗斯	32	54	58	54	50	49	47	63	—
	乌拉圭	25	65	61	59	59	60	63	66	64	沙特阿拉伯	44	54	53	49	48	43	43	56	57
	波兰	40	62	59	60	58	57	53	51	65										
初等发达国家39个	哥斯达黎加	57	53	53	53	51	53	47	50	54	南非	64	41	42	42	41	38	36	45	51
	委内瑞拉	52	53	52	49	48	48	50	52	58	阿尔巴尼亚	77	41	39	37	37	35	30	32	35
	多米尼加	54	53	57	54	51	51	60	63	50	摩洛哥	69	40	40	39	39	38	37	38	35
	哥伦比亚	45	53	48	46	46	44	46	51	50	菲律宾	82	40	39	39	39	38	39	40	40
	罗马尼亚	51	52	49	46	45	41	39	40	50	巴拉圭	56	40	39	37	38	36	55	40	41
	马其顿	48	51	48	45	48	45	47	44	—	吉尔吉斯斯坦	78	40	38	45	37	33	36	22	—
	秘鲁	61	50	52	50	50	50	50	54	47	阿尔及利亚	74	39	38	38	38	31	30	40	46
	马来西亚	70	50	52	52	47	47	43	37	39	博茨瓦纳	60	39	38	35	32	31	37	33	20
	哈萨克斯坦	39	49	48	46	44	44	43	53	—	阿塞拜疆	49	39	38	37	37	36	38	—	—
	突尼斯	76	47	47	48	45	42	42	40	41	中国	73	38	38	38	35	33	31	28	21
	厄瓜多尔	66	47	46	42	44	42	38	43	56	危地马拉	94	37	37	36	36	34	31	37	41
	牙买加	62	47	45	44	44	46	42	44	42	泰国	83	36	35	35	35	35	32	37	34
	摩尔多瓦	50	47	46	43	42	37	40	43	59	土库曼斯坦	75	34	33	33	31	28	26	—	—
	格鲁吉亚	35	45	44	44	43	43	41	48	77	纳米比亚	84	34	34	34	34	32	31	32	—
	萨尔瓦多	71	44	47	46	42	42	49	49	43	叙利亚	103	33	32	33	34	29	29	39	45
	亚美尼亚	55	44	42	41	41	41	37	21	—	洪都拉斯	86	33	32	32	32	33	33	38	37
	蒙古	68	42	48	48	47	41	35	39	65	乌兹别克斯坦	53	33	33	33	33	31	29	20	—
	玻利维亚	80	42	41	54	42	40	41	54	33	尼加拉瓜	87	32	31	32	32	35	34	37	42
	伊朗	67	42	42	38	37	37	33	37	39	塔吉克斯坦	79	31	29	29	29	28	30	5	—
	埃及	72	41	41	34	34	39	40	40	38										
欠发达国家44个	印度尼西亚	92	30	29	29	29	27	30	27	31	马达加斯加	118	24	23	22	22	22	22	28	27
	巴基斯坦	98	30	30	28	27	26	31	26	30	贝宁	123	23	24	23	22	22	21	36	29
	塞内加尔	112	30	28	27	27	26	24	30	30	多哥	117	22	20	21	21	22	21	34	29
	斯里兰卡	90	30	29	28	29	28	28	35	32	几内亚	107	21	22	21	21	18	28	43	14
	海地	110	29	27	27	25	25	22	43	24	厄立特里亚	102	20	21	20	21	21	20	—	—
	刚果共和国	91	28	27	28	25	25	25	37	34	莱索托	99	20	17	17	16	18	19	45	27
	印度	97	28	28	28	28	29	29	27	30	乌干达	126	20	23	21	21	20	22	24	21
	孟加拉国	121	28	28	28	24	24	24	31	25	塞拉利昂	113	19	17	17	14	14	15	27	27
	津巴布韦	85	27	24	24	24	27	24	26	30	莫桑比克	106	19	19	19	18	16	22	21	18
	喀麦隆	101	27	26	25	24	22	21	32	34	布基纳法索	128	19	18	19	19	18	19	22	33
	也门共和国	108	27	27	26	26	26	23	31	13	柬埔寨	100	18	21	21	20	19	20	31	—
	越南	88	27	27	26	25	24	22	21	—	赞比亚	93	18	19	19	19	18	19	21	30
	缅甸	81	26	29	28	29	28	24	30	26	卢旺达	131	18	16	16	16	14	16	21	19
	肯尼亚	89	26	26	24	27	26	26	27	26	中非	127	18	17	16	17	16	17	28	27
	科特迪瓦	96	26	24	24	24	24	23	50	62	尼日尔	124	18	18	16	17	17	17	24	26
	尼日利亚	120	25	24	23	23	26	19	31	30	刚果民主共和国	114	17	16	14	13	12	14	33	35
	安哥拉	125	24	22	18	18	16	15	44	20	布隆迪	130	17	18	17	14	14	18	24	25
	加纳	104	24	23	23	22	19	19	33	34	乍得	105	17	16	15	17	18	24	26	28
	尼泊尔	111	24	23	22	21	20	17	23	20	坦桑尼亚	122	17	16	15	17	16	16	23	18
	毛里塔尼亚	95	24	24	23	26	26	26	38	33	巴布亚新几内亚	109	16	17	17	18	18	19	24	26
	老挝	115	24	21	19	18	18	18	20	19	埃塞俄比亚	129	16	15	13	14	14	15	24	17
	马里	119	24	23	19	19	17	18	22	23	马拉维	116	15	15	14	14	16	19	32	21
	高收入国家		100	100	100	100	100	100	100	100										
	中等收入国家		40	42	41	40	40	42	44	52										
	低收入国家		24	26	26	26	25	24	32	28										
	世界平均		54	53	53	53	52	50	53	60										

附表 3-2-1 2007 年世界第一次现代化程度

国家	编号	经济指标达标程度				社会指标达标程度						程度/(%)	排名	排名(2)	达标个数
		人均GNI	农业劳动力比例	农业增加值比例	服务业增加值比例	城市人口比例	医生比例	婴儿存活率	预期寿命	成人识字率	大学入学率				
瑞典	1	100	100	100	100	100	100	100	100	100	100	100	1	1	10
美国	2	100	100	100	100	100	100	100	100	100	100	100	1	1	10
芬兰	3	100	100	100	100	100	100	100	100	100	100	100	1	1	10
澳大利亚	4	100	100	100	100	100	100	100	100	100	100	100	1	1	10
瑞士	5	100	100	100	100	100	100	100	100	100	100	100	1	1	10
挪威	6	100	100	100	100	100	100	100	100	100	100	100	1	1	10
日本	7	100	100	100	100	100	100	100	100	100	100	100	1	1	10
丹麦	8	100	100	100	100	100	100	100	100	100	100	100	1	1	10
德国	9	100	100	100	100	100	100	100	100	100	100	100	1	1	10
荷兰	10	100	100	100	100	100	100	100	100	100	100	100	1	1	10
加拿大	11	100	100	100	100	100	100	100	100	100	100	100	1	1	10
新加坡	12	100	100	100	100	100	100	100	100	100	100	100	1	1	10
英国	13	100	100	100	100	100	100	100	100	100	100	100	1	1	10
法国	14	100	100	100	100	100	100	100	100	100	100	100	1	1	10
比利时	15	100	100	100	100	100	100	100	100	100	100	100	1	1	10
奥地利	16	100	100	100	100	100	100	100	100	100	100	100	1	1	10
新西兰	17	100	100	100	100	100	100	100	100	100	100	100	1	1	10
韩国	18	100	100	100	100	100	100	100	100	100	100	100	1	1	10
以色列	19	100	100	—	—	100	100	100	100	100	100	100	1	1	10
意大利	20	100	100	100	100	100	100	100	100	100	100	100	1	1	10
爱尔兰	21	100	100	100	100	100	100	100	100	100	100	100	1	1	10
西班牙	22	100	100	100	100	100	100	100	100	100	100	100	1	1	10
爱沙尼亚	23	100	100	100	100	100	100	100	100	100	100	100	1	—	10
斯洛文尼亚	24	100	100	100	100	98	100	100	100	100	100	100	1	—	10
乌拉圭	25	87	100	100	100	100	100	100	100	100	100	99	39	31	9
俄罗斯	26	98	100	100	100	100	100	100	97	100	100	100	1	—	8
斯洛伐克	27	100	100	100	100	100	100	100	100	100	100	100	1	—	10
希腊	28	100	100	100	100	100	100	100	100	100	100	100	1	1	10
匈牙利	29	100	100	100	100	100	100	100	100	100	100	100	1	1	10
捷克	30	100	100	100	100	100	100	100	100	100	100	100	1	—	10
葡萄牙	31	100	100	100	100	100	100	100	100	100	100	100	1	1	10
白俄罗斯	32	55	100	100	100	100	100	100	100	100	100	96	49	—	9
拉脱维亚	33	100	100	100	100	100	100	100	100	100	100	100	1	—	10
立陶宛	34	100	100	100	100	100	100	100	100	100	100	100	1	—	10
格鲁吉亚	35	27	56	100	100	100	100	100	100	—	100	87	71	—	7
乌克兰	36	34	100	100	100	100	100	100	97	100	100	93	62		8
保加利亚	37	58	100	100	100	100	100	100	100	100	100	96	48	40	9
黎巴嫩	38	81	100	100	100	100	100	100	100	100	100	98	42	34	9
哈萨克斯坦	39	65	90	100	100	100	100	100	95	100	100	95	51	—	7
波兰	40	100	100	100	100	100	100	100	100	100	100	100	1	1	10
阿根廷	41	79	100	100	100	100	100	100	100	100	100	98	44	36	9
巴拿马	42	72	100	100	100	100	100	100	100	100	100	97	46	38	9
克罗地亚	43	100	100	100	100	100	100	100	100	100	100	100	1	—	10
沙特阿拉伯	44	100	100	100	70	100	100	100	100	100	100	97	47	39	9
哥伦比亚	45	54	100	100	100	100	100	100	100	100	100	95	50	41	9
科威特	46	100	100	100	100	100	100	100	100	100	100	100	1	1	10
智利	47	100	100	100	100	100	100	100	100	100	100	100	1	1	10
马其顿	48	45	100	100	100	100	100	100	100	100	100	94	54	—	9
阿塞拜疆	49	35	78	100	57	100	100	87	96	100	100	85	73	—	5
摩尔多瓦	50	15	91	100	100	84	100	100	98	100	100	89	68	—	6
罗马尼亚	51	84	100	100	100	100	100	100	100	100	100	98	41	33	9
委内瑞拉	52	99	100	100	85	100	100	100	100	100	100	98	40	32	8
乌兹别克斯坦	53	10	87	63	98	74	100	84	96	100	65	78	86	—	2
多米尼加	54	53	100	100	100	100	100	96	100	100	100	95	52	42	8
亚美尼亚	55	34	65	74	80	100	100	100	100	100	100	85	75	—	6
巴拉圭	56	22	100	68	100	100	100	100	100	100	100	89	67	55	8
哥斯达黎加	57	72	100	100	100	100	100	100	100	100	100	97	45	37	9
巴西	58	79	100	100	100	100	100	100	100	100	100	98	43	35	9
墨西哥	59	100	100	100	100	100	100	100	100	100	100	100	1	1	10
博茨瓦纳	60	80	100	100	100	100	40	92	72	100	34	82	78	62	5
秘鲁	61	44	100	100	100	100	100	100	100	100	100	94	55	44	9
牙买加	62	58	100	100	100	100	80	100	100	100	100	94	60	49	8
约旦	63	39	100	100	100	100	100	100	100	100	100	94	59	48	9
南非	64	75	100	100	100	100	80	65	72	100	100	89	66	54	6
土耳其	65	100	100	100	100	100	100	100	100	100	100	100	1	1	10
厄瓜多尔	66	41	100	100	100	100	100	100	100	100	100	94	57	46	9
伊朗	67	46	100	100	100	100	90	100	100	100	100	94	61	50	8
蒙古	68	17	75	65	79	100	100	85	95	100	100	82	79	—	4
摩洛哥	69	30	69	100	100	100	50	93	100	70	75	79	85	66	4
马来西亚	70	84	100	100	93	100	70	100	100	100	100	95	53	43	7

附表 3-2-1　2007 年世界第一次现代化程度　（续表）

国家	编号	经济指标达标程度				社会指标达标程度						程度/(%)	排名	排名(2)	达标个数
		人均GNI	农业劳动力比例	农业增加值比例	服务业增加值比例	城市人口比例	医生比例	婴儿存活率	预期寿命	成人识字率	大学入学率				
萨尔瓦多	71	42	100	100	100	100	100	100	100	100	100	94	56	45	9
埃及	72	20	96	100	100	85	100	100	100	83	100	88	69	56	6
中国	73	31	68	100	90	84	100	100	100	100	100	87	70	57	6
阿尔及利亚	74	47	100	100	68	100	100	91	100	94	100	90	64	52	6
土库曼斯坦	75	29	62	77	90	96	100	67	90	100	100	81	80		3
突尼斯	76	42	100	100	100	100	100	100	100	97	100	94	58	47	8
阿尔巴尼亚	77	44	51	70	100	92	100	100	100	100	100	86	72	58	6
吉尔吉斯斯坦	78	8	83	45	100	72	100	90	97	100	100	79	82	—	4
塔吉克斯坦	79	6	54	70	100	53	100	53	95	100	100	73	89	—	4
玻利维亚	80	16	76	100	100	100	100	63	94	100	100	85	76	60	6
缅甸	81	—	48	31	79	64	40	41	89	100	80	63	94	73	1
菲律宾	82	21	83	100	100	100	100	100	100	100	100	90	63	51	8
泰国	83	35	72	100	95	66	40	100	98	100	100	81	81	63	4
纳米比亚	84	54	100	100	100	73	30	64	75	100	43	74	88	68	4
津巴布韦	85	4	100	79	100	74	20	51	63	100	24	61	97	75	3
洪都拉斯	86	21	77	100	100	95	60	100	100	100	100	85	74	59	6
尼加拉瓜	87	13	100	77	100	100	40	100	100	98	100	83	77	61	6
越南	88	10	52	74	85	55	60	100	100	100	63	70	90	69	3
肯尼亚	89	9	100	57	100	43	10	38	77	92	23	55	107	85	2
斯里兰卡	90	20	96	100	100	30	60	100	100	100	35	74	87	67	5
刚果共和国	91	20	62	100	78	100	20	38	76	100	25	62	96	—	3
印度尼西亚	92	22	67	100	88	100	10	100	100	100	100	79	84	65	6
赞比亚	93	10	42	69	89	71	10	29	64	88	16	49	113	91	0
危地马拉	94	32	90	100	100	96	90	100	100	92	100	90	65	53	5
毛里塔尼亚	95	11	54	100	90	82	10	40	92	70	27	58	100	78	1
科特迪瓦	96	12	50	63	100	96	10	34	82	61	53	56	104	82	1
印度	97	12	45	83	100	59	60	55	92	83	79	67	91	70	1
巴基斯坦	98	11	69	73	100	71	80	41	94	68	34	64	92	71	1
莱索托	99	14	75	100	100	49	0	44	61	100	24	57	102	80	3
柬埔寨	100	7	75	47	92	42	20	43	85	95	35	54	108	86	0
喀麦隆	101	14	50	77	100	100	20	35	72	85	48	60	99	77	2
厄立特里亚	102	4	37	62	100	41	0	66	83	66	7	46	117	95	1
叙利亚	103	23	100	83	100	100	50	100	100	100	38	79	83	64	6
加纳	104	8	55	44	89	99	20	41	81	81	39	56	105	83	0
乍得	105	7	36	64	72	52	0	24	72	40	8	38	129	106	0
莫桑比克	106	4	36	54	100	72	0	26	60	56	10	42	122	99	1
几内亚	107	5	34	90	85	68	10	32	82	37	35	48	114	92	0
也门共和国	108	12	55	100	100	60	30	55	90	74	63	64	93	72	2
巴布亚新几内亚	109	11	41	42	44	25	0	60	82	72	14	39	124	101	0
海地	110	7	59	54	100	91	16	53	87	65	8	54	109	87	1
尼泊尔	111	5	46	45	100	34	20	70	91	71	75	56	106	84	1
塞内加尔	112	11	89	100	100	84	10	51	79	52	45	62	95	74	2
塞拉利昂	113	4	44	34	69	75	0	19	68	48	14	37	130	107	0
刚果民主共和国	114	2	44	36	70	67	10	28	66	84	27	43	119	—	0
老挝	115	8	38	38	65	59	40	54	93	91	77	56	103	81	0
马拉维	116	3	32	44	100	37	0	42	69	90	3	42	121	98	1
多哥	117	5	46	34	72	83	0	46	89	66	35	48	115	93	0
马达加斯加	118	4	37	57	100	58	30	43	86	88	21	53	110	88	1
马里	119	7	72	41	87	63	10	26	78	33	29	45	118	96	0
尼日利亚	120	13	70	46	62	95	30	31	67	90	68	57	101	79	0
孟加拉国	121	6	62	78	100	53	30	64	94	67	48	60	98	76	1
坦桑尼亚	122	5	39	33	83	50	0	41	79	90	10	43	120	97	0
贝宁	123	8	47	47	100	82	0	39	87	51	34	49	112	90	1
尼日尔	124	4	33	38	95	33	0	36	81	36	7	36	131	108	0
安哥拉	125	34	40	100	40	100	10	26	67	84	19	52	111	89	2
乌干达	126	5	44	63	100	26	10	37	75	92	23	47	116	94	1
中非	127	5	37	28	71	77	10	27	64	61	7	39	125	102	0
布基纳法索	128	6	32	45	99	38	0	29	75	36	17	38	128	105	0
埃塞俄比亚	129	3	37	32	90	33	0	40	79	45	18	38	127	104	0
布隆迪	130	2	33	43	100	20	0	28	72	74	13	38	126	103	1
卢旺达	131	4	33	39	100	36	0	28	71	81	17	41	123	100	1
高收入国家		100	100	100	100	100	100	100	100	100	100	100	—	—	10
中等收入国家		36	84	100	100	95	100	72	98	100	100	89	—	—	5
低收入国家		6	53	60	100	57	47	39	84	79	46	57	—	—	1
世界平均		100	80	100	100	99	100	64	98	100	100	94	—	—	6

注：程度达到 100%，排名不分先后。排名为 131 个国家的排名。排名(2)为 108 个国家的排名，20 世纪 90 年代东欧事变后新出现的国家和数据不稳定国家不参加排名。后同。

附表 3-2-2 2007 年世界第一次现代化评价指标

国家	编号	经济指标				社会指标					
		人均GNI	农业劳动力比例	农业增加值比例	服务业增加值比例	城市人口比例	医生比例	婴儿死亡率[a]	预期寿命	成人识字率[b]	大学入学率
瑞典	1	47 870	2	2	70	85	3.3	3	81	a	75
美国	2	46 090	1	1	77	81	2.3	7	78	a	82
芬兰	3	44 310	5	3	65	63	3.3	3	79	a	94
澳大利亚	4	35 760	3	3	69	89	2.5	5	81	a	75
瑞士	5	60 820	4	1	71	73	4.0	4	82	a	47
挪威	6	77 370	3	1	56	77	3.8	3	80	a	76
日本	7	37 800	4	2	68	66	2.1	3	83	a	58
丹麦	8	55 450	3	1	73	86	3.6	4	78	a	80
德国	9	38 990	2	1	69	74	3.4	4	80	a	50
荷兰	10	45 650	3	2	74	81	3.7	4	80	a	60
加拿大	11	39 650	3	2	66	80	1.9	5	81	a	62
新加坡	12	31 890	1	0	69	100	1.5	2	81	a	44
英国	13	43 430	1	1	76	90	2.2	5	79	a	59
法国	14	38 790	3	2	77	77	3.4	4	81	a	56
比利时	15	41 120	2	1	75	97	4.2	4	80	a	63
奥地利	16	41 970	6	2	67	67	3.7	4	80	a	51
新西兰	17	27 090	7	7	68	86	2.2	5	80	a	80
韩国	18	21 210	7	3	60	81	1.6	4	79	a	95
以色列	19	22 170	2	—	—	92	3.7	4	81	97	60
意大利	20	33 490	4	2	71	68	3.7	3	81	99	68
爱尔兰	21	47 610	6	2	63	61	2.9	4	79	a	61
西班牙	22	29 290	5	3	67	77	3.3	4	81	98	69
爱沙尼亚	23	12 840	5	3	67	69	3.3	4	73	100	65
斯洛文尼亚	24	21 510	10	2	63	49	2.4	3	78	100	86
乌拉圭	25	6620	11	10	63	92	3.6	12	76	98	64
俄罗斯	26	7530	9	5	57	73	4.3	13	68	100	75
斯洛伐克	27	11 720	4	4	56	56	3.1	7	74	100	51
希腊	28	25 740	12	4	73	61	5.0	4	80	97	91
匈牙利	29	11 670	5	4	66	67	3.0	6	73	99	69
捷克	30	14 240	4	2	59	74	3.6	3	77	a	55
葡萄牙	31	18 960	12	3	73	59	3.4	3	78	95	56
白俄罗斯	32	4240	22	9	49	73	4.8	12	70	100	69
拉脱维亚	33	10 090	10	3	75	68	3.1	7	71	100	71
立陶宛	34	9910	10	4	63	67	4.0	7	71	100	76
格鲁吉亚	35	2090	53	11	65	53	4.6	27	71	—	37
乌克兰	36	2570	17	8	56	68	3.1	20	68	100	76
保加利亚	37	4460	8	6	62	71	3.7	10	73	98	50
黎巴嫩	38	6190	7	6	70	87	2.4	26	72	90	52
哈萨克斯坦	39	4970	34	6	53	58	3.9	28	66	100	51
波兰	40	9870	15	4	65	61	2.0	6	75	99	67
阿根廷	41	6040	1	9	57	92	2.7	15	75	98	67
巴拿马	42	5500	15	7	77	72	1.5	18	76	93	45
克罗地亚	43	12 000	13	6	66	57	2.7	5	76	99	46
沙特阿拉伯	44	15 500	5	3	32	83	1.4	20	73	85	30
哥伦比亚	45	4100	18	9	56	74	1.4	17	73	93	32
科威特	46	38 421	0	1	49	98	1.8	9	78	95	18
智利	47	8160	12	4	49	88	1.1	8	78	97	52
马其顿	48	3410	18	12	59	66	2.6	15	74	97	36
阿塞拜疆	49	2710	39	6	26	52	3.6	34	67	100	15
摩尔多瓦	50	1130	33	12	73	42	2.7	16	68	99	41
罗马尼亚	51	6390	30	9	55	54	1.9	13	73	98	58
委内瑞拉	52	7550	9	4	38	93	1.9	17	74	95	52
乌兹别克斯坦	53	730	34	24	44	37	2.6	36	67	99	10
多米尼加	54	4070	15	7	62	68	1.9	31	72	89	35
亚美尼亚	55	2580	46	20	36	64	3.7	22	73	100	34
巴拉圭	56	1710	30	22	58	60	1.1	24	72	95	26
哥斯达黎加	57	5520	13	9	63	63	1.3	10	79	96	25
巴西	58	6060	19	6	66	85	1.2	20	72	90	30
墨西哥	59	9400	14	4	60	77	1.5	29	75	93	27
博茨瓦纳	60	6100	30	2	49	59	0.4	33	51	83	5
秘鲁	61	3340	9	7	56	71	1.1	17	73	90	35
牙买加	62	4420	18	5	69	53	0.8	26	73	86	19
约旦	63	2960	4	3	67	78	2.4	21	73	91	40
南非	64	5730	9	3	66	60	0.8	46	51	88	15
土耳其	65	8120	26	9	63	68	1.6	21	72	89	36
厄瓜多尔	66	3150	8	7	58	65	1.5	20	75	84	35
伊朗	67	3540	23	10	45	68	0.9	29	71	82	31
蒙古	68	1290	40	23	36	57	2.6	35	67	97	48
摩洛哥	69	2290	43	14	59	56	0.5	32	71	56	11
马来西亚	70	6420	15	10	42	69	0.7	10	74	92	30

附表 3-2-2　2007 年世界第一次现代化评价指标　　（续表）

国家	编号	经济指标				社会指标					
		人均GNI	农业劳动力比例	农业增加值比例	服务业增加值比例	城市人口比例	医生比例	婴儿死亡率[a]	预期寿命	成人识字率[b]	大学入学率
萨尔瓦多	71	3200	19	12	59	60	1.5	21	71	82	22
埃及	72	1500	31	14	50	43	2.4	30	70	66	35
中国	73	2360	44	11	40	42	1.5	19	73	93	23
阿尔及利亚	74	3610	21	8	31	65	1.1	33	72	75	24
土库曼斯坦	75	2230	49	20	40	48	2.5	45	63	100	19
突尼斯	76	3210	21	10	60	66	1.3	18	74	78	31
阿尔巴尼亚	77	3360	58	21	59	46	1.2	13	77	99	19
吉尔吉斯斯坦	78	610	36	34	48	36	2.4	34	68	99	43
塔吉克斯坦	79	460	56	21	51	26	2.0	57	67	100	20
玻利维亚	80	1220	40	13	51	65	1.2	48	66	91	41
缅甸	81	—	63	48	35	32	0.4	74	62	90	12
菲律宾	82	1600	36	14	54	64	1.2	23	72	93	29
泰国	83	2660	42	12	43	33	0.4	6	69	94	50
纳米比亚	84	4100	30	10	54	36	0.3	47	53	88	6
津巴布韦	85	340	29	19	57	37	0.2	59	44	91	4
洪都拉斯	86	1590	39	13	59	47	0.6	20	70	84	17
尼加拉瓜	87	990	29	19	51	57	0.4	28	73	78	18
越南	88	770	58	20	38	27	0.6	13	74	90	10
肯尼亚	89	660	19	26	56	21	0.1	80	54	74	4
斯里兰卡	90	1540	31	12	58	15	0.6	17	72	91	5
刚果共和国	91	1510	49	5	35	61	0.2	79	54	85	4
印度尼西亚	92	1650	45	14	40	50	0.1	25	71	92	18
赞比亚	93	740	72	22	40	35	0.1	103	45	71	2
危地马拉	94	2470	33	11	62	48	0.9	29	70	73	18
毛里塔尼亚	95	840	55	13	41	41	0.1	75	64	56	4
科特迪瓦	96	880	60	24	51	48	0.1	89	57	49	8
印度	97	950	67	18	52	29	0.6	54	65	66	12
巴基斯坦	98	860	44	21	53	36	0.8	73	66	54	5
莱索托	99	1040	40	7	57	25	0.0	68	43	82	4
柬埔寨	100	550	40	32	41	21	0.2	70	60	76	5
喀麦隆	101	1050	61	20	50	56	0.2	87	50	68	7
厄立特里亚	102	270	81	24	57	20	0.0	46	58	53	1
叙利亚	103	1740	27	18	47	54	0.5	15	74	83	6
加纳	104	600	55	34	40	49	0.2	73	57	65	6
乍得	105	510	83	23	33	26	0.0	124	51	32	1
莫桑比克	106	340	83	28	47	36	0.0	115	42	44	2
几内亚	107	390	87	17	38	34	0.1	93	58	30	5
也门共和国	108	950	54	14	45	30	0.3	55	63	59	9
巴布亚新几内亚	109	850	72	36	20	13	0.0	50	57	58	2
海地	110	520	51	28	55	46	0.2	57	61	52	1
尼泊尔	111	350	66	34	49	17	0.2	43	64	57	11
塞内加尔	112	870	34	14	62	42	0.1	59	55	42	7
塞拉利昂	113	280	69	45	31	37	0.0	155	47	38	2
刚果民主共和国	114	140	68	41	31	33	0.1	108	46	67	4
老挝	115	610	78	40	29	30	0.4	56	65	73	12
马拉维	116	250	95	34	45	18	0.0	71	48	72	1
多哥	117	370	66	44	32	41	0.0	65	62	53	5
马达加斯加	118	340	82	26	56	29	0.3	70	60	71	3
马里	119	560	42	37	39	32	0.1	117	54	26	4
尼日利亚	120	970	43	33	28	48	0.3	97	47	72	10
孟加拉国	121	480	48	19	52	27	0.3	47	66	54	7
坦桑尼亚	122	400	77	45	37	25	0.0	73	55	72	2
贝宁	123	610	64	32	54	41	0.0	78	61	41	5
尼日尔	124	280	91	40	43	17	0.0	83	57	29	1
安哥拉	125	2590	75	10	18	56	0.1	116	47	67	3
乌干达	126	370	69	24	50	13	0.1	82	52	74	4
中非	127	370	80	54	32	38	0.1	113	45	49	1
布基纳法索	128	430	92	33	44	19	0.0	104	52	29	3
埃塞俄比亚	129	220	80	46	40	17	0.0	75	55	36	3
布隆迪	130	120	92	35	45	10	0.0	108	50	59	2
卢旺达	131	330	92	39	47	18	0.0	109	50	65	3
高收入国家		37 460	3	1	73	77	2.6	6	79	99	67
中等收入国家		2748	36	10	53	48	1.6	42	69	85	23
低收入国家		461	57	25	46	28	0.5	78	59	64	7
世界平均		7980	38	3	69	50	1.4	47	69	84	26
标准值	—	7648	30	15	45	50	1.0	30	70	80	15

注：a. 婴儿存活率＝1－婴儿死亡率。婴儿死亡率为逆指标。b. 表示成人识字率达到或高于 99%。

附表 3-2-3　2007 年世界第一次现代化发展阶段

国家	编号	产业结构信号				劳动力结构信号				平均值	发展阶段[a]
		农业增加产值占GDP比例	赋值	农业增加值/工业增加值	赋值	农业劳动力占总劳动力比例	赋值	农业劳动力/工业劳动力	赋值		
瑞典	1	2	4	0.05	4	2	4	0.10	4	4.0	F4
美国	2	1	4	0.05	4	1	4	0.07	4	4.0	F4
芬兰	3	3	4	0.10	4	5	4	0.17	4	4.0	F4
澳大利亚	4	3	4	0.11	4	3	4	0.16	4	4.0	F4
瑞士	5	1	4	0.04	4	4	4	0.17	4	4.0	F4
挪威	6	1	4	0.03	4	3	4	0.13	4	4.0	F4
日本	7	2	4	0.05	4	4	4	0.14	4	4.0	F4
丹麦	8	1	4	0.05	4	3	4	0.12	4	4.0	F4
德国	9	1	4	0.03	4	2	4	0.08	4	4.0	F4
荷兰	10	2	4	0.09	4	3	4	0.12	4	4.0	F4
加拿大	11	2	4	0.07	4	3	4	0.12	4	4.0	F4
新加坡	12	0	4	0.00	4	1	4	0.05	4	4.0	F4
英国	13	1	4	0.04	4	1	4	0.06	4	4.0	F4
法国	14	2	4	0.11	4	3	4	0.14	4	4.0	F4
比利时	15	1	4	0.04	4	2	4	0.08	4	4.0	F4
奥地利	16	2	4	0.06	4	6	4	0.21	3	3.8	F4
新西兰	17	7	3	0.27	3	7	4	0.32	3	3.3	F4
韩国	18	3	4	0.08	4	7	4	0.28	3	3.8	F4
以色列	19	—	—	—	—	2	4	0.07	4	4.0	F4
意大利	20	2	4	0.07	4	4	4	0.13	4	4.0	F4
爱尔兰	21	2	4	0.05	4	6	4	0.20	3	3.8	F4
西班牙	22	3	4	0.10	4	5	4	0.15	4	4.0	F4
爱沙尼亚	23	3	4	0.09	4	5	4	0.13	4	4.0	F4
斯洛文尼亚	24	2	4	0.07	4	10	4	0.29	3	3.8	F4
乌拉圭	25	10	3	0.36	3	11	3	0.50	3	3.0	F3
俄罗斯	26	5	4	0.13	4	9	4	0.31	3	3.8	F4
斯洛伐克	27	4	4	0.09	4	4	4	0.11	4	4.0	F4
希腊	28	4	4	0.16	4	12	3	0.52	3	3.5	F4
匈牙利	29	4	4	0.13	4	5	4	0.14	4	4.0	F4
捷克	30	2	4	0.06	4	4	4	0.09	4	4.0	F4
葡萄牙	31	3	4	0.11	4	12	3	0.38	3	3.5	F4
白俄罗斯	32	9	3	0.22	3	22	3	0.51	3	3.0	F3
拉脱维亚	33	3	4	0.15	4	10	4	0.35	3	3.8	F4
立陶宛	34	4	4	0.13	4	10	3	0.34	3	3.5	F4
格鲁吉亚	35	11	3	0.45	3	53	1	5.04	0	1.8	F2
乌克兰	36	8	3	0.20	3	17	3	0.70	3	3.0	F3
保加利亚	37	6	3	0.19	4	8	4	0.21	3	3.5	F4
黎巴嫩	38	6	3	0.27	3	7	4	—	—	3.3	F3
哈萨克斯坦	39	6	3	0.15	4	34	2	1.93	2	2.8	F3
波兰	40	4	4	0.14	4	15	3	0.48	3	3.5	F4
阿根廷	41	9	3	0.28	3	1	4	0.03	4	3.5	F4
巴拿马	42	7	3	0.41	3	15	3	0.76	3	3.0	F3
克罗地亚	43	6	3	0.22	3	13	3	0.43	3	3.0	F3
沙特阿拉伯	44	3	4	0.04	4	5	4	0.24	3	3.8	F4
哥伦比亚	45	9	3	0.25	3	18	3	0.93	2	2.8	F3
科威特	46	1	4	0.01	4	0	4	0.00	4	4.0	F4
智利	47	4	4	0.09	4	12	3	0.53	3	3.5	F4
马其顿	48	12	3	0.41	3	18	3	0.57	3	3.0	F3
阿塞拜疆	49	6	3	0.09	4	39	2	3.06	1	2.5	F3
摩尔多瓦	50	12	3	0.81	2	33	2	1.74	2	2.3	F2
罗马尼亚	51	9	3	0.25	3	30	3	0.94	2	2.8	F3
委内瑞拉	52	4	4	0.07	4	9	4	0.37	3	3.8	F4
乌兹别克斯坦	53	24	2	0.75	3	34	2	1.13	2	2.3	F2
多米尼加	54	7	3	0.21	3	15	3	0.65	3	3.0	F3
亚美尼亚	55	20	2	0.46	3	46	2	2.96	1	2.0	F2
巴拉圭	56	22	2	1.10	2	30	3	1.63	2	2.3	F2
哥斯达黎加	57	9	3	0.30	3	13	3	0.58	3	3.0	F3
巴西	58	6	3	0.21	3	19	3	0.89	2	2.8	F3
墨西哥	59	4	4	0.10	4	14	3	0.51	3	3.5	F4
博茨瓦纳	60	2	4	0.04	4	30	3	1.94	2	3.3	F3
秘鲁	61	7	3	0.18	4	9	4	0.22	3	3.5	F4
牙买加	62	5	4	0.21	3	18	3	1.02	2	3.0	F3
约旦	63	3	4	0.11	4	4	4	0.16	4	4.0	F4
南非	64	3	4	0.10	4	9	4	0.33	3	3.8	F4
土耳其	65	9	3	0.31	3	26	3	1.03	2	2.8	F3
厄瓜多尔	66	7	3	0.19	4	8	4	0.38	3	3.5	F4
伊朗	67	10	3	0.23	3	23	3	0.71	3	3.0	F3
蒙古	68	23	2	0.56	3	40	2	2.38	1	2.0	F2
摩洛哥	69	14	3	0.50	3	43	2	2.12	1	2.3	F2
马来西亚	70	10	3	0.21	3	15	3	0.52	3	3.0	F3

附表 3-2-3　2007 年世界第一次现代化发展阶段　（续表）

国家	编号	产业结构信号				劳动力结构信号				平均值	发展阶段[a]
		农业增加产值占GDP比例	赋值	农业增加值/工业增加值	赋值	农业劳动力占总劳动力比例	赋值	农业劳动力/工业劳动力	赋值		
萨尔瓦多	71	12	3	0.42	3	19	3	0.83	2	2.8	F3
埃及	72	14	3	0.39	3	31	2	1.41	2	2.5	F3
中国	73	11	3	0.23	3	44	2	1.11	2	2.5	F3
阿尔及利亚	74	8	3	0.13	4	21	3	0.79	3	3.3	F3
土库曼斯坦	75	20	2	0.49	3	49	2	—	—	2.3	F2
突尼斯	76	10	3	0.35	3	21	3	0.60	3	3.0	F3
阿尔巴尼亚	77	21	2	1.07	2	58	1	4.23	1	1.5	F2
吉尔吉斯斯坦	78	34	1	1.78	2	36	2	1.87	2	1.8	F2
塔吉克斯坦	79	21	2	0.78	3	56	1	3.03	1	1.8	F2
玻利维亚	80	13	3	0.35	3	40	2	2.10	1	2.3	F2
缅甸	81	48	1	2.99	1	63	1	2.89	1	1.0	F1
菲律宾	82	14	3	0.45	3	36	2	2.39	1	2.3	F2
泰国	83	12	3	0.26	3	42	2	2.00	1	2.3	F2
纳米比亚	84	10	3	0.29	3	30	3	1.99	2	2.8	F3
津巴布韦	85	19	2	0.80	2	29	3	1.26	2	2.3	F2
洪都拉斯	86	13	3	0.48	3	39	2	1.86	2	2.5	F3
尼加拉瓜	87	19	2	0.66	3	29	3	1.48	2	2.5	F3
越南	88	20	2	0.49	3	58	1	3.33	1	1.8	F2
肯尼亚	89	26	2	1.46	2	19	3	1.01	2	2.3	F2
斯里兰卡	90	12	3	0.39	3	31	2	1.04	2	2.5	F3
刚果共和国	91	5	4	0.08	4	49	2	—	—	3.3	F3
印度尼西亚	92	14	3	0.29	3	45	2	2.49	1	2.3	F2
赞比亚	93	22	2	0.57	3	72	1	—	—	2.0	F2
危地马拉	94	11	3	0.39	3	33	2	1.44	2	2.5	F3
毛里塔尼亚	95	13	3	0.27	3	55	1	—	—	2.3	F2
科特迪瓦	96	24	2	0.95	2	60	1	—	—	1.7	F2
印度	97	18	2	0.61	3	67	1	5.13	0	1.5	F2
巴基斯坦	98	21	2	0.77	3	44	2	2.08	1	2.0	F2
莱索托	99	7	3	0.21	3	40	2	—	—	2.7	F3
柬埔寨	100	32	1	1.19	2	40	2	0.77	3	2.0	F2
喀麦隆	101	20	2	0.64	3	61	1	3.72	1	1.8	F2
厄立特里亚	102	24	2	1.27	2	81	0	—	—	1.3	0
叙利亚	103	18	2	0.52	3	27	3	1.05	2	2.5	F3
加纳	104	34	1	1.31	2	55	1	3.96	1	1.3	F1
乍得	105	23	2	0.53	3	83	0	—	—	1.7	0
莫桑比克	106	28	2	1.07	2	83	0	—	—	1.3	0
几内亚	107	17	2	0.37	3	87	0	—	—	1.7	0
也门共和国	108	14	3	0.35	3	54	1	4.83	1	2.0	F2
巴布亚新几内亚	109	36	1	0.79	3	72	1	14.46	0	1.3	F1
海地	110	28	2	1.64	2	51	1	4.73	1	1.5	F2
尼泊尔	111	34	1	1.96	2	66	1	4.63	1	1.3	F1
塞内加尔	112	14	3	0.56	3	34	2	—	—	2.7	F3
塞拉利昂	113	45	1	1.83	2	69	1	—	—	1.3	F1
刚果民主共和国	114	41	1	1.49	2	68	1	—	—	1.3	F1
老挝	115	40	1	1.30	2	78	1	—	—	1.3	F1
马拉维	116	34	1	1.68	2	95	0	19.00	0	0.8	0
多哥	117	44	1	1.83	2	66	1	—	—	1.3	F1
马达加斯加	118	26	2	1.51	2	82	0	24.12	0	1.0	0
马里	119	37	1	1.50	2	42	2	2.50	1	1.5	F2
尼日利亚	120	33	1	0.83	2	43	2	6.14	0	1.3	F1
孟加拉国	121	19	2	0.68	3	48	2	3.32	1	2.0	F2
坦桑尼亚	122	45	1	2.60	1	77	1	17.79	0	0.8	F1
贝宁	123	32	1	2.40	1	64	1	—	—	1.0	F1
尼日尔	124	40	1	2.31	1	91	0	—	—	0.7	0
安哥拉	125	10	3	0.13	4	75	1	—	—	2.7	F3
乌干达	126	24	2	0.92	2	69	1	8.81	0	1.3	F1
中非	127	54	0	3.80	1	80	0	—	—	0.3	0
布基纳法索	128	33	1	1.49	2	92	0	—	—	1.0	0
埃塞俄比亚	129	46	1	3.46	1	80	0	12.15	0	0.5	0
布隆迪	130	35	1	1.73	2	92	0	—	—	1.0	0
卢旺达	131	39	1	2.78	1	92	0	—	—	0.7	0
高收入国家		1	4	0.05	4	3	4	0.13	4	4.0	F4
中等收入国家		10	3	0.26	3	36	2	1.12	2	2.5	F3
低收入国家		25	2	0.88	2	57	1	3.51	1	1.5	F2
世界平均		3	4	0.11	4	38	2	1.35	2	3.0	F3

注：a. 0 代表传统农业社会，F1 代表第一次现代化起步期，F2 代表发展期，F3 代表成熟期，F4 代表过渡期。

附表 3-2-4　世界第一次现代化程度增长率和预期完成时间

国家	编号	程度/(%) 1980	程度/(%) 2007	1980～2007 年年均增长率	程度达到 100% 所需年数
瑞典	1	100	100	0.00	0
美国	2	100	100	0.00	0
芬兰	3	100	100	0.00	0
澳大利亚	4	100	100	0.00	0
瑞士	5	100	100	0.00	0
挪威	6	100	100	0.00	0
日本	7	100	100	0.00	0
丹麦	8	100	100	0.00	0
德国	9	100	100	0.00	0
荷兰	10	100	100	0.00	0
加拿大	11	100	100	0.00	0
新加坡	12	94	100	0.22	0
英国	13	100	100	0.00	0
法国	14	100	100	0.00	0
比利时	15	100	100	0.00	0
奥地利	16	100	100	0.00	0
新西兰	17	100	100	0.00	0
韩国	18	87	100	0.54	0
以色列	19	100	100	0.00	0
意大利	20	100	100	0.00	0
爱尔兰	21	100	100	0.00	0
西班牙	22	100	100	0.00	0
爱沙尼亚	23	—	100	—	0
斯洛文尼亚	24	—	100	—	0
乌拉圭	25	96	99	0.10	13
俄罗斯	26	—	100	—	0
斯洛伐克	27	—	100	—	0
希腊	28	100	100	0.01	0
匈牙利	29	95	100	0.20	0
捷克	30	96	100	0.16	0
葡萄牙	31	86	100	0.57	0
白俄罗斯	32	—	96	—	—
拉脱维亚	33	97	100	0.10	0
立陶宛	34	—	100	—	0
格鲁吉亚	35	92	87	−0.21	—
乌克兰	36	—	93	—	—
保加利亚	37	97	96	−0.04	—
黎巴嫩	38	93	98	0.20	9
哈萨克斯坦	39	—	95	—	—
波兰	40	100	100	0.00	0
阿根廷	41	94	98	0.13	16
巴拿马	42	94	97	0.11	27
克罗地亚	43	—	100	—	0
沙特阿拉伯	44	66	97	1.45	2
哥伦比亚	45	78	95	0.77	6
科威特	46	91	100	0.35	0
智利	47	92	100	0.33	0
马其顿	48	—	94	—	—
阿塞拜疆	49	—	85	—	—
摩尔多瓦	50	—	89	—	—
罗马尼亚	51	90	98	0.32	5
委内瑞拉	52	96	98	0.11	15
乌兹别克斯坦	53	—	78	—	—
多米尼加	54	76	95	0.84	6
亚美尼亚	55	—	85	—	—
巴拉圭	56	68	89	1.01	12
哥斯达黎加	57	90	97	0.31	9
巴西	58	81	98	0.71	3
墨西哥	59	88	100	0.48	0
博茨瓦纳	60	47	82	2.06	10
秘鲁	61	79	94	0.65	9
牙买加	62	81	94	0.55	12
约旦	63	85	94	0.35	18
南非	64	78	89	0.49	23
土耳其	65	61	100	1.85	0
厄瓜多尔	66	82	94	0.53	11
伊朗	67	72	94	0.99	7
蒙古	68	87	82	−0.25	—
摩洛哥	69	54	79	1.39	17
马来西亚	70	69	95	1.21	5
萨尔瓦多	71	60	94	1.66	4
埃及	72	71	88	0.79	16
中国	73	54	87	1.80	8
阿尔及利亚	74	72	90	0.84	12
土库曼斯坦	75	—	81	—	—
突尼斯	76	68	94	1.23	5
阿尔巴尼亚	77	58	86	1.44	11
吉尔吉斯斯坦	78	—	79	—	—
塔吉克斯坦	79	—	73	—	—
玻利维亚	80	61	85	1.20	14
缅甸	81	40	63	1.69	27
菲律宾	82	61	90	1.47	7
泰国	83	62	81	0.96	23
纳米比亚	84	—	74	—	—
津巴布韦	85	52	61	0.59	83
洪都拉斯	86	57	85	1.51	11
尼加拉瓜	87	70	83	0.62	30
越南	88	—	70	—	—
肯尼亚	89	42	55	0.99	61
斯里兰卡	90	52	74	1.29	23
刚果共和国	91	62	62	−0.02	—
印度尼西亚	92	43	79	2.22	11
赞比亚	93	52	49	−0.23	—
危地马拉	94	62	90	1.41	8
毛里塔尼亚	95	44	58	1.01	55
科特迪瓦	96	54	56	0.16	365
印度	97	44	67	1.58	26
巴基斯坦	98	45	64	1.35	33
莱索托	99	49	57	0.51	111
柬埔寨	100	—	54	—	—
喀麦隆	101	48	60	0.84	61
厄立特里亚	102	—	46	—	—
叙利亚	103	75	79	0.23	101
加纳	104	42	56	1.01	58
乍得	105	37	38	0.09	—
莫桑比克	106	23	42	2.18	40
几内亚	107	27	48	2.18	34
也门共和国	108	26	64	3.45	13
巴布亚新几内亚	109	39	39	−0.01	—
海地	110	30	54	2.14	29
尼泊尔	111	26	56	2.83	21
塞内加尔	112	47	62	1.08	44
塞拉利昂	113	38	37	−0.09	—
刚果民主共和国	114	46	43	−0.22	—
老挝	115	34	56	1.91	30
马拉维	116	28	42	1.49	59
多哥	117	42	48	0.48	156
马达加斯加	118	39	53	1.08	60
马里	119	31	45	1.34	60
尼日利亚	120	46	57	0.85	66
孟加拉国	121	32	60	2.37	22
坦桑尼亚	122	39	43	0.38	224
贝宁	123	40	49	0.80	89
尼日尔	124	30	36	0.65	158
安哥拉	125	29	52	2.20	30
乌干达	126	30	47	1.70	44
中非	127	37	39	0.12	—
布基纳法索	128	32	38	0.65	151
埃塞俄比亚	129	26	38	1.35	73
布隆迪	130	27	38	1.25	77
卢旺达	131	29	41	1.30	69
高收入国家		100	100	0.00	0
中等收入国家		84	89	0.20	62
低收入国家		45	57	0.88	64
世界平均		80	94	0.61	10

附表 3-2-5 1950～2007 年世界第一次现代化程度

国家	编号	1950	1960	1970	1980	1990	2000	2006	2007
瑞典	1	81	96	100	100	100	100	100	100
美国	2	100	100	100	100	100	100	100	100
芬兰	3	61	84	100	100	100	100	100	100
澳大利亚	4	86	99	100	100	100	100	100	100
瑞士	5	84	93	100	100	100	100	100	100
挪威	6	85	91	100	100	100	100	100	100
日本	7	63	88	100	100	100	100	100	100
丹麦	8	84	97	100	100	100	100	100	100
德国	9	75	92	100	100	100	100	100	100
荷兰	10	80	97	100	100	100	100	100	100
加拿大	11	90	100	100	100	100	100	100	100
新加坡	12	55	77	90	94	94	100	100	100
英国	13	84	96	100	100	100	100	100	100
法国	14	76	97	100	100	100	100	100	100
比利时	15	83	95	100	100	100	100	100	100
奥地利	16	73	90	100	100	100	100	100	100
新西兰	17	85	98	100	100	100	100	100	100
韩国	18	35	52	71	87	97	100	100	100
以色列	19	85	95	91	100	100	100	100	100
意大利	20	63	87	100	100	100	100	100	100
爱尔兰	21	65	85	96	100	100	100	100	100
西班牙	22	58	73	95	100	100	100	100	100
爱沙尼亚	23	—	—	—	—	—	95	100	100
斯洛文尼亚	24	—	—	—	—	—	100	100	100
乌拉圭	25	—	81	85	96	94	99	97	99
俄罗斯	26	—	90	—	—	—	91	97	100
斯洛伐克	27	—	—	—	—	—	95	100	100
希腊	28	63	74	92	100	99	100	100	100
匈牙利	29	72	79	92	95	95	97	100	100
捷克	30	—	—	100	96	93	98	100	100
葡萄牙	31	48	60	73	86	95	100	100	100
白俄罗斯	32	—	—	—	—	—	93	94	96
拉脱维亚	33	—	—	—	97	—	95	100	100
立陶宛	34	—	—	—	—	—	95	100	100
格鲁吉亚	35	—	—	—	92	—	82	86	87
乌克兰	36	—	—	—	—	—	90	92	93
保加利亚	37	—	81	95	97	87	92	95	96
黎巴嫩	38	—	77	85	93	—	96	98	98
哈萨克斯坦	39	—	—	—	—	—	90	94	95
波兰	40	50	80	95	100	93	96	100	100
阿根廷	41	81	86	91	94	93	100	97	98
巴拿马	42	48	63	83	94	94	95	97	97
克罗地亚	43	—	—	—	—	—	97	100	100
沙特阿拉伯	44	—	27	52	66	91	99	97	97
哥伦比亚	45	36	54	66	78	87	92	94	95
科威特	46	—	77	88	91	98	100	100	100
智利	47	68	73	77	92	86	97	99	100
马其顿	48	—	—	—	—	—	92	94	94
阿塞拜疆	49	—	—	—	—	—	84	79	85
摩尔多瓦	50	—	—	—	—	—	79	86	89
罗马尼亚	51	—	68	82	90	83	89	96	98
委内瑞拉	52	52	75	89	96	94	96	97	98
乌兹别克斯坦	53	—	—	—	—	—	77	77	78
多米尼加	54	40	48	62	76	82	90	94	95
亚美尼亚	55	—	—	—	—	—	82	85	85
巴拉圭	56	47	56	69	68	73	88	89	89
哥斯达黎加	57	55	58	73	90	92	94	97	97
巴西	58	53	59	72	81	87	94	96	98
墨西哥	59	53	64	79	88	91	98	100	100
博茨瓦纳	60	—	25	29	47	66	70	75	82
秘鲁	61	36	59	72	79	82	92	94	94
牙买加	62	47	68	78	81	83	90	93	94
约旦	63	—	44	55	85	87	92	94	94
南非	64	56	63	76	78	80	80	88	89
土耳其	65	34	45	54	61	79	88	97	100
高收入国家		—	100	100	100	100	100	100	100
中等收入国家		—	51	—	84	84	93	92	89
低收入国家		—	34	33	45	52	58	59	57
世界平均		—	—	68	80	81	89	93	94

国家	编号	1950	1960	1970	1980	1990	2000	2006	2007
厄瓜多尔	66	48	53	65	82	86	91	94	94
伊朗	67	—	42	57	72	65	84	93	94
蒙古	68	—	66	—	87	87	78	82	82
摩洛哥	69	36	41	49	54	66	75	77	79
马来西亚	70	—	46	55	69	77	91	94	95
萨尔瓦多	71	43	47	54	60	81	92	94	94
埃及	72	32	48	60	71	73	84	89	88
中国	73	26	37	40	54	63	76	87	87
阿尔及利亚	74	38	43	54	72	80	85	88	90
土库曼斯坦	75	—	—	—	—	—	72	79	81
突尼斯	76	—	43	54	68	78	89	93	94
阿尔巴尼亚	77	—	48	—	58	—	75	85	86
吉尔吉斯斯坦	78	—	—	—	—	—	71	77	79
塔吉克斯坦	79	—	—	—	—	—	78	73	73
玻利维亚	80	37	45	61	61	72	79	84	85
缅甸	81	—	40	25	40	—	55	62	63
菲律宾	82	43	58	53	61	71	88	90	90
泰国	83	37	41	55	62	73	77	81	81
纳米比亚	84	—	—	—	—	64	65	72	74
津巴布韦	85	—	44	48	52	59	64	60	61
洪都拉斯	86	31	40	52	57	66	82	84	85
尼加拉瓜	87	—	49	65	70	—	76	82	83
越南	88	—	37	—	—	—	66	73	70
肯尼亚	89	24	31	37	42	48	58	54	55
斯里兰卡	90	—	50	54	52	66	72	72	74
刚果共和国	91	—	41	55	62	64	63	59	62
印度尼西亚	92	16	30	41	43	59	68	79	79
赞比亚	93	—	42	47	52	52	50	49	49
危地马拉	94	27	46	46	62	65	78	81	90
毛里塔尼亚	95	—	26	32	44	53	53	56	58
科特迪瓦	96	—	—	37	54	51	51	54	56
印度	97	30	33	39	44	51	59	65	67
巴基斯坦	98	20	34	42	45	49	60	63	64
莱索托	99	—	23	34	49	54	51	53	57
柬埔寨	100	—	25	—	—	—	44	51	54
喀麦隆	101	—	35	35	48	52	52	59	60
厄立特里亚	102	—	—	—	—	—	48	49	46
叙利亚	103	—	48	62	75	79	79	79	79
加纳	104	—	37	39	42	53	55	52	56
乍得	105	—	26	28	37	38	43	36	38
莫桑比克	106	—	24	13	23	36	48	43	42
几内亚	107	—	15	—	27	44	47	48	48
也门共和国	108	—	19	—	26	61	56	61	64
巴布亚新几内亚	109	—	31	36	39	48	46	38	39
海地	110	17	31	30	30	47	53	52	54
尼泊尔	111	—	16	23	26	32	39	50	56
塞内加尔	112	—	34	42	47	48	55	56	62
塞拉利昂	113	—	19	39	38	42	34	37	37
刚果民主共和国	114	—	—	—	46	—	42	40	43
老挝	115	—	24	25	34	34	38	50	56
马拉维	116	—	26	28	28	37	37	41	42
多哥	117	—	27	34	42	48	46	46	48
马达加斯加	118	—	33	41	39	47	47	51	53
马里	119	—	24	28	31	37	37	43	45
尼日利亚	120	21	25	37	46	48	50	56	57
孟加拉国	121	—	29	—	32	43	51	57	60
坦桑尼亚	122	—	27	35	39	32	42	42	43
贝宁	123	—	30	38	40	55	46	46	49
尼日尔	124	—	21	24	30	35	37	35	36
安哥拉	125	—	30	—	29	59	40	51	52
乌干达	126	—	28	24	30	33	39	45	47
中非	127	—	31	35	37	43	38	37	39
布基纳法索	128	—	—	25	32	32	39	36	38
埃塞俄比亚	129	—	18	26	26	33	33	37	38
布隆迪	130	—	17	21	27	34	31	39	38
卢旺达	131	—	20	24	29	35	34	40	41

附表 3-2-6　1950～2007 年世界第一次现代化程度的排名

国家	编号	1950	1960	1970	1980	1990	2000	2005	2007
瑞典	1	12	9	1	1	1	1	1	1
美国	2	1	1	1	1	1	1	1	1
芬兰	3	23	21	1	1	1	1	1	1
澳大利亚	4	3	3	1	1	1	1	1	1
瑞士	5	8	12	1	1	1	1	1	1
挪威	6	4	14	1	1	1	1	1	1
日本	7	22	17	1	1	1	1	1	1
丹麦	8	7	5	1	1	1	1	1	1
德国	9	15	13	1	1	1	1	1	1
荷兰	10	13	7	1	1	1	1	1	1
加拿大	11	2	1	1	1	1	1	1	1
新加坡	12	27	27	27	31	27	1	1	1
英国	13	9	8	1	1	1	1	1	1
法国	14	14	6	1	1	1	1	1	1
比利时	15	10	11	1	1	1	1	1	1
奥地利	16	16	16	1	1	1	1	1	1
新西兰	17	5	4	1	1	1	1	1	1
韩国	18	46	47	42	40	23	1	1	1
以色列	19	6	10	25	1	1	1	1	1
意大利	20	21	18	1	1	1	1	1	1
爱尔兰	21	19	20	19	1	1	1	1	1
西班牙	22	24	32	20	1	1	1	1	1
爱沙尼亚	23	—	—	—	—	—	39	1	1
斯洛文尼亚	24	—	—	—	—	—	1	1	1
乌拉圭	25	—	23	30	25	26	28	40	39
俄罗斯	26	—	15	—	—	—	52	41	1
斯洛伐克	27	—	—	—	—	—	38	1	1
希腊	28	20	30	24	1	21	1	1	1
匈牙利	29	17	25	23	28	25	32	1	1
捷克	30	—	—	1	26	30	30	1	1
葡萄牙	31	32	39	38	41	24	1	1	1
白俄罗斯	32	—	—	—	—	—	45	49	49
拉脱维亚	33	—	—	—	23	—	41	1	1
立陶宛	34	—	—	—	—	—	40	1	1
格鲁吉亚	35	—	—	—	33	—	68	70	71
乌克兰	36	—	—	—	—	—	57	62	62
保加利亚	37	—	22	22	24	38	47	48	48
黎巴嫩	38	—	26	31	32	—	37	37	42
哈萨克斯坦	39	—	—	—	—	—	55	51	51
波兰	40	31	24	21	1	32	36	1	1
阿根廷	41	11	19	26	29	31	1	43	44
巴拿马	42	33	37	32	30	29	42	44	46
克罗地亚	43	—	—	—	—	—	34	1	1
沙特阿拉伯	44	—	87	63	58	35	29	42	47
哥伦比亚	45	43	45	44	48	36	46	50	50
科威特	46	—	28	29	35	22	1	1	1
智利	47	18	31	36	34	42	33	36	1
马其顿	48	—	—	—	—	—	49	52	54
阿塞拜疆	49	—	—	—	—	—	66	81	73
摩尔多瓦	50	—	—	—	—	—	73	69	68
罗马尼亚	51	—	34	33	36	43	60	47	41
委内瑞拉	52	30	29	28	27	28	35	39	40
乌兹别克斯坦	53	—	—	—	—	—	79	84	86
多米尼加	54	39	52	47	49	46	58	55	52
亚美尼亚	55	—	—	—	—	—	70	72	75
巴拉圭	56	36	44	43	56	56	61	65	67
哥斯达黎加	57	26	43	39	37	33	43	45	45
巴西	58	29	40	40	44	39	44	46	43
墨西哥	59	28	36	34	38	34	31	1	1
博茨瓦纳	60	—	93	88	76	62	87	86	78
秘鲁	61	45	41	41	46	45	50	53	55
牙买加	62	35	33	35	45	44	56	59	60
约旦	63		59	52	42	40	51	58	59
南非	64	25	38	37	47	48	71	67	66
土耳其	65	47	57	60	64	51	62	38	1
厄瓜多尔	66	34	46	46	43	41	53	54	57
伊朗	67	—	64	51	52	63	65	61	61
蒙古	68	—	35	—	39	37	75	76	79
摩洛哥	69	44	67	64	68	61	83	83	85
马来西亚	70	—	55	53	55	53	54	56	53
萨尔瓦多	71	37	54	59	65	47	48	57	56
埃及	72	48	50	50	53	55	67	64	69
中国	73	52	72	72	69	67	80	68	70
阿尔及利亚	74	40	61	57	51	49	64	66	64
土库曼斯坦	75	—	—	—	—	—	85	80	80
突尼斯	76	—	62	56	57	52	59	60	58
阿尔巴尼亚	77	—	51	—	66	—	82	71	72
吉尔吉斯斯坦	78	—	—	—	—	—	86	85	82
塔吉克斯坦	79	—	—	—	—	—	77	88	89
玻利维亚	80	42	58	49	62	57	74	74	76
缅甸	81	—	69	95	87	—	97	93	94
菲律宾	82	38	42	61	63	58	63	63	63
泰国	83	41	66	55	59	54	78	77	81
纳米比亚	84	—	—	—	—	65	90	89	88
津巴布韦	85	—	60	65	72	70	91	95	97
洪都拉斯	86	49	68	62	67	59	69	73	74
尼加拉瓜	87	—	49	45	54	—	81	75	77
越南	88	—	70	—	—	—	89	87	90
肯尼亚	89	53	80	79	85	81	95	102	107
斯里兰卡	90	—	48	58	71	60	84	90	87
刚果共和国	91	—	65	54	60	66	92	97	96
印度尼西亚	92	57	84	71	83	71	88	82	84
赞比亚	93	—	63	66	73	76	106	113	113
危地马拉	94	51	56	67	61	64	76	78	65
毛里塔尼亚	95	—	90	86	81	74	101	100	100
科特迪瓦	96	—	—	78	70	78	103	103	104
印度	97	50	76	75	82	79	94	91	91
巴基斯坦	98	55	75	68	80	80	93	92	92
莱索托	99	—	99	85	74	73	105	104	102
柬埔寨	100	—	95	—	—	—	115	109	108
喀麦隆	101	—	73	81	75	77	102	96	99
厄立特里亚	102	—	—	—	—	—	109	112	117
叙利亚	103	—	53	48	50	50	72	79	83
加纳	104	—	71	74	84	75	98	105	105
乍得	105	—	92	90	94	92	116	130	129
莫桑比克	106	—	96	101	110	95	108	119	122
几内亚	107	—	107	—	106	88	110	114	114
也门共和国	108	—	103	—	109	68	96	94	93
巴布亚新几内亚	109	—	78	80	90	84	114	125	124
海地	110	56	79	87	99	86	100	106	109
尼泊尔	111	—	106	99	108	104	121	111	106
塞内加尔	112	—	74	69	77	85	99	101	95
塞拉利昂	113	—	102	73	92	91	128	128	130
刚果民主共和国	114	—	—	—	78	—	117	122	119
老挝	115	—	97	93	95	99	123	110	103
马拉维	116	—	91	89	104	94	126	121	121
多哥	117	—	88	84	86	82	112	116	115
马达加斯加	118	—	77	70	89	87	111	107	110
马里	119	—	98	91	98	93	125	118	118
尼日利亚	120	54	94	77	79	83	107	99	101
孟加拉国	121	—	85	—	96	89	104	98	98
坦桑尼亚	122	—	89	82	91	102	118	120	120
贝宁	123	—	83	76	88	72	113	115	112
尼日尔	124	—	100	97	100	96	127	131	131
安哥拉	125	—	82	—	102	69	119	108	111
乌干达	126	—	86	96	101	101	120	117	116
中非	127	—	81	83	93	90	124	126	125
布基纳法索	128	—	—	94	97	103	122	129	128
埃塞俄比亚	129	—	104	92	107	100	130	127	127
布隆迪	130	—	105	100	105	98	131	124	126
卢旺达	131	—	101	98	103	97	129	123	123

注：第一次现代化程度达到 100%，排名不分先后。排名为 131 个国家的排名。

附表 3-3-1　2007 年世界第二次现代化指数

国家	编号	知识创新指数	知识传播指数	生活质量指数	经济质量指数	第二次现代化指数	排名	排名(2)
瑞典	1	92	108	111	108	105	2	2
美国	2	109	107	101	120	109	1	1
芬兰	3	95	112	108	96	103	4	4
澳大利亚	4	64	104	109	97	94	11	11
瑞士	5	78	92	102	110	95	8	8
挪威	6	71	111	109	105	99	6	6
日本	7	120	99	94	92	101	5	5
丹麦	8	85	115	105	108	103	3	3
德国	9	87	96	103	94	95	9	9
荷兰	10	50	108	108	109	93	12	12
加拿大	11	67	102	104	101	93	13	13
新加坡	12	79	83	104	104	92	16	16
英国	13	62	99	98	112	93	14	14
法国	14	67	94	105	105	93	15	15
比利时	15	54	101	114	106	94	10	10
奥地利	16	76	95	101	96	92	17	17
新西兰	17	71	112	99	81	91	18	18
韩国	18	116	107	94	71	97	7	7
以色列	19	55	80	103	82	80	21	21
意大利	20	33	95	98	88	79	22	22
爱尔兰	21	50	98	96	96	85	19	19
西班牙	22	42	101	101	82	81	20	20
爱沙尼亚	23	40	99	98	60	74	24	—
斯洛文尼亚	24	53	99	88	67	77	23	—
乌拉圭	25	8	81	80	52	55	42	32
俄罗斯	26	51	82	87	49	67	30	—
斯洛伐克	27	27	84	89	53	63	34	—
希腊	28	25	94	94	83	74	25	23
匈牙利	29	31	95	91	59	69	28	25
捷克	30	45	88	103	58	73	26	—
葡萄牙	31	29	87	92	70	69	27	24
白俄罗斯	32	31	84	82	35	58	38	—
拉脱维亚	33	27	97	84	64	68	29	—
立陶宛	34	32	97	87	54	67	31	—
格鲁吉亚	35	26	62	63	36	47	55	—
乌克兰	36	32	85	76	39	58	37	—
保加利亚	37	19	82	83	45	57	40	30
黎巴嫩	38	n	79	68	46	64	33	27
哈萨克斯坦	39	15	71	75	39	50	45	—
波兰	40	24	92	81	52	62	36	28
阿根廷	41	14	81	78	57	58	39	29
巴拿马	42	5	64	59	61	47	52	40
克罗地亚	43	25	81	86	57	62	35	—
沙特阿拉伯	44	1	70	79	65	54	44	34
哥伦比亚	45	4	65	58	43	42	61	45
科威特	46	5	68	94	99	67	32	26
智利	47	17	80	73	47	54	43	33
马其顿	48	8	70	69	39	47	54	—
阿塞拜疆	49	15	57	64	29	41	64	—
摩尔多瓦	50	14	66	60	42	45	57	—
罗马尼亚	51	16	78	63	40	49	47	36
委内瑞拉	52	3	71	73	46	48	49	37
乌兹别克斯坦	53	2	56	57	25	35	77	—
多米尼加	54	0	59	58	45	40	67	49
亚美尼亚	55	18	59	68	28	43	59	—
巴拉圭	56	2	50	50	36	34	78	58
哥斯达黎加	57	7	68	62	49	46	56	42
巴西	58	15	75	60	48	50	46	35
墨西哥	59	11	64	61	51	47	53	41
博茨瓦纳	60	8	26	39	42	29	87	66
秘鲁	61	3	66	54	37	40	70	52
牙买加	62	3	69	49	50	43	60	44
约旦	63	31	69	68	55	56	41	31
南非	64	15	48	47	51	40	68	50
土耳其	65	17	70	59	47	48	51	39
厄瓜多尔	66	2	57	57	47	40	66	48
伊朗	67	19	59	56	35	42	62	46
蒙古	68	12	67	59	26	41	65	—
摩洛哥	69	16	46	42	32	34	79	59
马来西亚	70	13	74	64	42	48	50	38
萨尔瓦多	71	1	49	54	40	36	73	54
埃及	72	7	65	54	31	39	71	53
中国	73	32	57	53	25	42	63	47
阿尔及利亚	74	3	57	51	33	36	74	55
土库曼斯坦	75	n	60	63	23	49	48	—
突尼斯	76	26	63	56	37	45	58	43
阿尔巴尼亚	77	0	55	52	34	35	75	56
吉尔吉斯斯坦	78	7	65	51	28	38	72	—
塔吉克斯坦	79	2	51	43	25	31	82	—
玻利维亚	80	8	56	48	30	35	76	57
缅甸	81	4	18	30	27	20	106	85
菲律宾	82	2	50	51	33	34	80	60
泰国	83	7	71	54	29	40	69	51
纳米比亚	84	0	26	30	38	24	95	74
津巴布韦	85	0	23	27	31	21	103	82
洪都拉斯	86	1	41	43	32	29	83	62
尼加拉瓜	87	0	40	43	31	29	86	65
越南	88	4	46	42	23	29	85	64
肯尼亚	89	0	23	23	36	20	104	83
斯里兰卡	90	4	33	36	32	26	90	69
刚果共和国	91	1	20	34	18	18	114	—
印度尼西亚	92	2	46	40	26	28	88	67
赞比亚	93	0	18	25	17	15	120	97
危地马拉	94	0	37	44	36	29	84	63
毛里塔尼亚	95	n	14	36	18	23	97	76
科特迪瓦	96	2	20	30	21	18	112	91
印度	97	10	33	33	26	25	92	71
巴基斯坦	98	6	28	35	28	24	94	73
莱索托	99	1	15	24	24	16	118	95
柬埔寨	100	0	26	25	21	18	113	92
喀麦隆	101	1	16	32	25	18	111	90
厄立特里亚	102	n	12	23	22	19	108	87
叙利亚	103	4	51	48	31	33	81	61
加纳	104	0	23	32	23	19	107	86
乍得	105	n	6	26	15	16	119	96
莫桑比克	106	10	8	23	18	15	122	99
几内亚	107	6	15	32	16	17	116	93
也门共和国	108	n	26	29	26	27	89	68
巴布亚新几内亚	109	n	10	25	20	18	110	89
海地	110	n	18	32	28	26	91	70
尼泊尔	111	14	23	26	24	22	99	78
塞内加尔	112	4	23	29	31	22	98	77
塞拉利昂	113	0	10	28	20	15	123	100
刚果民主共和国	114	20	14	23	14	18	115	—
老挝	115	n	24	37	16	25	93	72
马拉维	116	0	9	23	20	13	126	103
多哥	117	20	18	30	15	21	102	81
马达加斯加	118	3	13	34	25	19	109	88
马里	119	n	16	30	25	23	96	75
尼日利亚	120	2	21	30	26	20	105	84
孟加拉国	121	9	19	29	27	21	101	80
坦桑尼亚	122	0	4	24	21	12	130	107
贝宁	123	0	16	29	22	17	117	94
尼日尔	124	0	5	25	17	12	131	108
安哥拉	125	n	15	30	18	21	100	79
乌干达	126	3	10	24	24	15	121	98
中非	127	1	5	29	15	12	129	106
布基纳法索	128	4	8	24	18	14	124	101
埃塞俄比亚	129	3	10	21	20	14	125	102
布隆迪	130	6	8	21	17	13	127	104
卢旺达	131	1	7	23	19	12	128	105
高收入国家		100	100	100	100	100		
中等收入国家		18	54	49	31	38		
低收入国家		10	19	29	24	20		
世界平均		47	55	51	45	50		

注：排名为 131 个国家的排名。排名(2)为 108 个国家的排名，20 世纪 90 年代东欧剧变后新出现的国家和数据不稳定国家不参加排名。后同。

附表 3-3-2　2007 年世界知识创新指数

国家	编号	知识创新指标的实际值			知识创新指标的指数			知识创新指数
		知识创新经费投入[a]	知识创新人员投入[b]	知识创新专利产出[c]	知识创新经费指数	知识创新人员指数	知识创新专利指数	
瑞典	1	3.8	61	276	120	120	36	92
美国	2	2.6	47	801	104	119	103	109
芬兰	3	3.4	77	341	120	120	44	95
澳大利亚	4	1.8	41	129	72	104	17	64
瑞士	5	2.9	34	224	116	88	29	78
挪威	6	1.5	47	260	60	120	34	71
日本	7	3.4	55	2610	120	120	120	120
丹麦	8	2.4	53	304	96	120	39	85
德国	9	2.5	34	582	100	87	75	87
荷兰	10	1.7	25	127	68	65	16	50
加拿大	11	2.0	39	152	80	101	20	67
新加坡	12	2.4	57	152	96	120	20	79
英国	13	1.8	30	285	72	78	37	62
法国	14	2.1	34	239	84	86	31	67
比利时	15	1.8	33	43	72	83	6	54
奥地利	16	2.5	37	273	100	94	35	76
新西兰	17	1.2	42	447	48	108	58	71
韩国	18	3.2	42	2656	120	107	120	116
以色列	19	4.5	16	36	120	40	5	55
意大利	20	1.1	14	156	44	36	20	33
爱尔兰	21	1.3	29	194	52	74	25	50
西班牙	22	1.2	26	73	48	68	9	42
爱沙尼亚	23	1.2	26	33	48	67	4	40
斯洛文尼亚	24	1.6	29	164	64	75	21	53
乌拉圭	25	0.3	4	11	12	10	1	8
俄罗斯	26	1.1	33	194	44	83	25	51
斯洛伐克	27	0.5	22	44	20	56	6	27
希腊	28	0.5	18	69	20	46	9	25
匈牙利	29	1.0	17	69	40	45	9	31
捷克	30	1.5	26	69	60	66	9	45
葡萄牙	31	0.8	20	24	32	51	3	29
白俄罗斯	32	0.7	19	122	28	48	16	31
拉脱维亚	33	0.7	18	50	28	45	6	27
立陶宛	34	0.8	24	18	32	60	2	32
格鲁吉亚	35	0.2	26	19	8	67	2	26
乌克兰	36	1.0	18	75	40	45	10	32
保加利亚	37	0.5	13	28	20	34	4	19
黎巴嫩	38	—	—	—	—	—	—	—
哈萨克斯坦	39	0.3	8	93	12	20	12	15
波兰	40	0.6	16	63	24	40	8	24
阿根廷	41	0.5	9	0	20	23	0	14
巴拿马	42	0.3	1	2	12	2	0	5
克罗地亚	43	0.9	11	78	36	29	10	25
沙特阿拉伯	44	—	—	5	—	—	1	1
哥伦比亚	45	0.2	1	3	8	3	0	4
科威特	46	0.2	1	—	8	2	—	5
智利	47	0.7	8	18	28	21	2	17
马其顿	48	0.2	5	18	8	14	2	8
阿塞拜疆	49	0.2	12	33	8	32	4	15
摩尔多瓦	50	0.6	2	91	25	4	12	14
罗马尼亚	51	0.5	10	38	20	24	5	16
委内瑞拉	52	0.2	1	2	8	2	0	3
乌兹别克斯坦	53	—	—	12	—	—	2	2
多米尼加	54	—	—	0	—	—	0	0
亚美尼亚	55	0.2	15	62	8	39	8	18
巴拉圭	56	0.1	1	3	4	2	0	2
哥斯达黎加	57	0.4	1	6	16	3	1	7
巴西	58	0.8	5	20	32	12	3	15
墨西哥	59	0.5	5	6	20	12	1	11
博茨瓦纳	60	0.4	—	0	16	—	0	8
秘鲁	61	0.1	2	1	4	6	0	3
牙买加	62	0.1	—	8	4	—	1	3
约旦	63	0.3	19	—	12	50	—	31
南非	64	0.9	4	0	36	9	0	15
土耳其	65	0.8	6	25	32	15	3	17
厄瓜多尔	66	0.1	1	0	4	1	0	2
伊朗	67	0.6	13	10	24	33	1	19
蒙古	68	0.3	7	39	12	17	5	12
摩洛哥	69	0.7	8	6	28	20	1	16
马来西亚	70	0.6	5	20	24	13	3	13

附表 3-3-2　2007 年世界知识创新指数　（续表）

国家	编号	知识创新指标的实际值			知识创新指标的指数			知识创新指数
		知识创新经费投入[a]	知识创新人员投入[b]	知识创新专利产出[c]	知识创新经费指数	知识创新人员指数	知识创新专利指数	
萨尔瓦多	71	0.0	0	2	0	1	0	1
埃及	72	0.2	5	6	8	12	1	7
中国	73	1.4	9	116	56	24	15	32
阿尔及利亚	74	0.1	2	2	4	4	0	3
土库曼斯坦	75	—	—	—	—	—	—	—
突尼斯	76	1.0	14	5	40	37	1	26
阿尔巴尼亚	77	—	—	0	—	—	0	0
吉尔吉斯斯坦	78	0.2	4	30	8	10	4	7
塔吉克斯坦	79	0.1	—	4	4	—	0	2
玻利维亚	80	0.3	1	—	12	3	—	8
缅甸	81	0.2	0	—	8	0	—	4
菲律宾	82	0.1	0	3	4	1	0	2
泰国	83	0.3	3	13	12	7	2	7
纳米比亚	84	—	—	2	—	—	0	0
津巴布韦	85	—	—	4	—	—	0	0
洪都拉斯	86	0.0	1	1	0	2	0	1
尼加拉瓜	87	0.0	0	2	0	1	0	0
越南	88	0.2	1	2	8	3	0	4
肯尼亚	89	—	—	1	—	—	0	0
斯里兰卡	90	0.2	1	8	8	4	1	4
刚果共和国	91	—	0	—	—	1	—	1
印度尼西亚	92	0.0	2	1	0	5	0	2
赞比亚	93	0.0	—	0	0	—	0	0
危地马拉	94	0.0	0	1	0	1	0	0
毛里塔尼亚	95	—	—	—	—	—	—	—
科特迪瓦	96	—	1	—	—	2	—	2
印度	97	0.7	1	4	28	3	1	10
巴基斯坦	98	0.4	1	0	16	2	0	6
莱索托	99	0.1	0	0	4	0	0	1
柬埔寨	100	0.0	0	—	0	0	—	0
喀麦隆	101	—	0	—	—	1	—	1
厄立特里亚	102	—	—	—	—	—	—	—
叙利亚	103	0.2	—	6	7	—	1	4
加纳	104	—	—	0	—	—	0	0
乍得	105	—	—	—	—	—	—	—
莫桑比克	106	0.5	—	0	20	—	0	10
几内亚	107	—	3	—	—	6	—	6
也门共和国	108	—	—	—	—	—	—	—
巴布亚新几内亚	109	—	—	—	—	—	—	—
海地	110	—	—	—	—	—	—	—
尼泊尔	111	0.7	1	—	27	2	—	14
塞内加尔	112	0.1	—	—	4	—	—	4
塞拉利昂	113	—	—	0	—	—	0	0
刚果民主共和国	114	0.5	—	—	20	—	—	20
老挝	115	—	—	—	—	—	—	—
马拉维	116	—	—	0	—	—	0	0
多哥	117	0.5	—	—	20	—	—	20
马达加斯加	118	0.2	0	0	8	1	0	3
马里	119	—	—	—	—	—	—	—
尼日利亚	120	0.1	—	0	4	—	0	2
孟加拉国	121	0.6	1	0	25	1	0	9
坦桑尼亚	122	—	—	0	—	—	0	0
贝宁	123	0.0	—	—	0	—	—	0
尼日尔	124	—	0	—	—	0	—	0
安哥拉	125	—	—	—	—	—	—	—
乌干达	126	0.2	0	0	8	1	0	3
中非	127	0.0	0	—	1	1	—	1
布基纳法索	128	0.2	0	—	8	1	—	4
埃塞俄比亚	129	0.2	0	0	8	1	0	3
布隆迪	130	0.3	—	0	12	—	0	6
卢旺达	131	0.0	—	0	2	—	0	1
高收入国家		2.5	39	775	100	99	100	100
中等收入国家		0.9	5	41	36	13	5	18
低收入国家		0.6	3	1	23	7	0	10
世界平均		2.3	11.7	153	92	30	20	47
标准值		2.5	39	775	—	—	—	—

注：a. 指 R&D/GDP(%)，其数据为 2000～2007 年期间最近年的数据。

b. 指从事研究与发展活动的研究人员/万人口，其数据为 2000～2006 年期间最近年的数据。

c. 指知识创新活动中的发明专利产出，为居民申请国内发明专利数/百万人，其数据为 2000～2007 年期间最近年数据。

附表 3-3-3 2007 年世界知识传播指数

国家	编号	知识传播指标的实际值				知识传播指标的指数				知识传播指数
		中学普及率[a]	大学普及率	电视普及率[b]	互联网普及率[c]	中学普及指数	大学普及指数	电视普及指数	互联网普及指数	
瑞典	1	104	75	94	80	104	112	96	120	108
美国	2	94	82	98	74	94	120	100	113	107
芬兰	3	111	94	93	79	111	120	95	120	112
澳大利亚	4	149	75	99	53	120	112	101	82	104
瑞士	5	93	47	94	72	93	70	96	111	92
挪威	6	113	76	95	85	113	114	97	120	111
日本	7	101	58	99	69	101	87	101	106	99
丹麦	8	119	80	98	81	119	120	100	120	115
德国	9	100	50	95	72	100	75	97	111	96
荷兰	10	120	60	98	84	120	90	100	120	108
加拿大	11	102	62	99	73	102	93	101	112	102
新加坡	12	63	44	99	68	63	65	101	104	83
英国	13	98	59	99	72	98	88	101	110	99
法国	14	113	56	97	51	113	83	99	79	94
比利时	15	110	63	99	66	110	93	101	101	101
奥地利	16	102	51	97	67	102	76	99	104	95
新西兰	17	121	80	99	69	120	119	101	106	112
韩国	18	98	95	93	76	98	120	95	117	107
以色列	19	92	60	93	28	92	90	94	43	80
意大利	20	101	68	94	54	101	102	96	83	95
爱尔兰	21	114	61	98	56	114	91	100	86	98
西班牙	22	120	69	100	51	120	103	102	79	101
爱沙尼亚	23	100	65	98	64	100	97	100	98	99
斯洛文尼亚	24	94	86	99	53	94	120	101	81	99
乌拉圭	25	92	64	91	29	92	96	93	45	81
俄罗斯	26	84	75	98	21	84	111	100	32	82
斯洛伐克	27	94	51	99	43	94	76	101	66	84
希腊	28	102	91	100	33	102	120	102	51	94
匈牙利	29	96	69	99	52	96	103	101	80	95
捷克	30	96	55	97	48	96	82	99	74	88
葡萄牙	31	101	56	99	40	101	84	101	62	87
白俄罗斯	32	95	69	93	29	95	102	95	45	84
拉脱维亚	33	98	71	99	55	98	106	101	85	97
立陶宛	34	98	76	98	49	98	113	100	76	97
格鲁吉亚	35	90	37	89	8	90	56	91	13	62
乌克兰	36	94	76	97	22	94	114	99	33	85
保加利亚	37	106	50	98	31	106	74	100	48	82
黎巴嫩	38	81	52	97	38	81	77	99	59	79
哈萨克斯坦	39	93	51	95	12	93	76	96	19	71
波兰	40	100	67	98	44	100	100	100	68	92
阿根廷	41	84	67	97	26	84	100	99	40	81
巴拿马	42	70	45	83	22	70	67	84	34	64
克罗地亚	43	92	46	94	45	92	68	96	69	81
沙特阿拉伯	44	94	30	99	26	94	45	101	40	70
哥伦比亚	45	85	32	85	28	85	47	87	42	65
科威特	46	91	18	100	34	91	26	102	52	68
智利	47	91	52	100	31	91	78	102	48	80
马其顿	48	84	36	99	27	84	53	101	42	70
阿塞拜疆	49	89	15	99	11	89	23	101	17	57
摩尔多瓦	50	89	41	82	19	89	61	84	29	66
罗马尼亚	51	88	58	97	24	88	87	99	37	78
委内瑞拉	52	79	52	92	21	79	78	93	32	71
乌兹别克斯坦	53	102	10	93	8	102	15	94	12	56
多米尼加	54	79	35	77	17	79	52	79	26	59
亚美尼亚	55	89	34	85	6	89	51	86	9	59
巴拉圭	56	67	26	79	9	67	38	81	13	50
哥斯达黎加	57	87	25	94	34	87	38	96	52	68
巴西	58	100	30	97	36	100	45	99	55	75
墨西哥	59	89	27	93	21	89	40	95	32	64
博茨瓦纳	60	77	5	10	5	77	8	10	8	26
秘鲁	61	98	35	69	27	98	52	70	41	66
牙买加	62	90	19	70	56	90	28	71	86	69
约旦	63	89	40	96	20	89	60	98	30	69
南非	64	97	15	59	8	97	23	60	13	48
土耳其	65	80	36	98	29	80	54	100	45	70
厄瓜多尔	66	70	35	90	9	70	53	92	13	57
伊朗	67	81	31	77	18	81	47	78	28	59
蒙古	68	92	48	86	12	92	71	88	19	67
摩洛哥	69	56	11	77	21	56	17	79	33	46
马来西亚	70	69	30	95	56	69	45	97	86	74

附表 3-3-3 2007 年世界知识传播指数 （续表）

国家	编号	知识传播指标的实际值				知识传播指标的指数				知识传播指数
		中学普及率[a]	大学普及率	电视普及率[b]	互联网普及率[c]	中学普及指数	大学普及指数	电视普及指数	互联网普及指数	
萨尔瓦多	71	64	22	78	13	64	32	79	19	49
埃及	72	88	35	97	13	88	52	98	20	65
中国	73	77	23	89	16	77	34	91	25	57
阿尔及利亚	74	83	24	90	10	83	36	92	16	57
土库曼斯坦	75	112	19	93	1	112	29	95	2	60
突尼斯	76	88	31	89	17	88	46	90	26	63
阿尔巴尼亚	77	77	19	90	15	77	28	92	23	55
吉尔吉斯斯坦	78	86	43	85	14	86	64	87	22	65
塔吉克斯坦	79	84	20	79	7	84	30	81	11	51
玻利维亚	80	82	41	63	11	82	61	64	16	56
缅甸	81	49	12	3	0	49	18	3	0	18
菲律宾	82	83	29	63	6	83	43	64	9	50
泰国	83	84	50	92	20	84	74	94	31	71
纳米比亚	84	59	6	29	5	59	10	30	8	26
津巴布韦	85	40	4	31	11	40	5	32	17	23
洪都拉斯	86	64	17	64	6	64	26	66	9	41
尼加拉瓜	87	69	18	59	3	69	27	61	4	40
越南	88	67	10	70	21	67	14	71	32	46
肯尼亚	89	53	4	19	8	53	5	20	12	23
斯里兰卡	90	87	5	32	4	87	8	33	6	33
刚果共和国	91	43	4	25	3	43	6	26	4	20
印度尼西亚	92	74	18	65	11	74	26	67	17	46
赞比亚	93	43	2	19	5	43	3	19	8	18
危地马拉	94	56	18	50	10	56	26	51	16	37
毛里塔尼亚	95	25	4	22	1	25	6	22	2	14
科特迪瓦	96	25	8	38	2	25	12	39	3	20
印度	97	55	12	46	7	55	18	47	11	33
巴基斯坦	98	33	5	56	11	33	8	57	17	28
莱索托	99	37	4	13	4	37	5	13	5	15
柬埔寨	100	40	5	55	1	40	8	56	1	26
喀麦隆	101	25	7	23	3	25	11	23	5	16
厄立特里亚	102	29	1	13	3	29	1	13	4	12
叙利亚	103	72	6	95	17	72	9	97	26	51
加纳	104	49	6	26	4	49	9	27	6	23
乍得	105	19	1	3	1	19	2	3	1	6
莫桑比克	106	18	2	9	1	18	2	9	1	8
几内亚	107	38	5	11	1	38	8	11	1	15
也门共和国	108	46	9	43	1	46	14	43	2	26
巴布亚新几内亚	109	26	2	10	2	26	3	10	3	10
海地	110	29	1	25	10	29	2	26	16	18
尼泊尔	111	43	11	28	1	43	17	28	2	23
塞内加尔	112	26	7	43	7	26	10	44	11	23
塞拉利昂	113	32	2	7	0	32	3	7	0	10
刚果民主共和国	114	33	4	14	0	33	6	14	1	14
老挝	115	44	12	30	2	44	17	31	2	24
马拉维	116	28	1	5	1	28	1	5	2	9
多哥	117	39	5	16	5	39	8	16	8	18
马达加斯加	118	26	3	18	1	26	5	18	1	13
马里	119	32	4	22	1	32	7	23	1	16
尼日利亚	120	32	10	25	7	32	15	26	10	21
孟加拉国	121	43	7	23	0	43	11	23	0	19
坦桑尼亚	122	6	2	6	1	6	2	6	2	4
贝宁	123	33	5	23	2	33	8	23	3	16
尼日尔	124	11	1	6	0	11	1	6	1	5
安哥拉	125	18	3	34	3	18	4	35	4	15
乌干达	126	23	4	6	4	23	5	6	6	10
中非	127	12	1	5	0	12	2	5	1	5
布基纳法索	128	16	3	12	1	16	4	12	1	8
埃塞俄比亚	129	31	3	5	0	31	4	5	1	10
布隆迪	130	15	2	14	1	15	3	14	1	8
卢旺达	131	18	3	2	2	18	4	2	3	7
高收入国家		100	67	98	65	100	100	100	100	100
中等收入国家		67	23	89	15	67	34	91	23	54
低收入国家		43	7	16	4	43	10	16	6	19
世界平均		66	26	83	21	66	38	85	33	55
标准值		100	67	98	65	—	—	—	—	—

注：a. 部分国家的数据包括职业培训。

b. 指电视机用户占总户数的比例(%)，其数据为 2000～2007 年期间最近年的数据。

c. 互联网用户/百人。

附表 3-3-4　2007 年世界生活质量指数

国家	编号	生活质量指标的实际值					生活质量指标的指数					生活质量指数
		城镇人口比例	医生比例	婴儿死亡率	预期寿命	人均能源消费	城镇化指数	医疗服务指数	婴儿存活指数	预期寿命指数	能源消费指数	
瑞典	1	85	3.3	3	81	5650	110	120	120	102	105	111
美国	2	81	2.3	7	78	7778	106	88	92	99	120	101
芬兰	3	63	3.3	3	79	7108	82	120	120	100	120	108
澳大利亚	4	89	2.5	5	81	5917	115	96	120	103	110	109
瑞士	5	73	4.0	4	82	3770	95	120	120	103	70	102
挪威	6	77	3.8	3	80	5598	101	120	120	102	104	109
日本	7	66	2.1	3	83	4129	86	81	120	104	76	94
丹麦	8	86	3.6	4	78	3850	112	120	120	99	71	105
德国	9	74	3.4	4	80	4231	96	120	120	101	78	103
荷兰	10	81	3.7	4	80	4901	106	120	120	102	91	108
加拿大	11	80	1.9	5	81	8262	104	73	120	102	120	104
新加坡	12	100	1.5	2	81	6968	120	58	120	102	120	104
英国	13	90	2.2	5	79	3814	117	85	120	100	71	98
法国	14	77	3.4	4	81	4444	100	120	120	103	82	105
比利时	15	97	4.2	4	80	5782	120	120	120	102	107	114
奥地利	16	67	3.7	4	80	4133	87	120	120	101	76	101
新西兰	17	86	2.2	5	80	4192	112	85	120	101	78	99
韩国	18	81	1.6	4	79	4483	105	62	120	100	83	94
以色列	19	92	3.7	4	81	3017	119	120	120	102	56	103
意大利	20	68	3.7	3	81	3125	88	120	120	103	58	98
爱尔兰	21	61	2.9	4	79	3628	79	112	120	101	67	96
西班牙	22	77	3.3	4	81	3277	100	120	120	102	61	101
爱沙尼亚	23	69	3.3	4	73	3638	90	120	120	92	67	98
斯洛文尼亚	24	49	2.4	3	78	3618	64	92	120	98	67	88
乌拉圭	25	92	3.6	12	76	962	120	120	48	96	18	80
俄罗斯	26	73	4.3	13	68	4745	95	120	47	86	88	87
斯洛伐克	27	56	3.1	7	74	3465	73	119	92	94	64	89
希腊	28	61	5.0	4	80	2792	79	120	120	101	52	94
匈牙利	29	67	3.0	6	73	2740	87	115	109	93	51	91
捷克	30	74	3.6	3	77	4485	95	120	120	97	83	103
葡萄牙	31	59	3.4	3	78	2402	76	120	120	99	44	92
白俄罗斯	32	73	4.8	12	70	2939	95	120	50	89	54	82
拉脱维亚	33	68	3.1	7	71	2017	88	119	83	90	37	84
立陶宛	34	67	4.0	7	71	2517	87	120	90	90	47	87
格鲁吉亚	35	53	4.6	27	71	754	68	120	22	90	14	63
乌克兰	36	68	3.1	20	68	2937	88	119	30	86	54	76
保加利亚	37	71	3.7	10	73	2688	92	120	61	92	50	83
黎巴嫩	38	87	2.4	26	72	1173	113	92	23	91	22	68
哈萨克斯坦	39	58	3.9	28	66	4013	75	120	21	84	74	75
波兰	40	61	2.0	6	75	2562	80	77	103	95	47	81
阿根廷	41	92	2.7	15	75	1766	119	103	40	95	33	78
巴拿马	42	72	1.5	18	76	845	94	58	34	96	16	59
克罗地亚	43	57	2.7	5	76	2017	74	104	120	96	37	86
沙特阿拉伯	44	83	1.4	20	73	6170	107	54	30	92	114	79
哥伦比亚	45	74	1.4	17	73	696	96	54	35	92	13	58
科威特	46	98	1.8	9	78	9729	120	69	64	99	120	94
智利	47	88	1.1	8	78	1812	115	42	76	99	34	73
马其顿	48	66	2.6	15	74	1355	86	100	41	94	25	69
阿塞拜疆	49	52	3.6	34	67	1659	67	120	17	85	31	64
摩尔多瓦	50	42	2.7	16	68	913	55	104	38	86	17	60
罗马尼亚	51	54	1.9	13	73	1860	70	73	48	92	34	63
委内瑞拉	52	93	1.9	17	74	2302	120	73	36	93	43	73
乌兹别克斯坦	53	37	2.6	36	67	1829	48	100	17	85	34	57
多米尼加	54	68	1.9	31	72	816	89	73	19	92	15	58
亚美尼亚	55	64	3.7	22	73	843	83	120	27	93	16	68
巴拉圭	56	60	1.1	24	72	660	78	42	25	91	12	50
哥斯达黎加	57	63	1.3	10	79	1040	81	50	58	100	19	62
巴西	58	85	1.2	20	72	1191	111	46	30	92	22	60
墨西哥	59	77	1.5	29	75	1702	100	58	21	95	32	61
博茨瓦纳	60	59	0.4	33	51	1054	76	15	18	64	20	39
秘鲁	61	71	1.1	17	73	481	93	41	35	93	9	54
牙买加	62	53	0.8	26	73	1724	69	31	23	92	32	49
约旦	63	78	2.4	21	73	1294	102	92	29	92	24	68
南非	64	60	0.8	46	51	2739	78	31	13	64	51	47
土耳其	65	68	1.6	21	72	1304	89	62	28	91	24	59
厄瓜多尔	66	65	1.5	20	75	851	84	58	30	95	16	57
伊朗	67	68	0.9	29	71	2438	88	35	21	90	45	56
蒙古	68	57	2.6	35	67	1080	74	100	17	85	20	59
摩洛哥	69	56	0.5	32	71	458	72	19	19	90	8	42
马来西亚	70	69	0.7	10	74	2617	90	27	63	94	48	64

附表 3-3-4　2007 年世界生活质量指数（续表）

国家	编号	生活质量指标的实际值					生活质量指标的指数					生活质量指数
		城镇人口比例	医生比例	婴儿死亡率	预期寿命	人均能源消费	城镇化指数	医疗服务指数	婴儿存活指数	预期寿命指数	能源消费指数	
萨尔瓦多	71	60	1.5	21	71	775	78	58	29	90	14	54
埃及	72	43	2.4	30	70	795	55	92	20	89	15	54
中国	73	42	1.5	19	73	1433	55	58	32	92	27	53
阿尔及利亚	74	65	1.1	33	72	1100	84	42	18	92	20	51
土库曼斯坦	75	48	2.5	45	63	3525	63	96	13	80	65	63
突尼斯	76	66	1.3	18	74	863	86	50	33	94	16	56
阿尔巴尼亚	77	46	1.2	13	77	727	60	46	45	97	13	52
吉尔吉斯斯坦	78	36	2.4	34	68	542	47	92	18	86	10	51
塔吉克斯坦	79	26	2.0	57	67	549	34	77	11	84	10	43
玻利维亚	80	65	1.2	48	66	625	85	46	13	83	12	48
缅甸	81	32	0.4	74	62	295	41	15	8	79	5	30
菲律宾	82	64	1.2	23	72	493	83	46	26	91	9	51
泰国	83	33	0.4	6	69	1555	43	15	94	87	29	54
纳米比亚	84	36	0.3	47	53	721	47	12	13	67	13	30
津巴布韦	85	37	0.2	59	44	769	48	8	10	55	14	27
洪都拉斯	86	47	0.6	20	70	621	62	23	29	89	11	43
尼加拉瓜	87	57	0.4	28	73	624	73	15	21	92	12	43
越南	88	27	0.6	13	74	622	36	23	48	94	12	42
肯尼亚	89	21	0.1	80	54	491	28	4	8	68	9	23
斯里兰卡	90	15	0.6	17	72	472	20	23	36	92	9	36
刚果共和国	91	61	0.2	79	54	346	79	8	8	68	6	34
印度尼西亚	92	50	0.1	25	71	803	65	4	24	89	15	40
赞比亚	93	35	0.1	103	45	608	46	4	6	57	11	25
危地马拉	94	48	0.9	29	70	628	62	34	21	89	12	44
毛里塔尼亚	95	41	0.1	75	64	—	53	4	8	81	—	36
科特迪瓦	96	48	0.1	89	57	370	62	4	7	73	7	30
印度	97	29	0.6	54	65	510	38	23	11	82	9	33
巴基斯坦	98	36	0.8	73	66	499	46	31	8	83	9	35
莱索托	99	25	0.0	68	43	—	32	0	9	54	—	24
柬埔寨	100	21	0.2	70	60	351	27	8	9	75	7	25
喀麦隆	101	56	0.2	87	50	390	73	8	7	64	7	32
厄立特里亚	102	20	0.0	46	58	150	26	0	13	73	3	23
叙利亚	103	54	0.5	15	74	956	70	19	41	94	18	48
加纳	104	49	0.2	73	57	424	64	8	8	72	8	32
乍得	105	26	0.0	124	51	—	34	0	5	64	—	26
莫桑比克	106	36	0.0	115	42	420	47	0	5	53	8	23
几内亚	107	34	0.1	93	58	—	44	4	6	73	—	32
也门共和国	108	30	0.3	55	63	326	39	12	11	79	6	29
巴布亚新几内亚	109	13	0.0	50	57	—	16	0	12	73	—	25
海地	110	46	0.2	57	61	272	59	6	11	77	5	32
尼泊尔	111	17	0.2	43	64	340	22	8	14	81	6	26
塞内加尔	112	42	0.1	59	55	260	55	4	10	70	5	29
塞拉利昂	113	37	0.0	155	47	—	49	0	4	60	—	28
刚果民主共和国	114	33	0.1	108	46	289	43	4	6	59	5	23
老挝	115	30	0.4	56	65	—	39	15	11	82	—	37
马拉维	116	18	0.0	71	48	—	24	0	8	61	—	23
多哥	117	41	0.0	65	62	391	54	0	9	79	7	30
马达加斯加	118	29	0.3	70	60	—	38	12	9	76	—	34
马里	119	32	0.1	117	54	—	41	4	5	69	—	30
尼日利亚	120	48	0.3	97	47	726	62	12	6	59	13	30
孟加拉国	121	27	0.3	47	66	161	35	12	13	84	3	29
坦桑尼亚	122	25	0.0	73	55	519	33	0	8	70	10	24
贝宁	123	41	0.0	78	61	346	53	0	8	77	6	29
尼日尔	124	17	0.0	83	57	—	21	0	7	72	—	25
安哥拉	125	56	0.1	116	47	601	72	4	5	59	11	30
乌干达	126	13	0.1	82	52	—	17	4	7	66	—	24
中非	127	38	0.1	113	45	—	50	4	5	57	—	29
布基纳法索	128	19	0.0	104	52	—	25	0	6	66	—	24
埃塞俄比亚	129	17	0.0	75	55	291	22	0	8	70	5	21
布隆迪	130	10	0.0	108	50	—	13	0	6	64	—	21
卢旺达	131	18	0.0	109	50	—	24	0	6	63	—	23
高收入国家		77	2.6	6	79	5402	100	100	100	100	100	100
中等收入国家		48	1.6	42	69	1216	62	61	14	87	23	49
低收入国家		28	0.5	78	59	428	37	18	8	74	8	29
世界平均		50	1.4	47	69	1818	64	56	13	87	34	51
标准值		77	2.6	6	79	5402						

附表 3-3-5　2007 年世界经济质量指数

国家	编号	经济质量指标的实际值				经济质量指标的指数				经济质量指数
		人均GNI	人均PPP	物质产业增加值比例	物质产业劳动力比例	人均GNI指数	人均PPP指数	物质产业增加值指数	物质产业劳动力指数	
瑞典	1	47 870	37 490	30	24	120	103	92	117	108
美国	2	46 090	45 890	24	22	120	120	119	120	120
芬兰	3	44 310	34 760	35	30	118	96	79	92	96
澳大利亚	4	35 760	33 400	31	25	95	92	90	112	97
瑞士	5	60 820	44 410	29	27	120	120	97	104	110
挪威	6	77 370	53 650	45	24	120	120	63	117	105
日本	7	37 800	34 750	32	33	101	96	89	84	92
丹麦	8	55 450	36 800	27	26	120	101	104	107	108
德国	9	38 990	34 740	31	32	104	96	90	87	94
荷兰	10	45 650	39 470	26	28	120	109	106	100	109
加拿大	11	39 650	35 500	34	24	106	98	83	116	101
新加坡	12	31 890	46 820	31	24	85	120	92	118	104
英国	13	43 430	35 540	24	24	116	98	117	117	112
法国	14	38 790	33 850	23	27	104	93	120	104	105
比利时	15	41 120	35 320	25	27	110	97	112	103	106
奥地利	16	41 970	36 750	33	33	112	101	85	84	96
新西兰	17	27 090	25 380	32	30	72	70	88	95	81
韩国	18	21 210	26 880	40	33	57	74	70	84	71
以色列	19	22 170	26 310	—	24	59	72	—	115	82
意大利	20	33 490	30 190	29	34	89	83	96	82	88
爱尔兰	21	47 610	37 700	37	34	120	104	76	83	96
西班牙	22	29 290	30 750	33	34	78	85	84	83	82
爱沙尼亚	23	12 840	18 830	33	40	34	52	84	70	60
斯洛文尼亚	24	21 510	26 230	37	45	57	72	76	62	67
乌拉圭	25	6620	11 300	37	33	18	31	75	85	52
俄罗斯	26	7530	14 330	43	38	20	39	65	73	49
斯洛伐克	27	11 720	19 220	44	44	31	53	64	64	53
希腊	28	25 740	27 830	27	34	69	77	105	82	83
匈牙利	29	11 670	17 470	34	37	31	48	83	75	59
捷克	30	14 240	22 160	41	44	38	61	68	64	58
葡萄牙	31	18 960	21 790	27	42	51	60	103	66	70
白俄罗斯	32	4240	10 790	51	64	11	30	55	44	35
拉脱维亚	33	10 090	16 770	25	39	27	46	111	73	64
立陶宛	34	9910	17 090	37	41	26	47	75	68	54
格鲁吉亚	35	2090	4680	35	64	6	13	80	44	36
乌克兰	36	2570	6830	44	41	7	19	63	69	39
保加利亚	37	4460	10 790	39	43	12	30	73	65	45
黎巴嫩	38	6190	10 910	30	—	17	30	92	—	46
哈萨克斯坦	39	4970	9510	47	51	13	26	60	55	39
波兰	40	9870	15 600	35	46	26	43	79	62	52
阿根廷	41	6040	12 970	43	25	16	36	65	113	57
巴拿马	42	5500	10 610	23	34	15	29	120	82	61
克罗地亚	43	12 000	17 840	34	44	32	49	82	64	57
沙特阿拉伯	44	15 500	22 950	68	25	41	63	41	114	65
哥伦比亚	45	4100	8260	44	38	11	23	63	73	43
科威特	46	38 421	52 610	52	18	103	120	54	120	99
智利	47	8160	12 280	51	36	22	34	55	78	47
马其顿	48	3410	9050	42	50	9	25	67	56	39
阿塞拜疆	49	2710	6630	74	51	7	18	38	55	29
摩尔多瓦	50	1130	2900	27	52	3	8	104	54	42
罗马尼亚	51	6390	12 350	45	61	17	34	62	46	40
委内瑞拉	52	7550	12 290	62	32	20	34	45	87	46
乌兹别克斯坦	53	730	2430	56	65	2	7	50	43	25
多米尼加	54	4070	7340	38	37	11	20	73	76	45
亚美尼亚	55	2580	5740	64	62	7	16	44	45	28
巴拉圭	56	1710	4520	42	48	5	12	67	59	36
哥斯达黎加	57	5520	10 510	38	36	15	29	75	78	49
巴西	58	6060	9510	34	41	16	26	82	68	48
墨西哥	59	9400	13 910	40	40	25	38	71	70	51
博茨瓦纳	60	6100	12 760	51	45	16	35	55	62	42
秘鲁	61	3340	7070	44	51	9	19	64	54	37
牙买加	62	4420	7170	31	36	12	20	91	78	50
约旦	63	2960	5300	33	26	8	15	86	110	55
南非	64	5730	9460	34	35	15	26	81	80	51
土耳其	65	8120	12 970	37	52	22	36	76	54	47
厄瓜多尔	66	3150	7100	43	30	8	20	66	93	47
伊朗	67	3540	10 840	55	55	9	30	51	51	35
蒙古	68	1290	3170	64	57	3	9	43	49	26
摩洛哥	69	2290	4050	41	64	6	11	68	44	32
马来西亚	70	6420	13 230	58	43	17	36	48	65	42

附表 3-3-5 2007 年世界经济质量指数 （续表）

国家	编号	经济质量指标的实际值				经济质量指标的指数				经济质量指数
		人均GNI	人均PPP	物质产业增加值比例	物质产业劳动力比例	人均GNI指数	人均PPP指数	物质产业增加值指数	物质产业劳动力指数	
萨尔瓦多	71	3200	6330	41	42	9	17	68	67	40
埃及	72	1500	5090	50	53	4	14	56	52	31
中国	73	2360	5430	60	84	6	15	47	33	25
阿尔及利亚	74	3610	7650	69	47	10	21	40	60	33
土库曼斯坦	75	2230	5650	60	—	6	16	47	—	23
突尼斯	76	3210	7140	40	56	9	20	70	50	37
阿尔巴尼亚	77	3360	7350	41	72	9	20	68	39	34
吉尔吉斯斯坦	78	610	1980	53	56	2	5	53	50	28
塔吉克斯坦	79	460	1700	49	74	1	5	57	38	25
玻利维亚	80	1220	3960	49	59	3	11	57	48	30
缅甸	81	—	1290	65	84	—	4	43	33	27
菲律宾	82	1600	3660	46	51	4	10	61	55	33
泰国	83	2660	6110	57	63	7	17	49	45	29
纳米比亚	84	4100	6070	46	45	11	17	61	62	38
津巴布韦	85	340	1950	43	52	1	5	65	54	31
洪都拉斯	86	1590	3610	41	60	4	10	68	46	32
尼加拉瓜	87	990	2510	49	49	3	7	57	57	31
越南	88	770	2530	62	75	2	7	45	37	23
肯尼亚	89	660	1550	44	38	2	4	64	74	36
斯里兰卡	90	1540	4200	42	61	4	12	67	46	32
刚果共和国	91	1510	2700	65	—	4	7	43	—	18
印度尼西亚	92	1650	3560	61	62	4	10	46	45	26
赞比亚	93	740	1130	60	—	2	3	47	—	17
危地马拉	94	2470	4550	38	56	7	13	73	50	36
毛里塔尼亚	95	840	2000	59	—	2	6	47	—	18
科特迪瓦	96	880	1550	49	—	2	4	57	—	21
印度	97	950	2740	48	80	3	8	59	35	26
巴基斯坦	98	860	2540	47	65	2	7	59	43	28
莱索托	99	1040	1880	43	—	3	5	65	—	24
柬埔寨	100	550	1720	59	91	1	5	48	31	21
喀麦隆	101	1050	2120	50	77	3	6	56	36	25
厄立特里亚	102	270	620	44	—	1	2	64	—	22
叙利亚	103	1740	4200	53	53	5	12	53	53	31
加纳	104	600	1350	60	69	2	4	47	41	23
乍得	105	510	1220	68	—	1	3	41	—	15
莫桑比克	106	340	730	53	—	1	2	53	—	18
几内亚	107	390	1100	62	—	1	3	45	—	16
也门共和国	108	950	2440	55	65	3	7	51	43	26
巴布亚新几内亚	109	850	1870	80	77	2	5	35	36	20
海地	110	520	1060	45	61	1	3	62	46	28
尼泊尔	111	350	1060	51	80	1	3	55	35	24
塞内加尔	112	870	1720	38	64	2	5	74	44	31
塞拉利昂	113	280	720	69	75	1	2	41	37	20
刚果民主共和国	114	140	290	69	—	0	1	41	—	14
老挝	115	610	1920	71	—	2	5	40	—	16
马拉维	116	250	760	55	100	1	2	51	28	20
多哥	117	370	810	68	—	1	2	41	—	15
马达加斯加	118	340	980	44	85	1	3	64	33	25
马里	119	560	1180	61	58	1	3	46	48	25
尼日利亚	120	970	1850	72	50	3	5	39	56	26
孟加拉国	121	480	1340	48	63	1	4	59	45	27
坦桑尼亚	122	400	1130	63	81	1	3	45	35	21
贝宁	123	610	1410	46	—	2	4	61	—	22
尼日尔	124	280	630	57	—	1	2	49	—	17
安哥拉	125	2590	4400	82	—	7	12	34	—	18
乌干达	126	370	1050	50	77	1	3	56	37	24
中非	127	370	710	68	—	1	2	41	—	15
布基纳法索	128	430	1120	56	—	1	3	50	—	18
埃塞俄比亚	129	220	780	60	87	1	2	47	32	20
布隆迪	130	120	370	55	—	0	1	51	—	17
卢旺达	131	330	920	53	—	1	3	53	—	19
高收入国家		37 460	36 349	28	28	100	100	100	100	100
中等收入国家		2748	5719	47	67	7	16	60	42	31
低收入国家		461	1332	54	73	1	4	52	38	24
世界平均		7980	9950	31	65	21	27	90	43	45
标准值		37 460.3	36 349	28	28	—	—	—	—	—

附表 3-3-6 2007 年世界第二次现代化发展阶段

国家	编号	第一次现代化阶段[a]	产业结构信号		劳动力结构信号		平均值	第二次现代化的阶段[b]	第二次现代化指数
			物质产业增加值占GDP比例	赋值	物质产业劳动力占总劳动力比例	赋值			
瑞典	1	F4	30.3	2	24.0	2	2.0	S2	105
美国	2	F4	23.5	2	22.0	2	2.0	S2	109
芬兰	3	F4	35.4	1	30.3	1	1.0	S1	103
澳大利亚	4	F4	31.0	1	24.9	2	1.5	S1	94
瑞士	5	F4	28.8	2	27.0	2	2.0	S2	95
挪威	6	F4	44.5	—	23.9	2	1.0	S1	99
日本	7	F4	31.6	1	33.3	1	1.0	S1	101
丹麦	8	F4	27.0	2	26.2	2	2.0	S2	103
德国	9	F4	31.0	1	32.1	1	1.0	S1	95
荷兰	10	F4	26.3	2	28.0	2	2.0	S2	93
加拿大	11	F4	33.9	1	24.1	2	1.5	S1	93
新加坡	12	F4	30.6	2	23.8	2	2.0	S2	92
英国	13	F4	24.0	2	24.0	2	2.0	S2	93
法国	14	F4	22.8	2	26.9	2	2.0	S2	93
比利时	15	F4	24.9	2	27.2	2	2.0	S2	94
奥地利	16	F4	33.1	1	33.2	1	1.0	S1	92
新西兰	17	F4	31.7	1	29.5	2	1.5	S1	91
韩国	18	F4	40.0	1	33.4	1	1.0	S1	97
以色列	19	F4	—	—	24.4	2	1.0	S1	80
意大利	20	F4	29.1	2	34.2	1	1.5	S1	79
爱尔兰	21	F4	36.8	1	33.7	1	1.0	S1	85
西班牙	22	F4	33.2	1	33.8	1	1.0	S1	81
爱沙尼亚	23	F4	33.2	1	39.9	1	1.0	S1	74
斯洛文尼亚	24	F4	36.7	1	45.3	—	0.5	S1	77
乌拉圭	25	F3	37.4	—	32.8	—	—	—	55
俄罗斯	26	F4	43.2	—	38.2	1	0.5	—	67
斯洛伐克	27	F4	44.0	0	43.6	—	0.0	S1	63
希腊	28	F4	26.7	2	34.0	1	1.5	S1	74
匈牙利	29	F4	33.7	1	37.3	1	1.0	S1	69
捷克	30	F4	41.3	—	43.8	—	—	—	73
葡萄牙	31	F4	27.1	2	42.2	—	1.0	S1	69
白俄罗斯	32	F3	51.0	—	63.9	—	—	—	58
拉脱维亚	33	F4	25.3	2	38.5	1	1.5	S1	68
立陶宛	34	F4	37.2	1	41.0	—	—	—	67
格鲁吉亚	35	F2	35.0	—	64.0	—	—	—	47
乌克兰	36	F3	44.2	—	40.6	—	—	—	58
保加利亚	37	F4	38.5	—	43.0	—	—	—	57
黎巴嫩	38	F3	30.4	—	—	—	—	—	64
哈萨克斯坦	39	F3	46.7	—	50.9	—	—	—	50
波兰	40	F4	35.4	1	45.5	—	0.5	—	62
阿根廷	41	F4	43.1	—	24.8	2	1.0	—	58
巴拿马	42	F3	23.2	—	34.1	—	—	—	47
克罗地亚	43	F3	34.3	—	43.7	—	—	—	62
沙特阿拉伯	44	F4	68.4	—	24.6	2	1.0	—	54
哥伦比亚	45	F3	44.4	—	38.1	—	—	—	42
科威特	46	F4	51.5	—	18.3	2	1.0	—	67
智利	47	F4	51.3	—	35.7	1	0.5	—	54
马其顿	48	F3	41.5	—	49.9	—	—	—	47
阿塞拜疆	49	F3	74.4	—	51.2	—	—	—	41
摩尔多瓦	50	F2	26.8	—	51.6	—	—	—	45
罗马尼亚	51	F3	45.0	—	60.9	—	—	—	49
委内瑞拉	52	F4	61.8	—	32.3	1	0.5	—	48
乌兹别克斯坦	53	F2	56.0	—	64.8	—	—	—	35
多米尼加	54	F3	38.1	—	36.9	—	—	—	40
亚美尼亚	55	F2	64.2	—	61.8	—	—	—	43
巴拉圭	56	F2	42.0	—	47.6	—	—	—	34
哥斯达黎加	57	F3	37.5	—	35.8	—	—	—	46
巴西	58	F3	34.0	—	40.9	—	—	—	50
墨西哥	59	F4	39.7	1	40.1	—	0.5	—	47
博茨瓦纳	60	F3	51.1	—	45.3	—	—	—	29
秘鲁	61	F4	43.6	—	51.4	2	1.0	—	40
牙买加	62	F3	30.7	—	36.1	—	—	—	43
约旦	63	F4	32.6	1	25.5	2	1.5	—	56
南非	64	F4	34.4	1	35.1	1	1.0	—	40
土耳其	65	F3	37.0	—	52.0	—	—	—	48
厄瓜多尔	66	F4	42.5	—	30.2	1	0.5	—	40
伊朗	67	F3	54.7	—	54.9	—	—	—	42
蒙古	68	F2	64.4	—	56.7	—	—	—	41
摩洛哥	69	F2	41.0	—	63.7	—	—	—	34
马来西亚	70	F3	58.0	—	43.3	—	—	—	48

附表 3-3-6 2007 年世界第二次现代化发展阶段

（续表）

国家	编号	第一次现代化阶段[a]	产业结构信号：物质产业增加值占GDP比例	产业结构信号：赋值	劳动力结构信号：物质产业劳动力占总劳动力比例	劳动力结构信号：赋值	平均值	第二次现代化的阶段[b]	第二次现代化指数
萨尔瓦多	71	F3	40.9	—	41.8	—	—	—	36
埃及	72	F3	50.4	—	53.4	—	—	—	39
中国	73	F3	59.6	—	83.9	—	—	—	42
阿尔及利亚	74	F3	69.3	—	47.0	—	—	—	36
土库曼斯坦	75	F2	59.7	—	—	—	—	—	49
突尼斯	76	F3	40.0	—	56.0	—	—	—	45
阿尔巴尼亚	77	F2	41.4	—	72.2	—	—	—	35
吉尔吉斯斯坦	78	F2	52.5	—	55.7	—	—	—	38
塔吉克斯坦	79	F2	49.0	—	73.8	—	—	—	31
玻利维亚	80	F2	49.3	—	58.5	1	0.5	—	35
缅甸	81	F1	64.6	—	84.4	—	—	—	20
菲律宾	82	F2	45.8	—	51.2	—	—	—	34
泰国	83	F2	57.4	—	62.6	—	—	—	40
纳米比亚	84	F3	46.2	—	44.9	—	—	—	24
津巴布韦	85	F2	43.0	—	52.0	—	—	—	21
洪都拉斯	86	F3	41.4	—	60.3	—	—	—	29
尼加拉瓜	87	F3	48.9	—	48.8	—	—	—	29
越南	88	F2	61.9	—	75.3	—	—	—	29
肯尼亚	89	F2	44.0	—	38.0	—	—	—	20
斯里兰卡	90	F3	41.6	—	61.3	—	—	—	26
刚果共和国	91	F3	64.9	—	—	—	—	—	18
印度尼西亚	92	F2	60.5	—	62.4	—	—	—	28
赞比亚	93	F2	59.8	—	—	—	—	—	15
危地马拉	94	F3	38.1	—	56.3	—	—	—	29
毛里塔尼亚	95	F2	59.3	—	—	—	—	—	23
科特迪瓦	96	F2	49.1	—	—	—	—	—	18
印度	97	F2	47.6	—	79.7	—	—	—	25
巴基斯坦	98	F2	47.2	—	64.6	—	—	—	24
莱索托	99	F3	43.4	—	—	—	—	—	16
柬埔寨	100	F2	58.7	—	91.4	—	—	—	18
喀麦隆	101	F2	50.1	—	76.9	—	—	—	18
厄立特里亚	102	0	43.5	—	—	—	—	—	19
叙利亚	103	F3	53.1	—	52.7	—	—	—	33
加纳	104	F1	60.0	—	68.9	—	—	—	19
乍得	105	0	67.5	—	—	—	—	—	16
莫桑比克	106	0	53.3	—	—	—	—	—	15
几内亚	107	0	61.9	—	—	—	—	—	17
也门共和国	108	F2	54.6	—	65.3	—	—	—	27
巴布亚新几内亚	109	F1	80.4	—	77.3	—	—	—	18
海地	110	F2	44.9	—	61.3	—	—	—	26
尼泊尔	111	F1	50.6	—	79.9	—	—	—	22
塞内加尔	112	F3	37.8	—	64.1	—	—	—	22
塞拉利昂	113	F1	69.1	—	75.2	—	—	—	15
刚果民主共和国	114	F1	68.6	—	—	—	—	—	18
老挝	115	F1	70.6	—	—	—	—	—	25
马拉维	116	0	54.7	—	100.0	—	—	—	13
多哥	117	F1	67.6	—	—	—	—	—	21
马达加斯加	118	0	43.6	—	85.4	—	—	—	19
马里	119	F2	60.9	—	58.1	—	—	—	23
尼日利亚	120	F1	71.9	—	50.0	—	—	—	20
孟加拉国	121	F2	47.6	—	62.6	—	—	—	21
坦桑尼亚	122	F1	62.7	—	80.8	—	—	—	12
贝宁	123	F1	45.6	—	—	—	—	—	17
尼日尔	124	0	57.3	—	—	—	—	—	12
安哥拉	125	F3	82.1	—	—	—	—	—	21
乌干达	126	F1	50.0	—	76.5	—	—	—	15
中非	127	0	68.1	—	—	—	—	—	12
布基纳法索	128	0	55.6	—	—	—	—	—	14
埃塞俄比亚	129	0	59.7	—	86.8	—	—	—	14
布隆迪	130	0	54.9	—	—	—	—	—	13
卢旺达	131	0	52.9	—	—	—	—	—	12
高收入国家		F4	27.5	2	27.9	2	2.0	S2	100
中等收入国家		F3	46.8	—	67.3	—	—	—	38
低收入国家		F2	53.9	—	73.2	—	—	—	20
世界平均		F3	31.0	—	65.3	—	—	—	50

注：a. 0 代表传统农业社会，F1 代表起步期，F2 代表发展期，F3 代表成熟期，F4 代表第一次现代化的过渡期。

b. 处于第一次现代化过渡期时，再判断第二次现代化阶段，并根据第二次现代化指数进行调整(必须大于 60 分)。S1 代表起步期，S2 代表发展期。

附表 3-3-7 1970～2007 年世界第二次现代化指数和排名

国家	编号	指数[a]							排名						
		1970	1980	1990	2000	2005	2006	2007	1970	1980	1990	2000	2005	2006	2007
瑞典	1	58	75	93	109	105	105	105	7	2	3	1	2	2	2
美国	2	71	79	97	108	109	109	109	1	1	2	2	1	1	1
芬兰	3	49	62	85	103	101	101	103	18	15	10	4	6	5	4
澳大利亚	4	54	61	77	99	98	100	94	13	18	15	7	7	7	11
瑞士	5	51	65	98	99	95	95	95	15	11	1	8	8	8	8
挪威	6	56	65	87	100	101	100	99	8	12	7	6	5	6	6
日本	7	58	72	88	103	102	102	101	6	4	6	3	4	3	5
丹麦	8	54	66	87	102	102	102	103	12	10	8	5	3	4	3
德国	9	56	62	80	97	93	93	95	9	16	12	9	10	12	9
荷兰	10	60	68	85	93	93	93	93	3	7	9	10	9	11	12
加拿大	11	59	69	89	92	91	95	93	4	6	5	12	14	10	13
新加坡	12	41	41	69	76	88	87	92	23	32	18	19	18	18	16
英国	13	54	64	75	92	91	91	93	11	14	16	11	15	16	14
法国	14	48	67	78	90	92	93	93	19	9	13	13	13	13	15
比利时	15	53	74	83	90	92	91	94	14	3	11	14	11	14	10
奥地利	16	44	55	78	82	89	90	92	22	20	14	16	17	17	17
新西兰	17	47	62	69	77	91	91	91	20	17	17	18	16	15	18
韩国	18	25	35	55	84	92	95	97	46	41	26	15	12	9	7
以色列	19	45	64	65	81	84	81	80	21	13	20	17	19	20	21
意大利	20	39	47	66	74	78	78	79	26	29	19	21	22	22	22
爱尔兰	21	38	44	59	76	81	82	85	27	30	25	20	20	19	19
西班牙	22	31	55	62	72	78	80	81	35	21	22	22	21	21	20
爱沙尼亚	23	—	—	—	66	71	73	74	—	—	—	26	24	25	24
斯洛文尼亚	24	—	—	—	67	76	75	77	—	—	—	25	23	23	23
乌拉圭	25	34	48	59	69	54	55	55	31	27	24	23	44	43	42
俄罗斯	26	—	—	—	57	66	66	67	—	—	—	29	29	31	30
斯洛伐克	27	—	—	—	57	63	63	63	—	—	—	30	34	34	34
希腊	28	35	56	52	62	70	74	74	30	19	30	27	25	24	25
匈牙利	29	50	53	51	57	65	66	69	17	24	32	31	31	29	28
捷克	30	66	70	62	60	68	71	73	2	5	23	28	27	26	26
葡萄牙	31	24	28	39	68	68	68	69	51	53	42	24	26	28	27
白俄罗斯	32	—	—	—	51	58	61	58	—	—	—	39	38	37	38
拉脱维亚	33	—	—	—	56	65	66	68	—	—	—	32	32	30	29
立陶宛	34	—	—	—	55	65	65	67	—	—	—	33	30	33	31
格鲁吉亚	35	—	—	—	49	46	46	47	—	—	—	43	54	52	55
乌克兰	36	—	—	—	49	57	57	58	—	—	—	42	39	39	37
保加利亚	37	50	68	63	48	54	55	57	16	8	21	45	43	42	40
黎巴嫩	38	—	52	—	54	64	62	64	—	25	—	34	33	35	33
哈萨克斯坦	39	—	—	—	41	48	49	50	—	—	—	51	49	47	45
波兰	40	55	51	47	51	60	60	62	10	26	34	38	36	38	36
阿根廷	41	36	40	54	54	56	57	58	29	33	27	35	41	40	39
巴拿马	42	41	48	53	52	45	44	47	24	28	28	37	60	59	52
克罗地亚	43	—	—	—	51	59	61	62	—	—	—	40	37	36	35
沙特阿拉伯	44	26	40	52	50	66	69	54	40	34	29	41	28	27	44
哥伦比亚	45	23	27	43	47	39	40	42	55	55	38	46	73	69	61
科威特	46	59	53	90	54	61	65	67	5	23	4	36	35	32	32
智利	47	30	36	38	48	57	52	54	38	37	45	44	40	45	43
马其顿	48	—	—	—	41	43	45	47	—	—	—	52	63	58	54
阿塞拜疆	49	—	—	—	43	40	41	41	—	—	—	48	69	66	64
摩尔多瓦	50	—	—	—	39	41	43	45	—	—	—	61	66	61	57
罗马尼亚	51	36	42	41	42	46	47	49	28	31	40	50	52	51	47
委内瑞拉	52	32	34	39	40	46	48	48	34	42	43	56	53	49	49
乌兹别克斯坦	53	—	—	—	40	46	46	35	—	—	—	53	55	55	77
多米尼加	54	26	35	44	42	53	53	40	42	39	36	49	45	44	67
亚美尼亚	55	—	—	—	36	43	43	43	—	—	—	67	64	60	59
巴拉圭	56	24	22	31	40	34	34	34	50	72	59	55	80	77	78
哥斯达黎加	57	33	31	35	37	45	45	46	32	47	53	65	58	56	56
巴西	58	30	29	43	40	47	49	50	37	50	37	57	50	46	46
墨西哥	59	26	33	46	40	46	46	47	41	43	35	58	51	53	53
博茨瓦纳	60	11	23	28	33	32	27	29	96	71	69	70	84	88	87
秘鲁	61	25	29	37	38	42	43	40	47	51	49	62	65	63	70
牙买加	62	25	39	42	46	40	40	43	45	36	39	47	67	68	60
约旦	63	20	32	50	38	55	56	56	69	45	33	63	42	41	41
南非	64	39	33	38	37	40	40	40	25	44	47	64	68	67	68
土耳其	65	20	25	32	36	43	43	48	65	63	57	66	62	62	51
厄瓜多尔	66	25	40	28	33	36	38	40	48	35	70	71	75	73	66
伊朗	67	21	22	30	33	40	42	42	61	74	62	73	72	64	62
蒙古	68	—	55	52	30	40	42	41	—	22	31	80	70	65	65
摩洛哥	69	23	26	30	33	33	34	34	54	58	61	69	81	78	79
马来西亚	70	25	24	29	39	48	49	48	44	69	65	60	48	48	50

附表 3-3-7 1970～2007 年世界第二次现代化指数和排名 （续表）

国家	编号	指数[a] 1970	1980	1990	2000	2005	2006	2007	排名 1970	1980	1990	2000	2005	2006	2007
萨尔瓦多	71	22	25	29	40	35	36	36	57	62	67	54	77	75	73
埃及	72	25	26	35	40	35	39	39	49	57	54	59	78	72	71
中国	73	21	25	26	31	40	40	42	60	66	73	78	71	70	63
阿尔及利亚	74	19	30	39	33	45	35	36	72	48	44	72	57	76	74
土库曼斯坦	75	—	—	—	35	48	47	49	—	—	—	68	47	50	48
突尼斯	76	20	29	28	33	45	45	45	63	49	68	74	61	57	58
阿尔巴尼亚	77	—	35	—	22	45	46	35	—	38	—	94	59	54	75
吉尔吉斯斯坦	78	—	—	—	32	45	37	38	—	—	—	76	56	74	72
塔吉克斯坦	79	—	—	—	32	38	29	31	—	—	—	75	74	84	82
玻利维亚	80	29	25	36	29	50	34	35	39	65	50	81	46	79	76
缅甸	81	16	21	21	27	21	22	20	82	80	91	84	109	106	106
菲律宾	82	25	26	29	32	34	34	34	43	61	66	77	79	80	80
泰国	83	18	26	24	30	36	39	40	74	60	80	79	76	71	69
纳米比亚	84	—	—	35	28	33	32	24	—	—	51	83	82	82	95
津巴布韦	85	20	21	27	26	26	27	21	64	76	71	86	93	90	103
洪都拉斯	86	17	27	29	28	28	29	29	79	56	64	82	87	85	83
尼加拉瓜	87	22	31	34	25	28	28	29	58	46	56	87	86	87	86
越南	88	—	17	—	22	29	30	29	—	88	—	95	85	83	85
肯尼亚	89	16	15	24	26	25	20	20	80	98	82	85	94	113	104
斯里兰卡	90	22	21	34	24	26	27	26	56	78	55	89	92	91	90
刚果共和国	91	33	28	23	22	22	21	18	33	54	83	97	106	110	114
印度尼西亚	92	19	19	29	22	27	27	28	73	85	63	93	88	89	88
赞比亚	93	15	22	22	20	20	15	15	86	75	88	100	111	122	120
危地马拉	94	17	25	38	22	27	28	29	78	64	48	96	89	86	84
毛里塔尼亚	95	21	21	25	24	22	23	23	59	79	75	91	108	102	97
科特迪瓦	96	9	28	31	20	22	22	18	98	52	60	99	104	104	112
印度	97	17	19	24	21	26	25	25	77	81	81	98	90	97	92
巴基斯坦	98	16	17	18	25	23	24	24	84	90	95	88	102	100	94
莱索托	99	20	24	32	19	14	13	16	67	68	58	104	129	128	118
柬埔寨	100	—	4	—	19	24	25	18	—	110	—	101	100	99	113
喀麦隆	101	16	23	24	19	24	25	18	81	70	78	103	99	94	111
厄立特里亚	102	—	—	—	19	21	22	19	—	—	—	102	110	108	108
叙利亚	103	31	35	38	24	33	33	33	36	40	46	90	83	81	81
加纳	104	18	25	22	18	25	25	19	75	67	87	106	95	96	107
乍得	105	16	26	18	16	14	15	16	83	59	94	113	126	124	119
莫桑比克	106	8	11	18	18	15	15	15	100	108	97	107	123	126	122
几内亚	107	8	14	26	18	20	21	17	99	104	72	109	112	109	116
也门共和国	108	4	14	40	23	26	27	27	103	103	41	92	91	92	89
巴布亚新几内亚	109	13	19	19	19	19	19	18	94	84	93	105	114	114	110
海地	110	14	15	24	17	24	25	26	90	95	79	112	98	95	91
尼泊尔	111	15	13	21	18	20	20	22	88	106	90	110	113	112	99
塞内加尔	112	24	19	25	16	25	25	22	53	83	77	117	97	98	98
塞拉利昂	113	24	19	23	14	17	17	15	52	82	86	126	116	119	123
刚果民主共和国	114	—	17	—	14	14	14	18	—	86	—	127	127	127	115
老挝	115	6	15	17	18	22	23	25	101	100	99	108	103	101	93
马拉维	116	21	15	23	16	16	17	13	62	99	85	118	118	118	126
多哥	117	19	22	23	17	24	20	21	71	73	84	111	101	111	102
马达加斯加	118	18	15	17	16	16	18	19	76	101	100	114	119	117	109
马里	119	20	17	17	16	18	22	23	66	89	101	116	115	105	96
尼日利亚	120	15	16	25	15	25	26	20	87	93	76	123	96	93	105
孟加拉国	121	5	16	21	16	22	22	21	102	92	89	115	105	107	101
坦桑尼亚	122	15	14	17	14	15	17	12	85	105	103	124	122	120	130
贝宁	123	20	21	25	15	22	22	17	68	77	74	120	107	103	117
尼日尔	124	13	16	18	15	14	16	12	92	91	96	119	128	121	131
安哥拉	125	19	16	35	15	17	18	21	70	94	52	121	117	116	100
乌干达	126	11	15	17	14	16	18	15	95	102	102	125	120	115	121
中非	127	13	15	20	12	11	12	12	91	97	92	129	131	131	129
布基纳法索	128	2	17	16	13	14	13	14	104	87	104	128	130	130	124
埃塞俄比亚	129	14	15	18	15	16	13	14	89	96	98	122	121	129	125
布隆迪	130	10	12	16	11	15	15	13	97	107	106	130	124	123	127
卢旺达	131	13	10	16	9	15	15	12	93	109	105	131	125	125	128
高收入国家		72	76	89	100	100	100	100							
中等收入国家		20	36	33	38	41	41	38							
低收入国家		9	20	22	20	22	22	20							
世界平均		33	44	47	46	51	51	50							

注：a. 1970～2000 年是以 2000 年高收入国家平均值为基准值的评价，2001 年以来是以当年高收入国家平均值为基准值的评价。

附表 3-4-1　2007 年世界综合现代化指数

国家	编号	经济发展指数	社会发展指数	知识发展指数	综合现代化指数	全排	排名
瑞典	1	99	100	84	94	4	4
美国	2	100	92	100	97	1	1
芬兰	3	95	93	86	92	6	6
澳大利亚	4	95	97	68	87	14	14
瑞士	5	99	99	75	91	7	7
挪威	6	94	100	73	89	12	12
日本	7	95	92	97	95	2	2
丹麦	8	100	100	84	95	3	3
德国	9	96	99	87	94	5	5
荷兰	10	100	100	69	90	10	10
加拿大	11	97	85	73	85	17	17
新加坡	12	95	83	70	83	20	20
英国	13	99	96	74	90	9	9
法国	14	98	100	69	89	11	11
比利时	15	99	100	68	89	13	13
奥地利	16	96	97	78	90	8	8
新西兰	17	83	96	76	85	16	16
韩国	18	76	82	100	86	15	15
以色列	19	77	100	59	79	22	22
意大利	20	90	97	62	83	19	19
爱尔兰	21	95	95	64	84	18	18
西班牙	22	87	100	59	82	21	21
爱沙尼亚	23	65	86	62	71	25	—
斯洛文尼亚	24	73	86	67	75	23	—
乌拉圭	25	57	99	39	65	34	28
俄罗斯	26	56	77	50	61	37	—
斯洛伐克	27	60	81	42	61	38	—
希腊	28	84	95	45	75	24	23
匈牙利	29	64	88	57	70	28	25
捷克	30	64	86	56	69	29	—
葡萄牙	31	73	94	45	71	26	24
白俄罗斯	32	40	77	47	54	47	—
拉脱维亚	33	65	92	55	70	27	—
立陶宛	34	60	85	53	66	33	—
格鲁吉亚	35	39	75	20	45	62	—
乌克兰	36	46	72	46	55	45	—
保加利亚	37	51	78	36	55	44	36
黎巴嫩	38	47	89	68	68	30	26
哈萨克斯坦	39	45	71	30	49	57	—
波兰	40	58	78	50	62	35	29
阿根廷	41	57	87	40	61	36	30
巴拿马	42	59	86	28	58	39	31
克罗地亚	43	62	91	46	66	32	—
沙特阿拉伯	44	62	71	29	54	48	38
哥伦比亚	45	49	85	25	53	52	42
科威特	46	92	82	29	68	31	27
智利	47	53	80	39	57	40	32
马其顿	48	46	80	26	51	54	—
阿塞拜疆	49	32	71	13	39	77	—
摩尔多瓦	50	45	65	32	47	61	—
罗马尼亚	51	45	73	37	52	53	43
委内瑞拉	52	50	79	29	53	50	40
乌兹别克斯坦	53	29	60	9	33	85	—
多米尼加	54	51	82	26	53	51	41
亚美尼亚	55	31	81	19	44	64	—
巴拉圭	56	42	63	14	40	73	57
哥斯达黎加	57	55	78	27	53	49	39
巴西	58	54	80	33	56	42	34
墨西哥	59	57	83	23	55	46	37
博茨瓦纳	60	49	61	8	39	76	59
秘鲁	61	43	82	24	50	55	44
牙买加	62	54	58	30	47	60	48
约旦	63	54	79	34	56	43	35
南非	64	55	51	18	41	69	53
土耳其	65	53	85	33	57	41	33
厄瓜多尔	66	51	73	17	47	59	47
伊朗	67	41	59	25	42	67	51
蒙古	68	30	70	27	42	65	—
摩洛哥	69	37	64	20	40	71	55
马来西亚	70	47	62	39	50	56	45
萨尔瓦多	71	47	72	13	44	63	49
埃及	72	38	66	20	41	68	52
中国	73	25	57	32	38	78	60
阿尔及利亚	74	37	67	14	39	75	58
土库曼斯坦	75	26	62	16	34	81	—
突尼斯	76	43	71	28	47	58	46
阿尔巴尼亚	77	37	67	17	41	70	54
吉尔吉斯斯坦	78	33	61	24	40	74	—
塔吉克斯坦	79	28	52	11	31	87	—
玻利维亚	80	35	61	30	42	66	50
缅甸	81	25	45	9	26	100	78
菲律宾	82	39	67	14	40	72	56
泰国	83	34	44	30	36	80	62
纳米比亚	84	44	52	6	34	82	63
津巴布韦	85	38	37	8	27	96	74
洪都拉斯	86	37	53	9	33	84	65
尼加拉瓜	87	38	51	8	32	86	66
越南	88	24	43	14	27	99	77
肯尼亚	89	42	30	6	26	101	79
斯里兰卡	90	37	46	6	30	91	70
刚果共和国	91	20	61	5	28	93	—
印度尼西亚	92	30	48	11	30	88	67
赞比亚	93	20	32	3	18	121	99
危地马拉	94	41	61	11	37	79	61
毛里塔尼亚	95	21	46	4	24	107	85
科特迪瓦	96	25	44	8	26	102	80
印度	97	28	43	14	28	94	72
巴基斯坦	98	33	46	10	30	89	68
莱索托	99	28	29	4	20	115	93
柬埔寨	100	19	33	3	18	120	98
喀麦隆	101	27	46	8	27	97	75
厄立特里亚	102	27	32	3	20	114	92
叙利亚	103	37	53	11	33	83	64
加纳	104	26	41	5	24	105	83
乍得	105	16	33	2	17	127	104
莫桑比克	106	22	28	6	19	118	96
几内亚	107	19	40	5	21	113	91
也门共和国	108	30	43	8	27	98	76
巴布亚新几内亚	109	16	30	3	16	129	106
海地	110	33	45	9	29	92	71
尼泊尔	111	25	31	15	24	106	84
塞内加尔	112	36	45	8	30	90	69
塞拉利昂	113	20	36	1	19	117	95
刚果民主共和国	114	15	28	9	17	125	—
老挝	115	16	45	10	24	108	86
马拉维	116	16	28	1	15	131	108
多哥	117	16	37	12	22	112	90
马达加斯加	118	25	42	3	24	110	88
马里	119	29	38	4	24	109	87
尼日利亚	120	29	39	7	25	103	81
孟加拉国	121	32	42	9	28	95	73
坦桑尼亚	122	20	28	1	17	128	105
贝宁	123	27	39	3	23	111	89
尼日尔	124	20	31	1	18	124	102
安哥拉	125	15	54	4	24	104	82
乌干达	126	26	29	5	20	116	94
中非	127	16	37	1	18	123	101
布基纳法索	128	22	30	4	19	119	97
埃塞俄比亚	129	19	26	3	16	130	107
布隆迪	130	21	26	4	17	126	103
卢旺达	131	23	29	2	18	122	100
高收入国家		100	100	100	100		
中等收入国家		35	61	25	40		
低收入国家		26	36	10	24		
世界平均		48	68	46	54		

附表 3-4-2 2007 年世界经济发展指数

国家	编号	经济发展指标的实际值				经济发展指标的指数				经济发展指数
		人均GNI	人均PPP	服务业增加值比例	服务业劳动力比例	人均GNI	人均PPP	服务业增加值比例	服务业劳动力比例	
瑞典	1	47 870	37 490	70	76	100	100	95	100	99
美国	2	46 090	45 890	77	78	100	100	100	100	100
芬兰	3	44 310	34 760	65	70	100	96	88	97	95
澳大利亚	4	35 760	33 400	69	75	95	92	94	100	95
瑞士	5	60 820	44 410	71	73	100	100	98	100	99
挪威	6	77 370	53 650	56	76	100	100	76	100	94
日本	7	37 800	34 750	68	67	100	96	94	93	95
丹麦	8	55 450	36 800	73	74	100	100	100	100	100
德国	9	38 990	34 740	69	68	100	96	95	94	96
荷兰	10	45 650	39 470	74	72	100	100	100	100	100
加拿大	11	39 650	35 500	66	76	100	98	91	100	97
新加坡	12	31 890	46 820	69	76	85	100	95	100	95
英国	13	43 430	35 540	76	76	100	98	100	100	99
法国	14	38 790	33 850	77	73	100	93	100	100	98
比利时	15	41 120	35 320	75	73	100	97	100	100	99
奥地利	16	41 970	36 750	67	67	100	100	92	93	96
新西兰	17	27 090	25 380	68	71	72	70	94	98	83
韩国	18	21 210	26 880	60	67	57	74	82	93	76
以色列	19	22 170	26 310	—	76	59	72	—	100	77
意大利	20	33 490	30 190	71	66	89	83	97	91	90
爱尔兰	21	47 610	37 700	63	66	100	100	87	92	95
西班牙	22	29 290	30 750	67	66	78	85	92	92	87
爱沙尼亚	23	12 840	18 830	67	60	34	52	92	83	65
斯洛文尼亚	24	21 510	26 230	63	55	57	72	87	76	73
乌拉圭	25	6620	11 300	63	67	18	31	86	93	57
俄罗斯	26	7530	14 330	57	62	20	39	78	86	56
斯洛伐克	27	11 720	19 220	56	56	31	53	77	78	60
希腊	28	25 740	27 830	73	66	69	77	100	92	84
匈牙利	29	11 670	17 470	66	63	31	48	91	87	64
捷克	30	14 240	22 160	59	56	38	61	80	78	64
葡萄牙	31	18 960	21 790	73	58	51	60	100	80	73
白俄罗斯	32	4240	10 790	49	36	11	30	67	50	40
拉脱维亚	33	10 090	16 770	75	62	27	46	100	85	65
立陶宛	34	9910	17 090	63	59	26	47	86	82	60
格鲁吉亚	35	2090	4680	65	36	6	13	89	50	39
乌克兰	36	2570	6830	56	59	7	19	76	83	46
保加利亚	37	4460	10 790	62	57	12	30	84	79	51
黎巴嫩	38	6190	10 910	70	—	17	30	95	—	47
哈萨克斯坦	39	4970	9510	53	49	13	26	73	68	45
波兰	40	9870	15 600	65	55	26	43	88	76	58
阿根廷	41	6040	12 970	57	75	16	36	78	100	57
巴拿马	42	5500	10 610	77	66	15	29	100	92	59
克罗地亚	43	12 000	17 840	66	56	32	49	90	78	62
沙特阿拉伯	44	15 500	22 950	32	75	41	63	43	100	62
哥伦比亚	45	4100	8260	56	62	11	23	76	86	49
科威特	46	38 421	52 610	49	82	100	100	66	100	92
智利	47	8160	12 280	49	64	22	34	67	89	53
马其顿	48	3410	9050	59	50	9	25	80	70	46
阿塞拜疆	49	2710	6630	26	49	7	18	35	68	32
摩尔多瓦	50	1130	2900	73	48	3	8	100	67	45
罗马尼亚	51	6390	12 350	55	39	17	34	75	54	45
委内瑞拉	52	7550	12 290	38	68	20	34	52	94	50
乌兹别克斯坦	53	730	2430	44	35	2	7	60	49	29
多米尼加	54	4070	7340	62	63	11	20	85	88	51
亚美尼亚	55	2580	5740	36	38	7	16	49	53	31
巴拉圭	56	1710	4520	58	52	5	12	79	73	42
哥斯达黎加	57	5520	10 510	63	64	15	29	86	89	55
巴西	58	6060	9510	66	59	16	26	90	82	54
墨西哥	59	9400	13 910	60	60	25	38	83	83	57
博茨瓦纳	60	6100	12 760	49	55	16	35	67	76	49
秘鲁	61	3340	7070	56	49	9	19	77	68	43
牙买加	62	4420	7170	69	64	12	20	95	89	54
约旦	63	2960	5300	67	75	8	15	92	100	54
南非	64	5730	9460	66	65	15	26	90	90	55
土耳其	65	8120	12 970	63	48	22	36	86	67	53
厄瓜多尔	66	3150	7100	58	70	8	20	79	97	51
伊朗	67	3540	10 840	45	45	9	30	62	63	41
蒙古	68	1290	3170	36	43	3	9	49	60	30
摩洛哥	69	2290	4050	59	36	6	11	81	50	37
马来西亚	70	6420	13 230	42	57	17	36	58	79	47

附表 3-4-2　2007 年世界经济发展指数　　（续表）

国家	编号	经济发展指标的实际值				经济发展指标的指数				经济发展指数
		人均GNI	人均PPP	服务业增加值比例	服务业劳动力比例	人均GNI	人均PPP	服务业增加值比例	服务业劳动力比例	
萨尔瓦多	71	3200	6330	59	58	9	17	81	81	47
埃及	72	1500	5090	50	47	4	14	68	65	38
中国	73	2360	5430	40	16	6	15	55	22	25
阿尔及利亚	74	3610	7650	31	53	10	21	42	74	37
土库曼斯坦	75	2230	5650	40	—	6	16	55	—	26
突尼斯	76	3210	7140	60	44	9	20	82	61	43
阿尔巴尼亚	77	3360	7350	59	28	9	20	80	39	37
吉尔吉斯斯坦	78	610	1980	48	44	2	5	65	62	33
塔吉克斯坦	79	460	1700	51	26	1	5	70	36	28
玻利维亚	80	1220	3960	51	42	3	11	69	58	35
缅甸	81	—	1290	35	16	—	4	48	22	25
菲律宾	82	1600	3660	54	49	4	10	74	68	39
泰国	83	2660	6110	43	37	7	17	58	52	34
纳米比亚	84	4100	6070	54	55	11	17	74	77	44
津巴布韦	85	340	1950	57	48	1	5	78	67	38
洪都拉斯	86	1590	3610	59	40	4	10	80	55	37
尼加拉瓜	87	990	2510	51	51	3	7	70	71	38
越南	88	770	2530	38	25	2	7	52	34	24
肯尼亚	89	660	1550	56	62	2	4	77	86	42
斯里兰卡	90	1540	4200	58	39	4	12	80	54	37
刚果共和国	91	1510	2700	35	—	4	7	48	—	20
印度尼西亚	92	1650	3560	40	38	4	10	54	52	30
赞比亚	93	740	1130	40	—	2	3	55	—	20
危地马拉	94	2470	4550	62	44	7	13	85	61	41
毛里塔尼亚	95	840	2000	41	—	2	6	56	—	21
科特迪瓦	96	880	1550	51	—	2	4	70	—	25
印度	97	950	2740	52	20	3	8	72	28	28
巴基斯坦	98	860	2540	53	35	2	7	72	49	33
莱索托	99	1040	1880	57	—	3	5	78	—	28
柬埔寨	100	550	1720	41	9	1	5	57	12	19
喀麦隆	101	1050	2120	50	23	3	6	68	32	27
厄立特里亚	102	270	620	57	—	1	2	77	—	27
叙利亚	103	1740	4200	47	47	5	12	64	66	37
加纳	104	600	1350	40	31	2	4	55	43	26
乍得	105	510	1220	33	—	1	3	45	—	16
莫桑比克	106	340	730	47	—	1	2	64	—	22
几内亚	107	390	1100	38	—	1	3	52	—	19
也门共和国	108	950	2440	45	35	3	7	62	48	30
巴布亚新几内亚	109	850	1870	20	23	2	5	27	32	16
海地	110	520	1060	55	39	1	3	75	54	33
尼泊尔	111	350	1060	49	20	1	3	68	28	25
塞内加尔	112	870	1720	62	36	2	5	85	50	36
塞拉利昂	113	280	720	31	25	1	2	42	34	20
刚果民主共和国	114	140	290	31	—	0	1	43	—	15
老挝	115	610	1920	29	—	2	5	40	—	16
马拉维	116	250	760	45	0	1	2	62	0	16
多哥	117	370	810	32	—	1	2	44	—	16
马达加斯加	118	340	980	56	15	1	3	77	20	25
马里	119	560	1180	39	42	1	3	54	58	29
尼日利亚	120	970	1850	28	50	3	5	38	69	29
孟加拉国	121	480	1340	52	37	1	4	72	52	32
坦桑尼亚	122	400	1130	37	19	1	3	51	27	20
贝宁	123	610	1410	54	—	2	4	75	—	27
尼日尔	124	280	630	43	—	1	2	58	—	20
安哥拉	125	2590	4400	18	—	7	12	25	—	15
乌干达	126	370	1050	50	24	1	3	68	33	26
中非	127	370	710	32	—	1	2	44	—	16
布基纳法索	128	430	1120	44	—	1	3	61	—	22
埃塞俄比亚	129	220	780	40	13	1	2	55	18	19
布隆迪	130	120	370	45	—	0	1	62	—	21
卢旺达	131	330	920	47	—	1	3	65	—	23
高收入国家		37 460	36 349	73	72	100	100	100	100	100
中等收入国家		2748	5719	53	33	7	16	73	45	35
低收入国家		461	1332	46	27	1	4	63	37	26
世界平均		7980	9950	69	35	21	27	95	48	48
参考值		37 460	36 349	73	72					

附表 3-4-3 2007 年世界社会发展指数

国家	编号	社会发展指标的实际值				社会发展指标的指数				经济发展指数
		城市人口比例	医生比例	预期寿命	生态效益[a]	城市人口比例	医疗服务	预期寿命	生态效益	
瑞典	1	85	3.3	81	8.8	100	100	100	100	100
美国	2	81	2.3	78	5.9	100	88	99	83	92
芬兰	3	63	3.3	79	6.5	82	100	100	92	93
澳大利亚	4	89	2.5	81	6.6	100	96	100	93	97
瑞士	5	73	4.0	82	14.9	95	100	100	100	99
挪威	6	77	3.8	80	14.7	100	100	100	100	100
日本	7	66	2.1	83	8.3	86	81	100	100	92
丹麦	8	86	3.6	78	14.8	100	100	99	100	100
德国	9	74	3.4	80	9.5	96	100	100	100	99
荷兰	10	81	3.7	80	9.5	100	100	100	100	100
加拿大	11	80	1.9	81	4.9	100	73	100	69	85
新加坡	12	100	1.5	81	5.2	100	58	100	74	83
英国	13	90	2.2	79	11.9	100	85	100	100	96
法国	14	77	3.4	81	9.4	100	100	100	100	100
比利时	15	97	4.2	80	7.4	100	100	100	100	100
奥地利	16	67	3.7	80	10.9	87	100	100	100	97
新西兰	17	86	2.2	80	7.7	100	85	100	100	96
韩国	18	81	1.6	79	4.8	100	62	100	68	82
以色列	19	92	3.7	81	7.6	100	100	100	100	100
意大利	20	68	3.7	81	11.3	88	100	100	100	97
爱尔兰	21	61	2.9	79	16.4	79	100	100	100	95
西班牙	22	77	3.3	81	9.8	100	100	100	100	100
爱沙尼亚	23	69	3.3	73	4.3	90	100	92	60	86
斯洛文尼亚	24	49	2.4	78	6.5	64	92	98	91	86
乌拉圭	25	92	3.6	76	7.6	100	100	96	100	99
俄罗斯	26	73	4.3	68	1.9	95	100	86	27	77
斯洛伐克	27	56	3.1	74	4.0	73	100	94	56	81
希腊	28	61	5.0	80	10.0	79	100	100	100	95
匈牙利	29	67	3.0	73	5.0	87	100	93	71	88
捷克	30	74	3.6	77	3.8	95	100	97	53	86
葡萄牙	31	59	3.4	78	8.7	76	100	99	100	94
白俄罗斯	32	73	4.8	70	1.6	95	100	89	22	77
拉脱维亚	33	68	3.1	71	6.3	88	100	90	88	92
立陶宛	34	67	4.0	71	4.6	87	100	90	64	85
格鲁吉亚	35	53	4.6	71	3.1	68	100	90	43	75
乌克兰	36	68	3.1	68	1.0	88	100	86	15	72
保加利亚	37	71	3.7	73	1.9	92	100	92	27	78
黎巴嫩	38	87	2.4	72	5.1	100	92	91	72	89
哈萨克斯坦	39	58	3.9	66	1.7	75	100	84	24	71
波兰	40	61	2.0	75	4.3	80	77	95	61	78
阿根廷	41	92	2.7	75	3.8	100	100	95	53	87
巴拿马	42	72	1.5	76	6.9	94	58	96	97	86
克罗地亚	43	57	2.7	76	6.5	74	100	96	92	91
沙特阿拉伯	44	83	1.4	73	2.6	100	54	92	36	71
哥伦比亚	45	74	1.4	73	6.8	96	54	92	96	85
科威特	46	98	1.8	78	4.3	100	69	99	61	82
智利	47	88	1.1	78	5.5	100	42	99	77	80
马其顿	48	66	2.6	74	2.9	86	100	94	40	80
阿塞拜疆	49	52	3.6	67	2.3	67	100	85	33	71
摩尔多瓦	50	42	2.7	68	1.3	55	100	86	19	65
罗马尼亚	51	54	1.9	73	4.1	70	73	92	58	73
委内瑞拉	52	93	1.9	74	3.6	100	73	93	51	79
乌兹别克斯坦	53	37	2.6	67	0.5	48	100	85	6	60
多米尼加	54	68	1.9	72	5.2	89	73	92	73	82
亚美尼亚	55	64	3.7	73	3.6	83	100	93	50	81
巴拉圭	56	60	1.1	72	3.0	78	42	91	43	63
哥斯达黎加	57	63	1.3	79	5.7	81	50	100	80	78
巴西	58	85	1.2	72	5.9	100	46	92	83	80
墨西哥	59	77	1.5	75	5.7	100	58	95	80	83
博茨瓦纳	60	59	0.4	51	6.2	76	15	64	88	61
秘鲁	61	71	1.1	73	7.8	93	41	93	100	82
牙买加	62	53	0.8	73	2.8	69	31	92	40	58
约旦	63	78	2.4	73	2.2	100	92	92	31	79
南非	64	60	0.8	51	2.2	78	31	64	30	51
土耳其	65	68	1.6	72	6.9	89	62	91	97	85
厄瓜多尔	66	65	1.5	75	4.0	84	58	95	57	73
伊朗	67	68	0.9	71	1.7	88	35	90	23	59
蒙古	68	57	2.6	67	1.4	74	100	85	20	70
摩洛哥	69	56	0.5	71	5.3	72	19	90	75	64
马来西亚	70	69	0.7	74	2.7	90	27	94	38	62

附表 3-4-3 2007 年世界社会发展指数 （续表）

国家	编号	社会发展指标的实际值				社会发展指标的指数				经济发展指数
		城市人口比例	医生比例	预期寿命	生态效益[a]	城市人口比例	医疗服务	预期寿命	生态效益	
萨尔瓦多	71	60	1.5	71	4.3	78	58	90	61	72
埃及	72	43	2.4	70	2.0	55	92	89	29	66
中国	73	42	1.5	73	1.7	55	58	92	24	57
阿尔及利亚	74	65	1.1	72	3.6	84	42	92	51	67
土库曼斯坦	75	48	2.5	63	0.7	63	96	80	10	62
突尼斯	76	66	1.3	74	4.0	86	50	94	56	71
阿尔巴尼亚	77	46	1.2	77	4.8	60	46	97	67	67
吉尔吉斯斯坦	78	36	2.4	68	1.3	47	92	86	19	61
塔吉克斯坦	79	26	2.0	67	1.0	34	77	84	14	52
玻利维亚	80	65	1.2	66	2.2	85	46	83	31	61
缅甸	81	32	0.4	62	—	41	15	79	—	45
菲律宾	82	64	1.2	72	3.3	83	46	91	46	67
泰国	83	33	0.4	69	2.3	43	15	87	32	44
纳米比亚	84	36	0.3	53	5.8	47	12	67	82	52
津巴布韦	85	37	0.2	44	—	48	8	55	—	37
洪都拉斯	86	47	0.6	70	2.8	62	23	89	39	53
尼加拉瓜	87	57	0.4	73	1.6	73	15	92	23	51
越南	88	27	0.6	74	1.3	36	23	94	18	43
肯尼亚	89	21	0.1	54	1.5	28	4	68	21	30
斯里兰卡	90	15	0.6	72	3.4	20	23	92	48	46
刚果共和国	91	61	0.2	54	6.2	79	8	68	88	61
印度尼西亚	92	50	0.1	71	2.4	65	4	89	34	48
赞比亚	93	35	0.1	45	1.5	46	4	57	21	32
危地马拉	94	48	0.9	70	4.1	62	34	89	57	61
毛里塔尼亚	95	41	0.1	64	—	53	4	81	—	46
科特迪瓦	96	48	0.1	57	2.7	62	4	73	37	44
印度	97	29	0.6	65	2.1	38	23	82	29	43
巴基斯坦	98	36	0.8	66	1.8	46	31	83	25	46
莱索托	99	25	0.0	43	—	32	0	54	—	29
柬埔寨	100	21	0.2	60	1.6	27	8	75	23	33
喀麦隆	101	56	0.2	50	2.9	73	8	64	40	46
厄立特里亚	102	20	0.0	58	1.9	26	0	73	27	32
叙利亚	103	54	0.5	74	2.1	70	19	94	29	53
加纳	104	49	0.2	57	1.5	64	8	72	22	41
乍得	105	26	0.0	51	—	34	0	64	—	33
莫桑比克	106	36	0.0	42	0.9	47	0	53	13	28
几内亚	107	34	0.1	58	—	44	4	73	—	40
也门共和国	108	30	0.3	63	3.0	39	12	79	42	43
巴布亚新几内亚	109	13	0.0	57	—	16	0	73	—	30
海地	110	46	0.2	61	2.6	59	6	77	36	45
尼泊尔	111	17	0.2	64	1.1	22	8	81	15	31
塞内加尔	112	42	0.1	55	3.6	55	4	70	51	45
塞拉利昂	113	37	0.0	47	—	49	0	60	—	36
刚果民主共和国	114	33	0.1	46	0.6	43	4	59	8	28
老挝	115	30	0.4	65	—	39	15	82	—	45
马拉维	116	18	0.0	48	—	24	0	61	—	28
多哥	117	41	0.0	62	1.0	54	0	79	14	37
马达加斯加	118	29	0.3	60	—	38	12	76	—	42
马里	119	32	0.1	54	—	41	4	69	—	38
尼日利亚	120	48	0.3	47	1.5	62	12	59	22	39
孟加拉国	121	27	0.3	66	2.7	35	12	84	38	42
坦桑尼亚	122	25	0.0	55	0.8	33	0	70	11	28
贝宁	123	41	0.0	61	1.9	53	0	77	26	39
尼日尔	124	17	0.0	57	—	21	0	72	—	31
安哥拉	125	56	0.1	47	5.6	72	4	59	79	54
乌干达	126	13	0.1	52	—	17	4	66	—	29
中非	127	38	0.1	45	—	50	4	57	—	37
布基纳法索	128	19	0.0	52	—	25	0	66	—	30
埃塞俄比亚	129	17	0.0	55	0.8	22	0	70	12	26
布隆迪	130	10	0.0	50	—	13	0	64	—	26
卢旺达	131	18	0.0	50	—	24	0	63	—	29
高收入国家		77	2.6	79	7.1	100	100	100	100	100
中等收入国家		48	1.6	69	2.5	62	61	87	35	61
低收入国家		28	0.5	59	1.1	37	18	74	16	36
世界平均		50	1.4	69	4.5	64	56	87	64	68
参考值		77	2.6	79	7.1					

注：a. 用能源效率代表，为人均 GDP/人均能源消费，美元/千克标准油。

附表 3-4-4　2007 年世界知识发展指数

国家	编号	知识发展指标的实际值				知识发展指标的指数				经济发展指数
		知识创新经费投入	知识创新专利产出	大学普及率	互联网普及率	知识创新经费投入	知识创新专利产出	大学普及率	互联网普及率	
瑞典	1	3.8	276	75	80	100	36	100	100	84
美国	2	2.6	801	82	74	100	100	100	100	100
芬兰	3	3.4	341	94	79	100	44	100	100	86
澳大利亚	4	1.8	129	75	53	72	17	100	82	68
瑞士	5	2.9	224	47	72	100	29	70	100	75
挪威	6	1.5	260	76	85	60	34	100	100	73
日本	7	3.4	2610	58	69	100	100	87	100	97
丹麦	8	2.4	304	80	81	96	39	100	100	84
德国	9	2.5	582	50	72	100	75	75	100	87
荷兰	10	1.7	127	60	84	68	16	90	100	69
加拿大	11	2.0	152	62	73	80	20	93	100	73
新加坡	12	2.4	152	44	68	96	20	65	100	70
英国	13	1.8	285	59	72	72	37	88	100	74
法国	14	2.1	239	56	51	84	31	83	79	69
比利时	15	1.8	43	63	66	72	6	93	100	68
奥地利	16	2.5	273	51	67	100	35	76	100	78
新西兰	17	1.2	447	80	69	48	58	100	100	76
韩国	18	3.2	2656	95	76	100	100	100	100	100
以色列	19	4.5	36	60	28	100	5	90	43	59
意大利	20	1.1	156	68	54	44	20	100	83	62
爱尔兰	21	1.3	194	61	56	52	25	91	86	64
西班牙	22	1.2	73	69	51	48	9	100	79	59
爱沙尼亚	23	1.2	33	65	64	48	4	97	98	62
斯洛文尼亚	24	1.6	164	86	53	64	21	100	81	67
乌拉圭	25	0.3	11	64	29	12	1	96	45	39
俄罗斯	26	1.1	194	75	21	44	25	100	32	50
斯洛伐克	27	0.5	44	51	43	20	6	76	66	42
希腊	28	0.5	69	91	33	20	9	100	51	45
匈牙利	29	1.0	69	69	52	40	9	100	80	57
捷克	30	1.5	69	55	48	60	9	82	74	56
葡萄牙	31	0.8	24	56	40	32	3	84	62	45
白俄罗斯	32	0.7	122	69	29	28	16	100	45	47
拉脱维亚	33	0.7	50	71	55	28	6	100	85	55
立陶宛	34	0.8	18	76	49	32	2	100	76	53
格鲁吉亚	35	0.2	19	37	8	8	2	56	13	20
乌克兰	36	1.0	75	76	22	40	10	100	33	46
保加利亚	37	0.5	28	50	31	20	4	74	48	36
黎巴嫩	38	—	—	52	38	—	—	77	59	68
哈萨克斯坦	39	0.3	93	51	12	12	12	76	19	30
波兰	40	0.6	63	67	44	24	8	100	68	50
阿根廷	41	0.5	0	67	26	20	0	100	40	40
巴拿马	42	0.3	2	45	22	12	0	67	34	28
克罗地亚	43	0.9	78	46	45	36	10	68	69	46
沙特阿拉伯	44	—	5	30	26	—	1	45	40	29
哥伦比亚	45	0.2	3	32	28	8	0	47	42	25
科威特	46	0.2	—	18	34	8	—	26	52	29
智利	47	0.7	18	52	31	28	2	78	48	39
马其顿	48	0.2	18	36	27	8	2	53	42	26
阿塞拜疆	49	0.2	33	15	11	8	4	23	17	13
摩尔多瓦	50	0.6	91	41	19	25	12	61	29	32
罗马尼亚	51	0.5	38	58	24	20	5	87	37	37
委内瑞拉	52	0.2	2	52	21	8	0	78	32	29
乌兹别克斯坦	53	—	12	10	8	—	2	15	12	9
多米尼加	54	—	0	35	17	—	0	52	26	26
亚美尼亚	55	0.2	62	34	6	8	8	51	9	19
巴拉圭	56	0.1	3	26	9	4	0	38	13	14
哥斯达黎加	57	0.4	6	25	34	16	1	38	52	27
巴西	58	0.8	20	30	36	32	3	45	55	33
墨西哥	59	0.5	6	27	21	20	1	40	32	23
博茨瓦纳	60	0.4	0	5	5	16	0	8	8	8
秘鲁	61	0.1	1	35	27	4	0	52	41	24
牙买加	62	0.1	8	19	56	4	1	28	86	30
约旦	63	0.3	—	40	20	12	—	60	30	34
南非	64	0.9	0	15	8	36	0	23	13	18
土耳其	65	0.8	25	36	29	32	3	54	45	33
厄瓜多尔	66	0.1	0	35	9	4	0	53	13	17
伊朗	67	0.6	10	31	18	24	1	47	28	25
蒙古	68	0.3	39	48	12	12	5	71	19	27
摩洛哥	69	0.7	6	11	21	28	1	17	33	20
马来西亚	70	0.6	20	30	56	24	3	45	86	39

附表 3-4-4　2007 年世界知识发展指数　（续表）

国家	编号	知识发展指标的实际值				知识发展指标的指数				经济发展指数
		知识创新经费投入	知识创新专利产出	大学普及率	互联网普及率	知识创新经费投入	知识创新专利产出	大学普及率	互联网普及率	
萨尔瓦多	71	0.0	2	22	13	0	0	32	19	13
埃及	72	0.2	6	35	13	8	1	52	20	20
中国	73	1.4	116	23	16	56	15	34	25	32
阿尔及利亚	74	0.1	2	24	10	4	0	36	16	14
土库曼斯坦	75	—	—	19	1	—	—	29	2	16
突尼斯	76	1.0	5	31	17	40	1	46	26	28
阿尔巴尼亚	77	—	0	19	15	—	0	28	23	17
吉尔吉斯斯坦	78	0.2	30	43	14	8	4	64	22	24
塔吉克斯坦	79	0.1	4	20	7	4	0	30	11	11
玻利维亚	80	0.3	—	41	11	12	—	61	16	30
缅甸	81	0.2	—	12	0	8	—	18	0	9
菲律宾	82	0.1	3	29	6	4	0	43	9	14
泰国	83	0.3	13	50	20	12	2	74	31	30
纳米比亚	84	—	2	6	5	—	0	10	8	6
津巴布韦	85	—	4	4	11	—	0	5	17	8
洪都拉斯	86	0.0	1	17	6	0	0	26	9	9
尼加拉瓜	87	0.0	2	18	3	0	0	27	4	8
越南	88	0.2	2	10	21	8	0	14	32	14
肯尼亚	89	—	1	4	8	—	0	5	12	6
斯里兰卡	90	0.2	8	5	4	8	1	8	6	6
刚果共和国	91	—	—	4	3	—	—	6	4	5
印度尼西亚	92	0.0	1	18	11	0	0	26	17	11
赞比亚	93	0.0	0	2	5	0	0	3	8	3
危地马拉	94	0.0	1	18	10	0	0	26	16	11
毛里塔尼亚	95	—	—	4	1	—	—	6	2	4
科特迪瓦	96	—	—	8	2	—	—	12	3	8
印度	97	0.7	4	12	7	28	1	18	11	14
巴基斯坦	98	0.4	0	5	11	16	0	8	17	10
莱索托	99	0.1	0	4	4	4	0	5	5	4
柬埔寨	100	0.0	—	5	1	0	—	8	1	3
喀麦隆	101	—	—	7	3	—	—	11	5	8
厄立特里亚	102	—	—	1	3	—	—	1	4	3
叙利亚	103	0.2	6	6	17	7	1	9	26	11
加纳	104	—	0	6	4	—	0	9	6	5
乍得	105	—	—	1	1	—	—	2	1	2
莫桑比克	106	0.5	0	2	1	20	0	2	1	6
几内亚	107	—	—	5	1	—	—	8	1	5
也门共和国	108	—	—	9	1	—	—	14	2	8
巴布亚新几内亚	109	—	—	2	2	—	—	3	3	3
海地	110	—	—	1	10	—	—	2	16	9
尼泊尔	111	0.7	—	11	1	27	—	17	2	15
塞内加尔	112	0.1	—	7	7	4	—	10	11	8
塞拉利昂	113	—	0	2	0	—	0	3	0	1
刚果民主共和国	114	0.5	—	4	0	20	—	6	1	9
老挝	115	—	—	12	2	—	—	17	2	10
马拉维	116	—	0	1	1	—	0	1	2	1
多哥	117	0.5	—	5	5	20	—	8	8	12
马达加斯加	118	0.2	0	3	1	8	0	5	1	3
马里	119	—	—	4	1	—	—	7	1	4
尼日利亚	120	0.1	0	10	7	4	0	15	10	7
孟加拉国	121	0.6	0	7	0	25	0	11	0	9
坦桑尼亚	122	—	0	2	1	—	0	2	2	1
贝宁	123	0.0	—	5	2	0	—	8	3	3
尼日尔	124	—	—	1	0	—	—	1	1	1
安哥拉	125	—	—	3	3	—	—	4	4	4
乌干达	126	0.2	0	4	4	8	0	5	6	5
中非	127	0.0	—	1	0	1	—	2	1	1
布基纳法索	128	0.2	—	3	1	8	—	4	1	4
埃塞俄比亚	129	0.2	0	3	0	8	0	4	1	3
布隆迪	130	0.3	0	2	1	12	0	3	1	4
卢旺达	131	0.0	0	3	2	2	0	4	3	2
高收入国家		2.5	775	67	65	100	100	100	100	100
中等收入国家		0.9	41	23	15	36	5	34	23	25
低收入国家		0.6	1	7	4	23	0	10	6	10
世界平均		2.3	153	26	21	92	20	38	33	46
参考值		2.5	775	67	65					

附表 3-4-5 1980～2007 年世界综合现代化指数和排名

国家	编号	指数							排名						
		1980	1990	2000	2001	2005	2006	2007	1980	1990	2000	2001	2005	2006	2007
瑞典	1	98	98	98	98	95	94	94	1	1	1	1	3	3	4
美国	2	92	91	95	96	96	97	97	6	11	3	2	1	1	1
芬兰	3	87	92	89	90	92	91	92	17	9	9	9	7	7	6
澳大利亚	4	91	88	86	86	92	93	87	11	14	13	13	6	5	14
瑞士	5	89	92	96	94	91	91	91	13	7	2	5	8	8	7
挪威	6	91	91	90	90	90	89	89	8	10	7	8	9	12	12
日本	7	94	93	94	94	94	94	95	2	6	6	6	4	4	2
丹麦	8	93	98	95	95	95	95	95	4	2	4	3	2	2	3
德国	9	93	94	95	94	93	92	94	3	5	5	4	5	6	5
荷兰	10	91	96	90	92	90	90	90	9	3	8	7	11	9	10
加拿大	11	93	85	82	83	84	86	85	5	15	17	17	16	15	17
新加坡	12	60	64	88	85	80	78	83	37	25	11	15	21	22	20
英国	13	88	89	88	89	90	89	90	14	13	10	10	10	11	9
法国	14	89	90	86	87	90	90	89	12	12	15	11	12	10	11
比利时	15	91	94	86	86	89	88	89	10	4	14	14	14	14	13
奥地利	16	87	92	87	87	89	88	90	16	8	12	12	13	13	8
新西兰	17	87	78	74	75	85	85	85	15	19	21	20	15	16	16
韩国	18	47	63	79	79	83	84	86	54	27	18	18	19	17	15
以色列	19	82	81	84	84	83	80	79	19	18	16	16	17	21	22
意大利	20	75	85	78	78	83	83	83	23	16	19	19	18	18	19
爱尔兰	21	68	71	75	74	81	81	84	29	20	20	21	20	19	18
西班牙	22	73	83	74	74	80	80	82	26	17	22	22	22	20	21
爱沙尼亚	23	76	56	62	61	67	69	71	21	38	27	28	26	25	25
斯洛文尼亚	24	—	71	65	67	74	74	75	—	21	24	24	23	24	23
乌拉圭	25	64	66	63	62	59	61	65	33	24	26	27	37	34	34
俄罗斯	26	85	56	54	54	58	59	61	18	36	37	37	39	37	37
斯洛伐克	27	—	69	53	53	59	59	61	—	22	40	40	36	36	38
希腊	28	69	67	60	66	71	74	75	28	23	28	25	24	23	24
匈牙利	29	63	58	58	57	66	67	70	34	33	30	31	27	28	28
捷克	30	73	59	57	58	63	66	69	25	32	31	30	30	29	29
葡萄牙	31	53	61	69	68	69	69	71	46	31	23	23	25	26	26
白俄罗斯	32	—	63	47	47	54	58	54	—	28	52	52	43	39	47
拉脱维亚	33	75	57	56	55	65	67	70	22	35	33	34	28	27	27
立陶宛	34	—	57	54	53	62	62	66	—	34	38	38	31	33	33
格鲁吉亚	35	77	48	41	41	44	44	45	20	56	61	61	64	64	62
乌克兰	36	91	51	46	46	53	53	55	7	51	53	54	45	47	45
保加利亚	37	63	52	48	48	52	53	55	35	47	48	49	49	46	44
黎巴嫩	38	72	54	57	55	64	63	68	27	43	32	33	29	31	30
哈萨克斯坦	39	—	53	43	44	46	48	49	—	46	55	57	58	56	57
波兰	40	65	51	53	53	60	59	62	32	50	39	39	35	38	35
阿根廷	41	67	55	64	64	60	60	61	30	41	25	26	34	35	36
巴拿马	42	56	49	51	51	55	56	58	43	54	42	43	40	43	39
克罗地亚	43	—	62	49	49	61	62	66	—	29	45	47	33	32	32
沙特阿拉伯	44	57	56	43	44	49	53	54	41	40	57	55	54	48	48
哥伦比亚	45	50	51	46	46	46	48	53	49	49	54	53	60	55	52
科威特	46	74	62	54	57	61	65	68	24	30	36	32	32	30	31
智利	47	59	48	54	54	58	56	57	38	57	35	36	38	42	40
马其顿	48	—	44	47	47	45	48	51	—	61	50	50	61	57	54
阿塞拜疆	49	—	—	38	36	37	38	39	—	—	67	71	76	78	77
摩尔多瓦	50	59	43	40	39	43	46	47	39	67	63	65	65	62	61
罗马尼亚	51	50	40	39	39	46	49	52	50	69	66	67	57	54	53
委内瑞拉	52	58	52	50	49	49	52	53	40	48	43	48	53	50	50
乌兹别克斯坦	53	—	20	29	29	33	33	33	—	127	89	87	84	83	85
多米尼加	54	50	63	60	61	54	57	53	51	26	29	29	41	40	51
亚美尼亚	55	—	21	37	37	41	42	44	—	122	70	69	68	65	64
巴拉圭	56	41	40	55	55	37	39	40	61	68	34	35	75	73	73
哥斯达黎加	57	54	50	47	49	53	53	53	45	52	51	46	47	49	49
巴西	58	51	56	48	47	52	56	56	47	39	49	51	50	41	42
墨西哥	59	57	53	51	51	53	53	55	42	45	41	41	46	45	46
博茨瓦纳	60	20	33	37	32	35	38	39	106	90	71	79	79	76	76
秘鲁	61	47	54	50	49	50	52	50	53	42	44	45	51	52	55
牙买加	62	42	44	42	42	44	45	47	60	63	59	59	63	63	60
约旦	63	49	56	49	49	53	55	56	52	37	47	44	44	44	43
南非	64	51	45	36	36	42	42	41	48	60	73	70	67	66	69
土耳其	65	42	45	42	41	50	50	57	59	58	58	60	52	53	41
厄瓜多尔	66	56	43	38	39	42	46	47	44	64	68	64	66	61	59
伊朗	67	39	37	33	32	38	42	42	66	82	76	76	73	67	67
蒙古	68	65	39	35	35	48	48	42	31	75	74	74	55	58	65
摩洛哥	69	35	38	37	37	39	40	40	70	76	69	68	70	70	71
马来西亚	70	39	37	43	44	52	52	50	65	79	56	56	48	51	56

附表 3-4-5　1980～2007 年世界综合现代化指数和排名　　（续表）

国家	编号	指数							排名						
		1980	1990	2000	2001	2005	2006	2007	1980	1990	2000	2001	2005	2006	2007
萨尔瓦多	71	43	49	49	51	46	47	44	57	55	46	42	59	59	63
埃及	72	38	40	40	40	34	41	41	67	73	64	63	80	69	68
中国	73	21	28	31	32	38	38	38	103	103	79	78	72	75	78
阿尔及利亚	74	46	40	30	31	38	38	39	55	71	84	82	71	74	75
土库曼斯坦	75	—	—	26	26	33	33	34	—	—	93	95	82	82	81
突尼斯	76	41	40	42	43	48	47	47	63	72	60	58	56	60	58
阿尔巴尼亚	77	35	32	30	31	37	39	41	71	92	85	81	74	71	70
吉尔吉斯斯坦	78	—	22	36	36	45	38	40	—	120	72	72	62	77	74
塔吉克斯坦	79	—	5	30	29	29	29	31	—	128	83	88	87	88	87
玻利维亚	80	33	54	41	40	54	41	42	77	44	62	62	42	68	66
缅甸	81	26	30	24	30	28	29	26	97	100	100	84	93	90	100
菲律宾	82	40	40	39	39	39	39	40	64	70	65	66	69	72	72
泰国	83	34	37	32	32	35	35	36	73	84	78	77	78	80	80
纳米比亚	84	—	32	31	30	34	34	34	—	91	82	85	81	81	82
津巴布韦	85	30	26	24	24	24	24	27	81	108	97	99	101	101	96
洪都拉斯	86	37	38	33	34	32	32	33	68	77	77	75	86	85	84
尼加拉瓜	87	42	37	34	36	32	31	32	58	83	75	73	85	86	86
越南	88	—	21	22	23	26	27	27	—	123	104	103	97	96	99
肯尼亚	89	26	27	26	27	24	26	26	94	107	92	92	100	100	101
斯里兰卡	90	32	35	28	28	28	29	30	79	86	91	89	92	91	91
刚果共和国	91	34	37	25	26	28	27	28	75	80	95	96	94	98	93
印度尼西亚	92	31	27	30	27	29	29	30	80	106	86	93	88	89	88
赞比亚	93	30	21	19	19	19	19	18	86	124	117	115	116	117	121
危地马拉	94	41	37	31	31	36	37	37	62	81	81	80	77	79	79
毛里塔尼亚	95	33	38	26	26	23	24	24	78	78	94	94	106	103	107
科特迪瓦	96	62	50	23	24	24	24	26	36	53	101	101	102	104	102
印度	97	30	27	29	27	28	28	28	82	104	87	91	90	93	94
巴基斯坦	98	30	26	31	31	28	30	30	84	109	80	83	91	87	89
莱索托	99	27	45	19	19	17	17	20	91	59	119	111	123	123	115
柬埔寨	100	—	31	20	20	21	21	18	—	96	111	110	110	114	120
喀麦隆	101	34	32	21	21	25	26	27	72	94	108	105	99	99	97
厄立特里亚	102	—	—	20	21	20	21	20	—	—	112	109	113	113	114
叙利亚	103	45	39	29	30	33	32	33	56	74	88	86	83	84	83
加纳	104	34	33	19	19	23	23	24	74	89	114	112	103	106	105
乍得	105	28	26	24	19	15	16	17	89	110	99	113	128	129	127
莫桑比克	106	18	21	22	21	19	19	19	111	125	107	108	114	118	118
几内亚	107	14	43	28	27	21	22	21	113	66	90	90	112	112	113
也门共和国	108	13	31	23	25	26	27	27	114	97	102	97	98	97	98
巴布亚新几内亚	109	26	24	19	18	17	17	16	96	115	115	116	122	125	129
海地	110	24	43	22	23	27	27	29	100	65	103	104	96	95	92
尼泊尔	111	20	23	17	17	22	23	24	105	116	125	121	108	110	106
塞内加尔	112	30	30	24	24	27	28	30	83	99	98	100	95	94	90
塞拉利昂	113	27	27	15	15	17	17	19	92	105	128	127	120	124	117
刚果民主共和国	114	35	33	14	13	14	16	17	69	88	131	130	129	127	125
老挝	115	19	20	18	17	19	21	24	109	126	122	119	118	115	108
马拉维	116	21	32	19	16	14	15	15	104	93	113	123	130	131	131
多哥	117	29	34	21	21	21	20	22	88	87	109	107	109	116	112
马达加斯加	118	27	28	22	23	22	23	24	90	102	105	102	107	108	110
马里	119	23	22	18	17	19	23	24	101	119	121	118	117	109	109
尼日利亚	120	30	31	19	16	23	24	25	85	98	116	126	104	102	103
孟加拉国	121	25	31	24	24	28	28	28	98	95	96	98	89	92	95
坦桑尼亚	122	18	23	16	16	15	16	17	110	117	127	124	127	128	128
贝宁	123	29	36	21	21	23	24	23	87	85	110	106	105	105	111
尼日尔	124	26	24	17	17	16	18	18	95	114	123	117	124	120	124
安哥拉	125	20	44	15	16	18	22	24	107	62	130	125	119	111	104
乌干达	126	21	24	22	19	21	23	20	102	111	106	114	111	107	116
中非	127	27	28	17	17	16	17	18	93	101	124	122	126	122	123
布基纳法索	128	33	22	19	17	19	18	19	76	118	118	120	115	119	119
埃塞俄比亚	129	17	24	15	13	13	15	16	112	113	129	131	131	130	130
布隆迪	130	25	24	18	14	17	18	17	99	112	120	128	121	121	126
卢旺达	131	19	21	16	14	16	16	18	108	121	126	129	125	126	122
高收入国家		100	100	100	100	100	100	100							
中等收入国家		52	44	42	42	41	42	40							
低收入国家		28	32	24	23	26	26	24							
世界平均		60	53	50	51	53	53	54							

附录四　中国地区现代化水平评价的数据集[a]

注：a. 本报告采用 Excel 软件处理数据。在计算过程中，不做小数点后位数的变动，在本数据集中，一般显示整数或保留小数点后 1～3 位数。请注意两者的差别和影响。

附表 4-1-1　2008 年中国地区现代化水平

地区	编号	人口/万	2008 年第一次现代化 程度/(%)	2008 年第一次现代化 排名	2008 年第一次现代化 达标个数	2008 年第一次现代化 发展阶段[a]	2007 年第二次现代化 指数	2007 年第二次现代化 排名	2007 年第二次现代化 发展阶段[b]	2007 年综合现代化 指数	2007 年综合现代化 排名
北京	1	1695	100	1	10	F4	97	1	S2	81	1
天津	2	1176	98	3	8	F4	75	3	—	63	3
河北	3	6989	87	16	6	F3	41	18	—	33	24
山西	4	3411	88	15	6	F3	44	12	—	36	15
内蒙古	5	2414	89	13	7	F2	41	17	—	36	17
辽宁	6	4315	92	8	7	F3	55	6	—	46	7
吉林	7	2734	89	12	7	F2	46	11	—	41	8
黑龙江	8	3825	88	14	7	F2	47	8	—	39	13
上海	9	1888	100	1	10	F4	89	2	—	77	2
江苏	10	7677	96	6	8	F3	55	5	—	47	6
浙江	11	5120	97	4	8	F3	59	4	—	50	4
安徽	12	6135	85	19	5	F2	37	23	—	33	25
福建	13	3604	94	7	7	F3	44	14	—	39	12
江西	14	4400	84	21	4	F2	36	25	—	34	23
山东	15	9417	91	9	6	F3	47	10	—	39	11
河南	16	9429	82	26	5	F3	37	21	—	30	28
湖北	17	5711	90	11	5	F2	44	13	—	39	10
湖南	18	6380	84	20	5	F2	38	20	—	34	19
广东	19	9544	96	5	8	F3	54	7	—	49	5
广西	20	4816	79	28	4	F2	34	28	—	30	29
海南	21	854	82	27	5	F2	36	24	—	36	16
重庆	22	2839	91	10	7	F3	42	16	—	38	14
四川	23	8138	83	24	5	F2	40	19	—	35	18
贵州	24	3793	75	31	1	F2	30	30	—	27	31
云南	25	4543	76	30	2	F2	31	29	—	28	30
西藏	26	287	78	29	3	F2	29	31	—	34	21
陕西	27	3762	85	18	6	F3	47	9	—	41	9
甘肃	28	2628	83	23	5	F2	36	26	—	31	26
青海	29	554	83	25	4	F3	36	27	—	31	27
宁夏	30	618	87	17	6	F3	42	15	—	34	20
新疆	31	2131	83	22	3	F2	37	22	—	34	22
香港	32	698	100	—	10	F4	78	—	S2	76	—
澳门	33	55	100	—	10	F4	80	—	S2	79	—
台湾	34	2304	100	—	10	F3	90	—	S1	78	—
中国		132 802	90	—	6	F3	44	—	—	41	—
高收入国家		—	—	—	—	—	100	—	2	100	—
中等收入国家		—	—	—	—	—	38	—	—	40	—
低收入国家		—	—	—	—	—	20	—	—	24	—
世界平均		—	—	—	—	—	50	—	—	54	—

注：a. F1 代表第一次现代化起步期，F2 代表发展期，F3 代表成熟期，F4 代表过渡期。

b. S1 代表第二次现代化起步期，S2 代表发展期，S3 代表成熟期，香港的发展阶段根据第二次现代化指数进行了调整。

附表 4-1-2 2008 年根据第一次现代化程度的地区分组

地区分组	地区	编号	2008 年 第一次现代化程度/(%)	2008 年 人均 GDP /美元	2007 年 第一次现代化程度/(%)	2007 年 第二次现代化指数	2007 年 综合现代化指数
发达地区和中等发达地区(10 个)	北京	1	100	8903	100	97	81
	上海	9	100	10 437	100	89	77
	香港	32	100	30 863	100	78	76
	澳门	33	100	39 036	100	80	79
	台湾	34	100	17 542	100	90	78
	天津	2	98	7775	97	75	63
	浙江	11	97	6038	95	59	50
	广东	19	96	5382	95	54	49
	江苏	10	96	5681	94	55	47
	福建	13	94	4321	92	44	39
初等发达地区(20 个)	辽宁	6	92	4489	91	55	46
	山东	15	91	4747	90	47	39
	重庆	22	91	2583	89	42	38
	湖北	17	90	2855	89	44	39
	吉林	7	89	3381	88	46	41
	内蒙古	5	89	4627	88	41	36
	黑龙江	8	88	3126	87	47	39
	山西	4	88	2927	87	44	36
	河北	3	87	3333	86	41	33
	宁夏	30	87	2559	85	42	34
	陕西	27	85	2620	85	47	41
	安徽	12	85	2081	84	37	33
	湖南	18	84	2516	84	38	34
	江西	14	84	2119	83	36	34
	新疆	31	83	2838	81	37	34
	甘肃	28	83	1739	81	36	31
	四川	23	83	2211	82	40	35
	青海	29	83	2496	81	36	31
	河南	16	82	2809	80	37	30
	海南	21	82	2459	82	36	36
欠发达地区(4 个)	广西	20	79	2143	78	34	30
	西藏	26	78	1985	77	31	34
	云南	25	76	1805	74	31	28
	贵州	24	75	1265	74	30	27
对照	中国		90	3258	88	44	41
	高收入国家		—	—	100	100	100
	中等收入国家		—	—	89	38	40
	低收入国家		—	—	57	20	24
	世界平均		—	—	94	50	54

附表 4-1-3　2007 年根据第二次现代化指数的地区分组

地区分组	地区	编号	第二次现代化指数	第一次现代化程度/(%)	综合现代化指数	人均 GDP /美元	阶段
发达地区和中等发达地区（10 个）	北京	1	97	100	81	7527	6
	台湾	34	90	100	78	17 252	5
	上海	9	89	100	77	8620	4
	澳门	33	80	100	79	36 357	6
	香港	32	78	100	76	29 914	6
	天津	2	75	97	63	5952	4
	浙江	11	59	95	50	4877	3
	江苏	10	55	94	47	4436	3
	辽宁	6	55	91	46	3370	3
	广东	19	54	95	49	4323	3
初等发达地区（24 个）	黑龙江	8	47	87	39	2428	2
	陕西	27	47	85	41	1916	2
	山东	15	47	90	39	3643	3
	吉林	7	46	88	41	2544	2
	山西	4	44	87	36	2220	3
	湖北	17	44	89	39	2128	2
	福建	13	44	92	39	3394	3
	宁夏	30	42	85	34	1916	2
	重庆	22	42	89	38	1924	2
	内蒙古	5	41	88	36	3328	2
	河北	3	41	86	33	2595	2
	四川	23	40	82	35	1699	2
	湖南	18	38	84	34	1902	2
	河南	16	37	80	30	2108	2
	新疆	31	37	81	34	2210	2
	安徽	12	37	84	33	1582	2
	海南	21	36	82	36	1902	2
	江西	14	36	83	34	1655	2
	甘肃	28	36	81	31	1357	2
	青海	29	36	81	31	1865	2
	广西	20	34	78	30	1641	2
	西藏	26	31	77	34	1583	2
	云南	25	31	74	28	1380	2
	贵州	24	30	74	27	958	2
对照	中国		44	88	41	2482	3
	高收入国家		100	100	100	37 460	6
	中等收入国家		38	89	40	2748	3
	低收入国家		20	57	24	461	2
	世界平均		50	94	54	7980	3

注：地区阶段划分：0 代表传统农业社会，1 代表第一次现代化起步期，2 代表第一次现代化发展期，3 代表第一次现代化成熟期，4 代表第一次现代化过渡期，5 代表第二次现代化起步期，6 代表第二次现代化发展期，7 代表第二次现代化成熟期，8 代表第二次现代化过渡期。

附表 4-1-4 2007 年根据综合现代化指数的地区分组

地区分组	地区	编号	2007	2006	2005	2004	2003	2002	2001	2000	1990	1980
发达地区和中等发达地区（6个）	北京	1	81	78	79	73	70	70	67	65	52	42
	澳门	33	79	81	77	80	79	72	65	65	75	n
	台湾	34	78	78	79	76	78	78	74	74	78	n
	上海	9	77	72	71	66	64	65	63	62	49	42
	香港	32	76	77	76	78	75	78	77	76	77	64
	天津	2	63	62	62	58	54	54	50	50	43	36
初等发达地区（26个）	浙江	11	50	47	46	43	41	39	37	36	31	23
	广东	19	49	45	44	42	40	40	39	37	32	26
	江苏	10	47	44	43	41	39	38	36	35	32	28
	辽宁	6	46	45	45	44	42	42	40	39	38	29
	吉林	7	41	40	40	40	37	39	36	35	33	28
	陕西	27	41	40	40	40	39	39	38	37	29	27
	湖北	17	39	38	38	36	35	35	34	33	30	25
	山东	15	39	38	38	36	35	33	32	32	29	20
	福建	13	39	37	37	36	36	35	34	34	29	24
	黑龙江	8	39	38	38	36	34	35	34	33	34	28
	重庆	22	38	37	37	34	33	31	30	30	n	n
	山西	4	36	35	35	34	31	31	32	32	31	26
	海南	21	36	34	34	32	30	32	32	31	33	n
	内蒙古	5	36	34	34	33	30	31	31	30	31	27
	四川	23	35	34	34	33	32	31	31	30	28	21
	湖南	18	34	33	33	32	31	30	30	30	26	22
	宁夏	30	34	33	33	31	30	29	29	29	29	25
	西藏	26	34	33	33	27	25	31	25	25	28	27
	新疆	31	34	32	33	32	30	31	31	30	31	26
	江西	14	34	33	33	31	30	30	29	29	26	23
	河北	3	33	32	32	31	29	29	28	28	29	25
	安徽	12	33	32	32	30	29	28	27	27	24	22
	甘肃	28	31	31	31	29	28	28	27	27	26	17
	青海	29	31	31	31	31	30	30	28	29	29	28
	河南	16	30	29	28	27	26	26	25	25	25	19
	广西	20	30	30	30	29	28	28	28	28	25	22
欠发达地区（2个）	云南	25	28	27	28	26	25	25	25	25	24	21
	贵州	24	27	27	27	25	24	24	24	24	23	19
对照	中国		41	38	38	35	33	34	32	32	28	23
	高收入国家		100	100	100	100	100	100	100	100	100	100
	中等收入国家		40	42	41	40	40	44	42	43	48	52
	低收入国家		24	26	26	26	25	26	23	24	38	28
	世界平均		54	53	52	52	52	55	51	50	59	60

附表 4-2-1　2008 年中国地区第一次现代化程度和排名

地区	编号	经济指标达标程度/(%)				社会指标达标程度/(%)						程度/(%)	排名	达标个数
		人均GNI[a]	农业劳动力比例	农业增加值比例	服务业增加值比例	城市人口比例	医生比例	婴儿死亡率	预期寿命	成人识字率	大学入学率			
北京	1	100	100	100	100	100	100	100	100	100	100	100	1	10
天津	2	99	100	100	84	100	100	100	100	100	100	98	3	8
河北	3	43	74	100	74	84	100	100	100	100	100	87	16	6
山西	4	37	74	100	76	90	100	100	100	100	100	88	15	6
内蒙古	5	59	59	100	74	100	100	100	100	100	100	89	13	7
辽宁	6	57	90	100	77	100	100	100	100	100	100	92	8	7
吉林	7	43	67	100	84	100	100	100	100	100	100	89	12	7
黑龙江	8	40	65	100	76	100	100	100	100	100	100	88	14	7
上海	9	100	100	100	100	100	100	100	100	100	100	100	1	10
江苏	10	73	100	100	85	100	100	100	100	100	100	96	6	8
浙江	11	77	100	100	91	100	100	100	100	100	100	97	4	8
安徽	12	27	67	94	83	81	100	100	100	100	100	85	19	5
福建	13	55	96	100	87	100	100	100	100	100	100	94	7	7
江西	14	27	74	91	69	83	100	100	99	100	100	84	21	4
山东	15	61	80	100	74	95	100	100	100	100	100	91	9	6
河南	16	36	61	100	64	72	100	100	100	100	91	82	26	5
湖北	17	37	85	96	90	90	100	100	100	100	100	90	11	5
湖南	18	32	60	83	84	84	100	100	100	100	100	84	20	5
广东	19	69	100	100	95	100	100	100	100	100	100	96	5	8
广西	20	27	54	74	83	76	100	100	100	100	78	79	28	4
海南	21	31	56	50	89	96	100	100	100	100	100	82	27	5
重庆	22	33	81	100	91	100	100	100	100	100	100	91	10	7
四川	23	28	67	79	77	75	100	100	100	100	100	83	24	5
贵州	24	16	57	91	92	58	96	88	95	100	57	75	31	1
云南	25	23	48	84	87	66	100	84	94	100	71	76	30	2
西藏	26	25	54	98	100	45	100	100	93	78	84	78	29	3
陕西	27	34	64	100	73	84	100	100	100	100	100	85	18	6
甘肃	28	22	57	100	87	64	100	100	97	100	100	83	23	5
青海	29	32	67	100	76	82	100	100	95	100	74	83	25	4
宁夏	30	33	67	100	80	90	100	100	100	100	100	87	17	6
新疆	31	36	58	91	75	79	100	100	97	100	94	83	22	3
香港	32	100	100	100	100	100	100	100	100	100	100	100	—	10
澳门	33	100	100	100	100	100	100	100	100	100	100	100	—	10
台湾	34	100	100	100	100	100	100	100	100	100	100	100	—	10
中国	73	42	76	100	89	91	100	100	100	100	100	90	—	6
标准值		—	—	—	—	—	—	—	—	—	—	—	—	—

注：a. 中国地区数据为地区人均居民生产总值，后同。

附表 4-2-2　2008 年中国地区第一次现代化评价指标

地区	编号	经济指标				社会指标					
		人均GNI[a]/美元	农业劳动力比例	农业增加值比例	服务业增加值比例	城市人口比例	医生比例	婴儿死亡率[b]	预期寿命[c]	成人识字率	大学入学率[d]
北京	1	8903	6	1	73	85	4.8	2.2	80	97	83.6
天津	2	7775	16	2	38	77	2.7	2.5	76	96	62.6
河北	3	3333	41	13	33	42	1.5	10.7	73	95	17.0
山西	4	2927	41	4	34	45	2.1	10.0	72	96	20.1
内蒙古	5	4627	50	12	33	52	2.0	17.2	70	92	18.2
辽宁	6	4489	33	10	35	60	2.1	5.8	74	97	30.5
吉林	7	3381	45	14	38	53	2.1	9.6	74	96	25.5
黑龙江	8	3126	46	13	34	55	1.7	5.5	73	96	26.2
上海	9	10 437	6	1	54	89	3.7	2.6	80	96	67.3
江苏	10	5681	21	7	38	54	1.6	7.2	75	92	29.3
浙江	11	6038	18	5	41	58	2.2	6.6	75	91	31.3
安徽	12	2081	45	16	37	41	1.1	16.5	72	86	15.4
福建	13	4321	31	11	39	50	1.2	10.7	73	90	19.1
江西	14	2119	41	16	31	41	1.2	25.4	70	94	21.4
山东	15	4747	37	10	33	48	1.7	8.6	75	92	20.0
河南	16	2809	49	14	29	36	1.1	12.1	72	93	13.7
湖北	17	2855	35	16	41	45	1.5	10.2	72	92	22.7
湖南	18	2516	50	18	38	42	1.4	14.0	71	94	17.3
广东	19	5382	28	6	43	63	1.7	8.7	74	96	20.2
广西	20	2143	55	20	37	38	1.2	14.6	72	94	11.7
海南	21	2459	54	30	40	48	1.5	10.6	74	91	19.5
重庆	22	2583	37	11	41	50	1.2	12.6	72	92	21.7
四川	23	2211	45	19	35	37	1.4	12.0	72	90	16.4
贵州	24	1265	52	16	41	29	1.0	34.2	67	85	8.5
云南	25	1805	63	18	39	33	1.3	35.9	66	87	10.7
西藏	26	1985	56	15	56	23	1.6	22.6	65	62	12.5
陕西	27	2620	47	11	33	42	1.5	17.4	71	92	26.0
甘肃	28	1739	53	15	39	32	1.4	25.0	68	82	15.1
青海	29	2496	45	11	34	41	1.8	23.5	67	83	11.1
宁夏	30	2559	45	11	36	45	1.8	13.7	71	90	15.2
新疆	31	2838	52	16	34	40	2.1	16.2	68	95	14.2
香港	32	30 863	0.6	0.1	92	100	1.8	1.7	82	94	33.8
澳门	33	39 036	0.2	0.0	82	100	2.5	3.2	82	94	57.0
台湾	34	17 542	5.1	1.7	73	83	1.9	5.78	79	98	83.2
中国	73	3258	40	11	40	46	1.6	14.9	71	92	23.3
标准值		7814	30	15	45	50	1.0	30	70	80	15

注：a. 中国地区数据为地区人均居民生产总值。

b. 婴儿存活率 ＝ 1－婴儿死亡率。婴儿死亡率为逆指标。数据为 2000 年或近年的数据。

c. 中国内地地区的数据为 2007 年或最近年的值。

d. 中国内地地区的数据为根据 2000 年人口普查数据推算学龄人口后的换算结果。

附表 4-2-3　2008 年中国地区第一次现代化发展阶段

地区	编号	产业结构信号				劳动力结构信号				平均值	发展阶段[a]
		农业增加产值占GDP比例	赋值	农业增加值/工业增加值	赋值	农业劳动力占总劳动力比例	赋值	农业劳动力/工业劳动力	赋值		
北京	1	1	4	0.04	4	6	4	0.26	3	3.8	F4
天津	2	2	4	0.03	4	16	3	0.38	3	3.5	F4
河北	3	13	3	0.23	3	41	2	1.25	2	2.5	F3
山西	4	4	4	0.07	4	41	2	1.54	2	3.0	F3
内蒙古	5	12	3	0.21	3	50	1	2.99	1	2.0	F2
辽宁	6	10	3	0.17	4	33	2	1.31	2	2.8	F3
吉林	7	14	3	0.30	3	45	2	2.24	1	2.3	F2
黑龙江	8	13	3	0.25	3	46	2	2.26	1	2.3	F2
上海	9	1	4	0.02	4	6	4	0.14	4	4.0	F4
江苏	10	7	3	0.13	4	21	3	0.47	3	3.3	F3
浙江	11	5	3	0.09	4	18	3	0.39	3	3.3	F3
安徽	12	16	2	0.34	3	45	2	1.65	2	2.3	F2
福建	13	11	3	0.21	3	31	2	0.88	2	2.5	F3
江西	14	16	2	0.31	3	41	2	1.48	2	2.3	F2
山东	15	10	3	0.17	4	37	2	1.18	2	2.8	F3
河南	16	14	3	0.25	3	49	2	1.82	2	2.5	F3
湖北	17	16	2	0.36	3	35	2	1.44	2	2.3	F2
湖南	18	18	2	0.41	3	50	2	2.48	1	2.0	F2
广东	19	6	3	0.11	4	28	3	0.85	2	3.0	F3
广西	20	20	2	0.48	3	55	1	2.76	1	1.8	F2
海南	21	30	2	1.01	2	54	1	4.75	1	1.5	F2
重庆	22	11	3	0.24	3	37	2	1.39	2	2.5	F3
四川	23	19	2	0.41	3	45	2	2.05	1	2.0	F2
贵州	24	16	2	0.39	3	52	1	4.62	1	1.8	F2
云南	25	18	2	0.42	3	63	1	5.12	0	1.5	F2
西藏	26	15	2	0.52	3	56	1	5.33	0	1.5	F2
陕西	27	11	3	0.20	4	47	2	2.26	1	2.5	F3
甘肃	28	15	3	0.32	3	53	1	3.70	1	2.0	F2
青海	29	11	3	0.20	4	45	2	2.09	1	2.5	F3
宁夏	30	11	3	0.21	3	45	2	1.79	2	2.5	F3
新疆	31	16	2	0.33	3	52	1	3.77	1	1.8	F2
香港	32	0.1	4	0.01	4	0.6	4	0.05	4	4.0	F4
澳门	33	0.0	4	0.00	4	0.19	4	0.01	4	4.0	F4
台湾	34	1.7	4	0.07	4	5.1	4	0.14	4	4.0	F3
中国	73	11	3	0.23	3	40	2	1.46	2	2.5	F3

注：a. F1 代表第一次现代化起步期，F2 代表发展期，F3 代表成熟期，F4 代表过渡期。

附表 4-2-4 中国地区第一次现代化程度的增长率和预期完成时间

地区	编号	程度/(%) 1980	1990	2008	1990～2008年年均增长率	程度达到100%所需年数(按1990～2008年速度)	1980～2008年年均增长率	程度达到100%所需年数(按1980～2008年速度)
北京	1	82.9	90.5	100.0	0.56	0	0.67	0
天津	2	77.7	84.2	98.4	0.87	2	0.84	2
河北	3	56.4	62.9	87.4	1.84	7	1.57	9
山西	4	62.5	69.0	87.8	1.35	10	1.22	11
内蒙古	5	58.8	65.3	89.3	1.75	7	1.50	8
辽宁	6	69.5	79.2	92.4	0.86	9	1.02	8
吉林	7	64.7	68.6	89.5	1.49	8	1.17	10
黑龙江	8	63.7	72.0	88.1	1.13	11	1.16	11
上海	9	82.3	89.4	100.0	0.63	0	0.70	0
江苏	10	56.3	64.2	95.7	2.25	2	1.92	2
浙江	11	52.7	66.3	96.8	2.13	2	2.20	1
安徽	12	51.5	56.7	85.2	2.28	7	1.81	9
福建	13	54.8	65.0	93.9	2.06	3	1.94	3
江西	14	51.6	56.2	84.3	2.28	8	1.77	10
山东	15	51.2	63.4	91.0	2.03	5	2.08	5
河南	16	50.5	59.1	82.4	1.87	10	1.76	11
湖北	17	53.8	62.7	89.7	2.01	5	1.84	6
湖南	18	50.8	57.5	84.4	2.15	8	1.83	9
广东	19	59.2	69.2	96.4	1.86	2	1.76	2
广西	20	53.4	56.4	79.3	1.91	12	1.42	16
海南	21	31.3	61.7	82.3	1.61	12	3.51	6
重庆	22	—	—	90.5	—	—	—	—
四川	23	48.8	57.0	82.6	2.08	9	1.90	10
贵州	24	45.4	51.3	75.1	2.14	14	1.81	16
云南	25	44.1	49.8	75.7	2.35	12	1.94	14
西藏	26	38.4	44.3	77.7	3.17	8	2.55	10
陕西	27	53.5	64.3	85.5	1.59	10	1.69	9
甘肃	28	46.0	59.9	82.7	1.81	11	2.12	9
青海	29	53.1	57.0	82.6	2.08	9	1.59	12
宁夏	30	54.2	61.7	87.0	1.93	7	1.71	8
新疆	31	50.6	60.2	83.2	1.82	10	1.80	10
香港	32	—	100.0	100.0	—	—	—	—
澳门	33	—	100.0	100.0	—	—	—	—
台湾	34	—	100.0	100.0	—	—	—	—
中国		54.0	63.0	89.8	1.99	5	1.84	6
高收入国家		100	100.0	—	—	—	—	—
中等收入国家		84	84.0	—	—	—	—	—
低收入国家		45	52.0	—	—	—	—	—
世界平均		80	81.0	—	—	—	—	—

附表 4-2-5 1970～2008 年中国地区第一次现代化程度和排名

地区	编号	程度/(%)								排名							
		1970	1980	1990	2000	2005	2006	2007	2008	1970	1980	1990	2000	2005	2006	2007	2008
北京	1	64	83	91	94	98	98	100	100	3	1	1	2	2	2	2	1
天津	2	66	78	84	93	95	96	97	98	2	3	3	3	3	3	3	3
河北	3	35	56	63	74	84	85	86	87	19	10	15	16	16	16	16	16
山西	4	43	62	69	77	86	86	87	88	9	7	7	13	13	15	15	15
内蒙古	5	46	59	65	72	86	87	88	89	8	9	10	20	15	13	13	13
辽宁	6	60	69	79	87	90	90	91	92	4	4	4	4	7	7	8	8
吉林	7	49	65	69	79	86	87	88	89	6	5	8	10	12	11	12	12
黑龙江	8	56	64	72	81	86	86	87	88	5	6	5	8	11	14	14	14
上海	9	70	82	89	97	99	100	100	100	1	2	2	1	1	1	1	1
江苏	10	41	56	64	83	92	93	94	96	11	11	13	5	5	6	6	6
浙江	11	36	53	66	83	94	94	95	97	17	18	9	6	4	4	4	4
安徽	12	34	52	57	69	82	83	84	85	22	20	25	24	19	20	20	19
福建	13	41	55	65	79	89	90	92	94	13	12	11	11	8	8	7	7
江西	14	34	52	56	68	79	79	83	84	21	19	27	25	23	24	21	21
山东	15	33	51	63	77	87	88	90	91	24	21	14	14	10	10	9	9
河南	16	38	51	59	67	78	79	80	82	15	24	21	27	24	25	27	26
湖北	17	38	54	63	79	86	87	89	90	14	14	16	9	14	12	11	11
湖南	18	32	51	58	73	81	83	84	84	26	22	22	18	20	19	19	20
广东	19	42	59	69	81	91	93	95	96	10	8	6	7	6	5	5	5
广西	20	33	53	56	68	76	77	78	79	23	16	26	26	28	28	28	28
海南	21	—	31	62	70	77	79	82	82	—	30	17	22	27	23	23	27
重庆	22	—	—	—	77	87	88	89	91	—	—	—	15	9	9	10	10
四川	23	31	49	57	69	80	81	82	83	27	25	23	23	21	21	22	24
贵州	24	34	45	51	60	69	70	74	75	20	27	28	30	30	30	30	31
云南	25	33	44	50	61	68	69	74	76	25	28	29	29	31	31	31	30
西藏	26	—	38	44	59	69	72	77	78	—	29	30	31	29	29	29	29
陕西	27	37	53	64	78	83	84	85	85	16	15	12	12	18	18	18	18
甘肃	28	28	46	60	67	77	78	81	83	28	26	20	28	26	27	26	23
青海	29	41	53	57	71	78	78	81	83	12	17	24	21	25	26	24	25
宁夏	30	47	54	62	73	84	84	85	87	7	13	18	17	17	17	17	17
新疆	31	35	51	60	72	79	81	81	83	18	23	19	19	22	22	25	22
香港	32	—	—	100	100	100	100	100	100	—	—	—	—	—	—	—	—
澳门	33	—	—	100	100	100	100	100	100	—	—	—	—	—	—	—	—
台湾	34	—	—	100	100	100	100	100	100	—	—	—	—	—	—	—	—
中国		40	54	63	76	86	87	88	90	—	—	—	—	—	—	—	—
高收入国家		100	100	100	100	100	100	100	—	—	—	—	—	—	—	—	—
中等收入国家		n	84	84	93	92	93	89	—	—	—	—	—	—	—	—	—
低收入国家		33	45	52	58	59	60	57	—	—	—	—	—	—	—	—	—
世界平均		68	80	81	89	93	94	94	—	—	—	—	—	—	—	—	—

附表 4-3-1　2007 年中国地区第二次现代化指数和排名

地区	编号	知识创新指数	知识传播指数	生活质量指数	经济质量指数	第二现代化指数	排名
北京	1	120.0	101.5	100.4	65.7	97	1
天津	2	85.4	84.5	92.3	36.4	75	3
河北	3	15.6	61.3	61.1	25.7	41	18
山西	4	22.3	60.7	67.8	25.9	44	12
内蒙古	5	11.8	57.7	67.7	28.2	41	17
辽宁	6	40.9	66.6	81.7	30.2	55	6
吉林	7	25.6	62.2	68.3	27.4	46	11
黑龙江	8	25.9	61.7	74.0	26.3	47	8
上海	9	108.8	96.5	101.1	48.7	89	2
江苏	10	49.6	71.5	68.5	31.4	55	5
浙江	11	50.0	77.1	74.6	33.2	59	4
安徽	12	19.2	54.7	47.7	24.7	37	23
福建	13	25.8	64.8	56.6	29.4	44	14
江西	14	18.1	56.6	44.8	24.2	36	25
山东	15	30.7	62.9	65.1	28.4	47	10
河南	16	16.2	56.6	51.7	23.7	37	21
湖北	17	29.0	60.1	59.5	28.2	44	13
湖南	18	19.2	54.2	53.0	25.7	38	20
广东	19	47.5	67.9	66.2	32.9	54	7
广西	20	9.4	51.9	48.8	24.2	34	28
海南	21	5.5	56.6	56.9	26.8	36	24
重庆	22	27.2	56.1	55.8	27.1	42	16
四川	23	27.8	53.6	53.1	25.1	40	19
贵州	24	10.3	44.4	40.9	25.0	30	31
云南	25	11.6	45.6	42.2	23.6	31	30
西藏	26	5.1	49.2	39.5	29.3	31	29
陕西	27	47.3	62.9	52.4	25.2	47	9
甘肃	28	19.8	52.8	45.9	24.5	36	26
青海	29	11.7	49.5	55.2	25.8	36	27
宁夏	30	19.8	54.7	66.5	25.7	42	15
新疆	31	8.4	54.4	59.2	26.3	37	22
香港	32	28.2	81.1	91.8	110.0	78	—
澳门	33	6.8	89.3	107.9	114.3	80	—
台湾	34	94.4	90.0	96.2	78.3	90	—
中国		32.7	60.8	53.6	27.4	44	—
高收入国家		100.0	100.2	100.0	100.0	100	—
中等收入国家		18.1	53.7	49.3	31.1	38	—
低收入国家		10.1	18.8	29.0	23.8	20	—
世界平均		47.3	55.5	50.7	45.5	50	—

附表 4-3-2　2007 年中国地区知识创新指数

地区	编号	知识创新指标的实际值			知识创新指标的指数			知识创新指数
		知识创新经费投入[a]	知识创新人员投入[b]	知识创新专利产出[c]	知识创新经费指数	知识创新人员指数	知识创新专利指数	
北京	1	5.4	114.9	1149.0	120	120	120	120
天津	2	2.3	40.2	481.1	91	103	62	85
河北	3	0.7	6.5	30.2	26	17	4	16
山西	4	0.9	10.9	35.7	34	28	5	22
内蒙古	5	0.4	6.4	23.5	16	16	3	12
辽宁	6	1.5	18.0	128.3	60	46	17	41
吉林	7	1.0	11.9	59.9	39	31	8	26
黑龙江	8	0.9	12.6	62.4	37	32	8	26
上海	9	2.5	48.5	818.7	101	120	106	109
江苏	10	1.7	21.0	217.4	67	54	28	50
浙江	11	1.5	25.6	188.4	60	66	24	50
安徽	12	1.0	5.9	26.2	39	15	3	19
福建	13	0.9	13.3	60.6	36	34	8	26
江西	14	0.9	6.2	23.2	35	16	3	18
山东	15	1.2	12.4	93.9	48	32	12	31
河南	16	0.7	6.9	30.7	27	18	4	16
湖北	17	1.2	11.8	65.0	48	30	8	29
湖南	18	0.8	7.1	57.7	32	18	7	19
广东	19	1.3	21.1	282.5	52	54	36	48
广西	20	0.4	4.2	19.8	15	11	3	9
海南	21	0.2	1.5	32.9	9	4	4	6
重庆	22	1.1	11.2	56.9	46	29	7	27
四川	23	1.3	9.7	41.9	53	25	5	28
贵州	24	0.5	3.0	23.2	20	8	3	10
云南	25	0.5	3.9	22.5	22	10	3	12
西藏	26	0.2	2.4	8.1	8	6	1	5
陕西	27	2.2	17.4	64.4	89	45	8	47
甘肃	28	1.0	7.2	22.9	38	18	3	20
青海	29	0.5	5.3	16.5	19	14	2	12
宁夏	30	0.8	9.1	18.4	34	23	2	20
新疆	31	0.3	4.2	22.7	11	11	3	8
香港	32	0.7	20.9	23.1	28	54	3	28
澳门	33	0.1	6.3	1.0	4	16	0	7
台湾	34	2.6	59.2	453.3	105	120	58	94
中国		1.5	9	116	59	24	15	33
高收入国家		2.5	39	775	100	100	100	100
中等收入国家		0.9	5	41	36	13	5	18
低收入国家		0.6	3	1	23	7	0	10
世界平均		2.3	11.7	153	92	30	20	47
基准值		2.5	39	775	—	—	—	—

注：a. 指 R&D 经费/GDP，%。

b. 指从事研究与发展活动的科学家和工程师全时当量/万人口。

c. 指知识创新活动中的专利产出，数值为居民申请国内发明专利数/百万人。

附表 4-3-3　2007 年中国地区知识传播指数

地区	编号	知识传播指标的实际值				知识传播指标的指数				知识传播指数
		中学普及率	大学普及率	电视普及率	互联网普及率	中学普及指数	大学普及指数	电视普及指数	互联网普及指数	
北京	1	109	82	105	45	109	120	107	69	102
天津	2	102	60	105	26	102	90	107	40	85
河北	3	96	16	106	11	96	24	108	17	61
山西	4	88	19	101	16	88	28	103	24	61
内蒙古	5	87	16	97	13	87	24	99	21	58
辽宁	6	91	29	102	18	91	43	105	28	67
吉林	7	84	24	103	16	84	36	105	24	62
黑龙江	8	87	25	102	12	87	37	104	19	62
上海	9	109	65	109	45	109	97	111	69	96
江苏	10	95	27	112	23	95	41	114	35	71
浙江	11	99	29	121	30	99	44	120	46	77
安徽	12	83	14	98	10	83	21	100	15	55
福建	13	86	17	108	24	86	26	110	37	65
江西	14	76	22	98	12	76	33	100	18	57
山东	15	99	19	102	13	99	28	104	21	63
河南	16	93	12	98	10	93	18	100	16	57
湖北	17	87	22	99	12	87	33	101	19	60
湖南	18	83	16	91	11	83	24	93	17	54
广东	19	83	19	104	35	83	28	106	54	68
广西	20	77	11	95	12	77	16	97	18	52
海南	21	79	17	95	17	79	25	97	26	57
重庆	22	79	20	94	13	79	30	96	19	56
四川	23	78	15	96	10	78	23	98	15	54
贵州	24	68	8	87	6	68	11	88	9	44
云南	25	67	10	89	7	67	14	91	10	46
西藏	26	60	11	67	13	60	17	68	20	41
陕西	27	94	24	98	14	94	36	100	21	63
甘肃	28	78	14	98	8	78	20	100	13	53
青海	29	70	10	94	11	70	15	96	17	49
宁夏	30	77	13	104	10	77	20	107	15	55
新疆	31	84	13	86	17	84	20	87	27	54
香港	32	86	33	99	57	86	49	101	88	81
澳门	33	99	57	99	46	99	86	101	71	89
台湾	34	99	85	99	26	99	120	101	40	90
中国		86	23	97	16	86	34	99	24	61
高收入国家		100	67	98	65	100	100	100	100	100
中等收入国家		67	23	89	15	67	34	91	23	54
低收入国家		43	7	16	4	43	10	16	6	19
世界平均		66	26	83	21	66	38	85	33	55
基准值		100	67	98	65	—	—	—	—	—

附表 4-3-4 2007 年中国地区生活质量指数

地区	编号	生活质量指标的实际值					生活质量指标的指数					生活质量指数
		城市人口比例	医生比例	婴儿死亡率[a]	预期寿命[b]	人均能源消费	城镇化指数	医疗服务指数	婴儿存活指数	预期寿命指数	能源消费指数	
北京	1	85	3.4	2	80	2728	110	120	120	102	51	100
天津	2	76	2.3	2	76	3069	99	90	120	96	57	92
河北	3	40	1.6	11	73	2426	52	60	56	93	45	61
山西	4	44	1.9	10	72	3106	57	73	60	91	57	68
内蒙古	5	50	2.0	17	70	3892	65	77	35	89	72	68
辽宁	6	59	2.1	6	74	2913	77	81	103	94	54	82
吉林	7	53	2.1	10	74	1962	69	80	63	93	36	68
黑龙江	8	54	1.8	5	73	1668	70	67	109	92	31	74
上海	9	89	2.6	3	80	3642	115	101	120	102	67	101
江苏	10	53	1.6	7	75	1919	69	60	84	94	36	69
浙江	11	57	1.9	7	75	2048	74	75	91	95	38	75
安徽	12	39	1.1	16	72	903	50	43	36	92	17	48
福建	13	49	1.1	11	73	1507	63	43	56	93	28	57
江西	14	40	1.2	25	70	824	52	46	24	88	15	45
山东	15	47	1.6	9	75	2172	61	60	70	94	40	65
河南	16	34	1.2	12	72	1374	45	48	50	91	25	52
湖北	17	44	1.6	10	72	1515	58	62	59	91	28	60
湖南	18	40	1.5	14	71	1267	53	56	43	90	23	53
广东	19	63	1.5	9	74	1638	82	56	69	94	30	66
广西	20	36	1.2	15	72	959	47	47	41	91	18	49
海南	21	47	1.5	11	74	866	61	57	57	93	16	57
重庆	22	48	1.4	13	72	1301	63	53	48	92	24	56
四川	23	36	1.4	12	72	1234	46	55	50	91	23	53
贵州	24	28	1.0	34	67	1488	37	39	18	84	28	41
云南	25	32	1.3	36	66	1149	41	48	17	84	21	42
西藏	26	28	1.4	23	65	—	37	52	27	82	—	49
陕西	27	41	1.6	17	71	1323	53	61	35	89	24	52
甘肃	28	32	1.3	25	68	1452	41	52	24	86	27	46
青海	29	40	1.6	24	67	2899	52	61	26	84	54	55
宁夏	30	44	1.8	14	71	3843	57	71	44	90	71	66
新疆	31	39	2.1	16	68	2272	51	80	37	86	42	59
香港	32	100	1.7	1.7	82	2653	120	65	120	116	49	92
澳门	33	100	2.3	2.4	82	—	120	88	120	103	—	108
台湾	34	83	1.9	5.8	78	5300	108	73	104	98	98	96
中国		45	1.5	19	73	1433	58	59	32	92	27	54
高收入国家		77	2.6	6	79	5402	100	100	100	100	100	100
中等收入国家		48	1.6	42	69	1216	62	61	14	87	23	49
低收入国家		28	0.5	78	59	428	37	18	8	74	8	29
世界平均		50	1.4	47	69	1818	64	56	13	87	34	51
基准值		77	2.6	6	79	5402	—	—	—	—	—	—

注：a. 婴儿存活率 = 1－婴儿死亡率。婴儿死亡率为逆指标。中国内地地区的数据为 2000 年或近年的数据。
b. 中国内地地区的数据为 2000 年或最近年的值。

附表 4-3-5　2007 年中国地区经济质量指数

地区	编号	经济质量指标的实际值				经济质量指标的指数				经济质量指数
		人均GNI[a]/美元	人均PPP[b]/国际美元	物质产业增加值比例	物质产业劳动力比例	人均GNI指数	人均PPP指数	物质产业增加值指数	物质产业劳动力指数	
北京	1	7527	16 469	28	29	20	45	100	97	66
天津	2	5952	13 023	60	60	16	36	47	47	36
河北	3	2595	5677	66	74	7	16	42	38	26
山西	4	2220	4858	65	68	6	13	43	41	26
内蒙古	5	3328	7282	64	70	9	20	44	40	28
辽宁	6	3370	7374	63	59	9	20	44	47	30
吉林	7	2544	5566	62	66	7	15	45	42	27
黑龙江	8	2428	5312	65	68	6	15	43	41	26
上海	9	8620	18 862	47	46	23	52	59	61	49
江苏	10	4436	9707	63	66	12	27	45	42	31
浙江	11	4877	10 672	59	65	13	29	47	43	33
安徽	12	1582	3461	61	72	4	10	46	39	25
福建	13	3394	7426	60	68	9	20	47	41	29
江西	14	1655	3621	68	68	4	10	41	41	24
山东	15	3643	7970	67	70	10	22	42	40	28
河南	16	2108	4612	70	76	6	13	40	37	24
湖北	17	2128	4657	58	61	6	13	48	46	28
湖南	18	1902	4162	60	70	5	11	46	40	26
广东	19	4323	9459	57	63	12	26	49	45	33
广西	20	1641	3591	62	75	4	10	46	37	24
海南	21	1902	4162	59	64	5	11	47	44	27
重庆	22	1924	4209	58	65	5	12	49	43	27
四川	23	1699	3717	64	67	5	10	44	42	25
贵州	24	958	2096	58	64	3	6	48	43	25
云南	25	1380	3020	61	76	4	8	46	37	24
西藏	26	1583	3464	45	68	4	10	63	41	29
陕西	27	1916	4193	65	68	5	12	43	41	25
甘肃	28	1357	2969	62	69	4	8	45	41	24
青海	29	1865	4082	64	65	5	11	44	43	26
宁夏	30	1916	4191	62	68	5	12	45	41	26
新疆	31	2210	4835	65	66	6	13	43	43	26
香港	32	29 914	65 454	8	14	80	120	120	120	110
澳门	33	36 357	79 551	19	21	97	120	120	120	114
台湾	34	17 252	37 748	29	42	46	104	97	67	78
中国		2482	5430	60	68	7	15	47	41	27
高收入国家		37 460	36 349	28	28	100	100	100	100	100
中等收入国家		2748	5719	47	67	7	16	60	42	31
低收入国家		461	1332	54	73	1	4	52	38	24
世界平均		7980	9950	31	65	21	27	90	43	45
基准值		37 460	36 349	28	28	—	—	—	—	—

注：a. 中国地区数据为地区人均居民生产总值，后同。

b. 根据《世界发展指标 2009》中国人均 GDP 和人均 PPP 的比例，换算中国内地地区“人均 GDP”的人均 PPP。

附表 4-3-6 2007 年中国地区第二次现代化发展阶段

地区	编号	第一次现代化阶段	产业结构信号：物质产业增加值占GDP比例	产业结构信号：赋值	劳动力结构信号：物质产业劳动力占总劳动力比例	劳动力结构信号：赋值	平均值	第二次现代化阶段[a]
北京	1	4	28	2	29	2	2.0	S2
天津	2	4	60	—	60	—	—	—
河北	3	2	66	—	74	—	—	—
山西	4	3	65	—	68	—	—	—
内蒙古	5	2	64	—	70	—	—	—
辽宁	6	3	63	—	59	—	—	—
吉林	7	2	62	—	66	—	—	—
黑龙江	8	2	65	—	68	—	—	—
上海	9	4	47	—	46	—	—	—
江苏	10	3	63	—	66	—	—	—
浙江	11	3	59	—	65	—	—	—
安徽	12	2	61	—	72	—	—	—
福建	13	3	60	—	68	—	—	—
江西	14	2	68	—	68	—	—	—
山东	15	3	67	—	70	—	—	—
河南	16	2	70	—	76	—	—	—
湖北	17	2	58	—	61	—	—	—
湖南	18	2	60	—	70	—	—	—
广东	19	3	57	—	63	—	—	—
广西	20	2	62	—	75	—	—	—
海南	21	2	59	—	64	—	—	—
重庆	22	2	58	—	65	—	—	—
四川	23	2	64	—	67	—	—	—
贵州	24	2	58	—	64	—	—	—
云南	25	2	61	—	76	—	—	—
西藏	26	2	45	—	68	—	—	—
陕西	27	2	65	—	68	—	—	—
甘肃	28	2	62	—	69	—	—	—
青海	29	2	64	—	65	—	—	—
宁夏	30	2	62	—	68	—	—	—
新疆	31	2	65	—	66	—	—	—
香港	32	4	8.2	3	14	3	3.0	S2
澳门	33	4	18.7	3	21	2	2.5	S2
台湾	34	4	29	2	42	0	1.0	S1
中国		3	60	—	68	—	—	—
高收入国家		4	28	2	28	2	2	S2
中等收入国家		3	47	—	67	—	—	—
低收入国家		1	54	—	73	—	—	—
世界平均		3	31	—	65	—	—	—

注：a. S1 代表第二次现代化起步期，S2 代表发展期，香港的发展阶段根据第二次现代化指数进行了调整。

附表 4-3-7　1970～2007 年中国地区第二次现代化指数和排名

地区	编号	指数[a]							排名						
		1970	1980	1990	2000	2005	2006	2007	1970	1980	1990	2000	2005	2006	2007
北京	1	31	44	55	74	90	93	97	3	1	1	1	1	1	1
天津	2	31	40	43	54	70	72	75	2	3	3	3	3	3	3
河北	3	17	29	25	29	37	39	41	23	11	17	16	17	17	18
山西	4	24	36	28	32	39	43	44	9	4	8	12	14	12	12
内蒙古	5	26	31	27	29	37	39	41	6	9	13	17	16	18	17
辽宁	6	28	34	35	40	50	53	55	4	5	4	4	4	5	6
吉林	7	25	34	30	34	42	44	46	8	6	7	9	10	11	11
黑龙江	8	25	33	30	35	43	46	47	7	7	6	7	9	9	8
上海	9	39	44	49	66	80	84	89	1	2	2	2	2	2	2
江苏	10	20	29	32	35	48	51	55	14	12	5	8	6	6	5
浙江	11	17	24	27	35	50	55	59	24	24	10	6	5	4	4
安徽	12	16	25	22	27	33	35	37	26	22	25	21	23	21	23
福建	13	18	26	23	31	40	42	44	18	19	22	14	13	14	14
江西	14	18	25	22	26	33	35	36	20	21	24	26	25	26	25
山东	15	18	26	28	32	42	45	47	17	18	9	11	11	10	10
河南	16	18	27	23	26	32	35	37	16	16	23	25	27	22	21
湖北	17	17	28	27	31	40	43	44	22	14	12	13	12	13	13
湖南	18	17	25	24	28	35	36	38	25	20	21	20	20	20	20
广东	19	22	26	27	34	45	49	54	10	17	11	10	8	7	7
广西	20	17	25	21	25	31	32	34	21	23	27	28	28	28	28
海南	21	—	—	21	26	33	35	36	—	—	26	27	26	24	24
重庆	22	—	—	—	27	38	40	42	—	—	—	22	15	15	16
四川	23	—	22	24	30	37	39	40	—	26	19	15	18	19	19
贵州	24	20	23	19	22	28	30	30	13	25	30	30	31	31	31
云南	25	19	22	20	23	29	30	31	15	27	28	29	29	30	30
西藏	26	—	15	20	22	29	31	31	—	29	29	31	30	29	29
陕西	27	22	31	26	39	45	46	47	11	8	15	5	7	8	9
甘肃	28	12	22	24	27	34	35	36	27	28	20	23	21	23	26
青海	29	20	28	24	27	34	34	36	12	15	18	24	22	27	27
宁夏	30	26	28	26	29	36	39	42	5	13	16	18	19	16	15
新疆	31	18	30	26	28	33	35	37	19	10	14	19	24	25	22
香港	32	—	—	75	93	93	78	78	—	—	—	—	—	—	—
澳门	33	—	—	51	79	93	78	80	—	—	—	—	—	—	—
台湾	34	—	—	65	80	88	89	90	—	—	—	—	—	—	—
中国		22	26	26	31	40	40	44	—	—	—	—	—	—	—
高收入国家		72	76	89	100	100	100	100	—	—	—	—	—	—	—
中等收入国家		20	36	32	38	41	42	38	—	—	—	—	—	—	—
低收入国家		9	20	27	20	22	22	20	—	—	—	—	—	—	—
世界平均		33	44	47	46	51	51	50	—	—	—	—	—	—	—

注：a. 1970～2000 年是以 2000 年高收入国家平均值为基准值的评价，2001 年以来是以当年高收入国家平均值为基准值的评价。中国 1970 年和 1980 年评价结果与世界现代化进程评价的结果略有出入，原因是这里的评价数据来自最近年《中国统计年鉴》的数据(它对历史数据作了修正)，世界现代化进程评价是用历史数据。

附表 4-4-1　2007 年中国地区综合现代化指数和排名

地区	编号	经济发展指数	社会发展指数	知识发展指数	综合现代化指数	排名
北京	1	66	85	92	81	1
天津	2	41	78	71	63	3
河北	3	26	55	18	33	24
山西	4	28	58	23	36	15
内蒙古	5	30	61	16	36	17
辽宁	6	34	67	37	46	7
吉林	7	30	65	27	41	8
黑龙江	8	28	63	25	39	13
上海	9	56	83	91	77	2
江苏	10	34	64	43	47	6
浙江	11	37	69	43	50	4
安徽	12	27	53	19	33	25
福建	13	32	58	27	39	12
江西	14	26	53	22	34	23
山东	15	30	60	27	39	11
河南	16	23	51	16	30	28
湖北	17	33	58	27	39	10
湖南	18	28	55	20	34	19
广东	19	37	67	43	49	5
广西	20	25	52	13	30	29
海南	21	31	61	16	36	16
重庆	22	31	57	26	38	14
四川	23	28	53	24	35	18
贵州	24	29	42	11	27	31
云南	25	25	47	12	28	30
西藏	26	33	57	11	34	21
陕西	27	27	56	39	41	9
甘肃	28	27	48	19	31	26
青海	29	29	52	13	31	27
宁夏	30	28	56	18	34	20
新疆	31	29	58	15	34	22
香港	32	95	91	42	76	—
澳门	33	99	96	40	79	—
台湾	34	81	79	75	78	—
中国[a]		30	58	33	41	—
高收入国家		100	100	100	100	—
中等收入国家		35	61	25	40	—
低收入国家		26	36	10	24	—
世界平均		48	68	46	54	—

注：a. 此处的中国综合现代化水平指数与世界综合现代化评价结果略有不同，原因是数据来源不同，这里采用《中国统计年鉴》的数据。

附表 4-4-2 2007 年中国地区经济发展指数

地区	编号	经济指标的实际值				经济指标的指数				
		人均GNI[a]/美元	人均PPP[b]/国际美元	服务业增加值比例	服务业劳动力比例	人均GNI	人均PPP	服务业增加值比例	服务业劳动力比例	经济发展指数
北京	1	7527	16 469	72	71	20	45	99	99	66
天津	2	5952	13 023	41	40	16	36	55	56	41
河北	3	2595	5677	34	26	7	16	47	36	26
山西	4	2220	4858	35	32	6	13	48	45	28
内蒙古	5	3328	7282	36	30	9	20	49	42	30
辽宁	6	3370	7374	37	41	9	20	50	57	34
吉林	7	2544	5566	38	34	7	15	52	47	30
黑龙江	8	2428	5312	35	32	6	15	48	44	28
上海	9	8620	18 862	53	54	23	52	72	75	56
江苏	10	4436	9707	37	34	12	27	51	47	34
浙江	11	4877	10 672	41	35	13	29	56	49	37
安徽	12	1582	3461	39	28	4	10	53	39	27
福建	13	3394	7426	40	32	9	20	55	45	32
江西	14	1655	3621	32	32	4	10	44	44	26
山东	15	3643	7970	33	30	10	22	46	42	30
河南	16	2108	4612	30	24	6	13	41	33	23
湖北	17	2128	4657	42	39	6	13	58	54	33
湖南	18	1902	4162	40	30	5	11	55	41	28
广东	19	4323	9459	43	37	12	26	59	52	37
广西	20	1641	3591	38	25	4	10	53	34	25
海南	21	1902	4162	41	36	5	11	56	50	31
重庆	22	1924	4209	42	35	5	12	58	48	31
四川	23	1699	3717	37	33	5	10	50	46	28
贵州	24	958	2096	42	36	3	6	57	49	29
云南	25	1380	3020	39	24	4	8	54	33	25
西藏	26	1583	3464	55	32	4	10	76	44	33
陕西	27	1916	4193	35	32	5	12	48	44	27
甘肃	28	1357	2969	38	31	4	8	53	43	27
青海	29	1865	4082	36	35	5	11	49	49	29
宁夏	30	1916	4191	38	32	5	12	52	44	28
新疆	31	2210	4835	35	34	6	13	48	48	29
香港	32	29 914	65 454	91.8	86	80	100	100	100	95
澳门	33	36 357	79 551	81.3	79	97	100	100	100	99
台湾	34	17 252	37 748	71	58	46	100	97	81	81
中国		2482	5430	40	32	7	15	55	45	30
高收入国家		37 460	36 349	73	72	100	100	99	100	100
中等收入国家		2748	5719	53	33	7	16	73	45	35
低收入国家		461	1332	46	27	1	4	63	37	26
世界平均		7980	9950	69	35	21	27	95	48	48
参考值		37 460	36 349	73	72	—	—	—	—	—

注:a. 中国地区数据为地区人均居民生产总值,单位为当年价美元。后同。

b. 根据《世界发展指标 2009》中国人均 GDP 和人均 PPP 的比例,换算中国内地地区"人均 GDP"的人均 PPP。

附表 4-4-3　2007 年中国地区社会发展指数

地区	编号	社会指标的实际值				社会指标的指数				社会发展指数
		城市人口比例	医生比例	预期寿命[a]	生态效益[b]	城市人口比例	医疗服务	预期寿命	生态效益	
北京	1	85	3.4	80	2.8	100	100	100	39	85
天津	2	76	2.3	76	1.9	99	90	96	27	78
河北	3	40	1.6	73	1.1	52	60	93	15	55
山西	4	44	1.9	72	0.7	57	73	91	10	58
内蒙古	5	50	2.0	70	0.9	65	77	89	12	61
辽宁	6	59	2.1	74	1.2	77	81	94	16	67
吉林	7	53	2.1	74	1.3	69	80	93	18	65
黑龙江	8	54	1.8	73	1.5	70	67	92	21	63
上海	9	89	2.6	80	2.4	100	100	100	33	83
江苏	10	53	1.6	75	2.3	69	60	94	33	64
浙江	11	57	1.9	75	2.4	74	75	95	34	69
安徽	12	39	1.1	72	1.8	50	43	92	25	53
福建	13	49	1.1	73	2.3	63	43	93	32	58
江西	14	40	1.2	70	2.0	52	46	88	28	53
山东	15	47	1.6	75	1.7	61	60	94	24	60
河南	16	34	1.2	72	1.5	45	48	91	22	51
湖北	17	44	1.6	72	1.4	58	62	91	20	58
湖南	18	40	1.5	71	1.5	53	56	90	21	55
广东	19	63	1.5	74	2.6	82	56	94	37	67
广西	20	36	1.2	72	1.7	47	47	91	24	52
海南	21	47	1.5	74	2.2	61	57	93	31	61
重庆	22	48	1.4	72	1.5	63	53	92	21	57
四川	23	36	1.4	72	1.4	46	55	91	19	53
贵州	24	28	1.0	67	0.6	37	39	84	9	42
云南	25	32	1.3	66	1.2	41	48	84	17	47
西藏	26	28	1.4	65	—	37	52	82	—	57
陕西	27	41	1.6	71	1.4	53	61	89	20	56
甘肃	28	32	1.3	68	0.9	41	52	86	13	48
青海	29	40	1.6	67	0.6	52	61	84	9	52
宁夏	30	44	1.8	71	0.5	57	71	90	7	56
新疆	31	39	2.1	68	1.0	51	80	86	14	58
香港	32	100	1.7	82	11.3	100	65	100	100	91
澳门	33	100	2.3	82	n	100	88	100	n	96
台湾	34	83	1.9	78	3.3	100	73	98	46	79
中国		45	1.5	73	1.7	58	59	92	24	58
高收入国家		77	2.6	79	7.1	101	100	101	99	100
中等收入国家		48	1.6	69	2.5	62	61	87	35	61
低收入国家		28	0.5	59	1.1	37	18	74	16	36
世界平均		50	1.4	69	4.5	64	56	87	64	68
参考值		77	2.6	79	7.1	—	—	—	—	—

注：a. 中国内地地区的数据为 2000 年或最近年的值。

b. 数据为人均 GDP/人均能源消费。

附表 4-4-4 2007 年中国地区知识发展指数

地区	编号	知识指标的实际值				知识指标的指数				知识发展指数
		知识创新经费投入[a]	知识创新专利产出[b]	大学普及率	互联网普及率	知识创新经费投入	知识创新专利产出	大学普及率	互联网普及率	
北京	1	5.4	1149.0	82.5	45	100	100	100	69	92
天津	2	2.3	481.1	60.2	26	91	62	90	40	71
河北	3	0.7	30.2	15.8	11	26	4	24	17	18
山西	4	0.9	35.7	18.5	16	34	5	28	24	23
内蒙古	5	0.4	23.5	16.3	13	16	3	24	21	16
辽宁	6	1.5	128.3	28.9	18	60	17	43	28	37
吉林	7	1.0	59.9	23.8	16	39	8	36	24	27
黑龙江	8	0.9	62.4	24.5	12	37	8	37	19	25
上海	9	2.5	818.7	64.9	45	100	100	97	69	91
江苏	10	1.7	217.4	27.4	23	67	28	41	35	43
浙江	11	1.5	188.4	29.2	30	60	24	44	46	43
安徽	12	1.0	26.2	14.0	10	39	3	21	15	19
福建	13	0.9	60.6	17.3	24	36	8	26	37	27
江西	14	0.9	23.2	21.9	12	35	3	33	18	22
山东	15	1.2	93.9	18.7	13	48	12	28	21	27
河南	16	0.7	30.7	12.0	10	27	4	18	16	16
湖北	17	1.2	65.0	22.3	12	48	8	33	19	27
湖南	18	0.8	57.7	16.3	11	32	7	24	17	20
广东	19	1.3	282.5	18.6	35	52	36	28	54	43
广西	20	0.4	19.8	10.5	12	15	3	16	18	13
海南	21	0.2	32.9	16.7	17	9	4	25	26	16
重庆	22	1.1	56.9	20.0	13	46	7	30	19	26
四川	23	1.3	41.9	15.2	10	53	5	23	15	24
贵州	24	0.5	23.2	7.7	6	20	3	11	9	11
云南	25	0.5	22.5	9.5	7	22	3	14	10	12
西藏	26	0.2	8.1	11.4	13	8	1	17	20	11
陕西	27	2.2	64.4	24.0	14	89	8	36	21	39
甘肃	28	1.0	22.9	13.5	8	38	3	20	13	19
青海	29	0.5	16.5	9.9	11	19	2	15	17	13
宁夏	30	0.8	18.4	13.4	10	34	2	20	15	18
新疆	31	0.3	22.7	13.3	17	11	3	20	27	15
香港	32	0.7	23.1	33	57	28	3	49	88	42
澳门	33	0.1	1.0	57.4	46	4	0	86	71	40
台湾	34	2.6	453.3	85.3	26	100	58	100	40	75
中国		1.5	116	23	16	59	15	34	24	33
高收入国家		2.5	775	67	65	100	100	100	100	100
中等收入国家		0.9	41	23	15	36	5	34	23	25
低收入国家		0.6	1	7	4	23	0	10	6	10
世界平均		2.3	153	26	21	92	20	38	33	46
参考值		2.5	775	67	65	—	—	—	—	—

注:a. 指 R&D 经费/GDP,%。

b. 指知识创新活动中的专利产出,数值为居民申请国内发明专利数/百万人。

附表 4-4-5　1980～2007 年中国地区综合现代化指数和排名

地区	地区编号	指数						排名					
		1980	1990	2000	2005	2006	2007	1980	1990	2000	2005	2006	2007
北京	1	42	52	65	79	78	81	1	1	1	1	1	1
天津	2	36	43	50	62	62	63	3	3	3	3	3	3
河北	3	25	29	28	32	32	33	16	15	24	24	25	24
山西	4	26	31	32	35	35	36	12	11	13	15	15	15
内蒙古	5	27	31	30	34	34	36	9	12	16	17	16	17
辽宁	6	29	38	39	45	45	46	4	4	4	5	6	7
吉林	7	28	33	35	40	40	41	5	6	8	9	9	8
黑龙江	8	28	34	33	38	38	39	6	5	11	11	12	13
上海	9	42	49	62	71	72	77	2	2	2	2	2	2
江苏	10	28	32	35	43	44	47	8	8	9	7	7	6
浙江	11	23	31	36	46	47	50	19	10	7	4	4	4
安徽	12	22	24	27	32	32	33	22	28	26	25	24	25
福建	13	24	29	34	37	37	39	18	18	10	13	13	12
江西	14	23	26	29	33	33	34	20	25	21	23	20	23
山东	15	20	29	32	38	38	39	26	17	14	12	11	11
河南	16	19	25	25	28	29	30	28	27	28	29	29	28
湖北	17	25	30	33	38	38	39	17	14	12	10	10	10
湖南	18	22	26	30	33	33	34	23	24	20	20	21	19
广东	19	26	32	37	44	45	49	13	9	5	6	5	5
广西	20	22	25	28	30	30	30	21	26	25	28	28	29
海南	21	—	33	31	34	34	36	—	7	15	18	17	16
重庆	22	—	—	30	37	37	38	—	—	18	14	14	14
四川	23	21	28	30	34	34	35	24	22	19	16	18	18
贵州	24	19	23	24	27	27	27	27	30	31	31	31	31
云南	25	21	24	25	28	27	28	25	29	30	30	30	30
西藏	26	27	28	25	33	33	34	11	21	29	19	19	21
陕西	27	27	29	37	40	40	41	10	16	6	8	8	9
甘肃	28	17	26	27	31	31	31	29	23	27	26	26	26
青海	29	28	29	29	31	31	31	7	20	22	27	27	27
宁夏	30	25	29	29	33	33	34	15	19	23	21	22	20
新疆	31	26	31	30	33	32	34	14	13	17	22	23	22
香港	32	64	77	76	76	77	76	—	—	—	—	—	—
澳门	33	—	75	65	77	81	79	—	—	—	—	—	—
台湾	34	—	74	74	79	78	78	—	—	—	—	—	—
中国		23	28	32	38	38	41	—	—	—	—	—	—
高收入国家		100	100	100	100	100	100	—	—	—	—	—	—
中等收入国家		52	48	43	41	42	40	—	—	—	—	—	—
低收入国家		28	38	24	26	26	24	—	—	—	—	—	—
世界平均		60	59	50	52	53	54	—	—	—	—	—	—

《中国现代化报告》系列

读者服务卡

编号：__________

尊敬的读者：您手中的《中国现代化报告2010：世界现代化概览》，是《中国现代化》系列报告的第10本。它是我国学者10年理论探索和一年实证研究的智慧结晶。它提供了世界现代化的大量数据，为您判断世界现代化趋势提供了信息。

亲爱的读者：促进民族复兴是我们的宗旨。我们将集中精力关注世界现代化趋势和中国现代化进程，并将理论探索和实证研究的成果汇集在每年出版的《中国现代化报告》中，不断奉献给您。我们期待收到您的意见和建议。

1. 您填写本服务卡的时间是：______年______月______日。
2. 您对本书哪一部分内容比较满意？
   □ 全部 □ 第一章 □ 第二章 □ 第三章 □ 第四章 □ 第五章 □ 评价
   □ 评价数据
3. 您对本书哪一部分内容不太满意？
   □ 全部 □ 第一章 □ 第二章 □ 第三章 □ 第四章 □ 第五章 □ 评价
   □ 评价数据
4. 您认为本书需要加强或增加哪些方面的内容？
   ____
5. 对您来说，本书的主要价值是什么？
   □ 了解世界发展趋势 □ 了解世界现代化 □ 了解中国现代化
   □ 其他______________________________
6. 关于现代化研究，您希望进一步了解哪些方面的内容？
   □ 农业现代化 □ 工业现代化 □ 科技现代化
   □ 其他______________________________
7. 我们将做10年小结。您对我们的工作有哪些建议或评价？
   ____
   ____

8. 如果您不介意，请将您的个人资料告诉我们（个人资料将被妥善保管）

姓名：________ 性别：______ 出生：______年____月

职业：□企业管理 □政府管理 □科研 □教师 □学生 □其他

职称：________________ 职务：________

单位名称：____

联系地址：________________________________ 邮政编码：______________

联系电话：____________ 电子邮件：________________________________

中国现代化战略研究课题组

2009年11月8日

联系单位1：中国科学院中国现代化研究中心

地址：北京中关村北四环西路33号726室 邮政编码：100190

联系单位2：北京同响时代现代化管理咨询中心

地址：北京中关村944楼606室 邮政编码：100086

电话：010-62539187 传真：010-62539103 电子邮件：ccmr@mail.las.ac.cn

网址：http://www.modernization.com.cn

中国科学院中国现代化研究中心成立于2002年，是中国科学院所属的研究机构。北京同响时代现代化管理咨询中心成立于2000年。我们近期的主要成果有：

《第二次现代化——人类文明进程的启示》，高等教育出版社，1999

《国家创新系统——第二次现代化的发动机》，高等教育出版社，1999

《第二次现代化的行动议程Ⅰ：公民意识现代化》，中国经济出版社，2000

《第二次现代化的行动议程Ⅱ：K管理——企业管理现代化》，中国经济出版社，2000

《第二次现代化前沿Ⅰ：知识创新——竞争新焦点》，经济管理出版社，2001

《第二次现代化前沿Ⅱ：分配革命——按贡献分配》，经济管理出版社，2001

《东方复兴——现代化的三条道路》，商务印书馆，2003

《中国现代化报告2001：现代化与评价》，北京大学出版社，2001

《中国现代化报告2002：知识经济与现代化》，北京大学出版社，2002

《中国现代化报告2003：现代化理论与展望》，北京大学出版社，2003

《中国现代化报告2004：地区现代化之路》，北京大学出版社，2004

《中国现代化报告2005：经济现代化研究》，北京大学出版社，2005

《中国现代化报告2006：社会现代化研究》，北京大学出版社，2006

《中国现代化报告2007：生态现代化研究》，北京大学出版社，2007

《中国现代化报告概要（2001—2007）》，北京大学出版社，2007

《中国现代化报告2008：国际现代化研究》，北京大学出版社，2008

《中国现代化报告2009：文化现代化研究》，北京大学出版社，2009

《中国现代化报告2010：世界现代化概览》，北京大学出版社，2010